普通高等教育“十一五”国家级规划教材

新编21世纪哲学系列教材

美学导论

第5版

张 法 著

An Introduction to the Aesthetics

中国人民大学出版社
·北京·

内容简介

本书立足于对世界美学史的批判性反思，有机融合中国古代美学精粹与西方当代美学前沿成果，依照现代学科体系规范，系统重构了美学原理的理论框架。本书针对审美现象学分析、美学类型学划分、美的文化模态、形式美的基本法则等核心理论命题，均提出了创新性见解与精辟论述，尤其着力彰显了中国与印度等非西方美学传统的独特价值及其在世界美学格局中的重要地位。在方法论上，本书实现了理论阐释与审美实践的双向互动：既将抽象理论置于具体审美经验和艺术实践中予以生动诠释，又从个案分析中提炼升华出普遍性的美学规律。

作者简介

张　法　四川大学文科讲席教授，教育部长江学者（2005年入选），中华美学学会副会长（2008年至今）。曾任国务院学位委员会第六、第七届哲学学科评议组成员（2008—2020年）。主要研究领域为美学与思想史。已经出版独著22部，如《西方当代美学史》《美学的中国话语》等；合著5部，如《世界语境中的中国文学理论》等；主编著作6部，如《中国美学经典》等。《美学的中国话语》等4部著作入选国家级外译项目，被译为英、俄、日、韩等语种；《中国美学史》等2部著作有韩文版；《中西美学与文化精神》等3部著作在台湾地区出版繁体中文版；《中国艺术：历程与精神》在香港地区出版繁体中文版。在《中国社会科学》等权威学术期刊发表论文近400篇。

前言

《美学导论》，1999 年由中国人民大学出版社出版第 1 版，作为 21 世纪哲学系列教材中的一种，就是要把美学在大学中的知识传授，与中国改革开放的实际紧密结合起来，与世界现代化的进程紧密结合起来。以这两个方面的结合为宗旨，《美学导论》源自我 1984 年从北京大学美学专业毕业，分配到中国人民大学从事“中国美学史”“西方当代美学史”“中西美学比较”，特别是“美学原理”等课程的教学实践和学术研究。在 1984—1999 年的 15 年里，我对整个美学领域一直进行着体系性的思考，包括 1996—1997 年在美国哈佛大学做访问学者，收集各类西方美学资料，力图对当代中国的美学发展有所贡献。因此，可以说，《美学导论》这本教材是我这 15 年在教学、研究，以及在与世界各文化的互动中，对美学进行思考之成果的凝结。《美学导论》出版后，即被很多大学选为“美学原理”课程的教材，并得到相当的好评。当然，我深知，这样的效果在很大程度上与中国人民大学美学学科的巨大声誉相关。自马奇教授 20 世纪 60 年代在中国人民大学创建美学学科以来，特别是在 80 年代的美学复兴中，以马奇教授为带头人，由蒋培坤、成复旺、丁子霖等著名教授，以及袁济喜、王旭晓、王可平和我等青年教师组成的整个团队的努力，使中国人民大学的美学一直在全国处于领先地位。在 20 世纪 80 年代末 90 年代初，中国人民大学美学学科与中国人民大学出版社合作，出版了“美学教学与研究丛书”，具体包括《审美活动论纲》《艺术的社会学解释——普列汉诺夫美学思想述评》《神与物游——论中国传统审美方式》《中国文化与悲剧意识》《20 世纪西方美学史》《现代审美哲学新探索——法兰克福学派美学述评》等著作。当时，“美学教学与研究丛书”与北京大学的“文艺美学丛书”、中国社会科学院美学室的“美学译文丛书”一道，成为美学界的引领者。在 21 世纪初，中国人民大学美学学科与上海人民出版社合作，出版了《美学原理》《中国美学史》《西方美学史》《西方现代美学史》四种美学基础课的教材，使中国人民大学的美学在全国的美学研究和美学教材中一直处在一流地位。这样的地位，对《美学导论》第 1 版在大学教学中的传播起到了极大的推动作用。然而，虽然《美学导论》在美学的学术研究和教学实践上取得了一定的成绩，但是，我——作为教材的作者——仍旧深深地感到自己受这样或那样的历史、现实、个人的条件所限，离更好地出版中国改革开放时代的优秀教材还有相当的距离。于是，我越是看到这本教材受欢迎，越是听到对这本教材的好评，就越是想把这本教材做得更好。因此，我一直关注中国美学的理论研究和世界美学的前沿问题，每隔一段时间，就对这本教材做一次修订，2004年出了第2版，2011年出了第3版，2016年出了第4版，每一次修订都对内容做了较大修改。2020年与中国人民大学出版社签订了对《美学导论》进行第5版修订的合同，以使教材内容与中国的改革开放特别是自党的十八大以来进入新时代的中国现实同步，与全球进入人类命运共同体的世界现实同步。

《美学导论》第5版，一方面要与美学知识在中国和世界的新进展同步，另一方面又要与中国在改革开放中的新进展同步。在思想上，新时代中国特色马克思主义提出了一系列理论问题，特别是党的二十大以来，提出了一系列重要论述：强调坚持实事求是，提高科学思维能力，坚持问题导向，提倡调查研究，发扬钉钉子精神，依靠学习走向未来，等等。这些系统论述对于每个具体学科的教材修订都有重大的指导意义。在《美学导论》第5版的修订过程中，我对美学相关的重大导向问题、具体学术问题和教学中的难点问题，认真进行了审视和研究：在目标上，努力把美学的研究和教学与建立中国特色美学自主知识体系结合起来，实现对中国传统美学精华和世界美学最新成果的双重吸收；在方法论上，加强文明互鉴，把中国美学与世界美学结合起来，在挖掘和发扬中国传统美学精华的同时，吸收世界美学最新成果，把西方、印度的优秀美学思想融汇到中国特色美学自主知识体系的建构中。

为了做好这次修订，把新目标和新方法落实到教材中的具体问题上，我有针对性地做了艰苦的学术研究，并在《中国社会科学》等各类刊物发表了专题论文10多篇，具体包括：《美的本体论：中西印美学的不同建构》（《当代文坛》2021年第4期）、《审美类型的中西印比较及其意义》（《求是学刊》2022年第3期）、《中国美学史写作的新路——以中西比较为基点的反思与探索》[《南京大学学报（哲学·人文科学·社会科学）》2022年第4期]、《从世界美学史三大阶段看世界美学的未来》（《艺术评论》2022年第7期）、《美之深邃：美学研究中被忽略的重要问题》（《社会科学辑刊》2022年第3期）、《西塑东绘：中西文化在新石器的不同美感》[《江西师范大学学报（哲学社会科学版）》2021年第1期]、《早期文明与美感类型》（《浙江工商大学学报》2021年第2期）、《欧亚草原的美感类型——理解人类美感整体的重要一环》（《人文杂志》2021年第10期）、《印度审美类型：基础、结构、特色》[《郑州大学学报（哲学社会科学版）》2022年第1期]、《“堪酷”：一个重要而又被错解的西方当代美学范畴》（《山东社会科学》2021年第9期）、《中国之美：一个核心、七大方面和四种类型》（《甘肃社会科学》2022年第2期）、《由“中”而来：中国形式美的起源、定型和内容》（《学术研究》2021年第1期）、《中国古代艺术的体系构成》（《中国社会科学》2021年第4期）。之所以先将相关研究成果撰写成文发表出来，是为了引起学界同行的关注、讨论，以便使教材的修订有更好的效果。

美学在现实和教学中都很重要，但研究起来又很艰难。因此，《美学导论》第5版一定还存在着不自知的不尽如人意之处，需要在未来的教学实践和学术研究中进一步完善。这是中华民族走向伟大复兴和走向世界现代化必须做且必须做好的事。

目录

第四章　美学类型的体系是怎样的

第五章　美和美感的起源与初期演进

第六章　美学的文化模式

第七章　形式美与宇宙内蕴

第一章

什么是美学

谁也不能用简单的话说清楚美学是什么，
就已经说清楚了美学是什么

一、美与美学

美学是什么，简而言之，建立在两个西方理论的命题上[①]。第一，美普遍地存在于人类文化之中，宇宙、人生、社会、自然、艺术，无不有美。这个命题是没有问题的，在中国，庄子讲过天地之美；荀子论过朝廷之美；孔子说过邻里之美；对自然，陶弘景云“山川之美，古来共谈”；于主体，孟子曰“目之于色也，有同美焉”[②]。把这一举证遍及世界所有文化，都无问题。第二，美学之为“学”是人类对美的现实和审美现象进行思考的产物，是关于美的现实和审美现象的理论把握。这里，对于“理论”，不同的文化有不同的形态，从西方的理论标准来看，中国和印度关于美的言说算不上真正的美的理论。因此，本书的美学之问先由西方的理论进入。在西方，美学之为“学”，典型地体现在柏拉图《大希庇阿斯》对美的本质的追问、康德《判断力批判》对美的界定、维特

---

① 对“美是什么”之问的西方型命题理论的回答，有两个特点，即把时间空间化和把现象本质化，以此得到确定性的定义。这种命题回答在中文里，要求把中文随缘赋形的“是”转成西文的 to be（是），以此得出非常明确且普遍适用的 Being（是本身），即具有本质性的定义。这是一种在古希腊由亚里士多德用形式逻辑创立的回答方式，这一方式对很多问题的回答都非常有效，西方整个宏伟的知识体系就是在这样的回答中建立起来，并成功地推广到全世界的。但在对“美是什么”的回答中，这种命题理论的回答甚少成效，事实上，是一种不断追求而最终失败的历史。因此，对“什么是美学”这一问题，本章在形式上采用业已成为中国知识体系主流的西方型命题理论的方式进入，而在进行中则采用中国和印度的知识方式进行补充，以期让西方的命题理论型追问得到，按命题理论的标准来看，最明晰又最接近正确的回答（或者用东方式的话讲，进入对问题的真正体悟）。

② 《庄子·知北游》：“天地有大美而不言。”《荀子·大略篇》：“朝廷之美，济济枪枪。”《论语·里仁》：“里仁为美。”陶弘景语见其《答谢中书书》。孟子语见《孟子·告子上》。

根斯坦《美学讲演录》对美可以进行系统理论把握的质疑等理论思考之中。

但就是在西方，当美学演进到维特根斯坦（图1-1）时，问题就出来了。维特根斯坦《美学讲演录》"一"的开头就说：美学"这个题目太大了，而且据我所知是完全被误解了"①。在《美学讲演录》"二"的开头，他说：

图1-1 维特根斯坦

> （1）一件有趣的事情是认为，人们有一种美学。我马上想要谈论的就是美学可能是指什么。
>
> （2）你可能会把美学看做是告诉我们什么是美的科学——就语词来说这简直太可笑了。我认为它还应当包括什么样的咖啡味道更好些。②

在西方美学的理论言说轰轰烈烈地进行了两千多年之后，西方现代最负盛名的哲学家维特根斯坦对西方美学的言说方式和理论形态进行了根本的否定，透出的是人类文化中一种最有意思的现象：现实中，人人皆知世界有美，人人皆有求美之心，人人皆有审美感知、审美意识，进行着审美活动，但很多人不知道有美学这样一门理论学科。这是因为在学理上，人类对美的理论把握一直困难重重。在两千多年前的古代，中国的庄子和西方的柏拉图就呈现了这一困难。《庄子·齐物论》讲，人类认为最美的美人，水中的鱼、天上的鸟、地上的鹿却根本不认为美，而且感到畏惧，避之唯恐不及③。庄子要问的是：人所谓的美，是真正的美吗？《庄子·山木》讲一人宿店，店主有两妾，一美一丑，但丑女被宠爱而美女遭轻贱。客人问原因，店主回答：那美的自认为美，我却并不认为她美；丑的自认为丑，但我并不认为她丑④。店主的话，表面上讲两个女人的美丑感与自己的不同，其实还暗指客人的审美观与自己的不同。庄子要讲的是，人关于何者为美、何者为丑，从根本上讲可以不一样。正因为美的问题如此复杂，在西方，柏拉图在《大希庇阿斯》中面对形形色色的美，美的姑娘、美的汤罐、美的汤匙、美的艺术、美的制度、美的形式等，想总结出一个具有统一性和普遍性的美的定义，但在进行了艰苦的理论探索和逻辑论辩之后，发现这一定义很难得出，最后以一声哀叹结束：美是难的！

美学之难从很多方面体现出来。在古代，各非西方文化没有出现一种关于美学原理的著作，虽然这并不意味着各非西方文化不对美进行理论总结和言说（后面将详论），但

---

① 维特根斯坦全集：第12卷. 江怡，译. 石家庄：河北教育出版社，2002：323.

② 同①335.

③ 《庄子·齐物论》："毛嫱、丽姬，人之所美也，鱼见之深入，鸟见之高飞，麋鹿见之决骤。"

④ 《庄子·山木》："阳子之宋，宿于逆旅。逆旅人有妾二人，其一人美，其一人恶；恶者贵而美者贱。阳子问其故，逆旅小子对曰：'其美者自美，吾不知其美也；其恶者自恶，吾不知其恶也。'"

却透出对美进行理论总结之困难和复杂。在西方，继柏拉图之后，学人们继续艰难行进，在 18 世纪，鲍姆加登（Alexander Gottlieb Baumgarten）、康德、巴托（Charles Batteux）等终于让美学成为一个正式的学科，在成学之后，虽然有辉煌的演进，先盛名于西方，后流行于世界，但其内在困难仍然存在。如上所述，当学术的进展需要美学进一步升级时，维特根斯坦就对这一学科发出了具有否定性的言论。另外，西方成学后的美学在成为世界性的学科后，虽然甚为时尚，但内在的困难依然存在，其显著标志是，美学的言说尽管在各个分支学科和关联学科，如文学、艺术、服饰、工艺、城市规划、景观管理等，乃至伦理学和物理学里，都存在着并被讲述着，但作为学术体系和学科体系，美学仍被保留在哲学学科里面。学术史和学科史上，好多学科，如物理学和心理学，都曾存在于哲学之内，但后来都一一离开哲学而独立。按罗素的说法，一个本属于哲学的学科，完全离开哲学而自立门户，是这个学科成熟的标志①。美学在根基上一直离不开哲学，透出了人类智慧在思考美学时遇到的巨大困难。

美学的困难，即对美进行理论化时的困难在什么地方呢？且以康德讲过的关于花的命题略加补充进行说明：

（1）这朵花是圆的。

（2）这朵花是红的。

（3）这朵花是美的。

这朵花的形状是客观存在的，有没有人，它都是这种形状。这朵花的颜色是人的眼睛构造与光相互作用的结果，没有人眼和与人眼同质的眼睛，物体就无所谓颜色，有些动物只能看出黑、白两色，有些动物能看见人所看不见的颜色。但对于已经进化为人眼的正常眼睛来说，颜色是客观的，只要人在看，这朵花就一定是红的。花的圆和花的红，具有客观性，既可感受又可证明，一看就知，一证即明。但这朵花是美的，其客观性却没法证明。一个人明明看见此花，却说花不是圆的，只能说明他故意说谎。美学要研究的绝不可能是这朵花是否圆的问题，而是他为什么要说谎的问题。一个人明明看见此花，说花不是红的，结论只有两个，不是色盲就是说谎。但一个人看见此花，说花不是美的，结果会怎样呢？你不能说他错，顶多说他的审美观与你不同，甚至与大多数人不同。正是这一点呈现出了研究美的困难。

为什么会出现这种情况？

问题在于，虽然一旦人类进入以花为美的时代，花作为美就存在了，人对花有美感就存在了，但花的美不完全在于和完全不等于花之蕊、之瓣、之茎、之叶，也不完全在于和完全不等于花之色、之气、之味、之湿度、之柔性，而是在于一种既在花中又超越于花的东西。一言以蔽之：花之美不在于花的客观物理性，从花中找不到一种美的分子；

① 费恩（Nicholas Fearn）说："伯特兰·罗素曾将人类认识的分支比做一只整理箱，其中哲学家们所讨论的素材被放到标示着'不知道'（Don't Know）的隔层里。一旦对于某个既定的主题我们已经探知甚多，可系统地释疑解惑，此项内容便被转移到另一个隔层里，冠之以其他名目，谓之'物理［学］'，或是'心理学''经济学'诸如此类。罗素的这种表述极为贴切地描绘了哲学的沿革：它周期性地导致了新兴学科、新型学科的产生。"（费恩．哲学：对最古老问题的最新解答．许世鹏，译．北京：新星出版社，2007：序言 6）美学有了自己的名称却没有离开哲学，正呈现了其理论困难。

花之美是一种既与花的物质形态相关，又不仅仅由其物质形态决定的东西。正因如此，构成了“这朵花是美的”与“这朵花是圆的”和“这朵花是红的”在本质上的不同，而这种不同造成了美之成学的巨大困难。

面对这一困难，应当怎么办？

在人类学术史和学科史上，很多学科都曾面临过困难，比如物理学，在 19 世纪末 20 世纪初随量子论和相对论的出现而陷入危机，面对激烈的论争，连最著名的物理学家都不知道应当怎样定义物理学，从而不能清楚地回答物理学是什么。但物理学作为一个重要学科，又应当有一个大家都能满意的定义。这时一种智慧的回答出现了：物理学就是物理学家们的活动。这一回答也可以搬用到美学中来，美学是什么，以及美学中的核心之问即美是什么，可以有不同乃至完全冲突的定义，但古往今来，有哪些人，做过哪些言说，下过什么定义，就构成了迄今为止美学的实际，把这些人、言说、定义，依历史演进排列起来，按逻辑关联联系起来，就成为美学是什么的实际情况。这样，对美学是什么的追问就转换成对美学的产生和发展的历史考察与逻辑梳理，美学的形貌可由之而呈现出来。

二、美、美感、美学的产生

在理论上，世界上的任何事物，对人来说，都可以从四个方面去看：在知识上，它是什么；在功利上，它是否有益；在道德上，它是否合善；在美学上，它美不美。人对于事物中与知识的是、功利的益、道德的善相区别的美，是从什么时候开始感受到的呢？这是关于美的发生学问题。对事物之美的这一感受究竟是怎样的呢？这是关于美感的本质论问题。对事物的美和人对事物之美的感受又是怎样进行理论言说与理论总结的呢？这是关于美学的产生（以及历史演进）问题。

美、美感、美学的产生以及演进，与人类历史紧密相连。在第五章要专讲，这里只讲其逻辑要点。人类的历史发展可以大致分为五大阶段，同时也是五大类型。阶段和类型有重合的起点。一种类型从起点开始存在，然后处于历史的主导地位，当新类型出现之后仍继续存在，但不再占有历史的主导地位，并在新的历史阶段进行调整而有了新的定位。

第一，原始阶段和类型。从 500 万年前人与类人猿完成分离①，到距今 6 000 年古埃及文明和苏美尔文明之前，可称原始时代。从美学上讲，这一阶段有两大关节点最为突出：一是 250 万年前形成奥杜威（Oldowan）石器技术，演进到 170 万年前阿舍利具有

① 最近出版的三部历史学著作，都把人与类人猿分离的完成定在 500 万年前，只是关于何时开始有分歧，大卫・克里斯蒂安（David Christian）等人定在 800 万年前（大卫・克里斯蒂安，辛西娅・斯托克斯・布朗，克雷格・本杰明. 大历史. 刘耀辉，译. 北京：北京联合出版公司，2016：113），布恩斯・费根（Brian M. Fagan）定在 700 万年前（布恩斯・费根. 地球人：世界史前史导论：第 13 版. 方辉，等译. 济南：山东画报出版社，2014：26），菲利普・费尔南德兹-阿迈斯托（Felipe Fernández-Armesto）定在 600 万年前（菲利普・费尔南德兹-阿迈斯托. 世界：一部历史：第 2 版. 钱乘旦，审读. 北京：北京大学出版社，2010：2）。

标准化的石器工具，即阿舍利手斧（Acheulian handaxe）。由人制作的工具，以及工具的运用，使人产生一种超越人的生理能力的快感，这种唯人独有的快感，使人对工具进行美饰，人制造工具和由工具而来的快感，有几百万年的进程，当对工具的美饰出现之时，也是从工具快感到工具美感在系列演进之后的定型之时。在世界各地的原始文化中，都看到了美饰化了的工具，是人类美感产生的明证。二是 5 万年前仪式和艺术在世界各地的普遍出现。在此之前，有 10 万年前的装饰品被发现，但为个别现象，体现的是新型观念的个别闪现。美饰工具、人体装饰、图像艺术（图 1－2）的普遍出现，标志着新观念的定型。仪式标志着人面对世界有了一种整体性的观念，各类美饰则是这一世界观念的体现。在仪式中，美饰现象包括了最初的美感因素，人获得了外在于自己而又比自己强大的神灵的力量，产生了一种超越自己能力的快感。如果说工具快感主要源于具体主体与具体对象的关系，那么仪式快感则产生于具体主体与宇宙整体的关系。仪式不是某一具体对象，而是一个系统的整体，包括仪式地点、举行仪式的人、仪式中的器物、仪式的进行过程。仪式关系到人与宇宙整体的关系，仪式的四大要项具有同等的重要性，由之产生了对仪式四大要项进行特殊装饰的美学要求。仪式地点的美饰，使建筑之美产生出来；人物的美饰，使人物之美产生出来；器物的美饰，使器物之美产生出来；行礼过程的美饰，使表演之美产生出来。如果说工具快感使人类美感得以产生，那么仪式快感则使人类美感有了体系性的形成。

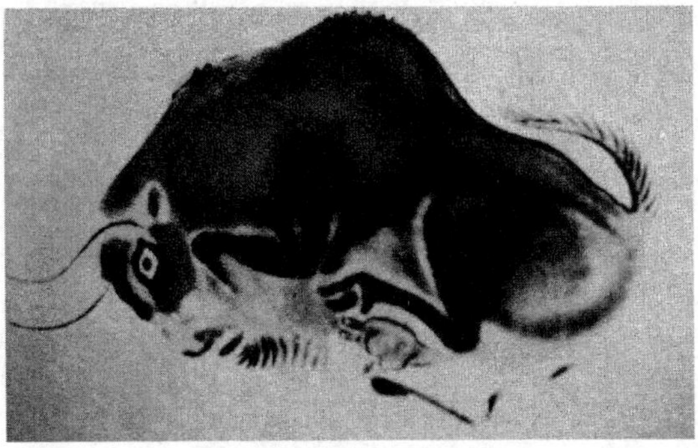

图 1－2 史前法国洞穴中的野牛

第二，早期文明阶段和类型。这一时期从古埃及文明和两河流域文明开始，扩大为十种大的类型，其中主要有古埃及文明、两河流域文明、古印度文明、中国夏商周文明、美洲奥尔梅克文明（以及后来的玛雅文明、印加文明和阿兹特克文明），以及非洲约鲁巴文明和贝宁文明。在这六大早期文明中，前四大文明大致终止于轴心时代（即公元前 800—前 200 年）的开始，美洲和非洲的文明在时间上跨过这一时代很久，但六大文明具有文化上的同质性，都以神庙作为文化的核心，可称为神庙时期。这一时期的显著特点是神庙中的神具有了人体的形象。这一时期人类的美和美感的观念主要集中在国家型的宗教艺术上，更主要的是，在各早期文明的文化中（以及尚处于原始阶段但已经有了语言和文字的文化中），出现了“美”字。这意味着人类的美感以及与之相关的各类美饰艺术进入了人类的语言表达和概念总结的阶段。

第三，轴心时代阶段和类型。公元前 800—前 200 年，三大文化圈，包括希腊、希伯来、波斯在内的地中海文化以及中国文化、印度文化，同时产生了被雅斯贝斯（Karl Theodor Jaspers）称为的“哲学突破”，即用一种理性的思想来看待人和世界。地中海是以希腊哲学、波斯的琐罗亚斯德教和以色列的犹太教为代表，中国是以孔子和老子为代表的先秦诸子言说，印度是以奥义书、佛教和耆那教为代表的宗教思想。后来，地中海文化又产生了基督教（再后来又演化成天主教、东正教和新教）和伊斯兰教，中国文化又影响到朝鲜、日本、越南，印度文化又影响了南亚、中亚、东亚。对美学来说，这一时期人类开始用理论形式来讲述美和美感，从而产生了美学。其中，西方文化以柏拉图追求美的本质为标志，开始建立一种西方型的谈论美的理论形式，且称之为西方型美学。其基本特点就是以一种专门的学科的方式来进行美的理论建构，因此又可称之为学科型美学。中国和印度也用了自己的方式来建立美学，二者虽然各有不同，但与西方文化相比起来，又有共同点，就是不是用学科的方式，而是用非学科的方式去建立美学，因此可以称之为非学科型美学。从地中海文化、中国文化、印度文化三大文化产生出来的理性思想，在历史演进中影响其周围的各种文化，可以说基本上把欧亚大陆的文化都带进了轴心阶段。这是一个非常丰富又非常复杂的充满文化多样性的时期，从大处来讲，又基本上体现为三大文化思想既相互独立又相互影响的演进。但对美学来讲，主要在两条不同的路线上进行着两种类型的美学建构：以古希腊美学为基础的西方学科型美学与以中国美学和印度美学为基础的非学科型美学。

第四，现代阶段和类型。从文艺复兴开始到17世纪，现代文化在西方兴起，到19世纪末20世纪初，全球都被带进了世界的现代化进程之中。这一全球范围的现代化进程一直持续到20世纪60年代，即后现代的来临。从美学上来看，现代阶段的前期，西方美学完成了自身的学科型建构。这就是从夏夫兹博里（Anthony Ashley Cooper Shaftesbury，又译为“舍夫茨别利”）到鲍姆加登到康德，以及从巴托到谢林（Friedrich Wilhelm Joseph von Schelling）到黑格尔的美学体系的出现。非西方文化的非学科型美学，特别是中国和印度的非学科型美学，仍按照自己的方式演进。在这一时期，虽然印度很早就成为英国的殖民地，但英国人的作用和影响主要体现在政治与经济方面，美学仍然在自身的非学科型传统中前行。进入现代，中国和印度都按照西方学科型美学的基本原则重建自身的现代美学。其他非西方文化也与中国文化和印度文化大致相同。可以说，整个现代时期，学科型美学成为美学的唯一主流，所有的非西方文化都以学科型美学来重建自身的现代美学。但与此同时，西方学科型美学的升级从否定20世纪之前西方学科型美学的基本原则而产生。这样，整个现代阶段，美学呈现为三条大线：一是西方学科型美学的完成，二是各非西方文化按西方学科型美学建立各自的学科型美学，三是西方学科型美学的升级。这一升级演进从外貌上看，体现为否定西方学科型美学建立时的基本原则，20世纪的西方在现代阶段的后期，即60年代之前，主要体现为对美的本质的完全否定或悬搁。

第五，后现代阶段和类型。20世纪60年代以后，世界在技术上以电视普及（60年代）和网络普及（90年代）为特征，在经济上以资本以及经济各要素的跨国流动为特征，在思想上，西方以后现代哲学的出现为特征，非西方以各种适应全球化的思想变革为特征。对美学来说，这一时期的亮点是西方美学在自身逻辑的推动下和在与非西方美学进行了数百年互动的演进中，产生了与主流的艺术哲学型美学不同的生态型美学、生活美学、身体美学，其基本倾向是否定西方学科型美学三大基本原则的后两项：非功利美感和美本质地体现在艺术上。当然这只是从西方学科型美学演进的外貌上讲，其内容则完全不如外貌上所讲的这么简单，而关系到整个西方思想在思维模式上的转型和升级。与此同时，在现代刚转到西方学科型美学上来的各非西方美学也以各种各样的方式开始了美学的新思考。

把上面人类历史五个阶段和类型的大貌，作为一个宏观框架，再集中和移位到美学上来，美学在人类历史上的产生和形成呈现为三个大的逻辑关节点：一是美和美感的实际产生，二是美和美感以文字的方式体现出来，三是美学理论的产生。这三个关节点，同时划分出人类美和美感产生、演进，以及达到理论自觉的三个历史阶段。具体来讲，就是美、美感、美学理论是怎么产生的。

第一阶段，美和美感产生于原始时代。这时人类有各种美的或者说与美相关的实物系列，但由于没有文字，只能从事实以及逻辑上推断美和美感的因素是如何体现在这些与美相关的事物上的。美和美感的产生，首先从原始时代的劳动工具、狩猎武器、生活用具、装饰艺器四个方面体现出来。在非、欧、亚三洲的原始文化中，那些打磨精美的石器，使人在狩猎与采集中进行得更为顺利和收获更多成功，在具有工具功用的同时，已经包含着一种新的具有美感因素的人类快感在其中；那些绘着美丽图案的陶器，在具有用具功用的同时，已经内蕴着美感因素于其中；那些雕刻着图像的弓、矢、戈、钺，在具有武器性能的同时，已经内赋着美感因素于其中；那些用贝、骨、珠、玉制成的人体装饰品，以及人体上的纹画，更是突出了美感因素的存在。把原始社会的石器、陶器、玉器、岩画、雕刻、文身、服饰、建筑等做时空上的逻辑排列，可以呈现出一幅美和美感产生、扩展、演进的图景。只是人类的美和美感是通过这些器物体现出来，而这些器物除了具有美观的一面之外，还有其他功能，比如巫术、宗教、制度、社会、思想、道德等功能。把这些器物放在复杂的文化关联之中，美和美感究竟在其中占有怎样的一种地位，尚不清楚。不过，虽然其具体地位不清楚，但美和美感业已产生，并存在着和演进着，却甚昭然。自 19 世纪以来，各种各样关于艺术起源和原始艺术的著述，都讲述着人类的美和美感产生及其最初形态的故事，从德国学人格罗塞（Ernst Grosse）1894 年出版的《艺术的起源》（*The Beginning of Art*）到法国学人阿纳蒂（Emmanuel Anati）21 世纪出版的《艺术的起源》（*Aux origines de L'art*）；从美国学人博厄斯（Franz Boas）1927 年贡献的《原始艺术》（*Primitive Art*）到另一美国学人坎贝尔（Joseph Campbell）1976 年推出的《上帝的面具：原始神话学》（*The Mask of God : Primitive Mythology*）到中国学人刘骁纯 1986 年出版的《从动物快感到人的美感》，无不如此。

第二阶段，“美”字的出现。人类的文字产生于早期文明时代，在人类的文字中出现“美”字，是人类把自己的周围世界（包括工具、用具、武器、饰器、艺术，以及天上的日月星辰、地上的山河动植）感受为美的明证。年代甚早的中国甲骨文里有（美），年代较晚的北美纳瓦霍人（Navajo）文字里有 hozoh（美）。文字中的“美”字成为人类感受与思考美和美感的核心和基础。轴心时代，人类在地中海、印度、中国实现了哲学突破，“美”字在各时期各文化中不仅成为人类之美和美感的明证，而且成为对美进行理论总结的基础。轴心时代，地中海文化中，希腊文中有 καλός，希伯来文中有 yapha，印度梵文中有 sundana，人类在轴心时代思想上进一步演进，由地中海文化演化而来的古罗马文化的文字中有 pulchrum，伊斯兰文化的核心阿拉伯文中有 jamil。进入现代社会以后，各大文化仍在用自己语言中的“美”字，以及与之相关的词汇，发展着自己的美和美感，进行着关于美和美感的理论言说。在西方现代国家的语言文字中，意大利语和西班牙语的 bello、法语的 beau、英语的 beautiful 与古罗马的语源有关，有些则有自己的语源，如德语的 Schön 和俄语的 красивые①。美在语言上的表现，不仅是“美”字的出现，而且是以美为中心并由之关联着的整套审美语汇的出现。如在中文里，“美”字就与“羊”的系列、“味”的系列、“大”的系列、“玉”的系列、器皿（礼器）的系列、“香”的系列、“乐”的系列、“文”的系列等方方面面的字相关②，汇集了中文所表现出来的五彩缤纷的美的世界。

第三阶段，美之学即关于美和美感的理论出现了。美的理论产生于轴心时代。在中国，有先秦诸子及《左传》《国语》等文献关于美的言说。在印度，有以奥义书为代表的印度教，以及佛教、耆那教思想家关于美的话语。在古希腊，产生了以毕达哥拉斯、赫拉克利特、柏拉图、亚里士多德为代表的美学话语。其中柏拉图的《大希庇阿斯》最为典型。在此文中，柏拉图承认和知道希腊人认为的各类美的事物，如美的姑娘、美的母马、美的竖琴、美的汤罐、美的汤匙等，以及制度之美、知识之美、能力之美等，但他觉得，最重要的不是问现象中“什么东西是美”，而是要从本质上问“美是什么”，从而为决定一切美的事物之为美下一个本质性的定义③。同样，在中国，庄子认为各种各样的美都来源于“天地大美”，孟子讲人类面对美的事物具有“同美”的感受④，以中国的方式思考着美的统一性。中国文化与西方文化如此，其他在轴心时代以来具有理性思维的文化亦是如此，可以说，从人类具有哲学觉醒的轴心时代起，人类就开始进行着美学的理论建构。但关于美的理论建构，虽然在轴心时代以来的各个文化中有着多样类型，但大而言之，可归纳为两种基本类型：西方的学科型美学和非西方的非学科型美学。

---

① 有关西文的字源，参见符·塔达基维奇. 西方美学概念史. 褚朔维，译. 北京：学苑出版社，1990：163-164。

② 《说文》讲美“从羊”，因而美同与羊相关的善、祥、義、儀、媄等语汇有关联。《说文》讲“美：甘也”，又讲“旨：美也”，因而由饮食而来的甘、旨、味、和等语汇构成了饮食之美的话语。《说文》讲，美“从大”，因而美同与巫、王、士等与天象合的人物形象有关联。《说文》讲“玉：石之美”，因而几乎所有与玉相关的语汇，如碧、琼、瑶、琳、瑜、玟等都与美相关。《左传·成公二年》记载：孔子云“器以藏礼”，从彩陶到青铜的精美器物构成了中国文化中美的系列，与礼器相关的语汇群构成了中国之美的一个方面。高诱注《吕氏春秋·审时》：“香，美也。”香的语汇群，如馥、馨、芬、芳、苾等以及具有香气的物体构成了中国之美的一个方面。乐是音之美，礼乐文化是上古中国文化的核心，与乐相关的语汇群构成了中国之美的一个方面。郑玄注《乐记·乐象篇》曰：“文犹美也。”文不但是文学之美，而且是宇宙之美的总称，日月星，天之文，山河动植，地之文。

③ 柏拉图. 柏拉图文艺对话集. 朱光潜，译. 北京：人民文学出版社，1963：180.

④ 《庄子·知北游》：“天地有大美而不言，四时有明法而不议，万物有成理而不说。”《孟子·告子上》：“口之于味也，有同耆焉；耳之于声也，有同听焉；目之于色也，有同美焉。”

三、美学的两种基本类型

当美和美感于原始社会以器物之美的方式出现时，器物的样式和图案在不同的文化中呈现出了差异，不但在中国原始社会的几大文化中有差异（如东部与西部的器物类型和图案形式存在不同），中国、欧洲、西亚、美洲也各有不同（如中国与西亚的青铜纹饰、中国与欧洲的雕塑样态、中国与美洲的玉器形制，都有明显的差异）。“美”字自早期文明在各文化中出现以来，其内涵就在不同的文化中甚为不同。萨特威尔（Crispin Sartwell）在其《美之六名》（*Six Names of Beauty*）中考察了希腊语、希伯来语、纳瓦霍语、印度梵语、英语、日语六种语言中的“美”字，指出这些文化中的“美”字内蕴的核心内容各不相同。在希腊语中，与καλός（美）相关联的是观念和理想；在希伯来语中，与 yapha（美）相关联的是成长和繁荣；在纳瓦霍语中，与 hozoh（美）相关联的是健康与和谐；在印度梵语中，与 sundana（美）相关联的是神圣性；在英语中，与 beauty（美）相关联的是对对象的渴望①。且不论这样的总结是否恰当，但其提出的问题确实重要，即不同文化中“美”字的含义以及关联语汇构成的美的内涵各不相同。与之相应，美和美感的理论自轴心时代出现以来，各大文化在理论形态上也显出了巨大的不同，从美学理论史上讲，特别值得提出来加以论述的是西方美学与非西方美学的差异。西方形成的是学科型美学，非西方形成的是非学科型美学。

在轴心时代地中海文化的进一步演进中，希腊-罗马文化和希伯来文化在中世纪与西欧诸文化相融合，形成了西方文化，在地中海东面最初由基督教的分离而产生了东正教文化，这一文化后来扩大到以斯拉夫族群为主的东欧，继而从阿拉伯沙漠中产生了伊斯兰文化，二者都成为相对于西方的东方。伊斯兰文化在扩张中不但包括了古埃及、古巴比伦、古波斯地区，而且沿陆上丝绸之路与欧亚草原上的广大族群互动，沿海上丝绸之路与印度洋沿岸沿岛的族群互动，进入了与印度文化和中国文化的互动之中。这样，仅在欧亚大陆就呈现了非西方中的丰富性与复杂性，同时也带来了美学的多样性。然而，非西方文化具有多样性的美学，相对于西方的学科型美学而言，都呈现为非学科型美学。因此，美学研究弄清了西方的学科型美学和非西方的非学科型美学这两大类型的区别，就抓住了美学作为“学”的类型主线。之所以这么分，是因为 17 世纪以来西方文化成为世界的主流文化之后，再回望过去，以今溯古，这样区别较为清楚。假设一下世界历史后来的演进，如果不是西方文化而是中国文化或伊斯兰文化或俄罗斯东正教文化成为世界的主流文化，那么美学的类型划分就会不同。今天面对整个历史所进行的划分，实际上是一种古今对话，今天的现实决定了做怎样的划分，更能说明今天所以如此的美学现实。历史是不能假设的，在业已如此的今天，把世界美学做西方的学科型美学和非西方的非学科型美学的划分，对世界美学历史演进的总貌就会有一种提纲挈领的理解。首先，轴心时代产生了要对审美现象进行理论化的努力，在这一努力中，产生了西方的学科型

---

① Crispin Sartwell. Six Names of Beauty. New York: Routledge, 2004: v.

美学和非西方的各种非学科型美学；接着，在世界现代化进程中，西方的学科型美学成为主流美学，各非西方文化的非学科型美学纷纷接受、学习、重建以西方学科型美学为基本框架的现代美学。初一看，美学成为学科型美学的一统天下。然而，西方学科型美学进行升级，主要内容是对学科型美学的基本原则进行反思、批判，重建新型的学科型美学，导致一直紧跟西方学科型美学的各非西方的现代美学开始了对自身美学进路和世界美学进路的重新思考。对由世界美学二分而来的世界美学演进史进行的梳理，以及对当今世界美学又处在一个升级的关节点上进行的思考，使得更有必要对世界美学的两大类型——学科型美学和非学科型美学——进行新的认知。

（一）西方的学科型美学

所谓学科型美学，即把美作为一个专门的学科来进行研究。分门别类和分科研究是所有理性文化的共性，但进行分科研究有一个条件，就是被研究的对象要有实体性，凡是有实体性的东西，都可以进行专门的分科研究。正如前面讲的关于花的三个命题：花是圆的，圆是一种存在于天地间的、到处可见的形状，对圆可以进行专门的分科研究，它可见可感，可用点、线、面进行计算，属于几何学中的一个专门领域。关于圆的定义“在同一平面内到定点的距离等于定长的点的集合叫作圆”，是可以验证的。花是红的，红是一种存在于天地间的、到处可见的颜色，对红也可以进行专门的分科研究，它可见可感，可用光谱进行测定，属于色彩学的一个专门领域。然而，花是美的，对于专门的分科研究的困难在于，在花中找不到美的物质因子，使美成学的理论就产生了困难。那些感觉到花是美的人确实感觉到了花的美，但是：第一，不能理论地说出花究竟是怎样成为美的；第二，也说不出自己感觉到花是美的这一美感究竟是什么。然而，柏拉图以高屋建瓴的方式为学科型美学建立了基础：一朵花是美的，一位姑娘是美的，一个陶器是美的，一幅画是美的，等等。这些明明不同的东西，为什么要称它们为美呢？一定有一个共同的东西，使它们成为美的，这一使各种不同的东西成为美的，就是美的本质。面对世界万物，给出本质定义，是西方独有的思维方式。这一思维方式，简要地讲，有三大特点：一是面对世界进行实体与虚体的区分，二是在实体之物中进行本质属性与非本质属性的区分，三是按物的本质属性给出一个定义。依照这一方式，对于花之形（圆）、花之色（红），都可以给出一个本质定义而予以理论把握，花之美，同样可以照此办理。因此，柏拉图在《大希庇阿斯》中提出美的本质问题，是按照西方的思维方式必然要提出的问题。面对物体要给出一个本质定义，同时建立在西方思维关于现象与本质的区分中：现象之物背后都有一个本质，决定着这一现象为这一现象。美的本质问题在西方学人中必然要被提出而由柏拉图首先提出了，柏拉图因为提出了美的本质问题而被美国 1992 年出版（之后不断再版）的《美学词典》（*A Companion to Aesthetics*）说成“哲学美学的创立者”①。

然而，柏拉图只是用了现象与本质二分的方式，为西方美学建立了一个基本框

① D. Cooper. A Companion to Aesthetics. Malden: Blackwell Publishers Ltd., 1992: 329.

架，凸显了西方特色。以后西方的美学都从追求一个实体性的美的本质，给美的本质下一个确定的定义开始，推出各个领域的具体之美的体系结构。但由于美的问题的特殊性，柏拉图在按西方的思维惯性进入美的分析中时面临着困难。正如古希腊文 kalon（美），不仅与有用的功利（usefulness）相关，与道德之善（moral qualities）相关，也与理性（reason）相关，还与美言（pagkalos logos）相关，等等①。在美感上，τερψιν 是因听觉而来的快感，ενψροσυνην 是因视觉而来的快感，χαράν 是理性的快感，ηδονην 是非理性的快感，等等②。因此，在《大希庇阿斯》中，如上所引，美可以用来指一切对象。在《会饮篇》中，柏拉图讲了美由低到高的层级：从具体事物的美，到形式的美，到心灵的美，到行为制度的美，到知识学问的美，到美的理式。因此，柏拉图的美学，在审美对象上，与其他文化一样，是泛化的、关联的，一切皆可为美。从而，在古希腊出现的各类关于美的言说中，柏拉图的理论最具有形而上的高度，但又难以真正解决美学的问题。如前面对“这朵花是美的”这一命题的分析所指出的，花之美是非实体性的。虽然柏拉图的示范给以后的学人按此方式进入美学提供了勇气，但从古希腊到古罗马再到中世纪的欧洲，关于美的本质有不少理论，但却没有从根本上解决美的本质问题。

美学作为学科的正式建立是在近代。之所以能够建立，在于西方美学把主攻方向从客观的美转到了主体的美感。美的虚体性让对美的本质定义产生了困难。一朵花，你感到美而说美，我没感到美而说不美，究竟美不美，解决起来比较困难。那么，问题的重心就不是花是否美，而是在人感到美之时，这一对美之感是什么。只要人对花有了美感，花就成为美的。因此，需要的是如何让人感到花是美的那一主体之感。让人有了这种主体之感，花对于人就是美的。这样，美学的问题就从客观的美转到了主体的美感。这一转折首先体现为英国近代美学家提出的主体的趣味（taste）问题。注重经验主义的英国人的“趣味”概念含义甚广，包括艺术、娱乐、服装、行为等③。夏夫兹博里把趣味欣赏中的内在感官与外在感官区别开来④，后者是感性官能的功利性愉快，前者是心灵的超功利性喜悦。这样，外在感官面对的是与功利性相关的趣味，内在感官处理的则是超功利的审美趣味。在科学实验上，人有没有所谓的内在感官，是有争议的，但在经验实证上，人有没有超功利的美感，则是可证实的。夏夫兹博里因提出了超功利的趣味，对什么是美感（sense of beauty）做了本质性的界定，从而被《美学词典》称为“现代美学的创立者”⑤。然而，英国人关于主体愉快的“趣味”概念仍是一个普泛性概念，趣味所指是多样的；同样，关于美的愉快之感（sense）也是一个普泛性概念，感觉的所指甚为多样。德国人用思维的严谨性对英国人的趣味言说做了理论上的提升。鲍姆加登专门挑出来自希腊文 αἰσθητικός 的拉丁文 aesthetica（感），来总结英国人的超功利的趣味，因

① Drew A. Hyland. Plato and the Question of Beauty. Bloomington：Indiana University Press，2008：5，11.

② James I. Porter. The Origins of Aesthetic Thought in Ancient Greece. Cambridge：Cambridge University Press，2010：257-258.

③ B. Gaut，D. Lopes. Routledge Companions to Aesthetics. New York：Routledge，2001：193.

④ Timothy M. Costel loe. The British Aesthetics Tradition：From Shaftesbury to Wittgenstein. Cambridge：Cambridge University Press，2013：11-17.

⑤ D. Cooper. A Companion to Aesthetics. Malden：Blackwell Publishers Ltd.，1992：395.

此，aesthetica 就成为不同于一般之感的美感。更为重要的是，鲍姆加登是从主体的整体性和客体的整体性及其对应来给 aesthetica（美感）定位的：人的主体结构是知、意、情，与知（理智）对应的是逻辑学（包括科学和哲学），与意（意志）对应的是道德（包括伦理学和宗教学），与情（情感）对应的作为感性认识之完善的是 aesthetica（美感），与之对应的是自由艺术。正是在这一整体性的宏伟架构中，鲍姆加登 1750 年发表了为美立学或使美成学的著作《美学》（*Aesthetica*）。然而，鲍姆加登虽然把美感与具有功利性的趣味之感区别开来了，但却并未完全将之与知识性的理性区别开来。他认为，在主体方面，美感是一种完善性的感性认识；在客体方面，与美感相连的自由艺术是一个中世纪的定义，它既包括文学、音乐等美的艺术，也包括几何学、天文学这样的科学。康德（图 1－3）在《判断力批判》中让美学的定义完善了起来①。人面对美的愉快，第一，不是因感官获得享受而来的愉快，因此与日常中的功利无关；第二，不是因获得了知识而来的愉快，因此与概念无关；第三，不是因道德善行而来的愉快，因此与伦理无关。这样，康德用德文 Ästhetik（美感）来讲鲍姆加登用拉丁文讲的美感，就得到了理论上明晰的界定。美感的对象与日常功利和道德善恶无关，因此，美的愉快不是来自对象的内容，而是来自对象的形式。美的愉快与知识无关，因此，美的形式不是抽象的，而是感性的。非功利的感性和非内容的形式成为美感的基本特点。这样，美感的知识就与其他知识清楚地区分开来了，美感就成了一个讲得清楚的学科，即美学。

图 1－3　康德

康德美学是从主体立论把美感讲清楚的。人要获得美感而面对具有功利属性、知识属性、伦理属性等多样性统一的具体事物时，要经过一系列的心理技巧才能获得真正的美感。康德只是讲了美感的标准，而后来的审美心理学各流派用其标准得出了具体的方法，这就是距离、抽离、内模仿、移情、同一等理论讲述的内容。可以说，由鲍姆加登到康德，是沿着英国人开辟的趣味的主体方向而走向美感和建立美学的。美学的建立还有另一向路。这就是客体方向，即现代艺术得以产生的方向，这条路是由法国人开创出来的。

艺术的古希腊语是 τεχνη，其词义近似于英文 technique（技艺）或 artfulness（精技），强调作为“术”的一面。艺的范围甚广，可以低，如理发之艺，可以中，如绘画之艺，可以高，如几何之艺。但究其基础，要讲究 τεχνη（艺）的法则（order）和规律（rule）。中世纪基督教思想把人分为肉体和灵魂两个部分，艺术相应地也被分为与手艺相关的机械艺术和与心灵相关的自由艺术。前者是粗俗的，后者是高尚的。文艺复兴时期的意大利，动手的三门艺术即绘画、雕刻、建筑被加进了越来越多的科学精神，而摆脱粗俗进入高尚，成为 Arti del Disegno（心创艺术）。在这一概念里，“设计”用的是心，“艺术”呈

① C. Wenzel. Kant's Aesthetics: Core Concepts and Problems. Malden: Blackwell Publishers Ltd., 2005: 4.

现为美。这一意大利术语彰显了一种新的理念：艺术不同于日常的手艺和行业的技术。新的理念、术语迅速传向欧洲其他国家，英语里成为 fine art，德语里成为 Schöne Kunst，法语里成为 beaux art。三种语言的词义皆为“美的艺术”。这些与意大利语不同的新词，显示艺术正在向新方向演进。继而，法国学人巴托写了《论美的艺术的界限与共性原理》（*Les beaux arts reduits à un même principle*），把绘画、雕刻、音乐、舞蹈、诗歌（戏剧自古希腊以来就在诗歌之内，因此巴托的“诗歌”一词包括后来的诗歌和戏剧），再加上建筑和雄辩术，归为美的艺术，而且认为其有共同的规律。巴托的观念在整个欧洲得到了传播，形成了三大共识：一是艺术是以六大门类（建筑、绘画、雕塑、音乐、文学、戏剧）为基础的美的体系；二是美的艺术一方面与日常手艺和行业技术区别开来（这意味着艺术是超功利的），另一方面与科学、哲学、宗教区别开来（这意味着艺术是超概念和超道德的）；三是艺术的目的就是追求美。如果说从英国人的趣味到鲍姆加登的美感到康德的美感型美学，美感在主体上得到了明确的界定，那么，从意大利的设计的艺术到法国人的美的艺术，美就在艺术客体上得到了明确的界定。黑格尔在自己的三大卷《美学》中，从宇宙和人类的整体性给艺术一个体系性定位：首先，艺术是宇宙精神发展的一个阶段，它不同于自然（类似于日常功利）、宗教（与道德善恶相连）、哲学（与逻辑概念相连）。其次，艺术自身呈现一种由门类和风格构成的体系：建筑是象征型艺术，雕刻是古典型艺术，绘画、音乐、诗歌（包括戏剧）是浪漫型艺术。如果说美学在主体即美感方面的建构在康德那里达到了典型的完成，那么，美学在客体即艺术方面的建构就在黑格尔那里达到了典型的完成。美感和艺术在基本要点即具有非功利-非概念-非道德的特性上是重合的，因此，美学就是美感学（aesthetics），就是艺术哲学（philosophy of art）。美感是可以通过艺术得到的，艺术就是美感所应当和想要感受到的美。美学与艺术的重合更在于西方文化关于艺术本质的独特理解：艺术不是现实（因此，它在本质上没有现实中的功利内容，以及对功利内容采取的概念认知和道德态度），而是虚构（因此，艺术呈现的只是形式，这形式在本质上是按照美的规律来进行的）。因此，从夏夫兹博里的趣味到鲍姆加登的美感到康德的美感型美学，以及从意大利的设计的艺术到法国的美的艺术到黑格尔的作为艺术哲学的美学，近代美学作为一个学科在美感和艺术这两个方面合二为一地建立了起来。

总而言之，从美的本质到美感和美的艺术，西方的学科型美学得以完成。学科型美学可以从核心内容和整体结构两个方面进行总结。在核心内容上，体现为三大要点：其一，世界中的美有一个本质，决定一切事物之为美。其二，美感是一种在本质上与功利、概念、道德无关之感，简言之，美感是非功利的。其三，美和美感本质地、典型地体现在艺术上，因此，从理论上讲，美学就是艺术哲学。在结构上，体现为三大特点：其一，美有一个本质定义。其二，美的本质展开为各个领域的美，这里西方美学有分歧：一是美的本质只在艺术中展开，成为艺术的各个门类，即建筑、雕塑、绘画、音乐、文学、戏剧，以及后来的电影和电视剧等；二是美的本质在世界全面展开，包括艺术美、自然美，乃至社会美、科学美等。前者自学科型美学在 18 世纪正式建立以来一直是主流，20 世纪后期以来，后者的地位逐渐上升，但不管怎样，由美的本质展开为各个具体领域的美都是一种共识。其三，各个领域的美结成一个由美的本质统率的、既相互关联又有逻辑结构的整体。

（二）非西方的非学科型美学

各非西方文化中的非学科型美学的特点，在与西方的学科型美学的内容三要点和结构三特点的比较中呈现出来。先讲非西方的非学科型美学结构上的三个特点：第一，不追求美的本质，也不去给美下一个本质定义；第二，与西方美学一样，对每一个领域的美都有专门的研究；第三，没有把各个领域的美组成一个统一的美学体系。再讲内容上的三个要点：第一，没有专门的美的本质；第二，没有专门的、与一般之感区别开来的美感；第三，认为艺术和非艺术的自然、社会在美的性质上是相同的。

西方与非西方在美学理论上之所以有这样的差异，就在于对世界进行认知时具有根本区别。西方的宇宙是一个实体的宇宙，古希腊的 κόσμος（宇宙），就是从混沌（虚）中产生出秩序（实体）。这秩序由一个个实体性的物体组成。实体性的物体自身构成一个秩序结构，与其所存在的虚空没有本质性关联。物体的本质也在于自身中实体性的东西，对于唯物哲学来说，就是物质或原子，由物质性的原子演化出宇宙万物的存在；对于唯心哲学来说，就是上帝或理式实体性的上帝或理式决定了宇宙万物的存在以及具体物体的本质。与西方宇宙观强调实而轻看虚相反，非西方的宇宙观强调一个虚的、有巨大作用的、虚实相生的宇宙。中国的宇宙是一个气的宇宙[①]。气化流行，生成万物，具体事物死亡后又回归到宇宙之气。与西方的物质或原子不同，气是虚体。因此，中国的宇宙是一种虚（气）实（形质）结构的宇宙。具体物体由气而生，继而由气和具体的形质组成，从而具体物体也是一种虚实结构。印度宇宙的最高本体是梵（Brahmā），宇宙由梵的幻化而产生，宇宙消亡后又幻归于梵。梵是最高的存在，但又体现为虚空，从而宇宙在现象上为实，在本体上为空，但印度的空主要是从时间去看而形成的。事物存在于时间线型，过去了就永远过去了，成为空，现在这一时点很快要过去，转瞬成空，未来尚未到来，本质上也是空。事物只能在日月的照耀下呈现，日月不停地移动，事物由之而呈现为不同的色相，在每一时点上，光的强弱显隐变幻，与之关联的事物呈现也变化着，因此，事物的实体最显著的特点是色。宇宙万物以色空结构呈现，这种色空结构也是一种虚实结构[②]。伊斯兰文化强调真主是存在的，但又不可见，因此"虚空既是真主超越性的象征，又是真主存在于一切事物中的象征"[③]。这样，真主之无（不可形显和不可言说）与世界之实就构成了一种虚实结构，同样，真主与具体事物也构成了一种虚实结构。中国文化、印度文化、伊斯兰文化的三种虚实结构虽然在具体内容上有很大不同，但都与西方的实体结构形成一种鲜明的对照。

正是西方与非西方对宇宙性质和事物性质的认知不同，从而对美的物体和美的世

① 张载说："太虚无形，气之本体，其聚其散，变化之客形尔。"（张载集. 北京：中华书局，1978：7）

② "一切事物产生于那最高的梵"，"我们应该把虚空理解为梵"，因此"一切事物确实产生于虚空"（古印度六派哲学经典. 姚卫群，编译. 北京：商务印书馆，2003：254）。

③ Seyyed Hossein Nasr. Islamic Art and Spirituality. Albany：State University of New York Press，1987：186.

界的认知不同，形成了西方的学科型美学与非西方的非学科型美学的差异。因为非西方的宇宙本质和事物本质都是虚体，所以对于虚体性质特别突出的美的领域都不下本质定义；由于没有本质定义，也就没有把各个领域的美组合成一个美学的学科整体。西方美学由美的本质展开为各个领域的美，非西方美学与西方美学是一样的，因此，一旦进入具体的美学领域，就可以发现各非西方美学在美学的具体内容上达到了与西方美学一样的理论高度，只是由于不用美的本质去组织这些具体的美，从而没有形成一个学科型的美学体系，而是让各个领域美的理论按自身文化所规定的方式存在着。因此，学科型美学与非学科型美学的结构差异，如表 1－1 所示：

表 1－1　学科型美学与非学科型美学的差异

美学的基本类型		学科型美学	非学科型美学
整体结构	美的本质定义	有	无（实为另一方式）
	各个领域的美	有	有
	美的体系结构	有	无（实为另一方式）
美学要项	专门的美的本质	有	美与其他有本质关联
	专门的美感性质	有	美感与其他感有本质关联
	艺术为本质之美	是	艺术与其他形态本质相同

各非西方文化在对审美现象的理论思考中，没有统率各个领域之美的美的本质定义，从而没有把各个领域的美组织成一个体系结构，这一现象的产生在于非学科型美学在美的本质上没有西方式的定义，但用了另一种与文化思想结构相适的虚实结构的方式去应对，这充分地从各个领域的美的理论中体现出来。由于不是用实体定义方式，从而没有一个明显的学科型体系结构，但只要进入具体的美的领域，就可以体会到确有一种美学理论存在，一种非学科型美学方式存在。关于“美的本质定义”和“美的体系结构”上的“无”，在下一章做具体讲述。这里，先从现象上对非西方文化的非学科型美学做一现象的呈现。非西方文化众多，从而非学科型美学众多，这里且举伊斯兰文化、印度文化、中国文化中的美学为例。

伊斯兰文化的美学理论建构从三个相互关联的领域体现出来：一是《古兰经》、圣训、教义等各经典中关于美的一种虚实结构方式的言说；二是体现在各门艺术之中，伊斯兰辉煌的建筑、精美的图案、漂亮的书法、动人的诗歌、优美的故事、独特的音乐，以艺术的形式呈现着内蕴在其中的美学思想，特别是伊斯兰文学，在诗歌和散文中，直接用语言呈现着美学思想；三是专门的理论话语，在音乐上有伊本·阿卜迪·拉比（Ibn ‘Adb Rabbihi）的《罕世璎珞》（*al-‘Iqd al-Farid*）、伊本·赛卜耳因（Ibn Sab ‘In）的《和声学》（*Harmonics*）、法拉比（al-Fārābī）的《音乐大全》（*Encyclopedia of Music*）等著述，在书法上有伊本·穆格莱（Ibn Muqlah）和雅古特·穆斯泰阿绥米（المستعصمي ياقوت）等的理论言说，在文学上有德雅乌丁·本·艾西尔（الأثير بن الدين ضياء）的《作家诗人文学通例》（*General Example of Writer Poetin Literature*）、穆罕默德·本·赛拉姆（سلام بن حمد）的《诗人等级》（*The Poet Level*）、古达迈·本·佐法尔（جعفر بن قدامة）的《散文批评》（*Prose Criticism*）和《诗歌批评》（*Poetry Criticism*）等著述。这三个方面之“实”的后面存在着一种“虚”的相互关联，构成了伊斯兰文化中的非学科型美学理论。

印度文化的美学理论建构同样从三个相互关联的领域呈现出来：一是四吠陀和以奥义书等为代表的印度教经典，以及佛教经典、耆那教经典（以及锡克教经典）中，以一种虚实结构方式呈现的关于美的言说；二是印度史上各种艺术，如神庙、石窟、雕塑、壁画、诗歌、戏剧、音乐、舞蹈等中内蕴着的丰富的美学思想；三是各类文艺理论著作，有公元前后成书的婆罗达（Bharata Muni，曾译婆罗多）之《舞论》（*Nāṭyaśāstra*），约7世纪成书的婆摩诃（Bhāmaha）之《诗庄严论》（*Kāvyālṅnkāra*）和檀丁（Daṇḍin）之《诗镜》（*Kāvyādarśa*），9世纪成书的欢增（Ānandavardhana）之《韵光》（*Dhvanyāloka*），10世纪成书的胜财（Dhanañjaya）之《十色》（*Daśarūpaka*），10或11世纪成书的恭多迦（Kuntaka）之《曲语生命论》（*Vakroktijīvita*）、新护（Abhinavagupta）之《韵光注》（*Kāvyālokalocana*）和《舞论注》（*Abhinavabhāratī*），14世纪成书的毗首那特（Viśvanātha）之《文镜》（*Sāhityadarpaṇa*），17世纪世主（Jagnnātha）的诗学理论等。这三个方面之“实”的后面存在着一种“虚”的相互关联，构成了印度文化中的非学科型美学理论。

中国文化的美学理论建构从五个相互关联的领域展现出来：一是诸子哲学中以一种虚实结构方式呈现的关于美的哲学话语；二是朝廷礼制文献中与美相关的言说，形成中国朝廷美学体系；三是各门艺术，如书法、绘画、音乐、工艺，特别是文学里的各类诗（诗、词、曲）和文（赋、骈文、古文、小品文等），以及小说、戏曲中呈现的美的言说；四是各个艺术门类中的理论言说；五是各类资料中关于天地自然之美的言说。这五个方面之“实”的后面存在着一种“虚”的相互关联，构成了中国文化中的非学科型美学理论。由于中国关于美的理论在两千年的演进中特别丰富，所以其理论话语就可充分呈现中国美学的特点。中国的美学理论以如下四种类型表现出来：其一，同时论述几个审美领域的著作，如刘熙载的《艺概》（把各类文学和书法并在一书中讲）、李渔的《闲情偶寄》（把戏曲、建筑和各种生活审美放在一起讲）。这类著作初一看最与西方美学著作相合，但其实不同，《艺概》包含了明清考试的八股文，《闲情偶寄》有各类生活中的食色快乐。其二，部门艺术专著，如荀子的《乐论》、刘勰的《文心雕龙》、孙过庭的《书谱》、石涛的《画语录》。这类著作从内容范围上讲，相当于西方的专论，但在论述逻辑和表达形式上与西方的专论大不相同。其三，以诗品、画品、书品这类特殊形式表达的理论。其中又有两类：一是如谢赫的《古画品录》，形式松散但论题集中，是专门的“品”；二是如欧阳修的《六一诗话》，形式和论题全都松散，是闲时的“话”。这类著作已经完全不同于西方式的理论形态。其四，以诗论诗，如杜甫的《戏为六绝句》和依托司空图所作的《二十四诗品》。这就完全与西方著作不同了。西方在古代和近代初期也有诗歌形式的理论著作，如古罗马贺拉斯（Quintus Horatius Flaccus）的《诗艺》（*Ars Poetica*）和近代法国布瓦洛（Nicolas Boileau Despréaux）的《诗的艺术》（*The Art of Poetry*），但都是把明晰的逻辑道理用诗的形式讲出来，徒具诗的形式。中国的诗品讲理论，也以诗歌言不尽意的境界为宗旨，显示了中国型的理论特质。

伊斯兰、印度、中国的美学的学的特点，都显示了与西方美学的学的特点完全不同的样态。其一，不把理论言说与艺术作品（特别是文学作品）、哲学话语、宗教圣言，以及凡是与美相关的言说形态区别开来，而是将之关联起来。这体现的正是西方的实体逻辑与非西方的虚实相生逻辑之间的差别，因此，非西方没有对美学进行专门的统一逻辑的论述，让美学之学表现为一个明晰的专门领域，而是把美学论述散存在各个领域之中，在文化的总体上体现出来。美学之学体现为一种实的各领域（诗、文、书、画、音乐、建筑等）和虚的总本质（伊斯兰文化之虚体的真主，印度文化之虚体的梵，中国文化之虚体的道和气）的具有灵虚性的虚实结构。其二，在具体的美的论述中，不是用明晰的实体逻辑呈现理论体系的实在性，而是用虚实相生的逻辑呈现理论体系的虚灵性。这在中国的体系型著作中有淋漓尽致的展示，且以依托司空图所作的《二十四诗品》为例。

《二十四诗品》是用美学范畴建构起来的美学体系，它的二十四个范畴——雄浑、冲淡、纤秾、沉著、高古、典雅、洗炼、劲健、绮丽、自然、含蓄、豪放、精神、缜密、疏野、清奇、委曲、实境、悲慨、形容、超诣、飘逸、旷达、流动——象征天地间的一切美。二十四个范畴既包含空间型的类型，又包含时间上春、夏、秋、冬的流动。二十四品可以进行多种组合，且举三种。一是按宇宙哲学分，构成中国哲学最基本的阳刚之美和阴柔之美，如下：

阳　雄浑　纤秾　典雅　劲健　绮丽　豪放　精神　缜密　实境　悲慨　形容　流动

阴　冲淡　沉著　高古　洗炼　自然　含蓄　疏野　清奇　委曲　超诣　飘逸　旷达

二是按社会思想类型分，构成儒家之雄浑、道家之冲淡、世俗之纤秾三大基本审美类型，如下：

儒家之美　雄浑　典雅　劲健　豪放　精神　缜密　洗炼　实境　悲慨
道家之美　冲淡　沉著　高古　自然　含蓄　疏野　清奇　超诣　旷达
世俗之美　纤秾　绮丽　飘逸　委曲　形容　流动

三是按自然的时间运行分，构成春、夏、秋、冬四大基本类型，如下：

春之秀丽　纤秾　绮丽　形容　自然　委曲　流动
夏之精神　雄浑　劲健　精神　豪放　飘逸　旷达
秋之逸气　冲淡　清奇　超诣　疏野　洗炼　悲慨
冬之肃穆　高古　典雅　沉著　实境　缜密　含蓄

还可以进行多样划分，透出非学科型美学在结构体系上的特色。它是由非西方文化在宇宙和物体方面的虚实结构带来的审美世界所具有之虚灵性和转换性，也显示了非学科型美学在体系上的丰富性和独特性。具体到中国文化中的非学科型美学，《二十四诗品》呈现了与中国宇宙一致的天地永恒运转的境界。这一境界通过结构的圣数体现出来。《二十四诗品》中的二十四品契合一年二十四个节气的运行，每一首诗十二句，象征一年十二个月的流转，每一句四个字，象征一年四季的变幻。最后一品《流动》如下：

若纳水辖，若转丸珠。
夫岂可道，假体如愚。
荒荒坤轴，悠悠天枢。
载要其端，载同其符。
超超神明，返返冥无。
往来千载，是之谓乎。

它总结性地告诉人们，宇宙的时间就像地轴和天枢一样，周而复始地旋转，日往则月来，冬之后是春；宇宙的空间由地轴和天枢所生成，像二十四品一样多样性地展开，有无明灭，与时转换；更重要的是，它以总结性的语言呈现了中国文化的虚实一体结构。《二十四诗品》是一个理论体系，但又用诗的形式体现出来。每一品，用诗来解说，表明了中国文化的定义不是只重实体的明晰，更要在虚实一体中通过实去体会虚。对虚的体会，诗是最好的方式；对虚的表达，诗也是最好的方式。《二十四诗品》的诗不完全是诗，也是一种理论的表达方式，且以第一品《雄浑》为例：

大用外腓，真体内充。
返虚入浑，积健为雄。
具备万物，横绝太空。
荒荒油云，寥寥长风。
超以象外，得其环中。
持之匪强，来之无穷。

前四句是对怎样达到雄浑进行的抽象语言描述，接着四句是用形象的方式呈现达到雄浑境界是怎样的，最后四句是对雄浑下一个抽象语性定义。“超以象外，得其环中”是核心定义，“持之匪强，来之无穷”是补充定义。《二十四诗品》可体现出中国的非学科型美学是怎样建构具有自身特色之理论的。它把形象呈现和抽象把握完美地结合在一起。每一品都呈现为：标题是概念性的，如雄浑、冲淡、纤秾；内容是形象呈现和抽象把握的统一，如前两品内容所呈现的。这种理论把握方式把非学科型美学的特点充分地凸显了出来。一方面，它在进行“实”的定义；另一方面，它又把实之内在的“虚”不落言筌地透了出来，乃至解释性的内容可以基本不用抽象定义，而直接用形象去呈现标题所标示的审美类型。比如，什么是“典雅”？《典雅》一品的内容是：

玉壶买春，赏雨茅屋。
坐中佳士，左右修竹。
白云初晴，幽鸟相逐。
眠琴绿阴，上有飞瀑。
落花无言，人淡如菊。
书之岁华，其曰可读。

又比如，什么是“绮丽”？《绮丽》一品的内容是：

神存富贵，始轻黄金。
浓尽必枯，淡者屡深。
雾余水畔，红杏在林。
月明华屋，画桥碧阴。
金尊酒满，伴客弹琴。
取之自足，良殚美襟。

不是让你去把握一个定义、一个解说，去琢磨艺术之言，而是让你迅速由言入意、由言入境，直接在境中去感受、去体味、去心领。入一品之境，是为了让你知道该品是什么。因为用概念、解说、定义都达不到事物本虚的深处，而用形象的描述让你去感受就达到了深处，“不著一字，尽得风流”。它说了，又什么都没说；它没说，你却能通过鲜活的景象领悟到其底蕴。这是一种虚实相生之美学言说方式。

通过对《二十四诗品》这类以诗论诗型理论的解说，很容易体会到中国美学虚实合一的特性，扩而大之，中国美学的五类材料其实就是五种虚实合一的形式。这种虚实合一之美，要用一句话来概括，不妨借笪重光《画筌》中的名言：“虚实相生，无画处皆成妙境。”《二十四诗品》讲的是诗，但却是从美学范畴的高度讲的，是完全由诗的门类进入了美学层面的著作。把《二十四诗品》与黄钺的《二十四画品》、杨曾景的《二十四书品》一比较就可以知道，后两部著作，一画论、一书论，与《二十四诗品》一样，都用二十四个范畴来呈现二十四品，都用四言诗，每品都是十二句，都是从一个艺术门类进入而达到美学高度和美学普遍性的著作。《二十四诗品》标题是诗之品，但内容却完全是对美学类型的本质呈现，因此，《二十四诗品》充分显示了非西方的非学科型美学的理论特点。

四、美学在世界现代化进程中的演进

西方美学用了明确的学科形态来讲美，非西方美学用了非学科形态来讲美，在世界进入现代化进程之前，两类美学各自按照自身的方式演进。现代社会在西方兴起并向全球扩张，带动着全球的现代化升级，成为世界的主流文化。一方面，西方美学随着西方知识体系进入各非西方文化；另一方面，各非西方文化在走向现代化的进程中，学习西方的知识体系以建立自己的现代知识体系，以西方美学为参照，建立起自己的现代美学。这一西方与非西方的文化互动，使得世界美学地图呈现为西方型美学的一统天下。在这一过程中，非西方美学都有了西方型美学的基本构架：一是有一个与西方美学相同的名称和学科形态，二是这个学科形态在整个知识体系中的位置与西方美学相同，三是其美学原理的结构方式以西方美学的结构为基础。各非西方美学建立自己现代美学的过程虽然形式多种多样，但都在上面三种规范下演进。且以中国现代美学的建立为例。中国现代美学在上述三种规范的影响下，呈现为三个阶段的演进：一是美学名称的定译，二是美学学科体制的建立，三是美学原理论著的出现。

第一阶段，美学名称的定译。西方的 Aesthetics（美学）在 19 世纪末进入汉字文化圈的东亚，西方传教士、日本学者和中国学人曾选用不同的汉字词汇与之对译，如有“佳美之理”、“审美之理”［由传教士罗存德（Wilhelm Lobscheid）1886 年的《华英词典》所用］、“审美学”（由日本小幡甚三郎撮译、吉田贤辅 1870 年校正的全二册《西洋学校轨范》所用）、“论美形”或“如何入妙之法”［由德国传教士花之安（Ernst Faber）1873 年的《德国学校论略》所用］、“佳趣论”（由日本西周 1870 年的《百学连环》讲义所用）、“美妙学”（由日本西周 1872 年的《美妙学说》“进讲草案”所用）、“艳丽之学”［华人颜永京 1889 年翻译出版美国心理学家海文（Joseph Haven）《心灵学》（*Mental Philosophy*）时所用］、“美学”（日本中江兆民 1883 年译《维氏美学》所用，该书翌年 3 月由日本文部省编辑局刊行）。最后，“美学”一词在日本成为定译，这一定译进入中国之后，在王国维、蔡元培、康有为、梁启超的影响下，成为中国学界的定译。

第二阶段，教育的美学学科设置。张之洞等组织制定的《奏定大学堂章程》规定“美学”为工科“建筑学门”的 24 门主课之一，随后（1906 年）王国维《奏定经学科大学文学科大学章程书后》要求在大学的文科里开设“美学”专门课程。民国初年（1913 年）颁布的《教育部公布大学规程》在国文学中列入了“美学概论”。这一系列运作使美学成为中国现代教育体制中的一个学科。

第三阶段，在美学成为教育体制中的一个学科之后，中国学人借鉴西方的相关论著，较快地写出了美学原理论著。萧公弼《美学概论》，连载于《寸心》杂志 1917 年的第 1、2、3、4、6 期，未完。1923 年吕澂出版了中国第一部《美学概论》，从此之后，美学原理论著不断出现。仅在战火不断的民国时期（1912—1949），就出版美学原理论著 15 部①。其中最有影响的是朱光潜按西方美学模式写的《文艺心理学》（乃《谈美》的学术版）和蔡仪按苏联模式写的《新美学》②。经过这三个阶段，西方型美学成为中国现代美学的主要形态。

在世界现代化进程开启以来的学术语境中，西方美学被认为具有放之四海而皆准的普遍性，各非西方文化的学人怀着同样的信念对之进行移置，从而让各非西方文化拥有这一知识。但是，非西方文化的学人对西方美学的“移置”（这更鲜明地从西方美学著作的翻译中体现出来），或者换言之，非西方文化的学人对各自文化中现代美学的建立（这更主要地从按西方美学原理的结构框架所写的美学著作中体现出来），是在两种语境（context）中进行的：一是各非西方文化深厚的传统美感，二是各非西方文化的现代美感新质。

先谈非西方文化的传统美感方面。非西方学人对美学的移置或曰建构，是以自身的

① 民国时期美学概论著作除本节提到的 4 种，还有：吕澂．美学浅说．上海：商务印书馆，1923；陈望道．美学概论．上海：民智书局，1927；范寿康．美学概论．上海：商务印书馆，1927；徐庆誉．美的哲学．上海：世界学会，1928；李安宅．美学．上海：世界书局，1934；王钧初．辩证法的美学十讲．上海：长城书店，1932；金公亮．美学原论．上海：正中书局，1943；傅统先．美学纲要．上海：中华书局，1948；萧树模．美学纲要．上海：世界书局，1948；马采．论美．广州：美术研究会，1948。

② 苏俄/苏联美学自认为是西方美学从黑格尔到马克思的真正继承者，因而其美学在基本结构上是西方美学，或者说成为西方美学的一个分支。

传统知识为背景进行的。非西方的知识传统作为一种解释学（hermeneutics）上的前理解（pre-understanding），在暗中对美学的建构发挥作用。从解释学的理论来看，非西方美学的建构是各非西方美学［构成各非西方学人建构前的解释学视野（horizon）］与西方原有美学（这是一种不同于非西方的新的“视野”）对话而出现的视野融合（fusion of horizons）的产物。这样，在主观上，非西方学人要按西方的美学原则建立起自身的现代美学，在客观上，在建立过程中又无意识地同样也是必然地把自己的一些东西加入这种美学之中。这从几个重要方面体现出来：第一，在美学命名上，这一点在汉文化圈的东亚最为明显，且以之为例。西方的美感（aesthetics）是与日常美感（sense of beauty）不同的、具有专门性和特殊性的美感，东亚并无这种美感，故而无法找出一个适当的词来翻译，只能用一个与之最接近的普泛性的词“美”加上与 aesthetics 中的 -ics 对应的“学”来对之命名。严格地讲，这样的命名已经（又不得不且必然要）偏离西方美学的原义。（这里细讲下来会离题太远，所以点到为止）。第二，西方美学之定义来自这一特殊的美感的定义。前面讲过，康德的《判断力批判》对之有经典的论述：这种美感不是来自感官的快感（不同于功利），亦不是来自知识的快感（不同于概念），也不是来自道德的快感（不同于伦理）。杜夫海纳（Mikel Dufrenne）《审美经验现象学》（*The Phenomenology of Aesthetic Experience*）对之补充说：世界中的一切，包括人体、社会、自然、工艺、科学等，都有美，但这些美是混杂的，从这里得到纯正的美感是偶然的（而这种偶然的获得也一定是按照审美心理学诸流派讲的，要通过一系列心理技术，如距离、直觉、内模仿、移情、同一等，才能达到），而艺术是人为美而创造出来的，因此在艺术中才可以得到纯正的美感。这里应当专门指出，西方人认为，艺术的本质特质不是现实，而是虚构，因而艺术与现实功利、知识概念、宗教道德区别开来，从而美学就是艺术哲学。以上两种经典性的西方著作，彰显了西方型美学的特征。而在非西方美学中，就美而言，美与真和善不是区别开来的，而是相互关联的。且以中国为例。《说文》里释美：美，“善也”。释善：善，与“美同意”。当然这里的“同”不是完全相同，而是有关联且必须关联。就艺术而言，中国以诗文为核心的艺术，其基本特质不是虚构，而是写实，从而与现实有方方面面的紧密关联。在文学上，文以载道；在绘画上，以“一管之笔，拟太虚之体”（王微《叙画》）；在音乐上，讲究“乐者，天地之和也”（《礼记・乐记》）。这种关联，如《红楼梦》第五回中讲的“人情练达即文章”，如林则徐故居对联写的“为政若作真书，绵密无间”，如杨慎讲的“会心山水真如画，巧手丹青画似真”（《升庵集》卷二百零六）。在叙事作品里，金圣叹把《水浒传》这类小说和《西厢记》这类戏曲，《论语》《周易》《诗经》类的六经，《庄子》类的诸子，《穀梁传》类的学术之文，《离骚》、杜诗类的抒情文学，《战国策》《史记》类的历史著作，都归为“文”，而且认为它们具有共同的“文法”。这里由中国文艺理论所呈现的正是非西方型美学的特点。正因为中国的现代美学建立在中国传统之上，所以，中国学人在移植西方美学之时，虽然全盘接受了西方美学的基本框架和概念体系，但在用这些框架和概念讲述美学之时，却是用非西方型美学的思维方式在进行运思，这在中国王朝闻的《美学概论》和李泽厚的《美学四讲》中有明晰的体现。两部著作都认为，美是合规律性（真）与合目的性（善）的统一。这与康德对美的经典论述形成鲜明对照。同样，在两部著作中，社会美、自然美、工艺美、技术美与艺术美都被作为美的基本类型，被统一看待。这与杜夫海纳对审美对象的经典论述显著不同。在这样的基础上，在王朝闻和李泽厚的著作中，一方面把美论与艺术论分开论述，另一方面又把美论贯彻到艺术论之中，艺术无非合规律性（真）与合目的性（善）在艺术上的体现而已，与西方美学认为的艺术的目的就是追求美有本质的区别。中国现代美学从移置西方美学而来，结果又与西方美学有所区别，正是中国传统的非西方型美学与西方型美学的一次次视野融合的结果。

中国美学学人在移置西方美学之初，认为西方美学的普遍性应当适用于中国美学，于是就产生了最初的中国现代美学。这样做，一方面，与中国审美现实的演进，特别是新生审美事物的出现，是适应并与之并进的；另一方面，在面对传统中国美学时，也感受到不少困难，只是这一困难最初并不突出，这从中国美学的第一代学人王国维、刘师培、梁启超的论著中可以明显感到。王国维在写《人间词话》《宋元戏曲考》《屈子之文学精神》《〈红楼梦〉评论》等时，刘师培在写《论美术援地区而论》《原戏》《舞法起于祀神考》《中国中古文学史讲义》等时，梁启超在写《中国之美文及其历史》《中国韵文里头所表现的情感》《屈原研究》《陶渊明》《情圣杜甫》等时，也写有不少西方美学论述，中西美学在本质上的差异并没有被凸显出来。但随着研究进一步深入，中国美感的独特性被普遍地感觉到了，一种重视中国美感特质的研究展现出来，中国学人对中国美感的研究展开为三大类型，一是新儒学代表人物，如唐君毅、徐复观、钱穆等，从中国本位的立场出发，从哲学到美学，通过古代文艺的实例对中国美感进行总结①。二是海外华人学者，如叶维廉、高友工、刘若愚等，在西方学界的氛围中，以比较美学的方式总结中国美感的特质②。三是宗白华、邓以蛰自民国以来，以美学为主位进行着中国美感总结③。中国学人在这三个方面的研究有一个总的特点，就是在深入西方美学的基础上回到传统，因此，对中国美感特质的研究是建立在比较美学之上的，这在方东美、宗白华、叶维廉的言说中特别明显。方东美在《生命情调与美感》中比较了三种人（希腊人、近代西人、中国人）的不同，在相互比较中既突出了三者各自的特色，同时也突出了中国文化所独具的生命情调与美感特色。方东美说，在宇宙背景上，希腊人是有限乾坤，近代西人是无限宇宙，中国人是冲虚绵邈的宇宙。就不同宇宙的典型体现而言，希腊人是万神庙，近代西人是哥特式教堂，中国人是深山古寺；

---

① 这些学人对中国美感的总结，主要体现在：唐君毅的《中国文化之精神价值》的第十章“中国艺术精神”与第十一章“中国文学精神”及《中华人文与当今世界》上册的第十一章“中国文学与哲学”与第十二章“文学的宇宙与艺术的宇宙”，徐复观的《中国文学精神》《中国艺术精神》，钱穆的《中国文学讲演集》及《现代中国学术论衡》中论中国文学、艺术、音乐的三章。

② 这些学人对中国美感的总结，主要体现在：叶维廉的《语法与表现：中国古典诗与英美现代诗美学的汇通》《语言与真实世界：中西美感基础的生成》《中国古典诗和英美诗中山水美感意识的演变》等，高友工的《文学研究的美学问题（上）：美感经验的定义与结构》《文学研究的美学问题（下）：经验材料意义与解释》《中国文化史中的抒情传统》《试论中国艺术精神》《律诗的美学》《词体之美典（演讲节要）》《中国之戏曲美典》《中国戏曲美典初论》（皆收入《美典：中国文学研究论集》中），刘若愚的《中国诗学》《中国文学理论》《中国文学艺术精华》等。

③ 二人对中国美感的总结典型地体现在宗白华的《论〈世说新语〉和晋人的美》《中国诗画中所表现的空间意识》《论文艺的空灵与充实》《中国艺术意境之诞生》等论著，及邓以蛰的《画理探微》《六法通诠》《书法之欣赏》等论著中。

在艺术体现上，希腊人是裸体雕刻，近代西人是油画和乐器，中国人是山水画与香花；体现在人物上，希腊人是阿波罗，近代西人是浮士德，中国人是诗人词客；在境况（即意境）上，希腊人是雨过天晴，近代西人是晴天霹雳，中国人是明月箫声；在情韵上，希腊人是色在眉头，素雅朗丽，近代西人是激雷过耳，震荡感激，中国人是花香入梦，纡徐蕴藉；等等[①]。宗白华在《中西画法所表现的空间意识》的篇首引用了施本格勒（Oswald Spengler，又译“斯宾格勒”）《西方的没落》（*The Decline of the West*）中关于不同文化有不同象征物以体现自身文化的特质：古埃及是“路”，体现为金字塔中的甬道；古希腊是“立体”，体现为雕像；近代欧洲是“无尽的空间”，体现为伦勃朗（Rembrandt Harmensz van Rijn）的风景画。因此，研究中国文化，应深入中国人的宇宙意识，如此方能呈现中国之美的特性[②]。这构成了宗白华对中国审美领域和美学理论进行言说的特点，他在自己的论著中不断地引用孔子、孟子、老子、庄子、《周易》之言，正是要让中国之美达到具有中国特色的宇宙意识的深度。叶维廉在《语言与真实世界：中西美感基础的生成》等一系列论著中，自觉运用中西比较的方式来呈现中国美感的特质。

这一以西方美学为基本框架而发现自身文化的独特美感的方式，不但出现在现代中国，也出现在其他非西方文化中，东亚的日本和韩国也是这样，日本的大西克礼（Onishi Yoshinori）在《幽玄与物哀》《风雅论：“寂”的研究》等著作中，对日本美学的特质进行理论总结，突出了作为日本美感特色的幽玄、物哀、寂等重要范畴。韩国的高裕燮在《朝鲜古代美术的特色和它的继承问题》中对韩国美学的特质进行理论总结，提出了“无心而美”“无巧之巧”“疏大荒杂”“寂淡之味”等韩国美感特色。还有尹喜淳的《韩国美术史研究》和崔淳雨的《韩国美的叙说》等，都对韩国美感的特色有自己的总结。在印度亦是如此，帕迪（K. C. Pandey）在20世纪50年代就出版了《比较美学》（*Comparative Aesthetics*）一书，分为相互独立的两本，一本为《印度美学》（*Indian Aesthetics*），另一本为《西方美学》（*Western Aesthetics*），前者在与西方美学的比较中，把印度古代的主要艺术门类——戏剧（含诗歌）、音乐、建筑（含绘画）——组织起来，但同时又按印度美感的方式，用以味（Rasa）为核心的一整套印度独特的术语去讲印度艺术特有的美。苏蒂（Pudma Sudhi）的《印度美学理论》（*Aesthetic Theory of India*）以跋娑（Bhāsa）、马鸣（Aśvaghoṣa）、首陀罗迦（Sudraka）、迦梨陀娑（Kālidāsa）四人的文艺作品为主线，同时又做了广度和深度的扩展，一方面通过文艺作品中的思想，与印度教各种经典中的美学思想和佛教的主要思想关联起来，另一方面通过文艺作品中的内容，把生活的各个方面联系起来，以Rasa（味）和Dhvani（韵）等印度型概念为核心，以哲学的广大思想和生活的广阔内容呈现了印度美学的特色，比如，在由味而来的审美世界（rasa-visva）里，有由佛教思想而来的审美快感（Ānanda，阿难陀之乐），有由印度教思想而来的审美快感（brahmasvada，梵感之美），还有由把做爱提升到神性而来的美感（kama），以及其他种种非印度语言所能理解的

---

① 方东美. 生生之美. 北京：北京大学出版社，2009：91.

② 宗白华全集：第2卷. 合肥：安徽教育出版社，1994：141-148.

美感。巴林格（Surrendra Sheodas Barlingay）的《印度美学理论——从婆罗达到世亲》（*Indian Aesthetic Theory：The Development from Bharata to Jagannātha*）就以理论著作和关键概念为核心来展开以味为中心的印度美感。在伊斯兰文化中同样如此。纳赛尔（Seyyed Hossein Nasr）的《伊斯兰的艺术与精神》（*Islamic Art and Spirituality*）对伊斯兰的艺术，从书法到建筑、从诗歌到音乐、从伊斯兰的神圣建筑到波斯的神圣艺术，一一进行了整理和论述，引用了《古兰经》、圣训等各种文献，从伊斯兰教的思想来解释伊斯兰艺术的独特性。阿波斯夫（Boris Behrens-Abouseif）的《阿拉伯文化的美》（*Beauty in Arabic Culture*）从阿拉伯文化的各种文献资料中整理出了其对该文化中各门艺术（建筑、装饰、图案、书法、文学）的看法、观点、思想。而把这方方面面思想串起来的，是伊斯兰的宗教精神。里曼（Oliver Leaman）的《伊斯兰美学导论》（*Islamic Aesthetics：An Introduction*）把伊斯兰的艺术——书法、音乐、文学、家居、花园——与真主和《古兰经》思想联系起来进行讲解，既呈现了伊斯兰美学思想的统一性，又彰显了伊斯兰美学思想的独特性。虽然正如瑞纳德（John Renard）的《进入伊斯兰的七道门》（*Seven Doors to Islam*）所定位的，美学只是进入伊斯兰思想的七道门中的一道门。但在进入美学这道门后，感受到的是一种独特的伊斯兰精神的光辉下的伊斯兰之美。

不过，虽然各非西方美学努力去发现本文化的美学特点，但在主要原理、基本框架、术语之厘定上又都是以西方美学为基础、为参照而进行的，最主要的是以西方学科型美学的实体思维和实体逻辑来运行的，从而与现代以前的本文化的思维方式和表述方式有基本的不同。正是在这一点上，可以说，现代以来的非西方美学是在西方美学的主导下运行的。

非西方文化的现代美学一方面采用西方学科型美学的框架，另一方面又程度不同地坚持着传统的非学科型美学的内容，这在一定程度上与西方美学本身的演进有关。

西方美学自作为学科产生以来，其发展可以分为三个阶段：近代阶段、现代阶段、后现代阶段。近代阶段从文艺复兴至 19 世纪末 20 世纪初，这一时期，西方完成了自身的学科型美学建构，并随着西方文化走向世界而成为世界的主流美学，影响了各非西方文化美学以学科型美学进行的现代建构。现代阶段从 20 世纪初至 20 世纪 60 年代，这一时期的显著标志是以分析哲学和分析美学为代表的各西方美学流派否定了美的本质。后现代阶段是从 20 世纪 60 年代至今，这一时期，一直在现代阶段翻腾的否定非功利美感和否定艺术是美的本质内容的思想得到了根本性的肯定。从这一时期开始，世界美学进入了一个新的阶段，是重新思考美学本身和如何重建世界美学的阶段。

五、美学在后现代时代的转变

前一节主要讲各非西方文化的非学科型美学如何在西方学科型美学的影响下，转向对学科型美学的现代建构。这一节主要讲西方学科型美学在自身内在逻辑的推动下，以及在与各非西方文化的互动中进行的美学升级，以及对世界美学总貌产生的影响。

在西方文化的主导下，世界美学从分散的世界史向整体的世界史演进，开始了以西方的学科型美学为主的美学大普及，但在世界按照西方学科型美学原则进行重建之时，西方美学自身，从近代跃入现代伊始，就开始了新的美学升级，并在进入后现代之后愈加明显。这一升级是以西方学科型美学为基础进行的，但在进行的同时又开始疏离学科型美学的基本原则。从更宏观的视野去看，在西方文化内部，这一升级与西方科学和哲学的升级紧密相关，从世界的范围去看，西方的科学和哲学升级的方向又与非西方文化原有的思想有相当大的契合，从而西方美学的升级在一定程度上呈现为与各非西方文化的非学科型美学在一些重要方面的会通。这样，世界美学的演进就呈现了一种有趣的循环：首先，在整体的世界史之前，世界美学呈现为西方的学科型美学和非西方的非学科型美学；然后，进入整体的世界史之初，各非西方美学放弃自身的非学科型美学，全部转向学科型美学，形成学科型美学的世界一统；接着，西方学科型美学升级，否定学科型美学的古典传统，在从近代向现代的升级中否定了美的本质，在从现代向后现代的升级中否定了美感的超功利性和以艺术为本质性之美。这三点否定都与非西方美学的非科学型美学相契合，但否定学科型美学三大基点后的西方美学仍是学科型美学，这一种在学科型美学基础上看似向非学科型美学的转向，也可被视为学科型美学与非学科型美学的一种新综合。

先从变的视点看西方美学的升级。前面讲，西方学科型美学在内容上有三大项：一是统率一切具体之美的美的本质，二是与其他感区别开来的非功利美感，三是艺术是美的本质内容。这三点正好成为西方美学升级后的标志。西方美学从近代向现代的升级，最大的标志就是完成了对美学内容三大项中第一项的否定。对第二和第三项的否定也开始进行，到后现代阶段美学基本上完成了对第二和第三项的否定。因此，可以把三大否定综合起来进行呈现。

第一项，现代美学发动了对美的本质的否定。这一否定是以分析哲学和分析美学为主体进行的。分析美学否定美的本质，从三个视点进行。一是从理论命题与世界实体的对应来看，美的本质不存在。一个理论命题是真还是假，在于外部世界是否有一现实与之对应。从这一点来看，美学的每一个具体命题都可以找到现实的对应物，而关于美的本质是什么的任一命题却都没有对应物。因此，任何关于美的本质是什么的命题都是假命题。我们知道，这一否定是建立在西方实体世界基础之上的：关于美的本质的问题没有物质实体作为对应，因此为假。反观非西方的非学科型美学，知道美的本质与虚体相连，虚体本是不会用实体性命题去表述的，因此也无关于美的本质是什么的命题出现。二是从美的词性进行，美的本质建立在对每一个美的物体说“这是美的”之后进行的综合上，分析美学从“美的”这一词性上看，证明凡是对一个物体说“这是美的”时，“美的”这一看似以形容词面貌出现的词，不是对物体的物质性质的形容，而是对物体某一物质性质的感叹，实际上是一个感叹词，说这朵花“是美的”与说这朵花“真美”，也与面对这朵花说“啊”，是一样的。因此，形容词可分为两类：一类形容词，如“圆的”“红的”，与物体有实的对应关系，所以为真实描述；另一类形容词，如“美的”，与物体没有实的对应关系，体会为对物体感受的感叹，所以没有理论求真的意义。美的本质建立在所有具体“是美的”之词性基础上，基础不实不真，由之得出的美的本质就为虚为假。三是从美的句型进行。美的本质定义在句型上体现为“美是什么”，此句型可抽象为“X是什么”。这是一个最具西方文化特色的句型，人面对世界和物体，一直在进行这样的提问，随着对这样的提问的正确回答，人就获得了所问之物的正确知识。但分析美学家发现，“X是什么”有两类不同的使用：一类属于科学（形而下）之问，如氢是什么、花是什么等，是可以得到正确答案的；另一类属于哲学（形而上）之问，如时间是什么、上帝是什么等，是得不到正确答案的，因为在世界中找不到这一实在的对应物。“美是什么”就属于哲学之问，而非科学之问，因此是永远得不到正确答案的。分析美学通过一以贯之的三个方面，否定美的本质命题具有理论的真理性。美的本质被否定，在于西方现代美学发现它属于虚的领域而不属于实的领域。西方现代美学家也承认一个虚实结合的世界，如海德格尔就认为，美的本质是存在的，但不可言说。在现实效果上，同样否定了给美的本质下定义这一理论方式。美的本质被否定之后，其在美学体系中被用来进行统合一切具体之美的功能就被一系列新的方式取代了，如维特根斯坦就以美的“家族相似”重新组织美学，把美学整体看成一个开放的家族，又如杜夫海纳就通过“审美对象是什么”之问来重建自己的美学体系。

第二项，现代美学发动了对超功利美感的否定。如果美感（aesthetics）在德国美学中的出现是对英国美学中趣味（taste）的泛审美性质进行了审美的纯正化，那么，美国的自然主义-实用主义美学则正是要把由康德定义的纯正美感扳回到原来的泛审美中，桑塔亚那（George Santayana，又译为“桑塔耶纳”）的著作《美感》（*The Sense of Beauty*），从书名上就用泛化的sense（一般之感）取代了aesthetics（专门美感），又在书中明确地讲：感受美的器官不仅是眼、耳，还有舌、鼻、身，连内脏也对美感有帮助①。同样，美感并不拒绝与真、善合作，后二者对美的提升都有帮助②。承传桑氏美学的杜威（John Dewey）在《艺术即经验》（*Art as Experience*）里，把美感的泛化推进到艺术领域，正如其书名所呈现的：艺术不是与生活经验区别开来的结果，而正是来自日常生活经验。

第三项，现代美学发动了对艺术为美的本质内容的否定。19世纪末20世纪初，最引人注目的是两个潮流，一是日常生活中美的观念变化，二是艺术演进中艺术性质的变化。在前一个方面，在英国，莫里斯（William Morris）的工艺美术运动提倡制造具有美学质量的、为群众享用的工艺品，把美带向行业和生活，唯美主义者王尔德（Oscar Wilde）要人们在生活中发现美、鉴别美、欣赏美，布鲁姆斯伯利文艺人士圈（Bloomsbery Circle）在居室、服饰、行为、举止上都讲究精美化和艺术化；在法国，波德莱尔（Charles Baudelaire）关注到，在繁华的都市成长起来了一批新人群，他们力图把身体、行为、感觉、激情，总之把人的整个存在都变成艺术品。这里的一个总基调就是，要让日常生活成为艺术型的生活。在后一个方面，现代艺术在不断演进中产生了现成品艺术，杜尚（Marcel Duchamp）把一个普通便池送到美术馆，成为著名的艺术作品《泉》，沃霍尔（Andy Warhol）把一个普通盒子送到展览会，成为著名的艺术作品《布利洛盒子》。这两件艺术作品在物质形态上与生活用品毫无差别，为什么它们就是艺术，而生活

---

① 桑塔耶纳. 美感. 缪灵珠，译. 北京：中国社会科学出版社，1982：36.

② 同①143.

中的众多便池和盒子就不是艺术？分析美学家迪基（George Dickie）和丹托（Denis Dutton）想出一种艺术制度理论（the institutional theory of art）来予以说明，是由权威机构、艺术家、策展人、批评家等形成的整个制度氛围让《泉》和《布利洛盒子》成为艺术的。但是，现成品艺术的一个最大效应就是，在本质上抹去了艺术品与生活用品之间的物理界限，正是这一点让人重新思考艺术与生活的关系，思考艺术的美学原则。这一艺术与生活的相互接近、互渗、交织，不但在哲学界引起了相应的反响，如 20 世纪初英国哲学家摩尔（George Moore）强调日常生活应当是审美型的生活，20 世纪后期美国哲学家罗蒂（Richard Rorty）要求善的生活标准就是扩张自我、实现欲望、追求新感觉、享受新品味，而且在 20 世纪后期西方进入后现代的消费社会之后，现实中的一切，城市、步行街、购物场所、商品包装、办公室布置、娱乐场、旅游等，无不被加进了美的因素。正是在这一氛围中，德国的韦尔斯（Wolfgang Welsch）、法国的鲍德里亚（Jean Baudrillard）、美国的费瑟斯通（Mike Featherstone）和舒斯特曼（Richard Shusterman）、墨西哥的曼德卡（Katya Mandoki），纷纷提出了各具特色的日常生活审美化的理论①。曼德卡在《日常生活美学》（*Everyday Aesthetics: Prosaics, the Play of Culture and Social Identities*）中逐一对近代美学关于美感和艺术的定义进行驳斥，可以作为这一美学的代表，他把近代美学关于美感和艺术的定义看成应当被完全否定的传统美学的“神话”②。

在西方，自现代美学以来，对学科型美学的三大项进行了全面反转和深度思考，于 20 世纪后期，在后现代美学中，先发展出如火如荼的生活美学，又产生出既与之相关联又与之相区别的身体美学。舒斯特曼在《实用主义美学》（*Pragmatist Aesthetics*）中提出：身体美学应当成为一个学科。其思想与法国的梅洛-庞蒂（Maurice Merleau-Ponty）、福柯（Michel Foucault）、布迪厄（Pierre Bourdieu）关于身体的美学思想，以及生活美学各派关于身体之美的思想，有多样的对话关联，并共同形成了庞大的身体美学的话语谱系③。最重要的是生态型美学的崛起，它从三个领域同时产生出来：一是景观学科［包括北美的 Landscape Architecture（简称 LA 学科）和西欧的 Landscape Ecology（简称 LE 学科）］中用生态的观点来看待自然景观而出现的新理论；二是从美学中产生了环境美学，以美国的伯林特（Arnold Berleant）、加拿大的卡尔松（Allen Carlson）、芬兰的瑟帕玛（Yrjö Sepänmaa）等为代表，用对自然的重新反思来反对近代美学的理论核心；三是文学理论中产生了生态批评，以布伊尔（Lawrence Buell）、格罗特费尔蒂（Cheryll Glotfelty）、默菲（Patrick D. Murphy）等为代表，用生态的观念来重估文学作品对自然的态度④。这三个领域的汇集形成了强大的生态型美学。如果生活美学和身体美学把西方美学从艺术领域扩大到了社会的广大领域，那么生态型美学则把西方美学从

---

① 张法．西方日常生活型美学：产生、要点、争论．江苏社会科学，2012（2）：17-22.

② Katya Mandoki. Everyday Aesthetics: Prosaics, the Play of Culture and Social Identities. Burlington: Ashgate Publishing Company, 2007: 15.

③ 张法．身体美学的四个问题．文艺理论研究，2011（4）：2-8.

④ 张法．西方生态型美学：领域构成、美学基点、理论难题．河南师范大学学报（哲学社会科学版），2011（3）：171-175.

艺术领域扩大到了自然的广大领域。生活美学、身体美学和生态型美学这三大最新美学潮流，都对近代美学关于美感和艺术的定义进行了根本性的否定。就美感而言，第一，美感不是超功利的，而是就包括了功利在其中；第二，美感不是悬搁欲望，而是就内蕴欲望于其中；第三，美感不是超越概念和知识的，而是与之相包含、相配合的；第四，美感不是超道德的，而是与之相包含、相配合的。就艺术而言，第一，艺术不是与生活对立的，而是与之互含、互渗、互合的；第二，艺术不仅是对美的形式的欣赏，而且包含着欲望、知识、道德的内容。总之，美不是区别于真和善而获得自己的定义，而是与之相关联而获得自己的定义。

这三种美学思想的转变代表的是西方思维方式的转变。西方美学从古代对美的本质的定义到近代关于美感和艺术的定义都是在西方思维方式上进行的。这种思维方式即通过把一事物与其他事物区分开来而对之进行定义，正如科学实验室把一事物放进实验室而与外界隔离开来进行研究以得出关于此事物的定义一样。生活美学、身体美学、生态型美学则反对这一定义，认为不能将某事物与其他事物分开，而要关联起来，才能得到该事物的本质。西方思想的演进，从以柏拉图和亚里士多德为代表的古代，到以康德和黑格尔为代表的近代，再到以卡尔纳普、胡塞尔、弗洛伊德、列维-斯特劳斯为代表的现代，都是西方型思想，而到以后期维特根斯坦、德里达、福柯、伽达默尔、阿多诺为代表的后现代，则转到了与非西方思维有所契合的思维。从更大的范围讲，西方思维在进入近代以来，在与各非西方思维几百年的互动中，在后现代时期，从西方思维转到了与非西方思维有所相通的思维上，三大美学流派与后现代思想同步的转向，是世界美学领域的一件大事。然而，西方新近的转变虽然与非西方思维有相通之处，但在根本性质上仍与非西方思维有巨大的不同。从世界美学的演进来看，在前现代时期，西方的学科型美学与各非西方的非学科型美学各自独立发展。世界现代化进程开启之后，西方学科型美学影响了各非西方文化，各非西方文化都紧跟西方学科型美学而建立了自己的现代美学。虽然努力在现代美学中突出各文化自身的特点，但还是将这一特点纳入了西方学科型美学的总范围之中。而今，西方美学以三大美学为引领，似乎要由西方的学科型美学进入非西方的非学科型美学（同时正在与以分析美学为代表的英语美学和以现象学和结构-符号理论为代表的欧陆美学进行着剧烈的战争），引起了世界美学的大变动，并在相当大的程度上引起了各非西方美学的热烈响应。21世纪头10年后，国际美学学会的会议都围绕着与之相关的主题展开讨论，其会议论文集的名称，2012年是《自然和城市之美的新形式》，2013年是《美学的全球话语》，2014年是《全球化世界的艺术与美学》，等等①。西方美学要以怎样的方式完成自己的转型，各非西方美学在西方美学转型的带动下要进行怎样的转型，都因转型才刚开始而不得知。但这一场从西方开始而波及全球的美学大戏，将让整个人类（包括西方和非西方）重新思考美学的历史，重新思考美学理论的形态，重新思考人类的美。

---

① Jale Erzen，Raffaele Milani. Nature and the City Beauty is Taking on a New Form. Allegato：Alla Reivista Paroln 22，2012；Jos de Mul，Renee Van de Vall. Global Discourses in Aesthetics. Amsterdam：Amsterdam University Press，2013；Raminder Kaur，Parul Dave Mukherji. Art and Aesthetics in a Globalizing World. New York：Bloomsbury Academic，2014.

现在可以总结一下什么是美学。美学呈现为一幅不断演进的图画——在人类初期的原始时代（特别是仪式时代），产生了美和美感，其标志是有了实物的确证，即美饰的生产工具、生活用具、武器，以及美饰的仪式地点、美化的仪式服饰、美妙的仪式舞乐。在早期文明时代，美和美感的存在有了思想上的确证，即各文化中“美”字的出现，表明人类对美的事物确实是在从“美”的角度进行思考。在哲学突破给人类带来理性思考的轴心时代，美学作为对美的理论思考产生了出来。这时，美学理论呈现为两大形态，西方的学科型美学和非西方的非学科型美学。在进入现代之后，西方型美学主导了世界美学的演进，影响了各非西方美学在现代的演进。在后现代时代，西方美学开始了新的转型，从而激发着整个世界美学产生新的转变。人类到目前为止的美学演进，是当下对美学进行新的理论思考的基础，同时，当下美学的世界性变动又给思考美学历史提供了新的角度，使美学历史呈现出新的亮点，这反过来又给思考当代美学理论带来了新的角度。

第二章
美学的三种理论形态

美学只有一个，却在各文化中
以不同的理论形态出现

一、美学的理论建构

前一章把美学分为两种类型，即西方的学科型美学和非西方的非学科型美学，是为了更好地把握美学演进的历史线。虽然世界美学自轴心时代以来，在西方文化、印度文化、中国文化以及其他文化中产生了各种各样的美学，但自现代化进程开启以来，各种各样的美学都进入西方的学科型美学之中，这样就可以把从轴心时代到现代这一历史时期的美学归为西方的学科型美学和非西方的非学科型美学两大类。走向学科型美学是自现代化进程开启以来的美学总趋势。但当西方文化以科学和哲学为先导，从近代升级到现代又进一步升级到后现代，西方的学科型美学就又开始了新的升级。这一升级是沿着与非西方的非学科型有更多契合和会通之路而演进的。这样，非西方的非学科型美学，就不应从西方近代的学科型美学去看，而要从西方现代和后现代正在进行升级的美学形态去看。正因如此，把非西方美学仅归纳为非学科型美学来把握，就不仅在理论上不深入，而且在实践上也不能满足应对西方美学升级的需要。由于西方美学的升级既是在西方的学科型美学的基础上进行的，又是与非西方的非学科型美学会通的，所以就形成一种历史需要，即对非西方的非学科型美学做进一步的展开论述，以便有益于更好地看清西方学科型美学的升级，同时也有益于更好地认清非西方文化各种美学的特点，特别是在轴心时代与西方文化同时产生哲学突破的印度文化和中国文化，把其不同的美学特征凸显出来，在与西方美学的比较中，更好地认清当下世界美学的演进。

把美学的当下演进与轴心时代美学理论产生时的主要形态结合起来，呈现出自轴心时代以来世界的三种主要美学：西方美学、印度美学、中国美学。三大美学各有怎样的特点？还是从第一章提到的美的难题，即关于花的三个命题开始吧。

(1) 这朵花是圆的。

(2) 这朵花是红的。

(3) 这朵花是美的。

在这三个以（这朵花之）专名为主项、以（圆的、红的、美的）普遍概念为谓项的命题中，前两个命题对一切时空中的一切人都为真，而且可以在逻辑和实践上严格地证明其为真；第三个命题则难以在一切时空和一切人中得到赞同，而赞同此花为美的人也并不认为不赞同此花为美的人是错的，顶多遗憾他们的审美观与自己不同。这样，这朵花是怎样成为美的，进而什么是美，就都成为理论上的困难。

“这朵花是美的”这一命题的困难在什么地方？

其难，并不在于这句话，而在于这句话在西方文化中是从日常话语进入理论命题的。在西方文化中，命题是表述真理的理论句式。因此，这个命题在理论上的困难是由西方文化的性质造成的。在印度文化和中国文化中，就是这句话进入理论之维，也不会造成印度美学和中国美学中关于美的论说的困难。这是因为西方文化有三个特点：其一，把世界分成现象和本质，命题是要把现象归结到本质，这朵花的美要归结到美的本质。其二，把世界看成实体的，世界上的物体也是实体的，表达世界和物体的语言也是实体的。在这里产生了困难，花是实体的，美的本质通过花体现出来，但在花上却没有美的本质的实体性。其三，世界、物体、语言要成为可规定的实体，就必须排除时间而定格在空间上。因此，“这朵花是美的”这一命题是实体性的，可明晰实在地判断其为真或为假。此命题要为真，就要求这朵花有美的实体，这美的实体要符合美的本质对美的规定。但是在“这朵花是美的”这一命题里，作为具体事物的这朵花与作为具体命题的“这朵花是美的”相对应时，“美”在花上找不到实体性的、明晰性的对应物，理论上的困难由此而生。

与西方文化不同，印度文化的最大特点是强调时间的作用，在时间之中，世界和事物以及表现世界和事物的语言都处于不断变化之中，要确定一个不断变化着的世界的本质，只能把不确定用哲学方式确定下来，这就是空（Śūnyatā）。这空被实体化就成为梵（Brahmā），由本质为空之梵产生的现象世界以及现象世界中的万物，看起来为实，实则为幻（māyā）。作为具体事物的花处在时间之流中，是不断变化的。从而，花之美是花在特定时间中的现象，“这朵花是美的”这一命题指的也只是花在特定时间呈现为美的现象，这一命题也在时间之流中。因此，这一命题不导向花中有无美的物理因子的验证，也不导向决定花之美的美的本质为何的追问，而只需要这朵花在人说“这朵花是美的”这句话时确实是美的，而人在说这句话时确实感到这朵花是美的，与此花之前是否为美、之后是否还为美无关，也与别人看见此花是否也认为它美无关。从本体论上讲，此花之美（物体在此时之真）和说此花为美的话（语言在此时之真），都处在时间之流中，从而时间流到此花为美和人说此花为美之前与时间流过此花为美和人说此花为美之后，同此时此花之美和说此花为美可以是而且应该是不同的，正如佛教的基本原理之一所讲的，“诸行无常”。这样，联系之前之后观此花之美，本质为空。因此，“这朵花是美的”对于印度文化来说，内蕴着的，也是可以由之引导出来的，还是可以由之体悟到的，是“花之美”存在于无始无终的时间之流的变动中，是印度文化中现象世界“性空假有”的一种具体体现。因此，对于印度美学来讲，由“这朵花是美的”这句名言进入美学的理论之维，并不存在困难。

中国文化，一方面，不像印度文化那样，因太强调时间性质而把具体的宇宙、具体的事物以及言说宇宙和事物的语言看成虽真而幻的，而是与西方文化一样，将之视为真实的；另一方面，又不像西方文化那样，因太强调空间性质而把宇宙、事物、语言看成实体结构，而是将宇宙看作一种虚实相生的结构，宇宙中的具体物体也被看成一种虚实相生的结构，同样，将表现宇宙和事物的语言也看成一种虚实相生的结构。而且，在宇宙、物体、语言的虚实结构里，虚是本质性的。这样，现象上的这朵花是由虚、实两个方面组成的，作为此花之美的语言表述“这朵花是美的”也内蕴着虚、实两层内容。客体上的花之蕊、之瓣、之叶、之茎、之色，闻到的花之味，触到的花之柔，是花的实的一面；而花之美是花的不可见的、虚的一面。“这朵花是美的”中的“这朵花”对应着实体的蕊、瓣、叶、茎、色、味、柔，“美的”则对应着视之不得见、闻之不得味、触之不得感，但又确实存在并可以体验到的作为虚体的美。因此，对于中国文化来讲，从“这朵花是美的”这一名言进入美学的理论之维，也是没有问题的。

把“这朵花是美的”这一具体的表述进行抽象化，可以变成：X是美的。这里的X可以代入一切具体的事物。中、西、印三大文化都可以，实际上也是，由这一句型进入美学的理论之维。三大文化由于性质不同，故而进入美学的理论之维的进路就不同，进而作为对审美现象进行理论思考之后而得出的美学在理论形态上也就不同。虽然三大文化在美学上有不同的理论形态，但呈现的都是面对审美现象进行与自己文化性质相一致的、具有文化独特性和理论精致性的美学。

下面就细看中、西、印三大文化面对花之美，是在怎样的文化基础上进行各自的理论建构的。

二、美学建构的文化基础

西方文化面对花之美的理论思考得出了“这朵花是美的”这一命题。在这一命题中，“这朵花”这一专名把问题引向花，而在花中却找不到判断词“是”所确定的性质“美”。人可以看到花之蕊、之瓣、之叶、之茎、之色，闻到花之味，触到花之柔，但这些都并不等于花之美。柏拉图（图2-1）在《大希庇阿斯》中想解决这一问题，并且认为自己能够解决这一问题，但最后并没有解决这一问题。今天看来，柏拉图进入这一问题，有三点：

(1) 文化中已经有美存在，这从“美”字的存在以及各种美的物体存在和人们普遍在具体的物体中感受到了美体现出来。

（2）各种各样的美的物体后面，有一个美的本质。

（3）各种各样的物体为美，是与美的本质相关联的。

柏拉图在《大希庇阿斯》中明确地告诉了人们第二点：有一个美的本质，它决定了各种各样的美的事物之为美。正是这一宣告，开创了西方美学的基本方向：寻找美的本质，并对之给出一个正确的定义，进一步由之来展开和完成美学的理论体系。柏拉图提出问题和进入问题的方式，很了不起，对西方美学的建立有开创之功。但柏拉图在第三点（即具体事物之美是如何与美的本质联系在一起的）上，却没有讲清楚。西方美学史上跟随柏拉图之追美路线图前进的美学家都没有在第三点上讲清楚，因此，他们在第二点上得出的关于美的本质的定义也一个个被否定了。之所以如此，是因为柏拉图关于第二点和第三点的言说与第一点紧密相联，且建立在其之上。美所由产生的文化性质决定美的性质。在柏拉图这个例子中，西方文化的性质决定了西方人谈美的方式，决定了西方美学的基本进路。

图 2-1　柏拉图

文化的性质决定美的性质主要体现在三点上：宇宙是怎样的和宇宙中的事物是怎样的，决定了美的事物是怎样的，也决定了谈论宇宙和事物的语言是怎样的，进而决定了关于美的理论话语是怎样的。下面就从西方文化、印度文化、中国文化中的这三点来看何以这三大文化中的美学是这样的。

（一）西方文化的特质

古希腊哲人在轴心时代的哲学突破中，为了在变动中发现永恒，在混沌中找出秩序，通过三次思想突破建立起了西方的思维结构：一是巴门尼德把整个宇宙的本质归为 oü（Being，是/有/在），它决定了宇宙中一切物体的性质；二是柏拉图提出，每一类物体的后面都有一个 ιδεa（form/idea，理式），它决定此类事物的性质；三是亚里士多德认为，一个具体物体是多种属性的统一，但其中有一个 oυσία（substance，本体/实体），决定此事物的性质。这三点构成了西方美学的基础，因此，予以细论。

关于宇宙本质的特性。西方人看见各种具体的物体，用 to be（是/有/在）来予以确认。说那是某物，就意味着有某物在那里，也意味着某物存在着。因此，be 这个词乃是、有、在的三义一体。这是（is）一个人，那些是（are）众星辰，这里曾存在（was）一条河，那里将会有（will be）几幢楼，等等。现实中这些作为什么的事物，无论单数还是复数，在过去、在现在、在将来，都存在于具体时空之中，有生有灭。只有当说了“是”（to be），而又不说“是什么”（to be something），这种不是这不是那的“是”才是永恒的。本来不是任何具体物体的是，是无，但既然说了是，就一定是什么，这个什么就是超越一切具体之是的永恒之是。具体之“是”是存在的，推而论之，永恒之“是”也是存在的，因此，把 be（是）名词化（加上 ing），就成为 being（是本身）。为了强调是本身的本质性，把首字母大写，就成为 Being。Be 的希腊语是 εἰμί，希腊语比英语在语法上还要复杂。巴门尼德用了 εἰμί的中性分词 οὔ来代表这一宇宙本质的“是”（有/在）。巴门尼德把宇宙万事万物后面的本质取名为 οὔ（Being，是/有/在），体现了西方文化的三大特点：第一，宇宙万事万物后面本质性的东西是“有”而不是“无”。这就构成了西方的实体世界，任何东西，探求其后面的本质，都是要找一个实体性的东西。在物理世界，找到了最基本又最本质的实体：原子。在精神世界，找到了最基本又最本质的实体：理式。第二，宇宙的本质是永恒不变的，时间对之不起作用，因此，作为宇宙本质的 Being，消除时间性而只有空间性。以纯粹的空间性保证了本质的实体性①。第三，由于宇宙万事万物后面的本质是实体性的，所以可以用“是”的逻辑句式去表达。因此，在西方，对宇宙万事万物后面的本质可以用一个定义性的语句实实在在地体现出来。

巴门尼德的 οὔ（是/有/在）是宇宙整体的本质，柏拉图的 ιδεα（理式）则是一类事物的本质。用柏拉图在《国家篇》中列举的经典之例来说，现实中有各种各样的床：木床、铁床、砖床、高床、矮床、双人床、单人床等，这些床虽千差万别，但都是床，也被人称为床，就在于这些床的后面有一个理式决定它们是床。这个理式，就是床的本质②。因此，对任何一类事物，找出其理式，就能认识其本质。柏拉图的理式具有三个特点：第一，是此类物体之为此类事物之“理”（idea）；第二，是此类物体之为此类物体之“式”（form）；第三，理和式都是实体性的，是可以用一个本质性的定义（它是什么）准确地表述出来的。与巴门尼德的存在一样，一类物体的理式作为此类物体的本质，是确定的、永恒的，是不会因时间而改变的。因此，一类物体的理式是排斥了时间中的变化、强调空间中的形体而得到的。

与巴门尼德求宇宙整体之本质和柏拉图求类物之本质的思路相似，亚里士多德得出了单个物体的本质。他提出，任一物体都是多种属性的统一，究其基本属性来讲，可以说有十种，亚氏称为十范畴：本体/实体（ουσία，substance）、数量、性质、关系、位置、时点、状况、属有、动作、承受③。十范畴构成了具体事物的结构。十范畴中，性质和关系相对稳定，数量、位置、时点、状况、属有、动作、承受处在变化中。这九个范畴

---

① 巴门尼德残篇《论自然》：“我们不能不这样说和这样想：只有存在物是存在的。因为存在物的存在是可能的，非存在物的存在则不可能”（北京大学哲学系外国哲学史教研室．古希腊罗马哲学．北京：商务印书馆，1961：51），“存在物……或者是永远存在，或者是根本不存在”（同前，52），“我也不能让你这样说或想：它从非存在物中产生”（同前，52）。

② 柏拉图全集：第 2 卷．王晓朝，译．北京：人民出版社，2003：614-616.

③ 且以某人为例来说明亚里士多德对十大范畴的基本解说：ουσία 是此人之为此人的特质，中译为本体，是指他是此人的根本；中译为实体，意味着这本体一定是实在的，是讲得清楚的。数量（quantity）是指此人有身高、三围等数量特征，数量是可变的，随人的生长和健康状态而定。性质（quality）是指此人（秉有或获得）的性质，这性质一旦拥有，就是不会变化的，如黄皮肤、懂外语等。关系（relation）是指此人在某种关系中形成的性质，如他是儿子，是因有父亲，他是矮子，是因低于此地的平均身高，等等。位置（place）是指此人总是处在一定的方位之中，如在家里、在市场里、在山上。时点（date）是指此人总是存在于一定的时间之中。状况（posture）是指此人总是具有一定的姿态，如坐着、躺着、走着。属有（possession）是指附在此人身上的东西，如穿着某一样式的衣服、带着武器。动作（action）是指此人在主动进行的活动，如打枪、做手术。承受（passivity）是指此人被他人或其他力量作为活动对象，如被射击、被手术。

的共同特点是实实在在，可以清晰定位，是实体的。但对于具体事物来说，这九个范畴要随时间和条件而产生变化。只有本体/实体这个范畴是事物的本质属性，是一物之为此物的根本，是不因时间和条件而变化的，只要此物存在，它的本体/实体就存在。正如巴门尼德之作为宇宙本体的 oὖ 来自 εἰμί 的中性分词，亚里士多德之作为事物本体/实体的 ουσία 来自 εἰμί 的阴性分词。亚里士多德之 ουσία 作为一物之为此物的根本，被中译为本体，因其是实体性存在，故而又被中译为实体。它有与宇宙之本质和类物之本质相同的三个特点：其一，是一物之为此物的根本；其二，这一根本是实体性的，排斥了时间的影响，是不变的；其三，正如它来自 εἰμί 所表明的，它是可以明确地用语言表达和加以定义的。ουσία 被亚里士多德用作个物的本体/实体之后，在拉丁文里变成了 substantia（即英语的 substance），词义是“作为事物基础之物”，进而成为基本实体（fundamental entities of reality）①。随后，oὖ 经过在闪族诸语特别是在阿拉伯语中的跨界传播，受阿拉伯哲学的影响之后，回到拉丁语时变成了 essence（本质）②。

然而，西方学人从 εἰμί（to be，是）开始，在个物、类物、世界整体这三个层级上的由现象之是到本质之是的思维运行，不是都能进入美的思考之中。比如，虽然西方的实体（substance）-区分（definition）型思维的基本结构，在从个物的现象之是到本质之是的如上六点认知结构中基本建立了起来，但还不适合对美进行理论上的认知。因为个物的本质之是要得到的是一种实体性的本质，而美是虚体性的。而且，就个物来讲，个物都有美的一面，美是事物的属性之一，但绝不是本质属性，故而在个物上从现象之是到本质之是的思维运行不能进入对美的思考之中。美的理论只有在类物从现象之是到本质之是的思维运行中方凸显出来。类物的本质追求，比起个物来，有两个方面的不同：一是个物的某些实体性属性，比如红，不会成为个物的本质之是，但从类物来讲，把所有具有红这种实体性属性的个物组成一类，就可以追问红是什么，从而得出红的本质；二是个物的某些虚体性属性，比如美，不会成为个物的本质之是，但从类物来讲，把所有具有美这种虚体性属性的个物组成一类，就可以追问美是什么，从而得出美的本质。柏拉图正是从类物的视点去追求本质之是，从而提出了美的本质问题，成为西方美的哲学的创立者。

本来，美作为物的属性是虚体性的，但类物的本质之是在逻辑上由从个物的本质之是而来，个物本质之是的实体性决定了类物本质之是的实体性。只有面对实体，方可斩钉截铁地说“是什么”。因此，从“是”开始的提问，对西方人来讲，必然要把对象世界看成实体的，前面讲了，物质世界是实体的，最小的、不可分的实体是原子，一切物质都是由原子组成的。同样，精神世界是实体的，这就是可与现象分离开来并决定现象之为这一现象的理式。数学的世界是实体的，代数的数字计算与几何的点、线、面，既是抽象的又是实体的。本来世界是虚与实的统一，但西方的区分型思维则认为可以把虚与实在本质上区分开来，从而构成了一个实体的世界。这一实体世界，用卢克莱修《物性论》中的诗句来讲，就是：

独立存在的全部自然，是由于

① 网络版《斯坦福哲学百科全书》substance 词条，http://plato.stanford.edu/entries/substance。

② 葛瑞汉. 论道者：中国古代哲学论辩. 张海晏，译. 北京：中国社会科学出版社，2003：465.

两种东西所构成：由物体和虚空，
而物体是在虚空里面，在其中运动往来。①

因此，在西方的实体-区分型思维中，实体之“有”与虚空之“无”截然分开，本质上毫无关系。这样，世界的三个层级即个物、类物、整体之“有”就可以确定地肯定为实体之“在”，定义出本质之“是”。这样，对于任何一个问题，西方人就都必须进行虚与实的选边站，定为虚体，就无法研究，定为实体，就可以研究，进行从现象之是到本质之是的认知运作。正是西方的这种由“是”开始的实体-区分型思维，在从美的现象到美的本质的运作中把美的虚体性问题转换成了实体性问题，为西方学科型美学的产生奠定了基础。

总之，西方的οὔ（being，是/有/在）、ιδεα（form/idea，理式）、ουσία（substance，本体/实体）、essence（本质）有共同的语言来源，内蕴着共同的思维特质，即从混沌中找出秩序，在太虚中找出实体，这一实体排斥了时间的影响而具有永恒性，构成了整个宇宙、类物、个物的本质。这一实体性的本质可以用实体性的定义语言予以表达。正是在这一文化特质中，“这朵花是美的”这一具体感受变成了一个本质追求的命题。然而，也正是在这一文化特质中，本质追求的命题所具有的实体性之硬在“美”这一软性中一再陷入困境。

（二）印度文化的特质

前文讲了，印度文化是一种把时间放在最重要位置上的文化，从时间来看世界和事物，无物常在。印度的宇宙，在吠陀时代的《婆楼那赞》里，是天界主神婆楼那（Varuṇa）通过幻术创造出来的，是一个具有虚幻性质的世界。宇宙的产生为幻现，宇宙的消亡为幻归②，强调的是时间的巨大作用。因此，印度的宇宙不是一个，而是很多个，在时间之中不断地出现和消亡。宇宙中的物体，同样处在不断地幻化而生和幻归而亡的流变之中。《因陀罗赞》中讲了空界主神因陀罗（Indra）用幻术塑造众形。这一思想在吠檀多派哲学中进一步定型为宇宙本体之梵（Brahmā）幻现出幻相世界这一印度的主流思想。佛教虽然否定宇宙本体之梵，认为物体与世界乃因缘而生，但仍视世界为幻相世界。耆那教把命我（生命体）、法（支持运动）、非法（支持静止）、虚空（物体所处的空间）、补特伽罗（事物所由构成的物质）五者作为宇宙的基本永恒形态，但这五者都要加上时间，正是时间构成了命我在世的轮回，并由轮回而产生解脱之追求。解脱从根本上说是对时间的解脱（正如佛教的涅槃），而正是时间的加入让耆那教的世界成为一个幻相世界。

如果说西方宇宙因夸大空间的重要性而缩小了时间的重要性，让世界和物体成为实实在在的Being（有），那么，印度宇宙则由于强调时间性而缩小了空间性，让世界和物体因有生有灭而成为如梦一般的māyā（幻）。因为西方文化强调由空间性而来的Being

① 北京大学哲学系外国哲学史教研室. 古希腊罗马哲学. 北京：商务印书馆，1961：391.

② 巫白慧. 印度哲学. 北京：东方出版社，2000：3. 该页还有巫氏对《梨俱吠陀·婆楼那赞》名句的翻译："彼以摩耶，揭示宇宙，既摄黑夜，又施黎明"（第3颂），"彼之神足，闪烁异光，驱散摩耶，直上穹苍"（第10颂）。

(有)，其表示宇宙的词汇主要有两个：一是 cosmos，含义为从混沌中产生出来的秩序整体；二是 universe，含义为包涉一切物体的普遍性。因为印度文化强调由时间性而来的幻，其表示宇宙的词汇也主要有两个：一是正好与 cosmos 形成对比的 jagat，二是正好与 universe 形成对比的 viśvam。jagat 来自词根 gam，含义为走、移动。作为阳性名词，有气和风的意思。气和风都是流动的。印度哲学中的 Ātman（宇宙大我）在《梨俱吠陀》中被称为气息，在奥义书中称为大梵，正如菩提流支（Bodhiruci）译的《外道小乘涅槃经》中所说："我（即大我）造一切物，我于一切物中最胜，我生一切世界有命、无命物……一切物从我作生，还没有彼处"[①]。由大我而来的世界处在生灭流动之中。《广林奥义书》中讲，宇宙的大梵"其态有二，一有相者，一无相者，一有生灭者，一无生灭者，一静者，一动者，一真实者，一彼面者"[②]。大梵的有相无相、生灭、静动，皆在流动之中，移动是其主要特征。jagat 突出动，这动可以是明显可见的人之跑、牛之走，也可以是不明显的植物之动（芽、苗、茎、叶、花的生长与盛衰），更可以是宇宙基本元素地、水、火、风组成万物的运动。但关键的不在于动，而在于由人、牛、树、风之动而形成的一个有范围的世界。在这一意义上，梵天睁眼而看的动形成了宏观宇宙，个人的实践活动形成了此人的世界。因此，jagat 是由动而来的世界或宇宙。这一世界或宇宙是以时间流动而产生的生灭为特征的，正因突出了时间中的生与灭，宇宙作为天神或大梵之幻力而产生的本源空性，以及生之后在时间流动中不断变化而来的空性，得到了突出。viśvam 的原型是作为形容词的 viśva，惟善博士说，该词可能来自动词词根 viś，含义为遍及或弥漫。《简明印度哲学词典》(*A Concise Dictionary of Indian Philosophy*：*Sanskrit Terms Defined in English*) 中说，viśva 是个人在瑜伽冥想中觉悟地感到作为人同时也作为世界本质的大我在自己身上弥漫、遍及、充满，这时带着粗身（sthula sarira，即人的现实肉体）的我在这一充满中达到了正见（right eye）的位置[③]。因此，无论梵天在外看而形成宇宙，还是个人在瑜伽的内视中达到本质，viśva 强调的都是一个新世界的遍及、充满，以及在充满中的一切、所有、整体。因此，在网络版梵英词典中，由形容词 viśva 而来的名词 viśvam 可以指一切地方、一切物体、一切外在的物质世界、整个世界、整个宇宙。这里，地方、事物、世界、宇宙这些词大都要加上具有遍及性和整体性的 all（一切）、complete（遍及）、whole（整体）、entire（全部）这样的修饰词[④]。在印度的思维模式中，这遍及、一切、整体是由神或人的看而来的，因此，viśvam 在印度典籍中又被用于物质或世界或宇宙的创造（creation）、完成（complete）、显现（manifested）。同样，在《简明印度哲学词典》中，作为形容词的 viśva 也可把已成世界的 māyā（幻化）与 rūpa（色界）组合起来，形成 viśva-māyā（由幻而成的现实世界）和 viśva-rūpa（由色而成的现实世界）[⑤]。

印度的宇宙就是这样一个突出时间性的幻相宇宙。在本为时空合一的宇宙中，由于

---

① 中华大藏经（汉文部分）：第 30 册. 北京：中华书局，1987：1047.

② 五十奥义书. 徐梵澄，译. 北京：中国社会科学出版社，1984：557.

③ John Grimes. A Concise Dictionary of Indian Philosophy：Sanskrit Terms Defined in English. Albany：State University of New York Press，1996：351.

④ http://sanskritdictionary.com.

⑤ 同③.

强调时间性，并以时间性来看空间以及在空间之中的万物，故而万物及其存在于其中的空间都成为幻相。幻相不从本质上看，而从业已幻现来讲，又不是幻相而是真实，印度教的宇宙本质是梵，因而把从本质上（即从梵的角度）看世界为幻称为上梵（佛教称为真谛），从现象上（即从幻已成为事实）看世界为实称为下梵（佛教称为俗谛），世界从真谛即本质（即一切皆空）上看，是幻（真空），从俗谛即现实（即幻业已幻现）上看，是实（假有）。但无论印度教的上梵下梵之论，还是佛教的真谛俗谛之说，突出的都是从以时间为主来看世界所得出的结论，呈现为一个性空假有的宇宙。印度文化因突出时间性而来的宇宙是一个复数的宇宙，在印度教中，创世之神梵天清晨睁眼，宇宙即在此刻产生，黄昏入睡闭眼，宇宙就在此刻毁灭。然而，梵天的一天等于世上的千万亿年[1]，无数的宇宙在梵天的睁眼闭眼中产生和毁灭。在理性精神突出的佛教理论中，如在《起世经·阎浮洲品》里，从地狱到天堂有一个太阳和一个月亮，称为世界。一千个这样的世界称为小千世界，一千个小千世界集合成一个中千世界，一千年中千世界集合成一个大千世界。无论怎样，印度文化中的宇宙都是复数的。同样，宇宙中的事物，因突出时间性，一方面于此世处在不断地成、住、坏、空的生灭之中，另一方面此身死灭之后，又进入不断地转世轮回之中。事物在由于强调时间性而来的多世的轮回和此世的变化中，其本质就是空。面对宇宙时空，如果只从时间来看，那么，任何事物在时间中都显示为每瞬皆变，且在这不断变化中走向死亡。从每瞬皆变上看，今日之我已非昨日之我，明日之我又非今日之我；同样，今日之世界已非昨日之世界，明日之世界又非今日之世界。事物和宇宙，可以确定的只是时间的一瞬[2]。每一瞬都会很快过去，因此，事物和世界在本质上是幻（māyā），是空（Śūnyatā），在现象上是有、是色。幻空为本质（为真），色有为现象（为假）。印度文化的空性宇宙和空性事物正与西方的实体宇宙和实体事物形成鲜明对照。这反映在西方的nature（自然、本性）一词中。在古希腊，nature（自然）一词用于整个客观世界，其含义等同于cosmos、universe、world。nature（自然）的希腊文为φυσιs，来自动词φυω的名词化，而φυω正是来自梵文bhū（to be），to be有两个梵文对应词，即as和bhū。as用来指本质的事物，bhū用来指现象的事物。现象的事物在印度文化看来是空，包括构成现象事物的物质性元素，即地、水、火、风，也是四大皆空，四大之“大”，梵文是mahā-bhūta，由bhū而来的bhūta构成。一看此就知道是现象的，即在本质上是空幻的[3]。对印度文化来说是幻化而来从而具有空幻性的事物，进入希腊却成为φυσιs，即成为本然之性、自然之物，成为现实世界牢固的基础。自然之学在印度那里只能成为性空之学，在西方却成了客观世界的物理之学。为什么会这样？因为西方用空间管控时间，从而to be成为西方语言中帮助实现这一管控的重要工具。是to be和由之而来的being让西方宇宙成为实实在在的真实宇宙。而印度因为用时间管控

---

① Veronica Ions. Indian Mythology. London：Paul Hamlyn Ltd.，1967：24.

② 印度文化把最小的时间单位定为kṣaṇa（刹那）。“kṣaṇa”比英文“moment”（包括从0.5秒到数小时的短时段）和中文“瞬间”（即一眨眼，等于或约大于0.5秒）都要短，舍尔巴茨基（F. Th. Stcherbatsky）考出：一刹那=1/75秒（舍尔巴茨基. 小乘佛教. 宋立道，译. 北京：中国社会科学出版社，1994：70页注2）；麦文彪考出：一刹那=0.0133秒（http://mingkok.buddhistdoor.com/cht/news/d/31454）。

③ 金克木. 梵佛探. 石家庄：河北教育出版社，1996：105.

空间，因此坚持 as（本质性的是/有/在）和 bhū（现象上的是/有/在）的区别，从而用 bhū 把宇宙呈现为一个空性的幻相宇宙。

印度的宇宙和物体强调时间性，要定义时间之流中的物体是不可能的，因此，印度人不能像西方人那样，用 to be 句式得出事物的 being（本质）。在印度哲人看来，to be 型的定义得出来的是：其一，只是幻相世界的俗谛而不是本质世界的真谛；其二，由于从时间着眼，概念和定义就抓不住事物的本质，而只能说出各个瞬间的片断。那些自以为用 to be 句型给出定义就把握了事物本质的人，被印度智者嘲笑为“固”于时间上的一点，“执”于用一固定的词去与流动之物对应，得到的不仅在本质上为妄，在现象上也仅为皮相。为了在时间之流中抓住本质，印度不是用 to be 句型，而是用自己特有的方式，比如 13 世纪耆那教哲人摩利舍那（Mallisena）在其《或然论束》（*Syādvādamañjarī*）中讲，在判断事物时，充分考虑到事物在时间之中，于是用七支（即七种判断形式）去把握事物：一支，即存在（有），这是对事物确实在每一个时间点上的判断；二支，即不存在（无），这是对事物从一个时点流向另一个时点时，上一个时点说的“是什么”已经消失了的判断；三支，即存在又不存在（亦有亦无），这是对事物在时间之流中的一瞬又一瞬的相加整体与时间中事物各特征各现象的不断出现和消失而进行的辩证判断；四支，即不可描述（不可言），这是对固定的语言与在时间流动中的事物这二者的总体关系的一种判断；五支，即存在并不可描述（有亦不可言），这是对要把语言运用于某一具体事物的本质时，固定语言不能正确反映流动中事物不断呈现出多样性的特点之本质的一种判断；六支，即不存在并不可描述（无亦不可言），这与上一情况相同，但强调不能对时间之流中事物特征不断消失这一本质加以判断；七支，即存在又不存在并不可言，这是对五、六支两种情况，即用固定语言去把握时间之流中事物的特点即不断出现又不断消失之本质的一种判断①。

对于印度型的语言，更为经典的是遮诠句型以及内蕴于其中的遮诠逻辑。这就是，对于时间之流中的事物，对于使宇宙之为宇宙的宇宙本质的梵（我），不能说它是什么，而只能说它不是什么；同样，对于在时间流动中每瞬皆变的事物的本质，也不能说它是什么，而只能说它不是什么。遮诠句型具体呈现为：它不是……它不是……它不是……的不断否定。这不断否定，不是否定具体而走向虚，而是在现象上否定事物在某一时点上的固定性，呈现出事物在时间之流中逝去的空无性、现在的暂时性、未来的开放性，以及事物在时间之流中呈现的多样性，还有尚未呈现而内在可能的多样性；这不断否定，在本质上，是通过否定具体让人体悟那不在任何具体之中但又确实存在着的梵。因此，不是为否定而否定，而是为证悟而否定，从而称之为“遮诠”。通过“遮”，即否定具体时间中呈现的瞬间性和现象上的具体性，而去诠释，即时间之流中的整体和存在于具体事物之中和之后的梵。

印度宇宙和事物皆为性空假有的结构，使得印度文化在面对“这朵花是美的”这一命题时，思维逻辑进路当然就与西方的完全不同了。

---

① 关于耆那教七支，参见姚卫群. 印度宗教哲学概论. 北京：北京大学出版社，2006：123-124。

（三）中国文化的特质

中国文化与强调空间的西方文化和彰显时间的印度文化不同，是空间和时间兼重。中国文化中讲宇宙的有两个词汇。一是“天地”。《周易·序卦》云：“有天地，然后有万物。”二是“宇宙”。《尸子》云：“上下四方曰宇，往古来今曰宙。”天地是对宇宙整体直观而本质的把握，宇宙是通过房屋①来象征具有时空统一性的宇宙。

中国作为宇宙的天地，不是像西方的宇宙那样，区分混沌与秩序，而是把混沌与秩序作为一个紧密关联的整体来把握。中国人也从天地中得出了秩序：天上的日、月、五星及二十八宿（东方青龙七宿：角、亢、氐、房、心、尾、箕；南方朱雀七宿：井、鬼、柳、星、张、翼、轸；西方白虎七宿：奎、娄、胃、昴、毕、觜、参；北方玄武七宿：斗、牛、女、虚、危、室、壁）以及中央北极星，形成了天上空间的形式和秩序；地上以王朝的都城为中，形成东西南北中的五方地理观念，其中，以京城、省（或州）城、县城为核心的城乡系统，以五岳四渎为代表的高原、丘陵、平原和江、河、湖、溪系统，形成了地上空间的形式与秩序。同时，甲、乙、丙、丁、戊、己、庚、辛、壬、癸构成的天干与子、丑、寅、卯、辰、巳、午、未、申、酉、戌、亥构成的地支相结合，形成了时间上的形式与秩序。然而，中国的天地形成这样的形式与秩序之时，不是像西方那样，把整个宇宙分为混沌与秩序，并由形式性的秩序作为宇宙的本质，把混沌看成秩序的对立面；而是：第一，秩序虽然很重要，但不是天地的根本；第二，通过秩序对混沌做了哲学的提升，形式与秩序后面还有一个看不见、摸不着但却确实存在的道，它由于看不见、摸不着，因此被名之曰“无”。正是这“无”决定着天地间看得见的形式和秩序如是运行。中国的天地，一方面具有形式与秩序，另一方面这形式与秩序后面还有一个无形无言的道，因此，天地的本质性的东西不是实的形式与秩序，而是虚的道。从而，中国的天地不是秩序与混沌的对立，而是实的形式与虚的道之间的虚实相生。如果说，西方的cosmos之本质是实体性的、形式型的结构，那么，中国的天地之本质则是可见的形式与不可见的道形成的虚与实的互动统一。

中国的天地是现象、本质合一的整体结构。如果说，西方的宇宙一方面在本质上抬高秩序而排斥混沌，把实体性的形式体系作为宇宙的本质，另一方面又形成现象、本质的二元结构，重本质而轻现象，那么，中国的天地则在获得秩序性的形式的同时，并不排斥现象，把本质性的形式与具体性的现象看作紧密相联、不可分割的整体。比如天，既包括日月星辰等一切天上的星象，也包括与日月星辰等紧密相关的风云雷雨，还包括日月星辰等的运行规律和风云雷雨的功能作用。重视在现象中体会和认识形式性的本质，而且，在形式性的体系后面还有一个道，这个道是与形式性的体系紧密相联的，共同形成中国天道的整体。中国的地不但包含山、河、动、植、城、镇、田、野，而且在大地万象中有一个东西南北中的五方秩序结构。这在《尚书·禹贡》等文献中体现出来。天

① 最初“宇”是定居农民的房屋，“宙”是游牧族群的马车，后来在民族融合中宇宙统一为房屋。具体详解，参见张法．从关键词看中国哲学中的世界（宇宙）观念．社会科学，2014（4）：120-126。

下以京城为中心，继而是属于华夏统管的东南西北四方，然后是接连四方边缘的四夷，即东夷西戎南蛮北狄，包括地域较近、朝贡关系清楚的夷和地域较远、朝贡关系疏远乃至未曾朝贡之夷，较远之夷可被称为荒，最后大地的边缘是四海。但这一本质性的五方世界与现象上的多样地理紧密联系在一起，绝不会因为地理的多样复杂而不坚持五方世界的本质结构，也不会因为五方世界的本质结构而忽视现实地理的多样复杂。中国的天地就是这样一种现象、本质双赢合一的结构。当然，中国的本质包括两层，即形式体系与后面的“无”（道）。正是因为这一现象与本质合一的性质，中国不像西方那样，用突出与混沌对立的秩序来命名宇宙，而是用凸显现象与本质合一的“天地”来命名宇宙。

中国的天地是时空合一的整体结构。与西方用空间管控时间而形成一个空间型的cosmos不同，中国的天地是时空合一的。首先，时空是互动的，中国把天看成动的，把地看成静的，动而时间突出，静而空间彰显，天地互动，静的地有了动态，动的天有了静态。在中国的宇宙中，天在上且总是由上而下，日月星辰总是照耀大地，地在下且总是由下而上，万物在陆地上的生长是向上的，山水在下，而其气是向上的。天上的日、月、星，地上的山、河、动、植，它们的存在是空间性的，但其自动和互动显出了时间性，天地的互动在天干、地支的时间配合中体现出来。天干、地支相配才构成中国的时间整体：甲子、乙丑、丙寅……在中国的哲学中，天为阳，地为阴，阴阳相合才构成天地的整体，所谓“一阴一阳之谓道”（《周易·系辞上》）。中国宇宙在时空合一和时空互动中取得了一种平衡，因此，天地一方面有因强调空间性而来的形式性之秩序，另一方面又有因强调时间性而来的虚灵。由于有了秩序和虚灵，天地的现象充满了生机。天地这一语汇本身就突出了时空合一的结构。现象本质合一的结构，强调天地整体在现象上的两层；虚实相生的结构，强调天地整体中本质上的两层，从整体上讲，二者是合一的。因此，中国的天地是一个三层结构，即现象、本质、无形无言之道，这三层是合一的，与西方现象与本质的分离、本质上哲学与神学的分离形成明显的对比。中国宇宙这三层的紧密相关、互动、合一，又是与时空的互动合一紧密相关的。天地这一语汇，正好表达了以上三种合一的整体性。

天地是用对天地的直观来把握宇宙，宇和宙这两个字都有表示房屋的“宀”，是用与宇宙有自相似的房屋来把握宇宙，中国的房屋最能体现宇宙的虚实相生结构。《老子》十一章讲：

> 凿户牖以为室，当其无有，室之用。

室之所以成为室，具有室的性质，就在于户（门）和牖（窗）的空无。门、窗的空与墙面和房顶之实，形成一种虚实相生结构。中国的房屋进一步扩大形成庭院，庭院之中为空，庭院之墙为实，是虚实相生结构的扩大；庭院的扩大版为皇家的宫苑，同样，宫殿之间为空，整个城墙为实，也是一种虚实相生结构。因此，在中国，宇宙一大房屋，房屋一小宇宙，是自远古以来就有的观念，但这一观念的内容，不仅在于房顶似天空之形，屋基如大地之形，更在于房屋显示出一种天然的虚实相生结构。正如前文讲的，房屋是虚实相生结构，房屋内居住的人和安放的器具也是虚实相生结构，《老子》十一章又讲，器物的器中之虚和外围之实构成了虚实相生的器物。《黄帝内经》讲，精气神之虚与筋骨肉之实构成了虚实相生的人体。进而言之，作为房屋大环境的天地以及天下万物都是一种虚实相生结构。中国的具体事物和宇宙整体都是一种虚实相生结构，呈现了大宇宙与小宇宙的统一性和普遍性。但这统一性和普遍性的关键是什么呢？是气。如果说，在西方，具体物体与宇宙的统一性或者由原子或者由理式贯串起来，且二者都是实体性的，那么，中国宇宙的统一性则在于气。气化流行，产生万物。首先，从物上讲，包括虚体的风、云、雾、霭和实体的山、河、动、植，一以虚为主，一以实为主，两类都是虚实结构。其次，万物是以虚实结构形成的实体；与存在于其中的空间相比，物体为实，空间为虚，又形成一种虚实结构。在这里，中国宇宙的特质开始彰显出来。事物的存在具有一种空间性，空间中的气化流行具有一种时间性。因此，在中国文化中，事物在空间里的存在是一种虚实相生：气化流行，不断地产生事物，这是由虚入实；事物经生长、兴盛而衰亡，复归于宇宙之气，这是由实入虚。事物的进入存在突出了事物在此的空间性，事物的生灭过程又突出了时间性。正因为有产生与消亡这两个点，人们才知道，事物从进入存在直到消亡，都在时间之中，因此，是一种时空合一的存在。西方的 Being，本也具有无与有两个方面，但因为由 to be 而来的空间化和实体化，所以只突出了空间性和实体性的"有"。中国的气，同样具有无与有两个方面，但显示了虚实相生结构，气化为物的空间性与气化流行的时间性保持了一种空间和时间的平衡。因此，正是中国的气的宇宙构成了中国宇宙的统一性和普遍性。中国的事物不但有实体性的质料，如陶器的泥土、房屋的墙和顶、人体的骨和肉，还有虚体的存在，如陶器的中空、房屋的门和窗，这空让宇宙之气在其中充满、流动，维持着陶器与房屋的存在；人体中的气与宇宙之气相交流，维持着人的生命。中国的事物都是一种虚实相生结构，这一结构与宇宙结构是完全同构的。因此，中国的宇宙，由表达房屋的宇和宙来体现，要突出的正是宇宙的统一性，以及宇宙中的事物与宇宙整体同构的普遍性。

（四）小结

如果说，西方的 to be 在强调空间的同时抑制了时间，从而产生了西方的确定性的 Being，产生了一种对事物本质的定义性语句，印度对时间性的强调而在判定词上有 as（本质上的是/有/在）和 bhū（现象上的是/有/在）的区分，从而在本质上的判断（as）不可说，现象上的判断（bhū）为假有，那么，中国文化中的具体事物，则既是（具有空间性的）真正存在，又处在时间的变动中，既是独立的个体，又与整个宇宙有紧密关联，作为虚实相生结构的事物，其实的部分（形质）是可以定义的，其虚的部分（精气神）是不可定义的。因此，古代汉语里没有系词，在要进行判断时，有三种句型：

> 舜，人也。（《孟子・离娄下》）
>
> 凡众者，爱之则亲，利之则至。（《管子・版法解》）
>
> 乐（音乐之乐）者，乐（快乐之乐）也。（《礼记・乐记》）

三类可归为两类，即主词＋判断谓词，主词＋判断谓词＋也。总之，主词的"者"，或谓词的"也"，构成判断句。"者"和"也"都意味着强调一个物体的实体性与确实性，但不用"是"，是为了保持时间在事物中的作用，从而让事物处于开放的场地中，让一事物在确定的同时，又保持与他事物的关联、与宇宙整体的互动。后来由于佛教的影响，

"是"由代词而成为系词，但其功能与没有"是"字的判断句一样，只肯定事物在空间中的实体性与确实性，并不抑制事物与他事物的关联、与宇宙整体的互动。正因如此，中国的"是"不同于西方的 to be，从而保证了中国事物中之虚所内蕴的气的存在，也不同于印度要把判断进行本质（as）和现象（bhū）的截然二分，从而使之成为一个浑然整体。让事物的时间性与空间性同时存在和互动，使中国的事物显得气韵生动，使中国的宇宙生气氤氲，使宇宙万物与宇宙整体的统一性和普遍性得到了彰显。

中国宇宙和事物的虚实相生的性质，使得中国文化在面对"这朵花是美的"这一句子时，就有与西方文化和印度文化完全不同的理解。

知晓了中、西、印关于宇宙的整体性质和宇宙中具体事物性质的文化差异，就可以对"这朵花是美的"这句话在三种文化中的不同思考方式和理论建构进行讨论了。中、西、印文化在面对"这朵花是美的"这一现象时，其思考方式和理论建构是怎样的？

西方文化把宇宙、事物、语言都视为实体结构，任何事物都可以进行空间化而加以确定。在说"这朵花是美的"时，是要做出真与假的判断，判断的目的是得到事物的本质。这里的本质追求是美，具体要求是弄清作为特殊之美的花与本质之美之间的关系。要达到这一目的：首先，要有一个美的定义。知道了美是什么，就知道说这句话时，美这个表达花之属性的词具体指的是什么意思。其次，要追问这朵花中的什么与美的本质相关联而使这句话为真。这就是在古希腊一定会出现一个柏拉图来问美（的本质）是什么。这样问的目的很清楚，就是要解决，从理论上讲，究竟是什么决定了人们把很多不同的事物，如花、罐、画、人、马等，都称为美的。

印度文化把宇宙、事物、语言都看作性空假有的虚实结构，任何事物和语言都在时间流动之中产生。在说"这朵花是美的"时：第一，只与此花在时间流动中的说这句话的此刻的现象有关，并不保证此花在此刻之前为美，也不保证此花在此刻之后还为美。第二，此花在此刻是美的，是因缘和合的结果，花在此刻的形、色、味与人在此刻的看缘聚在一起，就形成了此刻花的美。此刻此花的美，由此花的形、色、味与人看此花时的视、嗅等各种感觉共同作用而形成。花之美由这客体与主体的缘会和互动而产生。因此，此刻的花之美，不仅由花在此时的客体因素决定，还由主体在此时的心理状态决定，更由把客体与主体聚合在一起的此时来决定。第三，此花在此时的因缘和合中显为美，由此，这句话在现象上（即在下梵和俗谛的意义上）已经为真，并不需要此花在此前或此后也为美。而且，这句话本身也是在时间流动中的此时出现的，本身也是因缘和合之一部分，只与花美的此时相对应，并不需要在此时之前或之后也为真。第四，此花只在此时为美和此话只在此时为真，不能保证此时之前和之后也如此，显出此花之美与此话之真在本性上的无常和在本质上的性空，从而让人从"这朵花是美的"中去体悟印度型宇宙人生的真谛，以及这一强调时间对事物产生作用的印度之美的真谛。

中国文化把宇宙、事物、语言都看作实有的虚实结构。事物和语言都存在于时间与空间的交织合一中，存在于现象与本质的互动统一中，存在于事物与宇宙的关联互动中。在说"这朵花是美的"时：首先，花是一种虚实相生结构，花之蕊、瓣、叶、茎等是实的部分，花还有虚的部分，这虚的部分关系到花之来源于天地的气（气是万物的本原，天地万物皆由气生），也关系到花与宇宙本有之美（天地有大美而不言）的关联，还关系到花与具体环境中的具体事物，特别是对花进行审美之人的关联。因此，在这句话里，“这朵花”呈现的是花之实的一面，“美的”呈现的则是花之虚的一面，“美的”一词正好把花的精神凸显了出来。中国事物的虚实相生结构之虚，与印度事物的空幻结构之幻不同，正是要把事物的具体性与事物的一般性关联起来，此花之美与天地之间花本为美紧密相联，与春兰、夏荷、秋菊、冬梅之整体花美内在相关。因此，中国人不是像印度人那样以此刻为真，此刻随时间之流过去即为幻；也不是像西方人那样，认为此花仅为具体而并未表达出本质之美，而是认为此花之美已经有花之美在其中。其次，花是“美的”之虚，还关联到使花能够作为审美之呈现的人，花的形、色、味是在人的各种感官中呈现出美的，人的各种感官面对花的形、色、味时才产生了美感。美是在主客体的因缘和合中产生的。因此，中国人说“这朵花是美的”，不仅是在对作为客体的花之虚进行审美感受时对花的审美之维上的“精气神”部分做出的判断，同时也是对在从审美角度欣赏花时心理上获得的美感的真实表达。因此，这句话体现的是此刻人确实感到了美和此刻花确实呈现为美。从而，这句话中的“美”无须进一步追问就已经达到了美的证悟。最后，“这朵花是美的”作为语言，与宇宙和事物的性质一样，是一种虚实相生结构。第一，中国事物之虚，不像西方那样可以固定化，而是随着时间的流动具有多种朝向，因此，这朵花的“是”可以因时因地而不断改变。第二，花之虚的部分作为花的本质部分，是不能言说的，一说就不是讲虚的部分而是讲实的部分了，因此，“这朵花是美的”当用“美的”来表达花之虚时，“美的”这个词本身又包括了实和虚两个方面。“美的”作为一个词，只表达了花之虚中的实的一面，还有花之虚中的虚的深处，这是表达不出来的，需要“美的”这个词具有的灵活的弹性来让人体悟。汉语的精髓就在于一方面非言无以达意，另一方面又言不尽意。“这朵花是美的”中的“美的”一词正是包含了这两个方面，属于汉语中的精练之词。在中国文化中，人如果已经体悟精练之词所包括的虚，那么就足够了，如果不能体悟到虚的部分，而仅止于实的部分，那么就要用另一种汉语方式即比兴之词去让其感悟（比兴之词就是第一章说过的诗的语言，即用形象和景色让人去体悟事物的本质）。

面对“这朵花是美的”这一相同现象和由此现象而出现的话语，中、西、印文化对之的理解是完全不同的，因此，三种文化的美学建构也是完全不同的。推而广之，每一种独特的文化都有自己的美学建构方式，从而形成自己独具特色的美学理论。然而，随着世界现代化的兴起，西方文化作为主流文化主导着世界现代化的进程，西方美学也作为主流美学，主导了世界美学的进程。从大的方面讲，世界多种多样的美学其实也可以归结为三种美学：西方美学、印度美学、中国美学。三种美学各有自己的特点，根据前文讲的西方文化、印度文化、中国文化的特点，可对三种美学进行如下命名：西方为实体-区分型美学（the aesthetics based on substance and definition），印度为是-变-幻-空型美学（the aesthetics based on bhū、māyā and śūnyatā），中国为虚实-关联型美学（the aesthetics based on void-substance and relation）①。西方的实体-区分型美学建立在西方思想的基本特点之上，即世界和物体都是实体的，对实体性的世界和物体的认识通

① 对于美学的中、西、印三大类型，笔者已写过两篇文章：张法．美学：以中西印类型为基础的世界建构．当代文坛，2019（2）：4-16；张法．美学：以多型历史和当下现状为基础的知识体系建构．文艺研究，2019（9）：22-35。内容各有不同，本章所讲应算定论，特别是在对三类美学的命名以及为何如此命名的论述上。

过区分并在区分基础上加以定义而形成。印度的是-变-幻-空型美学建立在印度思想的特质之上，即世界和物体存在于时间的流动中并由之决定其性质，从而在对世界和物体说出“是”的同时，世界和事物就已经“变”了，其因不停地“变”，故而呈现为“幻”，在时间的各个时点中的幻相之世界和物体，其本质为“空”。中国的虚实-关联型美学建立在中国思想的特质上，即中国的世界和物体都由虚实相生结构形成，虚是世界和物体的本质方面，一物与他物之间以及与世界整体之间的“虚”的关联，是一物之为此物的本质方面。三大理论的基本思想运用到审美上，就形成了三大文化各有特点的美学。下面就依次对西方美学、印度美学、中国美学的特点进行呈现。

三、美学理论之一：西方的实体-区分型美学

西方的实体-区分型美学显出四大原则：区分、划界、实体确定、名言。

（一）区分原则

面对实体的世界和实体的物体，如何对之进行认知，以获得真正的知识，区分就显得十分重要。在第一章已粗浅地讲过，西方美学就是在一系列区分中建立起来的：有英国的夏夫兹博里区分内在感官和外在感官，有法国的巴托区分由日常生活与工艺技术而来的技艺之术和以雕刻、建筑、绘画、音乐、戏剧、文学为体系之美的艺术，有德国的鲍姆加登区分真、善、美的本质不同。这里则要突出，三者都是运用西方的实体-区分型思维而进行区分的。因此，建立起来的西方美学典型地体现了实体-区分型思维中的区分原则。

在主体心理上，通过知、情、意的截然区分，由知而有科学和哲学，由意而有宗教和伦理，由感性情感而有美学（鲍姆加登正是在这样的区分中建立了美学）。再进一步对感性情感中的快感进行区分，作为对美的快感的美感，正是因既区别于生理欲望得到满足的快感，也区别于获得知识而产生的快感，还区别于由伦理之善而来的快感而得到确定的（康德美学正是通过这样的区分而在西方美学中具有核心地位）。在客观世界里，社会、自然、艺术中都有美，但社会和自然中的美是与人的功利、知识以及伦理紧密地混杂在一起的，是不纯粹的，而艺术，由于是不同于现实的虚构和想象，就一方面与现实中的欲望区分开来，另一方面又与知识中的概念区分开来，还与伦理中的善区分开来，艺术是为了美的目的而被创造出来的，使人们通过美的形式而体会到美，从而美学就是美的艺术（fine art）的哲学（黑格尔美学正是通过把艺术与自然、哲学、宗教区分开来而在西方美学史上具有核心地位）。在知识形态里，通过真、善、美的区分，让美凸显出来。事物在知识的体系和命名上是什么，这就是真，通过真，人们获得了知识。事物在功利上对人有什么功用和在伦理上对人有什么好处，这就是善，通过善，人们获得了利益和价值。事物让人不去想概念知识，也不去想功利价值和道德价值就感到愉快，这就是美。

正是西方区分型思维对真、善、美的严格区分，让美学作为一门学科在知识体系中建立了起来。

（二）划界原则

前文讲的三种区分其实也是三种划界，即划界把“这”和“那”明晰地区分开来。西方划界思维的特点建立在哲学的三大原理上（这三大原理前文已从西方的宇宙特性上讲过，这里从划界思维的角度讲）：一是巴门尼德用有排斥了无，从而建立了西方的实体世界。美也被作为实体。二是柏拉图用理式对事物进行了类型划界，美的理式以及各类美的事物构成专门的分类。三是亚里士多德对具体事物中本质属性和非本质属性的划界，把事物中的美与非美区别开来。

这三大划界原则进而体现为具有西方特点的两个原则：一是从古希腊开始的现象本质原则，二是从近代开始的科学实验室原则。美学在古希腊产生，在于古希腊哲学把现象和本质做了一种截然的划界，美在现象上分为各种具体的事物，美的姑娘、美的母马、美的竖琴、美的汤罐等这些现象界的事物之为美，是在于后面有一个美的理式。对本质性的美的理式与现象性的美的事物进行严格的划界，这划界划得明晰而彻底，让理式完全可以独立于具体的事物。这样，对宇宙之美的理论化就很清楚了，找出美的理式，就理解了一切现象界的美的事物。划界原则在科学产生的近代，就成为科学实验室原则。要科学地认识一个事物，就必须将之放到实验室里，把此事物与其他事物乃至整个世界隔离开来进行专门研究，才能得出这一事物的性质。美从与现实功利、概念知识的区分中得出，是一种科学实验室式的划界，把艺术与生活、与概念知识区分开来，也是一种科学实验室式的划界，美术馆、音乐厅、剧院、影院、博物馆的设立更是在现实中进行划界，风景画家用一个取景框去看自然也是一种划界，美学家教人们用画家的取景框般的眼光去看风景，正是划界方式在自然欣赏中的运用。

正是通过划界，美从与生活、社会、自然的区分中产生了出来，艺术之为美也从这种划界原则中得到理论的解释和说明。审美心理学的距离、静观、直觉、形式等名震一时的美学理论，无不充满了科学实验室的划界原则。

（三）实体确定原则

西方美学之所以能够进行区分，之所以能够进行划界，是因为在西方文化中，世界是实体的，物体也是实体的。世界虽然有虚，但世界之虚不重要，世界之实才重要。例如，毕达哥拉斯看天空，是看星辰实体，由点到线到面地看；基督教的上帝创世，是由实体的上帝到宇宙中作为实体的万物；柏拉图区分理式世界和现象世界，是由实体型的理式到实体型的物体。物体虽然也有虚，但物体的虚不重要，物体之实才重要，物体与世界的关联，也是看重实体关联。物体的实体以及实体与世界的关联，在亚里士多德的十范畴中确立为本体/实体，是一物之为此物的根本。在德谟克利特那里，世界和物体的基本构成是原子。原子是最基本的物质实体。正因为西方的世界和物体是实体的，所以在美的问题上，必然要得出本体论上的美的理式，或现象论上的美（物体）的形式这样的实体问题。

美的理式和美的物体都是实体，才可以区分和划界。可以区分和划界，美才可以被确定地定义。定义是实体在理论上被确定，定义就是确定一物的内涵和外延。可以说，西方文化面对美进行的区分和划界正是体现在美的实体确定上。正是实体确定这一项，使西方美学的核心围绕着对美的本质（=实体）追求和本质定义来进行。

（四）名言原则

名是给出定义，言是由定义形成理论体系或曰话语体系。西方文化的基本信念是：语言是与世界和物体对应的。这一对应的严格性和明晰性是通过定义体现出来的，物体可以区分和划界，与之对应的语言也可以区分和划界，这就是定义，定义与推理形成的名言就是严格和明晰的语言表述。对美的理论化首先就是用严格的语言来明晰地定义美的本质，然后由此推出整个美学体系。名言原则体现了西方美学的话语表述方式，是一套与区分原则、划界原则、实体确定原则一致的语言法则。西方的区分型美学以一套体系性的定义、求证、推理、下结论的言说方式体现出来。言说在古希腊文里是 λόγος（logos，逻各斯），此词又是古希腊哲学中作为宇宙根本规律的“道”，还是让言说遵循宇宙之道来进行的具有严格性的“逻辑”，亦是古希腊人认为的使事物成为形式美的根本规律“比例”①。道、逻辑、美都集中在 λόγος 言说这一词中，体现的正是从古希腊开始的由实体-区分型思维而来的名言原则。

四、美学理论之二：印度的是-变-幻-空型美学

印度的是-变-幻-空型美学也有四大基本原则：是-变一体之幻、变-行一体之空、由幻悟空、不定言。

（一）是-变一体之幻原则

在印度人的思想中，世界和物体都存在于时间之中，其性质和样态由一直向前不可逆的时间决定，时间由每一刹那组成，当人们对世界和物体说“是”的这一刹那过去之后，世界和物体已经发生了变化，前一刹那的世界和物体已经不存在，变为这一刹那的世界和物体，从前一刹那的世界和物体到这一刹那的世界和物体是相续的。但这相续同时又是变化的。刹那很短，换算为今天的时间单位只有 1/75 秒。世界和物体的确定之“是”是刹那的，就是“是”（bhū）与“变”（bhū）的一体。因此，印度用同一个词 bhū 来表达世界和物体在“存在”（bhū）形态上的这种是-变一体（bhū）。世界之美和物体

---

① 杨适说：“Guthrie，Kirk 对它（指逻各斯。——引者注）作过考证研究，指出它有多种用法，如：说话、言辞、表述、说明、理由、原理；尊敬、声誉；采集、点数；比例、尺度等等。”（杨适. 古希腊哲学探本. 北京：商务印书馆，2003：184）杰米·詹姆斯（Jamie James）说：“比例的希腊单词是 λόγος（逻各斯）。”（杰米·詹姆斯. 天体的音乐. 李晓东，译. 长春：吉林人民出版社，2003：33）

之美，正如世界和物体本身一样，也是由时间流动（santāna，汉译为“相续”）决定的，也以是-变一体的方式存在。美的物体在是-变一体的存在中，前一刹那某物之美的“是”已不存在，人们从当前这一刹那回想它曾有而现又不存在之“是”，并与这一刹那关联起来认为还存在，这就是“幻”。当前刹那转瞬即逝，变成不存在，变成已逝的幻体。可以预知，这一刹那会立刻流向未来的一刹那，但未来尚未到来，人们对未来刹那的想象也是幻。因此，物体因存在于时间之流中而成为是-变一体的存在，从而使物体在本质上成为幻体。幻体意味着印度人是从时间对世界和物体的决定性作用去看待是-变一体的世界和物体，以及去看待世界和物体之美的。

从印度教的一个重要哲学流派胜论（Vaiśeṣ ika）的观点来看，是-变一体的物体作为幻体，其本质就无（abhāva）。从无展开来讲，一物体在其尚未产生之时是“无”，可被称为未生之无（Pragabhāva）。一物体在已灭之后也是“无”，可被称为已灭之无（pradhvamsabhāva）。物体在从无到有之前成为何物有多种可能，而一旦成物，在此物已存之后，这些可能性对于此物来说就不再存在，正如人已经成为人，就不再可能是鸟、是鱼、是虫、是树、是草、是石、是泥、是风、是雨，所有这些，对于人来说是无，对于世界来说是可能之有，对于此物来说是不可能之无，被称为毕竟之无（atyantabhāva）。一物是在与相对或相反事物甚至多事物的对照中成为此物的。例如，人是在与地上之马、牛、羊、狗、猪的对比中，与空中之鸟、水中之鱼的对比中，与田野上的庄稼、屋中的器具的对比中，以及与其他事物的对比中，成为人的。他成为人，就再也不具有其他事物，如马、牛、羊、狗、猪、鸟、鱼、庄稼、器具的性质，这些他物的性质对于人来说是无，被称为比较之无（anyonyadhāva）。世界上的事物千千万万，各物有各物的特点，一物一旦成为此物之后，就再也不可能有世界上其他事物的特点，如人再也不可能像鸟一样在天上飞，像雨一样从天上落下，像树一样立在土中不动，总之，由此成为此物而再也不会具有世界上其他事物的特点。这些人永远不会得到的特点对于人来说是无，被称为不会之无（asamsargadhāva）。胜论的无之理论，是从宇宙的高度（浩浩空间和茫茫时间）去看一物体，更准确地说，是从物体始终在时间之流中存在这一原理去思考物体。不是从有什么去思考此物，而是从无什么去思考此物，从而悟出任一物体的幻相性质。五无的前两无（未生之无和已灭之无）是给一物以时间本身的限定，后三无（毕竟之无、比较之无、不会之无）是对一物在限定时间之内的进一步限定。

从无的角度看物体，物体本就在有限时间中存在，而即便在有限时间中存在，也充满了不存在。这一充满了不存在之“无”的物体，从印度教的理论来说可称为幻，从佛教的理论来说乃是空。从无-幻-空的观点来看，一物为幻现之物，它的具体活动比如审美活动，其本质亦为幻现之举。这样，从西方理论来看，美是在与真和善的区别之中产生出来的；从印度理论来看，刚才方以求真之心观物，而今转为以求美之心赏物，已成的审美之赏乃一种幻现，起先才以求善之心视物，现在转为以求美之心观物，已成的审美之观乃一种幻现。物体之美乃在人用审美之心去欣赏时才出现，人不用审美之心去欣赏，物体就不是审美对象，因此，物体之美和人的审美之赏，从宇宙的高度、从时间的流变去看，都是一种幻现。

（二）变-行一体之空原则

印度思想认为，事物从本质上看，为（佛教所名之）空，为（印度教所名之）幻，但从现象上看，又为是-变一体的实有。同样，一物的活动（karma），比如用审美之心赏物的审美活动，从本质上看为幻，从现象上看为实。那么，审美活动的进行要具有意义，作为美善之业，它就有两个方面的要求：在现象上，由审美活动而言美（业果）；从本质上，体悟出审美亦是空。对于印度美学来说，只从 karma（此词有两层意义，既是进行活动之“行”，又是行之结果之“业”）的角度看审美，虽然也算有实际的好结果，但只是在现象层面，即仅是在现象上或曰现实中的直线推进，境界不高。所以，在审美时，需要从现象层面上升到本质层面，在做审美之行的同时，悟出审美之行本身为空，正如一个人会消失，一个人的一个活动会消失，此一审美活动也会消失。

胜论思想的“五无”同样适合于审美活动，在此一审美活动产生之前是未生之无，之后是已灭之无，审美活动的产生排斥了（包括求真和求善在内的）其他活动，是毕竟之无，究其与求真和求善的根本不同来讲，是比较之无，究其审美之赏决定了不能让其他因素在审美中同时产生来讲，是不会之无。将胜论思想的“五无”运用于审美活动之中，不是如西方型美学那样要突出美学自身的特点而高扬美学，恰恰相反，是要从“五无”的诸多方面去意识到审美在获得自己的同时也在封闭自己，从而把审美从封闭中解救出来，只有超越封闭，才能体会到宇宙的浩茫，接着追问审美的本质是什么，进而认识到审美本身的现象性，最后，在审美中体会到审美之后的空，意识到审美乃“诸行无常”中的诸行之一，乃宇宙中无数幻现-幻归中的众相之一，从而意识到审美本空，审美亦幻。在审美中达到了这一点，实际上就实现了审美中的转换，即审美现象之真实转到审美本质的性空上。认识现象乃幻、本质为空，对审美就有了一种新的理解和新的提升。

（三）由幻悟空原则

宇宙乃一种幻-空结构（māyā-Śūnyatā），事物亦乃一种幻-空结构，同样，审美对象亦是一种幻-空结构，审美现象为幻，审美本质为空。因此，印度审美的正确进路是：第一步由实到幻，这里需要的是一种对是-变一体的认识，前文讲的“五无”，也可被看成进入转换的方式。这里的转换，不是像西方美学那样，排除各种与审美无关的东西而专注在审美对象上，而是关联着各种与审美无关的东西，但这种关联不是对“有”的关联，而是对“无”的关联。在对无的关联中，体悟到审美活动之幻，包括审美对象之幻和审美主体之幻。可以说，正确进行审美的第一步，是由（审美现象之）实到（审美现象之）幻。因为审美活动的本质是幻。在这里，不是像西方美学那样，由审美对象在现象上的实（body）进入本质上的实（substance），即进入实体确定原则，而是由现象上的实进入本质上的幻。所谓本质上的幻，是讲本质上是空，现象上却呈现为实，这实乃幻。因此，要达到本质，就是不把审美对象看成一个实体，而是把审美对象看成一个空体。能从一个实体的审美对象上看出空体，就达到了审美对象的本质。

知其本质为空，才知晓看上去的实为幻。因此，第二步是在第一步的由实到幻之后，由幻悟空。这里，由幻悟空同时就是由空悟幻。这样，第一步完成后，审美对象是一种两层结构：实-幻。看似实但实为幻。第二步完成后，审美对象是一种三层结构：实-幻-空。由实到幻，可知本质为空；由空到实，可知实乃幻。

在印度思想中，具体的审美对象之所以在本质上为空，是因为宇宙的本质为空。这样，印度美学只知审美对象的本质为空是不够的，还要从审美对象的本质之空进入宇宙整体的本质之空，审美才算完成。因此，正确审美的第三步是空空一体，即把审美活动的本质之空与宇宙本体的本质之空关联起来。这里可以借商羯罗（Śaṅkara）举过的例子来进行美学方面的讲解。一个美丽的印度花瓶，在现象上是实体，但花瓶之为美在于花瓶中间的虚空。悟出当其空方有瓶之美这一具有本质性的认识之后，也可以说得（本质之）空而忘（实体之）瓶之后，再进一步打破花瓶，这样，瓶内的空与瓶外的空了无区别地融合为一体。对于审美来说，并不需要打破花瓶，只要悟出瓶内之空与瓶外之空本为一体，就将作为具体审美对象之花瓶的本质（空）与宇宙的本质（空）看成了浑然一体，审美之赏就达到了印度美学的宇宙高度。这时审美对象在分析中具有四层结构：（现象之）实-（本质之）幻-（本质为）空-（宇宙之）空。后两个空成一个空，空与幻乃一回事，幻与实也为一体。悟出了这四者为一体，审美活动就算完成，达到了审美的最高境界一片空明。

（四）不定言原则

西方的本质为实，所以美学的话语表达是名言原则；印度的本质为空，所以美学的话语表达是不定言原则。印度宇宙的本质在佛教那里为空，在印度教那里为梵。空和梵是无限的，而一切具体事物，包括作为具体事物的语言，都是有限的。当有限的语言面对无限的空和梵时，是无法对空和梵予以完全的体现的。空和梵虽然是无限的，但又具体地体现在一切事物中，成为具体事物的本质。这就是具体事物中的空。语言作为事物，也有实和空两相。空的一面不能体现出来，只能暗示出来，显为不定。语言在表现事物时，只能完全表现事物实的一面，不能完全表现事物空的一面，也显为不定。

语言的不定言原则，其具体内容体现为：第一，不能用一个概念去完全与特定物体相对应。具体的物和人是梵的幻现，当用概念去对应这一事物时，对应的只是其本质被覆障之物，就是说，概念对应的，在佛教那里，只是俗谛而不是真谛，在印度教那里只是下梵而不是上梵。对物的真正认识应当从俗谛走向真谛，从下梵走向上梵，一旦走向真谛和上梵，从俗谛和下梵给出的定义就显得片面、肤浅。幻现之物与其后面之本质的关系决定了概念与物是不对应的，或者说，概念对应的是一物的物性而非此物的空性，对应的是俗谛或下梵而非真谛和上梵。

第二，不能用定义去获得物体的本质。在印度，物体的本质都要回溯到真谛之空和上梵之空。一方面，与真谛之空和上梵之空相关的物的本性（空）是不能定义的；另一方面，真谛之空和上梵之空作为本体，也是不能定义的，一旦要定义，就只能定义出真谛和上梵的某一方面、层级、片断（即俗谛和下梵），而不是真谛或上梵本身。而且，给出定义，都是“执”，皆为“固”，仅为皮相。

第三，不能用一个命题对物体进行陈述。这里的关键还是在于幻相和无明对事物本质与宇宙本质的覆障。从覆障之物到物的空性，走向真谛和上梵之路需要相当长的过程。这里，命题对事物的陈述，可以说出一些，但不能道尽全部，可以言中一点，但难以呈现其全部关联。命题对物体的陈述注定了只能是片面的、片断的、浅层的、皮相的。

第四，用遮诠、因明、辩证三种逻辑方式进行推理。佛教的真谛和印度教的上梵，大于时空有限之中的人，也大于语言对其的言说。这就构成了人在面对真谛和上梵时，只能用遮诠逻辑，即不能说真谛和上梵是什么，而只能说真谛和上梵不是什么。遮诠逻辑前文已讲，它体现为：它不是……它不是……它不是……的不断否定。这里不再详述，但要强调的是，言与空或梵的总体关系决定了审美活动和审美理论中的言说方式，审美对象的四层实-幻-空-空，当进入第三层空特别是进入第四层空的时候，只能用不定言的方式去表达。而审美又只有进入第四层空，才算完成。因此，审美话语的完成是以不定言的方式来体现的。这一不定言，在印度教是遮诠语句，用佛教的话讲就是与事物不同的“名”。《金刚经》曰：“如来说世界非世界，是名世界”，“是实相者，即是非相，是故如来说名实相”，“所言一切法，即非一切法，是故名一切法”，“如来说第一波罗密（智慧），即非第一波罗密（智慧），是名第一波罗密（智慧）”[①]。一言以蔽之，用语言来讲物体、来讲本质，皆非物体本身和本质本身，而乃与之有差异的一种名（表达方式）。

五、美学理论之三：中国的虚实-关联型美学

中国的虚实-关联型美学也有四大原则：虚实关联、虚实互渗、虚体体悟、活言。

（一）虚体关联原则

中国的世界和物体皆为虚实相生结构，人生天地间，其心理诸要素，性、心、知、意、志、情、欲，不能区分开来讲，而要相互关联着讲。程颐曰：“性之本谓之命，性之自然者谓之天，自性之有形者谓之心，自性之有动者谓之情。凡此数者皆一也”（《河南程氏遗书》卷二十五）。陈淳《北溪字义》曰：“意者，心之所发也，有思量运用之义”，“志者，心之所之。之犹向也，谓心之正面全向那里去”。《庄子·外物》曰：“心彻为知。”《礼记·乐记》曰：“感于物而动，性之欲也。”《荀子·正名篇》曰：“欲者，情之应也。”阮元《性命古训》讲性情欲的关系时说：“按：情发于性，故《说文》曰：‘性，人之阳气性善者也。情，人之阴气有欲者也。’许氏之说古训也，味、色、声、臭、喜、

① 鸠摩罗什，等. 佛教十三经. 北京：中华书局，2010：10-12.

怒、哀、乐，皆本于性、发于情者也。情括于性，非别有一事，与性相分而为对”①。强调了对于性、情、欲，不要区分开来认为“别有一事”，而要作为一种相互关联的整体来看。一方面，知、意、志、情、欲都是性、心之表现和作用，二者是体用关系；另一方面，性、心之间，知、意、志、情、欲之间，又是紧密关联的，这种体用的整体性就是程颢讲的“数者皆一也”。这种关联的整体性，正是孔颖达在《毛诗正义》中讲的“情志一也”。这“一”不是二者无区别，而是整体关联比区别更重要。因此，中国人从主体讲美，绝不会把知、情、意区分开来只从情来讲美，而一定要关联起来，从主体心理的整体性来讲美。

在客观世界里，中国人不是把社会、自然、艺术区分开来而只从艺术讲美，而是将之关联起来，无处不美。日、月、星，天之美，山、河、动、植，地之美。刘勰《文心雕龙·原道》讲了自然与艺术一样美：“日月叠璧，以垂丽天之象；山川焕绮，以铺理地之形……云霞雕色，有逾画工之妙；草木贲华，无待锦匠之奇。”《礼记·少仪》讲社会之美的丰富多彩：“言语之美，穆穆皇皇。朝廷之美，济济翔翔。祭祀之美，齐齐皇皇。车马之美，匪匪翼翼。鸾和之美，肃肃雍雍。”而且，自然美与艺术美相互关联：“会心山水真如画，巧手丹青画似真”（杨慎《升庵集》卷二百零六）；社会美与艺术美精神相通：“世事洞明皆学问，人情练达即文章”（《红楼梦》第五回）。正是把社会、自然、艺术不可分割地关联起来，中国才没有形成西方式的艺术哲学型的美学，而从宇宙之美的整体，从社会、自然、艺术的关联一体中把美进行理论化。

在知识形态上，中国人不是把美与真和善区分开来讲，而是把美与真和善关联起来讲。《说文》释“美”曰：“善也。”释“善”曰：“与美同意”②。许慎并不是说美即善或两词的含义完全相同，而是说二者关联着，不能用区分的方式去认识。《孟子·尽心下》曰：“可欲之谓善，有诸己之谓信，充实之谓美，充实而有光辉之谓大，大而化之之谓圣，圣而不可知之之谓神。”正是把真、善、美结合起来讲的。“大”类似于西方的崇高，中国之善的极致是“圣”，而宇宙之真和物体之真的本质就是“神”③。正因为在知识形态上把真、善、美关联起来讲，中国人才没有像西方人那样推出与其他学科严格区别开来的美学，而是呈现为把美的理论化寓在各类学科中的虚实-关联型美学。

（二）虚实互渗原则

真、善、美之间，自然美、社会美、艺术美之间，不仅相互关联，而且相互渗透。真中有善、美，善中有真、美，美中有真、善，自然美、社会美、艺术美同样如此。上一项中对于关联所举的事例，已经包含互渗的内容。这里要讲何以呈现互渗，以及互渗的基本方面。

真、善、美的互渗和自然美、社会美、艺术美的互渗，在于中国文化的宇宙原则就

---

① 阮元. 揅经室集：上. 北京：中华书局. 1993：220-221.

② 许慎《说文》中原文是“与义美同意”。义字与本文无关，故略去。

③ 荀子说：“列星随旋，日月递照，四时代御，阴阳大化，风雨博施，万物各得其和以生，各得其养以成，不见其事而见其功，夫是之谓神。”（《荀子·天论篇》）

讲关联与互渗。中国文化的互渗原则体现为三种方式：第一，阴阳互渗。太极图中的白为阳，黑为阴，阴阳各半，但白中有一小黑圆点，这是阳中有阴，黑中有一小白圆点，这是阴中有阳。四季循环，春夏为阳，秋冬为阴，春夏以阳为主，但却包含阴在其中，秋冬以阴为主，也内蕴阳在其中，冬至为阴之极，冬至之后，一阳来复，天天增长，到夏至为阳之极，夏至之后，阴天天增长。宇宙间的阴阳互渗，决定了真、善、美互渗和自然美、社会美、艺术美互渗的基本图式。因此，中国美学不能把美与其他区分开来：美渗透到一切领域，其他性质也存在于美的事物中。第二，五行互渗。五行的木、火、土、金、水体现为万事万物，是一年之春、夏、长夏、秋、冬，方位之东、南、中、西、北，声音之角、徵、宫、商、羽，颜色之青、赤、黄、白、黑，味道之酸、苦、甘、辛、咸，体内之肝、心、脾、肺、肾，情感之怒、喜、思、忧、恐，道德之仁、礼、信、义、智，等等。五行把宇宙万物内在地关联了起来而使之相互渗透和相互作用，使一事物与另一事物之间不能进行清楚的划界。第三，同构互渗。气-阴阳-五行，作为宇宙之根本，存在于任一事物中。一事物内部因素的关联与宇宙整体的本质关联有一种全息型和自相似型互渗。因此，在对美的事物进行还原认识时，是不能截然区分和绝对划界的。在不同类的事物中也有一种同构，如各门艺术、自然、人体都有神、骨、肉的同构。在相似的同构中存在灵活的转换，如夫妇、君臣、天人是同构的，因此，以夫妇喻君臣比天人是基本的套路。但一个男人在夫妇关系中为阳，在君臣关系中则为阴；君主在君臣关系中为阳，在天人关系中则为阴。

把中国文化这三种互渗运用到美的现象上，阴阳互渗决定了，美不能与真、善区分开来，而是与之互含互渗的；五行互渗决定了，自然、社会、艺术在内在上不能区分开来，而是关联着且互含互渗的；同构互渗决定了，美在宇宙的大网络中，不能与其他事物区分开来，而要根据具体关联因宜变化。互渗除了上面三条之外，还有一条即本质与现象的互渗，即本质不能与现象截然区分开来。天，不但与风云雷雨、四季运行相关，也与地上的山河动植、人类社会的兴衰互渗。道不离器，理就在日常生活中，道理不能抽象地讲，而要与天地人结合起来讲。如果从关联一项还不能理解中国为何没有出现西方的学科型美学，那么从互渗一项则可以理解为何不能出现西方的学科型美学，在中国文化中本质是不能进行区分和划界的。因此，中国对美进行的理论化必然是以关联型的形态出现的。

（三）虚体体悟原则

中国文化宇宙是一种气的宇宙，气化生万物，物亡又复归于宇宙之气。这一气化生万物的宇宙是一种虚实结构，气为虚而物为实；同样，以气为根本的事物，也是一种虚实结构，气是事物的根本，为虚，形质是事物的内外，为实。在物中就是《老子》十一章讲的“三十辐共一毂，当其无，有车之用。埏埴以为器，当其无，有器之用。凿户牖以为室，当其无，有室之用”。车轮辐轴之实与中间之空形成了轮的虚实结构，器皿四周底部之实与中间之虚构成虚实结构的器皿，房屋墙顶之实与门窗之空构成了房屋的虚实结构。在人体上，骨肉之实与精气神之虚构成了人体的虚实结构。无论宇宙整体还是具体事物，其虚实结构中的虚都是本质性的。

西方的区分原则是建立在实体宇宙和实体事物之上的，西方的物与人都可以还原为基本的物质，因此，都可以在实验室中进行区分解剖分析，从而得出本质性认识，但在中国的虚实宇宙和虚实事物中，实的一面可以区分，虚的一面则无法区分。人的本质是神气，人死之后神气已无，对骨肉进行再细的区分解剖分析，得出的也是非本质性认识。同样，中国的审美对象是一个神骨肉的对象，本质是神情气韵这些虚的东西。中国美学为了认识本质性的虚体，于是采用体悟的方式。中国的美的事物，由虚实两部分构成，虚的部分是本质性的。这虚包括两个层面，一是事物本质之虚（气），二是事物之虚与宇宙之虚浑然一体的关联。在房屋中，门窗之虚正是为了让室内之气（房屋的本质部分）与宇宙之气有正常的交流；在人体中，人体之气与天地之气有一种正常的交汇。审美的体悟正是要对人与物自身的本质之气有一种体悟，同时要对人与物的本质之气同天地之气的一体性有一种体悟。西方区分型实体的审美对象需要确定的理论，中国关联型的虚实结构的审美对象需要的是体悟的理论，正如严羽讲的“禅道惟在妙悟，诗道亦在妙悟”（《沧浪诗话·诗辨》）。

（四）活言原则

活是灵活，言是理论化语言。中国美学的理论语言不是定义型的，而是充满了张力和虚灵。它由两点决定：第一，在于语言的性质。中国的语言与中国的事物一样，是一种虚实结构，但一般的语言使用往往只用其实的一面，这样一来，只为实的语言与虚实结构的对象就不对应了。语言一方面小于事物和世界，所谓“言不尽物”（《庄子·秋水》：“可以言论者，物之粗也；可以意致者，物之精也；言之所不能论，意之所不能察致者，不期精粗焉”）；另一方面小于心灵，所谓“言不尽意”（程颢《答横渠先生定性书》：“心之精微，口不能宣”）。要克服这两个方面的“不尽”，就要关注语言的虚的一面，把虚的一面加进来，形成中国理论语言的“活言”。

第二，在于对象的性质。中国的审美对象是一种形质气或曰神骨肉组成的虚实结构。实的方面之形、貌、肉、骨、体、质对应于语言之实，虚的方面之神、情、气、意、韵则必须开启语言之虚。如何由语言之实进入语言之虚，首先要有对事物之虚和宇宙之虚的体悟，面对宇宙本质之虚，孔子曰“予欲无言”（《论语·阳货》），老子讲“道可道，非常道”（《老子》一章），都是从避免语言之实遮蔽宇宙之虚讲的。掌握了语言之虚，并在语言的运用中感受到虚，这就是皎然《诗式》要求的“但见性情，不睹文字”，也是《二十四诗品》提倡的“不著一字，尽得风流”。这里的“不睹文字”和“不着一字”，并不是没有语言，而是在使用语言的同时，让语言之“虚”体现出来，要跳出语言之实而朝向对象之虚。要达到这一目标，中国美学的理论语言需要一种应有的性质，体现为两种主要方式：一是精练之词，如阳刚之美、阴柔之美，如豪放飘逸、沉郁顿挫，如雄浑、冲淡、纤秾，如高、远、古、深。二是比兴之语，如讲谢灵运之诗如“出水芙蓉”，颜延之之诗如“错彩缕金”（钟嵘《诗品》引汤惠休语），“王实甫之词如花间美人”，“关汉卿之词如琼筵醉客”（朱权《太和正音谱》）[1]。前一种方式点出内涵，但不设外延，让概念性的语言充满张力，让语言之间呈现关联，让语言与对象之间产生互动，成为一种活的语言。后一种方式用比喻让人体悟审美对象中作为虚体的神、情、气、意、韵；让人感觉说了又没有说，没有说又说到点上了；让虚灵的语言与虚灵的对象有一种极好的对应。

中国美学的理论话语，以三种要项组织起来，一是前文已讲的“者……也”句式，形成语言虚实结合的开放性；二是精练之词和比兴之语，对虚实结构的具体对象进行具体的理论把握；三是把一和二两种方式运用到体系性著作中，形成虚实结构的理论体系。且以刘熙载之《艺概》为例。这是一部包括文、诗、赋、词曲、书法、经义在内的体系性著作。《艺概·叙》中明确地讲了因艺术与宇宙的整体关联而必然产生的艺术体系性著作的特点：

> 艺者，道之形也。学者兼通六艺，尚矣！次则文章名类，各举一端，莫不为艺，即莫不当根极于道。顾或谓艺之条绪綦繁，言艺者非至详不足以备道。虽然，欲极其详，详有极乎？若举此以概乎彼，举少以概乎多，亦何必殚竭无余，始足以明指要乎！

这种“举少概多”的体系言说方式，初看有无伤大雅的“小缺”式空白。刘熙载提醒“安知显缺者非即隐备者哉”，重要的是“触类引伸”。刘熙载总结，中国的体系性著作，看起来只有虚实结构中“实”的一面，很“简”，但这简之实的一面通向内容丰富的“虚”。刘熙载强调：中国体系性著作的特点，正如“《大戴记》曰‘通道必简’”（刘熙载《艺概·叙》）。可以说，中国美学包括体系性著作在内的话语方式就由以上三点构成：(1) 具体之点上“者……也”句式；(2) 概念总结上的精练性词组和比兴类描写；(3) 整体呈现中的虚实结构。

六、美学建构：内容和范围

通过对西方实体-区分型美学、印度是-变-幻-空型美学、中国虚实-关联型美学的呈现，可知西方、印度、中国自轴心时代以来形成了三种不同的美学类型。三种美学类型对世界美学的演进一直有着重要影响。在世界进入现代化进程之前，三种美学在各自的文化圈中发挥着巨大作用。世界从分散的世界史进入整体的世界史之后，西方实体-区分型美学成为主流美学，包括印度和中国在内的非西方美学都向之靠拢，形成实体-区分型美学的一统天下。然而，西方美学在从近代美学向现代美学和后现代美学的升级中，越来越显出了向印度美学和中国美学会通的流向。特别是20世纪后期以来，新崛起的生态型美学、生活美学、身体美学，以及形式美理论、文化研究、设计学等新型理论，体现得尤为明显。生态型美学，反对用实体-区分型的艺术美学原则去看自然风景，而且在

---

[1] 关于中国美学理论话语的两种基本方式（精练性词组和类似性感受）的详论，参见张法. 中国美学史. 成都：四川人民出版社，2006：86-87。

生态中强调与印度美学契合的、由时间决定性质的、不定言的“空”的境界。生活美学，反对在日常生活与艺术之间划界，强调与中国美学同调的虚实互渗。身体美学，把各门艺术中的身体与生活中的身体关联起来统一进行理论思考。这里且以生态型美学为例，看西方美学升级是如何在批判实体-区分型美学中产生的。

（一）生态美学在批判实体-区分型美学中与中国虚实-关联型美学的契合

生态型美学是从自然美这一向来被实体-区分型美学低看的对象向实体-区分型美学发起进攻的。面对自然对象（比如一棵树），实体-区分型美学认为，一个人只有按照实体-区分型美学的三原则，即非功利、静观、形式审美去做，自然才显为美。首先从日常意识的功利之念和认识之思中摆脱出来，不起功利之念（这棵树可以有什么用，值多少钱），也不做认识之思（它是什么树，在植物学上叫什么名），对象才作为审美对象呈现，人才进入审美之维。主体排除了功利之念和认识之思后，就进入审美的静观。这“静”是不起他念，唯有审美之“静”。以审美之虚静之心去观，对象之美就会呈现出来。树，是多种属性的统一，本有功利属性的一面（可用来做日常器具、工业材料等，有其市场价格）和认识属性的一面（有一名称，在植物学体系中有自己的位置，有生物分子结构，等等），当这些属性在主体的审美静观中被暂时地悬置之后，树只以自己的形式（形、色、光、姿）呈现出来，成为审美对象。这在绘画艺术中典型地体现出来，画家面对自然，用取景框，或用双手形成取景框的姿势，最后把这一取景框内化为肉眼的功能，对自然对象进行非功利的排除程序，从而让自然对象以绘画之“景”的方式出现。这一方式，就是西方型的焦点透视方式和油画型光效应方式。这一方面让本来具有多种属性的自然对象成为如画一般的美景，另一方面让本身丰富的自然只成了西方古典画样式的美景。西方实体-区分型美学强调的是第一方面，认为正是这一方式让自然对象成为美。当代生态型美学针对的是第二方面，认为实体-区分型方式歪曲了自然对象的美。生态型美学体悟到取景框的方式，正像科学家用实验室把实验物与外界截然分离开来一样，用具有时空性的古典几何美的方式对自然对象进行选取，并把这只是千变万化的自然呈现中的一种方式认为是最美的方式，是错误的。生态型美学认为，一棵树并不像古典型科学家认为的那样，是从环境中分离出来，仅与植物学上有种、属、差的知识体系相联系的一棵树，而是活生生的生态系统中的一棵树，关联着各种功能、各种关系、植物链以及让该树得以生长于其中的整体生态环境和该树在这一环境中的生存方式。因此，用虚实-关联型方式去观看这棵树的时候，要尊重这棵树的活生生的整体性，即其形、色、光、姿相互关联着，不可分地作为一个整体存在，树与它的环境，包括周围的近环境和逐渐远去的大环境，乃至苍天大地，以及充溢在天地之间的生动气韵，都以一种生态的方式紧密地、不可分割地联系在一起。

从虚实-关联型美学进行审美，首先，从审美主体来看，不把自己从环境中孤立出来，而是感到自己与环境具有本质性的关联，观看主体本身是被包围在一个“场景”中的，不是被观看的自然对象处于“主体的视野”之中，而是主体本身被置于一个同心圆似的场景中，主体的观看本身就是一个自然事件，不仅是主体对自然的观看，更是主体在自然中进行观看[1]。因此，主体不是要成为一个为获得对象形式美的、静观的主体，而是要成为一个在虚实-关联型天地中的活生生的主体。其次，作为虚实-关联型的主体，在感知模式上，不是如实体-区分型美学那样，强调各个感官的专门性，然后再将之综合，其结果是强调各个感官的分感；而是强调感官作为一个整体的相互关联的综合作用，各个感官不是分开来感受，而互渗互动，从开始到完成都以一种通感的旋律进行。正是在重视分感还是重视通感的区别里，实体-区分型美学与虚实-关联型美学的差异显示了出来。强调实体-区分的艺术美学总是通过特定媒介强调某一感官，用一门艺术（如美术、音乐、文学）达到某一感官（美术对视觉、音乐对听觉、文学对想象）的精致化，因此艺术分类基本是分为视觉艺术和听觉艺术。强调虚实-关联的生态型美学则要求全部感官的投入，如果不全部投入，则陷入实体-区分型的审美方式，只有全部感官都投入，才超越实体-区分型审美的“精致的片面”，从而进入自然审美的关联性本质。实体-区分型美学为了达到一种纯粹的形式而要求主体的静观，静的目的，一是要让某一个别感官得到突出，二是要让对象离开具体的现实成为虚构的形象，突出成真实的幻象，在幻象中突出艺术媒介本身，同时也通过艺术媒介让某一感官得到精致化。某一感官的精致化与某类艺术的形式化是并进的。虚实-关联型美学放弃静观，提倡参与，正是要发挥所有感官的作用，不但视觉和听觉，还有味觉、嗅觉、触觉、肤觉（皮下组织）、体觉（内脏器官）等在发挥作用。之所以全部感官都能发挥作用，是因为虚实-关联型审美面对的不是艺术的虚构，而是活生生的现实，只有所有感官都发挥作用，审美才能达到现实的真实和生命的深度。伯林特（Arnold Berleant）说，视觉、听觉是远感受器，味觉、嗅觉、触觉、肤觉（皮下组织）、体觉（内脏器官）等是近感受器，艺术审美因强调心理距离，所以只认视觉、听觉为审美感官，自然审美因强调参与，所以一切感官都是审美感官[2]。实体-区分型美学只承认视听二觉是审美感官，也与其要求艺术达到超越现实功利的净化目的相关，虚实-关联型美学把审美赋予所有感官，是为了要求所有感官都进入自然对象的生命整体和宇宙深度中。总之，关联型美学要求在自然审美中，主体应由艺术欣赏时实验室型的、只有实体的、分析型的、超现实的主体变为欣赏自然时生态型的、现实型的、虚实合一的、关联型的主体。艺术美学要求只有不占有对象，才能与对象拉开日常距离而审美地欣赏对象，这是由实验室而来的主客二分在美学上的反映。虚实-关联型美学正是要进入自然之中，把自然看成自然（而不是看成艺术），才能按照自然本身的方式全面地欣赏对象，这是人在生态之中的万物一体思想在美学上的体现。

虚实-关联型美学的自然审美活动，是在世界中而非在实验室或博物馆中进行，其对象是天地自然中的对象，主体是天地自然中的主体，从而有自己的新原则。在自然审美中，第一，全部感官直接“参与”到对象之中，对象也全部“参与”到主体感官之中，这时，“环境不仅由视觉形象组成，它还能被脚感觉到，存在于身体的肌肉动觉，树枝拖曳外套的触觉，皮肤被风和阳光抚摩的感觉，以及从四面八方传来，吸引注意力的听觉

---

① 霍尔姆斯·罗尔斯顿Ⅲ. 哲学走向荒野. 刘耳，叶平，译. 长春：吉林人民出版社，2000：170.

② 阿诺德·伯林特. 环境美学. 张敏，周雨，译. 长沙：湖南科技出版社，2006：28.

等等……从脚底感受到土地质感、松针的清香、潮湿河岸散发出的肥沃气息、踩着土地传来的舒适感、走过小路时的肌肉感受和伐木场、田地的空旷感等等……体会到当自己的身体与环境深深地融为一体时，那种虽然短暂却活生生的感觉。这正是审美的参与”①。第二，主客的互动，不是像艺术欣赏必须在美术馆、电影院、阅览室中那样有范围的环境中，而是本来就没有边界，而且要排斥边界意识而具有人在天地之中的天地意识。虽然主体一定有一个视野，每次看也有一定的范围，但在意识上不是把这一视野像绘画和摄影那样范围化为艺术型的、有边框的“画面”，而是始终有在世界之中的“乾坤万里眼，时序百年心”（杜甫《春日江村五首》），他看到的是没有边界的美景，如王维审美时的“江流天地外，山色有无中”（《汉江临泛》），如李白审美时的“黄河之水天上来，奔流到海不复回”（《将进酒》）。第三，整个活动过程都不是固定的，而是移动的。实体-区分型美学总是要把动的东西归为静的东西，不但绘画、雕塑、建筑要求在一个小点上静观，音乐和电影本是动，也要让人静静地坐在音乐厅和电影院里，化动为静。实体-区分型美学在让人面对自然时，也要让人在走动中把景色看成一幅幅画面，让生动成为静止。而真正的自然审美，是要让自然之动回归到自己的本质。不把自然审美中的移动分解为一幅幅静止画的相加，而是如行云流水那样绵绵不断。自然审美的移动是自然的移动，移动得自然，自然物做自然之呈现，主体怀自然之心，随自然之缘，有游目之趣，如王维之游：“白云回望合，青霭入看无。分野中峰变，阴晴众壑殊”（《终南山》）；“不知香积寺，数里入云峰。古木无人径，深山何处钟”（《过香积寺》）。在移动中仰观俯察、远近往还，自然中的一切，形、色、声、气、味，都显出了本有的生动气韵。在这样的审美中，人并不被绘画的画框所影响、所框住，自然之景也不被看成一幅幅画所拼成的整体，而是一个不能切割的、内在相联的整体，不被看成只如画一般的形状、线条、色彩，而是具有活生生的自然的质感，带着自身的物性、气息、味道，是一种自然本真的境界。

（二）生态型美学在批判实体-区分型美学中与印度是-变-幻-空型美学的会通

生态型美学在自然的审美欣赏中，不仅强调这种欣赏不应如实体-区分型美学那样将自然物的某一方面区分出来进行静态实体欣赏，也不仅强调把自然物还原到天地关联中去欣赏，还突出自然物在天地自然的时间中存在的动态性质。用希姆斯（Jason Simus）的话说，自然物活在自然界的“自然进程”中，因而呈现为“流动的美学”（fluxing aesthetics）。这就类似于印度美学的世界之物是作用的“是-变一体”之物。生态型美学强调自然审美的三点：第一，一定要感受到对象和主体在天地大化中的流动性不仅有是的一面，还有变的一面。第二，把对象当作一个不可分割的系统性整体来感受，主体本就在系统之中，且参与到与系统的互动中。这里的主客体互动，是在时间流动基础上的，并要突出时间作用的互动，不仅要“动”的关联性，还要“动”的带动性。第三，在欣赏中把可见的前面之景与不可见但却存在的生态系统整体联系起来，形成由可感而悟宇

① 阿诺德·伯林特. 环境美学. 张敏，周雨，译. 长沙：湖南科技出版社，2006：27-28.

宙之空的境界。贝特森（Gregory Bateson）特别强调现代生态学与古典科学的区别，古典科学专门研究“部分”，各个学科形成的“整体”也是从真正的整体中切割一个部分（或一个方面）出来，形成一个学科的“整体”，这一整体对于真正的整体来说仍然是一个部分。古典科学自16世纪诞生以来，是用机械装置的方式来看待每门学科，也以此来看待一门学科和学科整体的关系。当生态学让整体以一种非机械装置的方式出现之后，现代系统论中部分离不开整体的结构和功能的理论与现代物理学中观察对象离不开观察者的理论得到进一步的深化，把系统整体性从物质性转型到生命性，这时，一种生态型整体观出现了：

> 生态系统呈现的是物种的复杂性。物种之间的协调依赖于一个普遍的模式——反馈；反过来，反馈展现出有感觉的形式之间的无数耦合，每一个耦合都具有隐而不见的意义。另外，造成了生物界变化的接合模式，使任何观察者都难以建议任何单一的参照点，也难以依赖于这样的参照点以评价自然界中的统一性与相互作用。不仅是任何一个生态系统中存在着多层次的联结（这必须被纳入考虑之中），而且没有哪个观察者能够步出一个生态系统，然后高高在上地回头俯视它，以期成就某种对它的统一性的视觉面貌。①

这显示了生态系统具有两个层面：一是具体时空中的生态系统，可以由生态学知识来予以把握（类似于印度教的“下梵”和佛教的“俗谛”）；二是与具体时空中的生态系统紧密联系的整个地球乃至整个宇宙生态系统。如果把前一种生态系统称为“小全”，那么，后一种生态系统则可被称为“大全”（类似于印度教的“上梵”和佛教的“真谛”）。具体的景观学科面对的都是一个一个的小全。大全则是科学的盲点，用旧理论的话说，人存在于有限时空之中；用新理论的话说，人类被限定在自己生态系统的内在条件之中；用贝特森的话说，生态学家与伞兵跳出飞机时的状况相同，“在没有任何记录或参照标准的情况下伞兵跳出飞机，没有任何仪器能使他们与地面建立关系。他们在自由降落中飘浮，不知道与地球的正确方位”②。同样，人们对有关生态的整体论的“大全”知之甚少。小全从根本上又是由大全决定的。由此，生态型美学把审美建立在三个层次上，一是特定而具体的审美现象，二是与具体审美现象相关联的当下知识确定的生态系统（小全、下梵、俗谛），三是人类无法全知而又决定着确定的生态系统之如此的宇宙生态整体（大全、上梵、真谛）。这里最重要的是，三个层次都在时间之流中以是-变一体的方式动态地存在着，而最后的大全系统（上梵、真谛）是以“是有真迹，如不可知”的空的方式存在的。贝特森认为，在这一意义上，美学像宗教一样，审美是对整体大全的一瞥，使人在无意识中认识到这一大全的整体。一方面，生态感知的客体充满着“无”：“我们设计的任何系统的结构都是不完整的，有许多明显的漏洞。不完整性存在于我们试图加以描述的有机体的关系中，即从外部观察中获得的结构关系；不完整性也出现在生物体

---

① 彼得·哈里斯-琼斯. 理解生态美学：贝特森的挑战//李庆本. 国外生态美学读本. 长春：长春出版社，2010：217-218.

② 彼得·哈里斯-琼斯. 重访《天使之惧》：递归、生态学和美学//李庆本. 国外生态美学读本. 长春：长春出版社，2010：174-175.

自身结构信息的各个方面，即相互联系的信息总和。因此，与物质世界不同，出错和行为异常都是可能的：地图总是不同于领土”①。另一方面，生态型感知过程也充满着无："不了解感觉图像形成的过程对于我们感知图像的形成是必需的，因为在我们的视线中，感知的连续性是差异的‘瞬间细节’（minute particulars）的首要环节；我们不能为了研究看见某物的过程而将其置于中止状态，这样就不可能看到某物。眨眼的瞬间这种生理反应存在着间隙，这种间隙存在于试图在各种信息充斥的视觉领域里形成一个不变的形象的过程中”②。如果说，生态型美学在小全层面可以信心满满地给出一种新的审美感知的动态结构，那么，生态型美学则因深知大全的存在而心犹惴惴地看到了这一动态结构中充满了不确定性和空白。在这里，生态型美学与印度是-变-幻-空型美学就有了相当的契合。

（三）西方美学的升级

西方美学在20世纪后期的升级走向，一方面来自西方文化自身的逻辑推动，另一方面也来自西方实体-区分型美学与非西方美学，特别是中国虚实-关联型美学和印度是-变-幻-空型美学的数百年对话。西方美学自主导世界的一体化进程以来，一直面临着包括中国美学和印度美学在内的各非西方美学的挑战，而非西方美学的影响在西方美学的演进中越来越大。从维特根斯坦对禅宗思想的兴趣到实用美学把生活美和自然美看成美的源泉，从荣格（Carl Jung）把印度曼荼罗图案作为人类集体无意识的象征，到拉康（Jacques Lacan）从中国的“无”和印度的“空”去思考实在界（the real）的性质，从列维-斯特劳斯从原始文化中去找结构主义的本质到德里达从庄子语言里体悟解构主义的真谛，等等，这方方面面的涓涓细流，经过百年演进，终于总汇成生态型美学、生活美学、身体美学、形式美理论、设计学、文化研究诸思想中的与包括中国美学和印度美学在内的各非西方美学的互动、会通。

当西方美学超越实体-区分型美学，向新方向升级之时，各非西方美学，特别是中国虚实-关联型美学和印度是-变-幻-空型美学，在世界美学地图中的位置和意义就产生了质的变化。如果说，在西方实体-区分型美学主导世界美学之演进的时代，实体-区分型美学是美学的正宗和高级形态，其他非西方美学是旁门和低级形态，世界的美学大同就是各非西方文化把自己的非实体-区分型美学升级为西方的实体-区分型美学，那么，当西方美学在自身的升级中率先打破实体-区分型美学的一统天下，出现了与中国和印度的非实体-区分型美学的契合、会通，就已经意味着西方实体-区分型美学与中国虚实-关联型美学、印度是-变-幻-空型美学并没有本体论上的高低等级区分。这时，各非西方美学就要重新思考自身美学的演进方向，就要重新反省自身传统美学在世界美学总体中应有的意义。这时，更为重要的是，各非西方文化在认识到自身传统美学固有意义的同时，会进一步认识到每一文化自身的美学在多元并存的世界美学总体共性中的特殊性，以及

---

① 彼得·哈里斯-琼斯．理解生态美学：贝特森的挑战//李庆本．国外生态美学读本．长春：长春出版社，2010：171.

② 彼得·哈里斯-琼斯．重访《天使之惧》：递归、生态学和美学//李庆本．国外生态美学读本．长春：长春出版社，2010：173.

自身传统美学在非西方非实体-区分型美学总体共性中的特殊性。这样的思考一旦深入下去，又会超越西方和非西方的二分视角，让各文化传统美学的不同特色以前所未有的方式显示出来。

当西方美学与非西方美学没有本体论上的高低等级区分之后，西方实体-区分型美学的各种类型，英语文化型、法语文化型、德语文化型、意大利文化型、北欧文化型，以及近代型、现代型、后现代型，各有自己的特点，同样，非西方文化的美学，中国型、印度型、斯拉夫型、伊斯兰型、拉美型、非洲型等，亦各有自己的特点。当西方实体-区分型美学的美学霸权被破除之后，各种类型美学的独特性才会自由地展现。这里，让各非西方文化的美学都变成具有西方实体-区分型美学特点的美学，就会转变成一种由各大文化美学互动和对话而来、超越西方实体-区分型美学、把全球各不同文化的美学之优点都吸收进来的、新的美学。

在这一意义上，西方在自身的美学升级和与全球其他美学之互动、对话中产生出来的对实体-关联型美学的超越，是世界美学演进的新契机，一种由不同文化的美学进行的具有多元意义的全球对话的当下和未来由之开启。这正是今天美学进行新的理论建构的基础。

（四）人类的审美现象和美学理论建构

怎样通过各文化美学的互补和结合来讲清人类的审美现象和建构起相应的美学理论呢？一方面，可以用非西方美学比如中国美学强调的“虚”和印度美学强调的“空”，去突破西方的实验室型区分方式；另一方面，可以用西方美学因实体-区分型思维而来的明晰，把非西方不易讲清楚的“虚”和“空”进行理论上的提升。且由“这朵花是美的”这一现象开始展开，进入美学理论的主要讨论范围和美学应有的结构之中。由于目的是美学的范围、内容、结构，就只能呈现中西理论互动，以为显，以顺利进入主题，而其他互动，作为隐，内蕴着背景的宏大和深邃。

“这朵花是美的”，作为西方型美学命题，要证明其在理论上为真是很难的。难在什么地方呢？花的美与花的圆和花的红不同，圆和红，作为普遍概念，其规定是确定的，体现在具体的花上，一看即知而且可以证明。圆在花上，是不因有人与否而变化的客观存在；红在花上，是人之眼的构造与光谱的结合而产生的客观存在。美作为普遍概念，其规定难以确定，不以一种物质形式存在于花中，而以一种类似于价值的方式存在，可以让一些人感受到，也可以让一些人感受不到。因此，“这朵花是美的”只是一个或然性命题，不能上升为普遍必然性命题。然而，美学作为一种理论，正是需要给出具有普遍必然性的命题。自古希腊以来，一代代美学家为之付出了巨大的理论努力。避开复杂的历史演进，对这些努力进行归纳，呈现为三个有内在联系的方向：一是从经验上归纳出的美在形式，二是从超验上假定出的美在理式，三是从逻辑上推论出的美在美感。

从经验上归纳出美的本质，是把事物中的某一因素确定为美。在西方，这是自毕达哥拉斯以来的一个源远流长的理论传统。其核心观点是：事物的形中之式（form）被确定为使一事物成为美的事物的本质。古希腊是以比例为核心的形式，比如黄金比例就是在事物中存在的普遍之形，花之圆正是一种黄金比例。近代是以数列为核心的形式，比如近代人发现的螺旋曲线就是普遍存在于事物中的现象，花瓣就呈现为对数螺旋之形。形中之式既是抽象的，又存在于具体事物之中，它可以解释很多现象，但也有难以克服的理论困难。它说明不了何以有人面对具有黄金比例之物或面对对数螺旋之物却并不感到美，何以电影院要把具有黄金比例的屏幕改进为非黄金比例的宽屏幕。从理论上讲，根本问题在于：事物之形（form）虽然与事物之美有关联，但并不等于事物之美。

从超验上假定美的本质，在西方是自柏拉图以来的另一个源远流长的传统。将之与前一个传统关联起来，可以说，思想家在认识到事物之形并不等于事物之美后，就想在事物之中或之上假设一个本质性的东西，由它来决定具体事物之美。如柏拉图在经验归纳失败后，推出了“美是理式”，此花之美在于前定地分享了美的理式。如黑格尔讲“美是理念的感性显现”，此花之美在于美的理念在花上有所显现。这种方式是用一种强势逻辑来压制不同意见。这样做，一是以此修订审美现象上的或然性（那些认为此花不美的，问题出在自己身上，他们不识美的本质，因此感受不到美的本质已经进入此花，从而感受不到此花之美）；二是以此说明何以现象上具有这样的或然性（那些因为知道美的本质而感受到此花之美的人是正常的，那些不识美的本质而感受不到此花之美的人是可理解的）。修订或说明或然性是理性哲学家常用的方式。从超验上假定一个美的本质还有一种宗教的方式，也可以用来说明审美现象的或然性。瑞士神学家巴尔塔萨（H. Balthasar）在其多卷本的《上帝的荣耀：神学美学》（*The Glory of Lord*：*A Theological Aesthetics*）中提出了美在相遇的理论。美的本质在于上帝，但它具体化地体现为现实中的人（主体）在与对象（客体）互动中与上帝的相遇。相遇的核心是观者与上帝之光相遇，这一相遇包含两种相互关联的情况，一是观者在客体上相遇了上帝之光，二是上帝之光（圣灵）进入了观者之心。就第一种情况而言，观者在现象中瞥见了上帝之光，他与光相遇，因为这光，现象成了美的形象。观者在形象中感受到光，形象成了美的形象。就第二种情况来说，观者在直观现象时，上帝之光（圣灵）进入他心中，从而使他能够从现象中看出具有神学意义的形象，使现象绽放光彩，成为美的形象。这一相遇理论就可以解释何以面对花，一些人感受到美而另一些人感受不到美，一人此时感受到美而彼时感受不到美。从超验上假定美的本质，肯定了这一事实，美不在于具体事物本身，而在于事物之外之后之上的某种更高的东西。在“这朵花是美的”这一现象中，仅从花上是理解不了美的，要从花之外去找一个决定花之为美的美的本质，而这一最高的美的本质本身却无法逻辑地证明：第一，理式、绝对理念、上帝等是怎样成为美的本质的？第二，这一美的本质是如何进入具体物体之中而使之成为美的？第三，具体物体成为美之后，进入物体中的“美”究竟是什么，在物体的何处？正是这三点的不清不楚，最后使美的本质在理论上被否定了。

在具体物体之中和具体物体之上建构美学，一直都存在着理论上的困难，而在主观方面寻找却基本上取得了成功。坚持这一审美方向的哲人看到：这朵花是美的，关键不在于花之中有无物质性的美，而在于主体面对花时是否产生美感。康德说，一物（比如花）的美与不美，是由主体是否产生美感决定的①。当然这里的前提是美感可以规定，康德用区分的方式对美感下了定义：美感是一种快感，人有各种快感，那不因功利、概念、道德而来的快感就是美感。当人不因功利、概念、道德而产生快感时，人对此花就已经没有功利、概念、道德感受联想，而只是对花的形式进行欣赏。因此，人面对花能产生美感在于人只对花的形式进行欣赏，因此，美在花的形式。初一看来，这一理论与经验方向的美在形式是一样的，其实是不同的：后者之为美，在于客观对象自身的形中之式，由客观自身决定；前者之为美，在于主体之感，由主体的美感决定。然而，主体的美感是一种内心感受，在理论上，可以通过美感与功利快感、知识快感、道德快感的区分而对美感进行确切的规定，但在现象上，对每个人的内心状态又怎么判断其快感是美感呢？西方文化建构起了区别于复杂现实的专为美的目的而创造出来的艺术。现象中的花可能有很多关联，但艺术中的花，从一幅画中呈现出来，从一首诗中呈现出来，从一首曲中流淌出来，就是一个纯粹的审美对象。面对艺术作品中的花，主体的美感产生了出来，美感的产生，让作为对象的花成为美。正是在主观方向的进路上，一种专门性的美感产生了出来，并以此为基础，成为西方关于美之理论的美学。在这一进路上，“这朵花是美的”要成为具有普遍必然性的命题，就要添加一种限定：艺术作品中的这朵花是美的，或者人用审美之心看时这朵花是美的。正是这种限定，构成美学在理论建构上的西方特质。美学的建构是由两个部分组成的：主体心理中的美感理论和客体世界中的艺术哲学。

然而，这一在逻辑上讲得甚为清楚的美学，却仍然没有摆脱初始命题上的困难。美感方面，从理论上说，一种非功利、非概念、非道德的快感就是美感，但在心理实验室里找不到这一美感的物理形态；从艺术上讲，与现实不同的艺术是为美的目的而被创造出来的，就是美的对象，但艺术作品比如绘画，可以找到画中的线和色，以及由之形成的形象，进而有由线、色、形象形成的主题、情调、境界，但线、色、形象、主题、情调、境界并不等于美，正如自然界中的花，有蕊、瓣、叶、茎、味以及由此构成的形象，但这些并不等于美。由此可知，快感之成为美感，艺术之成为美，并不是因一种物理因素而被这样称谓的。因此，已经通过美感和艺术的定义而建构起来的西方美学，仍然没有解决“这朵花是美的”这一初始命题所包含的矛盾和问题。

但这一矛盾的存在和问题的难解是由西方美学的方式，更进一步讲，是由决定西方美学有如是方式的西方文化的性质决定的。在西方文化中，“这朵花是美的”之“是”意味着要把、可以把、应当把作为具体物体的花的判断（is）归结到作为普遍性质的美的性质（being）中。这是巴门尼德给西方文化建立的方向。在印度文化中，“这朵花是美的”之“是”意味着花只能作为具体物体的判断（bhū），不能、不可以、不应当将之归结到具有本质性的美的性质（as）上。一旦如此，就是把现象上的假有认作本体上的性空，在认识论上就是错的。印度人在语言上把“是”做现象（bhū）和本体（as）的区

① 康德说：“为了分辨某物是美的还是不美的，我们不是把表象通过知性联系着客体来认识，而是通过想象力（也许与知性结合着的）而与主体及其愉快或不愉快的情感相联系。所以鉴赏判断并不是逻辑上的，而是感性的［审美的］，我们把这种判断理解为其规定根据只能是主观的。”（康德．判断力批判．邓晓芒，译．北京：人民出版社，2002：37-38）

分，正是为了防止也确实防止了犯西方人的错误。同样，在中国文化中，“这朵花是美的”还原到古代汉语为：“花，美也”。这里古代汉语凸显了两个特点：第一，人面对花之时，说“花”就是“这朵花”，不必用“此”来翻译“这朵”。不用“此”，一是为了体现花与人的相对，“我与你”而非“我与它”的关系；二是为了体现此花在宇宙之中，与宇宙整体的生动关系，而用了“此”，就有了区分花与人、区分花与宇宙的俗心或妄心。第二，没有西方语言中判断型的“是”。有判断在其中，但不把判断引向西方的实体-区分型路径（即走向截断时间的空间化和把个别引向一般的本质化，把虚实相生的物体实体化），而是呈现此时此景中的花与观花之人、周围之物以及整个天地的自然状态。把古代汉语“花，美也”转换为现代汉语“这朵花是美的”，在表层句型上受西方文化和西方语言的影响，而有了西方实体-区分型的形貌，但在深层心理中，中国人还是按照古代汉语的精神去理解，不借助西方逻辑的巨大支持，是不会从具体的是（is）联想到一般的本质（being）的。言归正传，古代汉语“花，美也”体现的是，人面对花而说此话时，在特定时空中的真实状况。但最为重要的是，对于中国文化中的这句中文来说，在中国的关联型美学中，有着如下四种基本关联，决定其内容为何。

第一，“这朵花是美的”，在中文里内蕴着花之美与花之蕊、瓣、叶、茎、色、味等整个物体存在的统一。中国文化中的花，与中国文化中的任何物体一样，是一种虚实结构，有蕊、瓣、叶、茎、色、味等外部之形，有药隔、药室内壁、维束管、花粉囊、绒毡层、纤维层等内部之质，还有决定花能够生长的、由天地气而来的花的内在之气。让人感受到美的，不仅是外在的花之形，还包括不可见但确实存在的花之质，更包括决定花的形质能够成为此一形质的花的内在之气。在这虚实相生的花中，花之形、花之质、花之气，分别来讲，都不等于花之美，但三者的内在合一却可以产生花之美。美之在花，虽然也从蕊、瓣、叶、茎、色、味等形上体现出来，但关键却在态、情、韵、气、神上，是“口不能言，有数存焉于其间”（《庄子·天道》）的。因此，当在中文里说“这朵花是美的”时，不仅指蕊、瓣、叶、茎、色、味等形之实，更是指态、情、韵、气、神之虚，“美的”一词正是在其虚的部分与态、情、韵、气、神是相等的。西方的区分型思维排斥虚，而找不到美的物质载体，中国的关联型思维强调虚，美正是在“无”之中。花的态、情、韵、气、神之“无”是可以体会到的，美也是可以体会到的。

第二，“这朵花是美的”，在中文里与西方实体-区分型思维有两种不同：其一，不像它那样，把时间空间化而只关注花的物质性存在，而是把时间与空间关联起来，使之处于一种自然的动态之中；其二，不像它那样，这朵花就是这朵花，是与花之外的他物无关的独自呈现，而是花在天地之间，花的具体时空关联着宇宙浑茫。这里的关键在于，花的本质是气，而花之气靠天地之气而生，与天地之气相通。而花之美，从根本上说，是宇宙进化到美已产生的时代，宇宙具有了美，这就是庄子讲的天地的无言之大美，宇宙之美使万物具有了呈现为美的可能，使人具有了感受到美的可能，而一旦人类在有美的天地之中，在自己的审美实践中建构起了花的美，花之为美就成了一种本质性存在。在如此基础之上，这朵花是美的，时时皆可油然而生，极为真切。

第三，“这朵花是美的”，在中文里内蕴着人观这朵花时的感受，是花呈现为美和人感受到美的统一。花的美是由人感受到美来保证的。这句话与有人观此花感受不到美没有关系。在中文里，一句作为语言之实的话，本身就包含着作为虚而产生此句话的语境。在中国文化中，语言是为表达客观现实服务的，由言入意，得意忘言。中国人只会考虑，这朵花在说这句话的人看来是否为美，而不会像西方人对西方语言那样去想：这句话作为一个独立的命题实体，是否符合花客观地具有美这一属性的客观事实，是否可以用于判断每个人观此花和一个人 N 次观此花对花都会有美的感受。这么想，在中国人看来无异于刻舟求剑。

第四，"这朵花是美的"，作为一个真命题，是上面讲的三个方面的综合：花本身之虚实结构的统一，花美的本质在于花之虚；花之气与天地之气的统一，花之美有天地之美的基础；花之美与人感受到美的统一，花之美以人的美感为确证。然而，花之美这一综合，并不像西方的区分型思维那样，要完全排除功利快感、概念快感、道德快感而方能呈现美感，而是首先要求功利、概念、道德方面的完形，然后要求把这完形升华为美。中国的美感不是因排除而产生，而是因化合而涌现。孔子讲"里仁为美"（《论语·里仁》），荀子讲"朝廷之美"（《荀子·大略篇》），都是以这种化合为基础的。美感的内容因子，可以有功利的、概念的、道德的，但在审美的完形之化合中被做了审美的升华①。在中国文化中，春兰、夏荷、秋菊、冬梅为花中之最美，不是因其排除了道德功利和哲学观念，而是因把道德功利和哲学观念做了审美升华。正因为中国之美没有排除功利快感、概念快感、道德快感，而是将之做了审美升华，升华后的美感仍内蕴着功利、概念、道德的韵致，从而中国之美，在成为美的同时，仍然与周围之境、天地大境有着生动的关联。

正因为以上四种关联，这朵花是美的，在中文里，作为理论的起点，可以内在地包含一套理论体系的展开，而没有逻辑上的困难，还以"一花一世界"的韵味呈现出中国文化对美的体悟，并可以由之进入美学的理论建构。

中文式的展开，虽然因为有虚实结构之虚，避免了西文实体结构在理论上的困难，但如果要抟虚成实，把虚的部分用严密逻辑补充出来，还是会有困难。这一困难是由人类审美现象本身所产生的，这就是被称为美的审美对象，其美，虽然要以感性之形呈现出来，但所以为美，又不完全在于感性之形。

通过对美学理论建构之中、西、印三种进路的比照，美学在理论上应当有怎样的内容，进行怎样的言说，基本上清楚了。

美学在理论上的建构，从"这朵花是美的"开始的理论建构，基本引向了三个层面：一是微观层面，即在个人审美现象上，个人从对象上是怎样感受到美的，对象的美对个人来说是怎样呈现出来的（由"这朵花"引发出来）；二是中观层面，在文化和历史中，美是怎样被确定的；三是宏观层面，宇宙之美从本质上讲是怎样的。（后两个层面由对"美的"追问产生出来。）

宏观层面，就是西方美学希望得到确定定义的美的本质和中国美学讲的不可名言的

---

① 荀子说："心忧恐，则口衔刍豢而不知其味，耳听钟鼓而不知其声，目视黼黻而不知其状，轻暖平簟而体不知其安。"（《荀子·正名篇》）讲的正是美感是综合性的结果。孟子说："君子所性，仁义礼智根于心。其生色也，睟然见于面，盎于背，施于四体，四体不言而喻。"（《孟子·尽心上》）讲的正是由道德向审美的升华。

天地之大美。这个问题还原到历史上就是，美在客观世界产生之后和美感在主体心理产生之后，宇宙就有了美的一面，也被人从美的角度去感知。这一基础是在宇宙演化和人类进化中形成的，是物体的某些结构必然使人心的结构产生快感，体现为西方美学之形式美法则、中国美学之阴阳五行的中和原则、印度美学之四大元素的组合原则。这些法则或原则以及与之相应的心理结构，构成了具体的美产生的基础。注意，只是美可以产生的基础而非美必然产生的现实。现实中什么样的事物被确定为美，还决定于中观层面即美在历史和文化中是如何建构的与微观层面即美在具体个人的审美实践中是如何建构的。美最终要落实到个人的美感上（在这一点上，美体现了人的主体性、个人性、自由性），以及个人美感与文化美感的互动关系上（在这一点上，美体现了人的文化共性和历史共性）。在以宏观为基础，以中观和微观为现象，构成审美动态关系的同时，又以宏观和中观为基础，以微观为现象，构成审美动态关系的另一种动态关系。因此，审美的三层结构处于多样的动态关系之中。

这三个层面构成美学建构的三大领域，微观层面构成审美现象学，中观层面构成美的文化模式，宏观层面构成形式美法则。这三个方面的合一，构成审美类型体系。

这三层关系之中，个人审美是微观基础，宇宙中美的潜能是宏观基础，前者构成美的个别性场极，后者构成美的共同性场极，二者的互动产生中观层面的审美体系。这一审美体系与文化的其他方面不应区别开来，而是有着互动关系。美作为美学的核心，除了在理想的维度展开为各种类型之外，还以美为基础，在与文化其他方面的关联和互动中展开自己，并以审美为核心，展开为一个美、悲、喜的审美类型体系。这样，美学理论的建构，基本上由上面的三个基本领域加上审美类型而构成，一共为四大基本领域。

在美与文化其他方面的互动中产生了两大与美学相关的领域：一是艺术和自然，二者由于与政治和产业有相对的独立性而与美最为接近，其中有相当一部分被建构为美的典型体现，因此，艺术美和自然美基本上可为纯正之美。但当其为纯正之美时，只是审美类型在二者中的延伸而已。这里面，审美之悲和审美之喜的类型主要从艺术中体现出来，因此，艺术美和自然美的理论已经被包括在审美类型体系理论之中。二是政治和产业，二者虽然都拥有美的外衣，但并不具有美的内质，因此，它们属于美学与文化的交叉领域。政治和产业都具有美的形式，并运用美的形式来表现自身的内容，以更好地达到自身的目的。政治和产业包含了美的形式法则和类型法则的运用，在美学中讲清形式美原理和审美类型原理，就已经包含其在政治和产业上会被怎样使用，因此，与美学相关联、相交融的政治和产业，并不属于美学的主体范围。

因此，一部美学原理著作主要包括七个方面的内容：一是美学历史是怎样的（这是本书第一章的内容）；二是美学的理论结构是怎样的（这是本书第二章的内容）；三是个人的审美是怎样发生和进行的，即审美现象的问题，文化的美和美感是在怎样的条件下建立起来，又在怎样的条件下被解构的（这是本书第三章的内容）；四是审美是如何由美而展开为美、悲、喜三大基本类型，又进一步展开为各种审美次要类型的，即审美类型的问题（这是本书第四章的内容）；五是审美现象的起源是怎样的，在理性思想产生之前是怎样演进的，关系到原始时代的美和早期文明的美（这是本书第五章的内容）；六是人类的理性思想产生之后，美在三大产生理性思想的文化中形成了不同的审美模式，而且在三大理性文化的扩展中又产生了新的文化模式，这些不同的审美模式有怎样的特征，又是如何互动的（这是本书第六章的内容）；七是美是用什么样的因子和依什么样的形式而组织与生成出来的，即形式美法则问题，形式美法则与人和宇宙的最深层内蕴相关，那形式美法则有怎样的基本内容，这些内容在不同的文化中又体现为怎样的形态（这是本书第七章的内容）。掌握了这七个方面的理论，基本上可以处置一切美学问题。

第三章

审美在现象上是怎样进行的

若言琴上有琴声，放在匣中何不鸣？
若言声在指头上，何不于君指上听？

——苏轼

一、美：怎样发生

审美现象分析，即在具体的现实中，物是怎样呈现为美的，人是怎样在物中感受到美的。审美现象的存在建立在两个基础之上：一是人类已经有了美，即由宇宙进化而来的美的基本要素（形式美）和人对这些要素的快感（形式美感）已经产生。二是文化已经有了美，即具体文化时段已经把美的要素组合成文化的具体的美和具体文化时段中的人已经建立起了对文化美的美感结构。有了这两个基础，人面对事物，就会用审美的方式去观赏，而事物在人的观赏中，其美的一面就会呈现出来。事物的美之所以能向人呈现，就在于事物内在地符合宇宙、文化、个人三个方面对美的要求，人就从观赏中获得了美感，而此物对人来说就成为美的事物。从理论上把这一过程揭示出来，就是审美现象分析。审美现象分析，不但可以说明一事物在文化中已经成为美之后，对于具体的人是怎样成为审美对象的，还可以透出一事物在文化中成为美之前，如何在个人审美中成为美的。

人要在现实世界获得美感，首先的问题就是人如何从一般之感（sense）转向美感（aesthetics）。西方的实体-区分型美学为之提供了一个基本路径。这就是面对现实物象，大都知道，任一物体都是多种属性的统一。用朱光潜的例子，比如松树，有知识属性、功利属性、审美属性等。知识属性，即这是松树，属于植物；功利属性，即松树可以做家具等；审美属性，即松树的枝干、针叶、气味呈现为一种动人的形象。正因为现实之物具有多种属性，人面对现实之物，就可以采取多种态度。

认识态度，是认真去思考、去证明松树属于植物的各种属性，比如属于我国松科现存的哪一属哪一种，还要从大的方面知道松科属于乔木，属于植物，属于生物，它由哪些生物分子构成。这还是属于西方科学知识体系，如果是中国古代知识体系，松树不但属于植物，还属于五行之“木”，它与所有属于“木”的事物，如五色中的“青”、五音中的“角”、五味中的“酸”、五脏中的“肝”、五官中的“目”，都有内在的本质联系。如某人肝脏有病，采用气功治病，对着树木做气功比不对着树木做效果好得多。如某人眼睛有病，中医开一药方，内有猪肝二两作为药引，肝有益于眼。在原始文化中，松树和其他树一样，都是有灵的。松柏精怪在整个神灵系统中有特定地位和变换法则。认识态度，一言蔽之，只是想知道这是什么，它要获得的是关于对象的知识。

功利态度，即一看见青松，就想：这种树如此材质，主体树干适合做家具，虽然没有楠木、白木高贵，但价格上有更大的竞争性；枝干可以做铁路枕木、工业原料，近来价格正看涨；松果可以榨油，其用途正在广泛开发，前景看好。另外，这片青松长在如是的一带好地上，适宜开发出来做旅游区，算一算它可能对哪些人群的趣味，吸引哪些地区的人在何种季节来此游玩，年收益大概在几位数。功利态度，一言蔽之，只是想知道它有什么用，它要获得的是关于对象的实用价值。

审美态度，即一看见青松，不管它叫什么名字，是松、是柏，叫杨、叫柳，等等，也不管它有什么用，做床、做柜、变原料、搞加工，等等，只感到：它形状挺立、枝干遒劲、针叶如簇、油油绿绿、深浅如染；一种松味，淡淡闲闲，若有若无；微风徐来，松叶作响，音韵天成；等等。审美态度，一言蔽之，只关注对象呈现给主体的形象，包括形、色、声、味、态在内的形象整体。

知晓现实之物是多种属性的统一和主体可以对之采取不同的态度，从现实之物感进入审美之美感的路径就清楚了：面对现实之物，不采取认知、功利等态度，而专用审美态度，通过审美态度把物的审美属性与认识属性、功利属性等区分开来，只让审美属性即物象的形象呈现出来，这样，人就从现实中具有多种属性之人转为只带审美态度朝向物象之人，物体也从具有多种属性之物转为只呈现审美形象之物。人与物都从多样性的属性中摆脱开来，成为审美关系中的审美主体和审美客体。

这是西方美学的路径，从理论上讲没有问题。用西方实体-区分型思维培养定型的人，照此理而行，基本没有问题。然而，中国虚实-关联型美学不这么看。中国美学不严格区分物体的审美属性与知识、功利等其他属性，不排斥审美属性之外的其他所有属性，从而也不希望建立一个纯粹的审美客体。中国美学首先从总体上对物体有一个定性，这个定性是从关联中得出的，比如对松树的审美，一定从植物在文化知识总体中的地位，在文化功利总体中的地位，以及其他属性在文化总体中的地位，做一关联进行综合之后，形成物的总体基调。然后，再对物体进行不同属性的区分，让物体进入以审美属性为主导的审美客体。这里中国美学的“关联”与西方美学的“区分”一开始的差别就是，“区分”完全排斥知识属性和功利属性，只留审美属性进行观察与对话，是一种亚氏逻辑思维和实验室思维，即把审美属性切割下来，放进由主体的审美态度形成的“实验室”中。中国的“关联”有三大特点：一是让总体综合给出一个性质定位，这会影响后来的审美进程；二是知识、功利等属性并没有被绝对地排除出去，而是以一种隐的方式存在，随着审美进程的需要，会随时进入、参与审美进程；三是要把最初的整体综合与进行中各类属性的动态配合起来，作为一个生命性的、气韵生动的运行整体，而不要蜕变为“飞矢不动”的几何式逻辑图示。因此，总体而言，审美不是排除了认识、功利等态度的审美态度和排除了知识、功利等属性的审美属性在进行纯粹的审美演进，而是与认识、功利等态度和知识、功利等属性的互动演进。

印度美学对中、西美学在这一路径上的内容有自己的立场。在印度美学看来，现实中的审美是一种主客体的“缘会”。虽然是按审美方式进行的，也有自身的规律，但是本属于现象界中的幻，与本体之梵-我有本质性区别。西方美学的“区分”，有完全排斥知识、功利等属性的以偏概全之“妄”；中国美学的“关联”，在进行整体综合时，有认识现象之“幻”为本体之“梵”的盲人摸象之“妄”。总之，印度美学提醒人们的是，如何在进入现实审美之初就有一种从高远的形上境界“以大观小”的自觉。

二、美：基于心理距离

人面对物，物的形象性脱离其他属性而呈现出来，是人用审美态度去看的结果。在西方美学中，这审美态度最典型的体现就是布洛（Edward Bullough）的心理距离说。布洛的经典例子：海上航行的轮船遇上大雾，船上的人知道船极有可能出事，担心自己的生命安全，对身边眼前之景很少能产生美感；而岸上的人望着海上的船，在雾中时隐时现，显出一种平常少见的景观，觉得特别有诗情画意，美感油然而生。船在雾中是一样的，但船上的人与现实利害太近，不可能产生美感，岸上的人离现实利害很远，从而产生美感。在审美现象中，距离使人自动产生心理上的区分，把审美态度与其他态度区分开来，转成审美主体。“心理距离”一词，强调了主体方面，在审美心理学流派中，被认为是纯心理的内容，但它实际上包含了主客体两个方面的内容：主体的心理距离，其目的是朝向客体的，即朝向客体的形象性呈现。因此，从主客体两个方面更能揭示心理距离的实质，也更能使美得到真正的呈现。后来的现象学美学，使用“加括号”和“悬搁”就兼顾到主客体两个方面，既表达了与心理距离相同的思想，又对之有所修正。加括号，即在审美之时，把心中的其他态度用括号括（悬搁）起来，只剩下审美态度，当用审美态度朝向客体时，客体的其他属性自然也被加上括号悬搁起来，只以审美属性向主体呈现。虽然现象学已经在与各种思想的互动中对心理距离的内容有所提升，但加括号和悬搁在实体-区分型思维中，因按“实体”进行思维，仍然排斥非审美态度和属性，只让审美态度和属性在审美世界运行，这在杜夫海纳的《审美经验现象学》中有完整的论述。对于中国虚实-关联型美学来讲，审美态度和属性与非审美态度和属性，不是一种加括号和悬搁的“在或者不在”，而是同时存在的虚实互动关系。《荀子·解蔽篇》说：“心未尝不臧也，然而有所谓虚；心未尝不两也，然而有所谓一；心未尝不动也，然而有所谓静。”讲的就是，主体心理具有（藏着）很多种态度，但这些态度都可以以“虚”的或“实”的方式存在。同样，心可以有两种以上的态度，但在具体运用时，可以只有一种态度出现，但以一种态度出现，并不排除其他态度存在，而是出现的态度与未出现的态度处于一种动静关系之中。总之，中国美学主体心理的多种态度和客体具有的多种属性，是以一种虚实显隐的方式存在与活动，而不是如西方美学那样，以一种排除和专门的方式存在与活动。李渔《闲情偶寄》说："若能实具一段闲情、一双慧眼，则过目之物尽是画图，入耳之声无非诗料。"这里的"闲情""慧眼"即审美之情和审美之眼，运用它们去看待外物，则外物都以审美方式呈现，具有与绘画、音乐一样的效果。但不是以排除、悬搁、加括号的方式进行的，而是以虚实显隐的整体结构方式进行的。没有距离、悬搁、加括号的意思在其中，唯有天然的气韵生动。苏轼《记承天寺夜游》中讲："元丰六年十月十二日夜，解衣欲睡，月色入户，欣然起行。念无与为乐者，遂至承天寺寻张怀民。怀民亦未寝，相与步于中庭。庭如积水空明，水中藻、荇交横，盖竹柏影也。何夜无月？何处无竹柏？但少闲人如吾两人者耳。"强调面对景物，能进行欣赏的条件是自己要成为一个闲人。闲人即审美之人，有丰富的内心之"两"但又因情因景而转为凸显审美态度之"一"。苏轼之文在讲审美欣赏。但这审美之闲，不是排除其他态度和属性，而是由虚实显隐的方式进行的，从而文中绝无一点距离、悬搁的意思，而且还突出了中国美学的另一特点：不只是对一人、对一物的互动，还关联到多人、多物，乃至与整个天地进行的审美互动。印度美学运用了 rasantarya 这个概念，词义类似于"心理距离"。但在是-变-幻-空型思维中，rasantarya 在让作为个我的主体进入审美的同时，通过个我在审美中的一系列运作，让个我启悟到自己内心的大我，并仰盼宇宙本体之梵。印度美学强调的是，人在现实中进行审美转换而进入审美活动，是一种在本质上提升自己的活动，认识到自身在幻相世界中的有限性的一面，而朝向人本身具有的人的本质和世界本身具有的世界本质的提升。有了印度是-变-幻-空型美学的提醒，同样可以在西方美学和中国美学中发现这一内有的意义。美国美学家普芙（Ethel Puffer）说：审美带来一种审美的恬静（repose），在这恬静中，是个人感觉的消失和一种神圣感的获得（与印度思想的从个我到大我有所类似）；这一恬静，是在知觉的前景和后景的转换中获得的（与中国思想的虚实显隐的关联转换有所类似）。在中国美学家中，可以看到如下的话：

> 无事在身，并无事在心，水边林下，悠然忘我，诗从此境流出，那得不佳！（徐增《而庵诗话》）
>
> 乃知点墨落纸，大非细事，必须胸中廓然无一物，然后烟云秀色，与天地生生之气，自然凑泊笔下，幻出奇诡。（李日华《恬致堂集·书画谱》）
>
> 溯石楼，历雪堂，问津斜川之上。万虑洗然，深入空寂，荡元气于笔端，寄妙理于言外。（元好问《陶然集诗序》）

以上与西方的心理距离思想和印度的 rasantarya 都有相契之点。综合中、西、印美学，对现实审美的初段，可以总结如下：主体通过态度转换，与认识、功利等态度拉开距离，只突出审美态度而成为审美主体，客体在主体态度的转变中，知识、功利等属性隐退起来，只以审美属性即物体的形象性出现，现实审美由此开始发生。可以是主体转变在先，也可以是客体转变在先，无论哪方面在先，都一定会引导另一方面发生转变，产生主客体的同步。倘若一方面转变而另一方面不变，转变的一方面就会退回到非审美状态。一旦转变都发生了，理论就可描述为：

美　＝客体形象＋主体的美感

美感＝客体的美＋主体的快感

关于主体与客体都进入审美之后的内容，西方实体-区分型美学强调了主体美感和客体之美的实体的一面；中国虚实-关联型美学彰显了两点，一是主体的美感与其他方面之感同客体的美与其他方面之属性进行着虚实转换和显隐互动，二是主体的美感与客体的美同相关他物和整个天地有虚实显隐互动的一面；印度是-变-幻-空型美学尤其指出了主客互动中，主体与客体的双向提升，即从个我到梵-我、从一物到天地、从现象到本质的升华。心理距离思想在中、西、印美学之互动互鉴中的基本结构，如图 3-1 所示：

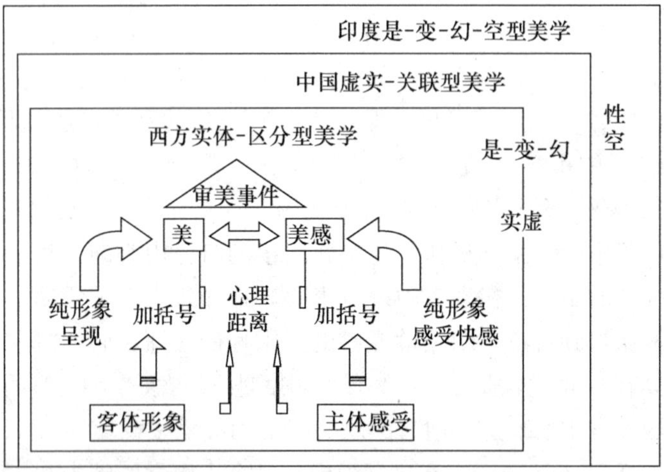

图 3-1　审美心理距离的整体与进程

由心理距离而来的主体突出美感态度和客体突出美的属性以及相互关联的主客体互动，其直接体现就是——“美，呈现为直觉形象”。

三、美：呈现为直觉形象

直觉形象，是由以心理距离开始的加括号运行，产生主体各态度和客体各属性，以及主客体与天地关联，进行虚实显隐的互动，而产生的结果。直觉形象的出现，标志着现实审美活动中从不美到美、从美到美感的初步完成。

什么是直觉呢？且从西方理论说起。克罗齐（Benedetto Croce）这位意大利美学家认为，直觉是认识的初级阶段，概念是认识的高级阶段。两个阶段各有各的对象世界，直觉产生个别意象，概念进入抽象运行。这显示了直觉的两个特点：其一，它是个别的具体意象；其二，它是还没有上升到概念、与概念没有关系的意象。直觉意象具有尚未为概念和实用系统把握与规范的原初的、直接性的、鲜活的感性。对美来说，无须上升到概念，上升到概念就是非美的逻辑之物了。另外，克罗齐又把直觉与感受区别开来，“在直觉线以下是感受，无形式的物质，这物质就其单纯的物质而言，是心灵永远不能察觉的，心灵要察觉它，只有赋予它以形式，把它纳入形式才行”①。克罗齐的直觉论，从实体-区分型思维而来，首先把主体与客体区分开来，把直觉的本质定位在主体心理。然而，一方面，把直觉与概念区分开来，直觉是不会走向概念的；另一方面，把直觉与感受区分开来，直觉是对感受加以审美组织，成为心灵的主动表现。直觉是主体面对客体时进行非概念性组织而形成的一种审美形式。但这种形式又只存在于内心，尚未外化为艺术作品的直觉形象，是在做了一系列区分之后，具有孤立绝缘之整体性的、存在于心理中的审美形象。总之，在心理距离基础上的主客互动一定要落实到一个具有区分性的实体性的点上，这就形成了直觉形象。

印度美学谈同一问题，用的是境（viṣaya）的理论，但不仅仅是从主体心理讲，更是从主客体互动讲。在心理距离加括号呈现的基础上，客体之物的呈现，不是呈现给其他物，而是呈现给人，客体之物的六种属性，即色、声、嗅、味、触、法，是在人的六根即眼、耳、鼻、舌、身、意的关注中呈现的。按印度思想，物的六种属性是在时间中不断变化的，因此名为尘；人的六种认识感观内在于人，相对固定，因此名为根。六尘在六根中的呈现，称为六境。境是人与物互动结合的产物。眼与色结成视觉之境，耳与声结成听觉之境，其余照此类推。六性是人的六根因这一时刻的聚合而形成一个暂时的幻相整体（类似于克罗齐的直觉）。人在境中对物所感的，只是人能够感受到的东西（不是全部）；物在境中呈现的，只是人的六根能使之呈现的东西（不是全部）。viṣaya 一词，正如中文之“境”，同时就是“界”，人去感受物，就是用人的六根给物划了一个边界，人是在划定的范围之内去感受的（不是全部）；同样，物向人呈现，也是在与人相对时的一个范围之内呈现的（不同全部）。进而，不同的人的六根有所差异，所见之境就有差异；同样，物面对具有不同六根的人，所呈现之境也有所不同。因此，现象世界只能以“境”的方式存在，“境”的方式本身就是一种现象方式。物在境中所“呈”和人在境中所“见”，会因时因地因缘而各不相同。境又是在时间中呈现的，每一时点之境都有转瞬即逝的性质。当印度人从时间流动中去看境所呈现的直觉，直觉乃为一种幻相直觉或曰直觉幻相。

有了印度美学把直觉从主体的心理存在转变为主客体的互动存在，从一个空间实体性的飞矢不动型静态存在转变为一个六尘六根在时间中互动着不断变化的幻相直觉，就基本上可以对之进行适当解说了。直觉是在心理距离上加括号，主体转变为审美主体后的感受，这不是一般去感（sense），而是审美地去感（aesthetic）。主体之六根对客体之六尘进行审美的组织，使之从印象之物上升为审美的直觉之境，而不是上升为概念、功利等非审美的认知。从客体方面讲，客体之六尘在审美主体的作用下，以与概念、功利无关的审美方式呈现，并在与审美六根的互动中形成一个整体性的直觉形象，这形象只能向审美主体呈现，只有在六根的美感组织也就是直觉中才是可能的，因此，客体形象成为美也就是成为直觉形象。直觉形象既（如克罗齐所强调的）具有空间中的整体性，

① 克罗齐．美学原理；美学纲要．朱光潜，译．北京：外国文学出版社，1983：11-12.

又具有（如印度境的理论彰显的）时间中的变化性，呈现为一种审美之是-变-幻统一的直觉形象。至此，上一节关于美的公式可以进一步补充为：美＝客体形象＋主体美感＝直觉形象。从主体方面讲，主体成为审美主体，意味着主体面对着一个进行审美呈现的客体，主体的美感只能是对一个审美对象即呈现出审美形象的客体之感，因此，美感本身就意味着是对形象的直觉，美感就是形象直觉。因此，上一节关于美感的公式可以做进一步补充：美感＝客体的美＋主体的快感＝形象直觉。形象直觉与直觉形象是一回事，一个强调主体，是主体直觉中的形象；一个强调客体，是客体形象呈现在主体直觉中。二者都是主客体的统一。这样，当审美从心理距离阶段演进到直觉之境阶段，实质就是：

美＝直觉形象＝形象直觉＝美感

直觉形象就是审美对象，它避免了说“审美对象”一词时容易等同于纯粹客观对象的流弊，而鲜明地突出了，它一定是与审美主体不可分割的、直觉中的形象。客体的形象不一定是美（审美对象），它完全可以是知识的外观、政治的象征、功利的符号；直觉形象则必定是美，它是在审美之心和审美感官观照中的形象。形象直觉就是美感，它避免了说“美感”一词时容易等同于纯主观性的流弊，而鲜明地突出了，它一定是与审美对象不可分割的、客观化了的、有着纯粹形象的直觉。只说“美感”很容易使之混淆于快感，经常被混同于认识的、功利的、政治的、口腹的等非审美快感，就在于它没有联系到审美对象，而形象直觉则必然是对一个对象形象的直觉，必然是真正的美感。

在形象直觉中，美与美感的同一性呈现出来。美不等于美感，是对的，它是就其来源、载体的不同而说的；美等于美感，也是对的，它是就审美的特质而说的。只有坚持美不等于美感，才能对美有一个清晰的逻辑解说；只有明白美等于美感，才能洞悉美与客体、美感与主体的辩证关系。

心理距离是美产生的条件，在心理距离中，可以看到美和美感如何分别从客体与主体中产生，又如何交缠在一起。直觉形象则是美，是形成。在直觉形象中，美和美感已经浑然一体。美，呈现为直觉形象：

蝉噪林愈静，鸟鸣山更幽。（王籍《入若耶溪》）
大漠孤烟直，长河落日圆。（王维《使至塞上》）
疏影横斜水清浅，暗香浮动月黄昏。（林逋《山园小梅》）
更阑静，夜色哀，月明如水浸楼台，透出了凄风一派。（王玉峰《焚香记》）

以上形象，都是客体的纯形象的呈现，不导向认识，无关乎功利；又都是向主体直觉呈现的形象，是主体直觉中的形象。王籍的诗写的是以听觉为主的直觉形象，王维的诗写的是以视觉为主的直觉形象，林逋的诗写的是视觉与嗅觉相映生辉的直觉形象，《焚香记》这段曲写的是听觉、视觉、肤觉交织为一体的直觉形象。从这些诗与曲中，不难体会：直觉形象即美，即美感。从上面所引之中国的诗与曲中，既可体会到西方直觉论所强调之孤立绝缘的空间性，也可感受到印度境论所彰显之时间流动的生动性。然而，中国美学的虚实-关联型尚未得到突出。如果再看：

一片花飞减却春，风飘万点正愁人。
且看欲尽花经眼，莫厌伤多酒入唇。
江上小堂巢翡翠，苑边高冢卧麒麟。
细推物理须行乐，何用浮名绊此身？（杜甫《曲江二首》其一）

四十年来家国，三千里地山河。凤阁龙楼连霄汉，玉树琼枝作烟萝，几曾识干戈。　一旦归为臣虏，沈腰潘鬓消磨。最是仓皇辞庙日，教坊犹奏别离歌，垂泪对宫娥。（李煜《破阵子》）

中国虚实-关联型美学强调，与审美不同的知识、功利等其他属性，不是要被绝对地排除，而是与审美属性在一种虚实显隐的关联中以虚的、隐的形式存在，虽然不见、不显，但一直以隐的方式关联着，一旦有需要，就会随时加入进来。这种非审美因素的加入，不但不会破坏美感，反而会增强美感。中国美学的这种思想建立在世界的整体性上，这个整体在本质上不可以用区分型切割方式去看待，而要由气化万物而来的气的整体关联去认识。有了中国虚实-关联型思想的补充，对直觉形象的认识会更接近审美的实际。且看明人沈周《听蕉记》中关于直觉形象的生动说明：

夫蕉者，叶大而虚，承雨有声。雨之疾徐、疏密，响应不忒。然蕉曷尝有声，声假雨也。雨不集，则蕉亦默默静植；蕉不虚，雨亦不能使为之声。蕉雨故相能也。蕉静也，雨动也，动静戛摩而成声，声与耳又相能相入也。迨若匝匝湑湑，剥剥滂滂，索索淅淅，床床浪浪，如僧讽堂，如渔鸣榔，如珠倾，如马骧。得而象之，又属听者之妙矣。

《听蕉记》是客体上以雨打芭蕉的声响为主的直觉形象与主体上以听觉为主的形象直觉互动而产生的绝妙审美形象和美妙的形象感受。没有听者，雨打芭蕉不能成为直觉形象（美）；没有雨打芭蕉，听者也不能得到形象直觉（美感）。因此，前文关于直觉形象的公式，在这里可以具体表达为：

（雨打芭蕉）美＝直觉形象＝美感（听者之耳）

结合中、西、印三种美学思想解读《听蕉记》，可以进一步深化对直觉形象的理解：其一，客体物象包括芭蕉与雨的契合，构成客体的整体形象。其二，客体的整体形象与主体听觉结合，形成直觉形象的主调。其三，在雨打芭蕉的“声”之运行和主体听觉的“听”之运行的主调上，还有声响与整个境中的色、嗅、味、触、法和眼、鼻、舌、身、意的互动关联而形成的直觉之“境”。其四，境在时间中的运动变化透出了审美直觉与知识、功利等属性的相对孤立而并非“绝缘”。直觉之“境”的边缘之“界”是运动变化的。审美的直觉具有中国美学之气韵生动的性质。其五，在气韵生动的直觉中，客体六尘中之“法”与主体六根中之“意”不但在变动的“界”内互动，而且与“界”外各种属性乃至天地整体有着互动关联。“境”在时间的流动中不断地形成边界，又不断地抹去边界，有时因需要而断开，有时又因需要而关联，其运行是动态的：“野色更无山隔断，天光直与水相通”（郑獬《月波楼》）。有了印度美学关于时间流动对于直觉的意义（即直觉具有幻相的性质），对直觉的体悟就已关联到印度文化讲的本体之梵-我，关联到中国文化讲的天地境界，关联到柏格森（Henri Bergson）① 讲的直觉趋向一种形而上的更高本质，以及现象学讲的本质直观中人性的本质和宇宙的本体。当然，这在审美直觉的继续演进中方开启、透露出来，若在此之前知晓这已经内蕴在审美直觉之中，对审美直觉便会有更深的体悟。审美直觉在时间中运行的具体内容，在西方审美心理学理论中体现为完形、内模仿、移情。

四、美：体现为完形-内模仿-移情

心理距离是客体成为审美客体和主体成为审美主体的初始条件，但它并不能保证主客体的转换——审美主体促成客体的转换或者审美客体促成主体的转换——无阻碍地成功。直觉形象则是主客体完成转换的标志。在心理距离中，虽然主客体在审美的场效应中走向审美的同一性，但主客体的分别和差异还是很明显的。在直觉形象中，主客体已经浑然一体。直觉虽有，但已直觉到形象；形象虽存，但已是直觉中的形象。由于直觉，形象成了审美形象（美）；由于形象，直觉成了审美直觉（美感）。这种合一包含了丰富的内容。具体地讲，达到合一后，是怎样进行的？西方美学讲了三种方式：格式塔心理学的完形论、谷鲁司的内模仿论、里普斯的移情论。

（一）完形论

完形（Gestalt）是主体按照知觉规律对客体进行的组织，是直觉对感受进行组织而形成的一种形式；从心理学角度进行细说，客观物体是按自身的方式存在的，客观物体在进入主体的知觉时，被按知觉进行了一种新的组织。阿恩海姆（Rudolf Arnheim）在《艺术与视知觉》（*Art and Visual Perception*）中讲过三种完形心理学方式，这里按本节的逻辑重新组织和命以新名。

一是分离方式。一处风景，房、树、路、人、天空等，本来是在主体以视觉为主的知觉中，以焦点透视和散点环视的方式，作为一静的或者动的整体观照，但知觉总是可以把这些物象分离为不同的层次，然后将之组成一个等级排序：

> 枯藤，老树，昏鸦。
> 小桥，流水，人家。
> 古道，西风，瘦马。
> 夕阳西下，
> 断肠人在天涯。（马致远《天净沙·秋思》）

在马致远的散曲中，物象被分离为明显的不同层次，缠绕在老树身上的枯藤与老树被明显地区分开来，老树上的昏鸦也被明显地与老树区分开来，等等。区分是按照知觉主体

---

① 与克罗齐认为直觉还没有上升为概念相反，柏格森认为直觉是从概念中超越出来的。直觉在二人理论中的位置相反，但本质相同。

的意向进行的，区分后的组合也是按照知觉主体的意向进行的。曲中，一幅完整的流动景致，按照三大类进行组合，藤、树、鸦一类，桥、溪、房一类，路、风、马、夕阳、人一类。直觉形象中，主体对知觉中的客体进行怎样的分离，又进行怎样的重组，决定了主客体在各自性质的相互作用下形成怎样一种美的情韵。正因知觉的分离方式不能保证客体物象的纯客观性，才能形成直觉形象的审美性。

二是分类方式。在对客观对象进行观看时，那些相互之间距离近的物象，或在某些方面相似的物体，或在时间上隔得很近的事物和声响，很容易被归为一类，从而被组织到一个单位中。同样，那些将一个面围起来的线，具有简洁性和连续性的轮廓线，朝向同一方向因而看上去似乎有相同性质的线，也容易被归为一类，不管它们本来是否属于一类。试看图 3-2：

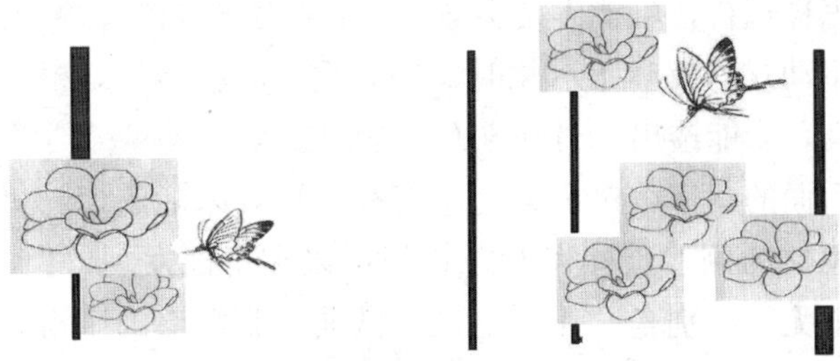

图 3-2　知觉的分类方式

在图 3-2 中，四条竖线，虽然粗细不一、隔有距离，但还是会被认作同质的一组；同理，六朵花，虽然隔得也远，但仍因同形而被视为一组；两只蝴蝶也是因此而被视为一组。三条竖线、四朵花、一只蝴蝶，因相邻，被看作一组；另一条竖线、两朵花、一只蝴蝶，也因相邻，被认作一组。至于客观物象是否确实以这种方式分类，并不重要。它们在知觉中必然要被组织成这种或那种方式。正因知觉的分类方式不能保证客体物象的纯客观性，才能形成直觉形象的审美性。

三是完美方式。在对客观对象进行观看时，主体知觉有一种倾向，即不自觉地要改变对象，将之完美化。在这种方式下，知觉在需要的时候，会放大、扩展对象适宜的特征；在需要的时候，也会取消和无视那些阻止或妨碍其完美的特征。例如，一个 85°或 95°的角，其少或多的 5°，往往被忽略不计，从而被看成一个直角；一个轮廓线上有缺口或中断的图形，往往被自动补足，从而被看成一个完整、连续的整体；一个稍有点儿不对称的图形，往往被看作对称的；即使那些不能在知觉阶段被有效纠正的不规则图形，也往往被看成规则标准的图形，或者被看成由这些标准完美的图形而来的变形。例如，一段中间有一个缺口的线条，往往不是被看成本来就是两段前后相随的线条，而是被看成同一线条的暂时中断；一个 abc 英文系列中的 b，当与 5 和 7 相连，往往被认成阿拉伯数字“6”，如图 3-3 中的第三幅：

图 3-3　知觉的完美方式

正因知觉的完美方式不能保证客体物象的纯客观性，才能形成直觉形象的审美性。

知觉的三种方式都表现出了审美之“境”为什么不同于现实之“景”。主体与客体的关系发生了新的性质变化。客体面貌在知觉中会按知觉的方式“变化”，这种“变化”对客体而言反而正是知觉活动的“客观性”，正是在审美的直觉之“境”里，主客体相互作用、走向“合一”。

知觉完形的三种方式主要是从视知觉上讲，把印度美学六根（眼、耳、鼻、舌、身、意）与六尘（色、声、嗅、味、触、法）互动的一些特点讲了出来，这些特点同样可以推广到听知觉等其他知觉上，但具有西方美学特征的知觉完形在呈现审美主客体互动的同时，没有将印度美学之境的丰富性，特别是主体之“意”与客体之“法”如何互动而成怎样的“境”，讲出来。而且，把各种知觉分开进行得出的图示，综合成整体之“境”时，综合性的整体怎样进行，可能不是实体-区分型美学讲得清楚的。最后，当实体-区分型美学进行飞矢不动式的精确图示化时，一方面，印度美学六根与六尘的互动在时间流动中的生动空灵性，未能透出；另一方面，中国虚实-关联型美学所要求的实后面的虚的一面和审美之显后面的非审美诸因素之隐怎样关联，未能透出。仍以前文所举之马致远的《天净沙·秋思》为例。三种完形方式都可以在里面发现，但其审美形成的“界”在无有之间，即有即无，特别是“无”把这一散曲广阔深厚的宇宙人生之“境”体现了出来。由此透出，知觉完形要加上印度美学和中国美学，方可得到进一步的推进。即便如此，知觉完形里主客体互动和主客体合一的基本要点与主旨精神仍然具有重要的启示作用。

如果说，知觉完形重在讲主客互动而走向审美的直觉之境，那么，内模仿和移情则各以主客体为重点讲主客体之间的互动。

（二）内模仿论

内模仿论以德国美学家谷鲁司（Karl Groos）和英国美学家浮龙·李（Vernon Lee）为代表。这种理论讲，当主体面对客体时，主体（人）的知觉会按照客体的性质进行模仿活动。人面对S曲线的女神塑像进行欣赏时，不可能保持笔直身态，同样，面对高耸的哥特式建筑进行凝注时，不可能弯曲自己的身体，因为高耸建筑必然使观赏者向上耸立。但这种模仿并不从形体上明显表现出来，而是一种内模仿。首先是视知觉随对象的形体做向上升腾的视运动，随视知觉进行的是身体运动，人在哥特式建筑前身体不自觉地挺立，就是身体内模仿的结果。内模仿的“内”强调的是在体内进行，意识不易察觉。但在节奏感较强的音乐中，身体会明显地随音乐摇动。内模仿论主要强调身体运动中的筋肉运动，以及身体中各个系统与筋肉配合而形成的体内运动。只是随不同客体的特点和个人的特点，内模仿的身体运动有的在这一方面突出，有的在那一方面明显。浮龙·李举的一个例子可以说明身体内模仿时较全面的运动：观看一个花瓶，眼睛注视瓶底时，脚就紧踩地上；视觉从瓶底向上移动时，身体也随之向上升起；看到瓶腰逐步扩大时，微觉头部有一种压力，向下垂引。瓶是左右对称的，两肺的活动也因此而左右平衡；瓶腰的曲线左右同时向外突出，眼光移到瓶腰之最初部分时，随即做吸气运动；看到曲线凹入时，随即做呼气运动，于是两肺同时松懈下来，一直看到瓶颈由细转粗时，又微做吸气运动。瓶的形状还使观者左右摆动以保持平衡，左边的曲线把身体的重心移到左边，右边的曲线又把身体的重心移到右边。观看瓶的形象，身体各相关系统同时生出一串极匀称的内模仿运动。内模仿这个词表明它的核心在身体运动上，但随着身体运动，同时产生一种相应的敬仰或敬畏之情。

对内模仿可以归纳如下：内模仿是知觉-身体-心理三位一体的运动，但以筋肉运动为主。突出筋肉运动，一方面使前文讲的知觉方式进一步深化，另一方面从身体到心理情感，使内模仿与移情理论联系起来。从心理距离、形象直觉到知觉方式，着重论述的都是美（美感）基于客体和主体但又不等同于客体和主体，从内模仿开始，就指出了美感产生的物质载体——身体的内模仿。知觉活动引向审美，就是引向内模仿，同时又指出内模仿的来源，即客体的客观形象。内模仿讲的是主体模仿客体，突出了客体的作用。这正好与前文知觉完形突出主体形成一种辩证关系。知觉完形强调主体对客体的改变，内模仿突出主体对客体的遵从与模仿。身体运动的性质是由客体的性质决定的。宏伟景色（如哥特式教堂）必然产生强式的内模仿，柔性客体（如精美花瓶）必然产生弱式的内模仿。

内模仿理论从西方实体-区分型思维出发，在论及主客体互动时，强调主体从身体上模仿客体这一点是对的，但一方面把内模仿的客体定位在个别对象（如花瓶、教堂、剧场等）上，另一方面把内模仿的主体落实到身体内以筋肉为主的生理性运行上，确实狭隘化了。中国虚实-关联型美学讲到主体对客体的内模仿时说："写气图貌，故随物以宛转，属采附声，亦与心而徘徊"（刘勰《文心雕龙·物色》）。一方面，强调对象的全面性和虚实合一性，从外在之貌到内在之气，都会影响主体的内模仿运行；另一方面，主体以心为主但又是性-心-意-志-情-欲的整体，对客体的模仿也是虚实互出的整体性内模仿。中国美学虽然对内模仿之主体的具体性讲得少，但对有审美内模仿在其中的客体却讲得很多，从对客体的描述上就可以推知内模仿的基本内容。在崇高型的对象上，如：

> 仰观宇宙之大，俯察品类之盛，所以游目骋怀，足以极视听之娱，信可乐也。（王羲之《兰亭集序》）
>
> 天高地迥，觉宇宙之无穷。（王勃《滕王阁序》）
>
> 临不测之水，使人神清；登万仞之岩，自然意远。（张怀瓘《书断》）

在优美型的对象上，如：

> 江南可采莲，莲叶何田田。鱼戏莲叶间。鱼戏莲叶东，鱼戏莲叶西，鱼戏莲叶南，鱼戏莲叶北。（《江南曲》）
>
> 轻轻姿质淡娟娟，点缀圆池亦可怜。数点飞来荷叶雨，暮香分得小江天。（完颜畴《池莲》）
>
> 南轩面对芙蓉浦，宜风宜月还宜雨，红少绿多时，帘前光景奇。（陈与义《菩萨蛮·荷花》）

不是从孤立的一物，而是从物在天地整体中方方面面的关联去观物，比如从季节整体去观物：

> 春山淡冶而如笑，夏山苍翠而如滴，秋山明净而如妆，冬山惨淡而如睡……春山烟云连绵人欣欣，夏山嘉木繁阴人坦坦，秋山明净摇落人肃肃，冬山昏霾翳塞人寂寂。（郭熙《林泉高致》）

从这里可以知道，刘勰讲内模仿的“随物以宛转”，是既要模仿客体的外在之貌，又要模仿客体的内在之气，天地之气于某季节在某地运行，某地之物在这一季节会出现具体的面貌。审美的内模仿是在“气之动物，物之感人”（钟嵘《诗品序》）的基础上，体现为“春秋代序，阴阳惨舒；物色之动，心亦摇焉”（刘勰《文心雕龙·物色》）之人与季节的互动中，人对运行在天地之间的客观物象用自己的整个身体进行着内模仿运动。进一步，还要思考印度美学强调时间的流动对客观物象呈现为是-变-空的幻相性质，以及由幻悟空的形上境界。总之，西方美学的内模仿，在与中国美学和印度美学的互鉴互动中，可以展开和提升为一个较为合理的理论。

内模仿以主体遵从客体的形式，体现为主客体在直觉运行中的同一性。内模仿的身体运动必然产生相应的心理情感，但这种情感产生之后，并不停留在主体之中，而被投射到客体之上，使客体具有主体内心感觉到的情感。从这里开始，就进入了审美心理学移情理论的内容。

（三）移情论

移情论由德国美学家里普斯（Theodor Lipps）提出。移情理论对移情现象有具体细分：移情之一，是给无生命的静止客体灌注生命，当主体观照线条时，赋予它的，不仅是平衡、方向，还有投掷、抗拒、紧张、感情、意图，性格。比如书法中，“一（横），如千里阵云”，不动的线条就有了云的动感；“、（点），如高峰坠石”（卫夫人《笔阵图》），静止的一点就有了巨大的力量；“竖牵如深林之乔木而屈折如钢钩，或上尖如枯秆，或下细如针芒，或转侧之势似飞鸟空坠，或棱侧之行如流水激来”（王羲之《书论》）。这种运动感和生命感都是主体移情于对象后的感受。移情之二，是在对动植山水等非人物象的观照中，通过移情将之拟人化。在移情中，人们觉得高山似仁者，无言而长寿；流水如智者，欢快而温和；风在细语，树在低吟，“有情芍药含春泪，无力蔷薇卧晓枝”（秦观《春日》）。移情之三，是心情外射，人认为自己心中的情感是客体具有的情感。一曲乐音的流动，人们感到它是悲哀的或者欢乐的；一大片绿色，人们说它是宁静的；几团蓝色，人们说它们是忧郁的。“平林漠漠烟如织，寒山一带伤心碧”（李白《菩萨蛮·平林漠漠烟如织》），碧色的寒山似在伤心，这是李白移情的结果。“细看来，不是杨花，点点是离人泪”（苏轼《水龙吟·次韵章质夫杨花词》），白色的杨花成了泪珠，这是苏轼移情的结果。移情之四，把人的外貌当作内心表征。“太尉神姿高彻，如瑶林琼树，自然是风尘外物”“见山巨源，如登山临下，幽然深远”“夏侯太初，肃肃如入廊庙中，不修敬而人自敬”（《世说新语·赏誉》）。别人的内心也许并不如此，但我们观人外貌之时，移情于他，好像他就是如此。其实，移情不用分类，总之是把自己心中的情感移入对象之中，仿佛对象客观上有了这种情感。根据本书的观点，可以将移情归纳如下：

第一，移情是以内模仿为基础的。它从内模仿的完结处开始，虽然表现为一种主体的主动性，但主体把什么样的情感移入对象却受对象的形象性质制约。在蓝色中，人只会移入忧郁或宁静及其他相似情感，在于主体观照客体时的身体内模仿只会产生这类情感。在红色中，人只会移入或热烈或欢快或亢奋或血腥暴力的情感，同样在于这类情感是由内模仿产生的。当然主体面对客体可以有自己本已有的一种潜在情感，只要这种情感不是处在非常时期，激烈得要向外冲泄、淹没一切，那么这种潜在情感，在暗中决定主体观照对象时，就会注意到客体中与自己最相通的部分。如面对青山，因各人心情不同，可仰观其高耸之壮势，可近看其林木之幽致，可凝神于山石之嶙峋，可注目于花草之柔美。主体在与客体的交流中，因内模仿而生相应之情，再把这情移到客体之中。

第二，移到客体之中情感的性质总与客体的性质或性质的某方面有同质之处。这是在任何移情现象中都会看到的，细察上面所举之例，无不如此。

第三，移情讲的是由主体移向客体，突出的是主体的作用。这正好与内模仿突出客体的作用形成一种辩证关系。与内模仿一样，移情显出了美感的特殊载体和性质；有了主体的向外移情，主体就感受到了美感；有了情感的移入客体，客体就成了美的客体。但这是冷静细析，对移情来说，只讲了理论原因，还未涉及现象结果。

第四，移情是主客体的浑然合一。里普斯说："在对美的对象进行审美的观照中，我感到精力旺盛、活泼、轻松自由或自豪。但是我感到这些，并不是面对着对象或者和对象对立，而是自己就在对象里面……这种活动的感觉也不是我的欣赏对象……它不是对象的（客观的），即不是和我对立的一种东西。正如我感到活动并不对着对象，而是就在对象里面，我感到欣赏，也不是对着我的活动，而是就在我的活动里面"①。情是主体的，但却外移到客体之中；客体本是无情的，但我确实感到情就在客体中存在。其结果是，仿佛我就成了客体，客体就是我，这就是中国古人讲的"不知何者为我，何者为物""物我两忘""物我同一"的境界。正是在移情现象的"物我同一"中，美即美感才得到真正的实现。情是美感，它又在客体里，是客体之美；客体是美，却变成情本身，成了美感。在移情中，不知何者为美，何者为美感，美就是美感，美感就是美，美与美感同一：

寒山一带伤心碧。（李白《菩萨蛮·平林漠漠烟如织》）

无边丝雨细如愁。（秦观《浣溪沙》）

试问闲愁都几许？一川烟草，满城风絮，梅子黄时雨。（贺铸《青玉案》）

以上三例，都可看出，难分何者为景、何者为情；的确，情即是景，景即是情，物即是我，我即是物；情景合一，物我同一。

以上对移情论的解说是围绕其核心思想进行的：移情是在审美的主客体互动中主体把自己的情感移入客体，使客体成为与主体情感一致的客体，从而达到一种主客体同一。但中、西、印美学在谈到这一问题时，是同中有异。突出这异的要点，正可以使人们对

---

① 里普斯. 移情作用、内摹仿和器官感觉//伍蠡甫，林骧华. 现代西方文论选. 上海：上海译文出版社，1983：3-4.

“移情”在美学理论中所应表达的内容有更深的理解。西方实体-区分型思维把移情放在个体性的主体和个体性的客体上，移情表达的是，经过区分后，在孤立绝缘的审美情境中，主体与客体之间的一种特定关系。审美主体把此时仅属于主体的情感投射到客体中，达到孤立绝缘中主客体的合一。在中国虚实-关联型思维看来，移情中的主客体，作为个体，是审美属性与非审美属性处在一种显隐的关联中，同时又与直接关联的整体，以及与天地整体，处于一种虚实的关联中。因此，移情不仅是作为个体的主体对作为个体的客体的移情，而且是作为关联的主体对作为关联的客体的移情；不仅是此时此景的个体间的移情，而且是对与此时此景相关联之可见、可听、可闻、可感的整个环境，进而整个天地的移情。

且看王维的《汉江临泛》：

楚塞三湘接，荆门九派通。
江流天地外，山色有无中。
郡邑浮前浦，波澜动远空。
襄阳好风日，留醉与山翁。

诗人在汉江边临泛而观，在主客体互动中将主体之情投向水上山间，客体山水不但关联着近近远远的整个景色，而且关联着整个天地，主体之情不仅是山水之情，而且关联着作为诗人性格整体的隐逸之情、佛禅之心，王维皈依佛门后的“山河天眼里，世界法身中”（《夏日过青龙寺谒操禅师》）心境，也隐含在这汉江临泛的主体情感之中。移情中虚实显隐的关联，在最后两句中有明显的体现。

再看杜甫的《登楼》：

花近高楼伤客心，万方多难此登临。
锦江春色来天地，玉垒浮云变古今。
北极朝廷终不改，西山寇盗莫相侵。
可怜后主还祠庙，日暮聊为梁甫吟。

国事艰难时期，杜甫在成都锦江边观景，在进入审美主客体的互动中，并没有进入孤立绝缘之中，而是在审美与非审美的虚实关联之中，并把这一关联的情感移向客体，客观景色不仅由近景之楼、之花、之江、之山、之春关联到整个天地，而且关联到历史与今天。同样，杜甫的主体之情，不仅有对江山之伤和天地之爱，而且关联着家国情怀和历史反思。总之，中国美学把审美的移情从区分性的孤立绝缘中扩展出来，进入人生天地间的审美境界。

印度性空-幻相型思维，会更强调时间流动对移情的作用，对移情在每一瞬间的变化有更多的关注，对移情在时间的是-变一体的转瞬成空，一方面转成对由变到空的遗憾，另一方面转成对“一期一会”的珍惜，这在很多时候使印度人的主体之情更加浓烈深厚。然而，有了宇宙本空的觉悟，印度人的主体之情就有了一种形上境界，从而使在具体移情中的所移之情，在主客体之间回环往复移动中的内容，不仅是个体性的主体与客体，也不仅是个体与环境、天地的关联，还有在天地之外的梵和内心之中的我，在虚实显隐地飘荡。从泰戈尔的诗中往往可以体会到印度的是-变-幻-空型思维，会让美的移情产生

更多的方式。且以《吉檀迦利》(*Gitanjali*)为例:

> 莲花盛开的那一天,唉,我心不在焉,而我自己却不知不觉。我的花篮是空空的,而我对鲜花却依旧视而不见。
>
> 只不过时时有一股哀愁袭来,我从梦中惊起,觉得南风里有一缕奇香的芳踪。
>
> 那朦胧的温柔之情,使我的心因思慕而疼痛;我觉得它仿佛夏天热烈的气息在寻求圆满的境界。
>
> 那时我不知道,那完美的温柔之情,竟是那么近,竟是我的,而且已经在我自己的内心深处开花了。①

诗虽然没写作为人心深处的宇宙大我之隐喻的"内心深处的花"开了之后怎样,但这"内心深处的花"会移情到最初所见的盛开的莲花上。细读印度的美学文献,印度型移情之多种多样的精彩会呈现出来,但从美学的理论性来讲,仍在前文讲的移情的核心之中:从情感投射到物我两忘的主客体同一。

最后,对美进入直觉阶段后的三种方式做一总结:知觉完形讲了直觉形象中主客体形成的一种不同于平常情况的特殊关系;在这个基础上,内模仿和移情显示了美(美感)的特质,前者从客体到主体,以客体为中心形成了主客体的动态关系,后者从主体到客体,以主体为中心形成了主客体的动态关系;这,构成美之成美、人之感受美的明显的特征。至此,美是什么,美是怎么产生的,美是怎样一步步实现的,就基本上清楚了。当然,在中、西、印美学的互鉴中,审美的主客体不是孤立绝缘的主客体,而是虚实关联和空幻转换中的主客体。

五、美:表现为主客体同构

20 世纪以后,西方美学在自身内在逻辑的演进中,主要是在西方科学思想和哲学理论的升级中,再加上与非西方美学的互动,有了某种从实体-区分型向虚实-关联型转变的趋向,完形美学是其中之一。从完形美学的观点来看,从形象直觉开始,主客体就进入了一个同构过程。什么样的客体,就会引起什么样的内模仿,内模仿在本质上是一种同构;什么样的情感,就会被移入什么样的客体,也是主客体的一种同构。同构,指的是:主客体是不同的,然而又在某些方面相同,这种相同不是一般的相同,它不是静态的而是动态的,不是实体的而是虚体的。何为"静""动""虚""实",需要解说。

且先对直觉形象中的审美主客体进行新的规定。完形心理学讲的任何事物都有一种力的式样。什么是力的式样呢?人们可以省略大部分细节,用寥寥几笔就画出一个人,又不失该人的神采,这"几笔"就是依照该人的"力的式样"画的。完形理论把客体分为三个层面,即轮廓外形、骨架结构、表现性。轮廓外形是客体外在之形,包括所有细节。骨架结构是决定外在之形的内在结构,它以外在之形的主要特征(有时

① 吉檀迦利(节选)//童一秋,主编. 世界十大文豪:泰戈尔. 长春:吉林文史出版社,2011:183.

还可以“离形得似”的方式）表现出来。表现性是本质性的东西，它决定内在结构的主要特征，也决定所有外在之形的细节。与西方古典理论不同，在完形理论里，本质性的表现性不是实体的而是虚体的，它是事物可感而不可形求的生动气韵。轮廓外形、骨架结构、表现性是一个整体功能，“力的式样”就来自骨架结构。“力的式样”之“力”是虚而无形的，“式样”却是实而有形的，力的式样源于表现性，而又反映于轮廓外形。主体呢，是知觉、大脑皮层、心理、身体的统一。知觉对外物的感知方式，在大脑皮层引起的电化学反应，构成一种力的式样；外物对人的作用相当于一块石头投进水中，引起层层涟漪，最后完成为力的式样，这种力的式样并不与客体的全部细节相同，而只与客体的力的式样同构。它对客体的反映，是“笔不周而意已周”（张彦远《历代名画记》）。对直觉形象中的审美观照来说，客体的哪些特征被主体知觉认作主要特征，从而形成具体的力的式样，是因人、因时、因地、因情而异的，客体本质性的“神”的虚体性，允许呈现力的式样的多种可能性，客体在知觉方式中形成什么样的力的式样，也决定了主体大脑皮层中会形成什么样的力的式样。与外物同构的大脑皮层中力的式样的形成，在主体内部会产生两个方面的相应反应，一是产生一种（移情论强调的）心理情感，二是产生一种（内模仿论强调的）身体活动。情感和身体都会形成各自的力的式样。按照完形理论的观点，内模仿是身体运动的力的式样和客体的力的式样之同构，移情是情感的力的式样与客体的力的式样之同构。主客体在完形理论中的同构，如图3-4所示：

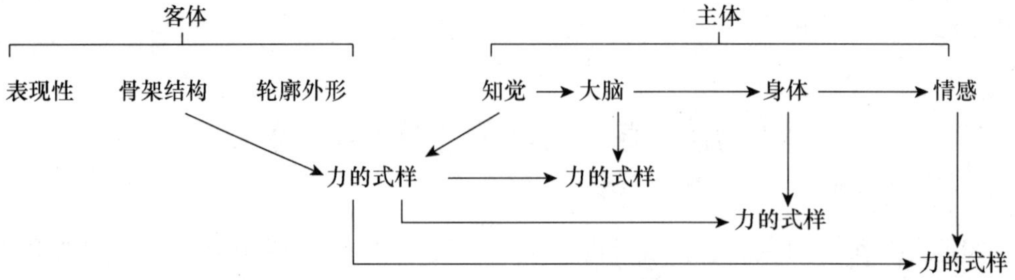

图3-4　主客体以力的式样同构

完形理论对内模仿和移情的修正或补充是，身体运动模仿的是客体的力的式样，这种身体模仿的结果是形成力的式样，正是在主客体二者力的式样的同构中，美感（美）产生了。移情实际上是形成了情感的力的式样，由于情感的力的式样与客体中力的式样是同构的，所以仿佛是主体移情于客体，但实际上心理体验到的是大脑视觉中枢里的生理力，客体刺激知觉在大脑中展开生理力的运动，这个活动发生在大脑，但大脑的电化运动是按照客体的力的式样进行的，从而被体验为客体本身的性质。情感本来是在心理体验中发生的，但却被体验为客体的性质。因此，内模仿和移情都是对现象做感受的描述与归纳，而客体、身体、情感的力的式样的同构才是理论的把握。按照完形理论，柳枝往往与离别的柔情和愁绪相连，不是人移情于物，而是柳枝的力的式样与柔情和愁绪在内心形成的力的式样同构：

一丝柳，一寸柔情。（吴文英《风入松》）

扬子江头杨柳春，杨花愁杀渡江人。（郑谷《淮上与友人别》）

春思春愁一万枝，远村遥岸寄相思。（唐彦谦《柳》）

同构，可以归纳为三点：其一，两种事物无论多么不同，只要具有内在的同构性，就能归于一类，这里已经透出审美分类不同于科学、哲学、宗教的独特性，导出了一种分类的审美向度。其二，同构强调了主客体的同一是怎样一种同一。不是一种外形的同一，而是一种内在的同一；不仅是内在里的实体的同一，更是内在里的虚体的同一。审美的多样性和生动性在这里显示出来。其三，同构是交流中的同构：

目既往还，心亦吐纳……情往似赠，兴来如答。（刘勰《文心雕龙·物色》）

相看两不厌，只有敬亭山。（李白《独坐敬亭山》）

我看青山多妩媚，料青山见我应如是，情与貌，略相似。（辛弃疾《贺新郎》）

正是在同构的交流中，主客体离开原有的性质，进入审美的同一，也就是内模仿和移情所呈出的动态关联，以及这种关联中的“物我两忘”和“物我同一”。主客体同构理论统一了内模仿和移情。美是怎么获得的？是从心理距离、直觉形象、主客体同构中呈现出来的。

但是，从理论的严格性讲，主客体同构是怎么可能的？

主客体同构的基础是“力的式样”。从基础上讲，它来自科学，但只是建立在科学观察和实验上的假设，而非科学所能完全证实。完形理论在目前科学仪器实验水平的限制下，无法进行更深的探讨。从背景上讲，它来自西方实体-区分型美学在科学和哲学的新思想中的提升，在这提升中，力的式样与中国虚实-关联型思维有了一些契合，表现性与印度是-变-幻-空型思维有了一些契合，但其基础以及相关概念、语汇是实体-区分型的，因此运行起来尚未得心应手。这里，且按完形美学的基本结构，从与之稍有契合的中国美学，予以新释。中国虚实-关联型美学在解释审美同构上，可提供一个新视野。

完形理论关于客体的三层结构，完全可以对应于中国关于审美对象的神骨肉理论。表现性相当于神，骨架结构相当于骨，轮廓外形相当于肉。中国审美对象理论是以人体学为范式建立起来的整体功能理论。三国时刘劭的《人物志》体系性地运用了中国哲学气-阴阳-五行思想来解释人体，认为人“含元一（即气）以为质，禀阴阳以立性，体五行而著形”，再具体为“九征”（即九个方面），是一个气-阴阳-五行-九征的整体功能体系。九个方面即神、精、筋、骨、气、色、仪、容、言，可归为三：神与精一类，属神；筋与骨一类，属骨；气、色、仪、容、言一类，属肉。神、骨、肉又可以进一步简化为形与神。这是一个多层结构的动态体系，可以由简到繁地多层级、多方面地把握。人体学在魏晋时期进一步进入审美，多从神、骨、肉三方面来对人之美进行品评。重“神”的评论，有“神理隽切”“神矜可爱”“神锋之隽”之类；重“骨”的品藻，有“王右军目陈玄伯，垒块有正骨”（《世说新语·赏誉》），“旧目韩康伯，将肘无风骨”（《世说新语·轻诋》）之类；重“肉”的品目，有“蔡叔子云：韩康伯虽无骨干，然亦肤立”（《世说新语·品藻》）。这里重要的是，审美中注重的不是人物质实的外形，而是人物虚灵的姿态、体貌、仪容、神气、风采、气度：

王戎云：“太尉神姿高彻，如瑶林琼树，自然是风尘外物。”（《世说新语·赏誉》）

王公目太尉："岩岩清峙，壁立千仞。"（《世说新语·赏誉》）

有人叹王恭形茂者，云："濯濯如春月柳。"（《世说新语·容止》）

殷中军道韩太常曰："康伯少自标置，居然是出群器。及其发言遣辞，往往有情致。"（《世说新语·赏誉》）

第一例突出神，第二例突出骨，第三例突出形，第四例突出言辞，但都是既突出特点又包含整个形象的品藻。神骨肉的整体结构理论，很快扩展为一切审美领域的审美对象结构理论。

书法上，王僧虔《笔意赞》说："书道之妙，神采为上，形质次之。"这是从两层谈的。卫夫人提出了意、骨、肉问题。萧衍《答陶隐居论书》说："肥瘦相和，骨力相称……棱棱凛凛，常有生气。"这是以即生气、骨力、肌肤三层谈的。苏轼《论书》说："书必有神、气、骨、肉、血。"这是神、骨、肉的进一步展开。

绘画上，顾恺之说："四体妍蚩，本无关于妙处；传神写照，正在阿堵中"（《世说新语·巧艺》）。谢赫评晋明帝画说："虽略于形色，但颇多神气"（《古画品录》）。这是分形神两层讲。张怀瓘《画断》评画："张（僧繇）得其肉，陆（探微）得其骨，顾（恺之）得其神。"这是分肉骨神三层讲。荆浩《笔法记》说："笔有四势，谓筋、肉、骨、气"，是多。谢赫六法，除传移摹写外，还有气韵生动、骨法用笔、应物象形、随类赋彩、经营位置，既可为三，即气韵、骨法、形色，又可为多，即气、韵、骨、形、色、筋。

文学上，刘勰的情与文、风与骨（《文心雕龙·风骨》曰："辞之待骨，如体之树骸；情之含风，犹形之包气"）是分两层讲的。王国维《人间词话》说："（温）飞卿之词，句秀也；（韦）端己之词，骨秀也；（李）重光之词，神秀也。"是分三层讲的。刘勰论文章："以情志为神明，事义为骨髓，辞采为肌肤，宫商为声气"（《文心雕龙·附会》）。姜夔《白石道人诗说》云："大凡诗，自有气象、体面、血脉、韵度。"胡应麟《诗薮》指出诗有骨肉、气韵、意象、声色。这都是展开为多讲的。

人体结构这一理论模式，既适用于艺术，也适用于其他类型的审美对象。郭熙《林泉高致》论山水时说："山以水为血脉，以草木为毛发，以烟云为神彩。故山得水而活，得草木而华，得烟云而秀媚。水以山为面，以亭榭为眉目，以渔钓为精神。故水得山而媚，得亭榭而明快，得渔钓而旷落。此山水之布置也。"不仅是审美对象，连认识思想也可以用这一模式。达摩祖师在中国度过了九年，要回天竺，走之前，对门人弟子说："我离去的时间已经到了，现在你们每人各自讲一讲你们的收获，好吗?"道副把自己的心得概括为四句话："如我所见，不执文字，不离文字，而为道用。"达摩说："你得我皮。"女弟子道迹说："我今所解，如喜庆见阿閦佛国，一见更不再见。"达摩说："你得我肉。"道育说："四大本空，五阴非有，而我见处，无一法可得。"达摩说："你得我骨。"最后慧可上前向达摩施礼，一句话没说，然后站到自己的位置上。达摩说："你得我髓。"然后又看着慧可，对他说："以前如来以正法眼传给迦叶大士，一代代相传，到了我这里。今天我传给你，你要好好护持。"这里（除了肉，又多了一个皮），肉、骨、髓，正相当于肉、骨、神。

从上可知，中国文化中，客体是整体功能的，主体心理也是整体功能的，这就构成了审美主客体之间的对应关系。这种对应关系从哲学上讲，在于中国文化的宇宙是一个气的宇宙，整个宇宙充满着气，气化流行，衍生万物，气之凝聚而成实体，实体的气散而物亡，又复归于宇宙流行之气，天上的日月星辰、地上的山河动植，悠悠万物，皆由气生。气构成了宇宙万物的同一性，也构成了具体主客体同构的内在基础：

> 气之动物，物之感人。（钟嵘《诗品序》）
>
> 人心之动，物使之然也，感于物而动，故形于声。（《礼记·乐记》）
>
> 望秋云，神飞扬，临春风，思浩荡。（王微《叙画》）
>
> 献岁发春，悦豫之情畅；滔滔孟夏，郁陶之心凝；天高气清，阴沉之志远；霰雪无垠，矜肃之虑深。（刘勰《文心雕龙·物色》）
>
> 自在飞花轻似梦，无边丝雨细如愁。（秦观《浣溪沙》）

气的宇宙构成中国美学心物同态的基础。“态”是虚体的，相当于“力”。因此，中国美学对于“力”的同构，可以进行如下解说：

第一，同构在于宇宙的统一性，这种统一性是虚体的，相当于“气”，可以说它是“无”，但又不是西方式的虚无，而是能生“有”的“无”。它的虚体性是它能无穷演化、无限生成、与时变化的基础。

第二，宇宙间的人与物、主体与客体，都基于宇宙的统一性，其最根本性的东西也是虚体的，如完形理论中的“表现性”和中国理论中的“神”。表现性无法与宇宙基本对接，神却与宇宙之气有一对应关系，神，最初即是宇宙之气，如《荀子·天论篇》讲的“列星随旋，日月递照，四时代御，阴阳大化，风雨博施，万物各得其和以生，各得其养以成。不见其事而见其功，夫是之谓神”。在神与气对言时，神成为物的主导者。物因气而生，成形则有其“神”，“神”决定着物的具体性。总之，神的虚体性决定了力的式样的生成性和多样性，“力的式样”的“力”是虚，联结着“神”；“式样”是实，决定了每一次审美的具体情调式样。神、骨、肉的“骨”存在可感但不可见，也有“力的式样”之虚和实兼备的性质。由于有实的一面，它决定着具体的“形”和“肉”。神、骨、肉是一种虚实合一的整体功能体系。但“力的式样”是在实体-区分基础上提升的，因此更重视存在于具体之物中的实的性质，神不但强调具体之物，而且强调与他物和天地整体的关联。

第三，同构是三个层面的统一，即宇宙的统一性（气）、万物间的统一性（神、骨、肉）、具体存在的因缘性。从一种视点来看，宇宙皆气，万物各得其气，主客体在三个层面同构，这就是庄子讲的“若一志，无听之以耳而听之以心，无听之以心而听之以气”（《庄子·人间世》）。耳、心、气是主体与客体同构的三个层面。从另一种视点来看，宇宙皆理，万物各得其理，主客体在三个层面同构，这就是邵雍讲的“夫所以谓之观物者，非以目观之也，非观之以目而观之以心也，非观之以心而观之以理也”（《观物内篇》）。目、心、理是主体与客体同构的三个层面。气与理是同一东西的两面，都代表宇宙的统一性，耳与目都代表知觉，这不仅讲主客体各方面的同构，而且讲要一步步深入最高体验即人与宇宙的同构。

在说到审美的最高体验时，印度是-变-幻-空型美学在这方面有更特别的强调。前文讲过，印度思想有三个层级，即上梵、下梵、现象。对应于完形理论，上梵约等于表现性，下梵约等于力的式样，现象约等于外在之形。印度将外在之形作为幻相的体认，有利于由幻悟空之形上境界的突出。具体到同构理论，印度的客体即下梵中的幻相，由外形的名色和构成名色的地、水、火、风四大组成，幻相后面的本体即上梵。印度的主体即个我，由外在的粗身和内在的细身组成，个我的后面是本体的宇宙大我。把完形理论与印度理论进行比较，外在之形相当于名色，力的式样相当于四大，表现性相当于梵。在印度理论中，客体三层与主体三层对应的同构，如图3－5所示：

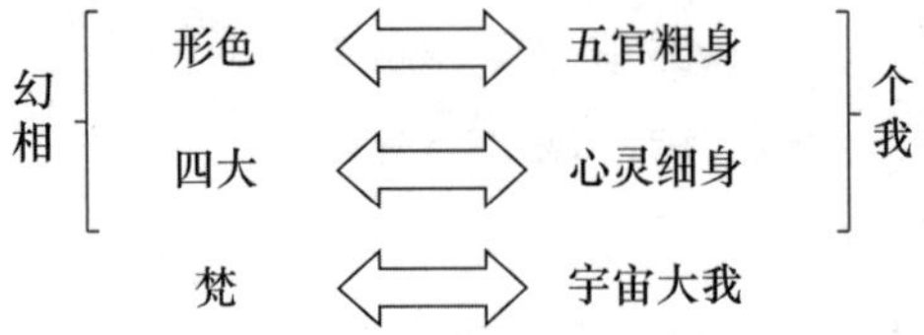

图3－5　印度美学的三个层面

六、美：走向意义深处

知道了心理距离可以产生美，主体成为审美主体，客体成为审美对象，从而主客体一道进入直觉形象；知道了以生理为主的内模仿中的主客体同构和以心理为主的移情中的主客体同构，人就得到了美（美感）。现在要问的是：得到美（美感）的意义何在？

现实事物在人用审美方式去观看之时成为审美对象，人在对审美对象的欣赏中达到最高度的美感，这种美感高度是人在此时的内在体验，把这种体验外化为一种固定的形式，就是艺术。艺术作为一种物质样式，在原始社会产生的时候，不仅负载着审美内容，还负载着政治、宗教、教育等多种内容，在历史的演进中，逐渐成为以负载美感经验为主的形式，西方近代更是把艺术从工艺和科学中区分开来，定义为一种为美的目的而创造的文化类型。这样，在西方美学看来，美的意义就无须在那难以定性定量研究的内在心理中寻找，而可以在客观存在的艺术中获得，因为艺术把人类的审美经验做了一种专门呈现。西方的主流美学认为，只有艺术审美才是真正的审美；西方的非主流美学和各非西方美学也认为，艺术是对人的现实审美活动的一种反映，又是人的审美的一种特殊方式，虽然艺术还包含其他内容，但确实是艺术把现实审美最深的内容做了相对独立的呈现。这样，整个世界美学的共识是：宇宙间的事物，可以在认识向度上凝结成知识体系，在功利向度上形成实用谱系，在伦理向度上形成道德体系，在宗教向度上形成象征体系，也可以在审美向度上形成艺术体系。因为艺术是一种客观的实体存在，从而美的意义在艺术审美中得到典型的呈现。但在进入问题之前，先得就艺术审美与现实审美的关系及其引出的美学基本问题做些澄清。

从心理距离到完形同构，怎样获得美的审美现象问题基本解决了。但这只是一种理论上的解决。在复杂的现实中，要达到审美的深度是较难的，最主要的原因是：一方面，现实中的事物，无论自然物还是社会物，并不要求自己成为审美对象，它们的形貌主要是作为认识的外形、功利的符号、政治的标记、宗教的象征；另一方面，现实中的人要应付、处理、思考各种生活的、功利的、认识的、政治的事务，并不要求自己成为审美主体。正因为现实审美的困难，人类在历史演进中，特别是在现代社会，选择了艺术作为专门的审美活动，满足自己的审美要求。艺术专门设置了使人达到心理距离的方式，这就是美术馆、音乐厅、剧场、电影院、展览馆、阅览室的“门”，这些“门”使你与现实世界拉开距离，意识到你从现实世界来到了一个艺术世界。在西方文化中，艺术世界虽然描写现实世界的一切方面，但却不是真实的现实，而是虚构的世界，因此，艺术世界不需要人为的心理努力，它天然就是一个与各种非审美拉开了距离的直觉形象世界。在中国美学中，虽然认为艺术描写的不是虚构世界，而是即事即目、眼处心生的现实世界，但同样认为，现实世界进入艺术之后，就进入了审美的化境，从而艺术天然就具有心理距离和直觉形象。由此，从美学角度可以得出两点结论：第一，现实中，现实的实用心态占主导地位，人并不要求也没有必要成为审美主体，同时，社会物和自然物既不主动要求，也基本上没有被作为审美对象。现实活动中人要进入审美状态需要一定的条件和转换。第二，在艺术中很容易进入审美状态；艺术的目的就是美，艺术是为美而创造出来并让人欣赏美的。

在社会、自然、艺术的比较中，绝大多数西方美学家用实体-区分型思维把社会物排除在审美对象之外，相当一部分美学家把自然物也排除在审美对象之外。这样，美学就可以名副其实地成为艺术哲学了。然而，艺术，虽然是为审美的目的而创造出来的，但并不必然会成为审美对象。达·芬奇的名画《最后的晚餐》在搬运工眼中，与其他搬运物品并无区别；莎士比亚的剧本《哈姆雷特》在语言专家研究语法的使用中，只作为一般的语言资料，就是把文学作品当语言来读；在读《红楼梦》的人中，也如鲁迅所说，是经学家看见《易》，道学家看见淫，才子看见缠绵；等等。因此，正像自然物和社会物只有用审美的知觉去感知才会成为审美对象一样，艺术作品只有用审美知觉去感知才会成为审美对象。法国美学家杜夫海纳对这一现象进行深思熟虑之后，得出结论：第一，社会物和自然物不是审美对象，即它们主要不是为审美而存在的，但如果人用审美知觉去对待它们，它们的形象性就会在心理距离之下独立地呈现出来，它们也会成为审美对象。因此，社会物和自然物成为审美对象是偶然的。第二，艺术作品是为审美而产生出来和为审美而存在的，但如果人不用审美知觉去对待它们，它们就不是审美对象。这里审美知觉意味着：一是把艺术作品当作艺术作品，即当作审美对象而不是当作任何非审美对象来欣赏；二是按照艺术作品的原意，不带任何主观性地去看艺术作品。这里不带主观性，不是不带客观上不可能不带的历史局限，而是不带在具体时空中可以避免的主观性。这两条规定，比较好地解决了社会物和自然物是不是审美对象的问题，也比较好地解决了美与艺术的联系和区别。

现在可以进入艺术审美了。这里还是从人面对艺术作品开始。下面以杜夫海纳的理论为基础，结合中国美学和其他美学资源，画一艺术审美图，如图 3－6 所示：

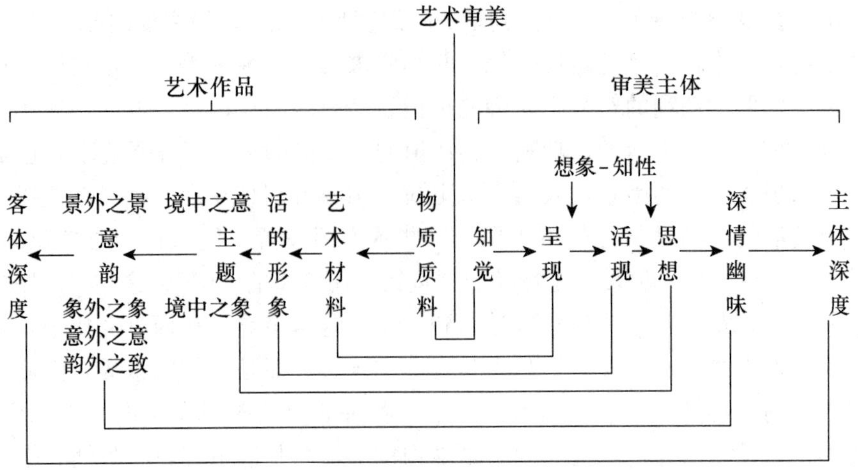

图 3-6　艺术审美进程

这个图描绘的是艺术审美的四个逻辑阶段。

第一阶段，在客体方面，是艺术作品的物质质料变为艺术形象；在主体方面，是从审美知觉到艺术呈现（present）。人面对艺术作品时，艺术作品只是物质质料：于绘画，是画布上的形和色；于雕塑，是石头、泥块或其他材料；于音乐，是组织起来的声响；于文学，是白纸黑字。如果人不以审美知觉去感知，艺术作品就只是也只能是物质质料。人的审美知觉的第一个作用就是，使物质质料转为艺术形象。人不把画布上的颜料、色彩看成颜料、色彩，而看成艺术形象；不把雕塑视为石头，而看作一个人；不把文学看成白纸黑字，而从字中看出具体形象来。反过来，只有出现了艺术作品，人的审美知觉才得以表现出来，人本有的从物质质料中看出艺术形象的能力才得到显现。因此，在艺术审美中，不管是艺术作品吸引和呼唤人去欣赏，还是人主动去欣赏，人和艺术作品进行的都是一种双向运动。既是双向的需要、双向的依赖，也是双向的深入。

第二阶段，在客体方面，是艺术形象形成完整的艺术世界；在主体方面，是从呈现到活现（the represent）。艺术形象虽然在主体知觉里呈现了，但任何艺术作品的形象都只能展现形象的一个或某些方面，而不可能把它完全展现出来。一幅画中的人物展现的只是人物的一个方面，或正面，或侧面，或背面，其他几面看不见。一个雕塑人像虽然四面都能看到，但它是一个独立的、凝固的空间，没有环境的说明，没有时间的展开。文学作品不可能把形象的每一方面仔细写全，只能写一些主要特征，总会留下空白。空白是一切艺术作品的特征。主体从呈现到活现，就是使有空白的形象变成完整的、活生生的形象，形成如真的形象世界。作品从有空白的形象变成活的形象，是在也只能在主体的心中得以实现。主体为了使形象在心中活起来，需要想象，是想象使主体填满空白，从而使形象在心中成为活的形象。由于想象的目的是让形象活起来，就是说，是按照作品本来的方式去想，不能乱来，不能乱想，所以，它是受知性管理的，知性的功能就是让主体按作品本来的方式去想。活的形象虽然是因主体想象填空白而出现的，但又是作品本有的。活的形象只能寓在有空白的形式里，有空白的形式本含有活的形象。因此，一方面，形象只能在主体的审美感受中活起来；另一方面，形象能活起来又内在地潜在于作品中。从客体方面讲，形象只有在主体心中才能活起来；从主体方面讲，主体只有在艺术作品中才能感受到气韵生动的活的形象。没有了一方，另一方就不可能出现。客体呈现活的形象，主体进入活现阶段，是主客体相互作用的结果。

第三阶段，在客体方面，是由活的形象到主题；在主体方面，是由活现到思想。在形象活起来之后，对活的形象的观照必然将其归纳为一种主题：这种形象表现了什么？具有什么样的意义？它包含两层内容：一是境中之象，即深刻体会到这形象的整体，形象是人，感受到一个活生生的人，是一组人，感受到这组人的活生生的相互关系；二是境中之意，即对活人形成一种意义中心。对融境中之象和境中之意为一体的主题的把握，在主体就表现为思想，即对主题进行一种合形象和抽象为一体的理论把握，即对形象的深刻感受和对这种感受的语言把握。活的形象只有在主体的思想中才形成主题。主体的知性思考使主题成为思想的主题。一方面，没有主体由活现进入思想，活的形象就不可能进入主题；另一方面，没有作品由活的形象进入主题，主体的活现就不可能进入思想。主题与思想各以对方为基础而同时达到。主题体现的是艺术作品在一定时空中的可显示性，思想体现的是主体在一定时空中的可把握性。作品在一定的时代总要被体验为一种性质，主体在一定的时代总要用一种带有时代性的思想方式去把握作品。思想方式与作品以什么样的主题突出出来是紧密相关的。然而，活的形象不会被一种主题完全表现，活现也不会被一种思想言说殆尽，于是艺术审美进入下一阶段。

第四阶段，在作品方面，表现为一种非主题所能穷尽的意韵，即象外之象、景外之景、意外之意、韵外之致；在主体方面，表现为一种非思想所能穷尽的深情幽味，可感受而难以言说，可意得而难以形求。活的形象不能完全为主题所概括，那无法概括的就是象外之象和意外之意，这种韵外之致不是作品自身形成的，而是在主体的深情幽味中形成的。主体只有在从思想进入深情幽味时，才能感受到作品的韵外之致；同样，只有在作品进入韵外之致时，主体才能感受到思想所不能穷尽的深情幽味。二者是同时进行的。作品的韵外之致和主体的味外之味既同时呈现，又相互交汇，还重叠交融。

作品为什么会有韵外之致？韵外之致是美（美感）的最高特征，正是在韵外之致的美中，艺术与宇宙之道浑然相通。中国古人讲，“诗者，天地之心也”（《诗纬》），“乐者，天地之和也”（《礼记・乐记》），画“以一管之笔，拟太虚之体”（王微《叙画》），等等，都是指这种美的最高境界。这种宇宙之境不是有限时空所能表现的，只能体现为一种韵外之致。韵外之致就是作品的深度，它蕴含的是美的超越性，指向最高人性。正是这种最高的、超越性的人性深度，构成艺术作品的永恒性和可供一切时空中之人欣赏的共赏性。

主体为什么会感受到非思想所能表达的情外之情、味外之味？味外之味是美感（美）的最高特征，在味外之味中，人感受到主体的深度，即人的本质。这种人性的深度本就内蕴在人之中。只是人生存在具体有限的时空中，为其所限，为时代的主题而奔忙，为日常事务所缠系，感受不到而已，但当艺术作品中的韵外之致出现时，主体就被激发了，被带进了味外之味，或者说，使本有的人性深度呈现出来。

什么是人的本质？人的本质是无。无，不是没有，而是无法定义。人不可能停留在“无”上，而必然要存在于具体时空中，不存于这一时空中就存在于那一时空中，不可能不存在。人一旦存在于具体时空中，一方面是对人的本质的具体确定和实际肯定，另一方面又是对人的本质的一种限定，对人的丰富性的否定。因此，人一方面满意于自己的具体存在，因为人只能存在于具体时空中，也只能以这一种或那一种具体方式存在；另一方面又不满意于自己的具体存在，因为人要求超越自己的局限，渴望更丰富地实现自己，希求实现自己的本质。现实中的人忙于生计、职业、俗乐，很少有机会想一想自己的本质，而正是在艺术的韵外之致中，人才感受、体悟、意识到人的本质问题。

艺术的深度本就存在于作品之中，但只有当人在艺术审美中一层层深入中，它才显示出来。人性的深度本就深蕴于人的内心之中，但只有人生的一些紧要关头，才启发或逼迫人去思考人之为人的本质问题，而艺术则把这些人一生中稀少的时机化为常用物品，供人赏鉴。人面对艺术作品，在艺术作品一层层的激发中，人性的深度才显露出来。没有人，艺术作品的深度就无法呈现；没有艺术作品，人性的深度也无法呈现。

这时需要解释的是：艺术作品的深度是怎样形成的？艺术是人创造的，它是现实审美的物态凝结，人在现实审美中只有达到真正的审美深度的时候，才能创造艺术，优秀艺术创造总是讲究灵感。灵感的实质是什么？就西方美学来讲，古希腊的神赐论把灵感归为诗神附体，近代的天才论把灵感归为天才创作时对常人意识的超越，现代的无意识论把灵感视为创作时无意识对意识的突破。中国灵感理论，无论是突然性的超理性，还是人品论的超常理、性灵派的突破格套，有一个共同的特点，就是主体在创造时忘掉了自己的具体存在，超越了具体时空中的常识和理性，达到了被具体存在的常识和理性所遮蔽的东西，正是艺术作品中超越具体存在的层面，形成了艺术的象外之象、景外之景、意外之意、韵外之致。

宇宙的本质是无（超绝言象之无），人的本质是无（无法定义之无），艺术的深度是无（韵外之致之无），对宇宙、人生、艺术最深度的感受，这就是艺术审美所要给人的东西，这也就是美（美感）的意义。人创造艺术，就是为了给自己提供一个纯粹的审美世界。艺术和人共同支持了人的审美向度：没有人，艺术就只是物质质料，无法展开和实现自己；没有艺术，人就往往被困缠于日常的俗人、俗职、俗务、俗乐之中，发现不了自己的审美本性，以及蕴藏在审美本性深处的人的本质。

以上论述，是以理论的纯形式进行的。在现实中，如果艺术作品不是按照艺术的目的创造的，或者艺术作品没有按照艺术的形式规律来创造，那么它就没有丰富的内容，就是不好的艺术作品。人在艺术审美中，对不好的作品只能达到该作品本有的一定层级，主体的审美需求受阻，结果是主体“观”不下去。同样，人本有审美本性，但这本性是需要培养的，如果人没有很好的审美修养，那么他即使对优秀的艺术作品也不感兴趣，或即使进行欣赏，也只能达到较浅层次，优秀作品超越具体时空的深层意蕴无法显现，甚至对他所处具体时代有意义的主题也无法在他的审美中显示出来，作品的显现受到阻碍。因此，美育的作用一方面是让优秀作品去突破人的审美遮蔽，使人的心灵向美敞开；另一方面是让人去欣赏优秀作品，使作品本有的东西一层层地显现出来。只有艺术的深度显现出来，人的深度才能呈现；只有人本有深度，他才能促使作品的深度呈现。作品和主体的相互依赖、相互刺激、相互突破、相互深入，这就是美（美感）的境界。

西方实体-区分型美学偏向于抬高艺术审美而贬低现实审美。很多西方美学家认为，虽然人用审美知觉去看待社会物、自然物，它们也会成为审美对象，但社会物、自然物（虽然各有各的有用价值，但于自身性质之外）成为审美对象只具有浅层次的内容，而没有艺术所具有的“深度”。但中国虚实-关联型美学认为，社会、现实、艺术在本质上是一样的：

古之善画者，大都以造化为师。天之所生，即吾之所画，总需一块元气团结而成。（《郑板桥集·补遗》）

会心山水真如画，巧手丹青画似真。（杨慎《升庵集》卷二百零六）

诗以山川为境，山川亦以诗为境。（董其昌《画禅室随笔·评诗》）

郑板桥的话讲了现实与艺术的共同本源，自然之物与摹写自然之画，都是“一块元气团结而成”，都源于宇宙运动不息、生生不已之气。杨慎的话指出，现实与艺术具有相同的深度，山水“会心”即达到了艺术审美中所达到的主客体深度，艺术的“巧手”即达到了现实审美中的深度。董其昌的话说明，现实与艺术是可以互换的。诗人为写诗而师法山水，是师法山水中蕴含的天地的造化；诗人按诗的方式去看山水，是诗已经反映了天地的造化。

当然，现实与艺术也是有所不同的：

江馆清秋，晨起看竹，烟光、日影、露气皆浮动于疏枝密叶之间，胸中勃勃遂有画意。其实胸中之竹，并不是眼中之竹也。因而磨墨展纸，落笔倏作变相，手中之竹又不是胸中之竹。（郑板桥《题画》）

有地上之山水，有画中之山水，有梦中之山水，有胸中之山水。地上者，妙在丘壑深邃；画上者，妙在笔墨淋漓；梦中者，妙在景象变幻；胸中者，妙在位置自如。（张潮《幽梦影》）

郑板桥的话虽然是讲绘画创作，但客观地指出了眼中之景、胸中之象、手作之画，其意味是不同的。张潮从审美趣味上明确地讲了现实之景、艺术之境、胸中之象、梦中之形各有不可替代的审美价值。

在印度是-变-幻-空型美学中，现实之物与艺术之物都在时间之流中成为载沉载浮的幻相之物，转瞬成空。现实之物，就如泰戈尔诗中的花瓣，随即成空：

春天吹得纷飞的花瓣，
并非为了将来的果实而生，
只是为了一时的兴会。①

艺术作品也经不起时间之流的冲刷，转瞬成空：

我那清新飘逸的文字，
也许会在时间之波上轻轻舞蹈，
而我的鸿篇已经因负载过重而下沉。②

---

① 泰戈尔. 流萤集. 吴岩，译. 上海：上海译文出版社，1983：2.

② 同①3.

因此，无论现实之物还是艺术之物，都像岁月一样，不断地流逝成空，如四月中飘落的花朵：

四月，像个孩子，
用花朵在尘土上
写下象形文字，
然后又把它们抹了、忘了。①

因此，无论在现实中还是在艺术中，重要的都是要在现实与艺术幻相世界中开启心灵的彻悟，在心灵深处由幻悟空，为走向宇宙本体之梵和人性本体之我进行一种本质性告别：

心灵的地下蛾，
长了薄膜似的翅膀，
在夕照的天空里
做一次告别飞行。②

总之，中国美学家和印度美学家认为，从本质上说，现实审美与艺术审美具有共同性，从其统一性来看，可以把本章中现实审美的结构与艺术审美的结构统一起来，如图 3-7 所示：

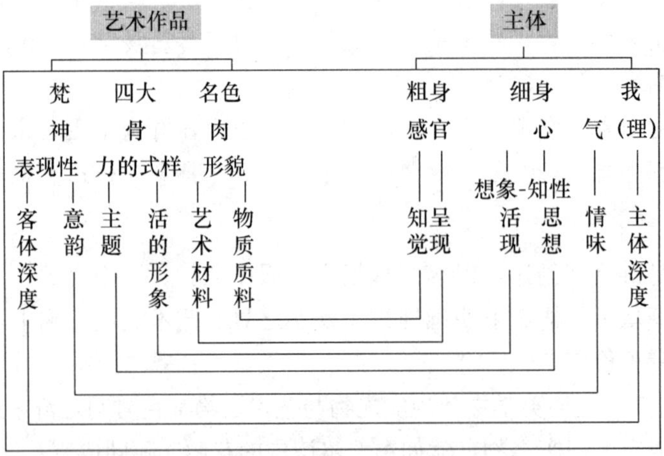

图 3-7　现实审美与艺术审美的合一

杜夫海纳美学中艺术作品的物质质料和艺术材料，相当于西方完形美学中的轮廓外形、中国美学中的“肉”、印度美学中的名色；活的形象和主题相当于完形美学中的力的式样或骨架结构、中国美学中的“骨”、印度美学中的四大；客体深度即象外之象、景外之景、韵外之致，相当于完形美学中的表现性、中国美学中的“神”、印度美学中的梵。主体方面，知觉和呈现相当于完形美学中的感官知觉、中国美学中的感官、印度美学中的粗身；活现、思想、情味相当于西方美学中的内模仿与移情-同构和完形美学中的脑、中国美学中的心、印度美学中的细身，主体深度相当于完形美学中的表现性、中国美学

① 泰戈尔. 流萤集. 吴岩，译. 上海：上海译文出版社，1983：8.
② 同①4.

中的宇宙之理和宇宙之气、印度美学中的本质之我。

在艺术审美的主客体互动中，观之以眼，听之以耳，一句话，粗身的整个感官知觉，对应的是轮廓外形的名色；观之以心，听之以心，一句话，用包括想象、情感、理智在内的细身的整个心灵去体验，对应的是骨架结构或力的式样，是主题，是思想，是中国美学中的骨，是印度美学中的四大，在这一阶段，其客体之主题和主体之心主要是具体时空的，即具有个人、阶级、民族、时代、文化等特点；观之以理，听之以气（主体深度），对应的是客体的象外之象、意外之意、韵外之致和客体深度，是中国美学中的神、精、气、韵，是印度美学中的梵、我、空，呈现的是美的极致，是对具体时空的超越，是人的本质。

以上所呈现的只是一个审美现象的理论模型，对这个模型还要做三点补充：

第一，在审美现象学中，两个因素是结构性地出现的，即由审美态度带来的美和美感。两个因素本就存在，在审美中同时产生出来，只要一个出现，就会带动另一个出现，从而形成审美活动；但只要两个因素中任何一个的出现受阻，审美活动就无法形成，已经出现的那个因素就会退回到非审美的原貌上。

第二，审美两因素，由审美态度而来的美和美感，在审美活动初始之时是分别出现的，随着审美过程的进行，两个因素逐渐地相互接连，往复回还，最后融为一体。因此，说美与美感是两回事，是就其起因（美来自客体，美感来自主体）讲的；说美就是美感，是就审美活动的高潮讲的，在审美的高峰体验中，不知何者为我（美感），何者为物（美）。

第三，美源于客体但并不就是客体，人在客体中找不到美的因子，但在习惯上还是把美体验为客体的客观性质；美感源于主体但并不就是主体，不加限定很难区别审美快感与其他快感，但在习惯上还是把美感体验为主体的固有属性。

既然这是一个理论模型，那么它与现实中每一次具体的审美现象就是有距离的，现实中的审美并不一定按照理论逻辑一步步进行，可能这一次会省略某一阶段，那一次会出现先后次序的不同。但无论这个理论逻辑与具体审美有什么样的不同，它都指出了美的本质在于，你是否感受到美感，在你指认某一对象为美时，是否真的有审美现象产生。

七、美的建构与解构

前面诸节把本在人心中的现实审美过程揭示出来，把审美心理走向艺术作品的必然转换呈现出来，把现实审美与艺术审美的内在同一讲述出来，把现实审美与艺术审美共有的人生意义，即审美深度中的宇宙本质和人的本质，闪亮出来，之后应该讲的，是现实之物向审美对象的转换，即现实中虽然含有审美属性但并不专门作为审美对象的一般之物是怎么成为美的。这是一个较为复杂的问题，需要从不同方面进行讲述，才可完全说清楚。现在，这里仅仅沿着现实审美的逻辑即一般之物转换成审美对象这一路向进行讲解。

具有多样性统一的主体（人）和作为具有多样性统一的客体（物），通过心理距离，转变为审美主体和审美对象，是在主客体中把其他属性排除或放到虚处之后形成的。转变之后，成为融主体的形象直觉和客体的直觉形象为一体的直觉。这时，主客体中审美属性的直觉，属于单独被感受到的“显”，具有实体性；主客体中的其他属性，属于感受不到的“隐”，具有虚体性。西方美学突出的是实体性的独显；中国美学强调的是二者仍有虚实关系；印度美学彰显的是本为多样统一，转成单独的审美之一，就主客体的本来面貌来讲，恰恰是一种“幻”相。三种美学尽管突出的重点不同，但主客体在心理距离产生之前和之后的本质不同是真的。主客体都进入了审美之维，此“维”应用“场”（field）来命名。“场”是一个虚体概念，一个场既有它的中心也有它的边界。“场”之中心的是虚体的“极”（pole），它既不可见，又影响着场内之物；“场”之边界是虚体的“域”（field），它虽然有界，但不是一条固定的实体围线，而是一条因功能的强弱以及功能之力与场内物之力和场外物之力的相互作用而有进有退、不断变化的虚线，也就是中国美学强调的虚实关联。虽然这场的围线可以变化，但一旦进入此域，受到场极的引力并形成由场力带来的变化，其自主性又是明显的，也就是西方美学强调的实体区分。场和极，按印度美学来看，就是境。境不但是主客体互动，而且是在时间之流中不停地变动。主客体进入境，都非原来面目，而乃受境支配的幻相。不从原来面目，而从已经入境来讲，境内之人就成为审美主体，境内之物就成为审美对象。从人之所以要从境前进入境中，境内之审美主客体乃人的本性追求之一。

已入审美之境的主客体按审美之律前行，就是沿着从直觉形象到知觉完形、内模仿、移情、同构的方向，达到“物我两忘”和“物我同一”的审美的本质。西方美学特别强调主客体的每一步都运行在审美逻辑之中；中国美学在强调审美逻辑演进的同时，还关注进行之中审美之实与非审美之虚的关联互动；在印度美学看来，主客体在审美互动中运行的步步演进和虚实关联，呈现的正是审美每一环节的成住坏空之幻相演进，而印度美学最关注的是主客体在审美的幻相演进中最后达到主体深度和客体深度（景外之景、象外之象、韵外之致），闪耀着从幻到空的最高境界。当现实审美的主客体走完从心理距离到象外之象的整个进程之后，主体得到一次完整的审美体验，客体在这一过程中成为完全的审美对象。如要对之进行总结，在重实体-区分型思维的西方，突出为康德-黑格尔的问题。康德说，美是个人性的，但同时具有普遍性。问题是：个人感到美这一个别现象是如何获得普遍性的？个人的审美趣味是如何成为社会的普遍趣味的？黑格尔说，美是理念的感性显现。问题是：感性之物是如何具体地成为理念的显现物的？在重虚实-关联型思维的中国，有一个孔子-庄子型问题。孔子说：“里仁为美”（《论语·里仁》）。问题是：一个具体的带有整体性的审美之境（里之仁）是如何建立起来的？庄子说：“天地有大美而不言”（《庄子·知北游》）。问题是：带有整体性的天下大美的审美之境是如何建立起来的？在重是-变-幻-空型思维的印度，经过整个审美过程中“物我两忘”的由幻悟空和离幻到空的体验，是否真正在最后“物我同一”中感受到解脱的彻悟和梵-我的澄明？同一个在本质上相通的审美过程，中、西、印由之所获的理论，由于开始的原则差异，其结果就有所不同，重实体-主体-个体的西方美学，讲究达到一种普遍境界，因此，美的本质都要归结到美在形式或美在理念或美在上帝。重虚体-关联-整体的中国美学，玩味着要落实到实体的物上，如袁枚所说“鸟啼花落，皆与神通”（《续二十四诗品》）中的花与鸟；一定要落实到个体的人上，如孔子所说“人能弘道，非道弘人”（《论语·卫灵公》）中的弘道之人。重由幻悟空的印度美学，要求既达到宇宙的最高度，又渗入个人身体的最深处，其预期的结果正如《歌者奥义书》第6章第13节中的故事：

> 父对子说：将这把盐放入一碗水中，明晨再来见我。
> 儿子遵命而行。第二天执碗见父。
> 父：且将水中盐取出给我。
> 儿看向碗中水，不知盐在何处。
> 父：尝上面的水——怎样？
> 儿：咸的。
> 父：尝中间的水——怎样？
> 儿：咸的。
> 父：尝底面的水——怎样？
> 儿：咸的。
> 父：放下碗，你坐到我这儿来吧。
> 儿子坐定后，
> 父：你的身体犹如那碗水。在身体之中，你察觉不到那存在者，犹如在碗中你看不到水中之盐一样，但它本就存在于你的身体之内。那是宇宙之中的精妙，宇宙万有以此为自性。①

综合中、西、印美学，从理论上讲，审美现象学只讲了现实中的主体是怎样成为审美主体、客体是怎样成为审美对象，以及审美之境是如何在二者的“成为”中出现或形成的；而没有讲，现实中的主体成为审美主体之后，怎样让这一审美主体成为得到群体、社会、文化认可的审美主体，即作为一种为整体所具有的共同的审美心理定势；也没有讲，现实中的客体成为审美对象之后，怎样让这一审美对象成为得到群体、社会、文化认可的审美对象，即作为一种为整体所认可的共同的审美对象。同时，一种与具体化审美主体和具体化审美对象相关联的审美之境成为一种为整体所认可的审美之境。这就涉及美的由个体到阶级、时代、文化整体的建构问题。客观事物中并没有美的实体因子，美是被建构起来的；主体结构中并没有美感的实体因子，美感是被建构起来的；现实领域中本没有自然性的审美之境，审美之境是被建构起来的。美、美感、审美之境是怎样被建构起来的？这里的三个“建构”，都不仅是指在审美现象论规律的暗导下，具体的审美主体和审美对象的建构，以及具体的审美之境的建构，更是指作为具有普遍性的审美主体、审美对象、审美之境的建构。

当一个人（主体）面对某一物象（客体），在审美现象论规律的运行中，主体成为审美主体，对象成为审美对象，这些都是个别性或偶然性的；但当同一人面对同一类物象，这种“成为”现象反复出现（之所以会“反复出现”，当然有内在的必然性在其

① 奥义书．黄宝生，译．北京：商务印书馆，2012：197-198.

中，但不是本章讨论的内容，故略去不谈)，他就会把这一对象指认为美的对象，并进而认为美是这一对象的固有性质。同时，他也形成对这一对象产生美感的心理定式。这一美的对象的被指认（被命名）和美感心理定式的确立（塑型)，用一个理论术语来说，就是美和美感的客观化与符号化。客观化是指，在感觉和理论上，美都被认为是这一客体的固有性质；符号化是指，在实际上，这个被认为是客体之固有性质的美，已经在主体心中确立起来、固定下来，这一对象对他来说，已经是美的对象。一旦对象作为美被客观化、符号化，主体面对它时，不管产生美感还是不产生美感，都会认为对象是美的，此对象之美已经不以人是否感受到美为转移。因为，此对象之美已经客观化，在人的观念中成为客体的固有性质，已经符号化，在人的符号体系中有了自己的固定性质。

一个人所认为的美是这样产生出来的，一个民族、时代、文化的美也是这样产生出来的。只是民族、时代、文化的美的客观化和符号化过程更复杂。一般说来，某一阶级或社会或时代或文化中的大多数人面对某一对象时，都反复地产生美感，从而都把这一对象客观化和符号化，这一对象就成为这一阶级或社会或时代或文化共同的审美对象，同时这一阶级或社会或时代或文化的人也建构起了对这一对象的美感心理定式。一旦这一对象成为整个阶级或社会或时代或文化的审美对象（即被客观化和符号化了)，即便这个阶级或社会或时代或文化中的个别人乃至少数人从这一已经公共化的美的对象中感受不到美，他们还是要承认这一对象是美的，只是自己目前还欣赏不了。一般情况下，他们会主动学习去理解这一美，以让自己能够欣赏这一美。因此，一个阶级、社会、时代、文化的美和美感的建构过程为：先由在阶级、社会、时代、文化中占主导地位的个人建构起来，然后推广到占主导地位的人群中，进而推广到整个阶级中，最后推广到整个社会、时代、文化中，成为整个阶级、社会、时代、文化的共美，并塑造了整个阶级、社会、时代、文化共同的美感结构，还形成了整个阶级、社会、时代、文化共享的审美之境。概而言之，美（美感、审美之境）建构的一般规律，都是少数具有政治、文化、社会影响力的精英分子在个人审美经验过程中把某一对象指认为美，或以其天赋创造出一种美，然后影响到阶级、社会、时代、文化中的大多数人，形成阶级、社会、时代、文化的审美共感。在中国文化中，如松、竹、梅所谓岁寒三友，或者梅、兰、竹、菊所谓花中四君子，在中国人长期的美感经验和审美实践中，被建构成一种具有特殊气质的美，出现在众多中国男人的名字中；又如春兰、夏荷、秋菊、冬梅，在中国文化中被建构成一种具有独特韵味的美，出现在众多中国女人的名字中；成为中国文化具有普遍性的对象之美，形成中国文化具有普遍性的美感形式。这几种自然之美，都有一个漫长的演化和定型过程。屈原《离骚》中的香草美人系列里，有19种香草（兰、蕙、荃、辟芷、宿莽、留夷、揭车、杜衡、芳芷、木兰、秋菊、薜荔、菌桂、胡绳、申椒、芰荷、芙蓉、茹蕙、江离)。这些屈原的个人美感，以及构成屈原个人美感的楚文化基础，在后来经历了一种扩张与缩小、突出与隐逝的复杂演变，以一种美学类型的建构和演变，反映了中国文化中美、美感、审美之境的建构过程。

知道了审美现象论与由之而来美的客观化和符号化、美感模式的建构和定型，就可以理解不同的民族、时代、文化有不同的美，也可以理解一些客体在某一民族、时代、文化中被指认为美，但在另一民族、时代、文化中却不被指认为美，甚至被指认为丑。美源于客体，但并不就是客体。客体作为美既然是被客观化和符号化而建构起来的，当然也可以通过解符号化而成为非美的客体。美感模式由主体建构，但并不就是主体。美感模式既然是被建构起来的，当然也是可以被解构的。古往今来，很多经典的个案实例呈现了客体最初是怎样进行美学建构而符号化、客观化的，后来又是怎样被解符号化、去客观化的。比如，两三万年前遍及从西欧到西伯利亚之广阔地区的女性雕像，所谓的史前维纳斯、奥地利维伦多夫维纳斯和法国列斯普格维纳斯最为典型，以裸体、鼓腹、丰臀、与女性生殖相关的部位得到极大突出的方式呈现出来（图 3-8），可以说是人类女性之美最初的美学建构。但这一与原始文化共生的女性之美，在各文化的理性化进程中被解构了，取而代之的是希腊的维纳斯、波斯型的美女、《圣经》中的美女，以及阿拉伯《一千零一夜》中的美女，等等。中国古代的三寸金莲，从五代十国的南唐到晚清，作为美的客体（图 3-9），存在了一千年后，开始被解构，民国后被完全解符号化，成为非美乃至丑的客体。

图 3-8 欧洲史前维纳斯

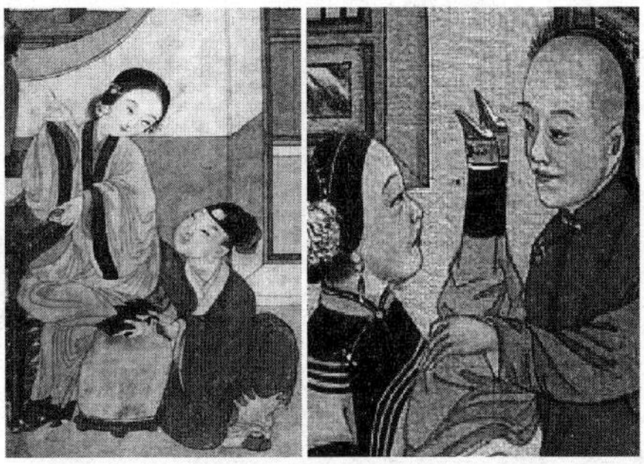

图 3-9 明清画中对三寸金莲的欣赏

在具体的民族、时代、文化中，一旦美学上的符号化完成，被美感符号化的客体被认为是美就有一种公共的定义性和一种公认的客观性。人们在面对它时，无论是否产生过审美过程，是否有过美感，都会认为是美的。一旦某一客体获得这种公共的定义性和公认的客观性，就会出现两种现象：一是这一民族、时代、文化中的个人，哪怕自己面对它时从未产生过审美经验，从未从中获得过美感，也都承认它为美，承认它不以自己的感受为转移的美的客观性；二是这一民族、时代、文化中的个人可以不通过自己的审美体验，只通过一种认识功能就把这一客体指认为美。因为这一客体的美已经被整个民族、时代、文化符号化、客观化了。这种公共的定义性和公认的客观性的力量，既能使人通过符号认知而产生美感经验，也能使人通过符号认知，即便没有美感出现，仍认定它为美，从而认同整个民族、时代、文化的知识体系。在现实中，人们说什么是美的，往往指的就是这些被符号化了的美的事物。美学上对美的本质的追求，实际上也是对被建构起来的，成为民族、时代、文化共感的诸多美的事物之共同本质的追求。这些事物为美，是这一民族、时代、文化知识体系中的一个组成部分。它们在被解符号化之前，一直为美。

总而言之，知道了审美现象过程，就基本知道了在现实中审美是怎样发生的，审美的过程是怎样的；知道了审美符号化过程，就基本知道了个体性之美是怎样建构起来的，并怎样扩展成阶级、社会、时代、文化的普遍之美的，也知道了建构起来的美是怎样被解构的、被变为非美乃至丑的。这里，可以引出诸多美学问题。但是过分专注于美的建构与解构、获得与失去，会使人们太多地进入美的历史研究，而忘记了美何以出现和消失对人的本体论意义，也就是前一节呈现出来的意义："美，走向意义深处"。

第四章

美学类型的体系是怎样的

以悲为美、以怪为美、以丑为美，……
是常识的糊涂？
是哲学的智慧？
是美学的超越？

一、美学类型的基本原理与三种理论

美在文化中展开，主要体现在两个方面：一是美按照美学的内在逻辑运行，展开为以美为核心的审美类型；二是美在文化特质的影响下，展开为美的文化模式。二者既相互关联，又有所分别：美学的审美类型，在具体文化中形成，总是带有具体文化的特点，比如，西方的崇高类型就很具西方特质，不同于中国的阳刚之美，也不同于印度的英勇味，但西方的崇高、中国的阳刚之美、印度的英勇味，都是在美学的类型逻辑上展开的；美的文化模式，是在审美的逻辑上展开，但却更突出因文化不同而来的文化特色，比如，西方审美的焦点透视，中国审美的远近往还，印度审美的纵深体悟，都以审美逻辑为基础而产生，但其产生带上了厚重的文化特质。因此，审美类型主要强调美学自身内在逻辑展开而来的不同类型，文化模式主要强调由美学与文化的相互关联而产生的不同模式。本章主要讲美学类型。

美学类型，在中国、西方、印度三大美学中，有不同的术语。西方美学建立在现象与本质的区分上，理论属于本质层面，本质体现为观念自身的逻辑展开，并以逻辑力量统摄具体现象。因此，西方美学在对美学类型做逻辑把握上用的是 category，按西文原意应译为也确实被译为范畴。范畴即事物的基本属性和基本概念。把美学类型说成美学范畴，西方特点就凸显了出来。中国美学建立在现象与本体互动的体用不二上，范畴显出轻现象的理念强势，故而不符合中国思维之寓本质于现象之中而以现象显出的特点。在中国美学中，用类型更为恰当，类是一种普遍性关联，型是在关联的同时又有具体的固定之型。西方 category 本有范畴和类型两种词义。本书用中文写成，因此用类型一词，但把范畴的含义内蕴在其中。然而，审美类型在中国美学里，最恰当的词不是类型，而是品，中国的士人美学体系在六朝形成之时，用“品”定义以诗、书、画为核心的艺术。品既包括主体对艺术的欣赏（品藻、品评、品鉴），又包括欣赏之后的思考结果，给对象在美学体系中定一个品级。中国的审美类型，既有类型的一面，又有等级的一面。中国的审美类型理论，在二者的结合上，有的看似重在品的类型，其实有品级在其中，如《二十四诗品》前三品为雄浑、冲淡、纤秾，讲的是品类，但却内蕴着品级；有的看似重在品的等级，其实有类型在其中，如张怀瓘《书断》把各品分为神、妙、能三个品级，明显以等级为主，但却内蕴着类型。总之，中国的审美类型理论用“品”是分类（品类）和分等（品级）的统一。印度美学在类型上用的是味。味由情生，情是在时间的某一点上，主体心态与外在形貌的合一状态。味是在这一情的状态之中与类型相关联的本质。在时间之流对事物性质有重要影响的印度美学里，“情”强调的是事物在时间动态中有重要意义的一瞬；“味”则是某一审美类型在情中的体现，味既内在于情之中又通过情体现出来，具有“是有真迹，如不可知”的空性。总之，对于审美类型，综合西方美学具有实体性和空间性的 category（审美范畴），中国美学具有类型与等级合一的审美之品，印度美学具有虚灵性和时间性的 rasa（审美之味），本书根据现代汉语理论语汇的实际，将之统一命名为审美类型。

自从美产生之后，其类型的展开就体现为两个方面：一是美的对象在审美方式中进一步以类型方式展开，体现为以美为中心词加上类型特征而产生的美的类型，是美在类型上的扩展，比如，在中国美学中美进一步分为阳刚之美和阴柔之美；二是人用审美方式去观照非美对象，从而让非美对象乃至反美对象成为审美对象，比如西方美学在美之外扩展出滑稽和崇高，印度美学在美之外扩展出悲悯和恐怖，同时，美感也由之进行相应扩展，扩展为滑稽感、崇高感、悲悯感、恐怖感。本章的审美类型，一方面要呈现审美对象在美的范围内的扩展，另一方面要显示审美对象以美为基础向非美类型或反美类型扩展，从而由美的对象、非美对象乃至反美对象一道构成审美对象的类型体系。这样，在审美类型中，因审美对象在类型上的新扩展而必须对之进行新的界定。

审美对象并不等于美。审美对象可以是美的，也可以是丑的，还可以是崇高的、滑稽的。美是审美对象的核心，其他审美对象都是在有了美这一基本前提下才产生出来、扩展开来；或者说，是因为有了审美中的“审”（aesthetic，即一专门性的“感”），用审美态度、知觉、方式去面对非美或反美对象，才使非美或反美对象成为审美对象。举例来说，在一个具体时空中，美与丑已经被客观化和符号化，有了具体的公认和共感，对美而知其美，对丑而知其丑，这并不是一种审美，而是一种认识。见其美而生爱，感其丑而生厌，这也不是一种审美感受，而是一种日常感受。只有见美时，做一审美观赏，深刻地体会到美之为美，才是一种审美感受，美才不仅是由文化规定的以知识出现的美，而且内化为个人真情体会到的美，成为文化知识与个人感受合一的美。同样，见丑不仅从认识上知其为丑，还对之做一种审美观赏，这时，主体得到的将是两种感受，一是丑的厌感，二是对丑的观赏本身得来的快感，厌感与快感合一，在这种合一中，快感占有主导地位，构成主体对丑观赏的审美快感。当人以审美知觉面对各种非美或反美事物之时，非美或反美事物都能成为审美对象，这种审美对象产生的审美快感是一种复杂快感。它包括两个基本成分，一是对该事物性质而来的感受（非美感），二是审美方式本身带来的感受（美感），二者合一构成一种特定的审美感受。是审美方式使非美或反美客体成为审美对象，使对非美或反美客体的感受成为美审感受。一旦二者合为一种审美感受，与之对应的客体就成为审美客体。非美或反美客体成为审美对象最明显的确证是艺术。一切事物，美的、丑的、优秀的、恶心的，乃至恐怖的、荒诞的等，在艺术中全都成为审美对象，而非美事物成为艺术本身就相当于进入审美方式之中，一切非美客体都因艺术形式而成为审美对象，这就表明一切非美事物只要用审美态度去看，让观赏进入审美之境，都可以成为审美对象。正是在这一意义上，可以说，美学实际上是审美学。另外，一切非美客体之所以成为审美对象，在于审美态度的作用，在于最后要把非美感受转化为审美快感，非美客体因审美态度的参与，才成为审美对象的类型，主体也因之而获得对此一类型的相应美感。在这一意义上，审美学在根本上还是美学。也正是在这一实现中，全世界的理论家们才讲“化丑为美”“越丑越美”，才谈“崇高美”“滑稽美”“荒诞美”，等等。因此，美学中的审美类型理论，不仅要解决非美或反美客体怎样成为审美对象的，还要讲清三点：一是怎样把握各类非美或反美的审美对象，非美或反美的各类审美对象有没有质的区别；二是对非美或反美的审美对象的审美，与对美的审美对象的审美有什么不同；三是非美或反美的审美对象与美的审美对象怎样组织成审美类型的整体。

美的对象有自己的类型，非美或反美对象也有自己的类型，二者都成为审美对象之后，怎样从审美对象的统一性进行划分？美学应当怎样对审美对象进行分类？要回答以上问题，首先要考察：在美学史上，美学进行过什么样的审美类型分类？这是一个非常复杂的问题，由于中国、西方、印度三大美学在世界美学中具有核心地位，这里就以它们的审美类型来探讨审美类型理论的一般原理。

（一）中国美学以“品”为名的审美类型

在中国人眼中，世界从根本上是由气-阴阳-五行构成的，这一构成方式产生了全知世界。所有变化都是气-阴阳-五行之运行产生的循环变化。这一变化是日新和复古的统一，由此构成中国审美类型演进的稳定性。

中国美学以品来命名类型。品，甲骨文为（《甲骨文编》乙七五五）、（《续甲骨文编》796），由三个（口）组成，既可如林义光和朱芳圃所说，象物形，也可如惯有的词义，人之口。口既可代表人，也可象征物，但更主要的是用口去品味、去言说。品由三个口组成，在中国观念里，三在宇宙运行的关键点上，可以代表万物，如《老子》四十二章曰：“道生一、一生二、二生三、三生万物。”三个口既代表各方不同的众多之口，也代表上、中、下不同等级的不同品味之人。阮元和高田忠周都说，品本就有分

高下等差之义①。品，不但是众方众人之品，还对不同之品有一个中和性的共同定性。这一不同而又共同之品，是由中国人的宇宙观念决定的。中国人由远古以来立中的天文观测，形成了以“天地”代表宇宙的、本质与直观统一的宇宙观，《周易·序卦》说“有天地，然后有万物”；又形成了以观察天地的地点（即房屋）为象征和代表的“宇宙”。在宀（室）中外望和思考天地，可生“上下四方曰宇，往古来今曰宙”（《尸子》）之感。这两大思想集中在易学上，从图形上讲，形成了由“河图”“洛书”而来的九宫图和由《周易·说卦》而来的太极图。两图及其详解将在后面第六章呈现和论述，这里只说与本章内容相关的部分。

太极图有很多内容，与审美类型相关的有二：（1）中国人的宇宙是已为圣人所知的宇宙，孟子讲“人皆可以为尧舜”（《孟子·告子下》），人经过努力皆可以成圣。宇宙对中国人来讲，在本质上没有已知、未知之分，是全知的，正所谓“圣人含道应物”（宗炳《画山水序》）。西方的未知被中国用虚实之虚进行了已知的把握，故而中国的审美类型以美为中心，由美展开。所有西方美学中与美有本质区别的审美类型，如悲剧、崇高、荒诞、恐怖，在中国都被归到美之中，从美的总规定中予以说明。在西方与未知相连的审美类型，在中国被转变为已知，可由太极图所具有的宇宙的完整性和统一性来予以说明。（2）中国的美正如太极图所呈现的，是直观与本质的合一，既本质确定而又现象实在地存在着，与印度把现实世界定性为现象上的虚幻和本体上的空无不同。中国这个已知的宇宙，正如太极图中的一黑一白所代表的，由阴阳两种性质组成。因此，中国的审美类型，在总体上体现为两种基本之美：阳刚之美和阴柔之美。由这两种美生出十品、百品、千品之美。由太极图而来的两大要点，即全知宇宙和阴阳相成，构成中国审美类型以美为主、阴阳两美相成的基本特点。

如果说，太极图讲的是宇宙之美的整体性和结构性，那么，九宫图讲的就是宇宙之美的等级性和秩序性。九宫图有一个中心，四方九面都围绕着这个中心，由中心而展开了时间和空间的等级性。按太极图，“一阴一阳之谓道”（《周易·系辞上》）；按九宫图，“天尊地卑，君臣定矣。卑高以陈，贵贱位矣”（《礼记·乐记》）。从天地到朝廷州县到乡里家族，都是有等级秩序的。因此，中国的审美类型之品，以宇宙间的天地万品为基础，从朝廷官品以及后宫的嫔妃品级，到社会各界、各行、各业乃至山林结义，都要论品定级。《水浒传》中就有“梁山泊英雄排座次”。品成为人在宇宙间的规定性。在宇宙的阴阳大化中，万物的运行，按由太极图和九宫图的结合，以及秦汉之后五行理论加入进来而形成以太极、阴阳、五行、八卦为核心的基本图式多种多样地展开。太极图和九宫图中各基本因素具有本质性、互含性、变化性的统一，构成中国审美类型的结构基础。

中国以美为中心的审美类型结构，首先体现为阳刚之美和阴柔之美，及其在社会、自然、艺术中的体现。正如清代姚鼐《复鲁絜非书》中所呈现的：“天地之道，阳刚阴柔而已……其得于阳与刚之美者，则其文如霆，如电，如长风之出谷，如崇山峻崖，如决大川，如奔骐骥；其光也，如杲日，如火，如金镠铁；其于人也，如冯高视远，如君而朝万众，如鼓万勇士而战之。其得于阴与柔之美者，则其文如升初日，如清风、如云，

① 关于品之字形和各种义释，参见李圃．古文字诂林：第2册．上海：上海教育出版社，2000：615。

如霞，如烟，如幽林曲涧，如沦，如漾，如珠玉之辉，如鸿鹄之鸣而入寥廓；其于人也，漻乎其如叹，邈乎其如有思，暖乎其如喜，愀乎其如悲。”这是以宇宙基本类型为主，但从阳为阴纲的儒家思想来看，含了品级内容在其中，从阴优于阳的道家思想来看，也含了品级内容在其中。

品是三个口，三生万物，中国审美类型在阴阳基础上的展开，可定在圣数“三”上，这就是从六朝以来对诗、书、画进行品评之后的上、中、下三品，三品之中又可各再分三品，即上上、上中、上下，中上、中中、中下，下上、下中、下下。这与九宫图内蕴着东南西北和春夏秋冬一样，知晓五行用木火土金水把五色、五音、五味等天地四方都关联起来的互渗互动，再看复杂的九宫图把阴阳、五行、八卦都包含在其中，就知道了中心和边缘在宇宙中的无限扩展、往来运行而在全知之中的类型分层之意。从思想类型来看三的基型，中国的主要思想是儒、释、道，以及宋以后发展起来到晚明清初兴盛的“任心思想”。在美学上，唐代称杜甫为诗史、王维为诗佛、李白为诗仙，是根据儒、释、道思想区分的。李、杜、王与其他人关联在一起，又各代表了一种审美类型。李白的诗歌、张旭的书法、吴道子的绘画，构成一种豪放飘逸的舞乐精神，有道家思想中“仙”的一面在其中；杜甫的诗歌、颜真卿的书法、韩愈的文章，构成一种沉郁顿挫的恢宏法度，儒家思想流淌其间；王维的诗和中唐以来的一大批隐逸诗，以及盛唐以来的一大批水墨画，构成自由闲散的禅道境界。这里是禅、道家思想中“隐”的一面。思想类型与美学类型的互动在唐代美学中只是初起，到宋元明清，呈现为神、逸、妙三大类型。神是儒家之神，乃杜诗、颜书、韩文之境，也是欧阳修文章、蔡襄书法、郭熙绘画之境。儒家美学都把“神”列在神、逸、妙三品的第一位。逸是道释之神，也就是陶潜诗文、王维诗画、白居易园林、苏轼和米芾称赞的文人画之境。重道释精神的美学都把逸而非神列为第一。妙是元明清以来体现市民趣味的新兴文艺门类戏曲、小说、笔记、版画之神，其理论用得最多的赞美词是两个字：妙与奇。妙建立在奇之上，可以说，鼓吹这类的美学家，如金圣叹、袁宏道、毛宗岗等，常把妙作为最高境界。神、逸、妙，既是类型的品类，又是等级的品级，只是不同思想和派别之人对何为最高有不同的观点，但品类中含品级则是相同的。神、逸、妙三品虽然包括了历史，但主要以理论为主，还可以历史为主进行归纳。《诗大序》讲：“治世之音安以乐，以政和；乱世之音怨以怒，其政乖；亡国之音哀以思，其民困。”由政和而来的安-乐、政乖而来的怨-怒、民困而来的哀-思，形成艺术的三大类型。中国审美类型的理论表达还可以用形象来进行，胡应麟《诗薮》总结唐朝盛、中、晚三个时期的审美类型说：“盛唐句如‘海日生残夜，江春入旧年’，中唐句如‘风兼残雪起，河带断冰流’，晚唐句如‘鸡声茅店月，人迹板桥霜’。”这一方式在诗、书、画的类型总结中都有体现。

太极图的基础是“易有太极，是生两仪，两仪生四象，四象生八卦”（《周易·系辞上》），再展开为整个世界。太极图中黑白在运动中由大到小和由小到大，显出“春秋代序”“阴阳惨舒”的四时运转，因此，中国审美类型多定型在圣数“四”上。在朝廷美学中，曹丕《典论·论文》讲了文章四类，即“盖奏议宜雅，书论宜理，铭诔尚实，诗赋欲丽”，实际也是美学四类。朝廷美学，包含文类中奏与议在内的一切方面，要求的类型是“雅”。士人美学，包括政治同僚间写作的各种文类，要求的类型是“理”，以理谏上，以理会友，以理服众。生命中包括吟诗作赋在内的审美追求，则要求漂亮的“丽”。在人生重要时刻提醒自己之铭，面对死亡寄托哀思之诔，则需要实事求是之“实”。以上对人生天地间的四大重要方面，有不同的审美类型要求，主要是针对士人阶层的家国天下情怀这一面在讲，而对于人生天地间的一般生命际遇，更多与天地阴阳大化关联起来讲。汉人张衡的《四愁诗》把在爱情上求不得的心态与时间上的春夏秋冬和地域上的东南西北结合起来。南朝民间的《子夜四时歌》也有对爱情在四时中不同情类的歌咏，天地四时带来的不同方面激荡出各种各样以春夏秋冬为“四”基点的审美类型。刘勰《文心雕龙·物色》有四时之景：“献岁发春，悦豫之情畅；滔滔孟夏，郁陶之心凝；天高气清，阴沉之志远；霰雪无垠，矜肃之虑深。”王维《山水论》讲四时山水：“春景则雾锁烟笼，长烟引素，水如蓝染，山色渐青；夏景则古木蔽天，绿水无波，穿云瀑布，近水幽亭；秋景则天色如水，簇簇幽林，鸿雁秋水，芦岛沙汀；冬景则借地为雪，樵者负薪，渔舟倚岸，水浅沙平。”郭熙《林泉高致》更简洁地讲：“春山淡冶而如笑，夏山苍翠而欲滴，秋山明净而如妆，冬山惨淡而如睡。”一方面，“四”是更基本的“二”的展开，刘勰《文心雕龙·物色》讲四时之景也是建立在阴阳之二上的：“春秋代序，阴阳惨舒，物色之变，心亦摇焉。”另一方面，“四”又与更繁的“多”相连，刘勰《文心雕龙·体性》有八体，是八种类型：“一曰典雅，二曰远奥，三曰精约，四曰显附，五曰繁缛，六曰壮丽，七曰新奇，八曰轻靡。”这八类又可以分为两两相对的四组：“雅与奇反，奥与显殊，繁与约舛，壮与轻乖。”八与二、四之间有一种转换关系，如图4-1所示：

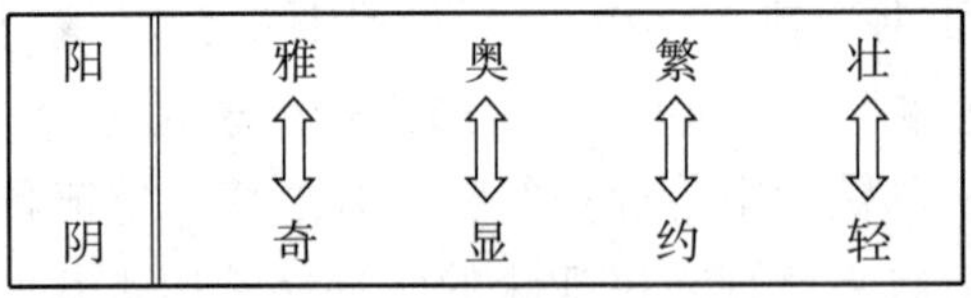

图4-1 刘勰阴阳展开图

其基础正是《周易》二仪、四象、八卦的类演方式，《周易》以八卦代表八种基本物质，宇宙万物正是由这八种基本物质演化而来，八卦而六十四卦、三百八十四爻，象征宇宙万物。八卦也两两相对组成四组，再精练，收为阴阳二爻。刘勰八体，八、四、二的组织，已经可以与阳刚阴柔理论组合了，但他对八体的解释还欠圆满，因此未成普遍的适应性。还有三十六分的，如袁枚的《续诗品》、许奉恩的《文品》；还有分成九十格的，如窦蒙的《语例字格》。无论数目多与少，都有一种伸缩圆转的整体关联在其中。这里且以《二十四诗品》为例。《二十四诗品》的二十四品为：雄浑、冲淡、纤秾、沉著、高古、典雅、洗炼、劲健、绮丽、自然、含蓄、豪放、精神、缜密、疏野、清奇、委曲、实境、悲慨、形容、超诣、飘逸、旷达、流动。以二十四为基础，可以上下往还地进行多种组合，其组合结构方式以中国哲学气-阴阳-五行的组合结构方式为基础，同时又是它的具体体现。各品可一以贯之，就是最后一品在地轴天枢往来千载的流动，而各品都是宇宙之道流动中的表现，灵活地一分为二、为三、为四，以及更为多样的划分。二十四品的多样性，第一章讲过，这里简述一下。如可把二十四品分为阳刚之美和阴柔之美两类，也可分为儒家之美、道家之美、世俗之美三类，还可分为春之美、夏之美、秋之美、冬之美四类。无论怎样分，都凸显了中国美学以美为核心，把品类与品级相结合，按时空一体方式展开为虚实相生、组合可变、圆转自如的整体性。

上面讲的审美类型，并没有把与美相悖的审美类型即非美和反美类型纳入其中，这就在于中国的宇宙是一个被圣人把握从而在本质上被人把握的全知世界。在这一全知世界中，非美和反美的审美类型处于非本质或边缘地带，可以忽略不计、存而不论，正如孔子"不语怪、力、乱、神"(《论语·述而》)。将之运用到美学上，以阳刚阴柔为基本结构之美的类型是大道、为大说，非美和反美之"怪、力、乱、神"是小道、为小说。整个中国文化一是弘扬基于大道和大说的美的类型，二是要用各种方式把属于小道和小说的非美特别是反美类型转化为美的类型。前面《诗大序》《诗薮》就把乱世、亡国之世的非美和反美审美类型转化为美的类型，《二十四诗品》把非美的"悲慨"与四时中的秋关联起来，也转化为美的类型。戏曲中生、旦、丑、末之丑，正是在与生、旦、末的整体关联中，成为以衬托生、旦之美为主的艺术功能，是中国美学"化丑为美"的众多方式之一。一言蔽之：中国的审美类型体系是以美为主体的、品类和品级合一的类型体系。

（二）西方美学以范畴为名的审美类型

西方世界从根本上讲，由理念和以原子为主的实体构成，这一构成方式产生了对世界的已知与未知的二分。虽然理念演进为上帝，代表了对世界的全知，但对人来讲，却永远面对一个二分世界。人的生存，是从已知开始，经过在时间中由已知向未知的转化，达到新的已知。这是一个前进升级的过程，决定了西方审美类型的展开性和变化性。西方美学的审美类型，在二分世界和知识增长这两大基点上产生出来。理性的实体-已知世界产生了西方特有的美的审美类型。科学的增长直线，产生了西方特有的喜的审美类型：低于正常而又对人无害而令人发笑的审美对象。未知世界的存在及与已知世界的互动，产生了西方美学特有的悲的审美类型，面对无常的命运带来的悲剧和毁灭，增强着人的抗争决心和生存韧性。西方美学在古希腊形成了三大类型，即美、悲、喜。美为人所共谈，以雕塑最为典型。亚里士多德写了《诗学》，包括悲剧和喜剧，但喜剧部分失传了。可以说美与悲是古希腊最重要的两种类型。中世纪，基督教思想进入文化核心，由上帝把已知和未知整合为一体。美和悲都集中在以基督为中心的形象及其展开上。近代以来，主要类型是美与崇高，美展开为古典型（以帝王为主的宫廷之美）、现实型（以平民为主的现实世界之美）、浪漫型（科学、哲学、宗教新建之无限宇宙中的想象之美）三种亚型。崇高在新的已知和未知的互动中产生。另外，用科学之眼去看自然而产生新貌，产生了"如画"(picturesque) 观念。海柏（Walter Hipple）和迪基（George Dicke）都认为近代最重要的三大美学类型是：美、崇高、如画。崇高是悲剧在近代的发展。20 世纪进入现代之后，悲的方面由崇高转为荒诞，20 世纪后期进入后现代之后，在悲上荒诞走低而恐怖提升。美，在 20 世纪以来的现代阶段呈现为三类：一是与媚世对立的［格林伯格(Clement Greenberg）提出的］先锋（avant-grade)，二是面对现代都市的［本雅明(Walter Benjamin）提出的］"震惊"(shock)，三是重看西方与世界关系而来的［沃林格

(W. Worringer) 提出的]“抽象”(abstract)。三大类型都与形形色色的现代派艺术相契合。三类由美演进而来，又不仅是美，在内容上与人面对高于自己的对象而产生的悲紧密相连，可以说是美与悲的结合；在形式上则与低于自己的丑和怪紧密相通，可以说是美与喜的结合。另外，西方社会进入大众文化和高福利的消费时代，“媚世”(kitsch)成为主流。这一类型不但由美演化而来，而且与喜紧密关联。喜在现代以来的演进就是从霍布斯型转到弗洛伊德型。弗洛伊德对喜的研究，使笑从历史直线观念中落后于时代的对象，变成与时代并列的、由无意识结构与意识结构而产生的三种亚型：滑稽、诙谐、幽默。后现代之后，堪酷(camp)成为对美、悲、喜的一种综合，它把媚世之美、滑稽之喜、恐怖之悲结合在一起，最主要的是在结合中对媚世进行了思想提升，在西方与非西方之互动的回应中，使西方对审美类型的思考具有了时代特征。

整个西方审美类型，如表4-1所示：

表4-1　西方审美类型（一）

<table>
<tr><th>审美类型
时间</th><th>喜</th><th>美</th><th>悲</th></tr>
<tr><td>古代</td><td>喜剧</td><td>美（比例）</td><td>悲剧</td></tr>
<tr><td>中世纪</td><td rowspan="3">怪
丑
滑稽</td><td colspan="2">基督形象</td></tr>
<tr><td>近代</td><td rowspan="2">古典、浪漫、现实
如画</td><td>崇高</td></tr>
<tr><td rowspan="2">现代</td><td>荒诞</td></tr>
<tr><td colspan="3">先锋-抽象-震惊</td></tr>
<tr><td rowspan="2">后现代</td><td colspan="2">媚世</td><td>恐怖</td></tr>
<tr><td colspan="3">堪酷</td></tr>
<tr><td colspan="3">已知</td><td>未知</td></tr>
</table>

自世界现代化进程开启以来，在西方与非西方的互动中，如何把西方审美类型与非西方审美类型综合起来，学者们做出了很多努力。加拿大学者弗莱(Northrop Frye)在《批评的解剖》(*Anatomy of Criticism*)中的分类模式，呈现了世界眼光与西方基础的结合。从内容来讲，他讲的是西方审美类型的历史发展，但又从非西方的圆的类型结构来看西方的发展。在这一综合中，弗莱吸收了现代西方人类学、精神分析学、语言学、符号学等诸多学科成果，以西方文化为基础，又放眼原始文化和非西方文化，组织起一套类型体系。这套体系在材料上是文学的，在深度上是美学的，在材料上以西方文学为主，在精神上是西方与非西方的统一，它是以所有非西方文化共有的循环观念来结构美的类型及其历史展开的。美的历史只是美的原型不断出现，化为具体形象的历史，原型的内质不变，原型的运动有规律。因此，理解了原型的基本因子以及具体组合方式，掌握了原型循环变化的基本规律，就掌握了审美类型。

弗莱的审美类型是以两个角度为基础来划分的，一是轴心时代以来具有个人性和主体性又是一般大众的“我”；二是以宇宙为视点，一种以天堂为隐喻的绝对的善和以地狱为隐喻的绝对的恶的对立，以及二者在对立中的展开，构成了整个审美类型体系。

先看第一个视点。审美，是我在审美，这个我，要有理论上的普遍意义，就是我们，即人的平均水平。因此，审美类型是以我们为尺度来划分的。

第一，主人公在性质上远远高于我们而且超越我们的环境，这是神。神不受人的法则制约，也不受人的环境法则制约。以神为主人公的故事是神话。

第二，主人公不是在性质上而是在程度上远远高于我们，也高于我们的环境，这是典型的浪漫英雄。他的行为超凡卓绝，但又是人而非神。不过，在他活动的世界里，一般自然法则被轻轻地悬置起来，他那一般人难以做到的坚韧耐力和勇敢精神造成的奇事，对我们来说是不可能的，对他来说却是极自然的，他拥有超越自然法则的奇妙武器，他能与动物交谈，能恐吓男妖女巫，也能死而复生。关于他的故事是传奇和民间故事。

第三，主人公在程度上高于我们，但并不高于我们的环境，即他受自然法则支配，这是现实英雄，即国王或领袖。他有比我们强大的权力、勇气、激情、智慧，但是他的所作所为在社会法则和自然规律之内。关于他的故事是高级模仿。

第四，主人公既不高于我们，也不高于我们的环境，他好像就是我们中的一员，与我们一样具有普通人的情感，并受社会法则和自然规律支配，为常人俗事操劳。关于他的故事是低级模仿。

第五，主人公在智力和能力上都低于我们，以至于我们感到自身的优越，仿佛我们居高俯视一个受束缚、受挫折或荒诞的场面。关于他的故事是反讽。

弗莱虽然讲的是文学，而且以文学作品中主人公的性质作为划分类型的主要尺度，但他从文学和文学要素中提炼出来的却是带有普遍性的东西，以上五种主人公的作品构成五种文学的也是艺术和美学的基本模式：神话模式、传奇模式、高级模仿模式、低级模仿模式、反讽模式。这五种模式也就是五种审美对象类型。审美类型的划分是以主体（我们）为参考尺度而概括出来的。

再看第二个视点。宇宙的本原是善与恶，宇宙的运动在于善与恶的斗争，美学的原型源于两个永恒不变的世界：天堂启示意象和地狱魔幻意象。二者相互作用产生了三个中间类型：天真类比意象、自然和理性类比意象、经验类比意象。这五个意象正好对应地表现于上面所说的五种模式：天堂启示意象表现于神话模式，地狱魔幻意象表现于反讽模式，天真类比意象表现于传奇模式，自然和理性类比意象表现于高级模仿模式，经验类比意象表现于低级模仿模式。整个宇宙的事物可以分成五大类：神界事物、人界事物、动物界事物、植物界事物、矿物界事物。在不同的模式里面，这五大类事物表现出不同的形象。

第一，天堂启示意象表现的是天国，是人的宗教理想。在神话模式中，神界表现为诸神系统，如基督教的上帝和三位一体；人界表现为信神的单个人，如基督，既是人又是神；动物界是羊与鸽子等具有宗教喻义的动物；植物界是玫瑰等绿色世界，在《神曲》和《仙后》中，都可以看到人与植物的等同；矿物界则表现为庙宇和教堂，火与通向天国之路相伴随，水则在尘世生命之下。

第二，地狱魔幻意象表现的是地狱，是与人为敌的世界。在反讽模式中，神界表现为鬼魔系列，有厉鬼、女巫、海妖；人界表现为进入困境、进退两难的人物，如《安提戈涅》和《哈姆雷特》的主人公；动物界表现为猛兽与怪禽，即狮、雕、蛇、狼之类；植物界表现为不祥之林、杂草丛生的荒地、充满邪气的林苑；矿物界在野外表现为沙漠、怪岩、荒野，总之是未经加工的原始自然形态，在城市表现为监狱、地狱、曲径迷宫，火象征极恶，点点怪火是地狱里的鬼灵，水是死亡之水。

第三，天真类比意象提供的是一个人类的纯真理想世界。在传奇模式中，神界表现为拥有魔力的老人，保护好人的天使，使有情人终成眷属的神或精灵；人界表现为英雄和美女；动物界表现为田园里的绵羊和羔羊，浪漫故事里的战马和猎犬，表现温顺与忠诚，还有蝴蝶及有灵性的鸟类和昆虫，海中的海豚；植物界表现为迷人的花园；矿物界表现为塔楼与古堡，火是爱情的闪耀和心灵的温暖，水是清泉、湖泊和滋润的春雨。

第四，自然和理性类比意象提供的是一个人类的现实理想世界。在高级模仿模式中，不用神话解释，神界与人界合二为一，国王富于神性，宠妃就是女神，神巫的魔杖变成帝王手中的权杖；动物成为高贵和美丽的象征，鹰和雄狮代表臣民眼中的王室，马和隼是英勇的骑士，孔雀、天鹅、凤凰是美女的同类；植物界是皇家的苑囿和贵族的花园；矿物界变成壮丽的都城和城中的宫殿，火是皇冠上宝石的光亮和嫔妃秋波里的妩媚，水则是井然有序的河流和河上华丽的彩船。

第五，经验类比意象提供的是一个与魔幻世界有关联的日常世界。在低级模仿模式中，魔界与人界合二为一，人是有种种欲望和缺点的凡夫俗子；动物也是常物，无神性，少灵气，缺高贵，乏美丽，人源于动物，用人就是动物的观念可以理解日常世界中的人与动物形象；植物界不是花园而是农场，里面是辛勤劳作的农夫；矿物界是迷宫一般的现代大都市，里面是缺乏交流、充满孤独感、陷入感情危机的芸芸众生，火通常有破坏性，是城市火灾的光焰，水是危险的大海，它吞没小舟，也吞没巨轮。

从宇宙的角度，由二（启示世界与魔幻世界）生三（天真世界、自然和理性世界、经验世界）而成五（神话、反讽、传奇、高模、低模），正好与以“我们”为视点而来的五种模式重合，这是我们与宇宙的合一，同时也是人在宇宙间的各种基本位置。但这种二-三-五的演化只是一种逻辑演化，宇宙运转的规律性尚未显示出来，于是弗莱把五大模式纳入宇宙的循环运行之中：神，死亡与再生的循环；人，生、成、老、死的循环；自然，晨、午、暮、夜的循环和春、夏、秋、冬的循环；水，雨、泉、河、海的循环；火，随太阳的运转而循环；等等。在这里最明显的而且可以容纳一切的是自然的春、夏、秋、冬，天、地、人、物都是在自然中显现和活动的。它构成整个美学的循环，于是就有了一种显出宇宙运动规律的总括性类型：春，呈现为喜剧；夏，呈现为传奇；秋，呈现为悲剧；冬，呈现为反讽。冬过了又是春。春、夏、秋、冬不是几何学似的截然分开的，而是运动的，春之暮与夏之初、冬之尾与春之头紧密相连，因此，春、夏、秋、冬的美学表现即喜剧、传奇、悲剧、反讽，各又细分为六个阶段或曰六个相位。这样，一共二十四个相位。循环宇宙是非西方的，西方宇宙是时间直线型的，弗莱把西方的历史直线运动纳入非西方的循环运动规律之中。在弗莱看来，欧洲叙事文学正好显示和遵循这条历史发展的循环规律：中世纪以前的时代，是古希腊、古罗马、凯尔特文化，以及基督教的神话。中世纪，文学主潮是传奇，它有两种主要形式，即描写骑士爱情和骑士游历的世俗传奇和讲述圣徒传说的宗教传奇。二者都注重用超越自然法则的奇迹来增加故事的趣味性。传奇的统治地位直到文艺复兴时期才结束，描写帝王朝臣和宫廷生活的高级模仿成为文学主流，其特征在戏剧中，特别是悲剧和民族史诗中表现突出。随后一种中产阶级文化带来了低级模仿模式。此模式在英国文学中从笛福时代到19世纪末一直占主导地位；在法国文学中，其开始和结束都要早大约50年，也就是从莫里哀时代持续到19世纪50年代，即法国象征派诗歌登上历史舞台的年代。此后的100年，即1850—1950年（弗莱写作提出学说的年代），大多数严肃小说，如卡夫卡、乔伊斯、福克纳、海勒等人的小说，日益趋向反讽模式。对弗莱来说，最重要的是，这股反讽潮流中明显含有神话的内容。乔伊斯的名著《尤利西斯》的结构完全仿照荷马史诗《奥德赛》，在章节安排和情节发展上，都柏林小市民穿过现代都市回家与古代史诗英雄尤利西斯在海上漂泊和历险一一对应。只是一为懦夫，一为英雄。福克纳的名著《喧哗与骚动》的四个部分分别有四个日期与基督受难的四个主要日子——基督受难日、复活节前夕、复活节、基督圣体节的第八天——相关联；康普生家每一个特定日期发生的事件正好与基督历史和祷告书里同一天发生的事情相关联，只是这种对照完全是反讽性的。弗莱认为，这意味着反讽模式正在向神话模式复归，这种复归正好证实着宇宙的循环性规律，于是美的基本类型以规律的形式展现出来，如图4-2所示：

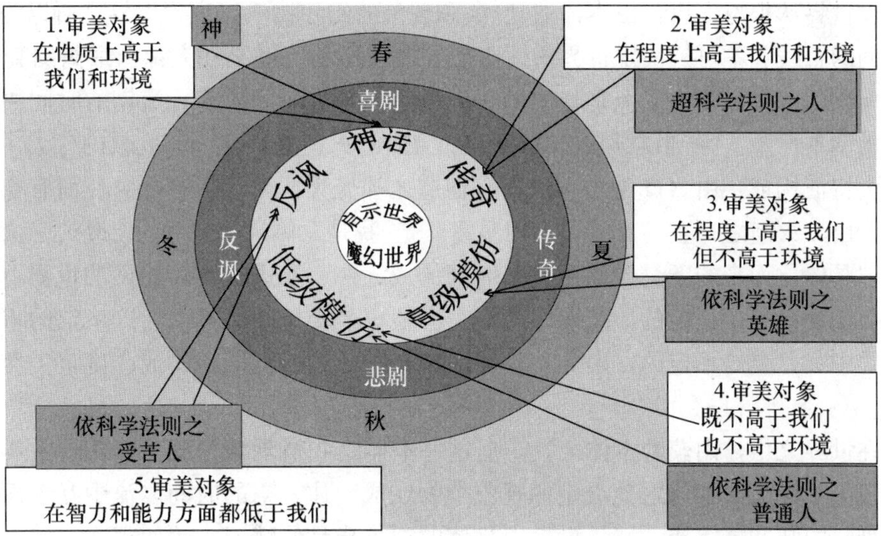

图4-2　弗莱审美类型

美的基本类型就可以勾画出来了：神（天堂）与魔（地狱）的善恶对立构成二元对立的两极，两极生三（传奇、高模、低模）而成为五基型（神话、反讽、传奇、高模、低模），又进而凝为四基型（喜剧、传奇、悲剧、反讽），再展开为二十四相。

弗莱分类的一个最大特征是，把西方文化的已知和未知弥合起来。只要把已知和未知的二分世界重新注入弗莱的体系，将之与前文讲的从整个西方历史演进给出的类型表进行对照，实际上就可以把二者重新结合起来。弗莱的“我们”就是高级模仿中的国家精英（对应于近代的古典英雄和浪漫人物）和低级模仿中的广大民众（对应于现实主义的小人物）。弗莱的反讽就是古希腊喜剧以来的丑、怪、滑稽。弗莱神话中的神和传奇中的英雄，应超越人类科学中的自然规律，实际上转蜕为后现代的恐怖。如果从后现代的福利-消费社会去看，弗莱的看法与之前的西方审美类型其实有一种对应关系。只是现代的福利-消费社会，主要有三大类型，即由悲演进而来的荒诞与恐怖，由喜和美演进而来的媚世，由以美学为主却加进了喜而来的先锋，以及欲把美、悲、喜综合起来的堪酷，如表 4-2 所示：

表 4-2　西方审美类型（二）

<table>
<tr><td colspan="2">喜</td><td colspan="2">美</td><td colspan="3">悲</td></tr>
<tr><td colspan="2">喜剧</td><td rowspan="2">高级模仿</td><td>古典</td><td colspan="3">悲剧</td></tr>
<tr><td rowspan="2">丑、怪、滑稽</td><td rowspan="2">反讽</td><td>浪漫</td><td rowspan="2">荒诞</td><td rowspan="2">恐怖</td><td>神话</td></tr>
<tr><td>低级模仿</td><td>现实</td><td>传奇</td></tr>
<tr><td colspan="6">先锋</td><td></td></tr>
<tr><td colspan="4">媚世</td><td colspan="3"></td></tr>
<tr><td colspan="7">堪酷</td></tr>
</table>

（三）印度美学以“味”为名的类型理论

印度世界从根本上讲，由本体的梵-我和现象的幻相构成。现象世界之所以为幻，是因为时间的直线和不可逆决定世界的性质这一最高原理。世界和人都由最高的梵-我-空决定，所以印度世界在本质上是稳定的。世界和人都由时间决定，流动的时间决定了世界和人的基本性质：（产生之）成、（持续之）住、（灭逝之）空。印度教的三大主神由时间的三大特征构成：由（产生之）成而有创造之神梵天，由（生存之）住而有守护之神毗湿奴，由（灭逝之）空而有毁灭之神湿婆。梵-我是总体规律最后的上梵，三大神是由总体规律具体化而来的下梵，然后是按时间的成、住、空进行不断轮回的世界万物。总而言之，印度世界是稳定的，所以印度审美类型也是稳定的。然而，这稳定的审美类型在时间之中又是变幻不定的。因此，稳定性和变幻性的辩证结构构成印度审美类型的基本特点。

人在世界之中，内蕴着本体之我，但这一本体之我被现象个我所遮蔽，由本体之我决定的现象个我与由本体之梵决定的现象个物在成、住、空的时间之流中互动而形成的审美类型，由味和情组成。情是世界中具体的类，味是使情成为美的根本。美是虚体性的，味也是虚体性的，在一定意义上，印度的味最能体现美的本质。味，印度学人对其起源有不同解说，综合各论如下：味乃原始时代之灵，数论哲学突出了味的水性，即味是内蕴灵的植物之汁，汁是植物的精华，从而是植物的本质，因此，味就是本质。人食植物，味又成为身体之精。味与作为月神的苏摩和作为美酒的苏摩相连，以水般的湿润之气和酒的感人之味，上天下地，流向八方。在《阿闼婆吠陀》（*Alharvareda*）中，味是宇宙间生生不已的艳情咒语，印度人的咒都要产生结果，印度的宇宙之神都有配偶，一桩桩爱情艳事由之而生。天地间情爱的内在本质是味。味的原初是宇宙之灵，《夜柔奥义书》（*Yajur-Upanishads*）讲过大梵由味形成，人感知到味，即抚触了梵，获最高之大乐。味作为宇宙之灵，不仅演化升华为理性之梵，而且成为最高的美感。印度美学主流讲到味在审美类型中形成，喜欢举《罗摩衍那》中蚁垤仙人的经典故事。话说蚁垤仙人与其弟子漫步林中，见一对麻鹬正在幸福交欢，突然，公鹬坠倒，血溅一地，原来被一尼沙陀（猎人）发箭射杀，悲二麻鹬之不幸，恨尼沙陀之可恶，蚁垤仙人脱口而出：

> 未来如何尼沙陀，
> 名誉善果两失却。
> 只因今日发暗箭，
> 交欢生灵泪滂沱。

蚁垤仙人刚说完，连自己都惊诧不已，最后才意识到自己说的是诗。于是他对弟子说：我的话是诗，有节奏，有音韵，可以入乐，曼声歌咏；我能脱口成诗，是因为它来自我的悲伤之情，而形成悲悯味。蚁垤仙人的话讲了审美类型的两大要素：味和情。《舞论》对由味和情形成之审美类型的结构与体系进行了详尽的论述。在流转轮回的宇宙中，"情"既包括主体之"心"在时间中的存在（类似于汉语讲的主体情感），也包括客体之"物"在时间中的存在（类似于汉语讲的客观情况）。心情一体但讲情不讲心，要突出的是心理在时间之流中变动，正如比情更抽象的是-变-幻-空的统一，在时间之流中的情为是-变-空的统一。情在时间流转中又有常，称为常情。在印度思想中，常情有八：爱、笑、悲、怒、勇、惧、厌、惊。八情以审美或艺术的方式体现出来，意味着审美本质性的味进入其中，从而构成印度美学的八大审美类型。在宇宙下梵层面，八大美学类型之味，不但与现象世界作为色的世界中的基本色相关联，而且与现象世界中的基本神灵相关联，从而印度审美类型呈现为如表 4－3 所示：

表 4－3　印度审美类型（一）

味	艳情味	滑稽味	悲悯味	暴戾味	英勇味	恐怖味	厌恶味	奇异味
情	爱	笑	悲	怒	勇	惧	厌	惊
色	紫	白	灰	红	橙	黑	蓝	黄
神	毗湿奴 守护之神	波罗摩特 侍奉湿婆 的小神	阎摩 死神	楼陀罗 凶神	因陀罗 天神之王	时神 有死神功能	湿婆 毁灭之神	梵天 创造之神

这一表中的八位神灵是按照三主神的逻辑扩展开来的。印度的三大主神梵天、毗湿奴、湿婆主管印度凸显时间效力的宇宙万物的生（创造）、住（保持）、灭（死亡）。上表中的八大神中，因陀罗是梵天之前的天空主神，与梵天同类，属于创造神。因此，梵天和因陀罗共同形成与创造相关的审美类型。楼陀罗作为雅利安神灵，在《梨俱吠陀》中就与狂暴和毁灭相关，是湿婆的雅利安原型之一，所以与湿婆具有相同的性质。有限生命在死亡中最感时间之可怕，时神也管死亡。因此，湿婆与（印度毁灭思想最初的原型）楼陀罗及（印度思想定型后具有重要作用的时间之神）时神，共同形成与死亡相关的三种审美类型。毗湿奴负责生命产生之后的守护。生命一产生，就不时面临各种死的可能，侍奉湿婆的小神波罗摩特，伴随着人之生的可笑一面。死亡小神无法与毗湿奴这一守护大神相比，但仍存在，扮演着可笑的喜剧类型。人终究是要死的，与生之死相连的是阎摩，他把人接入死亡之域。人一生都在与死相斗。可以说，生的毗湿奴一直伴随着死的

阎摩，因此，阎摩主持着由生到死的悲悯类型。这样，毗湿奴、波罗摩特、阎摩三神就形成人生在世的三大审美类型。知晓了印度生-住-灭三神的思想结构，《舞论》讲的八大审美类型就可如表4-4所示：

表4-4 印度审美类型（二）

宇宙主神	梵天 （生命创造的）崇高	毗湿奴 （生命保持的）美	湿婆 （生命毁灭的）恐怖
审美类型	英勇味 奇异味	艳情味 滑稽味 悲悯味	厌恶味 暴戾味 恐怖味

印度思想把本体与宇宙分为上梵和下梵。八味类型只是下梵世界的类型，印度美学除了八味体系，还有一种九味体系，就是在八味之外加上平静味。这里的平静，犹如佛教的涅槃，乃本体之空。这样，平静味与八味就构成印度美学的上梵和下梵的整体结构。按人类审美的深层结构，把印度美学类型与西方美学类型进行比较，更能体会其共通性：生命保持中的艳情味、滑稽味、悲悯味，正好对应西方美学的三大审美类型——美、悲、喜；生命创造中的英勇味和奇异味，与西方面对和开创一个新世界的崇高相似；生命毁灭时的厌恶味、暴戾味、恐怖味，与西方进入后现代之后感到宇宙难以把握而出现的恐怖稍同。

常情八味讲的是本质，具体到每一个现象，常情又如何成为审美，如何具有味呢？《舞论》讲："味产生于情由、情态和不定情的结合"①。固定的常出现在某一具体人物上，或者某一具体人物因某一因缘而让人性中普遍具有的常情出现，这就是 vibhāva（黄宝生译为"情由"，强调其因缘性；金克木译为"别情"，强调其个别性）。套用汉语的话讲：人禀八情，应物斯感，感物咏志，莫非自然。一种普遍性的常情体现在个别人身上，情因之而出。常情出现在具体的个别中，一定会与此时此景的其他相关因素互动，从而产生因具体性而来的 anubhāva（黄宝生译为"情态"，强调具体环境的动态性；金克木译为"随情"，强调跟随具体情境而来的偶然性）。在具体情态中，不同人的反应和表现各不相同，由这个人在这一具体情态中产生的只有这个人才会有的反应和表现，称为 vyabhicāribhāva（不定情）。每个人在每一情态下，都会有自己主动或不由自主的创新，这种创新不会固定下来，不定情乃这个人的独特表现之谓也。《舞论》中列举了33种不定情：忧郁、虚弱、疑虑、妒忌、醉意、疲倦、懒散、沮丧、忧虑、慌乱、回忆、满意、羞愧、暴躁、喜悦、激动、痴呆、傲慢、绝望、焦灼、入眠、癫狂、做梦、梦觉、愤慨、佯装、凶猛、自信、生病、疯狂、死亡、惧怕、思索。33在印度文化中形容符合普遍规律的"多"。33种不定情是八种常情中可能会出现的，但并未穷尽，而不定情与情态、情由、常情结合在一起出现，具有这个人的审美特点。普遍性的常情在情态、情由、不定情的合一中出现之时，产生了这常情的审美之味。味是本质之空，当其从以常情为基础，以情由、情态、不定情为表现的审美对象上体现出来之时，审美之味就完美地体现出来。

① 婆罗多. 舞论//南亚文化. 梵语诗学论著汇编：上册. 黄宝生，译. 北京：昆仑出版社，2008：45.

八常情形成的八味审美类型，是一个普遍性基本结构，这一基本结构体现在下梵宇宙的轮回中，一是体现为生命在世间轮回中的六道，二是体现为印度社会结构中的四种姓，三是体现为一切种姓中之人在人的生命历史中的四个阶段。《梨俱吠陀》的《原人歌》讲作为梵之前生的原人（Puruṣa）分解自身而创造出世界万物，其中包括人类社会中的四种姓，即祭司种姓的婆罗门，国王和武士的刹帝利，工农商的吠舍，以及最下层的首陀罗："原人之口是婆罗门，彼之双臂是刹帝利，彼之双腿产生吠舍，彼之双足出首陀罗。"八种审美类型按概率出现在四种姓的各色人中。在印度，所有信仰婆罗门教的种姓一生中都要经历四个阶段：一是梵行期（Brahmacārin），儿童至成年，从师学习吠陀经典和各种仪礼；二是家住期（Grhastha），成年结婚育子，履行人世义务；三是林栖期（Vānaprastha），老年后离家隐居森林，从事修行；四是遁世期（Sannyāsin），晚年舍财舍物，云游四方，早日解脱。八种审美类型按概率出现在人生的四期之中。大多数人尘缘未尽，死后并未得到解脱，则进入轮回，按佛教教义，生命依生前善恶所得业报进入六道：天、人、阿修罗、地狱、饿鬼、畜生。六道又是六种形象，凡生命都有八常情，于是审美类型的八味按概率出现在六道之中。把四种姓、四行期、六道轮回与审美类型八味关联起来，构成印度美学审美类型的基本形态。

常有八情，八情在六界生物中的体现是不一样的，由此可以知道印度审美类型的体系展开。可以说，八味基类与六道轮回关联起来形成了相对完整的基本结构，如图 4-3 所示：

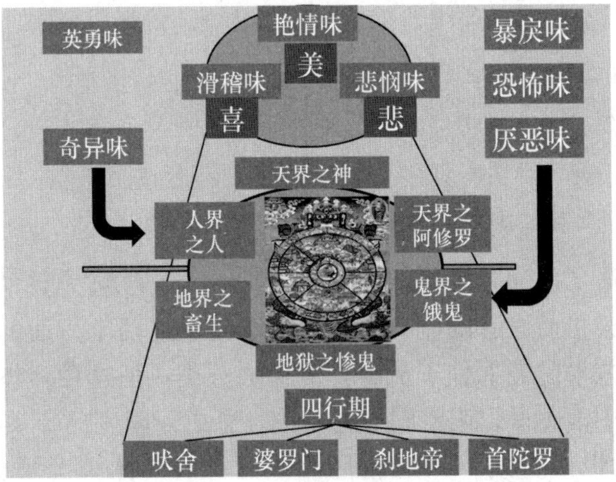

图 4-3　印度审美类型（三）

审美类型八味，以下梵世界中的三主神为本体论基础，具有广泛的普遍性。但当具体到某一艺术门类和审美现象时，又因具体情况而转换。正如在神界，梵天、毗湿奴、湿婆也多有相互转换。《舞论》第 22 章在谈论戏剧风格时将其分为四种：雄辩、崇高、艳美、刚烈。四种风格的本体论起源都从（梵天之）生-（毗湿奴之）住-（湿婆之）灭中与住（生命在世历程）相关的毗湿奴来解说。主神毗湿奴在宇宙毁灭之时为保护生而与阿修罗战斗。当毗湿奴踩在大地上，他的重力使大地发出剧烈的声响，犹如雄辩的语言，铿锵有力，成为雄辩风格。毗湿奴的神弓剧烈跳动，光芒四射，充满力量，威风凛凛，创造了崇高风格。当毗湿奴在战斗中从容不迫之时，形体动作有节奏、合乐律，显出优美，创造了艳美风格。当毗湿奴加快战斗节奏，行如风，疾如电，声如雷，创造了刚烈风格。梵天观看毗湿奴的战斗过程后，将他创造的这四种风格演示出来传示给众天神，运用于戏剧表演。具体于戏剧中，雄辩风格主要与戏剧语言相关。因此，雄辩主要出现在对话因素多的四类即赞誉、序幕、街道剧和笑剧中，由于这四类包含着不同的情，故而雄辩可以是任何一种味。崇高风格由高傲的对抗性人物表现出来，出现在挑战、转变、交谈和破裂四类戏剧行动中，崇高风格没有悲伤，只有正性、勇气、慷慨、仁慈、正直。因此，崇高与悲悯味、艳情味无关，而与英勇味、奇异味、暴戾味相联。艳美主要与女主角和爱情相关，特别体现为打扮迷人、动作柔美、且歌且舞。在戏剧行动中艳美具体分为欢情、欢情的迸发、欢情的展露、欢情的隐藏。艳美是爱的常情与相关的多种不定情和真情的动态组合，与英勇味无关，而主要与艳情味和滑稽味相关。刚烈风格关系到戏剧中的战争智慧计谋和战斗行动，具体分为四类：紧凑、失落、发生、冲突。刚烈风格主要是暴戾味和厌恶味。从戏剧四类中可以看出印度美学的一种结构方式：雄辩风格贯串于其他三种风格之中；崇高风格与艳美风格关联到男、女主角，一崇高、一优美，构成一对；艳美风格与刚烈风格是爱情故事和战斗故事的关系，一阳刚、一阴柔，构成一对。

在诗歌中，檀丁《诗镜》在诗的八味基础上讲了十种诗德：紧密、清晰、同一、甜蜜、柔和、易解、高尚、壮丽、美好、三昧。伐摩那（Vāmana）《诗庄严经》（*Kāvyālaṅkārasūtra*）提出了诗的十音德和十义德。二者术语相同，只是一个用于语音，另一个用于词义。其分类基本与《诗镜》相同：壮丽、清晰、紧密、同一、三昧、甜蜜、柔和、高尚、易解、美好。十类可分为三组：

（1）壮丽、高尚、紧密；
（2）甜蜜、美好、柔和；
（3）同一、三昧、易解、清晰。

第一类为阳刚型，第二类为阴柔型，第三类（即最后一类），从诗的角度说指语言形式的美，从文化角度说指前二者的合一。从戏剧和诗歌这两个方面的分类可以知道，印度美学虽然在具体艺术门类上偏于从客体方面去分类，但这种客体分类以主体心理的八味为基础，正如中国美学以阳刚阴柔为基础。总之，印度的审美类型，以八味基型和社会四种姓、人生四行期、六道轮回而展开，因具体情况可做多方面的扩展和转换。

（四）本书的美学类型理论

以上只呈现了三大文化的美学类型，其实每一文化都有自己独特的类型，比如日本美学的类型就有物哀、侘寂、幽玄、可爱等，显示了与三大文化不同的特点。因此，具体的美学类型总是与具体文化的审美特性，以及由之决定的审美选择和审美建构结合在一起。但无论各文化的审美类型有怎样的不同，作为美学，又是有共性的。本书关于美学类型，力图在文化个性与美学共性之间达成平衡。当然，这一“达成”，是在中国与世界互动的当下语境中实现的。在这三种视角的交织中，三大文化所依据的宇宙观念不同，所指涉的对象范围有宽有窄，所强调的重心有偏于客体形象、有偏于主体心理，所分出的种类多少有异，难以统一。但站在当下视点回望，三大文化的审美类型又会在回望中呈现一种由互动而产生的结构。

西方审美因实体-区分型思维，突出了美、悲、喜的区分结构，而且提供了区分三种类型的理论标准：美是与人的时代性同一且与人的理想相连的审美对象；悲是与人不对等、在性质上高于人并与人敌对的审美对象，但悲的对象是要激发主体完善和时代进步；喜是与人不对等、在性质上低于人的时代性，而显出可笑的审美对象。但喜的对象是要以善意的方式促使人认清人的历史高度，与这些低于当代的标准告别。西方审美类型的这一基本划分，对审美类型的结构具有基本的意义（虽然这一基本结构被运用到其他文化时需要进行转换）。西方实体-区分型思维又展开为已知和未知截然区别的二分世界。因此，悲的类型特别突出，甚至占据主导地位：古代的悲剧、近代的崇高、现代的荒诞、后现代的恐怖。已知和未知展开为进化直线，从而美学类型呈现为历史和理论两方面的展开。虽然弗莱理论欲弥合对立，但还是以一种转换的形式从天堂与地狱的善恶对立中透露出来。弗莱体系中展开的人物形象为：神话型的神，传奇型的人神合一的英雄，高级模仿模式中的帝王，低级模仿模式中的普通人，反讽模式中的喜剧人物。联系到西方演进到福利-消费社会来看，古典主义的帝王转为两类形象：批判负面的艺术“前卫”和发扬正面的公民精英。现实主义的普通人成长起来，成为社会中公民岁月静好的一类；喜剧人物成长起来，演化为社会中公民美美消费的一类；神与人合一的英雄，一方面升华为个体性的英雄，另一方面蜕变成恐怖世界的魔怪。处在福利-消费社会的环境中、西方与非西方的互动中、已知-未知的结构中，审美型的主流就是媚世（包括美的岁月静好和喜的无意识宣泄）、恐怖以及统合二者的堪酷。虽然整个西方审美类型在历史与现实的叠加中充满了褶皱，但美、悲、喜的三分还是清楚的，并为一个整体的审美类型框架提供了“区分”的基础。

中国理论以美的客体为基础，展开为阳刚之美和阴柔之美的基本类型，在阳刚阴柔基础上再展开为各种各样的次级类型。阳刚阴柔既是各种类型的出发点，又是其归宿，因此中国美的类型是一个首尾合一的圆，这个圆的核心就是道，就是天，就是气。基本的美（阳刚阴柔）和多样的美（由二型而四型而八型而二十四型、三十六型、七十二型、一百零八型等）产生于此又复归于此。中国美学在关联型的时空合一世界中，蕴含天人合一情怀，以美为中心，类型之间以转换为主。把中国审美类型的转换运用到跨文化的整合中，一样具有重要的现实意义。

印度理论以主体心理为基础，以主体心理（爱、笑、勇、惊、厌、悲、怒、惧）统率客体形象（紧密、清晰、同一、甜蜜、柔和、易解、高尚、壮丽、美好、三昧），而在主体心理类型中以现世之性的艳情之爱为主，这就决定了印度审美类型的统一性和独特性。印度主体心理虽有二分，但这二分只是一体的两面，显出了印度美学的特殊统合方式。印度人的艳情之爱是在世间的四种姓、人生的四行期、生命的六道轮回，以及现世与本体的互动中展开的，是一种宗教的爱。因此，八类的最高境界一是佛教的最高境界，即寂静；另一是印度教的最高境界，即极乐。这二者，一与人生的一个根本关注即死相连，一与人生的另一个根本关注即爱相连；爱与死殊途同归，共同指向一种宗教超越。可以说，印度美学是一种向上升腾的美学。从八种心类和十种象类来看，它是一个圆，但这个圆有两种循环，一是世俗之内的循环，二是世俗与净界的循环。印度在时间化的是-变-幻-空型世界中，虽然世俗中的审美类型较多，但它们都有性质上的共性，为假有之幻，其后是本质之空，从而类型之间以“会通”为主。印度审美类型的这一“会通”精神，对于世界审美类型的整体建构具有启示意义。

西方的区分、中国的转换、印度的会通，成为建立审美类型体系的三条基本组织原则。但从不同的视点得出的整体结构会有不同。这里且呈现三种组合方式。总的来讲，美、悲、喜构成三大类。按审美类型与人的关系，与人同一的对象为美，高于人的对象为悲，低于人的对象为喜，把三大文化的十五种类型分为三组，得到图4-4：

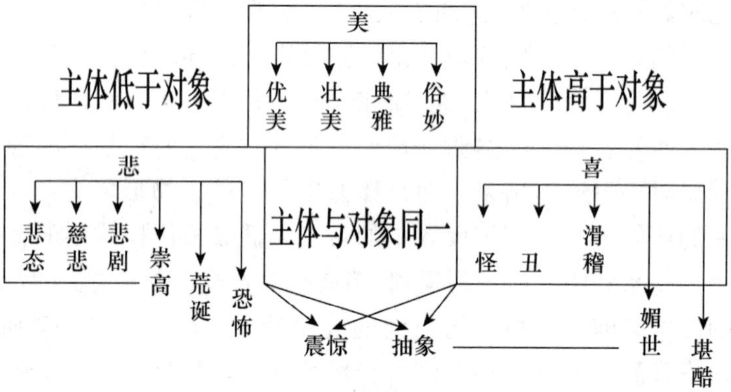

图4-4 审美类型（一）

上图中美的次级分类，在三大文化中各有特点，但在中国美学中最为充分，一是基本类型二分，即阳刚的壮美和阴柔的优美，把美讲得甚为全面；二是典雅与俗妙二分，把美的等级讲得甚为到位。将之转换到西方和印度的美，一种世界性的美的类型应能呈现出来。悲的六种类型，悲态是中国型的，慈悲是印度型的，悲剧、崇高、荒诞、恐怖是西方型的。严格地讲，中印之悲，人与对象是同一的，主客体关系是复杂的。可以说，悲态、慈悲、悲剧代表了中、印、西之悲的区别，这一区别主要体现为两种和谐世界（天人合一与空幻合一）与一种（已知与未知）对立世界的区分。崇高、荒诞、恐怖是二分世界在悲剧基础上的展开。中、西、印的三种基本类型，加上蕴崇高精神于其中的荒诞与恐怖两种类型，悲的类型结构基本得到体现。喜是各文化都有的，在西方展开为怪、丑、滑稽，可以形成理论上的基本结构。媚世是喜与美的交织，恐怖是喜中之怪、丑与悲的交织。20世纪开始的现代，抽象、震惊、先锋，可看成在美的基础上，对美、悲、喜的会通，且将三种类型统一为先锋。后现代的堪酷具有后现代的主调，是在抽象、震惊、先锋基础上对美、悲、喜进行再一次会通，而且会通的特征更为明显。

自世界现代化进程开启以来，历史性作为重要因素进入研究之中。如果在审美类型的划分中把历史性凸显出来，那么，应如图4-5所示：

美的优美、壮美、典雅、俗妙，悲的悲态、慈悲、悲剧、崇高，喜的怪、丑、滑稽，是古典时代的审美类型。悲的荒诞和恐怖，美、悲、喜合一的抽象、震惊、先锋，美与喜合一的媚世，是现代的审美类型。力图把美、悲、喜综合起来的堪酷，是后现代的审美类型。

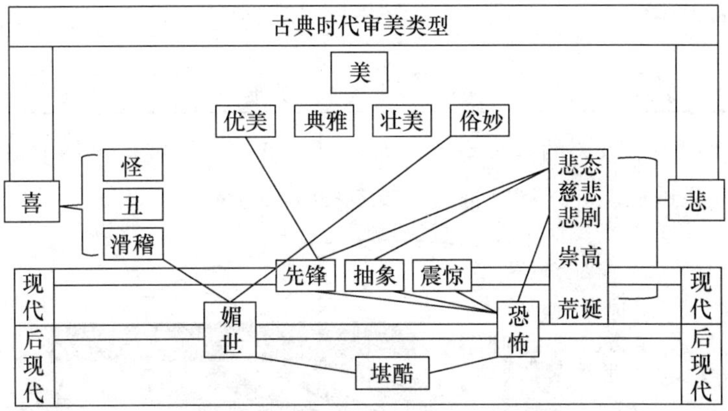

图 4－5　审美类型（二）

如果把三大文化的历史呈现为一个整体，进而上溯到美的起源，下联到后现代的演进，那么从历史与文化兼重的方式来看，审美类型可以再作图 4－6：

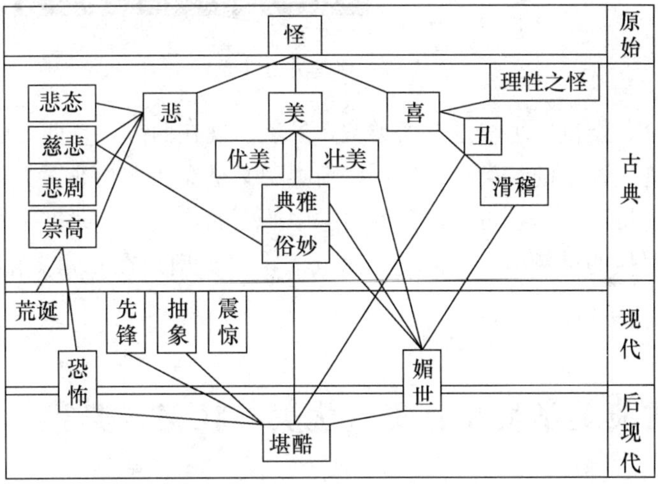

图 4－6　审美类型（三）

美的类型从原始思想之怪开始，由怪转换为美，是理性时代产生的关节点。美在理性时代正式产生。然后是美的正面展开：优美、壮美、典雅、俗妙。紧随美的产生，出现了悲与喜。喜展开为理性时代的怪、丑、滑稽。悲在中国产生了悲态，在印度产生了慈悲，在西方产生了悲剧。此后，西方文化不断升级，悲演化出近代的崇高、现代的荒诞、后现代的恐怖。喜在美产生后，原始之怪转换为理性之怪，喜的主流是丑，丑的经典是滑稽。进入现代之后，俗妙演进为媚世，优美和壮美演进为抽象、震惊、先锋。三者作为美都加进了喜与悲。最后，堪酷似乎要对整个美学做一总结。

以上三图是从多角度理解审美类型体系的基础。三图体现了审美类型整体的复杂性。无论哪一个图示，都有其长处，也有其盲点。这里关于审美类型的论述，现按两大组进行，古典美学为一组，即美、悲、喜三大类型，把中国、西方、印度美学的主要类型综合起来，如表 4－5 所示：

表4-5 审美类型（四）

主体低于对象				主体与对象同一				主体高于对象		
悲				美				喜		
悲态	慈悲	悲剧	崇高	优美	壮美	典雅	俗妙	怪	丑	滑稽

然后，把西方现代美学以来的四大类型，即荒诞、恐怖、媚世，再加上堪酷，作为另一组，是世界现代化进程发展到这一特定阶段之后出现的类型，如图4-7所示：

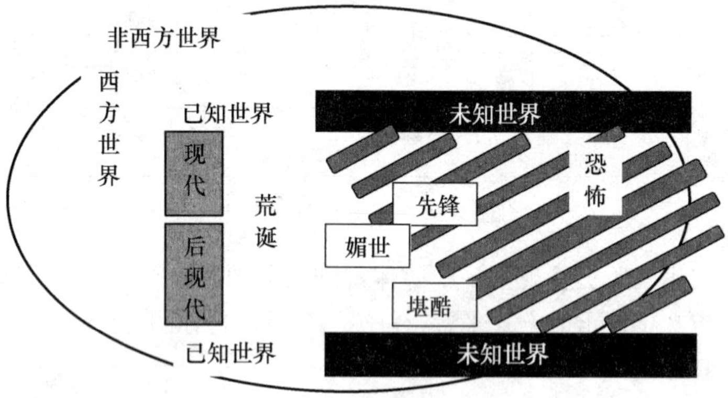

图4-7 审美类型（五）

荒诞、恐怖、先锋、媚世、堪酷这五大类型，虽然出现在西方，是西方已知-未知二分世界进入现代和后现代以来的新类型，但这些新类型又是在西方与非西方的互动中产生的，从世界史的整体上讲，又是在古今对话的演进中产生的，是古典时期带有全球性质的美、悲、喜在后现代时代的重新组合。因此，这五大审美类型是在多元文化互动中产生出来的新类型。

二、古典美学类型：美（优美、壮美、典雅、俗妙）

美，自人类制造工具以来就萌生了，到仪式产生算正式形成，但美是在灵的主导和神的主导下正式生成的，回过头去看，是以怪为主要特征的。审美类型中的美正式产生于理性思想产生的轴心时代。从此以后，人的审美理想与人的感官知觉的生理特性和理性的心理特性紧密相连。在各种审美对象中，美是最重要的审美对象。说它最重要，并不是说在共时性上美高于悲和喜，而是就整个审美对象的根本性质，从各种审美对象的统一性，从审美活动的目的来看，只有把握了美的性质，才能把握其他审美对象的性质。正因为美是最重要的审美对象，人们才长期把美等同于审美对象。只有进入理性时代之后，二者的区别才凸显出来。美的类型的核心是人与世界的同一性。在原始社会，当人面对的宇宙是一个由灵主宰的宇宙之时，人与世界的同一采用灵活而怪异的形式；当宇宙由灵的主宰进入神的主宰之后，人与世界的同一集中在神庙形式中，审美类型仍然以人兽合一为主。进入轴心时代之后，美的类型才正式建立起来，同时以美的类型为标准，重新审视整个美的类型，产生了与美的类型不同的悲的类型和喜的类型。在古希腊，在美的类型基础上，悲剧和喜剧产生出来。在印度，在成、住、空的基础上，以生存之住为主的艳情味、悲悯味、滑稽味产生出来。在中国，在天人合一基础上阳刚之美和阴柔之美产生出来，以及俳优滑稽之喜和鬼妖狐魅之怪产生出来。总之，理性之美的产生是审美类型产生的基础，在审美类型以美、悲、喜为基本结构形成之时，美的类型得以完成。从历史发展来看，只有以人的理想为基础的美的类型出现了，历史上与灵相关的美学体系和与神相关的美学体系才开始新的升级，进入理性时代的审美类型体系之中。从理性上看，美的类型产生后，不但原有由灵而来的美学类型和由神而来的美学类型有了新的定位，而且，现时各类非美乃至反美对象也因美的类型的出现而可以进入美学，被给予类型上的定位。

美的类型虽然在理性时代产生，但却是由之前的原始时代和早期文明时代演进而来。虽然在原始时代，人面对浑茫世界，举行迷狂的仪式歌舞，感受到的更多是灵和神的力量，但其中也内蕴着人与由灵和神主宰之世界合一的愿望。在人能够控制的、能够自由自觉地创造的、易于感受到自身技巧的领域，从工具制造领域到日用器具制造领域，比如在中国原始社会的彩陶图案上，那柔美的曲线、悠然的波纹、欢快的旋涡纹、饱满的四大圈纹等，虽然里面并不排除灵的成分和神的内容，但陶罐的制作，彩纹的描绘，陶器的使用，内蕴着由人的智慧和技巧而来的快感；对彩陶的观赏，在感受到人神同一之时，也包含着人与彩陶图案的同一，以及在这种同一中人与自身的同一。人的审美意识就在这种制造和观照中逐渐积累起来，积淀下来，建构起来。一旦神灵世界观被理性世界观取代，作为审美对象的彩陶就成为美的对象。在审美意识业已建构的基础上，人们用审美方式去观照不美的、丑的、凶恶的对象时，悲的对象和喜的对象才成为审美对象。当然这种“成为”是一种非常复杂、相当漫长的历史过程，正如美的形成是一个非常复杂、相当漫长的历史过程，总之，审美对象由以感受灵、感受神为主转变为以感受美为主，不仅体现在人造物中，也体现在自然物中，在原始时代，日月星辰、山河动植都与神灵相关。比如月亮，曾是神秘、崇高的对象，古以色列人在新月升起时，总要在山头燃起烽火，怀着神圣和敬畏来迎接它。中国远古时期，与月亮相连的西王母也曾是身骑猛兽、面目可怖的形象。理性时代以后，月亮却成为优美的象征。“花好月圆”“清风明月”“月上柳梢头，人约黄昏后”，是人们向往的美好境界。审美历史中，由于有美的核心在其中，所以，各种悲的对象、恐的对象、喜的对象、笑的对象不断地向审美对象转化。一切对象，只要进入审美领域，就意味着进入了人与世界同一的磁性吸引之中，转变为审美对象。虽然转变为审美对象并不一定是进入美的类型，也可能是进入悲的类型或喜的类型，但只要进入审美类型，就意味着人与之有了一种审美关系的把握，并且最后的结果以美的核心即以快感为呈现，审美快感彰显的是人在世界上的自由性和自信心。在审美类型中美的类型是纯粹的快感，因此，作为审美类型的美是审美类型的核心，也是美学的核心。在美的类型中，包含了人与世界同一的审美明证。美是人类审美活动的理想和目的。

（一）美的特性

当主体向客体做审美观照时，客体成为美的客体而不是成为悲的客体或喜的客体，在于客体自己的特性。大致来讲，美有四种特性。第一种特性是，美具有一切审美对象都有的形象可感性。一切非形象、不可感的东西，都不是审美对象。“心灵美”“思想美”不是从美学现象上讲的，而是从构成美学现象的内在因素上讲的；心灵和思想本身并不是美，但心灵和思想一旦用艺术形式或现实形象表现出来，艺术给心灵以形式，现实形象把思想感性化，不可见非感性的东西变为可见可感的艺术作品和现实形象，就升华为审美对象。现实中的动人情景和感人行动，艺术中的抒情诗和欢乐曲，都因把心灵呈现出来而成为审美对象。美的形象可感性与非美的形象可感性的不同在于，这种形象可感性与人体感官具有内在的契合性，只要人以审美态度去看它，它不借思考就令人感到愉悦。这就在于美的第二种特性：美的客体具有物的尺度的完善性。它包含逐层递进、缺一不可的三层含义：其一，是事物的本来面貌。人就是人，不是人面蛇身；鸟就是鸟，不是九头怪鸟。这一点使美区别于怪。其二，是事物的正常尺度。驼背、残废不算正常；未老先衰、少年白发也不算正常，总之，正常不是畸形。这一点使美区别于丑。其三，是正常中的优秀者。一般的人都正常，但不一定都美，一般的树都正常，但不一定都美，维纳斯、掷铁饼者、西施、潘岳才是美，黄山迎客松、西湖垂柳、香山红叶才是美。这一点使美适合于人关于感受中的理想。这理想虽然在具体审美现象中被体验为客观的，但却是人的历史实践活动的结果。正因这一深层原因，美才具有第三种特性：形式和内容的统一。作为美，其客体形式中必然包含着符合自己形式的内容。这内容是审美活动中人能由外及里层层感受不断深入的审美愉快最后达到象外之韵的高峰体验的保证。李商隐的诗就是形式和内容的完美统一，如《锦瑟》：

> 锦瑟无端五十弦，一弦一柱思华年。
> 庄生晓梦迷蝴蝶，望帝春心托杜鹃。
> 沧海月明珠有泪，蓝田日暖玉生烟。
> 此情可待成追忆，只是当时已惘然。

优美的意象、华美的辞藻、雅美的典故、工整的对偶、和谐的平仄音韵、缠绵的开端和余音不绝的结尾，与深情的思念、美好的回忆、梦幻的逻辑、人生的惆怅交织为一体，形式和内容的统一使人在审美中感受到无穷的意味。李商隐的宋代效法者西昆派诗人写的诗，很多时候只徒有李诗华美的形式，而没有真挚的情感内容，如杨亿的《泪》：

> 锦字梭停掩夜机，白头吟苦怨新知。
> 谁闻陇水回肠后，更听巴猿拭袂时。
> 汉殿微凉金屋闭，魏宫清晓玉壶欹。
> 多情不待悲秋气，只是伤春鬓已丝。

有华美的辞藻，有雅美的典故，也有工整的对偶，然而主体在沿此形式进一步深入时，感受到的是由一个个悲苦的典故组成的“泪”的主题，但诗人对这些历史中一个个“泪”的故事的感受却是空洞的，拼凑的诗文技巧下只有肤浅的感叹。仿佛一篇命题作文，主题扣上了，内在血肉却没有。这种形式和内容的相悖使审美活动因客体的原因而不能一层层深入，从而主体只滞留在较浅的层次上，导致审美的失败，同时也暴露出对象不美或假美的本质。如果形式和内容本来就不统一是客体本有的特征，那么这就是非美的审美对象，正如黑格尔指出的，形式大于内容是一种类型（象征型），内容大于形式又是一种类型（浪漫型）。从美的审美对象和非美的审美对象这两个维度，可以更好地理解美的形式和内容的统一。

美的第四种特性是，美的对象符合人的尺度，与人有由历史实践活动而来的内在同一性。人通过实践活动创造自己的对象世界，这个对象世界中与人具有同一性的事物就构成专门的一类客体系统，它们在审美活动中能够成为美，故而被具体时空中的人以认知形式确定为美的客体。中国哲学认为，通天下一气，天上的星辰、地上的山河主要是气，“天地有正气，杂然赋流形。下则为河岳，上则为日星。于人曰浩然，沛乎塞苍冥”（文天祥《正气歌》）。星辰山河与人具有内在同一性，符合人的尺度，从而成为美的对象；人与星辰山河具有内在同一性，符合天的尺度，从而成为审美主体。山的高大形象与天的崇高、圣人的伟大具有内在同一性，“高山仰止，景行行止。虽不能至，然心乡往之”（《史记·孔子世家》）。花草鱼虫因其气韵生动而使人获得审美感受。宋人就常以审美眼光来体味花草鱼虫，对窗前砌上生出的小草感受到造物生意，观看花的开放体悟到自然造化之妙，观看池中游来游去的小鱼感受到万物的自得（图4－8）。古希腊人认为，数学关系给宇宙以统一性，人的身体、乐器演奏、建筑的空间、画面的结构、天体的运动，都遵循数的规律，数构成人与事物的内在同一，在这种同一的基础上产生了人体、音乐、建筑、绘画、天体运动的美。

图4－8　宋画《出水芙蓉》

综上所述，美来自这样一些客体，它们既有物的尺度的完善性，又有人的尺度的完善性，它们以符合人已掌握的客观规律的感性形态展现自己。这种展现完全符合人的目的、愿望、理想。因此，美的对象与人的感性知觉有着直接的适合关系，与人的心理情感有着结构的同构关系，与人的目的、愿望、理想有着内在的或显或隐的同一性。这样，一方面，当人以审美态度面对这些客体时，这些客体的美就在与人的互动中呈现出来；另一方面，这些客体在人的历史实践中客观化、符号化为美，并以美的客体向人们呈现，让人无论用不用审美方式，都能感受到自己生存在一个充满着美的世界中。

（二）优美与壮美

美的具体对象在自然、社会、艺术中显出千万种形态和种类。从大的方面把握，可以分为优美、壮美、典雅、俗妙四种。优美与壮美是从自然角度区分美的对象在形态韵味上的差异，典雅与俗妙是从社会角度区分美的对象在形态韵味上的不同。这一小节讲前两种美的类型，下一小节讲后两种美的类型。

优美与壮美，基本等同于中国美学中的阴柔之美与阳刚之美、西方美学中的美与宏大，大致类似于印度美学中的艳情与英勇。优美与壮美的区别大致可以从如下四个方面予以界定：

第一，空间上的大与小。壮美一般具有巨大的形体：宽阔的平原、无垠的大海、耸入云霄的高山、身材高大的男子。在绘画上，是荆浩、关仝、范宽的崇山峻岭，是古代石刻画《汉武帝》；在雕塑上，是米开朗琪罗的《大卫》、罗丹的《思想者》，以及印度教的护法神祇和佛教里的四大天王；在诗歌中，是李白的"黄河之水天上来，奔流到海不复回"（《将进酒》），是岑参的"塔势如涌出，孤高耸天宫。登临出世界，磴道盘虚空"（《与高适薛据登慈恩寺浮图》）。优美一般都形态娇小，如一朵馨香不散的鲜花，一颗晶莹闪烁的宝石，一队放学回家的"红领巾"。在绘画上，是黄筌、徐熙的花鸟画；在雕塑上，是《米洛斯的维纳斯》、柯罗（Jean Corot）的《孟特芳丹的回忆》；在建筑里，是苏州园林；在诗歌中，是"山花如绣颊，江火似流萤"（李白《夜下征虏亭》），是"叶上初阳干宿雨，水面清圆，一一风荷举"（周邦彦《苏幕遮》）。

第二，时间上的疾速与缓慢。时间的行进意味着空间的延长，在一个时间段中，事物的疾速运动比缓慢移动占有更宽广的空间。形的大小是一种静的空间，事物运动则画出一种动的空间。时间的疾速也形成一种力量，有助于形成壮美："有如兔走鹰隼落，骏马下注千丈坡，断弦离柱箭脱手，飞电过隙珠翻荷"（苏轼《百步洪》）。兔的奔跑之所以与鹰隼疾落有同感，水珠翻荷之所以与闪电有同感，都在于其速度和由速度带来的空间、紧张与力量。那些本来就具有巨大形体的事物，在极速的时间中就更显其壮美了：自远而至的铁骑奔驰，顷刻而至的疾风骤雨，"黑云翻墨未遮山，白雨跳珠乱入船"（苏轼《六月二十七日望湖楼醉书》）。时间的缓慢形成优美，是因为其展示了一个较小的空间，花朵悠悠地坠落，小石投水，水圈慢慢地扩展，家舍上的炊烟袅袅上升，青山中的白云轻轻移动，这些都是中国诗歌中的优美境界："白云依静渚"（刘长卿《寻南溪常道士》），"墟里上孤烟"（王维《辋川闲居赠裴秀才迪》），"泉声咽危石"（王维《过香积寺》），"轻罗小扇扑流萤"（杜牧《秋夕》），等等。

第三，力量上的强与弱。空间的大和时间的疾本身就意味着力量的强，空间的小和时间的缓内在地意味着力量的弱。但力量本身也有独自的功能。形状相同，凝重的青铜器与白色的瓷器摆放在一起，一个壮美，一个优美。同一洞庭湖，当"阴风怒号，浊浪排空"之时，显出一种巨大力量，为壮美；当"春和景明，波澜不惊，上下天光，一碧万顷"（范仲淹《岳阳楼记》）之时，则为优美。"黄河西来决昆仑，咆哮万里触龙门"（李白《公无渡河》），这是力量的壮美；"自在飞花轻似梦"（秦观《浣溪沙》），"无力蔷薇卧晓枝"（秦观《春雨》），这是力量的优美。

第四，性质上的柔与刚。力量的强与弱和性质的柔与刚既有联系又有不同。事物的性质本身就决定着其趋向壮美还是流向优美。淡烟、流水、春花、秋月、微风、细雨、小桥、农舍，性本属柔；浓雾、大海、巨石、重铁、高山、暴雨、大教堂，性质显刚。刚与壮美相连，柔与优美一体。牛虽大，但因性情和顺而趋向优美：牧童牛背轻吹笛，曲染夕阳晚山红。豹形体比牛小，但因性情凶猛而趋向壮美。希腊雕塑《掷铁饼者》同《米洛斯的维纳斯》的壮美与优美之分，主要在于男女刚柔之别。"岱宗夫如何，齐鲁青未了"（杜甫《望岳》）的壮景与"日出江花红胜火，春来江水绿如蓝"（白居易《忆江南》）的秀丽，其区别也在于性质的刚与柔。

以上区分，仅为了理论上的解剖，在现实中，优美或壮美的客体往往集多种性质为一体。“飞流直下三千尺，疑是银河落九天”（李白《望庐山瀑布》）的庐山瀑布，同时具有空间的大、力量的强、质量的重、速度的快、气势的壮；而风微花离叶，“风定花犹落”（释正觉《偈颂七十八首》其一）的境界，则同时包含了空间的小、力量的弱、质量的轻、速度的慢、性质的柔。

（三）典雅与俗妙

典雅与俗妙是从社会趣味类型来区分的。典雅与宫廷讲等级和秩序有关，要把自己与下层大众区别开来。俗妙是下层大众的世俗趣味，主要是都市大众和乡村大众的趣味。典雅与俗妙是从与优美和壮美不同的角度对美的定义。不是从大小、快慢、强弱、刚柔，而是从与世俗相区别的典雅之韵，或与典雅有不同的世俗之趣，进行区分。因此，典雅与俗妙同优美和壮美有交汇，更有不同。典雅中有优美和壮美，世俗中也有优美和壮美。世俗中的优美如艳情小说中的版画插图，直白浅露；像民间年画中的美女娃娃，浅显可爱。世俗中的壮美像《水浒》中的黑旋风李逵，口骂粗话，举起板斧，不要命地在敌军中乱砍猛杀；像《三国演义》中的张翼德，当阳桥上一声巨吼，吼断了桥梁水倒流。美的四类，可如图 4－9 所示：

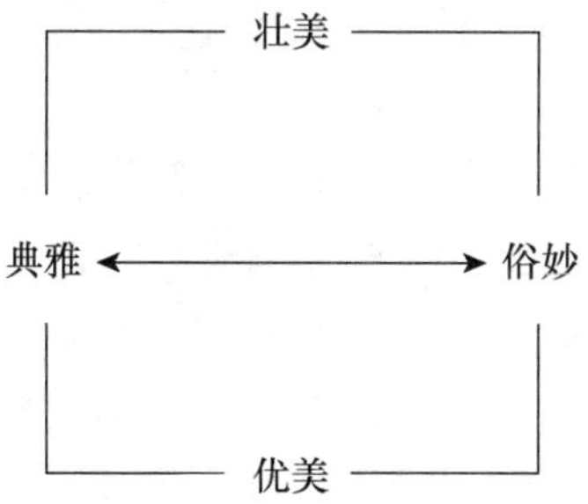

图 4－9　美的类型

与典雅相对的俗妙，在中国、西方、印度，本是民间文学的特点，但当城市兴起和市民兴起后，俗妙之美出现了新的艺术形式——小说和戏剧。中国宋代说唱文化在都市兴起，产生了欣赏说唱艺术的“里耳”。绿天馆主人在《古今小说序》中说：“大抵唐人选言，入于文心，宋人通俗，谐于里耳。天下之文心少而里耳多，则小说之资于选言者少，而资于通俗者多。试令说话人当场描写，可喜可愕，可悲可涕，可歌可舞；再欲捉刀，再欲下拜，再欲决脰，再欲捐金；怯者勇，淫者贞，薄者敦，顽钝者汗下。虽小诵《孝经》《论语》，其感人未必如是之捷且深也。”总的说来讲了三点：一是俗的“里耳”与雅的“文心”在性质上不同，二是时代造成“里耳”众多，三是“里耳”之俗美同样具有巨大的价值和意义。俗美现象在西方的中世纪体现在各类插图画中，文艺复兴以后产生的新文艺形式，如薄伽丘的《十日谈》、拉伯雷的《巨人传》、乔叟的《坎特伯雷故事集》，凸显了与典雅之美不同的世俗之美，开创了西方的小说形式。在印度，格比尔达斯（Kabiradasa）的通俗诗做了同样的强调：

高处不停留，
水往低处走；
高处受干渴，
低处喝个够。[①]

世俗之美，用李贽的话讲，就是说老百姓自己喜欢的话，“市井小夫，身履是事，口便说是事，作生意者但说生意，力田作者但说力田，凿凿有味，真有德之言，令人听之忘厌倦矣”（《答耿司寇》）。用徐渭的话讲，就是不但内容是世俗的，形式也要是世俗的、家常的、直白的：“语入要紧处，不可著一毫脂粉，越俗越家常，越警醒！此才是好水碓，不杂一毫糠衣，真本色”，“越淡薄越滋味，越不扭捏动人越自动人”（《题昆仑奴杂剧后》）。徐渭还说：“夫曲本取乎感发人心，歌之使奴、婢、童、妇皆喻，乃为得体”（《南词叙录》）。这里的得“体”就是具有自己的审美类型。这一俗美形式在小说和戏曲中有很好的发展。中国美学家常用两个字来形容小说和戏曲的俗美境界：奇和妙。二者既有区别又有关联，还有相通。金圣叹在《水浒传》第四十一回中的一句夹批中说：“奇人奇事奇文，亦是妙人妙事妙文。”毛宗岗评《三国演义》和金圣叹评《西厢记》都不断用到“奇”字和“妙”字。因此，对于与雅典相对立的俗美，用一个名称来总括其作为美的类型的特点，可以称之为“俗妙”。这种美就内容来讲是“俗”的，从境界来讲是“妙”的。在西方美学里，莎士比亚的戏剧与拉辛的戏剧比起来，是俗妙之美与雅典之美的对比。在印度，《小泥车》与《沙恭达罗》比起来，前者是俗妙之美，后者是雅典之美。

与俗妙相对立的是具有文化精致性的典雅。就与优美和壮美的不同而言，典雅不像优美那样偏于绮丽温柔，也不像壮美那样充满豪气，它是超凡脱俗的。这种超凡脱俗有多种表现形式。典雅在西方，就是17世纪法国的宫廷趣味：举止高雅，仪态讲究，谈吐文雅，绝不说粗话，当不得不涉及人体不雅的部分、社会不雅的事情时，也一定不直说，而是用一些文雅的隐喻。其绘画，以布歇为代表，以高贵的帝王、贵妇、宫廷的高雅娱乐方式为题材；其戏剧，以高乃依和拉辛为主流，描写和塑造理想的人物，叙事结构严谨雅致，遵照理性，没有与情节不相关的插曲，语言准确、明晰、合乎逻辑。其建筑，就是凡尔赛宫，按照明晰、对称、理性、精美的几何图形展示上流社会的高贵和雅致。

典雅在印度，就是舞蹈中对形体动作的详细规定和意义定义。面部的头、眼光、眼珠、眼睑、眉、鼻、颊、唇、颏、颈，肢体的手、胸、肋、腹、腰、大腿、小腿、脚，姿势的站姿、步姿、坐姿、睡姿，每样规定之细，出乎非印度文化的想象，如头的动作13种、眼光36种、眉7种、鼻6种、颊6种、唇6种、颏7种、颈9种。且看鼻的6种：

(1) 紧缩，用于间歇性哭泣和叹泣；
(2) 松弛，用于忧郁、焦灼、忧虑和悲伤；
(3) 张开，用于闻到怪味、吸气以及愤怒和恐惧；

① 薛克翘，唐孟生，姜景奎．印度中世纪宗教文学：上卷．北京：昆仑出版社，2011：127.

(4) 深吸，用于闻到香味和深呼吸；
(5) 收缩，用于喜笑、厌恶和嫉妒；
(6) 自然，用于通常的情状。

动作与意义的固定联系使动作模式化、象征化，同时也典雅化。

典雅在中国，如《论语·乡党》中所呈现的，是孔子的一举手一抬足无不合乎礼。政治场合，入朝门，显得畏惧而谨慎，上堂提起衣裳下摆，恭敬谨慎，憋住气好像不能呼吸，走出来面色放松，怡然自得。朝廷里说话简洁明晰，与下大夫说话显得温和快乐，与上大夫说话显得恭敬严肃。日常生活中，吃饭不说话，睡觉不说话；座席未摆正，不坐；上车，一定先端正站好，拉着扶手带；在车中，不向内回顾，说话不急，不用手指指点点；等等。因此，刘勰《文心雕龙·体性》中说"典雅"是"熔式经诰，方轨儒门"。典雅体现为宫廷仪式和儒生的礼节，但在政治场合，仪式礼节之雅易蜕变为虚伪做作，也就成了流俗。于是，中国之雅更纯正体现为士人区别于世俗的隐逸之趣。这就是《二十四诗品》中写的"典雅"一品：

玉壶买春，赏雨茆屋。
坐中佳士，左右修竹。
白云初晴，幽鸟相逐。
眠琴绿荫，上有飞瀑。
落花无言，人淡如菊。
书之岁华，其曰可读。

好一个"落花无言，人淡如菊"，这就是陶渊明的境界。陶渊明虽只有"方宅十余亩，草屋八九间"(《归田园居》其一)，但可"倚南窗以寄傲"，观"云无心以出岫"(《归去来兮辞》)，能"采菊东篱下，悠然见南山"(《饮酒》其五)，他"不解音声，而畜素琴一张，无弦；每有酒适，辄抚琴以寄其意"(《宋书·陶潜传》)。典雅更典型地体现在唐宋士大夫的城市园林艺术之中。园在城市之中，面积不大，但却通过置石（元结《宿洄溪翁宅》："怪石寒泉近岩下"）、叠山（白居易《累土山》："堆土渐高山意出，终南移入户庭间"）、理水（高骈《剧谈录》卷下"李相国宅"讲李德裕的平泉庄"引泉水，萦回穿凿，像巴峡洞庭十二峰九派"）、莳花（李德裕《平泉山居草木记》："木之奇者，有天台之金松、琪树，稽山之海棠、榧、桧，剡溪之红桂"），形成各种精致高雅的景观。特别是宋代士大夫之园，不仅追求园中景观的精致，而且讲究园中之趣，琴、棋、书、画、诗、文、茶、香、花木、文玩都是不可少的。文玩中的一个重要内容就是对古器的赏玩，故宋代形成了"学士大夫雅多好之"的局面：欧阳修对"汤盘，孔鼎，岐阳之鼓，岱山、邹峄、会稽之刻石，与夫汉、魏已来圣君贤士桓碑、彝器、铭诗、序记，下至古文、籀篆、分隶诸家之字书，皆三代以来至宝，怪奇伟丽、工妙可喜之物……好之已笃"(《〈集古录目〉序》)，李公麟"好古博学，长于诗，多识奇字，自夏、商以来钟、鼎、尊、彝，皆能考定世次，辨测款识。闻一妙品，虽捐千金不惜"(《宋史·李公麟传》)。古器能引发超越当下的幽思，能表现收藏者的学识，能凝结玩赏者的高雅。它呈出的是一种胸怀、一种情性、一片趣味、一颗心灵：

（袁文）有园数亩，稍植花竹，日涉成趣。性不喜奢靡，居处服用率简朴，然颇喜古图画器玩，环列左右，前辈诸公笔墨，尤所珍爱，时时展对，想见其人。（袁燮《行状》）

（金应桂）晚居西湖南山中，筑荪壁山房，左弦右壶，中设图史古奇器。客至，抚摩谛玩，清谈洒洒。（厉鄂《南宋杂事谈》卷五）

吾辈自有乐地，悦目初不在色，盈耳初不在声。尝见前辈诸老先生，多畜法书、名画、古琴、旧砚，良以是也。明窗净几，罗列布置，篆香居中，佳客玉立相映，时取古文妙迹，以观鸟篆蜗书、奇峰远水、摩挲钟鼎，亲见商周。端砚涌岩泉，焦桐鸣玉佩，不知身居人世。所谓受用清福，孰有逾此者乎？（赵希鹄《〈洞天清禄〉序》）

同文玩一样，茶和香所表现的也是异于世俗的高雅。茶和香作为园林的组成部分，更主要是作为园林中人心灵的组成部分，是宋人的创意。士人们“把《茶经》《香传》，时时温习”（刘克庄《满江红》），把分茶、着棋、写字、弹琴、品诗、赏画、玩古视为一律。因此，我们看到士人“每与同舍焚香煮茶于图书钟鼎之间”（陆游《心远堂记》），看到文同“唤人扫壁开吴画，留客临轩试越茶”（文同《北斋雨后》）。品茶是园林中的雅趣，更是园林中人心灵的一种意境：“城居可似湖居好，诗味颇随茶味长”（周紫芝《湖居无事日课小诗》）。香与雅室的清谈配合：“有客过丈室，呼儿具炉薰。清谈似微馥，妙处渠应闻”（曾几《东轩小室即事》之五）。香也与淡淡的心境相应：“小院春寒闭寂寥，杏花枝上雨潇潇。午窗归梦无人唤，银叶龙涎香渐消”（胡仔《春寒绝句》）。香还把人引向形上之思：“夜深人静，月明当轩，香爇水沉，曲弹古调，此与羲皇上人何异？”（赵希鹄《洞天清禄・弹琴对月》）。当然，香更多是与宋人的闲情相连，欧阳修《一斛珠》中的“酒醒明月空床满，翠被重重，不似香肌暖。愁肠恰似沉香篆，千回万转萦还断”和李清照《醉花阴》中的“薄雾浓云愁永昼，瑞脑销金兽……东篱把酒黄昏后，有暗香盈袖。莫道不销魂，帘卷西风，人比黄花瘦”，这类闲愁别绪都与香联系在一起，在宋人的庭院中也在宋人的心灵中萦绕飘荡。有了诗、词、书、画、乐、茶、香、文玩，士人之典雅就流溢出来。朱长文的乐圃园中“冈上有琴台，琴台之西隅有咏斋，此予尝抚琴赋诗于此，所以名云。见山冈下有池……池中有亭，曰‘墨池’，余尝集百氏妙迹于此而展玩也。池岸有亭，曰‘笔溪’，其清可以濯笔”（《乐圃记》）。王诜“博雅该洽，以至弈棋图画，无不造妙。写烟江远壑，柳溪渔浦，晴岚绝涧，寒林幽谷，桃溪苇村，皆词人墨卿难状之景。而诜落笔思致，遂将到古人超轶处。又精于书，真行草隶，得钟鼎篆籀用笔意。即其第乃为堂，曰宝绘，藏古今法书名画。常以古人所画山水置于几案屋壁间，以为展玩，曰：要如宗炳，澄怀卧游耳”（《宣和画谱》卷十二）。在这里可以明显地看到“典雅”所包含的意趣，所呈现的人的活动在其中的境界，审美之玩给宋人带来一种动感，使园林成为一种心园。本来诗、书、画、琴自士人园林自东晋南朝以来，就是园乐的组成部分，但宋人之园的置石、叠山、理水、莳花之实境与人的诗、词、书、画、琴、茶、香、文玩之雅态已经以后者为主而交融为一体。诗心、词意、书趣、画境、乐情、茶韵、香情构成了宋代士人园林的主态，也创造了中国文化独特的典雅之美。

三、古典美学类型：悲（悲剧、崇高、悲态、慈悲）

悲作为审美对象，是人与现实的审美关系达到一定程度的产物。美与人具有同一性，对人有肯定意义；悲则与人具有敌对性，与人处于否定意义关系中。对人有敌对性、否定意义的客体能成为审美对象，在于两个相反相成的条件：其一，人在历史发展中不但达到一定的物质层级，最主要的是在思想上进入理性层级。在此基础上，敌对的、否定意义的悲，才不仅是悲，不仅具有否定性，而且可以成为审美对象。其二，人虽然具有一定的物质和思想基础，但还未强大到对客体具有绝对优势，还不能征服客体，所以客体虽然可以成为审美对象，但不是成为与人具有同一性的、肯定意义的审美对象，而是成为对人具有敌对性的、否定意义的审美对象。这构成悲的二重性和动态性。一方面，悲是人目前还未把握（或征服），还不能把握（或征服），甚至不知能否把握（或征服）的对象，如宇宙时空、狂暴自然、社会中仍很强大的敌对力量；另一方面，人又处在把握（或征服）它的过程中，怀着把握（或征服）它的信心和愿望，甚至不知能否真正把握（或征服）也仍进行着把握（或征服）。这一深知对象强大的“知其不可”的面对和深怀“必须去做”的信念，构成悲主体与客体的基本核心，这一核心在不同的文化中产生了不同的悲的类型，较为经典的是，在西方出现了悲剧和崇高，在中国产生了悲态，在印度产生了慈悲。

悲是一种普遍的审美现象。中、西、印美学在不同的文化基础上进行了对悲的研究。西方文化把世界看成已知-未知二分世界，未知世界与人的敌对性影响悲的审美类型和理论言说，形成古代的悲剧和近代的崇高两大类型，以及现代以后的荒诞和恐怖类型。中国文化假设了一个全知世界，人所面临的未知在全知世界的总框架之内，因此，悲呈现为无奈与顺应合一的悲态。印度文化设定了一个空幻的二元世界，产生了如何从幻相性现象之悲升华到大全性的超越悲的空境，形成了悲的慈悲类型。

西方美学在进入现代之前，对悲的研究主要集中在悲剧和崇高上。悲剧一直是西方美学研究的一大主题。亚里士多德《诗学》为悲剧奠定了基本要点：悲剧性质，模仿严肃的行动；悲剧人物，比一般人好但又有缺点；悲剧效果，通过人物的毁灭产生恐惧和怜悯，使人得到净化。以后的悲剧理论都围绕着这些基本要点展开说明：悲剧性质展开为命运悲剧、性格悲剧、社会悲剧，但又都围绕着共同特点，即行动、冲突、失败；悲剧人物也展开为多样，代表伦理的人（黑格尔）、伟大的人（古典主义者）、有伟大痛苦的人（车尔尼雪夫斯基），还可以是“贫乏与败坏的人”（里普斯），但也围绕着一个共同点，即人物要能引起特定的悲剧效果；悲剧效果同样众说不一，黑格尔认为悲剧效果是更高层级上的和解，在两种都具有合理性和片面性的力量同时毁灭的后面是绝对理念的胜利，叔本华认为是揭示出人生的可怕方面，使人自愿退出历史舞台，但也有一个中心点，即悲剧给人以强烈的情感震撼，并使人对宇宙人生有一种深层体悟。

西方的崇高理论可溯源到古罗马的朗吉努斯（Casius Langinus），但那时崇高只是一个表示文章风格的概念。作为美学的崇高始于近代，各种崇高理论纷纷出场：在如何理解崇高与美的关系上，以伯克（Edmund Burke）、康德、布拉德莱（F. H. Bradley）为代表的崇高理论把崇高与美对立起来，而凯瑞特（E. D. Carritt）等人则认为崇高也是一种美；在如何定义崇高上，伯克、康德以与人敌对为核心，而布拉德莱的崇高则既有与人敌对的，也有与人一致的。然而，不管崇高属于美还是异于美，也不管定义崇高有多少差异，对崇高的感受都是一致的：从痛感到快感。崇高理论主要是西方近代理论，因此，伯克和康德的理论是西方崇高理论的核心。

中国美学对悲的研究主要集中在悲态上。作为美学类型悲之一的悲态，不同于心理正常的喜怒哀乐悲中的悲。正常的悲情是与天地人规律合拍的，“悲落叶于劲秋，喜柔条于芳春”（陆机《文赋》）是人的正常反应，“嘉会寄诗以亲，离群托诗以怨”（钟嵘《诗品序》）也是人的正常反应。美学之悲的悲态，是一种偏离的悲，是感受到人与社会、人与宇宙之对立一面时的悲，是一种带着哲学询问的悲，是“今人不见古时月，今月曾经照古人”（李白《把酒问月》）的深度沉思，是“为问新愁，何事年年有”（冯延巳《鹊踏枝》）的沉痛询问，是“高山有崖，林木有枝。忧来无方，人莫之知”（曹丕《善哉行》）的苍凉迷茫。在中国天人合一哲学中，这两种悲常常混在一起，但以美学之眼还是可以将之区别开来。司马迁说屈原著《离骚》等“皆意有所郁结，不得通其道也，故述往事，思来者”（《史记·太史公自序》）的“发愤著书”，韩愈“不得已而后言，其歌也有思，其哭也有怀”（《送孟东野序》）的“不平则鸣”，李贽“诉心中之不平，感数奇于千载”的“发狂大叫，流涕恸哭，不能自止”（《杂说》），说的都是这种美学悲态。

印度美学对悲的研究，于印度教，体现在公元前后出现并于4世纪定型的印度教《舞论》重在世间的悲悯味；于佛教，体现在公元2或3世纪龙树（Nāgārjuna）的《大智度论》中，探索着与本体之空相连且内蕴着大乘佛教普度众生宏愿的慈悲，《大智度论》（卷四十）和3、4世纪间的《大般涅槃经》（北本卷十五）都讲了有大、中、小三种慈悲①。两教文献呈现了印度之悲的基本结构。婆罗多《舞论》讲：悲悯味产生于常情的悲，有因诅咒而出现命运变化产生的折磨、灾厄之景，因与心爱之人分离和失去财富而产生的命运之悲，因囚禁、落难、死亡而产生的命运之悲②；把世间之悲的现象形态做了较为体系的呈现。佛教则更多地把悲与出世间关联起来。《大智度论》卷二十七说：“慈悲是佛道之根本”③。慈悲即从本体高度，面对众生的悲苦拔（解除）苦与（给予）乐。佛教的慈悲有两点最为独特，一是当苦的对象以俗谛之眼去看是坏人时，也应给予慈悲。在大、中、小三种慈悲中，最高境界为大悲，即以无差别的态度对待一切。在印度文化中，俗谛和下梵是有差别的，真谛和上梵是无差别的。以无差别的空心去看待悲苦，是印度美学的最高境界。二是给予慈悲却将失去生命时，在世间生命因困而悲的基础上，又加进了为之献身的内容。在慈悲行动的死亡中对慈悲之死的认知，带来的是思想的升华。当人舍去自己的一切尤其是生命投入到对他人的“拔苦与乐”中时，一种独特的美学之悲由之而生。下面关于悲的四大古典类型的呈现，按冲突与弥合比重，先讲西方强调冲突的悲剧和崇高，再讲中国强调顺应的悲态，最后讲印度具有超越性的慈悲。

---

① 龙树菩萨．大智度论：中册．鸠摩罗什，译．王孺童，点校．北京：宗教文化出版社，2014：790-191.

② 婆罗多．舞论//南亚文化．梵语诗学论著汇编：上册．黄宝生，译．北京：昆仑出版社，2008：49.

③ 龙树菩萨．大智度论：上册．鸠摩罗什，译．王孺童，点校．北京：宗教文化出版社，2014：538.

（一）西方美学之悲的悲剧

西方美学之悲的悲剧是在已知-未知二分世界中产生的。西方悲剧呈现的是对在已知世界所关联的未知世界中不能把握的东西的一种抗争。西方悲剧面对的一般是有形的或能够作为有形之物来对待的东西。在古希腊悲剧里，《普罗米修斯》的反抗完全集中在宙斯身上，《俄狄浦斯王》中的命运本是无形的，但却以人格化形象出现，有神谕，能降瘟疫。悲剧的对象是与人敌对的，而且是邪恶的。《普罗米修斯》中的宙斯是恶的，《俄狄浦斯王》中的命运也有恶的内容。这使悲剧有了与悲态不同的性质：激烈的冲突和坚决的抗争。还有一点也是非常重要的，悲剧要呈现人自身的有限性，因此悲剧的冲突双方可能都有片面性，如《安提戈涅》中代表城邦的克瑞翁和代表亲情的安提戈涅，这种悲剧冲突提出了一种对人生和社会的更深刻的思考。

美学类型中的悲剧在西方艺术中发展得最充分，虽然它表现在各个艺术门类中，包括雕刻（如《拉奥孔》）（图 4-10）、绘画（如《贺拉斯之誓》）、音乐（如《命运交响曲》）、小说（如《卡门》）等，但最集中地体现在戏剧中。西方理论家把悲剧分为命运悲剧、性格悲剧、社会悲剧。古希腊主要是命运悲剧，把阶级、国家、民族、伦理等冲突以人与命运冲突的形式表现出来，《俄狄浦斯王》是其中的典型，俄狄浦斯注定有杀父娶母的命运，他无论怎么反抗都逃脱不掉这个命运。文艺复兴时期主要是性格悲剧。悲剧的原因不在于敌对力量的强大，而在于悲剧主人公性格上的弱点。《哈姆雷特》的主人公哈姆雷特性格犹豫，一再拖延，错过多次复仇良机，最后在比剑中，随同篡位者、皇后、雷欧提斯的死，自己中毒死去。近代主要是社会悲剧，描写邪恶而强大的社会力量与善良美好的愿望和理想的冲突。易卜生的《人民公敌》中，上层资产阶级只为赚钱而不顾人民的健康，把坚持正义的斯多克芒医生宣布为人民公敌。奥斯特洛夫斯基的《大雷雨》中，落后的封建家族制度扼杀了美丽善良的卡捷琳娜的生命。这些划分虽然远未穷尽各类悲剧，但还是大致描绘出了悲剧的主要类型和历史阶段的特征。三类悲剧也具有内在一致性，这种一致性构成悲剧的总体特征。

图 4-10 《拉奥孔》

悲剧描写社会对立面之间的剧烈矛盾冲突。其中，国家、民族、阶级、集团、制度、伦理、观念的冲突以人与人的冲突的形式表现出来。在冲突的双方中，悲剧主人公具有正义性和善良性，如俄狄浦斯、安提戈涅、美狄亚、哈姆雷特、奥赛罗、娜拉、斯多克芒等，主人公的对立面带有邪恶性和卑鄙性，如《俄狄浦斯王》中的命运、《安提戈涅》中的克瑞翁、《美狄亚》中的伊阿宋、《哈姆雷特》中的克劳狄斯、《奥赛罗》中的伊阿古、《玩偶之家》中的海尔茂、《人民公敌》中的市长等，悲剧的主调是抗争。悲剧主人公面对强大的敌对力量，不因自己的弱小而怯怕，也不因可能的悲剧结局而退缩，表现出正义、善良、弱小面对不义、邪恶、强大时的大无畏勇气。因为具有这种勇气，俄狄浦斯敢于反抗命运，安提戈涅敢于反抗国君；这也是奥赛罗在蒙蔽中杀妻的勇气和清楚事实后自杀的勇气，亦是娜拉毅然走出家庭的勇气；凭借这种勇气，《人民公敌》中的斯多克芒医生面对众多的恶势力傲然宣布：最孤独的人才是世界上最有力量的人。悲剧主人公之勇敢抗争和无畏勇气体现为轰轰烈烈的行动特征。俄狄浦斯为摆脱杀父娶母的命运，不顾神谕一次又一次逃避，结果次次难逃；在严厉追查“凶手”的过程中，不听预言一层层追查，直到追查出自己的“罪恶”，最后自刺双眼，自逐离国。斯多克芒在一个行动失败后又采取另一行动，一心要揭示真相，直到自己被宣布为人民公敌也仍不罢休。

悲剧冲突的结果往往是双方的失败和毁灭。随着安提戈涅死去，她的未婚夫、克瑞翁之子海蒙也死去了，然后海蒙之母、克瑞翁之妻自杀了，克瑞翁坚持自己无理决定的结果是家破人亡，自己也感到前途无意义。莎士比亚的《哈姆雷特》、拉辛的《安德洛玛克》（*Andromache*）、奥尼尔（Eugene O'Neill）的《悲悼》（*Mourning Becomes Electra*）三部曲都同样以尸体加尸体落幕。悲剧主人公斗争、失败、毁灭的同时，就是给敌对力量以摧毁，或是一同毁灭，或是其邪恶、不义、片面被完全暴露出来。悲剧的结局突出了悲剧主人公的崇高性，显出了对邪恶、不义、片面的巨大冲击力。

抗争、行动、毁灭是悲剧的三要素。抗争内含双方的力量对比和道德属性。行动是抗争的具体化，这就是理论家一再强调情节的重要原因。毁灭是行动的结果。这由冲突双方的力量对比决定。由于悲剧的抗争和行动，悲剧的悲是一种刚强的悲；由于这种悲所具有的正义性，悲剧的毁灭是一种趋向崇高的死。正义、抗争、崇高的死构成悲剧哲学的主要内容。

（二）西方美学之悲的崇高

悲剧是走向崇高的死，崇高却在悲剧中走向生。悲剧多展现社会冲突、人与人的冲突，作为审美，基本是通过艺术表现出来，它在现实冲突中几乎难以让人采取审美态度。崇高却不限于社会，也不仅仅在艺术中才被唤起，那无边大海掀起的惊涛骇浪、那骤然而至夹着闪电雷鸣的狂风暴雨直接可以唤起崇高感。悲剧要有一个完整的行动，崇高却可以只是一个场景。

谈悲类型中的崇高，应先将它与美类型中的壮美区别开来。崇高与壮美既有区别又有联系，既有不同又有交叉，特别是在空间巨大的事物上，如耸入云霄的高山和一望无垠的大海，崇高论与壮美论都将之划进自己的范畴。根据本书的观点，高山、大海都有空间和力量巨大的感性特征，但要划入哪个范畴，则看它们在内容上与人的关系如何，即是与人同一的，还是与人敌对的。同一即壮美，敌对即崇高。壮美建立在人与世界同一的基础上，人心与世界的基本结构是同构的，人的感性知觉与世界在根本上是和谐的。崇高的基础是人处于一个已知-未知二分的世界，对象与未知世界相连，是人尚未把握的客体，是与人的心理内容和感官知觉产生矛盾冲突的客体。壮美感是人对与自己同质的雄伟事物的欣赏，是从快感到更大的快感；崇高感却是人因战胜了一个恐怖敌人而产生的快感，是由痛感转变为快感。在西方的二分世界中，高山、大河被视为与未知相连、与人敌对，就像康德所讲，延绵无边、高耸入云的高山，人的视觉无法将之作为一个整体来把握，于是深感想象力把握不住客体，感性受到阻滞，人感到自己的无力与渺小。诗人济慈在《本·尼维斯山》一诗中表达了与康德完全一样的感受：

诗神哟！从蒙雾的尼维斯山巅，
请教我一课，请大声说！
我窥视深渊，深渊藏在一片雾中，——
人类对地狱所知道的，也就这么一点；
我仰望，这一片阴沉的雾，——
人类对天堂所能说的，也就这么一点；
雾障铺展在大地上，在我脚下，——
人看到自己也这般，也这般朦胧！
在我脚下是嶙峋的石头，——
我就知道这么一点；
我踩着个可怜无智的妖精——
我眼见的全是大雾和巉岩，不仅在此山，
也在思想的智力的世界里。

登上本·尼维斯山，济慈看到天在雾中、地在雾中，立即感到人对天堂、对地狱、对人本身知道得如此之少，无限未知的宇宙与有限渺小的人类形成对比，已知与未知的冲突使人立即感到自己知之甚少而未知太多，无限未知的世界与有限渺小的人类形成对比，人与宇宙的对立油然而生，真是四顾茫然，由之而感受到的当然是崇高的痛感。

然而，在中国天人合一的观念里，高山、大河是与人合一的“道”的表现，是地理上的自然形态，生于天地间、与天地相参的人对之产生的反应就是壮美。王维远眺汉江：

楚塞三湘接，荆门九派通。
江流天地外，山色有无中。
郡邑浮前浦，波澜动远空。
襄阳好风日，留醉与山翁。(《汉江临泛》)

知觉上的无限被理性把握住，近接三湘，远连长江，视觉上的浩茫正好应和着哲学上的妙理，感受到的只是山河壮丽、澄怀味道的一片愉悦。杜甫登泰山，立于山下之时“岱宗夫如何？齐鲁青未了”，视觉之巨大，感受到的是把握住的壮观；登山过程中，“造化钟神秀，阴阳割昏晓”，视觉的变化与无穷引向的是哲学上的感悟；到了山巅，“会当凌绝顶，一览众山小”(杜甫《望岳》)，触发的是胸怀豁然宽广的豪情。王羲之登兰亭：“仰观宇宙之大，俯察品类之盛”，其感受是“游目骋怀，足以极视听之娱，信可乐也”(《兰亭集序》)。由此可见，人与形体力量巨大的感性客体同一还是对立，共振还是排斥，构成崇高与壮美区别的关键。

由于崇高与壮美的核心内容不同，所以它们的类集合也是不同的。把姚鼐关于阳刚之美的描述与伯克关于各种崇高客体的描述比较一下就很清楚。例如，毒蛇只属于崇高而不属于壮美。崇高与壮美在外在形式上毕竟有很多重叠，故而时常会被混淆在一起。

凯瑞特综合各种崇高理论，把崇高看成联系主体感受的动态系统，总结为四个阶段：

(1) 引起我们情感的超常的体积或力量；
(2) 首先是一个受挫或拒绝的消极状态；然而
(3) 随后，一个自我扩张或者提高，其最后的情感是
(4) 与客体合一的积极情感。①

接着，凯瑞特用这四个阶段的标准查看客体，列出五类：

A. 客体满足(1)、(3)、(4)，但不必有(2)，如彩虹、高山；
B. 客体满足(2)、(3)、(4)，但不必有(1)，如伦勃朗的《老乞丐》；
C. 客体满足(2)、(3)，但不必有(1)或者(4)，如毒蛇、人格化了的贫困；
D. 客体满足(1)、(2)、(3)，但不必有(4)，如命运、伊阿古、地震；
E. 客体满足(1)、(2)、(3)、(4)，如耶和华、英雄悲剧。②

凯瑞特为了使崇高成为美的下属概念，强调阶段(3)(情感的自我扩张或者提高)贯串在五类客体中。按照本书的观点，A类更多地属于壮美，E类更多地属于悲剧，B、C、D类都以阶段(2)为核心，即伯克和康德崇高理论强调的“痛感”，毒蛇和伊阿古正由此而成为崇高客体。伯克和康德理论是西方崇高理论的主潮。

伯克对崇高客体进行了经验性的广泛描述（必须解释一下，崇高客体并不是崇高，而是引起崇高的初始条件，或曰起源）。崇高客体，于社会，是专制政府、异教徒的寺庙，“建立在人们的情感，主要是恐怖情感基础上的专制政府，不使自己的领袖在公开场合露面”③，给人一种可怖的神秘性，同理，异教徒的寺庙里，其偶像都处于黑暗之中；于动物，是狮、虎、狼、蛇；于自然，是悬崖、高山、布满星斗的夜空；在艺术里，是维吉尔和弥尔顿诗歌中的鬼魔，例如《失乐园》中的冥界君王：

似形而非形，支体迷离
似质而非质，有影无迹
影非影，质何质
他站在那里像黑暗一样
其凶残胜十倍复仇女神
其恐惧就是一座地狱
他舞着杀伐无情的枪矛
有物似王冠，盖蔽在头颅一般的矛头上

崇高客体，于色彩，是黑色、褐色、紫色等暗色；于声响，是雷霆、大炮、人群的叫喊、野兽的怒吼；于气味，是苦味和恶臭；还有太强的光，如强烈的日光、迅速的闪电。“过分的光，通过征服视觉感官，淹没一切客体，具有与黑暗相同的效果”④。这种种现象，

① E. F. Carritt. The Theory of Beauty. London: Methuen, 1914: 224.
② 同①224-225.
③ E. Burk. On Sublime and Beauty. New York: Collier & Son Co., 1909: 52.
④ 同③71.

伯克从性质上将其归类为晦暗、有力、巨大、无限、空虚、沉寂、困难、突然等，所有这些又围绕着一个核心：可怖性和与人的敌对性。

伯克说，巨大、危险、恐怖、可怕等是崇高的起源，但并不是在任何情况下都能成为崇高，要成为崇高，这些东西必须对人仿佛有危险但实际没有危险，也就是说，与人敌对的可怖客体要成为崇高客体，需要主体条件。康德进一步指出，崇高的主体条件是：其一，人处于安全地带；其二，人有一定的文化修养；其三，人有无所畏惧和抵抗的决心。这里其实包含两个层面，即个体境遇层面和人类历史层面，后一个层面对从理论上理解崇高更为根本。在洪荒时代，当人类还在从猿到人的漫漫长路中艰难行进时，伯克用崇高概念称谓的客体，对人来说，除了恐怖还是恐怖，根本没有崇高。之后，人类在与自然的斗争中不断地认识自然规律，并利用规律改造自然，使自然适合人的生存，于是有了人能够直接掌握的领域，在这已知的领域内，人达到自为的存在，从渺茫无际的大自然中取得"完全之地"，只有在这时，可怖的事物才会因为虽然恐怖未知但往往危及不了人类而逐渐成为人的观照对象。另外，有些事物虽然可怖未知且又时时加害于人，但人的实践力量使人有保护自己的"完全之地"，有一定的与之抗拒的能力，并且人用从实践活动中产生的、与自己的实践力量一致的观念来理解这些不可理解的可怖事物，这些事物才逐渐变为不仅是可怖的客体，而且是崇高的客体。从人类历史实践来充实伯克和康德的"仿佛有危险但实际没有危险"的内容，就比较全面了。简约地说，"完全之地"包括两层含义，一是人的实践带给人的类的力量，二是具体审美情境中单个人的安全和自信。类的力量积淀在个人中，个人表现着类的力量。只有通过具体审美，才能把深层的类的力量表现出来；只有从类的实践力量看问题，才能揭示具体审美的深层根源。

内容上可怖、与人敌对，感性形式上巨大、有力、晦暗、无限的客体，对人的感官知觉造成强烈的刺激，主体感受到痛苦，感受到自己的渺小、无能，经历着一瞬间的生命力的阻滞；但由于人处于安全地带，心里预先装满了一些观念，所以其实是，从根本上说，人是在已知世界中具有一定实践力量的基础上与崇高客体相对的。对于可怖、敌对的东西，依托着自己已获得的巨大胜利、丰富经验、深厚力量，人一回又一回地征服对方，一次又一次地显示自己力量的伟大和崇高。可怖的、与人敌对的客体虽然使人感到阻滞、被拒绝、不愉快、渺小、无力、刺痛等，但同时又激发起人再一次与之争高下的激情，激发起人再一次试验自己虽有挫折但最后屡胜的实践力量的愿望。崇高客体之感性形象的巨大、狂暴、粗犷，同时又是对人内心的激情、勇气、野性的激活，感受到自己应该具备对象的力量，以及能够具备对象的力量，甚至能够超过对象，因此在崇高的审美中，人感到阻滞、被拒绝、不愉快、渺小、无力、刺痛，之后马上是吸引、愉快、心情的改善、生命力更强烈的喷射等，从而使自己达到对象的力量高度，仿佛自己获得了对象的力量，主体与对象之间在力量本质上和巨大本质上获得了同一共感。在这种同一共感中，甚至会感到自己就处于对象里面的不知何者为我、何者为物的境界。

正是这种崇高审美中转换后的吸引、愉快、心情的改善、生命力更强烈的喷射和最后的同一共感，显出了崇高不同于悲态和悲剧的特色。悲态和悲剧的美感是在悲与死中对宇宙人生的体悟，崇高则完全从最初的痛感中超脱出来，转化为激情、昂扬、伸展、信心的胜利快感。

以可怖性、与人敌对为核心的崇高客体，其感性形式分为两大类：一是形体巨大，相当于壮美，它的确会随人实践力量的发展和已知世界的扩大而向壮美转化；二是形体一般或偏小但力量巨大，如毒蛇、狼，相当于丑、怪、优美，它的确会随人实践力量的发展和已知世界的扩大而向丑、怪、优美转化。

（三）中国美学之悲的悲态

中国美学之悲的悲态是在天人合一的全知世界中产生的。悲态是在天人合一的总框架中因个人的人生失意而来的沉痛，升华为宇宙人生本体询问的感伤情怀。悲态基于对宇宙规律的信仰，源于对宇宙规律正常性的偏离，悲态在偏离中不是询问何以要对宇宙规律设置偏离，而是询问“为什么是我碰上了偏离”，用屈原的话讲就是：“吾独穷困乎此时也”（《离骚》）。

离愁别绪，人之常情，古今共有，悲而不伤：“海内存知己，天涯若比邻。无为在歧路，儿女共沾巾”（王勃《送杜少府之任蜀州》），把离别之悲化解在一种宽大胸怀中，“浮云游子意，落日故人情。挥手自兹去，萧萧班马鸣”（李白《送友人》），离别柔肠在与景物的交流共振中保持了一种忧郁的平静。然而，离别在成为永久的失去，成为有离无合之时，就变为人生的否定性。离愁别绪也就转为美学的悲态。这就是江淹《别赋》中的“至如一赴绝国，讵相见期？视乔木兮故里，诀北梁兮永辞。左右兮魂动，亲宾兮泪滋。可班荆兮增恨，惟樽酒兮叙悲。值秋雁兮飞日，当白露兮下时。怨复怨兮远山曲，去复去兮长河湄”。所谓“黯然销魂者，惟别而已矣！”李后主失去“四十年来家国，三千里地山河”之时，伤感之情同样转升为美学的悲态：

> 自是人生长恨，水长东。（《乌夜啼》）
> 问君能有几多愁，恰似一江春水向东流。（《虞美人》）
> 无限江山，别时容易见时难。流水落花春去也，天上人间。（《浪淘沙》）

人生追求是人生意义的一个重要方面。需要追求的事物，总是闪耀着理想的、尽善尽美的光芒。然而，人对美好事物的追求，在具体的现实条件下，并不是都能实现。面对不可能实现的追求，有知难而退的人，也有明知不能实现但又偏要追求的人，后者就进入了美学的悲态：

> 我所思兮在太山，欲往从之梁父艰，侧身东望涕沾翰。美人赠我金错刀，何以报之英琼瑶。路远莫致倚逍遥，何为怀忧心烦劳。
>
> 我所思兮在桂林，欲往从之湘水深，侧身南望涕沾襟。美人赠我金琅玕，何以报之双玉盘。路远莫致倚惆怅，何为怀忧心烦伤。
>
> 我所思兮在汉阳，欲往从之陇阪长，侧身西望涕沾裳。美人赠我貂襜褕，何以报之明月珠。路远莫致倚踟蹰，何为怀忧心烦纡。
>
> 我所思兮在雁门，欲往从之雪雰雰，侧身北望涕沾巾。美人赠我锦绣段，何以报之青玉案。路远莫致倚增叹，何为怀忧心烦惋。（张衡《四愁诗》）

这里，美人是美好事物或理想的象征，但却远在山山水水之间，散在东西南北之外，诗人寻寻觅觅，欲近反远，阻碍很多，路远莫至。追求之情、悲伤之心，与美人一道，在山山水水中追寻，在东西南北间弥漫，在春夏秋冬中流动，愈长愈久愈深，铸成美学的悲态。

伟大抱负是人生意义的又一个重要方面。伟大抱负使人的各种潜能得以充分展开，人的力量、智慧、情感得以完全发挥，人的生存和生命显出迷人光彩。但在现实中，伟大抱负并非总能实现。与宇宙规律、历史发展、社会理想一致的伟大抱负在现实中落空，总是激起意气难平的人生悲情。屈原建法立制、富国强民、统一天下的理想在楚怀王的昏愦下落空了，于是有悲愤哀惋的《离骚》；杜甫"致君尧舜上，再使风俗淳"（《奉赠韦左丞丈二十二韵》）的理想在严酷的现实中落空了，这使他晚年的诗歌变得尤为悲凉萧瑟，"庾信平生最萧瑟，暮年诗赋动江关"（《咏怀古迹五首》）是杜甫对庾信的感伤，也是杜甫对自己老之已至、抱负落空的感伤。

离愁别绪、追求不得、抱负难展，这些日常情感之所以能上升到人生深悲和美学悲态的高度，从根本上说是在于个人人生的有限性，只有在人的有限性、暂时性和不可重复性这一基础上，人生失意才与哲学的本体意义有了联系。短暂人生使离愁别绪的悲情触到根本；个人的不可重复性使理想失落的幽怨带上了永恒性，美学悲态的深处包裹的就是个人的有限性和宇宙的无限性问题。因此，很多时候，美学悲态直接奔向天人之问。《晋书·羊祜传》说："祜性乐山水，每风景，必造岘山，置酒言咏，终日不倦。尝慨然叹息，顾谓从事中郎邹湛等曰：自有宇宙，便有此山，由来贤达胜士，登此远望，如我与卿者多矣，皆湮灭无闻，使人悲伤。"昼夜交替，春秋移换，没有开端亦无结束，送往迎来，怎不令人感慨良多："生年不满百，常怀千岁忧"（《古诗十九首》）。尤其是壮志难酬之人，宇宙时空更易激起他的人生悲情。理想落空的杜甫，最能体会"江边一树垂垂发，朝夕催人自白头"（《和裴迪登蜀州东亭送客逢早梅相忆见寄》）的滋味，陈子昂怀才不遇的悲情撞击出《登幽州台歌》这一千古绝唱："前不见古人，后不见来者。念天地之悠悠，独怆然而涕下。"苏轼在《前赤壁赋》中借吹洞箫者之口道出了永恒缠绕着人类心灵的悲态："寄蜉蝣于天地，渺沧海之一粟。哀吾生之须臾，羡长江之无穷。挟飞仙以遨游，抱明月而长终。知不可乎骤得，托遗响于悲风。"

美学悲态中的分与离、穷与达、生与死，都因从宇宙人生的高度去感受而有了一种哲学意义。这种意义的实质是人与自然、人与社会的对立，但在悲态中，与人对立的自然、社会不具体化为有形的对象，人说不出离别、失意、死亡应该怪谁。它就是一种自然大化和人生命运。因此，不是一个决裂和拼搏的问题，而是一个理解和顺应的问题。但理解并不能改变其敌对性，从而也不能改变自身的悲态。但因有理解，有对大化命运的理性确认，悲便带上了柔顺性，成为悲态。理性确认未改变悲态，却加深了悲态的哲学意义。理解虽然不能改变悲态，却可以把握悲态，使情感的深悲通过理性的把握而平静下去。黑格尔说，在给情感以形式的时候，理性就把握住了情感。这就是悲态作为美学类型对人的意义。

（四）印度美学之悲的慈悲

印度美学之悲的慈悲在空幻二元世界的框架中产生，从《舞论》呈现的世间的悲悯到《大般涅槃经》讲的慈悲，构成印度美学之悲的整体。在其中，慈悲中的大悲最具美学之悲的意义，又最能凸显印度美学的特色。且以《大智度论》《贤愚经》《六度集经》等好些佛经都讲过的"割肉贸鸽"故事（图4-11）和（如《贤愚经》《金光明经》《六度集经》等都讲过的）"舍身饲虎"故事（图4-12）为例，来看印度美学之悲的慈悲。

图4-11　敦煌254窟中的"割肉贸鸽"壁画

图4-12　敦煌248窟中的"舍身饲虎"壁画

先看"割肉贸鸽"故事。鹰要吃鸽子，鸽子逃呀逃呀，逃到尸毗王处。尸毗王要求鹰不要吃鸽子，鹰说："鸽子是一条命，我也是一条命。而今我饥饿不堪，不吃鸽子，我就要死。你既然要保护生命，那么就不能只保护鸽子的命而不保护我的命。"尸毗王说："我当然也要保护你的命，我从自己身上割下相当于鸽子重量的肉给你。"于是尸毗王找来一杆秤，一头放上鸽子，然后从身上割肉放到另一头上。但是，尸毗王割了一块又一块，始终够不上鸽子的重量。遍身流血的尸毗王于是将整个身体投向秤上①。在这一故事中，尸毗王的慈悲既是对鸽子的，又是对鹰的。鹰与鸽子在下梵和俗谛中，本性是对立的，由自然规律形成一种必然为悲的结构。尸毗王的慈悲超越这一对立，一视同仁地给予鸽子和鹰，希望将二者分别从下梵和俗谛之悲中拯救出来。当这一慈悲的初愿需要自己牺牲生命方能完成时，尸毗王义无反顾地让自己走向死亡。这就是印度人的大悲。有了自愿舍去生命以成就慈悲这一要项，慈悲之为美学之悲的内容就呈现出来。面对下梵和俗谛中不可调和的规律，尸毗王的自我献身形成一种印度型的审美之悲。

再看"舍身饲虎"故事。摩诃萨埵王子和两个哥哥一道去山里玩，见一母虎与刚出生的七只幼虎躺在地上，因饥饿而濒于死亡。在极度的饥饿中，母虎萌动了食子之心。

① 菩萨本生鬘论//乾隆大藏经. 北京：中国书店，2009：338-339.

萨埵王子决心以身救虎。他让两个哥哥先回，自己投身虎前，但众虎已饿得没有力气咬食他了。于是他用竹子刺颈出血，到高崖上，对准虎所在位置纵身跳下，落在虎前。众虎舔到他的血，有了气力，就开始享用他了①。如果说，割肉贸鸽是尸毗王面对鹰与鸽这样由天命带来的食肉动物和被食动物这一不可调和的矛盾，自己进入去解救一时之急，那么，在舍身饲虎中，虎本就是与人对立的，作为地上的大型食肉动物，虎本就是要吃人的，人却为了救吃人之虎而自愿献身。然而，在空幻二分世界的框架中，从本体之空来看现象之幻，一切对立皆是现象世界的幻相，在本体上是无差别的。这里已经不存在本质上的敌对，而只有在现象上各种生命按下梵和俗谛规律进行的生、住、异、灭的生存和灭后的轮回或解脱。解脱需要的是对趋向本体的意愿和朝向本体的执着，以及从宇宙本空的高度来看待世间的一切，实施向善的行动。

正是在本体为空和现象为幻的结构中，印度人对悲有了自身的心理逻辑。尸毗王面对鸽子遭逢外在之敌而生慈悲之心，摩诃萨埵面对老虎的饥饿之困而生慈悲之心，把自己投入悲地，这里要突出的不是外在困难的抗争和外在矛盾的解决，而是在感知到世界充满对抗和矛盾时，让自己生出与这一悲景世界具有同感共悲的宇宙大心，并将这一悲心贡献给这一悲景的解决，这悲心中内蕴着对宇宙万物的慈爱。尸毗王和摩诃萨埵之所以能产生如其所做的行动，是因为：第一，对现象世界拥有一种万物平等的无差别态度，对于世界上如鹰和鸽子这类外在于自己的对立，要以无差别观念去看，对于世界上与自身相关的人和虎这样的对立，还是要以无差别观念去看。第二，介入矛盾对立的现象之中，要以高尚的情怀一以贯之地进行。尸毗王面对一再割取身上的肉都不够一只小小鸽子的重量时，不去询问这里面是否有圈套，也不因有了先前未曾考虑到的新情况而去想应不应改变主意，只是抱定两点：一是救鸽子；二是自己决定了割肉，并与鹰达成了定约，就要毫不动摇一以贯之地做下去。摩诃萨埵面临众虎无力吃自己时，并没有因此一走了之，而是为了实现自己的初心想了新的办法。这是一种只从自身的逻辑一致性去展开的思路。无论对象、事件、世界怎样展开，无论对象、事件、世界在进行中发生了什么变化，都按照自己的初心与自身逻辑的连贯性去行动。问题的实质在于：外在之事，无论有心还是无意，都是自己不能把握、无法左右的。自己能持定的是自己的心，重要的是自己的心不受任何外在事件的牵引而偏离方向，完全按照自己内心的逻辑进行下去。在这两个故事里，人们看到了与西方和中国类似的矛盾、对抗、未知等造成悲的基本因子，但印度人以自己独有的慈悲方式，提供了一种超越矛盾、对抗、未知的新方向和新境界。尸毗王和摩诃萨埵在走向悲的同时，以一种宇宙本体的大悲给了现世的具体之悲一个新的方向。这一方向又只有在印度空幻结构的宇宙中才是可能的。

然而，如果面对现实中不可避免又无法解决的悲境，自己的社会责任就不能使自己牺牲肉体，相反要让自己在悲境之中走向胜利，正如《薄伽梵歌》中的阿周那面对亲族之间的战争，展望即将来临的尸横遍野的惨景，非常悲伤，想退出战场。薄伽梵告诉他，作为刹帝利，他应该进入战场，履行现世职责，但应该清楚个我与大我的关系、幻相世界与本空世界的关系。现世中有不可调和的矛盾必须解决，正如阿周那所在的般度族与

① 菩萨本生鬘论//乾隆大藏经. 北京：中国书店，2009：336-337.

敌对的俱卢族之间的冲突，但在本体上，却要超越作为幻相世界的现实冲突。因此，阿周那，作为现世的个我，要敌我分明，个我心中内在的宇宙大我却视敌我为一律①。作为个我，看重胜利，内在的宇宙大我却视胜败无分别；作为个我，要有正面结果，内在的宇宙大我却超越了功利②。正是在性空-幻有的世界结构和大我-个我的心理结构中，现实中的悲被提升为宇宙的大悲，一种具有独特性质的慈悲。

悲剧、崇高、悲态、慈悲，都是对与人敌对的强大东西的把握，都关涉到对人有否定意义的现实。中、西、印三大文化面对对人有否定意义的现实，进行的思考是不同的；而且，从自己的整体结构出发，把对人有否定意义的现实安放在整体结构的哪个位置上也是不同的。敌对者的性质也有差别。悲剧重在社会具体的矛盾冲突，崇高则遍于自然、社会、艺术中的各种情景，悲态主要在于个人命运与无情规律和自然大化的对立，慈悲则看重现实世界与本体世界之间的绝对不同。与之相应，面对敌对客体性质的差异，主体的情感也是不同的。在悲剧中，人虽然无法获胜，但可以而且决心去战，因而是壮烈的抗争之死；在崇高中，是由痛感到快感的复杂的心情和精神境界；在悲态中，人无法获胜，甚至无法去战，因而是柔性的、顺应的悲；在慈悲中，无论成为悲中的现实牺牲者，还是成为悲中的现实胜利者，最后都让主体从“假有”的现象界之悲升级到“性空”的超越境界。

四、古典美学类型：喜（怪、丑、滑稽）

喜，这里指令人发笑的东西（laughter）。因此，喜的理论也可以说就是笑的理论。但笑强调主体心理，喜与悲和美一样，既可指主体，也可指客体，是主客体的统一。喜的可笑不同于美的愉悦。喜之笑是主体与客体在性质上不平等的结果，主体明显地觉得对象低于自己，是自己笑的对象。美是与人同一的东西，悲是与人敌对、比人强大的东西，喜则是比人低级或卑下的东西。但喜又是很复杂的，这体现在两个方面：第一，如果历史被看成不断进化的，那么，喜的对象则偏离或低于当代的进化层级；如果历史被看成循环的，那么，喜的对象则偏离或低于社会的规定位置。总之，对正常朝低下方向的偏离产生了美学之喜。喜之所以成为审美对象，一个主要原因是，喜的对象总是有一个正常的假象，这个假象把其非正常的本质掩盖起来，在现象上就表现为用正常来掩盖自己的（对历史理性和现实理性的）偏离。因其偏离或低于当今的历史尺度和现实的正常尺度，人本不会用严肃认真的态度去对待；因其偏离或低下总是冒充正常，以正常的方式出现，人总会严肃认真地对待它，人一旦严肃认真地对待，就会猛然发现它不值得被严肃认真地对待，于是就产生了笑。这种笑构成喜的美学主流。第二，现实总是具体历史中的现实，从而总是有局限的；现实总是以整体利益为尺度，会根据整体所处的历史条件，压抑人不符合整体利益的某些个人欲望或禁止个人欲望的某些表达形式，这些“不好”的欲望和“不好”的表达方式，被认为偏离或低于历史尺度和正常尺度。这一不

---

① “对于同心者、朋友、仇敌，对于中立者、公正人和亲戚，对于圣贤、仇人和罪人，一视同仁者无与伦比。”（薄伽梵歌．张保胜，译．北京：中国科学出版社，1989：74）

② “为所应为而不念其结果。”（薄伽梵歌．张保胜，译．北京：中国科学出版社，1989：72）

应该出现的现象出现或不自觉地出现时，笑就产生了。笑构成喜的美学支流。第一种笑是对历史尺度和正常尺度的完全肯定，第二种笑在肯定历史和现实的正常尺度的同时，还包含着有意或无意的反抗。美学的喜之主要的一面是把喜的对象这一偏离或低于历史尺度和正常尺度的本质暴露在光天化日之下，将其掩饰和悖理展现在正常的理性之下，使人类能够愉快地与过去诀别，能够更健康地生存；次要的一面是对历史尺度和正常尺度中不得不有的局限一面的美学抵抗，通过这喜剧性的笑发泄心理压力，使人在必然存在心理压力和心理紧张的现实中平衡心理，从而能够在现实中健康地生存。

喜的理论在柯柏（David Cooper）主编的《美学词典》中被归在“humour”词条中，此处认为喜有三个理论传统①：

第一，不伦不类的组合（incongruity）理论。康德“期待落空”的乖讹说理论是其理论的起源与典型。人用某一正常态度去期待对象，但对象的行为让期待者的期待突然落空，在期待落空的时刻，主体突然感受到对象处在对正常的偏离或比正常低下的状态之中，笑就在这一时刻不由自主地产生出来，笑产生于对象的不正常表现与所处正常环境（历史尺度和现实尺度）之间的不伦不类的组合。康德、里普斯、科恩等人都论述过这一理论。叔本华认为，事物与概念之间的不协调被突然感受到，笑本身成为这一不协调的表达。这一理论传统代表了启蒙理性（科学和逻辑）与蒙昧（愚昧和无知）的冲突。后来这一派别的理论家认为，笑不在于不协调的感受，而在于不协调的效果，他们把笑归于一种客观存在，从而突出理性的伟大。不伦不类的组合的笑具有四种类型：一是逻辑上的不伦不类（logic impossibility），二是问答中的不伦不类（ambiguity），三是比例尺度的不伦不类（irrelevance），四是范围划定的不伦不类（inappropriateness）。

第二，优越感（superiority）理论。这个理论源自柏拉图与亚里士多德，典型代表是霍布斯与柏格森。霍布斯生活在近代的殖民氛围中，在他眼中，优越是欧洲殖民者的优越，低下的主要是那些低级的种族和性别。霍布斯认为主体意识到对象的低下和荒唐而鄙夷对象，与此同时感受到自己的优越，于是产生了笑。柏格森生活在现代的氛围中，在这种氛围中，低下的是一种与生命相反的机械性。柏格森认为，喜的对象在于机械性的僵硬性，身体、姿势、动作、行动和事件带上了机械性的僵硬性就成为滑稽。柏格森说：“滑稽与其说是丑，不如说是僵”②。笑的优越感里其实包含了两种不同质的东西，霍布斯代表了人在现代世界中对世界的胜利感，柏格森代表了现代世界的负面因素给人带来的可笑感。

第三，紧张感释放（release）理论。这个理论主要为弗洛伊德所主张。弗洛伊德认为，笑是一种心理紧张的释放。如果说前两个理论传统是对人的理性中好的一面的弘扬，那么，弗洛伊德的这一传统则是对理性中压迫性一面的表达。笑中有人对自我从理性认同的强制性中一时地逃离出来的优越感。弗洛伊德理论突出的是，个人心中本我的欲望和自我的理性在产生冲突后又达到的美学和解。个人被限制的欲望一时间表现出来，从社会规范来讲是低下的和偏离的，从而是可笑的；从个人来讲，这一欲望表现出来使心理紧张

① D. Cooper. A Companion to Aesthetics. Malden：Blackwell Publishers Ltd.，1992：199-203.

② 柏格森. 笑：论滑稽的意义. 徐继曾，译. 北京：中国戏剧出版社，1980：18.

得到放松，从而是愉快的。因此，喜的笑包含既被看不起而又极有必要的双重内容。

这三个理论，第一个是对喜的客体性质的定义，第二个和第三个讲喜的主体面对客体时的两个特点。这样，笑就包含了三个理论：第一，霍布斯型理论，主要讲对人的胜利的自豪和对不符合历史尺度（即当代尺度）的可笑。第二，柏格森型理论，主要讲个人在社会中如何成为笑的对象。他认为，在机械型环境中，人在不知不觉地受其影响而显出机械性的一面时就显得可笑，这里的笑是人对自己受到机械型环境的影响而失去人的生命性，呈现出物的机械性的一种嘲笑。人在当前世界中不自觉地要陷入可笑之境（笑中突出了对当代尺度的无奈和管控）。第三，弗洛伊德型理论，主要讲个人心理在社会理性的压力下如何产生出笑的现象。他认为，笑来自本能性的本我在理性自我压迫下的紧张的释放，来自无意识本我在意识自我严管下逃逸出来的胜利。从笑的一刹那中显出了人的一种更真实的处境，在笑的释放之后，人能更健康地面对社会理性的压力。这三个理论既显出了理性与权威给人带来的好处，也显出了理性与权威给人带来的坏处。这三个理论，归纳起来，主要是两个方面：一是喜的对象的客观性质，二是联系主体对客体的反应。在客体方面，早在古希腊时期，亚里士多德《诗学》第五章就说："喜剧是对比较坏的人的模仿，然而'坏'不是指一种恶而言，而是指丑而言，其中一种是滑稽，滑稽的事物是某种错误或丑陋，不致引起痛苦或伤害。现存的例子是滑稽面具，它又丑又怪，但不使人痛苦"①。总之，丑而与人无害，就是滑稽，就是喜的对象。梅瑞狄斯（George Meredith）认为，喜源于客体的乖讹，即一种不伦不类的组合。这几个理论都涉及喜的客体是偏离或低于历史尺度和正常尺度的事物。在讲究健美身体和健全心灵统一的古希腊，丑是低于正常尺度的。在认为宇宙和生命的本质就是不断地运动、流动、创化的柏格森看来，机械和僵硬就是对正常的偏离，而不伦不类的组合更是有悖于正常尺度。当这一机械性的客体世界不仅是人周围的世界，而且成为人的意识世界时，笑就成为人对周围世界和主体意识世界的一种逃离式保全。神学家尼布尔（Reinhold Niebuhr）说："笑，是绝望和信心之间的一块净土。凭借嘲笑生活表面上的种种荒谬，人类使自己的心智得以保持健全"②。这与弗洛伊德型理论有相似之处，但在弗洛伊德型理论中，笑是保持心理平衡的一种合理宣泄，是本我在现实中以合理方式获得的心理释放，然而后者毕竟是不合理性的，在紧张感的释放中，一方面由于无意识的胜利而有一种快感，另一方面又因为无意识不符合理性和理想而有一种低下感。

美学之喜最为复杂，其各种次级形态仿佛散漫地而又交织地存在于各类时间和空间中。如何让这些类型以逻辑的秩序呈现出来呢？本节主要讲古典时代之喜，因而从美学类型的历史联系和转化来讲，从原始时期前美学时代的怪开始，之后进入理性时期美学时代的丑，最后达到喜的核心：滑稽。

（一）怪

怪是对正常的物的尺度的一种变形，即不是按事物的本来面貌，而是以一种不可能

① 亚里士多德，贺拉斯．诗学；诗艺．罗念生，杨周翰，译．北京：人民文学出版社，1962：16.

② 莫恰．喜剧．郭珊宝，译．北京：昆仑出版社，1993：12.

有的、变了形的面貌出现，这种变形不是集中化、典型化、概括化、简括化甚至抽象化的，如西方现实主义者［巴尔扎克、库尔贝（Gustave Courbet）等］、浪漫主义者［雨果、德拉克洛瓦（Eugène Delacroix）等］和现代主义者［卡夫卡、康定斯基（Wassily Wassilyevich Kandinsky）等］所创造的那样，而是各种夸张和古怪的组合。变形包括：第一，事物的变形，如绘画上的人面蛇身，雕塑上的三头六臂，小说和电影中的各类怪物；第二，事物关系的变形，如阿里斯托芬《和平》中人骑甲虫上天，鬼神故事中的人神之变；第三，整个世界图景的变形，如《西游记》中神魔人互联的世界，《格列佛游记》里大人国、小人国与正常人互相交错的世界，当代西方电影中外星人与地球人交往和冲突的世界。

怪虽然存在于几乎一切时代的观念和艺术中，但却只是各时代观念和艺术整体中的一个次要部分。怪是原始艺术的根本特征。这是与原始人的实践水平一致的原始思维的产物。在世界由灵或神主宰的原始观念中，人不是被认为源于人本身，而是被认为源于某一动物、植物或自然现象（日、月、风、云），因而，兽面人身、画面文身、拔牙穿颊、形状凶丑怪的雕塑与绘画遍及全球。原始神话不无例外地呈现为变形世界：盘古开天、女娲补天、夸父追日、玄鸟生商，当北欧众神之王奥丁坐在宝座上的时候，他的肩上站着两只大雕，脚下蹲着两条猛犬。在原始思维互渗规律的支配下，一切都是有灵的、有生命的，山有山神、水有水神，有雷公、电母、风伯、雨师，有掌管天堂的神，有掌管冥界的神，每个部落都有自己的崇拜神，整个世界就是一个变形的人、神、灵共在的世界。融生产、生活、政治、宗教、军事、艺术为一体的原始仪式中的歌舞多为一种变形的“百兽率舞”。

怪为原始艺术的主要特征。在原始人那里，人、神、灵、天、地、物的共在和互渗是正常的，丝毫不怪。正是这一套一套的神话系统，使神秘、浑茫、可怖的宇宙有了秩序，有了可理解的因果关系，得到了可以理解的说明。宇宙成了“为人”的或者说“人化”的，更正确些说是被人符号化了的宇宙。怪在原始社会的正常在于，它与原始人弱小的实践力量一致，标志着人的认识发展的最初阶段。原始的变形世界反映了客体真正内容的模糊和因认识模糊而来的威吓可怖，你看那有首无身、可怖狰狞的青铜饕餮，你看那古埃及形体巨大的狮身人面和两河流域赫然屹立的兽身人面（图 4－13）。这些形象本身又体现了主体对变形世界的认真、严肃、虔诚、敬畏。正是在用今天的眼光来看的变形之怪和从历史的眼光来看的正常这二者的统一上，黑格尔把原始艺术称为象征型艺术，它的特点是崇高。象征就是指其理念内容的模糊和形式的夸张、变形、怪诞，崇高就是指其严肃、威吓和具有的无穷力量。

图 4－13　面对这一人面兽身，你觉得怪吗？

以变形为特征的原始艺术，在人的理性精神普遍弘扬之后，在美和审美产生之后，在理性的光芒中，在美的映衬下，脱离了历史的威吓内容，离开了历史合理性的变形，就由正常转为怪。只有在与理性时代正常之美的相比较映衬下，变形的怪才成为一个特定的美学范畴。

与理性的优美和壮美相比，变形的怪展现为一个奇异和荒诞的世界。想一想梦，想一想在朦胧的黄昏和漆黑的夜晚世界呈现给人的视像，就知心灵本有制造变形形象的机能。原始艺术的怪反映了人对自己还不能正确认识的世界、一个异己的威吓恐怖世界的认识。同样，在理性化以后，当人还被恐吓不安所主宰时，怪就从消极方面表现出来，这就是西方中世纪的神秘剧，就是中国志怪小说中对地狱和魔鬼的描写。在这一意义上，荒诞也与怪大有相交之处。从本节的观点来看，卡夫卡的《变形记》、尤奈斯库（Eugène Ionesco）的《犀牛》等，展现的就是荒诞变形的怪的世界。从心理和理论本质来看，理性时代以后的怪是原始艺术的复演。这里，主体没有优越感和自信心，变形客体强大而与人敌对，因而，引出的不是笑，而是痛感与悲感。这种怪流向崇高与荒诞。由于人类始终处在从过去向未来、从已知向未知的发展过程中，矛盾斗争进退循环、高低起伏是人类历史的节奏，在人类的生理–心理基础和社会–历史规律的双重作用下，怪始终会不时浮出，在人类世界和审美世界中占有一定的位置。

当人类理性把握了变形，理解了变形，把变形作为一种心理现象来赏玩，作为一种艺术法则来运用，怪也可以成为人类心灵的奇妙表现。这就是《聊斋志异》中奇异美丽的鬼狐故事、《西游记》中的人仙魔世界。《西游记》中，孙悟空和猪八戒，一个猴子、一头猪，都是充满喜剧形象的怪。你看孙悟空：

> 猴王真个去耳朵里（把金箍棒）拿出，托放掌上，叫：“大！大！大！”即又大做斗来粗细，二丈长短，他弄到欢喜处，跳上桥走出洞外，将宝贝托在手中，使一个法天象地的神通，把腰一躬叫声：“长！”他就长得万丈高，头如泰山，腰如峻岭，眼如闪电，口如血盆，牙如剑戟，手中那棒，上抵三十三天，下至十八层地狱，把那些虎豹狼虫、满山群怪，七十二妖王，都唬得磕头礼拜、战战兢兢、魄散魂飞。（第三回）

这里怪出威风来了。孙悟空每每戏弄猪八戒，如“猪八戒吃西瓜”之类，戏弄者和被戏弄者都充满喜剧味、人情味。如果说，《西游记》里包含着多种怪的形象，那么，猪八戒身上则集中体现了以怪为喜的特征，即滑稽性。外形的猪人合一是笑的滑稽，性格上贪吃、好色、懒惰也是滑稽的基质。怪脱去历史的威吓内容就转成丑与畸形，偏离正常，因偏离而显出滑稽。宫廷里的侏儒就是以外形和丑怪的滑稽来取乐于人，汉塑像中的说书俑也是以形体的变形、丑怪、活泼令人一见笑悦。从怪演化为丑和滑稽，透出一点喜的实质，喜是被历史否定了的东西，它既不符合物的正常尺度，也不符合人的正常尺度。

怪具有各种形态，之所以都称为怪，是因其具有共同的形象结构特征：变形。变形之怪由于包含的内容不同，也分为不同类型的怪。但从历史发展和宏观角度来看，怪的主要流向是丑和滑稽。艺术史似乎在说明，文化的多样性和现实矛盾斗争的丰富性不断使新的怪的艺术形态产生，而历史的发展又不断地使怪转为丑和滑稽。

（二）丑

丑是对正常的偏离。在中文里，“丑”的古文含义是骈指，即手的畸形[①]。古文中丑与恶，字义相通。《老子》说：“天下皆知美之为美，斯恶也”（二章）。恶即丑。《说文》“亚部”说：“亚（恶），丑也，象人局背之形”。恶是身体的畸形。丑，后来为“醜”，由“酉”与“鬼”组成。酉，是秋收冬藏之象，鬼，是生命消逝之变[②]，生为正常，死为畸形，在与生命的理想状态（生）和自然的理想状态（春）的比较中，丑是对事物正常尺度的偏离。因此，从美学之喜的整体上讲，怪主要是变形，丑主要是畸形。变形重在对正常的巨大扭曲和夸张，畸形则是对正常的略微偏离。丑，与怪一样，是人对正常这一概念有了理性尺度以后的产物。在原始图腾观念里，那些模仿反刍动物把门牙拔掉的部落，那些把鸟的羽毛插入自己的嘴唇、耳朵、鼻中隔的部落，并不以此为丑。只有理性之日东升，阿波罗、维纳斯式的希腊雕像征服人心，“手如柔荑，肤如凝脂，领如蝤蛴，齿如瓠犀，螓首蛾眉，巧笑倩兮，美目盼兮”（《诗经·卫风·硕人》）的美女优美可人，“高余冠之岌岌兮，长余佩之陆离”（屈原《离骚》）的威武君子显出壮美，人们才知道什么是丑，才羞于为丑。

丑的畸形与怪的变形的区别还在于，变形是人的一种主动追求，畸形则是人不情愿的遭遇和无可奈何的结果。从客体上看，夏夫兹博里说：“无形式的质料自身即是丑”[③]。从主体上看，鲍姆加登说：“感性认识的不完善就是丑”[④]。克罗齐说：“丑就是不成功的表现”[⑤]。不成功的表现意味着丑的产生是知道何者为美，并在追求美中出现的意与人违的结果。正如陆机《文赋序》感叹的，写文章“常患意不称物，文不逮意”。不完善点出了丑的基本特征：与美的形式法则不合或者相反。例如，按照人的正常发育，头部与全身的比例应是1∶7，但侏儒身材特别短小，看上去像一个成年人的头放在一个小孩身上，这种畸形体态使人感到不协调，这就是丑。戏曲《望江亭》中低俗的花花公子杨衙内冒充风雅，谭记儿为嘲弄他，要他作一首赏月诗，首尾两句要带“月”字，杨苦想半天才一句句挤出来：“月儿弯弯照楼台，楼高又怕栽下来。下官牵衣忙下跪，子曰：学而时习之。”这是一首意思残缺、韵律不合的极丑的诗。

丑的感性形式是畸形，但随内容的不同，丑又有多种流向的可能。丑加上邪恶的力量就转为崇高和怪。伯克就把丑作为引起痛感的崇高客体。委拉斯开兹的画《教皇英诺森十世肖像》就是带有邪恶和力量的丑，画上“教皇那斜视的三角眼，紧缩而微竖的眉头，鹰钩形的鼻子，表现出教皇的阴险、狠毒和威严，双手扶着椅子，左手拿着一张签署的纸条，表现出教皇的权势”[⑥]。列宾的画《祭司长》也是带有邪恶力量的丑。“他那

---

① 高华平．“丑”义探源．中国文化研究，2009（1）：150-154.

② 栾栋．丑学的体性．华中师范大学学报（人文社会科学版），2003（3）：64-67，119.

③ 彼得·维基．美学指南．彭锋，等译．南京：南京大学出版社，2008：18.

④ 鲍姆嘉滕．美学．简明，王旭晓，译．北京：文化艺术出版社，1987：18.

⑤ 克罗齐．美学原理．朱光潜，译．北京：外国文学出版社，1983：89.

⑥ 杨辛，甘霖．美学原理．北京：北京大学出版社，1983：82.

大腹便便的肚子，扶在胸前的肥胖的右手，还有那在黑色袈裟和无边帽衬托下的整个面孔，浓密的白胡子，使面部显得狭小，加上两道竖眉，活像一头刚刚吞食了野兽的狮子，左手拄着笏杖象征着教会的权力”①。丑加邪恶转为可怖的崇高，是因为邪恶的内心使丑的外形充满了杀气和凶气，令人可怕。正因为丑有各种流向，因此，在西文里，丑（ugly）有多种含义，比如：德文为“Hässlichkeit”，与“Hass”（恨）相连；葡萄牙文是“feiúra”，来自拉丁文“foeditas”，意思是“羞”；法文是“laideur”，来自拉丁文的动词“laedere”（伤害）②。同样，内在的善、心灵的智慧也必然从形象的神采、气度、风姿上反映出来。因此，丑的外形也可因其内在的充实而压倒其丑，超越其丑。庄子在《人间世》和《德充符》中描写了很多身体残缺、外貌奇丑的人物：支离疏、兀者王骀、兀者申徒嘉、兀者叔山无趾、哀骀它、支离无脤等，他们皆因“德有所长”而超越了丑。例如哀骀它，容貌极丑，天下闻名，但男人与他相处，都舍不得离开；女人见了他，请求父母说，不愿做别人的妻，而愿做这位先生的妾；鲁哀公听见哀骀它之名，召见他，果然丑，但与他相处一个月，就觉得他有过人之处，不到一年就完全信任他了，要委以国事，他却淡淡地无意承应，漫漫然未加推辞，当鲁哀公终于委以相位之后，他却离国而去，使得鲁哀公忧闷得很，好像失落了什么似的，仿佛国中再也没有人能使自己快乐了。超越丑不是说外形就不丑了，鲁哀公对哀骀它的丑虽然已有心理准备，但见面时还是被他的丑吓了一跳。超越丑是指内在品质使人不以丑为意，不因丑而生厌恶感，甚至完全忘掉他的丑，即“德有所长而形有所忘”（《庄子·德充符》）。美的效果就是使人不自觉地愿意与之交往，与美的人在一起使人感到愉悦，当形丑者德有所长而达到如美人一般的效果，甚至超过美人的效果时，这在一定意义上已经完全“化丑为美”了。鲁哀公失去哀骀它很惆怅，这是不是心灵美压倒外形丑了呢？这个说法有对的一面，也有引起误解的一面，即令人觉得仿佛心灵与外形是两个东西，像科学实验室中的化学分解一样，但在审美中，一切都是活的整体。如果说，在《庄子》中仅是对丑的粗略描述的话，那么，魏晋人物品藻就将丑呈现得很清楚了：

世目李元礼：“谡谡如劲松下风。”（《世说新语·赏誉》）

山公曰：“嵇叔夜之为人也，岩岩若孤松之独立，其醉也，傀俄若玉山之将崩。”（《世说新语·容止》）

王公目太尉：“岩岩清峙，壁立千仞。”（《世说新语·赏誉》）

人的内在精神、格调绝不会停留在内部，而必然要表现为人物的神采、风度、气韵，如孟子所说：“君子所性，仁义礼智根于心。其生色也，睟然见于面，盎于背，施于四体，四体不言而喻”（《孟子·尽心上》）。用人物品藻理论来评品哀骀它，似可曰：道心内充，逸骨爽然，神胜其形，淡淡乎使人亲近，遂终忘其陋形。这就是不美之为美的丑之为美。丑之为美，其实是一种意味、一种意境，扩而论之，艺术中多有此种境界。园林之中，“米元章论石，曰瘦、曰绉、曰漏、曰透，可谓尽石之妙矣。东坡又曰：‘石文

---

① 杨辛，甘霖．美学原理．北京：北京大学出版社，1983：83.

② Rank Sibley. Some Notes on Ugliness//Approach to Aesthetics. Oxford：Oxford University Press，2001：190－207.

而丑’。一‘丑’字，则石之千态万状，皆从此出。彼元章但知好之为好，而不知陋劣之中有至好也。东坡胸次，其造化之炉冶乎！燮画此石，丑石也。丑而雄，丑而秀”（《郑板桥集·题画》）。

丑，就其根本而言，是对正常的负方向偏离。丑带上恶要有条件，丑转为美是一个很艰难的过程，丑要掩盖其丑是一种无意识的自然倾向，丑炫耀其丑是一种想强行化丑为美的自欺心态。当丑要掩盖和炫耀其丑时，丑就成了滑稽。丑在对正常的偏离上就具备了滑稽的因素。“驼背不是给人以一个站不直的人的印象吗？他的背好像养成了一种不良的习惯……他要僵着于某一个姿态，同时——如果可以这样说的话——他是要让他的身体做鬼脸”①。侏儒和假面也因本具滑稽的因素而成为笑料。亚里士多德和车尔尼雪夫斯基都认为，丑就是滑稽。亚氏说：“滑稽是某种错误或丑陋，不致引起痛苦或伤害”②。车氏说，滑稽包括畸形和丑陋，特别是其“内在的空虚和无意义以假装有内容和现实意义的外表来掩盖自己”③。亚氏谈丑为滑稽，提出无害，排除了丑转为恶；车氏提出自炫，排除了丑转为美。确实，丑要掩盖和炫耀自己的丑，则成为滑稽。在《阿Q正传》里，阿Q的癞是丑，但他竭力掩盖、忌讳，以至连“光”“亮”都不容，就成了滑稽。阿Q的自轻自贱是丑，但因自己的自贱第一，状元也是第一，从而高兴起来，就成了滑稽。丑的主要流向是滑稽。

（三）滑稽

滑稽，从感性形式上讲，是事物、事件、言行不伦不类的组合；从内容上讲，是被历史否定了的东西，它偏离或低于正常的历史尺度。怪和丑的主要流向是滑稽，但还有其他流向，从而不全都是喜的对象，怪和丑成为喜也主要在于其显出了滑稽。滑稽则全都是喜，是纯粹的喜。滑稽可以分为三类。

第一，意识到自己的偏离而不由自主地产生了偏离。例如，一个身体健壮灵活的成人在街上不小心跌了一跤。成人是不该跌跤的，跌跤者本人也知道这一点，但还是一不留神不由自主地跌倒了，造成了成人实体和小孩行为的不伦不类的组合。又如，一位演说家正说到激动人心的地方，突然打了一个喷嚏，也因不伦不类的组合而引人发笑。柏格森《笑——论滑稽的意义》（*Laughter: An Essay on the Meaning of Comic*）中的很多例子皆属于此类。对当事人来说，这种偏离是偶然的，但其原理却是普遍的，各类喜剧艺术因此而生。

第二，意识不到自己的偏离而将偏离当作正常显现出来。例如康德所举的例子，一个野蛮人看见大量的啤酒泡从酒坛里冒出来，吃惊地问：“我不奇怪它何以能冒出来，我只奇怪它是怎样被装进去的？”这一问表明他缺乏起码常识，低于历史尺度而不自知，反而一本正经将它作为一个问题提出来，造成了问题的可笑和提问的严肃的不伦不类的组合。又如，一位物理老师给学生讲振动和共鸣，为了让学生明白，问：“如果我向鱼塘扔

---

① 柏格森．笑：论滑稽的意义．徐继曾，译．北京：中国戏剧出版社，1980：14-15.
② 亚里士多德，贺拉斯．诗学；诗艺．罗念生，杨周翰，译．北京：人民文学出版社，1962：16.
③ 车尔尼雪夫斯基．艺术与现实的审美关系．周扬，译．北京：人民文学出版社，1979：31.

一块石头，会发生什么现象?”学生回答：“罚款五元!”这里是回答与提问形成不伦不类的组合。再如，堂吉诃德把风车当巨人、把羊群当军队，也是明显意识不到自己的偏离，把偏离当作了正常。

第三，明知自己的偏离却要掩盖自己的偏离，甚至炫耀自己的偏离。例如：

> 约翰：我求你一件事，你能替我保密吗?
>
> 大卫：当然可以。
>
> 约翰：近来我手头有点紧，你能借我些钱吗?
>
> 大卫：不必担心，我就当没听见。

大卫知道对约翰有难相求不肯帮的吝啬之心是对朋友之谊的偏离，因而借约翰的前一句话来掩盖自己的偏离，造成语言亲热与内心冰冷之间的不伦不类的组合，显出了滑稽。民间故事中怕老婆的男人躲在床下不敢出来，老婆嚷道：“有本事出来。”他厉声回答：“男子汉大丈夫，说不出来，就不出来。”这是用炫耀来掩盖自己的偏离，造成行为与语言之间的不伦不类的组合。把假的、丑的、恶的东西当作真的、美的、善的东西，必然要用一种本质的假把自己真正的本质掩盖起来，必然也只能表现为内容与形式的错乱、现象与本质的背离，表现为不伦不类的组合。

在滑稽三类中，意识不到自己的偏离而将偏离当作正常显现出来和明知自己的偏离却要掩盖自己的偏离这两类是最具喜剧性的，前者造就了“堂吉诃德”等喜剧形象，后者展现了《吝啬鬼》、《伪君子》等喜剧世界。

滑稽对象偏离或低于历史尺度，在本质上是虚弱的，因此人们不会用严肃的悲剧态度去对待它，而只能笑。但由于对象是认真的，以正常的外形、姿态、行动表现出来，而且力图要求人们也按正常来严肃地对待它。当主体以正常的历史尺度严肃认真地对待它时，结果总会猛然落空，突然发现对象本质的低下、滑稽、可笑。对象对正常历史尺度的偏离一下子暴露出来，形式与内容、现象与本质的不伦不类一下子呈现出来。在期待落空的那一刻，主体感受到自己的优越，感受到自己站在历史和现实高度上的自豪，于是开怀大笑。

对正常尺度的偏离分为三类滑稽，对滑稽的笑也相应地呈现出三类。对知道何为偏离而不由自主地发生的偏离，笑主要是善意的幽默。对不知偏离而将偏离当作正常来进行，笑主要是善意的戏谑。对明知偏离却掩盖甚至炫耀自己的偏离，笑主要是犀利的讽刺。诚然，幽默中本包含戏谑与讽刺，戏谑中本蕴含幽默与讽刺，讽刺中本内含幽默与戏谑，这样划分主要是指出其强调重点的不同。

五、全球互动以来的美学类型：媚世、先锋、荒诞、恐怖

古典审美类型以美、悲、喜为主，在世界现代化进程由近代阶段达到现代阶段（即1900—1960)，世界美学类型产生了新的变化，这主要体现在两大点上。

一是西方进行了科学、哲学、经济、文化的升级。在生产上，由机器文化主导升级

为电器文化主导，出现了文化工业，产生了媚世类型。从历史关联上看，这一类型主要来自古典美学的俗妙和优美，但被加进了喜的内容。在科学上，由古典物理学演进到现代的量子论和相对论；在哲学上，由笛卡尔、洛克、康德、黑格尔为代表的近代哲学进入以罗素、胡塞尔、弗洛伊德、列维-斯特劳斯为代表的现代哲学。在由科学和哲学的升级而来的对整体世界的新认知中产生了先锋类型。这一类型特别体现在形形色色的现代艺术上，其基本目标是把世界严酷的真实用审美和艺术体现出来。与古典艺术对照，先锋类型在美学形式上主要体现为丑与怪，在美学内容上主要体现为悲剧与崇高。在科学和哲学的升级中，因宇宙整体规律的隐形，从理性去思考整体规律陷入困境，从而产生了荒诞类型。在宇宙整体规律隐形起来之后，不从理性去思考未知而从宗教去思考未知，从而产生了恐怖类型。荒诞和恐怖都是古典美学之悲的升级。西方现代产生的这四种类型，媚世和先锋成为一个对立的对子，在与古典美学的对比中有了相互换位的外貌，媚世转美成喜和笑，先锋变美成丑和怪；荒诞和恐怖是悲的升级，但未知的性质有了质的变化。

二是各非西方文化完成从分散世界向整体世界的演进，完全进入世界现代化进程之中，虽然在政治上有非常复杂的体现，在与西方文化的互动中产生了各种面相，但存在一个基本趋势，即认同西方的知识体系，同时把自己文化的特殊性加入其中，形成自身的现代化演进。于是，各西方文化的美学理论主要以西方古典美学为基本框架，同时紧紧追赶和关注西方美学的最新演进，并对之做出自己的回应。因此，建立在由经济而来的生产方式与文化消费上的媚世和先锋，建立在由科学与哲学而来的观念变化上的荒诞和恐怖，对非西方文化的美学产生了程度不同的影响，从而具有了世界美学的普遍意义。

审美的媚世类型，与已知世界的经济和生产的升级有关，电影、广播、电视、电脑等作为企业运行，产生了文化工业，由之而来的大众文化和流行社会扩大着与社会认同的舒心之美的媚世类型。同时，在多元互动中，主体成为多元的主体。一方面，西方国家内部形成了多元文化；另一方面，非西方世界本有各自的文化传统，进入世界整体的互动中，也呈现为文化多元。再者，西方文化的多元和非西方文化的多元在多种形式的对立与合作的互动中，形成一个更大的、多元主体的世界，主体与对象的合一的美，主体高于对象的喜，主体低于对象的悲，已经不在分散世界史中各文化的一元思想统率下运行，而在统一世界中多元文化和多元动荡中运行，同一主体在面对不同客体时，同一客体在面向不同主体时，同一主客体在关联到多元的互助关系时，难以拥有固定的“历史尺度”和“正常尺度”。某一阶级、民族、文化认为自己处在历史-正常的位置，拥有历史-正常的尺度，另一阶级、民族、文化则认为其处在落后或偏离历史-正常的位置。因此，同一主体、对象、主客体关系，难以维持统一的视点和统一的尺度。在世界一体化的多元并置中，同一事物，从不同角度看，可显为美可显为丑，可呈为雅可呈为俗，等等。每一主体、每一对象、每一主体与对象的关系，当从另一角度用另一眼光看时，都易于成为不伦不类的喜剧性的笑的对象，在与多个他者的互动而进行的移位换形的自思中，都易于陷入不伦不类的笑的境地。这是一个客体沦为喜剧性的笑，但又没有一个产生笑的共识主体的时代。在这个时代，西方的科学世界观和启蒙思想、非西方的宗教、东方的马克思主义，各美其美，普适价值还在多元对话中，并没有成为多元文化中的统一思想和统一践行。人类虽然没有形成一个共识主体，但又知应有一个共识主体。在这个时代，确知有（理想的）共识主体，但尚未形成（理想的）共识主体，确知有作为类的人类，但每一个具体的人都不能被认为可以代表人类。这样，当以大众文化产生出来的舒心之美的媚世类型以流行文化的方式呈现出来之时，一些人认为它是与时代同行的美，另一些人则认为它是落后于时代的喜。在一个众生喧哗的时代，一种认同社会的舒心之美被另一种美学理论判定为可笑之媚。在认为大众文化为媚的观念的同时，产生了与媚世对立的先锋类型。因为美已经被媚世占据，所以先锋往往以丑和怪的方式出现，以显出与媚世的对立。并且，先锋以丑和怪以及其他与媚对立的形式如抽象、极简等，占据着推动社会前进的批判高位和先锋前卫位置，与媚世共同演进。美在现代-后现代社会之所以蜕变为“媚”，以及激起了自己的对立面先锋类型，又在于已知世界与未知世界相连，在一定的意义上，现代科学和哲学在面对未知世界认识的升级中产生了一种主体性惶惑，美是与人同一的，而新型的包括已知未知在内的世界整体，已经使人感受不到人与世界的同一。因此，美何以蜕变为媚，要从西方人面对的未知世界来理解。

西方自轴心时代以来，一直认为世界具有统一的规律，这统一规律由欧氏几何、牛顿定律、柏拉图的理式、黑格尔的绝对理念、基督教的上帝等体现出来。但非欧几何的出现使欧氏几何的绝对真理消失了。欧氏几何认为，由一条平行线外的一点只能引出一条直线与已知直线平行；非欧几何认为，由一条平行线外的一点可以引出一条以上的直线与已知直线平行。欧氏几何认为三角形的内角和只能等于180度；非欧几何认为，三角形的内角和可以小于也可以大于180度。统一的定律为多种乃至相反的定律所替代，世界中的绝对真理消失了。当要谈论世界的整体规律时，已经不能用西方古典哲学之“是……”的定义，而只能用印度古典哲学的“不是……不是……”的遮诠，或中国的“道可道，非常道”的言说。古典物理学上升到量子论和相对论，原子进入粒子论时，一是静态动了起来，二是实体虚了起来，世界的基质成为四种力（重力、电磁力、弱力、强力）作用下的质能体和时空体。质能体是质为实、能为虚，以前实体结构的世界转变为虚实结构的世界。随着暗物质和暗能量的发现，世界无疑是一种虚实结构，这正与中国古代哲学认为的世界是虚实结构相契合。物质与暗物质、能量与暗能量是在时间中演进的，这又正与印度古代哲学认为的世界因时间直线而呈现为空幻结构同构。然而，中国古人和印度古人认为世界是虚实结构、空幻结构，对于虚是什么、空是什么，非常自信和十分清楚，但西方人面对物质与暗物质、能量与暗能量的虚实世界时，对于暗物质是什么、暗能量是什么，对于四种力究竟能否统一和怎样统一，却尚不知晓。中国古人和印度古人在认为世界整体之气、整体之空不可说时，非常自信地认为自己把握住了这整体之气、整体之空，但西方人在知道世界整体的本质不可说之后，却否定了有这一本质。因此，西方现代、后现代思想在形式上与中国古代思想和印度古代思想似相契合，然在本质上却根本不同。在西方一以贯之的实体-区分型思维突然发现世界没有一个整体规律之时，一种人生天地间和人在历史中的荒诞感就产生了。审美中的荒诞类型正是在科学-哲学的思想升级和社会-文化的大变动中产生出来的。在西方思想突然发现世界由虚实结构组成，按空幻变化进行，暗物质和暗能量占世界的绝大部分，人对之知之茫然，四种力如何统一尚难知晓之时，一种对未知世界的恐怖就开始蔓延开来。审美中的恐怖类型正是在科学-哲学的思想升级和社会-文化的大变动中产生出来的。在这一意义上，媚世与荒诞、恐怖形成新的美学整体，媚世与高度发达而多元互动的已知世界相连，荒诞和恐怖与茫然无从知晓的未知世界相连。如果说，古典美学以美、悲、喜为三大类型，那么，荒诞和恐怖就从西方型的悲（悲剧和崇高）中升级而来，媚世就在美和喜的结合中产生，先锋就在喜之丑怪和悲之崇高的结合中出现。现代美学的四大类型与古典美学类型的关系，如图 4－14 所示：

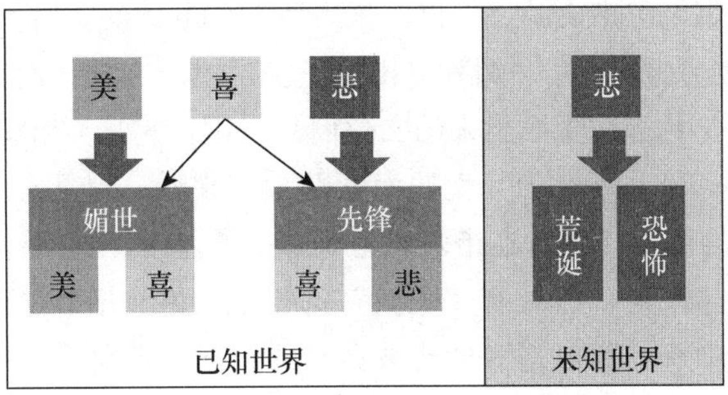

图 4－14　现代审美类型

（一）媚世

媚世（kitsch），从概念的词汇史来看，有一个由边缘进入中心最后修成正果的演进过程。媚世在德文里产生时及在欧洲的流传中，就充满了模糊性和喜剧性。kitsch 与“垃圾”同义，可能还与两个词 kitschen（街上拾破烂）和 verkitschen（制造廉价）相关，kitsch 在英语中走音而成 sketch（廉价市画），在法语中词序倒置而成 chic（趋时），在俄语中走调而成 keetcheetsya（装大头）。西文词典对 kitsch 的解释是：装模作样且自命不凡而实无价值之事物（《英语牛津词典》）；迎合流行趣味，沉溺情感、哗众取宠、华而不实的低劣文艺作品（《科林斯英语词典》）。从以上的词义流转和词典释义中，基本浮出了媚世的三个要点：廉价且大为流行，溺情而难称真情，无品而自我品味。媚世的出现和流行时间显出了这一美学类型与时代演进的关联：它在西方现代化进入一个关键时点，即工业革命后的发展造就都市化大众形成的 19 世纪中期开始出现，是一种形同垃圾的廉价劣质物；在帝国主义瓜分完世界，大英帝国出现装饰生活之新艺术运动的 20 世纪初进入理论界，已经成为低廉而流行的审美饰品；在以电影和广播普及为代表的文化工业成势的 20 世纪 30 年代，则成为声势浩大的大众文化之美学特征，需要理论名家布洛赫（Hermann Broch）、阿多诺（Theodor Adorno）、格林伯格（Clement Greenberg）等进行严肃批判。格林伯格的《先锋与媚世》（*Avant-garde and Kitsch*）、阿多诺的《论流行音乐》（*On Popular Music*）、布洛赫的《媚世》（*Kitsch*）和《媚世问题札记》（*Notes on the Problems of Kitsch*）等，引领了当时和后来对媚世的批判。在他们看来，媚世美学和先锋美学成为后工业社会的两种基本美学类型。媚世是认同现实的大众文化的美学特征，与批判现实的先锋美学对立。自西方文化在 20 世纪初进入现代阶段以来，媚世和先锋构成两大主潮，而且与古典美学类型形成一种换位，很多以美的形态出现的媚世成为现代之喜，很多以丑的形态出现的先锋成为现代之美。

kitsch，进入中文，有“媚美”（周荣胜）、“奇俗”（梁秉钧）等多种译法[①]。20世纪90年代，昆德拉的《生命不能承受之轻》在中国由韩少功翻译出版，其中就将kitsch译为“媚俗”，影响甚大，不断地在相关话语中流动。但有学人认为这个译法不妥，而将之音译为“刻奇”。“刻奇”虽为音译，但“奇”字传达出的意义内容与原义有所偏离，影响了这一概念的内容正解。媚俗之“媚”得其精髓，但“俗”太窄，影响了这一概念的外延广度。因此，本书姑取中文的“媚世”来表达kitsch之义。“世”用来代表一个时代（特定时空）中社会的方方面面。“媚”突出这一美学类型在这一时代/时空/社会中的基本样态。从kitsch是文化工业生产出来的文化商品来讲，它是为市场营利而生产出来的，具有“媚钱”的本性；从kitsch为了卖钱而紧贴大众来看，它具有“媚众”的本性；从kitsch为了完成自己的消费目标，在市场被国家权力掌控的社会里，主动而巧妙地配合主流意识形态的主旋律来看，它具有“媚权”的特点。kitsch不仅在于媚钱、媚众、媚权，而且在于在媚之中有一种自媚（自己被自己的媚钱、媚众、媚权的行为和结果所感动）。如果仅仅是媚钱、媚众、媚权，那么这就是阿多诺等文化精英所痛加批判的“谐世”美学[②]（谐世美学呈现的是为了目前的舒适而与真理相背离或偏离的假和谐）；而在媚钱、媚众、媚权之中有了自媚，“谐世”美学就成了具有喜剧特征的媚世美学。而且，更为重要的是，它是以美的形态出场的。在一定的意义上，可以说，媚钱、媚众、媚权加上自媚，合成了kitsch的媚世本质，突出了kitsch的喜剧特征，然而，媚世虽然具有美学之喜的内容，但主要是以美的面貌出现的，并在多元互动的世界里被相当多的人认为是美的类型。

美学之喜的本质是主体大于对象，这个主体是具有历史尺度和正常尺度的主体。在媚世这一审美类型中，美学之喜的本质产生了分裂和变异。社会大众（包括富人、中产阶级、蓝领）在面对媚世对象之时，作为主体被自己在主客体关系中的真诚行为感动，从而体验到的不是审美之喜，而是审美之美。而在文化精英看来，大众文化被社会客观化和符号化为美而成为审美对象，偏离了历史尺度和正常尺度，还用历史尺度和正常尺度的假象把自己装扮起来，这是可笑的；而且，大众作为主体面对客体时自媚（被自己的审美行为和美感结果感动），明显低于与偏离了历史尺度和正常尺度，认假为真，以低劣为美满，这是可笑的。但现实的悖论在于，“如果对艺术品进行民主投票，让有多少人喜欢它来决定其是否为美，媚世品绝无悬念地会击败所有的竞争者而荣获美之桂冠”[③]。在媚世这一审美类型里，本质与现象、真理与社会、精英与大众的对立，造成了对媚世美学的争论。且先来看看什么是美学的媚世类型。

第一，媚世是富裕的消费社会中日常生活审美化和社会生活审美化而涌现的审美场

① 仵从巨. 存在：昆德拉的出发与归宿. 上海师范大学学报（哲学社会科学版），1996（4）：120-130.

② 明人袁宏道在《徐汉明》中讲的谐世之人，有助于理解谐世以及媚世美学中的谐世内容：“世间学道有四种人：有玩世，有出世，有谐世，有适世……谐世者，司寇以后一派措大，立定脚跟，讲道德仁义者是也。学问亦切近人情，但黏带处多，不能迥脱蹊径之外，所以用世有余，超乘不足。”（袁宏道集笺校：上册. 2版. 上海：上海古籍出版社，2008：217-218）

③ Thomas Kulka. Kitsch and Art. University Park, Pennsylvania: Pennsylvania University Press, 1996: 7.

景：是画着蒙娜丽莎的烟灰缸；是发着荧光的圣母玛利亚雕像；是有着美丽自然风光的明信片；是在经营场所播放的古典音乐；是每逢节日，手机信息里来来往往，发出转发再转发的由专业写手写出的温馨祝福话语；是美女型的月份牌、吉祥型的年画；是邓丽君的软歌、流行性的情歌；是帅哥美女明星做画面的电视广告；是重大节日里大型游行中的庄严、欢庆、绚丽场面及游行队伍中的大彩车和大标语；是以红白绿做装饰的意大利餐馆；是侍应生穿民俗服饰的风味食肆；是仿古中式装潢的茶艺馆；是老外穿唐装旗袍；是中国人家里放仿意法宫廷家具；是门前有罗马柱的别墅；是在一流装修的客厅里挂着的从商业画廊中买回来的还算漂亮的行货画；等等①。这里，媚世作为审美对象：其一，主要是对经典艺术的复制。复制是文化工业的产物，一方面导致了经典艺术的廉价，另一方面（如本雅明所说）也失去了原作的“灵韵”。由于复制品没有原作的深层次，从而审美只能停留在表层，进入不了深层。因此，在媚世型审美中，好像拥有了经典艺术，其实只拥有了经典艺术的假象。然而，媚世型审美，对于“拥有艺术”这四个字，本来看重的就不是后两个字（艺术），而是前两个字（拥有），这四个字中前两个字与后两个字形成不伦不类的组合，会让深懂艺术的精英人士哑然失笑，但大众知道自己拥有的是艺术的代用品（复制品），一方面，拥有本身就值得夸耀；另一方面，拥有代用品（复制品）既可以是艺术原作的一种延伸和扩容，也可以是通向真正艺术的一条路径，正是在这里涌出了自媚。其二，由于媚世型审美中拥有的是复制品，只有艺术中浅层的东西（外形的形式美），没有原作的内容深度，所以，在拥有浅层自媚中显出了媚世美学的内容，无须精英美学的非功利态度，而是对拥有本身有一种功利态度，无须艺术深层的味外之味，而是艺术内容本身的味内之食。因此，如果经典原作的核心是形外之意，媚世之作的重点是形内之容，那么，媚世就为自己开辟出一种审美对象，如上面说的美女型的月份牌之类。因此，媚世是感官享乐的和功利理性的，它拒斥超越性和理想性的追求，甚至拒斥审美中主体的自由向度，而安于现世的认同与享受现世中的美好。其三，媚世显现为一种后现代的拼贴，把古今中外的美用一时尚型的俗思组合在一起，如上面说的外国人穿唐装和中国家居中的仿西方宫廷家具等。这一组合在精英美学看来，是不伦不类的，是令人失笑的，但在大众美学看来，却具有世界性的胸怀和时尚性的眼光，很好看，很时尚，值得夸耀、张扬、自赏、自喜。

第二，媚世是富裕的消费社会中大众打扮自己、认同社会、好好生活的安乐心态：是胸前挂了十字饰品，手中拿着小国旗，在放烟花的歌舞升平中，脸上洋溢着的骄傲面容；是牵着小狗，抱着小猫，在公园般小区的石板路上漫步的舒适之感；是新婚夫妇在看着婚庆公司拍出的系列结婚照，自己都难以想象自己是如此帅气美丽时，脸上绽开的幸福笑容；是登上多伦多市的电视高塔，面对大都市的绚丽景色，仰观俯察、远近游目时的心旷神怡；是开着越野车到偏远地区看原汁原味的乡俗时的天下胸怀。在这样的心境中，其一，有对现实的满足感；其二，特别对现实中经过修饰的美丽，显出了陶醉；其三，在每一次对美丽的陶醉中加深着对现实的认同。在精英美学看来，现实的本质，

---

① 陈冠中. 坎普·垃圾·刻奇：给受了过多人文教育的人//城市九章. 上海：上海书店出版社，2009：138-177.

以及与现实本质相联的历史的本质，正是在这经过修饰而显得美丽的现象中被遮蔽了。这种经过修饰的美丽是通过对美的本质（形后之意）的拒斥和对真的本质（人性的本质和历史的本质）的拒斥而出现的。这一廉价的、矫饰的美，作为显的一面，是通过压抑两种东西——现实中的不美和现实后的本质——而出现的。因此，媚世越是感受到美，这一美感就越具有反讽的内蕴。

第三，媚世是富裕的消费社会中大众感受身于斯世的生活价值时，涌现出来的自己被自己感动的方式。在昆德拉的《生命不能承受之轻》中，参议员看见在草坪上奔跑的孩子，一瞬间被感动得洒下了两行“前后紧密相连”的热泪，第一行泪是被孩子在草坪上奔跑这一美景感动，第二行泪是被马上感到自己与所有人类一样见孩子在草坪上奔跑这样的美景就会感动之这一行为本身感动。昆德拉认为，这两行都是 kitsch（廉价的、矫饰的、媚世的、垃圾的）热泪，并且第二行泪比第一行泪还要 kitsch。第一行泪为什么是媚世的？因为在这一审美感动中，主体并没有审美的洞见，而只是在现实中不断重复的一个审美定式（这一富裕社会里大众文化美学塑造出来的一个审美定式）在他身上起了作用而已，这一审美感动并没有让他发现新东西，只是让他重复老定式，并在这一重复中认同现实。第二行泪为什么比第一行泪更加媚世？很多人或人在很多时候都会对这一现实的老套美感感到麻木而视而不见，但自己还在被感动，主体被自己还能被感动这一行为本身所感动。这一感动更加固化了媚世和媚世性，所以，第二行泪比第一行泪更加媚世。大众美学的特点是类型化（或模式化），类型的功能就是重复和巩固，大众美学的肤浅性、快餐性更容易让主体感受麻木。这样，在媚世美学中，主体在面对媚世对象时，一方面被对象感动，另一方面还为自己能够产生感动而感动，这正是媚世美学可以流行的重要因素。在大众文化的框架中，主体对客体的感动内蕴着不伦不类的反讽一面，当主体的感动不但对着客体，而且对着自己的感动时，就增加了媚世美学的喜剧性。

美要通过社会的客观化和符号化而成为社会共识，而后工业富裕的消费社会中的媚世类型，只是在大众文化本身中达到了客观化和符号化，而没有在精英文化那里得到客观化和符号化，在具有理论话语权的精英文化的美学中，媚世美学是一种令人可笑的美学之喜（矫饰、伤感、甜蜜、幸福、崇高等），而且喜中还包含着美学之恶（垃圾、廉价、低劣、复制等）。

这里把雅正之美与媚世之媚进行一下对比，以呈现媚世美学一直被争论的原因。美是通过心理距离，走出日常意识，让对象成为审美对象，并一直在不同于现实的路上行进，直到通向美的理想（象外之象），从而以美的理想来对照现实，进而激起改造现实之心，因此，美始终是一种理想与现实的对照，并在对照中走向理想的道路。媚世通过心理距离，一瞬间走出日常意识，让对象成为审美对象，但由于不通向（或由于其复制性和垃圾性，本就通不向）美的理想（象外之象），而是让审美对象回到现实，成为满足现实欲望的对象，审美被转化成或返回为现实中的享受，从而引出对现实的认同，并让现实朝一种媚世的修饰方向前进。也可以说，媚世，作为一种社会之美，是社会通过大众美学给自己制造一个美的假象（它并不通向美的本质），以让人们忘掉社会的本质、忽略社会的丑相，从而认同这个社会；作为一种个人之美，是个人给自己制造一个美的假象，以忽略自己和周围的丑相，忘却人的本质，从而认同现实，认同大众美学创造出来的媚世之美。

无论把媚世美学与先锋美学作为一个共时的对子来处理，还是把媚世美学与古典美学作为一个历时的对子来比较，媚世美学都会呈现出多方面的反讽，从而处于美学之喜的范畴之中。然而，媚世美学又的确是以美的样态出现的，而且是紧贴大众的审美趣味进行运作的，因此，它具有美和喜这两重性，而且常常在美和喜之间来回移动，从而使媚世之美本身具有复杂性和多义性。不过，无论具有怎样的复杂性和多义性，为大众所接受和喜爱都构成媚世之美的基本特征，其最典型的表现就是好莱坞电影、百老汇戏剧，特别是因充满美丽广告和丰富商品而呈现出美丽街景的步行街。

（二）先锋

卡林内斯库（Matie Calinesscu）在《现代性的五副面孔》（*Five Faces of Modernity*）中把“先锋”看成现代性的五副面孔（face）之一，并对“先锋”一词的出现、演进做了考察，总体而言，“先锋”作为一个军事术语，具有激进的革命性质，建立在历史进步的观念上，怀着乌托邦的理想，充满了对现实的批判激情。“先锋”概念在19世纪进入艺术和美学领域，而先锋作为美学主潮，主要体现在19世纪后期出现的现代艺术中，特别是进入20世纪，现代派艺术成为主潮，然而，先锋真正凝结成美学类型，是在大众文化的媚世成潮之后，正如格林伯格的《先锋与媚世》所标志的那样，先锋与媚世成为现代社会的两极，媚世用大众文化的美来感受和认同现存社会，先锋用精英艺术的严厉来批判和颠覆现存社会。如果把视界再放宽些，先锋类型认同科学和哲学的前沿真理，并将之转化为新的艺术形式，提供一种穿透现实和世界、激动人心的美学形式，以之来批判社会表面的虚假美态和媚世形式，把艺术投入改变现实和更新审美观念的战斗之中。批判现实是主题，美学上的先锋类型对传统之美予以否定，对时尚之美进行批判，对流行之美加以颠覆，总以一种全新的、开辟未来的方式，彰显自己在社会进步、观念革命、美学创新上的先锋作用。从这一角度看，先锋的美学类型是在与古典艺术对立的现代艺术的崛起、扩展、壮大中形成的。这样，绘画上，从莫奈、修拉（Georges Seurat）、高更、凡·高、马蒂斯到塞尚，现代绘画正是在对以焦点透视为基础的古典绘画的大破大立中产生的，而每一位画家都起到了美学上的革命作用，塞尚以后的各种现代绘画的迸发，从康定斯基到蒙德里安（Piet Mondrian）到米罗（Joan Miro），从蒙克（Edvard Munch）到达利（Salvador Dali）到杜尚，从波洛克（Jackson Pollock）到毕加索，其作品无不具有一种惊世骇俗的先锋性在其中。在文学上，从马拉美（Stéphane Mallarmé）到艾略特，从卡夫卡到奥尼尔（Eugene O'Neill），从普鲁斯特到乔伊斯，从布勒东（André Breton）到葛利叶（Alain Robbe-Grillet），从海勒（Joseph Heller）到马尔克斯，现代文学的每一次新潮都有着除旧布新的激情和力量，都充满了自己冲在时代前面的先锋感。在音乐上，从德彪西到勋伯格（Arnold Schöenberg），从斯特拉文斯基（Igor Stravinsky）到欣德米特（Paul Hindemith），从凯奇（John Cage）到梅西安（Oliver Messiaen）到斯托克豪森（Karlheinz Stockhausen），现代音乐的每一次新变，都被视为一种站在音乐美学最前沿的先锋行动。绘画、文学、音乐上的现代派充满了先锋性，其他艺术门类如戏剧、电影、舞蹈、摄影等的现代艺术，同样洋溢着先锋精神。林林总总、形形色色的现代派，其内蕴的先锋精神，可以用波德莱尔《旅行》（*Le Voyage*）中的诗句进行概括：

我们要跃入深渊，
管他天国还是地狱；
到那未知的世界
去探求新的东西！

前两句强调了作为时代先锋的大无畏精神，后两句彰显了先锋类型的核心内容，在一条由已知-未知二分世界构成的历史进步的直线中，勇敢地冲在历史的前头，进入大众尚未知晓的未知世界，为人类寻得新东西。先锋对现代艺术冲击的结果就体现为美学上先锋类型的形成。现代艺术每出现一次新潮，都是在茫茫未知路上带着对真理之爱进行一次新探索，犹如布勒东的诗《永远作为第一次》（*Always for the First Time*）（金志平译）所描述的：

我俯身在悬崖上
从没有希望见到你或者不见你的模糊感觉中
我找到了
爱你的秘诀
永远作为第一次

最为重要的是，先锋类型最先面对的是自文艺复兴以来的古典之美，接着面对的是在古典之美基础上与时俱进地演化出来的媚世之美。当古典之美和媚世之美占有了美的宽广大道之时，先锋类型基本上都是以美的对立面的方式出现的。绘画上反焦点透视，文学上打破完整故事，音乐上否定调性，乍一看，先锋艺术总以反艺术的形式登上历史舞台。古典艺术追求美，现代艺术呈示丑；古典艺术讲和谐，现代艺术说荒诞；古典艺术是理性的，现代艺术是非理性的；古典艺术强调意识，现代艺术突出无意识；等等，但是，从先锋的观点来看，现代艺术正因（按古典艺术和大众艺术的模式来衡量）具有反艺术的形式，才真正成为艺术（以艺术的真正本质为标准）。阿多诺就是以这一方式为先锋艺术呐喊的。且以四大艺术门类的四大艺术家，即绘画上的毕加索、文学上的卡夫卡、戏剧上的贝克特（Samuel Beckett）、音乐上的勋伯格为例。毕加索的名画《格尔尼卡》展现的是一个变形的、畸形的、丑陋的、破碎的、疯狂的世界。正常的（如古典画似的）形象被改变了，严整的逻辑（如空间的内与外）没有了，固定的象征（如画中的牛）被打乱了。法西斯军官指着这幅画问毕加索："这是你作的吗?"毕加索回答："不！是你们做的。"画中变形的、畸形的、丑陋的、破碎的、疯狂的世界恰好本质地反映了现代的现实世界。《格尔尼卡》的世界也正是卡夫卡小说、贝克特戏剧、勋伯格音乐中的世界。现代艺术中的世界正因为与现实世界不一致，才更深刻地揭示出现实世界的本质。现代社会以虚假的整体完整来否定个人的个性完整，个人就以自我的破碎来否定社会的完整，并在这种否定中揭示出社会的破碎性。卡夫卡小说中的人物都是卑弱的、萎缩的、迷惘的、变态的、孤独的。贝克特戏剧中的人物和勋伯格音乐中的人物也有相似的性质。

在当代社会经济、政治、文化的压力下，当代人的主体性日益消解。与大众艺术用虚假的自由来掩盖人的不自由，以伪饰的人格来遮掩人格的消解相反，现代艺术以非人化的、畸形的、丑陋的形象来戳穿帘幕。正是在现代艺术的个性萎缩里，真正的个性才得以保存。阿多诺认为，恰恰只有艺术的非人性才道出了对人类的信仰。在先锋类型里，从作品世界，从作品人物，都不如从艺术形式来谈更能切中问题的实质。对毕加索绘画，讲他的立体主义手法比讲他作品中破碎变形的形象更能说明问题。论贝克特戏剧，与其讲他的舞台景象，如埋人土丘、枯黄荒原、闭塞昏暗腐臭的斗室，不如讲他反戏剧的戏剧形式：无情节、无动作和语无伦次的语言。讲勋伯格音乐，分析他表现病态的、歇斯底里的情感，不如谈他打破调性的音乐实践。阿多诺认为，艺术形式本身就具有一种主客体之间的非同一性。现代艺术自由地打破经验现实，按形式法则重新组织现实，激起庸人极大愤慨的先锋派的抽象完全不同于概念和逻辑的抽象，它是对客观地统治着社会的抽象法则的折射式反应。特定内容的否定变成了艺术形式法则。现代艺术形成了一种即使不提及内容也完全能说明问题的艺术形式。艺术形式犹如语言，自己有一套交流语言和一种交流能力，用对形式本身的改变来反对原有形式所支持的总体性和同一性。以音乐为例，调性音乐是支持同一性的。旋律无论怎么变化，总会回到主音上，其他音在各种运动中总是含有向主音同一、为主音暗控、朝向主音的倾向。勋伯格音乐打破了主音的统治地位。12 半音同等重要，在本质上无主次之分，每个音的节奏长短、音色选择、织体、配气都有极大的自由。总谱中的每一特殊细节都在整体的结构中保持了自己的个性。乐曲的发展也不是可以预期的，具有多种变化的可能。无调性的音乐形式本身就坚持了反同一性的主题：特殊不认同一般，个性拒绝被整体总合，在发展上拒绝承认一种前定的规律。再看毕加索的艺术形式。《格尔尼卡》反映的是战争、绝望、死亡。戈雅的《1808 年 5 月 3 日枪杀起义者》也是这样的主题，但古典绘画的焦点透视决定了有一总体规律。画中人物逼真的肉体和可感的情感冲动，在悲观中暗含着一种巨大的乐观，在根本上是承认现实的。《格尔尼卡》打破了中心透视，不按空间逻辑来组织画面；人体的几何化和解体化，既从直观中又从根本上否定了整体规律的支配，最大限度地表现了绝望和死亡，拒绝承认经验世界的实在性，彻底暴露出总体性的虚假，固执地不与现实同一。

先锋美学因为与媚世美学对立，宁愿极端的丑，不要虚假的美，以有组织的贫乏与现实社会断绝，以反形式来反讽装扮出来的内容与形式的统一，甚至用孤立来保卫自己的个性，以自身的无意义来显示意义。

（三）荒诞

如果说，媚世体现了经济社会升级之后，大众对已知世界的日常生活之美表现出来的认同和喜爱，那么，荒诞则是在科学和哲学升级之后，精英分子思考未知世界时对失去世界整体确定性的焦虑。在与古典的绝对理论和确定上帝的比较中，科学上的海森堡（Werner Heisenberg）、莫诺（Jacques Lucien Monod），文艺上的荒诞派戏剧、意识流小说、超现实主义绘画等，无不在诉说荒诞观念。荒诞是科学和哲学升级后西方精英的心灵震痛。20世纪上半期，荒诞成为一种普遍性的美学形态。荒诞的核心是人无法解释自己和世界，也无法相信现有的解释世界理论，因此，人看不到生命的意义。加缪《西西弗的神话》中的一段话较好地反映了现代人的荒诞感："一个哪怕可以用极不像样的理由解释的世界也是人们感到熟悉的世界。然而，一旦世界失去幻想与光明，人就会觉得自己是陌路人，他就成为无所依托的流放者，因为他被剥夺了对失去的家乡的记忆，而且丧失了对未来世界的希望。这种人与他的生活之间的分离，演员与舞台之间的分离，真正构成荒谬感"①。

荒诞可以被看成古典美学之悲在现代的一种升级。从美学之悲来看：其一，荒诞的核心仍是与人敌对的东西；其二，从历史的发展来看，西方文化明显地呈现出从悲剧到崇高再到荒诞的逻辑演进结构。与崇高一样，荒诞的对象是与人敌对的东西，但它却不能像崇高那样，以表面的可怖显示出来，它的可怖在深层，是看不到可怖的可怖。因此，荒诞不像崇高那样使人从痛感转向快感，因为这里不可能有胜利。与悲剧一样，荒诞展现出最深沉的宇宙未知投射进人生中形成的最大矛盾，但它却不能像在悲剧中那样，去抗争、去战斗，因为这里没有具体的对象。与悲态一样，荒诞中否定人的是无法战胜甚至根本就无法去战的东西，但它却不能像在悲态中那样，对无形之物有一种理性的理解，因为荒诞本就意味着理性的失败，表现的是与人的趋美本能和美好理想完全相反的宇宙人生的荒诞性。与慈悲一样，荒诞面对着人生某种不可调和的矛盾，但它却不能像慈悲那样，怀有可以走向解脱的信心。崇高、悲剧、悲态、慈悲都建立在理性和规律之上，理性和规律不管以科学、哲学的名义，还是以宗教的名义，都能给世界一种标准、一个理想，从而赋予世界意义。而荒诞则是否定理性和规律后的产物。没有理性和规律，也就没有标准，人怎么做都行，人彻底自由了，这种自由是摆脱了上帝、历史、规律的自由；没有标准，也就没有理想，人怎么做都不能证明这样做从一个最后的标准来说是对的，因为本就没有最后的标准。因此，荒诞中没有崇高的心灵，也没有悲剧英雄，亦没有悲态中怀着理想而哀叹自己被理想抛弃的深悲，还没有慈悲中勇敢地走向解脱的信心，而只有荒诞世界中的荒诞的人。洛根·史密斯（Logan Pearsall Smith）在他珠圆玉润的散文中写道：

> 当我探索我的思想的根源时，我发现它们来自脆弱的机缘，诞生于一些现在还古怪地从过去向我闪烁的细微的瞬间。使我在十字路口转了这个弯的冲动是微弱的；那次会面平凡而又偶然；那根把我和朋友第一次连接在一起的线则细如蛛丝。这些都是十分奇怪的，更为神秘的却是那些用翅膀拂过我但又丢下我而去的瞬间：当命运之神召唤我，但我没有看见，当新的生命在门槛上颤动了一秒钟，然而世界没有说话，没有伸手，于是那可能的机缘抖一抖就消失了，梦一般的朦胧，湮没在虚无的荒域之中。
>
> 所以，对于日常生活及其中的会面、言语和故事，我从来没有漠然于它们那种荒诞而危险的魅力。谁知道呢？今天，或是下星期，我也许会听到一个声音，于是

① 加缪．西西弗的神话．杜小真，译．北京：三联书店，1987：6.

收拾好旅行包，我就随它走向天涯海角。①

这里有荒诞的世界观、生活观、生命观。人的性质、经历、事件、行为，已经不能用逻辑组织起来，还不能用一个什么规律（无论是外在于人的，还是内在于人的）来予以说明，也没有一种意义可以指导人应该如此还是不应该如此。荒诞更明显地流淌在许许多多的现代派艺术中：荒诞派戏剧、黑色幽默文学、超现实主义绘画、偶然音乐、新浪潮电影等。经典荒诞派戏剧《等待戈多》中两个流浪汉爱斯特拉冈和弗拉其米尔在黄昏荒郊路旁一棵光秃秃的树下等待总是不来的戈多。在这情节简单、了无冲突、缺乏故事的戏里，未出场的、总是等不来的戈多成了一个主题中心。然而，戈多是谁？象征什么？上帝？理想？生活的意义？戏中的等待者和戏外的观众，甚至剧作者和表演者都不知道。人生、世界、行为、观念的不可理解和荒诞性，从人期待的外在存在是否存在、是否值得等待中表现出来。荒诞是存在主义的主要观念，加缪的《局外人》在取名上就表示出了荒诞的主题，主人公莫索尔虽然生活在人群、社会、世界之中，但其行为、观念却恍如在人群、社会、世界之外。他对一切都觉得无所谓，对自己的母亲、情人，对别人要求做的事和自己遇上的事，别人的行为和自己的行为，对做伪证、结婚、打架、杀人、入狱，都无所谓，都淡然处之，既然世界和人生是荒诞的，那么一切都无意义。这里，人生、世界、行为、观念的无意义的荒诞从人的主体形象上表现出来。在黑色幽默的代表作《第二十二条军规》中，"第二十二条军规"无所不在地统治着皮亚诺扎岛上空军人员的生活：按"第二十二条军规"，精神失常者可以提出申请不完成规定的战斗任务回国，但只要飞行员提出申请，就说明飞行员不是精神失常者，就必须执行飞行任务。按"第二十二条军规"，飞行员执行满 40 次飞行任务就可以回国，但同样按"第二十二条军规"，无论何时，飞行员都得执行司令官命令要做的事，司令官会命令飞行员继续飞行。大兵们说按"第二十二条军规"把姑娘们赶出住所，但没有人宣读"第二十二条军规"究竟是怎么说的，按法律规定是可以不宣读，但法律之所以这么规定，又是按"第二十二条军规"。谁都不知道"第二十二条军规"究竟是什么，这显示出社会生活中的荒诞性。这正如卡夫卡小说《城堡》中的主人公 K，千方百计想进入城堡，城堡并没有守卫、哨卡、吊桥和大门，但 K 就是进不去。尤奈斯库的戏剧《秃头歌女》（*The Bald Soprano*）中，史密斯夫妇在家闲谈，夫妇二人本应为彼此最亲密的人，但二人谈话却前言不搭后语，透出内心的隔膜；接着马丁夫妇来史密斯家做客，夫妇俩进屋后竟不相识，攀谈了半天，才发现对方是自己的配偶，透出的同样是人与人之间的隔膜；第三对男女，史密斯的女佣玛丽和消防队长是恋人，这位队长在玛丽上场半天后要讲故事时才认出她是自己的恋人。人与人之间的不了解特别表现在语言上，消防队长讲的故事不伦不类，玛丽朗诵的诗莫名其妙，二人先后被推出房间，两对夫妇的对话同样驴唇不对马嘴，人与人无法沟通，最后变成了用单词、元音、辅音的喊叫。人与人的关系是荒诞的。在卡夫卡的另一代表作《变形记》中，人变成了甲虫，变成甲虫的人深刻地体验到了作为非人的甲虫的孤独；在尤奈斯库的戏剧《犀牛》中，人变成了犀牛，人在变成犀牛的过程中体验到了人不得不变成非人的命运。

① 洛根·史密斯. 点滴//朱振武. 名家精选读本：小品文卷. 北京：国防工业出版社，2010：205.

现代派文艺显出了荒诞的主要之点：其一，悲的思考和理性主体（人之为人）的消失，这不悲之中包含着另一种更深沉的悲；其二，人与人不能沟通，人与社会、宇宙不能同构，这悲之基础的消失包含着一种无名之悲；其三，宇宙人生的理性结构的消失，人进入了不可悲之悲的荒诞之中。

崇高建立在悲的基础上，但又在最后结果（快感）上从积极方面消灭了悲；荒诞也建立在悲的基础上，但又取消了悲的理性基础而从消极方面消灭了悲。与悲态一样，荒诞作为美学范畴，正是对不可把握的世界的一种把握。古典美学之悲的四型——悲态、慈悲、悲剧、崇高——都是在理性和规律基础上的审美思考，而荒诞却是非理性的，悲态、慈悲、悲剧、荒诞自始至终都是主体小于客体，崇高却是从主体小于客体开始，以主体同于或大于客体结束。悲剧和崇高指出的是主体终将或已经战胜客体，慈悲强调主体对客体的心理超越，悲态和荒诞指出的是主体永远不能战胜客体。二者的世界整体都是无形的，但悲态中的无形是宇宙有大化规律，荒诞中的无形则是宇宙的无规律的荒诞。荒诞来自西方已知-未知二分世界升级后，给西方本有的实体-区分型思维带来的心灵震撼。

（四）恐怖

如果说，荒诞是西方型主体在科学和哲学升级后的理性思考，那么，恐怖则是西方型主体在科学和哲学升级后的非理性思考。荒诞是用一种哲学思维去面对一个新的未知世界，恐怖则是用一种宗教思维去面对一个新的未知世界。20 世纪上半期，西方美学的主潮之一是荒诞，但同时恐怖已经兴起，1919 年弗洛伊德发表了《令人神秘和令人恐怖的东西》（“The Uncanny-Das Unheimliche”），讲了恐怖类型的基本要点。20 世纪后半期，恐怖成了美学的新热点、新时尚、新类型。简达（Ken Gelder）专门编了《恐怖读本》（*The Horror Reader*），讨论了属于恐怖的 11 种类型。如果说，崇高是理性高涨，压过宗教，自然法则成为一种主导法则，而产生出来的一种审美类型，那么，恐怖则是科学和哲学升级使上帝隐匿之后，在宗教思想（特别是异教思想）回潮中，重获高位，与科学和哲学达到一种新的平衡、新的互动语境下的产物。在宗教思想（特别是异教思想）回潮中，超自然法则成为一种重要因素，决定对象和事件的性质，恐怖成为一种带有普遍性的审美类型。崇高对象是在理性之眼中呈现的对象，包括高、大、广、无限，在崇高对象中呈现的是现代性兴起时的信心；恐怖对象则是在宗教之眼中呈现的对象，包括妖魔、鬼怪、变形人、外星人以及未知自然和宇宙，在恐怖对象中呈现的是这个时代面对人类、心理、精神、宇宙复杂性的新思考。

从审美心理来看，恐怖既不同于崇高中的害怕、震惊、可怖，也不同于荒诞中的厌恶、焦虑、畏惧，其关键在于：崇高和荒诞面对的不仅是与人敌对的、比人强大的客体，最主要的是，这些客体再与人敌对、再强大，也是理性世界中的客体，可以用理性逻辑去认识和把握，虽然这理性逻辑可以是伯克和康德型的（当面对崇高时），也可以是海德格尔和萨特型的（当面对荒诞时）；但恐怖的客体却被放置到了一个宗教型或神话型或童话型或科幻型的世界中，是妖怪、吸血鬼、毒蜘蛛、外星人等，这样，恐怖的客体就既与人敌对，又强大，且不能用理性逻辑去认识和把握。从主体感受来说，恐怖的情感与伯克的崇高相似，与加谬的荒诞相似，但由于对象的性质不同，故而崇高和荒诞中的情感（害怕、震惊、可怖、厌恶、焦虑、畏惧等）都因人所面对的与理性世界不同的魔幻世界而具有了新的性质，重新造成一种心理上的极大恐惧，包括震颤、刺痛、惊叫等；恐怖与魔幻世界的对象相连，这一点使之与怪这一审美对象有所相似，但又有所不同，恐怖与怪一样，是与理性世界不同的魔幻世界中的形象，但怪是从原始社会的威严和恐惧转入理性世界，变成理性所把握的一种东西，恐怖则是理性占了统治地位之后，超越理性，为理性所不能把握的东西。在这一意义上可以说，荒诞是理性对理性世界的失控，又在这一失控中力图去把握这一失控而产生出来的审美类型；恐怖是理性对魔幻世界的失控，又在这一失控中力图去把握这一失控而产生出来的审美类型。

恐怖这种审美类型中的主体是一个理性世界中的主体，因为人类业已进入一个以理性为主导的世界，从而作为恐怖类型的主要表现形式（即恐怖艺术）的主人公都是理性主体。此种理性主体有别于原始社会中怪这种审美类型中的前理性主体：此种主体面对一个怪异世界，不能像怪这种审美类型中的前理性主体那样把握怪异世界，从而能够以一种理性的方式对怪进行欣赏，此种主体不能把握怪异世界，这怪异世界就变成了魔幻世界。在恐怖类型中，主体明显地感受到两个世界（理性所能把握的真实世界和理性不能把握的魔幻世界）之间的矛盾。魔幻意象突然撞入日常世界，打破了现实的理性秩序，只知道自然法则的主体面临着一个超自然的现象。这时，产生了恐怖的情感反应，包括震颤、刺痛、惊叫、恶心、反感、厌恶、惊悚、战栗、憎恶等。

突然出现的魔幻形象可以来自人间、深山、天空、海底甚至外星，它们的形象是对理性分类和类型本质的一种违反与越界。这些恐怖形象和构成，类型繁多，且举重要的四类进行说明。

第一类，对理性分类中的严格划分予以打破和违反，形成恐怖形象。如鬼魂、僵尸、吸血鬼、木乃伊、弗兰肯斯坦怪物、漫游者梅尔莫斯这类形象，它们既活而死，死而复活，是对生死界限的违反，从而呈现为一种恐怖；又如鬼屋、人的恶念、机器人，是对生命与非生命界限的违反，本是无生命的物态，却变为一种生命，还具有物的形态，只是这形态显出了恐怖的狰狞，如史蒂芬・金《克里斯汀》里的那辆车具有了生命的特点，狼人、昆虫人、爬虫人，显出了一种吓人的恐怖。

第二类，把理性分类中不同的两类或两类以上的物体拼合到一起，形成恐怖形象。史蒂文森（Robert Stevenson）笔下最著名的怪物海德，被描述为拥有猿猴的特征，是人与猿的混合；霍华德・霍克斯（Howard Hawks）的经典影片《魔星下凡》（*The Thing*）中的吸血怪物，头脑聪明，有两条腿，形似胡萝卜，是动物与植物的混合；史蒂芬・金《死光》（*It*）中的怪物，能变成任何其他类型，是多种类型的混合。这一类型以超越理性分类的方式出现，显示了人类理性的无力。洛夫克拉伕特（Lovecraft）《非常规恐怖》（*The Dunwich Horror*）中的怪物，蛋壳一样的壳子比农舍还大，全身都是蠕动的触须，数十条腿像数十只大桶，全身像凝胶，好似各个蠕动的东西凑在一块儿，周身都是鼓出的大眼睛，几十个大象鼻子似的嘴巴，个个有烟囱大小，挂满全身，摆来摆去，身体还顶着半张脸，眼睛血红，头发雪白，没有下巴，如章鱼，如蜈蚣，如蜘蛛，又有点像韦特勒巫师，等等。

第三类，以理性分类中的残缺形象出现，但这残缺显出的不是病态和无力，而是魔力和恐怖。脱离身体的肢体成为恐怖类型中常见的怪物，比如砍掉的头和单独的手，莫泊桑的《干枯的手》（*The Withered Hand*）、拉·芬努（Le Fanu）的《鬼手自诉》（*The Narrative of a Ghost of a Hand*）、戈尔丁（Golding）的《手的召唤》（*The Call of the Hand*）、柯南·道尔（Conan Doyle）的《赤鬼手》（*The Brown Hand*）、奈瓦尔（Nerval）的《魔手》（*The Enchanted Hand*）、德莱塞的《手》（*The Hand*）、威廉·哈维（William Harvey）的《五指兽》（*The Beast with Five Fingers*）都是这类形象，克尔特·西奥德马克（Curt Siodmak）的小说《多诺万的大脑》（*Donovan's Brain*）中的那颗装在桶里的大脑袋，电影《没有面孔的恶魔》（*Fiend Without a Face*）中那些拿脊髓当尾巴的人脑怪物，都以残缺的形象呈现出一派恐怖氛围。

第四类，以在理性分类中不可能是生命的无固定形态或气态或凝胶状等形象出现。洛夫克拉伏特和斯乔布（Straub）就通过模糊、暗示、缺失的方式描述怪物。很多怪物确实都被描述为无形体，如史蒂芬·金短篇故事《木筏》（*The Raft*）中的怪物以油的方式出现，詹姆士·贺伯特（James Herbert）《雾》（*The Fog*）中的怪物以雾的方式出现，同类形象还有马修·菲利普·希尔（Matthew Phipps Shiell）的《紫云》（*The Parple Cloud*）、约瑟夫·佩恩·布伦南（Joseph Payne Brennan）的中篇《史莱姆》（*Slime*）、凯特·威尔赫姆（Kate Wilhelm）和特德·托马斯（Ted Thomas）的《克隆》（*The Clone*），以及电影《陨星怪物》（*The Blob*）和《太空先锋》（*The Stuff*）中的怪物。

这类形象之所以恐怖，在于主体是一个生活于自然法则中的理性的人，理性的人与超理性的怪物相对，就产生了恐怖。在前文所讲的怪的范畴中，怪的形象与恐怖中的怪物在本质上并无不同，但是在怪的艺术里，当怪物出现时，总有一种比怪物更强大的善的力量来降伏怪物，如《西游记》里的孙悟空，《聊斋》恶鬼邪狐故事中的和尚、道士，而这些善的力量正是人类理性的一种喻体，最后总是理性获得胜利。在恐怖类型里，没有一种比怪物更强大的神力的形象，只有具有现实理性和科技武器理性的人，面对恐怖形象，主体成了弱势的一方。在恐怖故事里，一是主体的毁灭，让恐怖之云笼罩在人们头上；二是主体的胜利，但这一胜利不是必然的，而是偶然的，因此虽然胜利了，人还是感受到在面对一种超理性的巨大力量时的无力。

恐怖，正如荒诞一样，反映了人对自己在宇宙中的位置的一种反思。同时，恐怖又与媚世和荒诞一道，构成了美学的新形态，呈现了人类历史向现代和后现代升级中三个方向的美学思考。

六、全球互动中美学类型的转换与移位：堪酷

西方学科型美学的建立，在于鲍姆加登用不同于一般之感（sense）的专门美感（aesthetics）彰显了美学这一学科的性质，美学在19世纪末20世纪初科学-哲学升级的推动下进行升级时，桑塔亚纳发表了《美感》，把专门美感扭回到一般美感，标志着一种

美学新潮的产生。这一新潮演进到 21 世纪，赛托（Yuriko Saito）推出了《日常美学》（*Everyday Aesthetics*），在一般生活美感的基础上，对古典美学中专门美感的基本原则进行了全面批判。但这只是美学新潮的一种方向，19 世纪末 20 世纪初开始的美学新潮在演进中呈现为多种方向，大而言之，有英语世界的分析美学和实用美学，有欧陆世界的现象学美学、精神分析美学、结构主义美学，在这多种多样的演进中，当其翻滚到西方美学从现代思想向后现代思想升级的 20 世纪 60 年代，美国美学家桑塔格（Susan Sontag）发表了《堪酷札记》（"Notes on 'Camp'"），标志着一种新的美学类型的产生，而且这一新类型被不断推进，体现为科尔（Philip Core）的《堪酷：讲述真实的谎言》（*Camp: The Lie That Tells the Truth*）、克里多（Fabio Cleto）编的《堪酷：怪异美学与表演主体》（*Camp: Queer Aesthetics and the Performing Subject*）等。堪酷的重要性在于，它不仅是一种新的美学类型，而且要通过对这一审美类型的阐述，对以往的审美类型，包括古典美学以美、悲、喜为主的类型和现代美学以媚世、先锋、荒诞、恐怖为主的类型，进行美学综合和理论提升。

如果说，现代美学的四大类型中媚世和先锋建立在已知世界安于现状还是继续革命这两种审美态度的对立之上，荒诞和恐怖建立在对未知世界中未知内容的不同理解上，那么，堪酷的产生就来自对包括已知和未知在内的宇宙整体的新型理解。这一理解，从思想史来看，就是从符号学和结构主义开始的一种思想，即所有思想都是人与宇宙进行互动的符号，人是通过符号认识世界的，世界是通过符号呈现出来的。客观世界是无，人怎样提问，它就做怎样的回答，回答是作为无的客观世界以有的方式呈现出来。对于不同的提问，客观世界做出不同的回答而呈现为不同的符号世界之"有"。从这一角度去看，后现代的思想，从西方思想的一贯套路去看，是否定了本质的存在，但从新的思路去看，是以有无结构去看世界，指出所有的符号世界之"有"都有自身的合理性和有限性。这里不存在一个宇宙本体的有与无的问题，人应当怎样看待由自身与世界互动而来的种种符号体系，以及这些符号体系与客观世界之"无"的关系。从符号世界来讲，西方文化中已知与未知的对立也是一种符号世界，既然未知是一种符号世界，那么人通过对未知进行理性的感受得到的荒诞就是一种符号运作，人通过对未知进行的宗教感受得到的恐怖也是一种符号运作。同样，中国思想把未知理解为"无"，印度思想把未知理解为"空"，都是一种符号运作，而各种符号之间既有其合理性，又有其互通性。各种关于未知世界的符号有一种本体论上的平等性，各种后现代思想强调的都是这种本体论上的平等性。同样，各种关于已知世界的符号体系具有一种本体论上的平等性，进而关于未知世界的符号体系也具有一种本体论上的平等性。堪酷正是在这样一种后现代"众生平等"的思想基础上，力图把现代的各种类型即媚世、先锋、荒诞、恐怖，以及古典的各种类型即美、悲、喜，贯通起来。在进行这样贯通的同时，又强调审美与非审美的区别。由桑塔格提出的 camp 美学类型，内容丰富，中译很难，从逻辑上讲，可以因地、因情、因景兼音带义地译为多种中文词语：当要强调其主要与大众美学的媚世一类相似之时，可译为堪普（贴近大众，堪称普通）、堪鄙（不避俚俗，堪称鄙下）；当要突出其具有精英美学的先锋内容之时，可译为堪哭（孤芳自赏，知音难觅，堪值痛哭）、堪不（独持偏见，一意孤行，坚决说不）；然而，camp 视野中的大众美学和精英美学已与媚世和先锋都有区别，camp对于无论是大众美学型的堪普、堪鄙，还是精英美学型的堪哭、堪不，都需要点铁成金，呈现出纯粹审美的cool（酷）来。就这一最后结果来看，将camp中译为堪酷，既可兼顾两面，又可突出核心。

桑塔格在提出堪酷概念之时，将之定义为一种美学上的感受力（a sensibility），并从感性（sensibility）整体来加以论述。在她看来，感受力有三种：一是高级文化型的，基本上是道德性，也就是高雅和古典型，可以从亚里士多德的净化理论和贺拉斯的寓教于乐理论加以体会；二是先锋型的，由各种先锋艺术中呈现的情感极端状态体现出来，"靠道德激情与审美激情之间的一种张力来获得感染力"①；三是堪酷型的，"纯粹是审美的"。通过这一划分，桑塔格给堪酷的审美类型进行了定位，包括两个方面：一是从美学理论上，不同于桑塔亚纳的美的泛化，而是坚持美的特性，并将之提升到一种更宽广的境界；二是根据审美类型的体系，对堪酷进行定义。在美学理论方面，桑塔格讲，从美学建立时的特性入手，把美学的非功利（经验功利和道德功利）和非认识（观念体系和概念体系）联系起来，坚持美感的特性，站到了理论的高位。在审美类型上，桑塔格认为，堪酷与古典的美、悲、喜和现代的媚世、先锋、荒诞、恐怖都有所不同。堪酷，在美学原则上，既不同于而且拒绝高雅美学中"传统严肃性的那种和谐"，又不同于而且拒绝先锋美学"全然与情感极端状态认同的那种危险做法"，站到了本来意义上的美学的立场。因此，"堪酷是坚持在审美层面上体验世界"，这样，在实际中它并不拒绝面对高雅类型和先锋类型进行审美。在这一意义上，堪酷站在一种超越一切的宇宙人生的普遍性高度来看世间的一切，世间的一切，无论高低贵贱，雅俗刚柔，在堪酷的审美中都可以变得cool（酷）。堪酷拥有自由而"不受约束"（特别不因什么东西可鄙或低俗而拒绝面对），拥有宽容而"一视同仁"（也不因什么东西老套古旧而拒绝欣赏），它本着游戏态度而高低往还地对雅俗贵贱都投入深情，在审美中移情于方方面面，不论雅俗贵贱，都给予审美的同情，并由之站到了审美的中位。在堪酷美学看来，高雅美学只按照自己的严肃方式（悲剧的和/或喜剧的），用一套好与坏的标准，去理解和表现世界，而不管人之为人的全面性和多面性，就这一点而言，显得自欺。先锋美学严肃地直面现实的痛苦、残酷和错乱，呈现无法解决的极端主题和体现出强烈的爱憎，同样忽略了人之为人的全面性和多面性，就这一点而言，显得片面。堪酷的感受，作为一种纯粹的审美，是欣赏和品味（这事物有趣还是无趣），而不是评判（这事物高雅还是低俗，先锋还是落伍）。因此，一切事物，不管高低贵贱，只问自己对之是否进行了真正的审美欣赏。正是基于这样一种基本立场，青花瓷器、球形门把手、别在纽孔里的花、新式椅子这类日常事物，与一幅精美的油画一样令人赞叹。由于高雅艺术与极端激情已经为高级美学和先锋美学所占有，堪酷美学在二者领域之外就更鲜明地凸显出来。在堪酷的感受力面前，"良好的趣味并非只是良好的趣味；的确还存在着对劣等趣味的良好趣味"。前者当然指的是高雅美学和先锋美学的专注范围，后者则是指高雅美学和先锋美学所遗漏或拒绝关注的事物。正是在这里，堪酷感受力得到了尽情的发挥，堪酷在那些最通俗、最常见的乐事上发现

① 本节引号中的文字，全引自苏珊·桑塔格的《堪酷札记》。同时主要参照了如下文献：桑塔格．反对阐释．程巍，译．上海：上海译文出版社，2003：320-339。并参照了英文原文。

了乐趣，在被高雅美学和先锋美学糟蹋的大众艺术上发现了乐趣。在这一意义上，camp可以译为“堪鄙”，“鄙”即为高雅美学、精英美学、先锋美学所鄙视的东西。在桑塔亚纳看来，正是这鄙，可堪好好欣赏，并将其看成酷的东西来欣赏。精英美学在独一无二之物（艺术原作）与大量生产之物（复制品）之间进行高下区分。堪酷趣味超越对复制品的厌恶，并以一种稀有的方式来拥有和欣赏它们。进而言之，“堪酷的热爱者，欣赏粗俗”，“堪酷的许多范例”，“从‘严肃’的角度看”，“要么是糟糕的艺术，要么是媚俗之作”（“尽管并非全部如此”）。在其他美学家“常常感到厌恶或者不胜厌倦的地方，堪酷欣赏家则常常感到愉悦、兴致盎然”。当其他美学家“用洒了香水的手绢捂着鼻子，而且很容易昏厥，堪酷鉴赏家则吸着气去嗅那些恶臭，而且为自己坚强的神经而洋洋得意”。正是在这里，在通俗、复制品、大众艺术、粗俗、厌恶、恶臭等现象里，堪酷与媚世有了一种现象重合，但堪酷并没有在与媚世重合时受媚世牵连而降到与媚世一样的低位，而是把媚世点化为堪酷，将之升华到美学的高位。

正因为堪酷突出了与精英美学的高雅类型和先锋类型的不同，强调大众美学的通俗类型和低端类型被忽视的本有亮点，所以堪酷的中译词义应当包括和特别突出面对“鄙”的现象，并将之点化为“酷”。从这一视点来看，译成“堪鄙”较符合camp的内容特点。camp的字源，与媚世一样，是模糊的，但可以肯定的是，作为概念，它出现在西方现代性发生重要转折，西方与非西方的关系处于一个重要节点，各种现代哲学和现代艺术都大量出现的20世纪初期。堪酷正式进入美学，则是20世纪60年代后现代思想正式登场之时。堪酷作为一个文化概念出现之时，1909年的《牛津词典》说，它指的是把“装饰的、夸张的、不自然的、戏剧性的”四个词叠在一起的文化现象，这一现象从社会各主流的边缘而生，诸如由同性恋而来的男人女子气和女人阳刚化之味。堪酷在后现代思潮风起云涌的20世纪60年代被桑塔格用《堪酷札记》定为一种美学类型时，既在思想上与各种后现代观念相呼应，又在美学上与媚世（kitsch，甜媚的劣品）及滋世（cheesy，陈腐的劣品）相纠结，但却在美学上做了一种崭新的点化。camp进入中文世界，有各种译法，如“矫揉造作”（田晓菲译）、“好玩家”（沈语冰译）、“媚俗”（董鼎山译）、“假仙”（王德威译，闽南语，指行为上的假装）等①，在最流行的中文译著中，被音译为“坎普”（程巍译）。这里，本书重新将之定为“堪酷”，强调的是在后现代的多元互动中，堪酷理论以众生平等的态度对各类现代现象的点化作用，正如主体的审美态度把各类生活现象点化为美，堪酷态度把各种审美现象都点化为酷。这里特别突出的是把一直受到批判的大众文化的鄙、俗、媚点化为审美之酷。camp本有的“鄙”义，在中文里有低等之义，但又用于自谦，如说“鄙人以为”，且自谦里内蕴了傲意，如说“正是鄙人”。“堪”，是“经得起”“称得上”之义，正所谓“可堪”“正堪”。倘因需要而译为堪鄙，则是要反讽地表明：“正是这种‘鄙’！且要怎么？正是这种‘鄙’，听我道来。”鄙中有真意，堪比茶味长。然而，camp作为一个理论营地，不只是大众美学之鄙，更是面向一切审美现象的，要把一切现象都点化为审美欣赏，因此，译为堪酷，最得桑塔格的本意。

---

① 陈冠中．坎普·垃圾·刻奇：给受了过多人文教育的人//城市九章．上海：上海书店出版社，2009：138-177.

通俗、复制品、大众艺术、粗俗、厌恶、恶臭这些现象本是低于主体的，但堪酷以众生平等、万物如一的胸怀重审这些现象。于是，主体与对象的关系就不是主体高于对象，而是主体等同于对象。因此，堪酷主体对于堪酷客体，具有了与美的主体对于美的客体相似的态度。因此，桑塔格说："堪酷趣味是一种爱，对人性的爱"，"堪酷认同于它所品味的东西。分享这种感受力的人不会嘲笑那些被他们标识为'堪酷'的东西，他们欣赏它们。堪酷是一种温柔的情感"。在堪酷用美的方式去对待本是属于喜的对象时，审美主体的力量把属于喜的笑变成了属于美的乐。但这些对象在整个社会-文化的客观化和符号化中又确实是低于主体的，是低级的通俗物、复制品、大众艺术，或是丑鄙的粗俗物、厌恶物、恶臭物。作为一种新的审美主体的堪酷，怎样才能把已经被社会-文化客观化和符号化的、低于人的客体变为一种与人具有相同高度的客体呢？这里内含着一个巨大的矛盾。一方面，"堪酷的眼光能使体验发生改观"；另一方面，"并非全部取决于观看者的眼睛"。正是在这一矛盾中，桑塔格说："我既为堪酷所强烈吸引，又几乎同样强烈地为它所伤害。"为了克服这一矛盾，堪酷审美采取了一套程序：

第一，加"引号"。"堪酷在引号中看待一切事物。例如，这不是一盏灯，而是一盏'灯'；这不是一个女人，而是一个'女人'。从物和人中感知堪酷，就是去理解其角色扮演的状态。"加了引号之后，对象就从社会-文化符号化的定位中脱离出来，而进入了审美关系的新境之中，现在对象在新境之中会有新的呈现（扮演）。

第二，对象因之进入一种"双重意义"。对象的结构，本来"是那种我们熟知的对字面意义以及象征意义的层层叠叠、错落有致的构织"，而现在则是"作为某物或任何物的意指的物与作为纯粹人工制品的物之间的差异"。也就是说，不把对象作为被社会-文化所规定、所定义的关系来看，而是作为与社会-文化断开了的、有着自己精致结构的对象来看，审美在第二重意义上发生作用。

第三，审美虽然让第二重意义"产生"了出来，对象成为"纯粹的人工制品"，但同时第一重意义仍然会发生作用。"当某个人或某个东西成了'一个堪酷'，其意义也具有双重性。在事物可被理解的'直接的'公共意义的背后，人们发现了对该物的个人的、滑稽的体验。"这滑稽正是对象在第一重意义中的低下和第二重意义中的精致的对比中产生出来的。特别是，第一重意义（即社会-文化定义的意义）中的低鄙和第二重意义（即在审美过程中呈现的意义）中的精美产生出来的巨大反差，形成了堪酷的喜剧性。在这一意义上，"堪酷提出了一种喜剧色彩的世界观"。然而，堪酷最重要的意义不是二重意义的对照和反差，而是在第二重意义上对象由低鄙变为精致。对象的精致这时变成了一种美学风格。对象的低鄙内容不重要了，美学风格重要了起来，因此，在堪酷的审美中，"体现了'风格'对'内容'、'美学'对'道德'的胜利"。堪酷的魔术通过对风格的强调成功了。因此，桑塔格说："堪酷是一种以风格表达出来的世界观。"

堪酷作为一种审美感受力，不仅面对低鄙对象，而且面对高雅对象。在这里，堪酷开始用美学普遍性的力量去综合古典美学的高雅。在堪酷众生平等、万物如一的宗旨里，引号和二重意义不仅对低鄙对象发挥着作用，也对高雅对象发挥着作用，只是方式不一样：在面对低鄙对象时，审美过程是以"严肃的方式对待轻浮之事"；在面对高雅对象时，审美过程是"以轻浮的方式对待严肃之事"。在这里，高雅对象从社会-文化的符号化中脱离出来，成为纯粹的审美对象，被按照加引号之后的本身的构成、纯粹的精致结构来看待。当其被以堪酷审美方式看待之后，一方面，不但其原有的高雅即来自社会-文化定义的一面显示出来，而且其被社会-文化定义所遗漏的一面也透露出来，喜剧性由此而生；另一方面，高雅对象以自身的结构显出了精致，以纯粹的有趣显出了堪酷的风格。这同样显示了“堪酷是一种以风格表达出来的世界观”。因此，在堪酷的感受力中，不但原有的低鄙可以成为堪酷，而且原有的高雅也可以成为堪酷。从这一角度来看，堪酷既综合了古典美学的高雅，又扩大了现代美学的媚世，媚世只有进入风格化，才能成为堪酷。

堪酷具有一种怎样的风格呢？或者说，怎样的风格才能让人们欣赏风格而忽略内容，专注审美而忘却道德呢？这既是理解堪酷何以成为堪酷的关键，也是理解堪酷何以成为一种审美类型的关键。堪酷的风格，就其性质来说：第一，要有戏剧性；第二，要有诱惑性。这两种性质一定要通过特殊的技巧来达到。因此，堪酷特别看重技巧的作用，甚至可以把技巧性作为性质，作为戏剧性和诱惑性之后的第三种性质。这三种性质都服务于让内容被忽略而使风格得到彰显。具体来说，是什么样的技巧呢？

第一是装饰。任何装饰都使一物不是作为自然之物，而是作为艺术之物，因此堪酷艺术常常是装饰艺术。第二是夸张。夸张更是让事物离开自然本位、突出艺术特点的方式，而且夸张与堪酷的喜剧性相契合。在电影明星里，“简纳·曼斯菲尔德、吉娜·洛罗布里基达、简·拉萨尔、弗吉尼亚·梅约的多愁善感、过于浮夸的女人气，斯蒂夫·里夫斯、维克多·马修尔的夸张的男子气”使之成为堪酷。第三是铺张。“一个身穿由三百万片羽毛织成的上装四处游荡的女人”是一种铺张，“卡罗·克里维利的绘画，画中的砖石结构上缀有真正的珠宝，画着栩栩如生的昆虫和裂缝”是另一种铺张，如果夸张是喜剧性的风格化，那么铺张则是俗艳性的风格化。二者追求一种唯美。第四是唯美。堪酷的唯美具有以王尔德为代表的唯美主义的那种唯美精神，但又有着新时代（都市社会-富裕社会-后现代社会）中的唯美的新特征。“正如19世纪的纨绔子弟在文化方面是贵族的替代者，堪酷是现代的纨绔作风”，是“这个大众文化的时代”的“纨绔子弟”。这一比喻正要以唯美的方式，使低鄙之物的内容被忽略，风格得到彰显。第五是玩笑。“堪酷是玩笑性的，是反严肃的，更确切地说，堪酷与‘严肃’建立起了一种新的、更为复杂的关系。人们可以以严肃的方式对待轻浮之事，也可以以轻浮的方式对待严肃之事。”正是玩笑的游戏精神，一方面使低鄙客体成为堪酷，另一方面使高雅客体成为堪酷。政治人物在公共场合和电视屏幕上模式化的设计性作秀，很容易沦为喜剧性的堪酷。“戴高乐在公共场合的举止和言谈常常是纯粹的堪酷。”

堪酷的五种技巧都强调了一种神奇的“转化”，由自然的本然之物（即被自然属性规定之物）或社会的本然之物（即被社会属性规定之物）转化成美学之物。在对这一转化的强调中，堪酷看到了属于自己的美学类型。至少有如下三类：第一，“将一个东西转变成另一个东西，例如，照明设施被制成了开花植物的形状，起居室被制成了名副其实的岩洞。一个著名的例子是：在19世纪90年代，赫克特·基玛把巴黎地铁的入口设计成了铁铸兰花柄的形状”。这里强调的是事物变性成为堪酷的一条原则，也是堪酷感受力的创造性结果。第二，“兼有两性的特征的，女性化的男子或男性化的女子肯定是堪酷感受力的最伟大的意象之一。例如，拉斐尔前派的绘画和诗歌中的那些孱弱、纤细、柔软的人形；被雕刻在灯具和烟灰缸上面的新艺术出版物和招贴画中的那些单薄、平滑、缺乏性感的身体；格丽泰·嘉宝绝色美貌背后的那种令人难以忘怀的男性化的闲散感觉。一个人的吸引力的最精致的形式（以及性快感的最精致的形式）在于与他的性别相反的东西：在那些颇有男子气概的男子身上，最美的东西是某种具有女性色彩的东西；在那些颇有女人味的女子身上，最完美的东西是某种具有男性色彩的东西”。在这里，堪鄙巧妙地把社会边缘转化成艺术上的美感，定为堪酷的一条美学原则。第三，“将严肃之物转化成琐碎之物”。对于这一条，桑塔格没有进行类型上的事实举例和理论细叙，可以说，是堪酷审美中对高雅客体进行加引号和以二重意义进行分解重组后的一种反讽效果。堪酷在风格化中的两种性质（戏剧性和诱惑性）、五种技巧（装饰、夸张、铺张、唯美、玩笑）、三种转化（一物变为他物、兼有两性特征、严肃变为琐碎）之上，还要一条：天真。“堪酷有赖于天真”。天真就是说，不是蓄意堪酷，也不是圆滑地去做堪酷，“知道自己是堪酷的堪酷（‘做堪酷’）总是不那么令人满意”，“有意去做堪酷，通常是有害的”。天真是出于本性的、真诚的、朴实的，不经意而做出了堪酷。“爱森斯坦的影片很少是堪酷，因为尽管它们铺张，却不显多余，达到了效果。如果它们多一点‘离谱’的话，它们或可成为伟大的堪酷。”格丽泰·嘉宝是“堪酷趣味的伟大的严肃的偶像”，她“在表演方面的不到位（至少，她缺乏深度）反倒增加了她的美”。这里对“离谱”和“不到位”的强调，透出了堪酷的喜剧性。堪酷是“以一种肆无忌惮的、妙趣横生的享乐主义出现”的，就是在严肃的对象里，“只有那些适当地混合了夸张、奇异、狂热以及天真的因素的严肃，才能算作堪酷”。

以上描述基本呈现了堪酷之能成为堪酷所依靠和所强调的“风格化”。一旦从后现代社会的堪酷中总结出这一堪酷的风格化，作为一种审美类型，堪酷就可以延伸到共时和历时的一切方面。因此，对于堪酷，桑塔格从历史方面将其起源回溯到 18 世纪“哥特风格的小说、中国工艺品、讽刺画、人工废墟”，乃至“追溯到诸如庞托摩、罗梭、卡拉瓦乔这些具有独特风格的艺术家那里，或追溯到乔治·德·拉图尔极富戏剧性的绘画或文学中夸饰的尤弗伊斯体（如李利等）”；从艺术流派上，将之与 19 世纪的唯美主义、20 世纪初的新艺术、后工业社会的大众文化等联系起来。从美学种类来说，堪酷既见之于物体，又呈现于人的行为。在“电影、服装、家具、流行歌曲、小说、人、建筑，整个艺术形式都充满了堪酷。古典芭蕾、歌剧、电影似乎很长一段时间以来就是如此”。桑塔格列举了 17 种堪酷的经典：在文学里，有“林恩·沃德的木板印刻的小说《上帝之子》”；在绘画里，有“奥勃雷·比尔兹利的绘画”“弗莱希·戈登的老式连环画”；在电影里，有“维斯康蒂导演的《萨洛美》和《可惜，她是一个婊子》”，以及只供男子观看的、不激发欲望的色情电影；在戏剧里，有“《天鹅湖》、贝里尼的歌剧”；在音乐里，有“古巴通俗歌手拉·鲁普”；除了这些，还有 19、20 世纪之交的某些美术明信片，20 世纪 20 年代的女装，特别是皮毛披肩，饰以流苏和珠子的上装，以及“洛杉矶的布朗·德比旅馆”，等等。这就使得堪酷成为一种内容广泛、颇具特征的美学类型。这一类型虽然强调时代特点，且具有美学之喜的因素，但在很多时候，美学之喜又没有被作为笑来理解，而是被当作美的类型来理解。可以用一部中国电影中的例子来看堪酷在这一方面的特点，这就是周星驰的《大话西游》。该影片完全离开了《西游记》的原作，对原作进行了反讽式的重新组合。其中至尊宝（孙悟空）对紫霞仙子说的一段话是堪酷的经典：

> 曾经有一份真诚的爱情放在我面前，我没有珍惜，等失去的时候我才后悔莫及，人世间最痛苦的事莫过于此。如果上天能够给我一个再来一次的机会，我会对那个女孩子说三个字：我爱你。如果非要在这份爱上加一个期限，我希望是：一万年。

至尊宝在说这段话之前，旁白道：这是他说得最漂亮的谎言。但这段漂亮的谎言却因讲得太漂亮（兼有装饰、夸张、铺张、唯美、玩笑的风格化），而受到广大观众的欣赏，一时间风靡全国。在这段堪酷妙语被普遍接受之中，谎言的内容完全被忽略，风格本身得到了极大彰显和深深玩味，甚至这风格何以能够被玩味也得到了玩味。喜的类型转化为美的类型。从美学的象外之象来讲，也许至尊宝在意识层面是要说谎，但在无意识层面却没有说谎，这正是堪酷风靡全国的原因之一。

堪酷，欲对主要来自已知世界的媚世进行美的提升，也希望对主要来自未知世界的荒诞和恐怖，以众生平等的审美之眼，进行新的转换，突出了审美类型的转换和移位，以及在转换和移位中的统一法则。而且，其中还内蕴着在多元互动的整体世界中寻求统一的审美观照。这一新型的努力的确为全球一体和多元互动的复杂审美世界提供了一种新视点。

七、审美分类的意义

古典审美类型的美、悲、喜三大类型，现代审美类型的媚世、先锋、荒诞、恐怖四种类型，以及突出各类型在多元互动中的转换与移位的堪酷，呈现了世界美学在审美类型上的复杂性，也透出了一些共有的规律。

美是主体用审美方式对理想客体进行观照，从而体会到人与对象在宇宙中的最深厚的内在同一。人依凭对象一步步地进入审美的深度，同时人在审美中把自己提高到宇宙的深度，在优美中体会到爱的柔情，在壮美中感受到大的胸怀，在典雅中悟出了高雅之韵，在俗妙中感悟到平凡之趣。

悲是主体通过审美方式对比自己强大得多的客体进行观照，从而体会到人与世界的巨大对立，人在观照对象中暴露出自己的弱小无力，同时又把自己激励到与对象同样有力的高度。在悲态中，人在感受到自己悲的必然性的同时，通过对这种必然性的体认而把握和超越了这种必然性，用悲态的柔性形式对抗住了这种必然性。在慈悲中，人通过本体思想的获得而进入现象世界无法解决的矛盾之中，从而在思想上超越了这一矛盾。在悲剧中，人在感受到毁灭的必然性的同时，通过对这种毁灭的观照而超越了毁灭，并以悲剧的刚烈形式对抗住了这种必然性。在崇高中，主体在感受到无力的痛感之后，就升腾到与对象同样有力的高度，并让世界的崇高变成人内心的崇高。

喜包括两个方面的内容。一是主体通过与低于自己的历史尺度和现实尺度的客体进行审美的互动，在对象突然暴露出低下本相之时，猛然感受到自己所具有的优越。在怪的变形中，主体因感受到自身正形的优越而笑；在丑的畸形中，主体因感受到自己正常的珍贵而笑；在滑稽的不伦不类中，主体因感受到自己合伦合类的尊严而笑。二是主体通过与低于自己当下历史尺度和现实尺度的客体进行审美的互动，在对象突然暴露出低下本相之时，感受到这一低下正是自己时刻压抑的内在本性，这种压抑使自己心力交瘁，而低下对象正好成为自己压抑情感的宣泄方式，使之不用压抑而表现出来，从而开怀大笑。

悲与喜在感受模式上正好相反，悲是从对象的高而把自己提高到高，喜是由对象的低而认识到自己的高。因此，悲是严肃的，喜是欢快的；悲是严重的，喜是轻松的；悲有深沉感，喜有自豪感；悲是压力，喜是优越。

在现代审美的媚世、先锋、荒诞、恐怖四种类型中，媚世展现了已知世界美好的一面，在媚世地从众中，主体或因感受到追求政治时尚而激昂，或因拥有廉价的高雅而自喜，或因进入世俗之甜美而欣慰，总之，因认同当下生活毕竟有其合情合理的一面而沉浸在自媚的喜悦中；在先锋中，主体面对现实，更多地看到现实中的停滞、虚假、幻相，不符合历史进化规律的一面，从而以各种形式之美的对立面，以形式的丑、怪和内容的悲心，去突破美的假象；在荒诞中，主体感受到一个理性之外的未知的巨大存在而体会到当下已知的荒诞，正因是用审美方式对之进行感受，从而一方面理性地认识到了荒诞，另一方面又理性地抵抗着荒诞；在恐怖中，主体感受到理性之外的魔幻世界，正因是用审美方式对之进行感受，从而认识了恐怖，进而抵抗着恐怖。在媚世、先锋、荒诞、恐怖的现代美学交织中产生出来的堪酷，以众生平等的审美之心，不但看到了三种现代审美类型之间可以转换与移位，而且现代审美类型和古典审美类型之间也可以转换与移位，从而为理解整个世界审美类型的演进提供了一种新的思路。

美的类型的展开是审美方式在自身逻辑里的展开，是人的理想世界的展开。悲的类型和喜的类型的展开，是人通过审美方式在非美世界的审美展开，是人在文化中用审美与文化的其他方面的互动，把非美世界变成审美世界。人正是通过悲的类型和喜的类型，把美渗透进了文化的每一个方面，让处处都闪烁着美的光芒。如果说，美呈现了人的理想，那么，悲和喜则显示了人类通过审美把不理想世界转为一种主体心灵的丰厚，进而从不理想中体现人类的理想。荒诞和恐怖是悲的进一步展开与深入，媚世呈现了美与喜的转换，先锋突出的是悲与喜的转换，堪酷透出了美、悲、喜的全面转换。

美学的类型体系，以美、悲、喜为基本结构展开，又进而在美的大类中展开为优美、壮美、典雅、俗妙四小类，在悲的大类中展开为悲态、慈悲、悲剧、崇高四小类，进而增加了荒诞、恐怖两小类，在喜的大类中展开为怪、丑、滑稽三小类。在三大类型的展开中，媚世透出了美与喜的转换，先锋露出了悲与喜的转换，堪酷呈现了美、悲、喜的转换，世界美学的审美类型体系呈现为上面讲的共十六次型，是对历史和文化中多种多样的审美类型的一种逻辑归纳。这样的归纳，一方面基本把握住了美学类型的主体要项，但另一方面又一定会遗漏不少要项。然而，只要知道美学类型本质上是一种虚实的动态结构，是在人的审美之心和文化的现实之境的互动中产生出来的，即只要知道了四大基本原理，即美的各种类型是在主体与对象同一且在同一达到理想的基本原理中产生的，悲的各种类型是在主体低于对象而又趋于达到对象的高度中产生的，喜的各种类型是在主体高于对象而对象看似与主体同等但又突然暴露出低于主体的本相时产生的，且各类审美类型是可以转换与移位的，就可以把握各种已经产生或者尚未产生的美学类型，并把过去已经产生、现在正在产生、将来还会产生的各种美学类型纳入美学类型的整体体系之中。

通过美学类型的展开，人们还可以进一步理解美学的理论建构何以经历如第二章所讲的逻辑演进和历史演进，并使美学类型理论与美学的基本理论相互贯通。

通过美学类型中的美的类型，人们可以理解美学史上各种各样的美的理论。美学史上的“美”，在四种意义上被使用：一是美＝美的本质，这是柏拉图建立美学基础的用法；二是美＝审美对象，这是现象学美学的常用语；三是在审美对象之中细分，美是审美对象之一，与崇高、悲剧、悲态、慈悲、荒诞、恐怖、怪、丑、滑稽等对象相对；四是美＝美感，这是审美心理学诸派的用法。美学史上的这四种用法，似乎有些混乱且相互矛盾。但通过对美的类型的分析，我们就可以理解这些看似矛盾的理论中有着内在的圆融。通过美的类型，人们可以理解“美＝美的本质”的意义。美就在于人与对象的同一。从历史上说，在人从猿而来之后，只有进化到这样的历史关节点，即当人感受到与对象完全同一时，人才获得了美；从现象上讲，只有当人完全感受到与对象的同一时，人才不是从认识论（文化所教，习俗所认）上和功利观（受强烈的欲望驱动）上感受到对象的美，而是从美学角度体验到对象的美。反过来，只有对象完全符合人的理想尺度，人才可能达到与对象合一的美感深度。在人与对象同一的基础上达到审美的高峰体验时，人既从这一体验中感受到美的本质，同时又感受到美＝美感的真谛。审美的高峰体验必然是一种不知“何者为我，何者为物”的物我同一境界。审美的高峰体验（美＝美感）和在高峰体验中对美的本质（人与对象同一，其基础是人与宇宙同一）的感受是一个人、一个阶级、一个民族、一个时代把对象指认为美的基础。正是在这些对象上，人们可以产生这种体验；正是这种体验，使人们确认了这些对象的美的性质。对审美高峰体验的内在需要，使文化将这些对象通过客观化和符号化而“化成”客观的审美对象，并在知识论层面给予正式的承认。这一符号化和谱系化的行动使美变成客观上的审美对象，虽然从历史上说，它是被客观化的，但从现象上讲，它却已经是客观的，并被体验为客观的。因此，美＝审美对象。人有审美需要时，再也不需要进行甚为不易的试错性寻觅了，只要根据文化提供的符号谱系，就可以很快找到审美对象。正因为各种文化在长期的实践中形成了自己的审美知识谱系，所以，美是客观的，它就是（被文化确认和符号化了的）审美客体（对象）。

美等于美的本质具有历史起源上的意义，呈现出客观对象是怎样成为美的。美等于美感具有审美现象上的意义，美对人的意义不是对文化提供的审美客体进行认识论上的指认，而是要真正获得超越审美知识的审美体验。美等于美感，用美感来确立美，是审美对象变化和前进的基础，是美通向审美超越的关键。美等于审美对象具有现实的意义，它是文化与人的自我确证，并在审美的高峰体验中感受文化的本体论意义和宇宙论根据。美等于审美对象具有非常重要的历史性意义，它意味着人已经把客观对象变成了与人同一的对象，这里面蕴含着非常丰富的内容。美等于审美对象中的美，即与悲的对象和喜的对象不同的审美对象，具有绝不低于与美等于审美对象的重要历史性意义。它意味着：

第一，审美对象的扩大。这扩大不是在与人同一的性质上，而是在与人不同一（高于或低于人）的性质上。它使得审美对象的核心——与人同一——更为突出。

第二，人的胸怀的扩大，不仅与人同一的美可以成为审美对象，而且与人不同一的对象也可以成为审美对象。审美的重要性已经不在于客体，而在于主体，说明人已经有了一个固定的而且是能动的审美心理结构，他可以运用这个结构去看待一切对象。

第三，非美对象成为审美对象而不是审悲对象和审丑对象，其要义在于，人要使这些非美对象趋向和成为"美"。对于高于人的对象，人要使之成为与人同一的对象，是这个同一的目标：使人从"低"升腾到"高"，与之同一，从而使高于人的对象成为审美对象。对于低于人的对象，人从中意识到自己现在的历史高度。人今天的历史高度源于漫长的历史实践进化过程，人源于动物，摆脱不掉自己的动物性。审美对象之核心的与人同一是与历史的同一。人用审美态度去观照比自己低的对象，就是用人的历史高度和理想尺度去看。因此，当人看到比自己低的对象（包括自己身上低于历史高度和理想尺度的行为）时，他就会意识到自己同宇宙本质与历史规律一致的历史高度和理想尺度。因此，无论悲的对象还是喜的对象，都是以与"人"同一为基础的。

美等于区别于悲和喜的审美对象，即成为美的审美对象，其意义就是两点：一是人有了用审美态度去观照一切的能力；二是更加突出了审美对象的核心，即与人同一。因此，各种看似不同的美的理论，其实可以组成一个美的大圆，如图4-15所示：

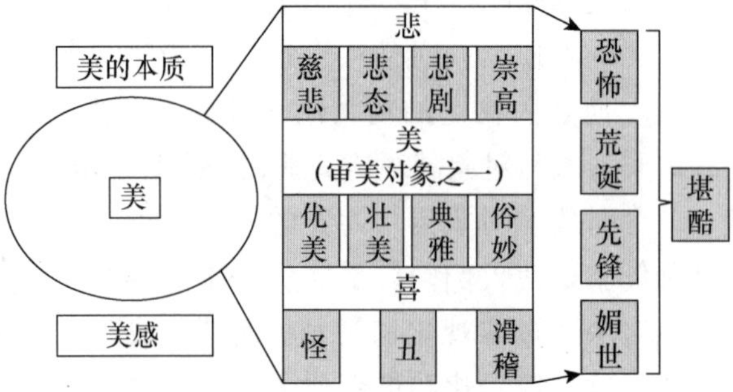

图4-15　审美类型结构总图

在这个大圆中，美＝美的本质、美＝美感、美＝审美对象、美＝审美对象三大类中的美——到了最后一个"＝"的时候，其实又回到了起点：美＝美的本质＝与人同一。

当解释包含四个"＝"的圆之后，审美分类的意义也就敞开了。

第五章

美和美感的起源与初期演进

最是楚宫俱泯灭，
舟人指点到今疑。

——杜甫

一、进入美的寻源之路

美，是从什么时候开始的？人的美感不同于动物的快感，所以，有人，然后才能产生审美。因此，美的起源首先是一个人的产生的问题，其次才是人何时且又是怎样开始感受到美的问题，以及人周围的某些对象是何时且又是怎样开始成为审美对象的问题。第一个问题相对简单，生物学和考古学已经获得了从猿到人的重大关节点，第二个问题虽然复杂，但与第一个问题紧密关联，要与之一道进行思考，方有恰当的解答。这两个问题连在一起，可以理出一条大致的历史和逻辑之线，这条线共有十个关节点：

（1）距今800万～500万年，人科从类人猿中分化出来。

（2）距今330万～220万年，形成奥杜威石器技术。

（3）170万年前，阿舍利手斧成型①。

（4）距今75万～50万年，爪哇猿人和北京猿人控制火。

（5）距今10万～5万年，尼安德特人和晚期智人产生了仪式和艺术。

（6）距今10万～5万年，智人走出非洲，遍及世界；到2万年前，成为唯一的人类。

① 法国考古学家莫尔蒂耶耶（Gabriel de Mortillet）1872年在法国北部圣阿舍利（Saint Acheul）发现了当时最早的手斧，此型手斧便被命名为阿舍利手斧，虽然这类手斧在后来被溯源到非洲，但仍使用欧洲地名作为其称谓。

（7）距今 10 万～4 万年，人类产生原始语言①。

（8）距今 10 000～8 000 年，农业产生，定居出现，陶器、玉器、青金石器产生。

（9）距今 6 000～3 000 年，早期文明在古埃及、两河流域以及地中海各地、印度、中国、美洲等地产生，文字产生。

（10）2 000 多年前，地中海、印度、中国产生了理性思想。

从以上十个关节点来看美的产生和演进，可推论如下：第一点，人的产生是区别于动物快感之人的美感得以产生的基础。第二和第三点，美从工具中萌生和定型。美萌生于石器技术的形成时期。人开始运用工具，一种新型的快感便由之萌生。人形成了制造石器的技术体系，这种新型的快感就开始具有一种稳定的雏形，当人不是简单地使用工具，而是掌握了制造工具的技术，用自己制造的工具在狩猎和采集活动中取得了很好的效果，一种超越人的生理能力的快感作为一种心理类型便产生了出来。人制造工具时的感受，运用工具产生奇效时的感受，休息时观赏这发挥过奇效的工具而产生的感受，逐渐形成一种感受定式，即一种新型的超越动物的快感，这就是美感的雏形。虽然这一美感雏形存在于感受的综合体中，是内蕴着真、善、美的统一体，但美感是其中的内容之一。从美的角度看，从石器技术的形成，到具有美感形式的石器的演进，到具有完美的美感形式的阿舍利斧的形成，标示着人类美感的产生。洛奈（Mickaël Launay）说："'手斧'形状的出现，既不是巧合，也不是灵光一闪。它是经过一代又一代古人的思考、琢磨、传承而最后实现的。我们发现了好几种不同类型的手斧，随着所处时期和发现地点的不同而有所区别。有一些是具有凸出尖端的水滴形；另外一些更浑圆的，看上去像是蛋形；还有一些几乎没有圆角，更接近等腰三角形。然而，无论哪种手斧，都有着一个共同点：对称。……可以肯定的是，这种对称不可能是一种巧合。琢磨匠人应该预先设计好了自己的打磨计划，在完成手斧之前就考虑好了形状。对要打磨的燧石，他们在头脑中构建了一个抽象的形象……最终完成这个手斧之后，他们会仔细观察这件新工具……将手斧置于光线下，更好地观察它的轮廓，在某些锋利边缘处敲掉两三小块碎渣来完善手斧的形状，最终，他们得到了一件满意的作品"②。这里，一种新的感受模式围绕石器器形而凸显出来：其一，人的一种感觉形式形成了；其二，对石器的感觉，是人从自然界中被动的一员转为主动的一员的感觉，石器使人在浑茫的大自然中形成了一个新的人类空间；其三，石器并不仅仅是石器，它无言中呈现的是包含石器在内的一个整体系统。石器是实践工具，使用这种工具的人有与之相适应的组织方式、居住方式、观念形态。这些都关联着人的演化。对美的起源来说，就是从自然人到具有审美能力的人的演化。这一演化的定型点就是一种完善化的工具即阿舍利手斧的形成。应该可以看到，这种左右和正反基本对称的阿舍利手斧包含了一种使工作更方便的功利快感和一种超越人的身心能力的形上快感，并且与之一道共进的美感得到定型。阿舍利手斧不仅是一种工具，而且是一种体现形上魅力和美感外形的工具。相比于其他石器类型，阿舍利手斧

---

① 袁眉. 语言起源研究综述. 重庆交通大学学报（社会科学版），2009（5）：96-101；王士元，柯津云. 语言的起源及建模仿真初探. 中国语文，2001（3）：195-200.

② 米卡埃尔·洛奈. 万物皆数：从史前时期到人工智能，跨越千年的数学之旅. 孙佳雯，译. 北京：北京联合出版公司，2018：3-4.

不仅在工具史上，而且在观念史和美感史上都有重要的意义。因此，可以将之作为人的（工具之美和对工具的美感为一体的）美产生的标志。英国诺福克有一件几十万年前的阿舍利手斧，斧心嵌有一块海菊蛤的化石贝①，蛤贝不会增加斧的实用功能，但却增加了斧的审美作用。只有在斧被作为审美对象之时，才会产生把蛤贝嵌入斧心的构思。考虑到蛤贝在斧心实际是妨碍斧的实用功能的，这含蛤之斧显然已经被作为美感对象而非工具看待了。当然，原始时代的美感并不是西方近代型的纯粹美感，而与诸多快感有关联，如坎贝尔（Joseph Campbell）所认同的那样，"这样的手斧不是实用工具，而乃神圣对象"②。可以肯定的是：在旧石器时代阿舍利手斧的观念演进中，已经具有超越工具的物理内容，这与宗教感-美感联系在一起。上面讲的嵌贝手斧作为史前艺术的经典举例，被写进了巴恩（Paul G. Bahn）的《剑桥插图史前艺术史》（*The Cambridge Illustrated History of Prehistory Art*）之中。手斧作为艺术或美感物品是西方学界的共识，戴维斯（Stephen Davies）在其《艺术之种类》（*The Artful Species*：*Aesthetics*，*Art*，*and Evolution*）的注释中，列举了1970—2009年20位学者在其著作中都持此看法③。从这10万年前内蕴着宗教感-美感的艺术型手斧回溯到170万年前阿舍利手斧的初生，再回溯到250万年前石器技术体系的产生，一个由工具转化为美的漫长历程和逻辑演进的基本框架呈现了出来。

回到人类发展的关节点上。在第四个关节点，控制火的技术改善了人类的食物和居住条件，从而使人的体质和大脑构造得到升级。这是心理升级的物质基础。在此基础上，人类进入第五个关节点：仪式和艺术的普遍产生。仪式使人对包括自身在内的周围世界形成一种整体观念。仪式结构，即仪式之人、仪式地点、仪式器物、仪式过程，把人的要项组织成一个整体，要凸显这一整体的需要，于是产生了艺术。在这一意义上可以说，仪式是人关于自己是怎样的和世界是怎样的观念体系的产生，艺术则是这一观念体系的外显和完成。仪式结构的四个要项成为艺术产生和发展的四大基点。在仪式中，人的美感就从以前的工具中心扩大为一种具有整体性的文化结构。可以说，从石器技术体系的产生到阿舍利手斧的出现，是美感的第一次形成，仪式-艺术结构的产生是美感的结构展开和体系升级。仪式使美感从工具中心转到了仪式中的巫王中心。工具型的手斧之美成为仪式中巫王的圣器之美。

第六、七个关节点与第五个关节点交织为一体，要突出的一是智人在地球上一统天下，二是语言使人的思想体系有了一种观念性的把握和表达方式。仪式、艺术、语言一道成为智人在世界各地进一步发展的基础。

在第八个关节点，农业产生了，但并没有改变仪式结构，然而，一是展开了仪式的类型，人类仪式分为游牧与定居两大类；二是新产生了仪式艺术的物品，如陶器、玉器、青金石器，使美和艺术产生了新的系列，同时使观念体系产生了变化。游牧以"天"为主，定居以"地"为主，二者的互动产生了"天""地"一体的整体观念。新的仪式-艺

① 保罗·G. 巴恩. 剑桥插图史前艺术史. 郭小凌，叶梅斌，译. 济南：山东画报出版社，2004：98.

② Joseph Campbell. The Mask of God：Primitive Mythology. New York：Penguin Book USA Inc.，1976：365.

③ Stephen Davies. The Artful Species：Aesthetics，Art，and Evolution. Oxford：Oxford University Press，2012：189.

术结构在新的观念中升级和展开。

在第九个关节点，早期文明从古埃及与两河流域开始向世界扩展。仪式-艺术结构上升到以神庙为中心的体系性展开。其中文字的产生，既使语言得以持久保存，也使美感因有文字的反映而可以进行理论的反思。与美相关的思想和话语都以文字的方式彰显出来，为人类对美进行理论化奠定了基础。

在第十个关节点，轴心时代带来了理性思想，神灵的仪式转为理性的新形式，包括中国的以朝廷朝会为中心、古希腊的以城邦公民大会为中心、印度的以婆罗门随建随毁的仪式为中心，关联着各类社会活动和生活形式，呈现为一种新型的美感体系，美学理论从新的艺术体系中产生出来。

通过以上十个关节点，人类之美的产生、扩展、升级的主线呈现了出来。但具体的演进已经消失在悠长的时间之中，只留下大量碎片。这里，仅仅从大的框架出发，重新组织碎片，以拼出一幅虽有遗漏但却能呈现大体轮廓的人类美感演进图。

人对世界的整体观念，可以按照历史时期分为三大类：原始时代以虚体之灵为主，早期文明时代以实体之神为主，轴心时代以理性思想为主。这些思想在器物上的体现，首先由旧石器时代达到工具完美性的阿舍利手斧体现出来。斧的演进构成美感演进的一条主线。农业产生后，陶器在世界各地成为艺术的中心，彩陶图案所呈现的内容关联着方方面面，成为美感演进的又一条主线。原始时代以宇宙整体之灵为观念核心的思想，通过石器之斧和陶器之图这两条演进主线，可以基本呈现出来。进入早期文明时代，原始时代的虚体之灵升级为早期文明时代的实体之神。原始时代多样性的仪式地点升级为早期文明城市中的神庙，在这新型美感中心，金、银、铜类的金属器和宝石，特别是金青石和玉，成为石器、陶器的扩展和升级，成为神庙以及由之展开的各个机构中的重要器物，共同形成以神庙仪式为中心的美感体系。因此，在轴心时代之前，人类的美感体系主要为以灵为中心的原始时代的美感体系和以神为中心的早期文明时代的美感体系。前一段历史，主要由石器之斧和陶器之图这两条主线构成。后一段历史，主要以神庙为中心，以金属器、宝石器、陶器、石器等物器构成美感体系。以上两段两类，是从大的总体方面去看人类的原始时代和早期文明时代。但是，因智人在体质人类学上的统一性和走出非洲之后地理上的多样性，人类在各大洲产生了文化差异性和多样性。美感是在统一性和多样性的交织中演进的。因此，美感的产生与演进要从人类演进的同一逻辑和多元现象去讲：一是把美感逻辑关节点与由点而引起的演进结合起来，二是把演进的共同规律与文化多型发展结合起来。

下面分四节讲人类美感在轴心时代之前的多元演进：

第一节，斧是石器工具中最初形成美感的事物，斧自产生之后，从旧石器时代到新石器时代，一直在文化的中心演进，美感的演进与之紧密相关。这一美感体系特别是在仪式产生以后形成的体系，与以灵为中心的体系内在地关联在一起。这一以灵为中心的思想，以仪式为结构，呈现了旧石器时代美感体系的基本框架。

第二节，彩陶是农业时代产生后的标志性器物，其美感关联到整个美感体系，这一美感体系的演进伴随着新石器时代思想体系的升级，这就是从以灵为主的思想到以神为主的思想的演进。灵为虚体而神为实体，但在转变之中和之后，灵与神仍发挥作用，中国古人多用神灵双音词来表现。以上两节都在共同性的基础上呈现东西方的美感差异，作为各类文化美感差异的代表。

第三节，东西方的美感差异是由地理不同造成的，欧洲大陆中段的草原之路无论在思想上还是在美感上，都具有独特的意义，其地理存在，一方面形成了自身的美学特点，另一方面成为连接与沟通欧洲和亚洲的通道，使欧洲和亚洲的不同美感产生了互动，成为理解东西之美具有共同特点的新角度。以上三节都是讲原始时代之美，其共同点是以宇宙整体之灵为核心，以及由灵向神演进中产生出美。

第四节，由原始时代到早期文明时代，美感进入以神为中心的模式，神庙构成人类的美感中心。不同的文化演化出各自独有的神庙类型，从而具有不同的神的观念，形成不同的美感体系。正是在神庙美感的基础上，再进一步上升到轴心时代的美感，人类美感便进入理性时代。

在进入理性时代之前，还要补上从一个更广阔的角度讲欧亚从草原形成的丝绸之路，特别是欧洲美感和亚洲美感的相互影响对世界美感演进的意义。有了这四个方面的内容，对于人类之美在轴心时代之前是怎样产生的、怎样演进的，便有了一个框架性的呈现，并为轴心时代以后人类美感何以升级为新的文化模式奠定了基础。

二、西斧东钺：源于旧石器的美感演进

在阿舍利手斧产生之后，由于地质和文化的双重作用，美国哈佛大学考古学教授莫维斯（Hallam L. Movius）20 世纪 40 年代提出旧石器时代两大文化圈的学说：非洲、西欧、西亚和印度半岛是手斧文化圈，东亚和东南亚广大地区是砍砸器（chopper）文化圈（图 5－1）。前一地理圈可简称西方，后一地理圈可简称东方。

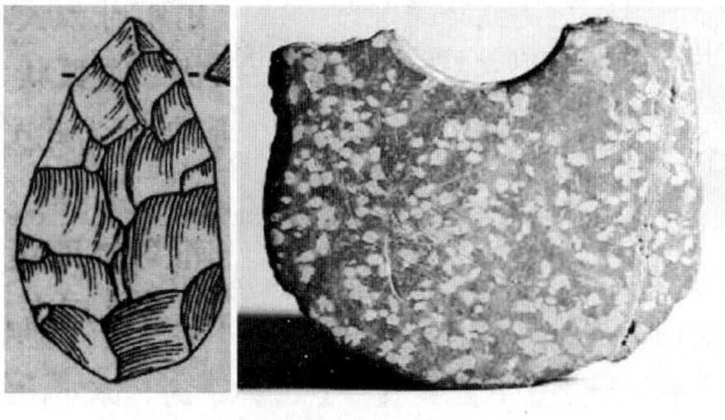

图 5－1　手斧与石钺

从工艺类型来看，手斧是由两面加工而来的石核工具，砍砸器是由单面加工而来的片型工具。从美学角度来看，石核手斧培养出立面美感和对称美感，片石器具训练出平面美感和曲线美感。这不由令人想到，后来西方艺术、印度艺术所产生的两种具有立体型的美感与中国艺术的平面流动美感之间的差异，或许有更深更远的历史渊源。西方的立体型斧和东方的片状型斧，内蕴功利性、观念性、审美性为一体，不但是人类之美产生的标志，而且在人类美感的演进中一直占有主导地位。从阿舍利手斧来讲，其演进之一为，在早期文明的克里特文化中，成为著名的双面斧，在整个地中海文化中地位显赫。

东方的片状型斧同样一直占据文化的核心，后来的文字内蕴着其演进的逻辑，这就是从斤到斧到钺的演进。

（一）斤-斧-钺：中国原始之美的演进

“斤”，《说文》曰：“斫木也。象形。”段注：“斫木斧也……凡用斫物者皆曰斧。斫木之斧，则谓之斤。”与“斤”相似的还有“斨”，《说文》曰：“方銎斧也。从斤爿声。”斤作为斧之初型，其源远矣。于省吾说：“甲骨文斤字初文本应作 ，象手持斤形，再变为 ，三变为 ，四变则省为 ”①。马叙伦说：“金文斤字率作 、 ，……∇ 其器也。| 其柲（柄）也”②。于省吾的斤，是手和器的组合，为纯石器；马叙伦的斤，是柄与器的组合，为石木合器。二人举出的斤，其形都为片状。斤之器除了手与柄的区别，还有器本身的区别，正如高鸿缙所说：“斧斤异器，斧刃纵向，伐木者用之，形与刀同。斤刃横向，斫木者用之，其形与锄同”③。这里斤斧异器，应为在“斤”阶段的两种类型。斤作为中国原初的手斧和带柄斧，盛行于漫长的旧石器时代，对中国文化的观念塑造起了重要作用。《庄子・徐无鬼》里，郢人“运斤成风”，在先秦文化中意在说明使用工具的技术高超，回到远古文化，则是通过技术的运用，形成天人合一的具体体现之“风”。正因为斤与风的关系，《汉书・律历志》讲：“十六两成斤者，四时乘四方之象。”运用斤而产生的计量体系是与四时四方的天地规律相关联的。因此，《汉书・律历志》释“斤”为“明也”，即通晓天地间的规律 。《毛传》释斤曰“察也”，即由此可以观察到天地间的规律。由此可想，斤展开为和关联到整个远古时代的工具体系、技术体系、计量体系、天地规律。可以说，远古观念的基本要素都与斤有关联，这从与斤有关联的词汇群中透露出来。反过来，这些体系的合力又对斤这一工具的美感产生作用。这一作用既在“运斤成风”这个成语里有所透出，更在由斤发展而来的斧中得到明确体现。远古包括人在内的生物的总称为虫，虫有斤为“蚚”，是强大。人的内心有斤为“忻”，是心路的开启。土地有斤为“圻”，用来称天子的王畿之地。在神圣仪式中，示加上斤为“祈”，是向神求福。天上的太阳加上斤为“昕”，是明亮的开始。《尔雅・释天》的郭璞、邢昺注疏本中，“昕天”是天的六大总称之一。天的中心是北斗，北斗为“魁”④。远古的神被通称为鬼，作为北斗之名的魁，字中有斤，乃其天上权威的标志。这些与斤相关的词汇，后来大都不用了，被其他词汇代替，透出的应该是，斤在很早的时候就成为观念的核心，并形成了自己的观念体系。斤之美，正是这一观念体系的具体外化。

在最初以斤为名的工具体系中，产生出了斧。斧从斤中独立出来，在于其大于斤的功用。《释名・疏证》：“斧斨同类，唯盈稍异。”徐灏笺曰：“斧斤同物，斤小于斧。”这

---

① 李圃. 古文字诂林：第10册. 上海：上海教育出版社，2004：642.

② 同①640.

③ 同①641.

④ 《说文》载：“蚚，强也”。段玉裁注《说文》：“忻谓心之开发。……司马法曰：善者，忻民之善，闭民之恶。今司马法佚此语。谓开其善心。”《广韵》载：“王畿千里为圻。”《左传・昭公二十一年》载：“天子之地一圻。”《说文》载：“昕，旦明，日将出也。”段注：“明也。”《尔雅・释天》释曰：“四曰昕天。昕读如轩，言天也北高南下，若车之轩”（按：此已不是斤的古文义了）。王逸注刘向《九叹》曰：“九魁，北斗九星也。”

里的小，不仅是外形的小，更是观念的小。斧的产生，一是同狩猎有关，二是同战争有关。《越绝书》讲：“轩辕、神农、赫胥之时，以石为兵。”石形之斤由此而成为兵器，而成为斧。作为斧之前身的斤，只是工具；从斤发展出来的斧，既是工具，又是兵器。兵器之用于战争比工具之用于生产来讲，更需要勇气、勇力、智慧，故而斧以一种新的形状进入远古的观念系统之中。这一观念系统既与旧石器斤的观念系统相承续，同时又有了巨大的创新。这从文字学上透了出来。《说文》曰：“斧：斫也。从斤父声。”斤加上父成为斧，透出其形体和观念的变化。《说文》又曰：“父：矩也。家长率教者。从又举杖。”段注：“巨也……率同逹。先导也。……从又举杖……收其威也。”《释名》曰：“斧，甫也。甫，始也。”始者，率先创新或由之开始之事也。从以上权威释义中可知，斧代表斤与父发生了关联，功能起了变化，与家长关联起来，具有“原理”的内蕴，要起到“威严”的效果。这一功能新变从古文字中透露出来。郭沫若说，从古文字来看，父是斧的初字，为男子持斧形[①]。商承祚和叶玉森都说：父、斧古义相通[②]。刘心源讲，父不仅是男子，“古刻父字作，从丨……窃谓，父者主持家政者也，从又，从丨，丨亦声，丨即主字。又者手也，取其能持”[③]。这样，所举之物成为以父为主的象征。以上的文字释义透出的历史事实为：当男子（父）成为群族（家）的首领（主）时，斧产生了，并成为首领的象征。这一象征物具有原则和威仪两种内涵。从文字上看，作为家政之主的父，举的是什么？商承祚说：“金文父癸鼎作有，父戊毁作，鲁伯鬲作。说文父‘矩也，家长率教者，从又举杖’”[④]。叶玉森谓甲骨文中之亦父字。叶玉森又说：“为手持炬形，为手持火形，如之从，谊亦相通。又疑为斧形”[⑤]。其实，所持之物，无论为杖、为炬、为斧还是为火，总应为圣物。这里应从两个方面来看：从器物方面讲，斧在器物体系中作为一种圣物进入了首领象征物的体系之中，成为礼器；从首领方面讲，其象征物是一个体系，木、杖、炬、火、斧等，都在这一象征体系之中，而斧作为象征体系之一，具有重要作用。斧进入了意识形态的核心地位，同时就意味着进入了美感的核心地位。斧与父相联，王国维讲了，父是男子的美称。父又与甫相联，王国维和陈独秀都讲了，甫是男子的美称[⑥]。因此，斧-父-甫不仅是一种社会组合的形成、一种意识形态的形成，而且是一种美感体系的形成：斧因在父之手或父因有斧在手而美并具有了美称——甫。

---

① 郭沫若说：“父甲骨文作，金文作，乃斧之初字。石器时代男子持石斧，即石斧之象形，以事操作，故孳乳为父母之父。古之父母意犹男女，今人称雌雄牝牡为公母，即其遗意。”又说：“即父字之异，父字象有孔斧，本斧之初文，古作，象以手持石斧之形，此从戉从又，为父字之异无疑。”（李圃．古文字诂林：第3册．上海：上海教育出版社，2000：389）

② 李圃．古文字诂林：第3册．上海：上海教育出版社，2000：389.

③ 同②.

④ 同②.

⑤ 同②.

⑥ 王国维说：“女子之字曰某母，犹子之字曰某父，案士冠礼记，男子之字曰‘伯某甫仲叔季，惟其所当’。注云‘甫者男子之美称’。《说文》甫字注亦云‘男子之美称’。然经典男子之字多作某父，彝器则皆作父，无作甫者，知父为本字也。”（同②）陈独秀说：“《说文》云：家长率教者，从又举杖，实乃举斧以率耕，非举杖以率教。古者用蜃除草，削木令锐以耕，即《淮南子·氾论训》所谓‘剡耜而耕，摩蜃而耨’。木杖即耜之原始形，亦即木斧。同为一物而两用。……发明耕种，古之大事，故尊率耕之长老为父，又用为男子之美称。不独子称其父也。因之诸利用厚生之发明，其字亦多从父。”（同②389-390）

斧不仅关联于作为首领之父，也关联于作为首领之父本身的美称（甫），还关联于作为首领之父的装饰：斧的图案为黼。《尔雅·释器》曰："斧，谓之黼。"《疏》曰："黼，盖半白半黑，似斧刃白而身黑，取能断意。一说白西方色，黑北方色，西北黑白之交，乾阳位焉，刚健能断，故画黼以黑白为文。"《仪礼·觐礼》曰："天子设斧依于户牖之间。"《注》曰："依，如今绨素屏风也。有绣斧文，所以示威也。斧谓之黼。"这里，黼之图案不仅形象为斧，而且包含着象征规定的色彩和寓意。虽然以上文献是追述后来天子的情况，但由斧而产生出来的首领的装饰却可能源自远古传统。正是在斧-父-甫-黼的关联传统里，斧有一个美学上的展开，进入了远古礼制的核心结构之中，包括观念上的美称（甫）和物体上的美饰（黼）。随着首领权位由巫而王的升级，与之相关的物体上的美饰也进一步扩展：天子冕服上的纹样之一，叫黼黻；设于朝廷天子宝座之后、绣有斧文的屏风，叫黼依；古时天子所用、绣有斧形花纹的帷帐，叫黼帷。进而，从首领之美扩展为一般之美，用黼绣（绣有斧纹的衣服）来比喻辞藻华丽，用黼黻（冕服上的花纹和色彩）来泛指花纹和文采，用黼藻来指华丽的辞藻，等等。因此，文字上斧-父-甫-黼的关联和演进过程，透出的是远古社会中，由工具之斧（斤）到武器之斧到首领权力象征（父）到对这一象征物的美感（甫），进而由首领象征物之美扩展为一种美的体系的过程。

斧在与作为首领之父产生关联后成为权力象征物，进而成为美，这是一个复杂而漫长的过程，斧作为权力象征物同时作为美的最后定型，是由斧升级为戉。斧来自工具性的斤，斧斤连用，其义为工具；戉是斧作为权力象征物和美的定型，斧戉连用，其义为权力象征。戉与斤已无关联，从而代表了远古美学演进在质上的完成。这也从文字学上体现出来。《说文》曰："戉：斧也"。段注曰："大斧也"。《韵会》曰："威斧也"。"大"既与天象连（《论语·泰伯》中，孔子曰："唯天为大"），又与王相连（《论语·泰伯》中，孔子曰："大哉，尧之为君也"），戉是王权的象征。威，乃王之威仪，戉是显示王之威仪的，从而戉成为权力象征之定型。由这一定型而来的戉的形象，从与五帝相关的各新石器文化一直到夏商周文化，都是如此。新石器时代的墓葬（在良渚文化中尤为明显），就用玉戉、石戉、无戉以区分出规格等级。《说文》引《司马法》描述夏商周时代时讲："夏执玄戉，殷执白戚，周左杖黄戉，右秉白髦。"在时代的演进中，戉的材质、形制、颜色、器物组合、具体命名，呈现出多姿多彩的风貌，但戉作为权力象征物却一直未变。

上面的引文"殷执白戚"，不仅是名称的不同，还透出在从斧到戉的由具体武器到王权象征的定型过程中，有一个更为复杂的器物体系和观念体系的展开，以戉定型的斧戉体系，在器形和名称上，不仅有斧和戉，还有戍、娍、戌、威、威、義、戚、我、戣、扬（《毛传》："扬，钺也"）等。武器之斧升级为礼器之戉，在于戉比斧具有更深厚的内蕴，即戉与中国型王权的出现紧密相关且共同成长。

远古时代产生的中国型的王，在历史的演进中，由聚落村主到地域共主到天下之王，其特点是什么呢？远古之王，在东西南北中众族群的互动和竞争中，在追求天地人的和合里，产生出来，内容很多，其中之一就与戉相连。因此，古文字中，王的字形甚多，徐中舒列了七形，叶玉森列了九形，诸家还有多形①。各种"王"字，主要有两大解释：

① 李圃. 古文字诂林：第1册. 上海：上海教育出版社，1999：206-222.

一是（如徐中舒、叶玉森、孙海波所说的）王作为最高首领之人的本形，所谓君也，大也；二是源于三种构成首领之为首领的要件，其一是（吴大澂、罗振玉、高鸿缙、朱芳圃等认为的）源于火，其二是（林沄、吴其昌等认为的）源于戉，其三是（高田忠义认为的）从工。工与戉二说可互通（参下文吴其昌之说），从而是两论。两论在根本上有内在关联。诸家火论都以（王）字下面为“火”，而从秦汉思想讲火与王的关系，与戉关联太远。其实“火”是天上的火（心宿），在火成为观象授历的时代，“火”曾成为历法的核心指标，族群首领成为天文系统的掌握者，“火”成为其标志。火的重要性使之与两个重要的字关联起来：一是与“大”关联起来，成了“大火”；二是被冠以最重要之星的名称“辰”。《左传·昭公元年》讲了唐陶氏时代商丘地区的领导人阏伯“主辰”，即以大火（心宿）为重要标志，形成了“以火为祀”的地区性仪式，从而“大火”也成为“阏伯之星”（《国语·晋语四》）。以火为历法象征的首领，在从由火象征到更普遍的象征的演进中，也由地区之巫而升级为具有普遍性的王巫。天象进入仪式的整体系统和武器进入仪式的整体系统，并不相互排斥，而是：其一，根据各自因素在时代中的重要程度而进行安排；其二，各自因素又因具体的组合而相互渗透。这是一个复杂的过程，且有多样的呈现。各种因素都汇到王的象征体系中，从而显示出“王”字的字形在内涵上的多样性。本书的主题是武器之戉成为仪式之戉。暂时撇开其他方面，而只从戉的演进逻辑来看其在“王”字形成中的作用。古文中的“王”字：（甲三三五八 反）、（甲二九〇八 反）、（乙八六八八牛距骨刻辞）、（205）、（成王鼎），构成这个方面的系列。以这一系列为基础，林沄《说王》讲：“王字之本形是象不纳柲（按：没安上柄）之斧钺”①。吴其昌不但说“‘王’字之本义，斧也”，而且说“‘工’‘士’‘壬’‘王’，本为一字”，词义“皆为斧”②。吴的学说正好可以给“王”字的历史演进以一方便性的逻辑组织。壬，《说文》曰：“与巫同意”。《说文》又曰：壬呈现为“阴极阳生”，即以一种中国型思维去看待天地万物。郭沫若说：壬，甲骨文为，是“鑱”这种武器的初文③，因此，其具有巫的性质的阴阳思想，当然其中也包含着武器之艺。工，“与巫同意”（《说文》），而且与工艺的精巧及体会工艺与天地的规律相关，如徐谐注的“为巧必遵规矩法度，然后为工”。壬与工的结合，可以象征中国型的巫的特点。士，《说文》曰：“事也。数始于一，终于十。从一从十。”这里包含了远古的巫在十月历中，完美地把与工艺相关的技术和规律用于一年中的重大事务，即段注讲的“博学、审问、慎思、明辨、笃行，惟以求其至是也”。高鸿缙说：“士即筮之初文”④。其谋划思虑是在远古的巫风下进行的。郭沫若说，士、且、土相通，且与祖相关，土与社相关，“祀于内者为祖，祀于外者为社，祖与社二而一者也”⑤。这正与远古时代坛台中心阶段（如良渚文化和红山文化中）的祖社一体相合，士乃各地域的共主。这里且按内在的理路，姑把最初的聚落之主称为巫壬（包括工的技术和壬对技术的整体性体悟），把各地域之主称为巫士，把天下共

---

① 林沄．林沄学术文集．北京：中国大百科全书出版社，1998：3.

② 李圃．古文字诂林：第1册．上海：上海教育出版社，1999：216.

③ 郭沫若．释干支//郭沫若全集：第1卷．北京：科学出版社，1982：77.

④ 同②316.

⑤ 同②313.

主称为巫王。用这一命名意在强调：远古中国在从壬到士到王的演进中，一直与戉相连。戉之观念之所以贯串始终，不仅在于各地的生产领域中工具之斤里对由工艺而来的规律性体悟，也不仅在于对地域战争中的武器之斧里由军事而来的规律性体悟，更在于各地区各领域的规律都关联着一个根本性的天地规律。正是由于这一根本性规律，各地与工艺关联为主的巫壬演进为东西南北中与武器关联为主的巫士，进而演进为以天下为一的巫王。当巫王以戉为象征之时，戉就从武器象征变成王权象征，从而成为王戉。王戉在由石而玉而青铜的演进中成为王钺（图 5－2）。

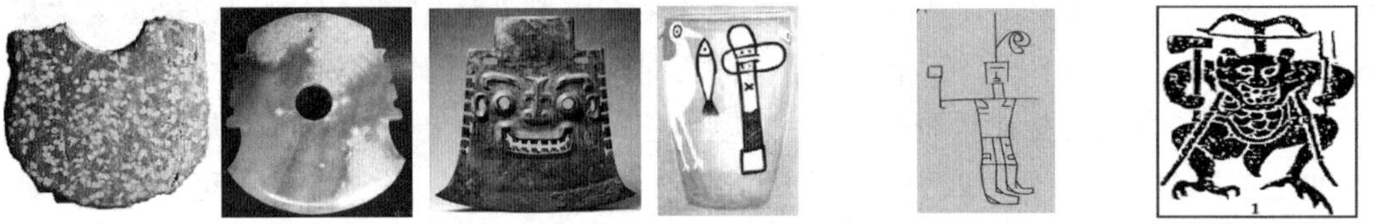

图A 石戉　图B 玉戉　图C 青铜钺　图D 仰韶彩陶的戉　图E 石家河彩陶的戉　图F 汉画像蚩尤持戉

图 5－2　戉（钺）之演进中的关节点

在王钺阶段，由斧而展开的斧–父–甫–黼的美的体系得到进一步强化。可以说，中国之美，不仅是一种外在形式，而且与整个文化的内容关联在一起。从工具之美的外观到武器之美的外观再到礼器之美的外观，美都是一种文化内容的外在形式，但这种外在形式是与文化内容紧密地关联在一起的。在以钺为核心象征的王权中，美体现为一种（内容和形式合一的）威仪。因此，由斤到斧到钺的演进，是由内含着实践效用的工具的形式美，到内含着军事效用的武器的形式美，再到具有王权象征的礼器的威仪美的演进。可以说，中国之美的起源，在由从斤到斧到钺的演进中，呈现了一种关联型的美。

（二）灵：原始文化之美的核心

以上通过原始之斤向斧再向钺的演进，说明了美感在原始之斤时确立对于人类之美的基础性意义，这既关联到斤–斧–钺的器物演进之线，还关联到原始社会的整体演进之线。人类美感得到质的提升，是在距今 10 万～5 万年尼安德特人和晚期智人的仪式中出现的。如果说，工具运用使人感受到一种在人之外、超越人的生理能力的神秘力量的存在，但这种神秘力量对人来说在效果大小和成功概率上有偶然性，那么，仪式的产生就使得这种神秘力量成为人可以与之互动的实体。这个实体因人的实践对其的理解，以一种虚体的方式存在。这就是灵。综观原始时代各文化中灵的现象，以及后来学人对各类现象的总结，灵的内容可以归纳为五点：第一，由天相而来的统一。王震中在其《中国文明起源的比较研究》一书中引用了人类学家的测算：狩猎–采集群体的世界平均规模是 50～100 人，农业群体是 100～150 人，上限可到 350～400 人①。费根把前国家社会分为三个进化等级：首先是狩猎和采集游团，人口在 100 以下；然后是农业或游牧部落，至多上千人；最后是有宗邑城池的酋邦，有 5 000～20 000 人②。人类之初，特别是部落时

---

① 王震中. 中国文明起源的比较研究. 西安：陕西人民出版社，1994：52.

② 布赖恩·费根. 地球人：世界史前史导论：第 13 版. 方辉，等译. 济南：山东画报出版社，2014：16.

代，如此少的人口，分散在不同的空间，基本互不往来，其灵的思想的统一性是怎么形成的？是对天象的观察。天象的统一性决定了灵的本质的统一。灵的观念从根本上讲与“天”相关。这从印欧语中的“神”都有一个含义为天空的词根 deiwos（如拉丁语 deus、梵语 deva、伊朗语 div、日耳曼语 tivar 等）透露出来。中文的“中”就是立杆测影的天文观测，以中得到天的神意。第二，由天的运行产生了一天的昼与夜、一月的月相圆缺循环、一年的四季变化，从而产生了人类自身的变化和周围众物的变化，形成了对世界的基本想象。正是在这一基础上，灵与“变”的观念联系起来。第三，由于人口少，认知范围小，人的感受除了小小的已知之外，被巨大的未知所包围，已知与未知又互渗为一体，从而世界整体呈现为一个以虚空为主的“混沌”。第四，对于这一以虚为主的混沌整体，人类学家普遍用美拉尼西亚语 mana（马那）一词来表达其灵的内容。在巨大的、未知的混沌整体里，有一个超自然-超人类主宰，可感而不可见，因而称之为 mana（灵）。mana 之不可见，更正确的表达应只用形容词，如用希腊文 ἱερός（sacred/holy，灵的）来表达灵就更为恰当。灵虽然不可见但却可感，更主要的是它从各类事物中显现出来，因此，灵的可见性表达就是 hierophany（灵显），此词由希腊文的形容词 hieros（ἱερός）和意为揭示（to reveal）与光照（to bring to light）的动词 phainein（φαίνειν，显现）组成。各类事物，石器之器具、植物之花草、动物之马牛羊、人体之头身手、天上之星辰、地上之山川，皆因灵显而成为有灵现象，并可在灵显重复中固化为灵物（fetish）。第五，在原始时代，因为人的力量极小并自知其小，故而原始之灵主要以非人的物象出现。有些文化中的灵物，看似人形，如古欧洲突出生殖部位的人像和显出抽象僵直的人像，非洲和大洋洲比例失调的人像，其实重点并不在于人的形象，而在于人与非人形象的同一性，特别是与具有象征意义的动植物形象的同一性，从而产生出变形。因此，以上五点，天的整体-变的现象-混沌本质-具体灵显-非人形象，构成原始之灵的基本内容。

人自运用工具以来，就感受到灵的存在，灵的观念体现的是人欲对人在其中的世界整体进行认知、把握的一种现实需要和思想追求，最终在阿舍利手斧出现 160 万年后的仪式产生中有了结果。仪式使人与灵有了正式的对话，仪式意味着灵的亲临。原始时代，仪式千形万态，但又有共有的要项，可归纳为四：仪式之人、仪式地点、仪式器物、仪式过程。仪式通过这四大要项组织起来，灵也通过这四大要项显示出来。在第一项中，人以什么样的形象（动物、植物、天象）出现在仪式中，灵就在什么样的形象中呈现出来，这些形象就成为有灵之象。在第二项中，仪式在什么样的地点（山、洞穴、水滨、广场、房屋）举行，灵就显现在什么样的具体地点形象之中，这些地点就成为灵显之地。在第三项中，仪式中摆放了什么样的器物（中杆、石器、陶器、青铜，以及这些器物上的图案和装饰）和祭品（饮食、牺牲、人体、动物、植物，以及它们的组合方式），灵就在什么样的具体器物和祭品中显现出来，这些器物和祭品就成为灵显之器。在第四项中，仪式有怎样的过程（怎样开始、几个阶段、有什么重点和高潮、怎样结束），灵就从怎样的过程中显现出来。这一过程就成为灵显的过程。正是在原始时代的仪式四项中，本质混沌的灵有了具体而形象的体现，从而可以说，原始社会的灵在仪式中得到了集中化和具象化，因此，对灵的思考就可以通过对仪式的思考来进行。

自仪式产生之后，人类之美就有了一个体系性的结构，如表5-1所示：

表5-1　仪式四项与原始之美

<table>
<tr><td rowspan="4">原始时代</td><td colspan="4">灵</td></tr>
<tr><td>仪式之人</td><td>仪式地点</td><td>仪式器物</td><td>仪式过程</td></tr>
<tr><td>人体美化</td><td>建筑美化</td><td>器物美化</td><td>诗乐舞画剧</td></tr>
<tr><td colspan="4">以四因子为基点，把人和世界进行观念化、神圣化、审美化</td></tr>
</table>

仪式使原始之灵有了一种集中的结构性体现，最初的艺术正因仪式而产生和成型，并在距今10万～5万年在世界各地普遍出现。阿纳蒂说，史前的视觉艺术物品有50万件，其中10 000年以上的占五分之一。目前已经进行了拍摄的有70 000件，分布在160个国家①。原始社会的艺术，与作为世界整体的灵相关联。灵是虚体的，不仅从现代处于原始阶段的美拉尼西亚语mana（马那）的词义中显出，也从原来的古语言中显出。灵，古印欧语为（s）peis，含义为呼吸之气（breath），同时又有灵（spirit）、生气（vigor）以及魂（soul）、勇气（courage）之义。前两个义项体现为天地间的普遍之灵，后两个义项体现为具体事物上的个体之灵。普遍之灵和个体之灵在气之流行的具体运动（breath）中合为一体。随着虚体之灵向具体之神演进，普遍性的灵与附在个体上的魂被区别开来，这在闪米特语中也有对应的体现，由词根נפש衍生出了与灵相关的词汇群，由词根רוח衍生出了与魂相关的词汇群，在希伯来语中体现为neshama（נְשָׁמָה，nəšâmâh，灵）与ruach（רוּחַ rûaħ，魂）的相对，在阿拉伯语中彰显为nafs（نفس，灵）与rúħ（روح，魂）的相对。而且，希伯来语neshama（灵）一词来自词根nšm（breath，气息）。灵的虚体，使之可与各类具体形象互动和互换，在文字上可以中国古文字为例，变动不居，刀光石影，出没无常。如灵的马那，是在仪式中呈现出来的。古文灵有多字，体现的正是灵的虚灵性和变动性，但留存下来的灵大都与仪式相关。灵，古文为霝，即[illegible]，为上[illegible]（雨）下[illegible]（两口）。《说文》释“雨”曰：“水从云下也。一象天，冂象云，水霝其间也。”雨由天而下，既是天的代表，由天至地，也是天地之合的体现。有雨而万物生长，各文化中都讲宇宙源于水，雨的正常降临内含着天道（灵）的规律。[illegible]的两口，网络版“象形字典”说是“巫师念念不停地祈祷下雨”②，是一种祈求风调雨顺的仪式行为，口也可释为天之灵用雨的方式体现出来，雨与口相加为“霝”，霝的三口与[illegible]的两口，其义相同，霝通零，雨如天之口，亦如天之令。天之口与天之令在仪式中得到更正式、更充分、更准确的体现，两口为天人契合，三口为天地人会通，霝（灵）在这种契合与会通中得到开启、闪显、体悟，霝（灵）在仪式中体现出来，呈现在仪式的方方面面，这从“灵”字的多种写法中呈现出来。靈下面为“示”，表明灵是在立杆测影的中杆仪式里显启出来的。靈下面为“巫”，说明巫师进入仪式就具有了灵。[illegible]下面的“心”，表明进入仪式之人的心灵由凡入神的转变。[illegible]下面为“玉”，表明玉在仪式中，其灵的作用产生了出来。玉既能通

① 埃马努埃尔·阿纳蒂．艺术的起源．刘建，译．北京：中国人民大学出版社，2007：20.

② 参见网络版“象形字典”中的“灵”字条目（http://www.vividict.com/WordInfo.aspxid=3859）。

灵，又能显灵。靈下面为龠，意味着仪式中的乐器产生出灵，灵在乐音中透出、飘荡。汉语古文中有关“灵”的词汇群，透出的正是原始时代具有普遍性的灵（马那）的性质。

（三）双面斧：西方原始美感的表征

由于灵“变动不居，周流六虚”的虚体性，对原始时代的艺术不能做固定性而要做变动性的理解；就是进入早期文明时代之后，形象的变动性和互换性仍然普遍存在，这里且以 3 000 年前地中海克里特文化中的双面斧为例。双面斧作为早期阿舍利手斧的升级版，在地中海具有重要意义。克里特文化在地中海文化共同体之中，特别是在古埃及文化和腓尼基文化的双重影响下，上升为地区中的一种重要力量，在观念形态上，正在宇宙之灵到宇宙之神的升级之中，因此保留了甚多灵的形态。双面斧正是灵的艺术面相之一，而双面斧来自阿舍利手斧，又显出与中国的片形斧由斤到斧到钺大致相同的历程。克里特的双面斧可以与一系列形象互换。在图 5－3A 中，双面斧在牛头之上。古埃及文化从原始时代到早期文明时代的演进中，虽然对原始时代思想进行了升级，但还是保留了相当多的思想形式，在金字塔中，太阳神作为牛的形象出现，在某种方式上，太阳、月亮和大熊星座都与公牛相关，公牛犊也是在太阳升起时诞生①。双面斧内蕴着悠长历史的灵力，强化着宇宙太阳神的力量，作为一种宇宙力量与太阳神，双面斧在宇宙山中升起，其图像与古埃及图像中的太阳升起图（图 5－3C）意义相同。但正处于从原始时代向早期文明时代升级中的克里特文化，更喜欢用具象的图，如图 5－3B。在图 5－3D 中，族群首领向神灵致敬，天上有日月，地上有宇宙树，双面斧在正中，整个画面灵力弥漫，而双面斧作为克里特文化的传统核心，发挥着灵的作用。

图A　斧与牛　　图B　斧作为太阳东升　　图C　埃及的太阳升起　　图D　斧在仪式中心

图 5－3　双面斧

资料来源：南诺·马瑞纳托斯. 米诺王权与太阳女神：一个近东的共同体. 王倩，译. 西安：陕西师范大学出版总社有限公司，2013.

天空星移斗转形成的天地四方运行，是一种灵的运行。因此，可以在克里特文化中看到，双面斧布在宇宙四方（图 5－4A），象征着宇宙之灵的运行。太阳傍晚落山进入冥海，第二天再从海中升起。克里特图像里，双面斧作为太阳在冥海中穿行，最后在海边山顶升起（图 5－4B）。在地中海文化共同体中，圆花饰是具有普遍性的符号，是天空发

① 南诺·马瑞纳托斯. 米诺王权与太阳女神：一个近东的共同体. 王倩，译. 西安：陕西师范大学出版总社有限公司，2013：149.

光体的象征，可以代表太阳或月亮或星星，同时又代表太阳赋予大地生命①；回溯到地中海以及古欧洲的原始时代，更象征着宇宙之灵在天地间的互动和四季间的轮回。在克里特图像里，双面斧与圆花饰一道，象征着天地互动和四季轮回（图5-4C）。在远古仪式中，巫王在中杆神柱下与天地之灵沟通。在克里特文化中，中杆神柱用双面斧来装饰（图5-4D），双面斧赋予神柱和整个仪式灵力。在地中海的各文化中，原始阿舍利手斧的另一种演进是成为巫王的权杖、象征生命的十字架、具有生殖力的古埃及王后伊西丝的花结，在克里特文化中，双面斧与生命十字架和伊西丝之花结合了起来（图5-4E）。

图A 斧在四方　图B 斧从冥海升起　图C 斧与圆花饰　图D 斧与神柱　图E 斧与十字架及伊西丝花结

图5-4　双面斧与文化

资料来源：南诺·马瑞纳托斯．米诺王权与太阳女神：一个近东的共同体．王倩，译．西安：陕西师范大学出版总社有限公司，2013．

以上各种图案的双面斧，都是作为原始时代之灵在发挥美学作用。双面斧由阿舍利手斧演进而来，体现了一种观念的成长。克里特文化正是在整个地中海文化圈中，特别是在与古埃及文化和腓尼基文化的互动中，向早期文明演进的，故而比起完全升级到早期文明的古埃及文化和两河流域文化，带有更多的原始文化特征，即世界整体由虚体之灵来体现。明乎此，是解读原始时代图像的关键，同时也呈现了原始文化之美是以怎样的深层结构和表层转换的方式呈现出整个时代的美学样态的。面对这一非常丰富的美学现象，这里主要列举了西方和东方两种斧在其中的作用，是为了体现一种美学结构是如何从最初形态演进而来的。地中海和中国之外各文化中的斧，如图5-5所示：

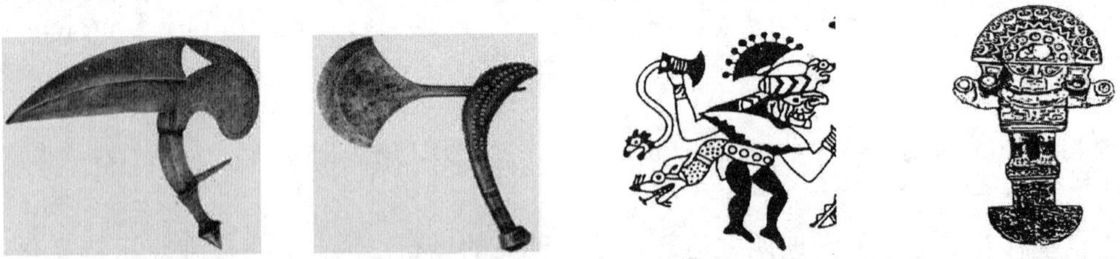

图A 非洲鸟形斧　图B 非洲植物形斧　图C 美洲莫奇卡文化之斧　图D 美洲奇穆文化之斧

图5-5　非洲和美洲的斧举例

在图5-5中，非洲和美洲这两类斧形，虽然在形制上不同，但都在各自文化的美感体系中占有中心位置。

---

① 南诺·马瑞纳托斯．米诺王权与太阳女神：一个近东的共同体．王倩，译．西安：陕西师范大学出版总社有限公司，2013：169．

三、西塑东绘：源于新石器的美感演进

（一）原始美感从艺术到彩陶的演进

当5万年前仪式产生以后，人类艺术与之一道普遍性地出现，人类最初的艺术是在仪式的圣地以诗-乐-舞-画-塑-剧的形式出现的，而今还存留的只有乐器、雕塑、绘画，以及在绘画中出现的舞蹈图案和以咒语符号出现的最初的诗。阿纳蒂把彩陶出现之前从距今5万年前开始出现的绘画归纳为五类：早期狩猎型、采集型、进化后狩猎型、牧人饲养型、复合经济型。从历史演进来看，后两类无论从年代还是从经济类型来看，都已跨进农业-游牧阶段，与定居和彩陶出现之后的艺术类型合为一体，在思想体系和美感体系上已经开始了新的变化，因此，农业和彩陶出现之前的艺术主要是前三类。阿纳蒂的著作和其他有关艺术起源的著作，呈现了一种世界各地基本相同的艺术图示，这里且举两组有代表性的图像，一组突出狩猎和舞乐，如图5-6所示：

图A　音乐响器（法国）　图B　早期狩猎者（沙特阿拉伯）　图C　狩猎仪式之舞（阿尔及利亚）　图D　狩猎仪式之舞（中国）

图5-6　原始狩猎图像

资料来源：埃马努埃尔·阿纳蒂. 艺术的起源. 刘建，译. 北京：中国人民大学出版社，2007.

图5-6A中两种乐器上都有图案，把音乐与虚体之灵关联起来。图5-6B至D的狩猎图都是在仪式中进行的，人的装饰和人与动物的关系，都在各自族群关于宇宙整体之灵的观念体系中进行一种组织。图5-6D明显是仪式舞蹈。

再看另一组与采集相关的图像，如图5-7所示：

图A　西班牙　图B　北美　图C　坦桑尼亚　图D　阿尔及利亚

图5-7　原始采集图像

资料来源：埃马努埃尔·阿纳蒂. 艺术的起源. 刘建，译. 北京：中国人民大学出版社，2007.

图5－7A展示实际之采蜜，图5－7B展示采集收获，图5－7C彰显树、人与宇宙之灵的同一关系，图5－7D展示的应为仪式中的采集舞乐。由于图像地点皆为仪式圣地，所以，5万年前以来世界各地的图像体现了原始时代以灵为中心的观念体系和美感体系。在这一时期，世界各地的图像以共性为主。虽然也有差异，但这差异在农业和彩陶出现之后方才凸显出来。

农业的定居产生了陶器，进而出现了彩陶，这标志着一种新型艺术样式的产生。有两点需要指出：一是陶器的器形是立体的，既与以前的雕塑有共性，又要照顾到器形本身，这样，陶器与雕塑就形成了一种既有相同又有不同的复杂关系；二是陶器的面或壁大多是曲体，而且是回环一体的，与以前平面性的岩画、壁画等，既有共性又有差异，如何形成新的彩陶形象，并用以表达新观念，成为一个课题。陶器随着农业于1万年前在世界各地的出现和普及，既有共性又有差异。就其共性而言，无论在地中海地区的欧洲、西亚，在欧亚通道上的伊朗、中亚各国、俄罗斯，在中国，还是在美洲，都可以看到一些似曾相识的相同图案，如图5－8所示：

图A 克里特岛　图B 两河流域　图C 两河流域　图D 伊朗　图E 苏撒　图F 俄罗斯　图G 美洲

图5－8　世界各地相似的彩陶图案

资料来源：陈近海．世界陶瓷艺术史．哈尔滨：黑龙江美术出版社，1995．

从以上七图以及后文会呈现的中国彩陶，可以看出其中的一些共性。然而，各地彩陶看得多了，各地文化的差异乃至特点就会显现出来。特别是对世界艺术史和世界美学观念有着重大影响的中国彩陶与西方彩陶的不同，尤为重要。

（二）彩陶与雕塑共用而生的西方美感

中、西彩陶的一个重要不同，体现为旧石器时代之艺术特点的差异。西方前一阶段的艺术有两大特点值得注意：一是雕塑特别突出，在距今3万～1万年的马德格林文化和奥瑞纳文化中，以及在彩陶出现后的古欧洲文化中，雕塑占有相当大的比例，而且具有文化的典型性。第三章曾列举了列斯普格维纳斯像，这里再举一晚近在德国发现的狮头人身像（图5－9A）。二是西方早期举行仪式的洞穴壁画，描画的动物极为逼真，如第一章所列举之图中的牛。这两大特点，都内蕴着一种看世界的独特方式，以及世界在这种方式看来所呈现的图式。盖因在这一观念的影响下，古欧洲的彩陶不是单独发挥作用，而是与雕塑一起发挥文化功能。且举两例古欧洲的仪式场地，从中可见雕塑与彩陶是在一个观念结构之中。图5－9B展示的是安纳托利亚中部的仪式圣地，圣地之墙分为两层，上层为四肢伸开的人体雕塑，下层为三个牛头雕塑，左右墙柱上还分别有牛头雕塑，构成了圣地核心，下面应有彩陶礼器与之配合。图5－9C展示的是匈牙利东部的提萨文化圣地，礼器中雕塑与彩陶组合为一个整体。图 5－9D 展示的是乌克兰境内特里波利耶遗址中的圣龛，龛上全是小雕塑，龛下以陶器为主，仍是雕塑与陶器形成的整体结构。从仪式观念中把雕塑和彩陶作为整体去看古欧洲的彩陶，可以看到彩陶与雕塑的互动。金芭塔丝（Marija Gimbutas）讲，古欧洲雕塑和彩陶形成的艺术体系主要由三大部分构成：一是刻画符号，有山形、V 形、Z 形、M 形等；二是几何纹式，有螺旋纹、反向螺旋纹、回旋纹、梳形纹、刷形纹、圆圈纹、网纹等；三是动植物形象，有牛、羊、蛇、蛙、鹰、鸟、蜜蜂、蝴蝶等，以及只突出人和动物的重要器官，如眼、手、卵、女阴、爪等。由于古欧洲从事陶艺制作的主要为女性，故而雕塑皆以女性为主。对于作为世界整体的虚体之灵，也主要将之想象为女性。但需要强调一点：灵是虚体的，且这虚体主要以女性特征呈现出来，从而被研究者总结为女神，但这多以女性特征呈现出来的灵本身是虚体的，故而可以呈现为禽、兽、虫、鱼、人、植物，甚至呈现为雄鹰、雄鹿、公牛，乃至体现为以男性生殖器为主的形象。世界的整体之灵具有统摄男女两性的力量，本具有一变为二，二为阴阳，又可互换，互换的结果是统归为一。因此，宇宙整体之灵也体现为抽象符号，抽象符号与具体形象在原始时代的虚体之灵这一统一的观念体系中互动。

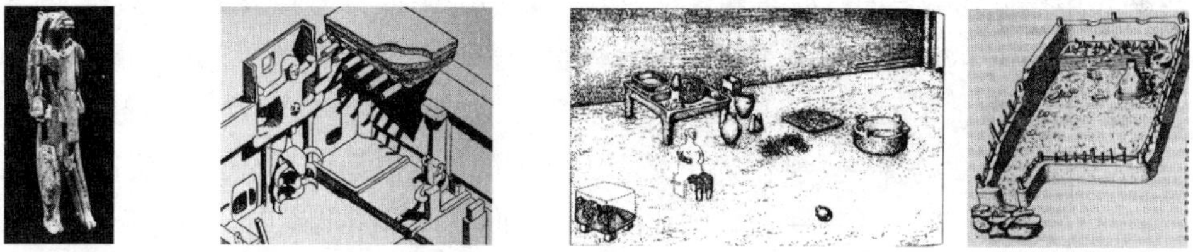

图A 狮头人身像　图B 安纳托利亚中部仪式圣地　图C 匈牙利东部仪式圣地　图D 乌克兰家庭圣龛

图 5－9　西方史前艺术

资料来源：马丽加·金芭塔丝．女神的语言：西方文明早期象征符号解读．苏永前，吴亚娟，译．北京：社会科学文献出版社，2016.

理解了古欧洲观念中灵为虚体的多变性和雕塑与彩陶的一体性，就可以知晓古欧洲的彩陶要结合二者，方可体悟其内在意蕴，如图 5－10 所示：

图A 匈牙利陶塑　图B 罗马尼亚陶瓶　图C 希腊塞萨利陶塑三面　图D 意大利撒丁岛陶器

图 5－10　欧洲女神

资料来源：马丽加·金芭塔丝．女神的语言：西方文明早期象征符号解读．苏永前，吴亚娟，译．北京：社会科学文献出版社，2016.

图 5－10A 为 7 000 年前匈牙利科克尼多遗址中之物，既是陶器又为雕塑，体现了陶与塑在圣地仪式中的功能。图 5－10B 为罗马尼亚的人形陶瓶，初看全为雕塑。图 5－10C 为

7 000 年前希腊塞萨利陶塑，与图 5－10D 意大利撒丁岛彩陶盘上的画像意旨正好相同，二者有一种互相注释的关系，体现的正是古欧洲的观念要由彩陶与雕塑紧密结合而构成。这可以体现为两点，一是陶上符号与雕塑上符号的一致，体现了二者乃同一的宇宙之灵的显现，如图 5－11 所示：

图A 彩陶纹样与女塑阴部符号的相通　图B 彩陶纹样与女塑臀部纹样的相似　图C 男性阴茎与女性身体的合一

图 5－11　欧洲彩陶与女神符号的关联

资料来源：(1) 马丽加·金芭塔丝. 女神的语言：西方文明早期象征符号解读. 苏永前，吴亚娟，译. 北京：社会科学文献出版社，2016.

(2) 戈登·柴尔德. 欧洲文明的曙光. 陈淳，陈洪波，译. 上海：上海三联书店，2012.

图 5－11A 中瑞典彩陶上的纹样与塞尔维亚女性雕塑的阴部符号在外形上相通。图 5－11B 中顿涅茨河彩陶上的纹样与保加利亚女性雕塑的臀部纹样是类同的。彩陶和雕塑乃同一宇宙之灵的不同显现。正如图 5－11C，不但男性特征和女性特征合二为一，而且前方下体有一秃鹫，又为人与禽的合一，突出的正是宇宙之灵的变幻性。二是陶器在按自己器形和形上作画规律展开的同时，有一种按雕塑化的规律趋向具体形象的走向，如图 5－12 所示：

图A 乌克兰人鹰器　图B 特洛伊人鹰器　图C 克罗地亚熊形器　图D 罗马尼亚牛头器　图E 塞尔维亚狗形器

图 5－12　欧洲陶器器形

资料来源：马丽加·金芭塔丝. 女神的语言：西方文明早期象征符号解读. 苏永前，吴亚娟，译. 北京：社会科学文献出版社，2016.

图 5－12 中的陶器，人形鹰首、熊、牛头、狗等的雕塑性都很明显，要突出的正是宇宙整体之灵以各类动物和人的形象显现出来。在艺术类型中，雕塑容易使人走向对空间稳定性的思考。这种对空间稳定性的思考会反过来促使绘画走向一种对空间感的追求。绘画是一种二维平面，本来是不宜用来体现空间立体的，但陶器是立体的，从而在陶器上作画可以产生立体空间上的追求。这后来确实成为地中海绘画的走向，在古埃及、两河流域特别是希腊绘画中体现出来，而且其中以物质材料关联在一起的艺术走向，可以体现为从古欧洲的彩陶向古希腊瓶画的演进。在古希腊瓶画中，一种明显的西方美感特性产生了出来。从图 5－13A 展示的尤利西斯等刺瞎独眼巨人到图 5－13B 展示的赫拉克勒斯降狮，再到图 5－13C 展示的狄俄尼索斯的灵眼，最后到图 5－13D 展示的俄狄浦斯与

司芬克斯的问答，完成了从一种从具有世界普遍性的二维平面向具有西方特殊性的立体空间美感的转换。

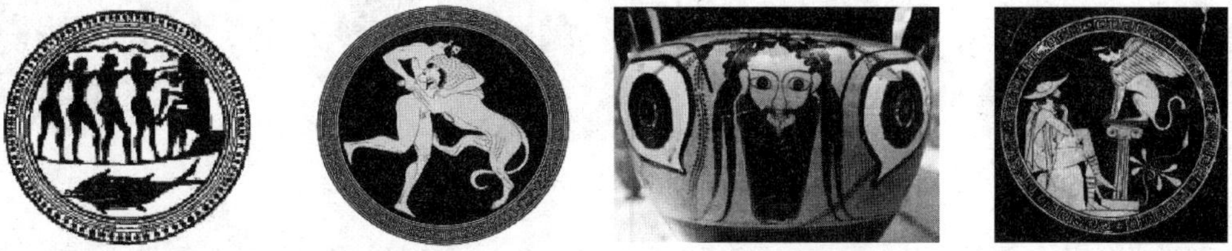

图A 尤里西斯等刺瞎独眼巨人 图B 赫拉克勒斯降狮 图C 狄俄尼索斯的灵眼 图D 俄狄浦斯与司芬克斯

图 5-13 古希腊瓶画

西方的美感如此演进，应与奥瑞纳时期用雕塑反映宇宙之灵的传统，以及古欧洲把彩陶与雕塑组织为一个整体去体现宇宙之灵的传统有关联。同样，古希腊瓶画有如此的美感转变，又与西方雕塑从古欧洲到古埃及再到古希腊的同一演进方向紧密相关。这里主要强调的是，西方彩陶在一种与中国彩陶不同的体系中演进，从而使西方的视觉艺术走向了与中国不同的方向。这就是本节标题所讲的“西塑”的美感特征。

（三）彩陶美感的中国特性

同西方的陶器与雕塑关联共进不同，中国陶器自身构成一个美感系统。从 11 000 年前开始，中国出现陶器，近 8 000 年前，陕西华县老官台、甘肃秦安大地湾等地出现彩陶，随后就星星点点铺遍中华大地，北到黑龙江，南到福建、台湾、广东，东到山东、江苏，西到喀喇昆仑山麓和天山南北，西南到四川、西藏。在广大的黑龙江流域、黄河流域、长江流域和珠江流域之间，共有彩陶遗址 2 000 多处，构成中国彩陶的世界性辉煌。从中国文化早期演进的总体来看，先是西北地区从仰韶文化开始显出彩陶优势，然后是距今 6 000～5 000 年，东方的玉显出优势，特别在红山文化、良渚文化、凌家滩文化中体现出来，然后东西融合，4 000 年前青铜出现，陶器、玉器、金属器一道构成早期中国的礼制体系。这一早期中国的美感体系，彩陶在先，对于形成中国美感的基本方向具有重要的意义。从世界美感比较来看，中国彩陶具有特别重要的意义。彩陶从老官台和大地湾的仰韶文化开始，进而形成半坡和庙底沟类型，二者结合构成彩陶的主体，仰韶文化（主体是关中—陕南—豫西—晋南）与各文化圈互动，形成中国彩陶多元一体的结构，而成为早期中国文化圈的共同美感。金芭塔丝讲，陶器制造在西方由女性主导，在中国最先由女性主导，后转为由男性主导。中国彩陶从 8 000 年前开始到距今 6 000～5 000 年达到辉煌，正好对应于文献上的女娲伏羲和炎黄五帝两个时期。《山海经》《楚辞》都讲了女娲造人的故事，女娲造人用的是泥土，制作彩陶用的也是泥土，抟泥造人，可泥塑，也可彩陶顶部塑作人头，还可陶面绘出人形。这不意味着女娲开创的是一个彩陶的时代吗？（图 5-14）

女娲采五色石补天，是一种与天的交往。陶器是祭天的礼器，绘陶的颜料是矿物，给陶器绘彩，就是用矿物制成的颜料画出内蕴巫术观点的图画，去与天交往，从而达到特定的现实目的。补天，就是要求转变天象的一种行为。彩陶的发明，既是一种新的通

图5-14　马家窑彩陶中与女娲约有相通的形与图

天手段的出现，是对自然（天）的一种征服（补天），又是一种能制造彩陶的新人的出现，人在改变自然的同时，也改变了自身的自然（造人）。与女娲同时并与之相配的伏羲，与很多名称相通，其一是“包牺”，“包”就是一个彩陶形，“牺”是彩陶所盛之物，也表示其仪式目的。可以说，伏羲是用彩陶为礼器的概括和象征。《周易·系辞下》讲“古者包牺氏之王天下也，仰则观象于天，俯则观法于地，观鸟兽之文与地之宜”，这不就是以彩陶作为礼器与天地万物相沟通吗？伏羲又与葫芦相通，葫芦与很多神话相关，也与宇宙本体的概念（昆仑、混沌、囫囵等）相连，又是彩陶中的器形。距今6 000～5 000年的黄帝，在文献中是很多专门技术的发明者，他设立了“陶正”，进行彩陶的专门化生产，釜、甑、碗、盘等各种器形的陶器都由此而发明出来。由此而下，到尧一代，陶得到特别的突出，“堯”字上面的三个“土”与陶相关，尧又号陶唐氏，尧、窑、陶，语音相同，皆与陶相关。尧的儿子朱丹，其名就是制彩陶时最常用、最鲜艳的颜色。尧舜的大臣皋陶，也与陶相关。紧接尧的舜，也被视为陶器的发明者，并在后来被尊为陶神。文献中从女娲伏羲到黄帝、尧、舜再到夏王朝的建立，大致对应于从老官台到大汶口这一距今8 000～5 000年的彩陶史。文献中虽有彩陶制造者由女性到男性的转变，但有一条不变，即彩陶制造和运用与巫王相连。原始仪式中最早作为礼器，而又使礼器在仪式中具有重要意义的，就是彩陶。《礼记·郊特牲》说：“祭天之器则用陶匏、陶瓦器，以荐菹醢之属。”这道出了彩陶的主要功能：一是用于祭天（当时为宇宙整体之灵运行中的天道）仪式；二是作为饮食器皿。这既说明了饮食的重要性，又要求器皿的精致性。在陶器上加“彩”，就不仅是美学的需要，更有观念的要求。从文化、观念、艺术的统一来看，中国彩陶，在东西南北各族群的互动中，以及在通过丝绸之路与欧洲、西亚的交流中，体现出多种多样的形态①。比如，从欧亚草原两端的对比中可发现一定程度的相似。且把仰韶彩陶图案与土耳其安诺彩陶图案放置在一块，如图5-15所示：

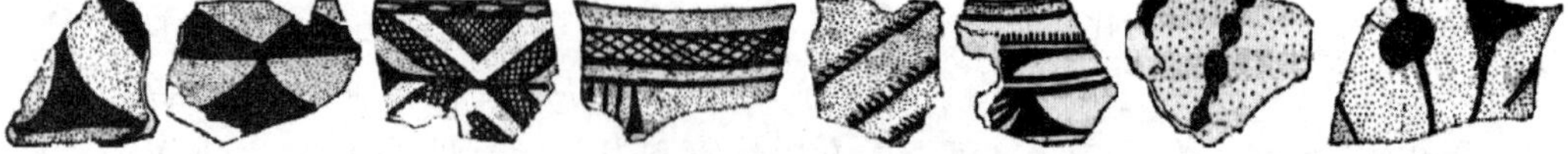

图A 仰韶　图B 安诺　图C 仰韶　图D 安诺　图E 仰韶　图F 安诺　图G 仰韶　图H 安诺

图5-15　彩陶图案的欧亚草原两端对比

从彩陶与雕塑的关系来看，中国彩陶中也出现了陶塑，特别是大汶口文化的鸟形鬶，不但数量巨大，而且影响了东方诸族群和中部诸族群。且举数例陶塑类型，如图5-16所示：

① 韩建业．“彩陶之路”与早期中西文化交流．考古与文物，2013（1）：28-37.

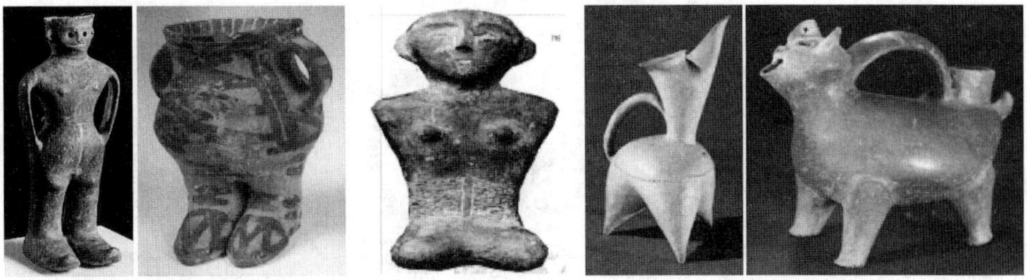

图A-B　仰韶文化陶塑　　图C　红山文化陶塑　　图D-E　大汶口文化的鬶和猪形陶器

图 5－16　中国陶器中的雕塑

然而，中国彩陶以绘为主，可以说是在陶器的平面上作“画”。这画，既有具体之像（如人、鱼、鸟、蛙等），也有抽象之形和线（如三角形、圆形、方形、菱形、直线、曲线、波纹等），但主要不在于是具体还是抽象，而在于具体和抽象都是宇宙整体之灵的不同体现。因为灵是虚体，所以，中国彩陶总的趋向被总结为从具体到抽象。从时间序列来看，确实如此，从半坡仰韶文化到庙底沟文化，在鱼和鸟等图案中，都可以发现从具体到抽象的逻辑演进环节。但中国彩陶真正的演进规律，特别联系到之所以如此演进的观念，不应做从具体到抽象的图案美感总结，而应从两个图案所体现的人对宇宙整体之灵的观念演进去体悟。

且从仰韶文化的人面鱼纹讲起。学人多言，人面鱼纹是一个符号体系，有归为五相（陆思贤）或六相（陈雍）或十相（《中国美术史·原始卷》）或十二相（王宜涛）或十四相（刘云辉）等不同①。然纵观各位学人所举，又有互不相同的，且检索其他图文，还有未被所列的，因此，人面鱼纹甚为丰富。人面鱼纹既有统一的风格，又有细微的变化，总体而论，皆由人面、鱼、水草组成，但双眼之睁闭、头上空白之有无及空白的形状和位置各有不同，如图 5－17 所示：

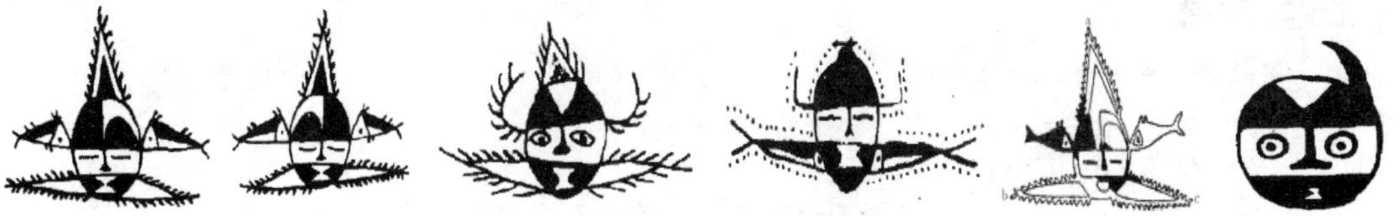

图 5－17　仰韶文化人面鱼纹诸形

图 5－17 整个图案，作为一年岁月季节流转中重要节点之特征性标识，应是没有问题的。鱼之出没变化与岁月季节之变换是有固定关联的，人同样在岁月季节中与自然一道发生变化，对这些人与鱼以及由人面上部体现的天象变化进行观念的总结，用图像体现出来，就是人面鱼纹的内容。但在原始观念中，人面鱼纹仅是宇宙整体之灵的一种体现，虽然是典型体现，但并不等同于宇宙整体之灵本身。宇宙整体之灵，不仅从天象、鱼上体现出来，还从鸟、植物以及其他物象中体现出来。半坡彩陶用不同的形象明显呈现了四季运转的内容（从盆边的符号显出）：两人面鱼纹与两自然鱼、两人面鱼纹与两网纹、四鹿

① 陆思贤. 半坡“人面鱼纹”为月相图说. 文艺理论研究，1990（5）：75-81；陈雍. 半坡文化彩陶鱼纹的分类系统. 华夏考古，1993（3）：55-65；王宜涛. 半坡仰韶人面鱼纹含义新识. 文博，1995（3）：35-45；刘云辉. 仰韶文化“鱼纹”“人面鱼纹”内含二十说述评：兼论“人面鱼纹”为巫师面具形象说. 文博，1990（4）：64-75.

纹、两比目鱼与两蟾蜍，如图 5－18 所示：

图A 人面鱼与自然鱼　图B 人面鱼与网纹　图C 四鹿　图D 比目鱼与蟾蜍

图 5－18 仰韶彩陶体现四季循环的图案

这些不同的图案，都是虚体之灵因地、因人、因时、因缘的具体体现。因此，彩陶中还有其他图案，如鸟纹、植物纹等。最重要的是，对于世界整体的虚体之灵，可以用人面鱼纹这样的具体之像去体现，也可以用抽象之形和线去体现，但抽象图案更能体现在天地运转中的虚体之灵的性质。因此，半坡彩陶呈现了丰富多彩的图案变化，更重要的是，庙底沟彩陶关联着整个远古的彩陶，体现了各种图案的相互转化。王仁湘发现，在远古各族群融合的时代即文献上的五帝时代和考古学上的庙底沟时代，彩陶的各种纹样之间明显有一种相互转换的关系。比如从鱼纹到各类抽象纹到花卉纹，又如从鸟纹到各类抽象纹到花卉纹，从时间上看，是从鱼和鸟的具象到抽象和花卉具象；从理论上讲，是三者的互通、互变、互换，如图 5－19 所示：

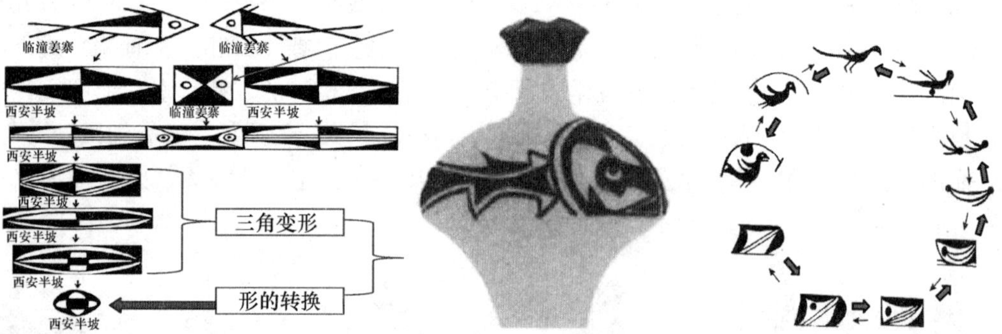

图A 鱼纹、各类抽象纹、花卉纹之间的转换　图B 鸟、鱼一体　图C 鸟纹、各类抽象纹、花卉纹之间的转换

图 5－19 彩陶图案的互换性

资料来源：(1) 张朋川. 中国彩陶图谱. 北京：文物出版社，2005.
(2) 王仁湘. 史前中国的艺术浪潮：庙底沟文化彩陶研究. 北京：文物出版社，2011.

图 5－19B 展示了鸟、鱼一体，点出了鸟、鱼在本体上是一体的，这一体就是虚体之灵的一体。《中庸》讲："'鸢飞戾天，鱼跃于渊'，言其上下察也。"回到远古，就是鸟与鱼后面的互通性。天象、动物、植物的后面是宇宙整体之灵内在的互动。在彩陶中，鸟即太阳，太阳即花朵。在河南彩陶中，太阳有各种图形，也包括花的形状，如图 5－20D 至 F 所示：

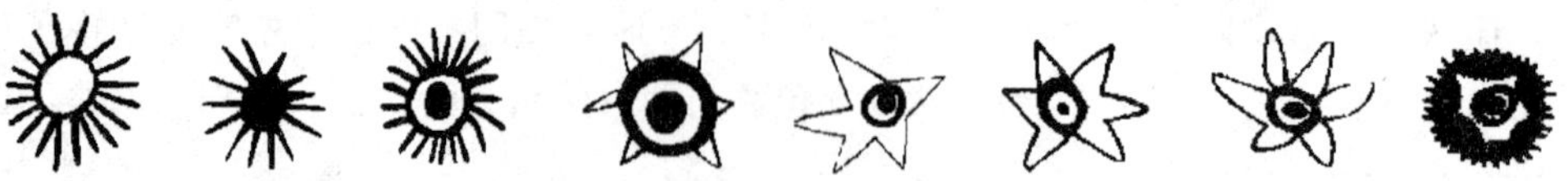

图A-C 大河村　图D 西干沟　图E 小潘沟　图F 高崖　图G 楚湾

图 5－20 彩陶图案中太阳与花的互换

资料来源：河南省文物考古研究所. 河南史前彩陶. 郑州：河南美术出版社，1996.

王仁湘说：“庙底沟文化广泛流行的叶片纹、花瓣纹、‘西阴纹’、菱形纹、圆盘形纹、带点圆圈纹等，大都是鱼纹拆解后重组而成，这些纹饰构成了一个‘大鱼纹’象征系统”①。这是从鱼的角度去看彩陶图案中的演进。纵观整个彩陶纹饰演进过程，各类图案的互通、互变、互换，成为作为本体的宇宙之灵与具体族群在具体环境中面对的具体物象之间的复杂关系。把这种关系用彩陶描绘出来，就构成彩陶图案的互通性。各个族群在彩陶的互动中又演进出了早期中国文化圈的共同美感。应当怎样把握从彩陶中凸显出来的这一共同美感呢？王仁湘在对各文化彩陶的考察中，将之归结为“旋目”。他发现，庙底沟、大河村、大汶口、红山等文化中的陶彩，形成了一种既有普遍性又各具特点的旋目。且举几例，如图 5－21 所示：

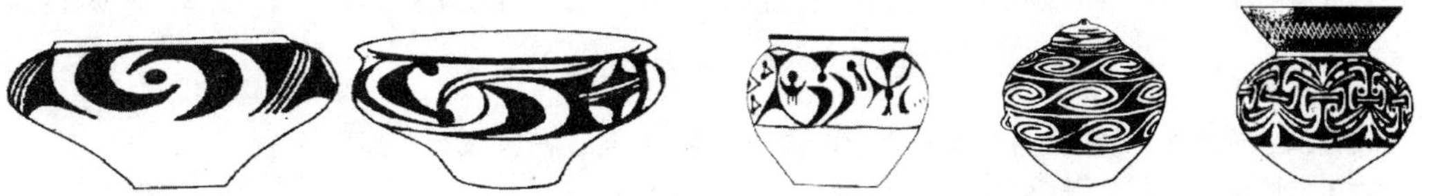

图A　旋目正形　图B　旋目与花卉的关联　图C　旋目与鸟纹的关联　图D　旋目变形　图E　旋目与人面

图 5－21　彩陶中的旋目图案

资料来源：王仁湘．中国史前“旋目”神面图像认读．文物，2000（3）：25-36.

图 5－21A 展示的是单独成形的旋目，内蕴丰富，中间黑点为眼，周围黑白二色可互为前景和背景，构成多种“旋”意。图 5－21E 展示的是整个面孔以及整个人体中的旋目，无论是否感受到人面像或人体像，一对眼睛都是可以感受到的。图 5－21A 和图 5－21E 展示的是两种定型的旋目。其余三图为旋目的变形图，图 5－21B 透出旋目与花卉纹的关联，花既是日月星之光照耀呈花，又是植物所开之花。图 5－21C 透出旋目与鸟纹的关联，即鸟形。图 5－21D 展示的是旋目的抽象变形。其实，正形旋目和变形旋目有一种相互变换的关系。旋目并非虚体之灵的确定形象，而只是其灵动中的显现。如果说，这一显现有助于人们捕捉它的定型时刻，那么，旋目的变形则有助于人们体悟它的变动不居。王仁湘列出了旋目图案的次级类型：半旋纹、双旋纹、叠旋纹、杂旋纹等。总的来讲，一眼可感其“目”为正形，“目”的变形则需要关联和推理方能体悟。图 5－22 中，图 A 到图 C 是正形，无论怎么变，“目”的寓意都很明确，图 D 到图 F 是变形。

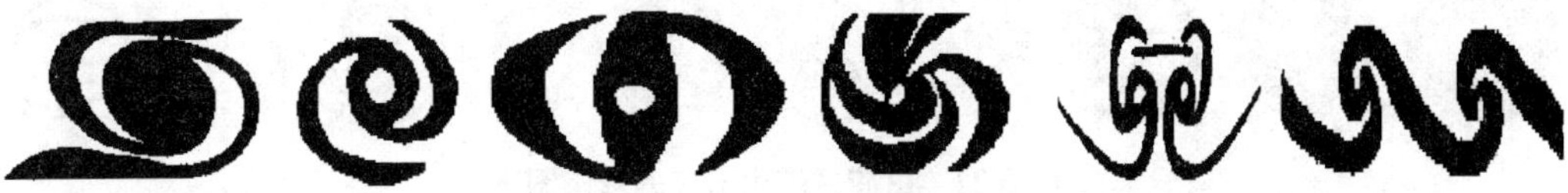

图A　图B　图C　图D　图E　图F

图 5－22　各地彩陶图案中的旋目

资料来源：王仁湘．中国史前“旋目”神面图像认读．文物，2000（3）：25-36.

用旋目的正与变为框架，有助于理解各种图案之间的关联。彩陶图案在演进中产生了旋目，体现了对宇宙整体之灵的思考。与文献上讲远古之人的“仰则观象于天，俯则观法

① 王仁湘．庙底沟文化鱼纹彩陶论（上）．四川文物，2009（2）：22.

于地……近取诸身，远取诸物”（《周易·系辞下》）的仰观俯察、远近游目紧密相联，并在对世界的整体之观中形成。一旦形成，就成为中国远古原始思想的核心。王仁湘发现，旋目不仅在各文化彩陶中存在，而且在各史前文化的玉器乃至红山文化和二里头文化的玉器中一直存在①，从而彩陶内蕴的思想与玉器等其他礼器内蕴的思想可互通互证，如图5－23A所示：

图A　庙底沟彩陶　图B　良渚文化玉器　图C　红山文化玉器　图D　龙山文化玉圭　图E　二里头绿松石铜牌

图5－23　各类玉器中的旋目

资料来源：王仁湘．史前中国的艺术浪潮：庙底沟文化彩陶研究．北京：文物出版社，2011．

图5－23A展示的是庙底沟彩陶的旋目，图中一对大眼甚为突出。图5－23B展示的是良渚文化玉器上的旋目，里面人中有人和目中有目，内容丰富。图5－23C展示的是红山文化勾云玉器，图中旋目变形明显。图5－23D展示的是龙山文化玉圭，上面是冠中双目，下面也装饰着双目。图5－23E展示的是二里头绿松石铜牌，图中双目突出。总之，旋目成为彩陶演进的核心。它意味着远古时代一种特殊观看方式的形成。只有用这种方式观看，世界方可明晰地呈现出来。但把彩陶与玉器以及其他礼器关联起来，可以突出彩陶中的一条主线，这条主线与原始时代从虚体之灵向实体之神的演进相关。

但在距今8 000年到5 000年的彩陶时代，旋目的正形和变形可做两解：一是如上所述，在向实体之神演进；二是在虚体之灵上进行深化。后者应是彩陶图案的主流，正形旋目仅是变形旋目的一种体现，旋目内蕴着两个方面的演进：一是向实体之神演进，二是向虚体之灵深化。后一方向的演进发展到理性时代的结果是，中国型太极曲线的产生和中国型气的宇宙的形成。因此，应当从先秦理性化的结果——太极曲线和气的宇宙——去回望彩陶图案的演进。如此，对彩陶图案从具体向抽象演进的总趋势和图案之间的各种互动，方会有接近原样的认识。由旋目产生出来的彩陶图案，如图5－24所示：

图5－24　由旋目产生出来的彩陶图案

资料来源：（1）王朝闻．中国美术史：原始卷．济南：齐鲁书社，2000．
（2）张孝光．彩陶与彩绘陶器．北京：人民美术出版社，1985．
（3）李水城．半山与马厂彩陶研究．北京：北京大学出版社，1998．

以上各类彩陶上的圆形图案内蕴旋目于其中，但一定要从各图案内在的转换和互通中方能体悟原始观念的虚体之灵，这才是彩陶图案背后的决定因素。到这里，再横望西方彩

① 王仁湘．中国史前“旋目”神面图像认读．文物，2000（3）：26-35．

陶，可以看到，中西方彩陶有相当多的共有图形，但同一图形所内蕴的观念是不同的。在各纹样的转换和互通中，旋目之所以重要，一是旋目集中了中国美感的基本原则，包括仰观俯察的游目，虚实互含与相生，一要素的多种组合与互通，等等；二是旋目成为体悟天地万物之间的统一性和互动性的一个入口；三是旋目体现了宇宙之灵观念处在演化的进程之中。关联后来的文献和文字去推理，可知彩陶时代的虚体之“灵”正向“神”演进。中国远古观念最初以虚体之灵为核心，从后来文献的大数据来看，南方族群多用“灵”，北方族群多用“神”。灵与神起初含义相同，都指天地万物互动的虚体，在演进中，神更强调万物互动中的规律性，这就是彩陶图案中的 S 形和 Z 形。对规律性的进一步追问，促使观念进一步演进，神有了相互关联的两个方向的演进，一是成为实体之神，二是成为虚体之气。虚体之气的神强调世界在虚体上的统一性（图 5－25），如《荀子·天论篇》所讲：“列星随旋，日月递照，四时代御，阴阳大化，风雨博施，万物各得其和以生，各得其养以成，不见其事而见其功，夫是之谓神。”彩陶正处在这一朝向有规律的虚体之神的演进过程之关节点上。《中国美术史·原始卷》绘了一幅图，讲彩陶图案与中国原始时代三个演进方向即绘画、文字、卦象的关联①。从这三者的关联中，可更好地体悟彩陶在原始观念整体中的位置。从彩陶自身来看，林林总总的彩陶图案，虽然包括具体物象以及具体物象的部件于其中，但主要体现为抽象而又灵动的图案，这与欧洲彩陶的雕塑化和具象化形成鲜明的对比。在中西彩陶的演进中，透出的是中西两种美感体系的演进。

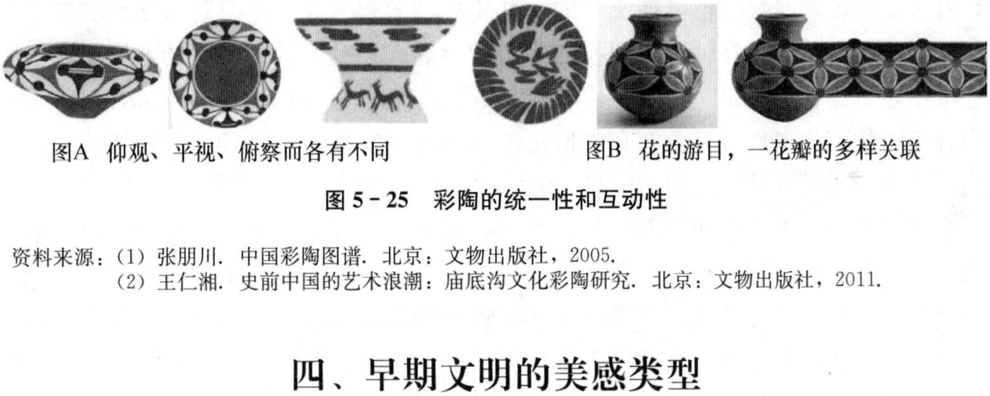

图A　仰观、平视、俯察而各有不同　　　图B　花的游目，一花瓣的多样关联

图 5－25　彩陶的统一性和互动性

资料来源：(1) 张朋川. 中国彩陶图谱. 北京：文物出版社，2005.
(2) 王仁湘. 史前中国的艺术浪潮：庙底沟文化彩陶研究. 北京：文物出版社，2011.

四、早期文明的美感类型

（一）早期文明美感的基本特征

距今 6 000～3 000 年，在族群扩大、技术进步、知识增长的整体推动下，古埃及、两河流域开文明之先，印度、中国、美洲随其后，人类从原始时代升级到早期文明时代。早期文明作为一种类型，在之后不断产生。如在美洲，奥尔梅克文明率先登场，之后玛雅、阿兹特克、印加等早期文明产生，到 15—16 世纪大放光芒，非洲约鲁巴的早期文明形态开始较晚，但到 18—19 世纪仍呈现辉煌。无论早晚，欧、亚、美、非四大洲都出现了早期文明。这些早期文明基本上都符合学术界对文明规定的四点要求，有青铜、有复

① 王朝闻. 中国美术史：原始卷. 济南：齐鲁书社，2000：159.

杂宗教、有城市、有文字。如果把眼光放得更远一点，欧亚草原从西到东的文化，从草原西部的雅利安族群到草原东部的阿尔泰族群，当演进到青铜加战马的阶段，就已跨进早期文明时代。在地中海地区，除了古埃及和两河流域的早期文明，还有克里特-迈锡尼-古希腊的早期文明。崔格尔（Bruce G. Trigger）在《理解早期文明：比较研究》（*Understanding Early Civilizations*：*A Comparative Study*）中罗列的七种早期文明（即古埃及、两河流域、中国商周文明，美洲由奥尔梅克文明演进而来的三种类型，约鲁巴文明），主要以王权为基础，而草原文明、印度文明、希腊文明这三类早期文明，王权并未得到凸显。本书的早期文明视野要把后三种类型包括进来，原因有二：一是草原文明与农耕文明的互动，是两河流域、印度、中国早期文明的类型特征得以形成的主要原因；二是印度、希腊、中国由早期文明时代升级到了轴心时代，早期文明的不同类型是理解这一升级的重要方面。十种早期文明显出了类型的多样。实体之神和固定神庙是早期文明的主要特征，草原和印度的早期文明有神而无固定神庙，崔格尔无法将之纳入他设定的比较框架之中。但如果把与神庙功能相同的祭坛（包括固定祭坛和流动祭坛）包括进去，就可以形成新的比较框架。神庙与王权相关联，是早期文明的一大主要特征，也是崔格尔研究七大早期文明和富兰克弗特（Henri Frankfort）《王权与神祇》（*Kingship and Gods*）专研古埃及和两河流域早期文明的思考框架。然而，从宙斯的诞生地克里特开始的希腊早期文明，最后并未向王权演进，而是走向了城邦民主制。从大时段来看，升级了的轴心时代仍把早期文明的一些主要内容包含在内，只是有了新的定义，但早期文明的重要因素仍在轴心时代按自身规律运转，因此，轴心时代的希腊，在与波斯的互动中，王权在亚历山大父子及其继承者那里呈现出来。同样，印度升级到轴心时代，在阿育王时代产生了佛教塔寺，在中世纪的地区王国时期产生了印度教的寺庙。王权和神庙在希腊与印度（从时间上看）的滞后性出现，意味着一些更为深邃的内容。因此，从一个更广的角度聚焦早期文明的各种类型，考察同样复杂的早期文明的美感内容，可以更好地将其特征呈现出来。早期文明既是一种文化类型，也呈现为一种审美类型。它把原始文化以灵为核心的美，升级到具有早期文明特征的、以神为核心的美。

原始社会的灵是虚体，在显现于自然、社会、人的具体现象中时方呈现出来。所有奇迹或怪异出现的时刻皆为与虚体之灵相关的灵显。自然、社会、人的行为本身具有规律的一面，当规律不断被人认识和总结，同时工具不断提升，人与世界的互动使世界的规律性被人认识的进程达到一个质点，作为宇宙整体的虚体之灵就升级为具有实体形象的神。太阳是一个圆轮，能够每天东升西沉，被指认为一只鸟，后来又被指认为驾着马车在天上飞行的、具有人的形状的神。总之，太阳不是因灵附身而显出灵力，而乃具有鸟形或人形的实体。当世界中各种现象有规律地运行被想象为由一个个实体之神掌握，这一思想达到一个质点，宇宙整体就从灵的宇宙升级为神的宇宙。虽然各个早期文明所形成的神的性质和神的体系有所不同，但它们又有共同的特点。且以中国为例。由虚体之灵到实体之神的升级在古文字中的体现如下：最初，神与灵都是虚体之神，二者的区别在于语言的地方性。灵为南方之灵，神为北方之灵。在演进初期，灵的字义与原来一样，神的字形则体现为彩陶中的S和Z两种图形，体现了天地有规律的互动和运行，强调了虚体之灵的规律性的一面。接着，灵在实体之物上灵显的规律进一步深入与扩大，形成实体之神，在文字上，这就是鬼神一体之“魋”（神）。此字中，鬼为实体之神的外貌，神为实体之神的内灵。最后，实体之魋（神）进一步演进，成为天上日月星辰的天神、地下河渎岳土的地祇、族群已逝祖先的祖鬼、动植内蕴灵力的物魅。神既可以作为有别于地祇、祖鬼、物魅的天神，又可以作为天神、地祇、祖鬼、物魅的总名。当其作为总名时，文化中由灵到神的升级就完成了。然而，虚体之灵升级为实体之神后，灵的功能仍然在神中体现出来，实体之神仍然具有与虚体之灵一样的变化功能，神可为实体（此乃常态），也可为虚体（本有功能）；可为本体之身（常有的实体之形），也可变为他形（与常形不同的其他形体）。总之，神在成为实体的同时，仍然保留了原来虚体之灵的功能。在中国上古时代，无论鬼神作为一词，还是神灵作为一词，都强调的是神具有灵的功能。在其他早期文明中也是如此，无论如玛雅那样称具体之神为 k'u，称宇宙之灵为 K'ul，或如约鲁巴那样称宇宙之灵为 ase，称具体之神为 orisa，还是如阿兹特克那样，统称神与灵为 teotl，其义皆同。这种神兼具实体神之形和虚体灵之能的虚实合一，在不同的早期文明中有不同的形态，这些形态不仅彰显了不同文明的特色（形成了不同的神的体系结构），而且决定了文明在演进中向轴心时代升级的不同方向。但早期文明的神为实体是区别于原始时代的灵为虚体的基本特征。

神显为实体，人在与神互动时就可以通过将神固定化而达到人神的亲密交流。实体之神产生后的一个结果就是神庙的出现。原始时代村落的仪式空间，在早期文明中升级为城市中精美的神庙。过往以村落、山岩、洞穴为主的原始仪式之美，而今演进为以神庙为核心的早期文明之美。从逻辑上讲，神庙的出现与神的实体化是同步的。“神庙”一词，在苏美尔语中是ëdingir，在古埃及文字中为 pr ntr 或 hwt ntr，约鲁巴语是 ile orisa，词义皆为“神之家”。在玛雅语中为 yotot，含义为“其家”，或 k'ulnah，含义为“神家”①。虚体之灵升级为实体之神，神有了固定的住所：神庙。人与作为宇宙规律之象征或曰宇宙规律之发出者、掌握者、显现者的神，有了切实可感的互动。人、神、世界都得到了新的升级。在这一新世界中，人的美感也由以虚体之灵为主升级为以实体之神为主，在可感世界中，以作为神之家的神庙为主，庙作为建筑的最美呈现出来，同时产生了以建筑之庙为中心而扩展开来的雕塑之美、壁画之美、礼器之美，以及关联着神灵观念的诗、乐、舞之美，还有祭神仪式中具有戏剧性质的表演之美。然而，在不同地域和不同文化中，由灵到神的演进各有特色，因此，早期文明之美，在以神为核心的基础上，又展开为多种多样的类型。

在古埃及和美洲，看到了以神庙为主的整体社会的固化。在两河流域和中国，王权在神的一统中渐渐成长：在两河流域，王宫在富丽程度上逐渐超过神庙，最后在波斯帝国时，王宫成为第一；在中国，王权与神权在祖先神的日益凸显中合二为一地成长，形成了一种以祖庙为中心的独特形式。在古希腊，从神庙中衍生出议政厅、剧场、体育竞技场的新型体系。在印度，哈拉巴文化遗址未发现神庙，其祭神仪式应是在非神庙的空间中进行的，进入印度的雅利安人的文化，或因草原固有观念，或因与哈拉巴文化互动，虽然形成了实体之神的体系，但却不以神庙而以移动祭坛的方式演进，其中内蕴印度独特的神与世界的新观念。作为早期文明的普遍规律，印度的神庙到轴心时代之后方出现，

---

① 布鲁斯·G. 崔格尔. 理解早期文明：比较研究. 北京：北京大学出版社，2014：400.

但其实体之神的观念在吠陀古经中呈现了一个完整的体系。早期文明之神由原始社会虚体之灵而来，实体之面貌基本上由以前的灵显之物升级而来。各种重要矿物、植物、动物、人体成为神的实体，主要体现为自然天地各物（风云雷雨、山河器物）的本相、动物的本相、人的本相、动物与人组合为一个形体、动物与人可以互通互变。早期文明时代与之前的原始时代和之后的轴心时代相比，最后两点即动物与人组合为一个形体以及互通互变最为突出。早期文明美感的特点，可总结如下：

第一，神的形象。实体之神是早期文明的核心形态，神以两种方式出现：一是自然本相，特别是人的本相，这时神的外形是自然本相的最美者；二是混合体，主要是人与动物的合一，这样的形象凸显神具有宇宙中的特异功能。这两种形象又是“相通”和“可变”的。优性、特异、可变构成了神的形象的基本特征。

第二，神庙形制。实体之神被想象为怎样的形象，被认定为有怎样的功能，决定了神庙的形制。这又与早期文明的具体形态具有紧密关联。崔格尔把七种早期文明分为广幅国家和城邦国家两类。如果加上草原文明、印度文明、希腊文明，那么，各种各样有着祭坛的神庙和没有神庙的移动祭坛就透出了早期文明美感类型的多样性，草原文明，以及最初进入印度的雅利安人的文化，主要体现为流动的祭坛。

第三，以神庙或祭坛为中心的美感体系。以神庙为中心还是以无庙的祭坛为中心，其展开的美感体系是不同的。以神庙为中心，展开为以造型艺术和表演艺术为主的美感体系；以无庙的祭坛为中心，展开为以表演和说唱艺术为主的美感体系。同时，神的性质不同，神庙的形制不同，展开的造型艺术和表演艺术也是不同的。

总而言之，在早期文明中，实体之神的性质，由之而来的神庙和祭坛的性质，以及由神庙和祭坛展开而来的整体美感体系的样态，呈现了早期文明美感类型的多样性。下面把早期文明之神作为典型，用举一反三或以一联三的方式，来看整个早期文明实体之神的性质。

（二）早期文明美感的古埃及类型

早期文明中的实体之神，因文化类型的不同而呈现不同的面貌。这里的类型在内容上与两个方面相关联：一是从空间上看，因地理和历史差异而出现的类型；二是从方向上看，早期文明的类型是一直在向着轴心时代演进，还是一直在早期文明阶段循环。从原始时代向早期文明时代的演进，是从虚体之灵以及灵显之物向实体之神演进。灵显之物主要以动物和天象为主。从早期文明时代向轴心时代演进，是从人的形象和非人的动物或植物的合一转为以人的形象为主。从原始时代向早期文明时代的演进，还有一点，是虚体之灵在实体之神的基础上进行了升级，成为实体之神的一种能力，主要体现为变化能力，包括神可以从人形变化为动物形，反之亦然，还可以在不同的人之间和不同的动物之间变化。这一神的虚体之灵在从早期文明时代向轴心时代的升级中，又有了新的变化。正是这一变化，使那些一直朝着轴心时代方向演进的早期文明在神的形象上有了不同的性质。

由于以上两点不同，早期文明之神可以划分出两大类型：一是以古埃及和玛雅为代表的早期文明，在地理上与外界隔绝或相对隔绝，是一直在早期文明阶段循环的类型；二是以陆地为主的两河流域，以海洋为主的希腊，雅利安人的印度和伊朗，以及中国的早期文明，是一直处在多元文化的互动中、朝着轴心时代演进的类型。在早期文明中循环的文化，如古埃及文化和美洲各文化，其实体之神多为人与动物的合一。在古埃及，太阳神拉神的常显形象是鹰头人身，鹰头上有太阳圆环。哈尔托女神，在不以牛身出现而以人形出现时，是一头头上托着太阳圆环的双牛角，愤怒时可变为狮的形象。塞特麦特女神的常态是狮头人身。天神努特为人形，但身体上布满了星星，在体现一天时间的图画中，还有太阳在其身体中穿行。（图 5－26）从拉神回溯到其最初的来源阿图姆，以上这几位最古老的神的形象代表了古埃及神的基本特征：动物、星象、人体组合成以人体为主的、多种因素合一的神灵。

图A　拉神　图B　哈托尔神　图C　塞特麦特神　图D　天神努特

图 5－26　古埃及神灵的形象

资料来源：穆金. 图解埃及生死书. 海口：南海出版公司，2008.

在古埃及，人间的最高领导法老也是神，荷鲁斯在奥西里斯神话的曲折故事中最终登上法老之位，并成为以后埃及法老的象征，即每一位法老都认为自己是荷鲁斯。荷鲁斯的图像有从婴儿到为王的进程。为王的荷鲁斯既可以是鹰头人身（法老常显相），也可以是头顶太阳的大鹰。其少年像，头上顶的是狮头。太阳神哈托尔本身就可牛狮互变，作为法老的荷鲁斯与宇宙的一切都有关联，正如其与宇宙之王太阳神有内在关联一样。荷鲁斯还可以抽象为荷鲁斯之眼。荷鲁斯的双眼是太阳和月亮。作为天空之神、鹰形之神、法老之神，其眼为神眼（Wedjat Eye），日月在天道中循环，新月出现，他成了盲人，被称作“无眼之人”；视力恢复，被称作“有眼之人”。视觉好时为神眼，盲时为魔眼（会将朋友误认为敌人并对之发起攻击）。荷鲁斯在与欲篡夺王位的塞特神战斗时，眼曾被分割为碎片，其神性使碎的方式形成有规律的比例，运用于世间，为数学之眼。荷鲁斯的多种形象，透出的是神因需要而出现变化的功能（图 5－27）。

图A　人身荷鲁斯　图B　少年荷鲁斯　图C　鹰形荷鲁斯　图D　荷鲁斯之眼

图 5－27　荷鲁斯的多种形象

资料来源：帕斯夸尔，戈麦斯. 神话全书. 何冷樾，郝小斐，张奇，译. 上海：上海文化出版社，2020.

在美洲诸文化中，可以看到另一种人与其他非人因素的组合。在奥尔梅克文化中，国王在穴洞中即位，国王之形，既可与兽形神相结合，也可与玉米神相结合，洞穴之口、国王之口、猛兽之口具有相同的意义，包含宇宙、人生、成神的入口与出口。在玛雅文化中，王头与多个兽头结合在一起（图 5－28D），或国王服饰上装饰着人头与兽头（图 5－28E），以显示王与神的一体。

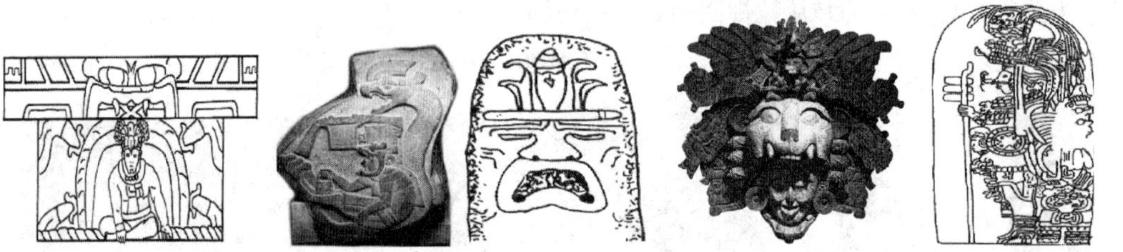

图A-B 王与兽　图C 王与玉米　图D 王与兽头合一　图E 王着服饰之兽

图 5－28 美洲早期文明之神的各种形象

资料来源：（1）戴尔·布朗．辉煌、瑰丽的玛雅．张燕，译．北京：华夏出版社，2002.
（2）时代生活图书公司．太阳与献祭众神：阿兹特克与玛雅神话．孙书姿，译．北京：中国青年出版社，2003.

古埃及和美洲之神都有单独的人体或单独的兽体形象，但只有理解了人体与非人体的结合，才能理解单独的人体与单独的兽体之内在意义，且应在以神为主的整体的张力之中予以理解。原始时代的虚体之灵在古埃及和美洲早期文明的升级，就体现为神的各种形象之间的变换关系。在古埃及，除了荷鲁斯在各种形象之间变换之外，司芬克斯的形象变换也具有典型意义。司芬克斯形象除了人面狮身（Androsphinx），还有鹰头狮身（Hieracosphinx）、羊头狮身（Criosphinx）。古埃及人对神以及对人和世界的感受，是按照他们认为的神的性质进行的。

（三）早期文明美感的两河流域类型

在地中海四大早期文明的互动中，古埃及文明一直在早期文明阶段循环，而两河流域文明、古希腊文明，以及包括腓尼基和希伯来在内的闪族文明，却在向着轴心时代演进。这一历史脉络体现在神的形象上，凸显为：在两河流域文明和古希腊文明中，神向纯人的形象演进，而在闪族文明特别是希伯来文明中，神向虚体而全能的上帝升级。这两类文化的共同点是人与非人形象的组合渐渐隐退。在两河流域文明中，从苏美尔到巴比伦到亚述到新巴比伦以及后来加入进来的波斯，在神像的演进中，虽然也有鹰头人身或人头蜂身之神（这既与古埃及文明的互动相关，又是自身文明演进的阶段特征），但演进的最终方向却是三大结果。一是神与动物不是成为同一实体，而是组成相伴结构。在古埃及文明中，神的形象也有相伴结构，但处于次要地位。这种结构在两河流域文明中则转为主位。伊丝塔尔是两河流域文明中的一位重要女神，在一幅图像中，她的头身皆为人形，但身有双翼，站在两狮身上，双脚为鹰爪（图 5－29A）。后来两河流域文明之神多以三种形象出现，一是身有两翼，如公元前 9 世纪亚述浮雕中的长翼神灵（图 5－29B），或身后有三道天光，如有《汉穆拉比法典》的黑曜石上正义之神沙玛什背上各有三道天光（图 5－29C）。这类身有双翼之神渐渐变少，后来在神灵全被否定的基督教时代，升华为天使形象。二是全为人形，但与动物相伴。在伊丝塔尔授权乌鲁克国王的图像中，女神伊丝塔尔全为人形，但脚下有一头狮子（图 5－29D）。这种有动物相伴而彰显人形之神之神性的方式，是一种普遍存在的方式。这时，本有多种变化的伊丝塔尔女神已全为人形。三是全为人形，身无双翼，旁无动物。身伴动物一类渐渐远去，完全人形而无动物相伴的神像成为主流，从公元前 17—前 16 世纪叙利亚供奉的神到公元前 8—前 7 世纪的神到公元前 27 年的阿勃神，无不如此。在这一人形神的主流中，神与动物有两个方面的演进，一是由多种动物组合而成的兽的形象，这种组合也可以把人的部位纳入进去，这就是拉玛苏（lamassu）和格里芬（griffin）的形象。但这类组合型动物已经不同于神，而是比神低一等的神兽。可以说，同一形象组合，在古埃及文化圈为神，在两河流域文化圈为兽。两河流域文化圈中的两种神兽拉玛苏和格里芬在形象上的区别是，拉玛苏以人头为主，格里芬以鹰头为主。拉玛苏普遍存在于两河流域文化圈的各族语言之中，如苏美尔语 lammař、阿卡德语 lamassu、希伯来语שד 等，而现在可以找到的最早的格里芬是希腊文化圈中的语词，如早期希腊语 grýgrs、后来希腊语 grýphōn、拉丁语 gryphus 等。但希腊语格里芬的来源却关联到两河文明，如阿卡德语 karūbu、希伯来语כרוב等，透出了格里芬现象的复杂性，而希腊人把格里芬与独眼国和黄金地关联起来，又透出了与斯基泰人的互动。总之，格里芬的形象非常复杂。简而言之，大概拉玛苏和格里芬是地中海文明中同一形象或同一造型方式在不同文化圈中的同源异流的演进：拉玛苏主要在两河流域文化圈中形成，作为一种与神紧密相关的神兽，随着王国的升级，人神的日益区分，拉玛苏成为王宫的装饰而彰显国王的威仪。格里芬在希腊文化圈中成长，但进入希腊文化圈的怪兽们因背景不同而命运有异，狮头蛇尾背有山羊的卡米拉（图 5－30A）有原始文化背景，被英雄帕列罗丰杀死了，司芬克斯有古埃及背景，在古希腊与俄狄浦斯的对话，进行哲学升华，以可爱形象不断出现，格里芬呢？不但与拉玛苏一样有两河流域背景，而且因与斯基泰相关而有草原背景，因而在希腊文化中处在忽好忽坏的中间地位。波斯的司摩奇（Simurgh）具有狼头、鹰翼、狮爪、孔雀尾（图 5－30D 至 E），形象与格里芬有多种类似，波斯文明进入两河流域，促使格里芬与司摩奇相互转换，终为正面形象。但格里芬主要为鹰首。司摩奇初为狼首，在与两河流域文明其他神圣诸形的互动中，也可为狮首和鹰首以及其他头部形象。这里，重要的是，格里芬、拉玛苏、司摩奇在整个文化的互动中，最终被定位为与神有别的神兽。

图A　伊丝塔尔　　图B　亚述神像　　图C　巴比伦神像　　图D　伊丝塔尔授权乌鲁克国王

图 5－29　两河流域文明之神的形象

资料来源：（1）陈晓红，毛锐. 失落的文明：巴比伦. 上海：华东师范大学出版社，2001.

（2）戴尔·布朗. 美索不达米亚：强有力的国王. 李旭影，吴冰，张黎新，译. 南宁：广西人民出版社，2002.

图A 希腊卡米拉 图B 两河流域拉玛苏 图C 两河流域格里芬 图D 波斯司摩奇形之一 图E 波斯司摩奇形之二

图5-30 两河流域文明中的神兽

资料来源：魏庆征．古代两河流域与西亚神话．太原：北岳文艺出版社，1999.

与之相应，两河流域早期文明时代之初，乌尔第三王朝的乌尔纳姆是人面狮身，到亚述王宫，人面牛身（或狮身）的拉玛苏与人形国王区别开来，成为人形国王的威仪象征。把神的演进从两河流域文明扩大到整个地中海文明，从比较中看两河流域之神的演进。在古埃及、两河流域、古希腊三大文化圈中，神呈现为三种形态。在古埃及文化圈中，神是人兽一体之形；在两河流域文化圈中，兽与神分离开来，成为与神不同的神兽，神在人与兽的互动中走向人形；在古希腊文化圈中，神通过一系列的英雄杀兽，走向了与人同形同性之形。两河流域文明与古埃及文明和古希腊文明相比，一个突出的特点是有兽相伴之神。这一有兽相伴之神，最后落实在三个方向上：一是亚述帝国和波斯帝国方向，即与鹰翼太阳合一，并在太阳圆轮之中定型为高度图案化的最高神。这里的鹰翼太阳是伴兽之神的最后升华。这一升级也有一条在地中海文化圈中长期演进的逻辑线。这就是：从古埃及的太阳神（图5-31A）到两河流域的天空神（图5-31B），到亚述的阿淑神（图5-31C）和波斯的玛兹达（图5-31D）。二是诸兽合体的神兽方向，如前文讲的格里芬、拉玛苏、司摩奇。三是国王的形象方向。国王最后的形象是纯为人形，但以壮丽的王宫和神兽作为王权的装饰。这已是下一阶段神庙演进的主题了。不过，在两河流域演进中，只有把神、神兽、国王关联起来，神何以如此定型，方有一个好的理解。

图A 古埃及的太阳神 图B 两河流域的天空神 图C 亚述的阿淑神 图D 波斯的玛兹达

图5-31 两河流域最高神的形象演进

资料来源：魏庆征．古代两河流域与西亚神话．太原：北岳文艺出版社，1999.

总的来看，地中海在从虚体之灵向实体之神的演进中定型在三类形象上：古埃及以人兽一体之神为主，两河流域以有兽相伴之人形之神为主，古希腊以与人同形同性之神为主。所谓“为主”，即同时也存在其他两种类型。同时，虚体之灵在向实体之神三形演进的同时，也把虚体之灵做了性质上的提升，这就是希伯来人在否定两河流域乃至地中海的各类神形中把作为自己最高神的上帝虚体化，上帝是不能用任何形象来限定的，从而为无相。这样，从地中海早期文明的整体，以及从地中海后来的轴心时代来回看早期文明，地中海早期文明中的神的形象应有四类，即前面讲的三类加上希伯来人之无相的上帝。从虚体之灵的升级上讲，应有两类，希伯来人无相的上帝和希腊人内蕴在与人同形同性的形象之中的逻各斯（logos），逻各斯就是使人形之神的形体显得美丽的美的比例。不过，希腊和希伯来的这两种虚体的升级之完成，是在轴心时代达到的。在希伯来《圣经》中，耶和华既有多神的形象，也有具体之形的显现。因此，就早期文明而言，地中海文化圈中的神的形象主要还是前面讲的古埃及、两河流域、古希腊三类。

（四）早期文明美感的印度型和中国型

印度早期文明之神，从哈拉巴的印度印章上看，一是与两河流域文化相同的兽伴之神，特别体现在由牛、虎等神兽围绕的瑜伽兽主身上，透出了印度本土文化的特色：兽主的瑜伽空性。二是与希伯来的先知约同的祭司和巫女的形象，目前尚不能确定祭司、巫女与神的关系，内蕴着神灵空性。从进入印度的雅利安系统来看，以人形为主的神占主导地位，但与两河流域之神一样，有一个从动物之形向人之形的演进过程，这从生存主神毗湿奴的形象中透露出来。毗湿奴有十大化身，第一位化身是头上长角的鱼（应为鱼与牛的合体），第二位化身是野猪，第三位化身是龟，第四位化身是半人半狮，第五位化身是侏儒，第六位化身是持斧罗摩，第七位化身是头戴金冠的王子罗摩，第八位化身是人形之神克里希那，第九位化身是佛陀，第十位化身将在未来出现。已经出现的九位化身，前三位鱼、野猪、龟是动物之形，第四位半人半狮是人兽结合，第五、六、七位成为人形（第五位的侏儒是非正常人形，第六位转为正常人形但以武为主，第七位成为美男，以文为主），第八、九位皆是人形之神（第八位虽为人，但却知道自己为印度教的最高神，且以神的智慧进行言说，第九位是佛教的最高神）。毗湿奴的九大化身，按顺序呈现的正是由动物之形到人形、由非正常人形到正常人形到理想人形的演进过程。但这一化身理论承认神以动物形象存在的合理性，因此，印度之神在形象上形成了一种以人形为主、以动物之形为辅的体系。

印度的早期文明强调时间在世界和事物中的决定作用，在虚体之灵转为实体之神，实体之神又从动物之形转为人之形的同时，虚体之灵也得到了提升。这一方面从原人形象中体现出来。原人为世界的起源，他化为世界万物之后仍不断出现，凸显了印度思想的空性。另一方面从萨蒂克的形象中体现出来。印度的虚灵之气在原始时代存在于四大概念即梵、我、幻、萨蒂克之中，在从原始时代向早期文明时代的演进中，作为原始时代之女性能量的萨蒂克起着主导作用，并向雌（阴）雄（阳）同一和阴阳互动演进。虽然印度文化中以时间为主的三大主神——（强调世界和事物产生的）创造之神梵天、（强调世界和事物产生之后与消亡之前之进行运转的）守护之神毗湿奴、（强调世界和事物产生之后与消亡之前进行运转的）毁灭之神湿婆——在轴心时代之后才形成，但这一以时间来看世界的思想在吠陀时代就已形成了。

在世界成为一个不断地“是”又不断地“变”的是-变-幻-空的世界中，印度之神有着与两河流域之神不同的特点。这就是：主神除了一种与人形相同的主要形象之外，还可以多种形象出现。前面讲的化身是多种形象的第一点。多种形象的第二点是，神变为人形，但为了突出神的神性威力，神都有多头多手的形象。梵天有四面，湿婆有三面。三大神都有四手的形象。梵天的四手，一手持水罐（世界产生于水中，凸显创造之源），一手持念珠（象征时间的流逝和由时间形成之世界的性空），一手做无畏印（以示勇敢地面对时间以及由时间而来的性空世界），一手做施予印（象征梵天把世界应有的东西给予世界）。毗湿奴的四手所持，一是海螺（代表五大元素和生命的开始），二是轮盘（象征进入轮回中的此身），三是杵（代表把一切转变为空的时间，以及由时间而来的、不可改变的必然之法则），四是莲花（象征生之美好）。湿婆以宇宙之舞的形象出现时也有四手，一手持计时的沙漏形手鼓（象征生命在时间中、鼓声中开始，最后鼓声停而死期至），一手托着燃烧的火焰（象征生命的行进如火之燃烧，火息而亡），一手做向上的无畏之形（象征人知必有一死而对走向死所应有的无畏），一手做向下的庇护之形（象征让死作为宇宙轮回的正常运转，死同时是新生的开端）。多种形象的第三点是，诸神之间可以某一点为基础进行互换和重新组合。比如，由最初的宇宙母神演进而来的大吉祥天女，在萨蒂克派中是最高女神，既显现为梵天的妻子（管文艺创造的）辩才天女，又显现为毗湿奴的妻子（与人生之财、欲、法、解脱四大目的相关的）吉祥天女，还显现为湿婆的妻子（与毁灭相关的）迦梨女神。吉祥天女在财富、好运、幸福几个人生要点上，与象头神戈内什相同，又与戈内什被并置在一起。佛陀作为毗湿奴的化身，也是神位转换的例子。

印度神的这种化身和定身，以及以多头多手为特征的一神多相，都与萨蒂克作为虚体之灵可以变动不居、周流六虚相通。印度本土文化的原始之灵升为早期文明的萨蒂克，与雅利安的梵、我、幻结合在一起，但以萨蒂克的能量之空为主，构成了印度早期文明中实体之物之后或曰之内的根本。这一根本，不但使印度文化自身后来升级为轴心时代的梵、我、幻的理性之虚，更主要的是，决定了印度早期文明的实体之神与地中海文化的实体之神有着貌合神离的差异。

中国早期文明之神，已经被先秦的历史化和理性化遮蔽了，只在以后的文献和考古发现中片断地呈现出来。从《山海经》的文本和汉画像中的神灵图像，以及殷周器物、战国帛书来看，曾有与古埃及之神约同的人兽同形之神；从庄子之书和屈原之书来看，也有与两河流域之神约同的神兽相伴的时代；把《老子》《庄子》《列子》《穆天子传》等与汉代的《列仙传》、晋代的《神仙传》联系起来看，可看出中国早期文明之神内蕴着仙化的走向；先秦的儒家经典透出了中国早期文明之神的最大特点，即祖先神在天神、地祇、祖鬼、物魅中具有重要作用。把以上四个方面结合起来，从文献、文字、考古上综合考量，再联系到中国从原始时代向早期文明时代的演进，可以发现两个最为突出的特点：一是从原始时代开始的以中为核心的天文观测而来的宇宙观念，经半坡仰韶文化、红山文化、良渚文化、石家河文化、陶寺型龙山文化的多元演进，在早期文明的夏商西周，形成了五方（东西南北中）六合（天地四方）的宇宙结构。二是在以中为中心、由人观天察地而形成的天神、地祇、祖鬼、物魅的体系中，祖先神的重要性日益突出。在河南濮阳西水坡仰韶文化遗址中，祖先、北斗、斧、东龙、西虎形成的结构体系，不但印证了王逸注《楚辞》讲的北斗之名为“魁”，而且呈现了神兽与北斗、与祖鬼的关联。这一结构在战国早期曾侯乙墓的漆棺图像中还有呈现。因此，这一观念结构在中国夏商周的早期文明中一直存在。

在祖先神的日益凸显中，祖先神被历史化和圣人化。如果说从女娲、伏羲到黄帝、炎帝，其人与动物合体的形象已经深入人心，那么，从尧舜开始，领袖人物则被进行了圣人的重塑，到夏禹、商汤，周之文王、武王、周公，正好从古代的禅让转为家天下，完成了祖先神的人化与圣化。祖先的人形又要与一般人形区别开来，王死为鬼（神），形成了祖先神的虚化。祖先由人之形转化成祖庙中的牌位。这又与祭礼中心由村落空地的中杆到城邑坛台的中杆到祖庙将中杆之“示”小型化为牌位的演进相应合。由于祖先神在早期文明的朝廷中占据核心地位，祖先神的牌位化又带动形成了天地四方主神的牌位化，天神、地祇、祖鬼作为三大主神与由物魅升级而来的四方之神兽祥瑞区别开来。进而，人形之神与动物形神兽和植物形祥瑞形成了一种关系。这种关系扩展到五方六合宇宙，就形成了整个早期文明特有的神灵结构。一方面，从中央到上下四方，是朝廷美学以牌位体现的虚灵化的神灵与服饰和建筑上的神兽形成的结构，形成中国以帝王皇家为核心的、虚实相生的神灵形象，按等级规定从中央到上下四方扩展；另一方面，是在体制组织之外，天之上，水之下，四岳四渎，远方山水，因各种原因而出现的各类人兽合体之神、多兽合体之神等与古埃及、两河流域之神相类似的神的形象，需要人们对之进行认知。正如《左传·宣公三年》讲早期文明之时说的：“昔夏之方有德也，远方图物，贡金九牧，铸鼎象物，百物而为之备，使民知神奸。”洪亮吉讲：“今《山海经》海内、大荒等篇，即后人录夏鼎之文也”①。这里，“百物而为之备”，重要的不在于四方百物（各类神物）本身，而在于把四方神物按朝廷观念做新的结构安排。把四方之神，以礼制器物和建筑装饰的方式，并按照主流观念结构，在朝廷中呈现出来。这一中央王朝与四方各国以及四方山川形成一种双向交流的神灵结构。

综上所述，中国早期文明之神与古埃及、美洲的人兽合体之神，或两河流域的人形兽伴之神，或希腊的完全人形之神等，在具体形象上相似，但在整体结构上却不同。而且，五方六合的整体中有了虚与实、抽象与具体、整体与部分的新的安排。在这一整体中，中国神灵的性质可以从夏商西周的帝王冕服中体现出来。《尚书·益稷》讲，舜帝时，就要求把天地山川的物象按朝廷的政治-宗教需要，形成具有象征体系结构的朝廷服饰，结合政治与宗教为一体的朝廷需要进行服饰制作②。《周礼·司服》把《尚书·益稷》讲的服饰图案与十二章纹结合起来。虽然《益稷》《司服》关于舜时代和西周时代服饰的讲述都是战国人的追述，但根据《左传》《国语》等文献，从尧舜到西周都讲究按观念形态来制作朝廷服饰是确实的。早期文明时代具体的服饰是怎样的，虽然与战国人讲的有所差别，但对服饰进行等级分类，对服装图像按观念原则进行的组织方式，与战国人讲的应该是相同的。这些，在后人总结的冕服十二章中呈现出基本的美学原则，这一原则同时就是夏商西周对待神灵的基本原则以及当时的神灵观念。在对《益稷》的解读中，汉代学人将十二章纹分为：日、月、星辰、山、龙、华虫、宗彝、藻、火、粉米、黼、黻。关于十二章纹的这些文字应进行怎样的理解，古人有不同的看法，但在基本原理上是相同的。

---

① 杨伯峻. 春秋左传注：第2册. 北京：中华书局，1981：670.

② 《尚书·益稷》：“帝曰：‘臣作朕股肱耳目。予欲左右有民，汝翼。予欲宣力四方，汝为。予欲观古人之象，日、月、星辰、山、龙、华虫，作会；宗彝、藻、火、粉米、黼、黻，絺绣，以五采彰施于五色，作服，汝明。’”

明人王圻、王思义所编《三才会图》中的十二章纹如图 5－32 所示：

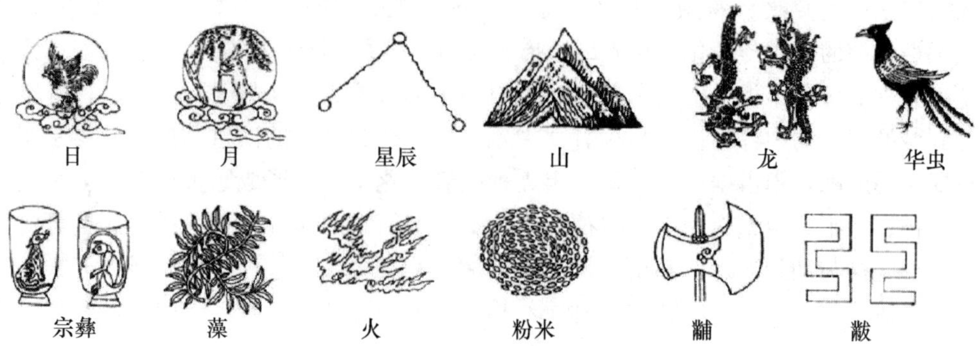

图 5－32　冕服十二章

资料来源：邹其昌，范华雄，整理.《三才图会》设计文献选编. 上海：上海大学出版社，2018.

在十二章纹图像中，动物有六类，日为鸟，华虫为雉鸡，宗彝为虎与蜼（长尾猴），月为兔，加上龙，包括天上的鸟与兔、地上的虎与蜼，以及可以在天上地下往来的龙和雉鸡。物态形象有五类，天上的星辰、地上的山、水中的藻以及可以在天上地下及水中往来的火。最后是具有二重性的三类，亞、粉米、斧，一重是象征意义，亞象征整个大地仪式空间，粉米象征大地上进行农业生产的成果，斧象征对大地和成果进行保护的武器；二重是具体形状，亞是仪式举行之地的形状，粉米和斧是仪式中的礼器形状。十二章纹图像中的这六类动物、五类物态、三类形象，都呈现在帝王的服饰上，是人与这十四种类物的统一。帝王法天而具有神性，他与六类动物的关系呈现为人与兽一体的王。照此类推，还是人与植物一体的王，占有仪式空间（祖庙）的王。正是这三种合一，构成了中国早期文明之神的特色。在中国思想中，宇宙万物不仅是实体，还由天地之气构成。在中国早期文明中，天地之气是有神性的。这就是《周易·系辞上》讲的“神无方而易无体”。六类动物、五类物态、三类形象（仪式空间和仪式礼器），都内蕴着这种虚灵的神性。早期文明时代的帝王，身着与十二章纹本质上类似的服饰，在祖庙的仪式空间中行动，体现的正是前文讲的帝王与天地四方神灵的互动。神的性质，在帝王的行为和类似十二章纹的物象中，以及由物象所象征的天地四方的时空中，体现出来。而帝王、服饰、仪式空间，又是以祖庙这一仪式中心的牌位为核心的。在这一结构中，中国早期文明之神的虚实一体特性得到了全面的体现。

五、欧亚草原的美感类型

（一）草原美感：基础-原点-结构

人类文化在原始社会内部以采集和狩猎为基础进行的升级，因地理差异而产生了两大类型，即农耕和游牧，从而产生了两种美感体系。如果说，在定居农耕的基础上，距今6 000～4 000年，古埃及、两河流域、印度、中国文明升级到早期文明，那么，游牧文明也有自己的升级，只是由于没有文字，关于草原文明升级的记事是在草原之外进行的，最初由具有文字的各早期文明进行碎片的记录，然后轴心时代的三大文化对之进行片断的叙述，现代以来特别是20世纪以后，由考古学进行一点点的实证，草原文明和草原美感的方方面面缓慢显隐地展开着仍不完整的基本面貌。人们开始知道，在狩猎演进中，世界各地如美洲安第斯高地、西非稀树草原、东非草原、阿拉伯沙漠、北欧苔原、西藏高原、蒙古草原、中亚山地、西亚山地草原等出现了游牧，但在这些地区的游牧中，只有两个地区即阿拉伯沙漠和把西亚、中亚、蒙古连成一片的欧亚草原的游牧，在定居农业升级到早期文明的同一时间段进行了草原的文明升级。在苏美尔人在两河流域开创早期文明之时，阿拉伯沙漠上的闪族族群，从亚摩利人开始，就不断进入两河流域，在与两河流域城邦的互动中，让自身升级为其中的一部分。在欧亚草原上，2005年考古学家在保加利亚索菲亚附近的瓦尔纳发现了距今6 600～6 000年的有着等级制的古代墓地，其中有黄金艺术品15 000多件。瓦尔纳宝藏凸显了草原文化的两大点：一是“早”，它出现的时间比苏美尔人和古埃及人所创文化还早。二是“动”，以瓦尔纳为象征的黄金美感自在草原出现后，不但成为6 000年来草原之美的一大特色，而且四处传播，流向从西到东的各大文明，例如瓦尔纳的金牛、苏美尔的金牛、古埃及的法老金像、迈锡尼的金面具、三星堆的金面具（图5－33A至E），黄金美感从北向南和从西到东地翻滚向前。在斯基泰时代，斯基泰人的黄金来自阿尔泰山的金矿，他们再将之输入地中海诸文化。人类美感在彩陶出现之后的主要类型，综合起源、成潮、比较三个角度的考量，在中国以玉为主，在西亚以青金石为主，在草原则以黄金为主。由草原而来的黄金美感，在与各地美感的互动中成为世界型的美感。

图A　瓦尔纳的金牛　图B　苏美尔的金牛　图C　古埃及的法老金像　图D　迈锡尼的金面具　图E　三星堆的金面具

图5－33　草原及各文化的黄金美感

资料来源：(1) 林梅村. 西域考古与艺术. 北京：北京大学出版社，2017.
(2) 笔者摄自埃及、希腊、法国卢浮宫及中国三星堆博物馆的图片。

瓦尔纳的金牛，不仅凸显了人类黄金美感的起源，而且彰显了牛型宇宙的美感。公牛不但出现在黄金制品中，也出现在欧亚草原早期的岩画中，而且造型大致相同，如图5－34A至C中的三牛。草原早期文明中，宇宙、牛、人形成一体。这在古伊朗的文献中也有所体现，“《阿维斯塔》描述社群的传统词语是pasuvira，即‘牛－（和）－人’。古伊朗人的信仰中也有这种看法，他们认为，用神圣的方式杀死动物，其灵魂将与神结合，被尊为牛灵。在印度和伊朗尚未分开的古雅利安人传统中，公牛也作为主要的宇宙创造论元素出现。与人产生于原人（primal Man）的献祭一样，动物和植物也由献祭原牛创造。当公牛被毁灭之神杀死时，它的一部分精液被带到上界，带到月球，在那里净化，然后一切有益的动物由此产生。与之类似，一切优良植物是从直接流到大地上的公牛精液中创造。重要的是，公牛这个单词的词干 gav-，在古伊朗语中也被用来表示动物界中的所有动物。根据《阿维斯塔》的记载，五种典型的动物（与水、土地、飞行、野牧和牧放相关）被定义为'五重 gav-'，而生命的三种基本形式（人、动物和植物）也以同样的词干表示"①。总之，牛作为宇宙之灵的体现，是从草原文明中产生出来的，印度的因陀罗和希腊的宙斯都与牛相关。在《圣经》中，与上帝相对的是异教的金牛。总之，在宇宙之神以人形出现之前，牛作为美的形象占有重要位置。放眼古代世界，牛的美感在草原文化圈以及与之互动的地中海文化圈占有重要地位。而在雅利安人到了印度之后，马的美感占了主要地位。在草原上，牛、羊先被驯化，马在其后，但在草原的古老思维中，三者作为宇宙之灵是可以互换的。在图 5-34D 至 E 中，马长了一对牛角。马在印度雅利安人的实践中起了最大作用，因此，马成为宇宙本身，马祭成为重要的祭祀。而在欧亚草原东面，当牧羊的羌族从草原进入中原，与中原各族互动，羊以及由之形成的关联系列，羊人、羊肉、以羊为装饰的祀器等，形成美感的中心，中文以有羊在其中的"美"字，成为普遍性的美感。由此可见，草原文明驯化了牛、羊、马。在与农业文明的互动中，牛成为地中海美感的核心，马成为印度美感的核心，羊成为中国美感的核心。从世界美感而来的多样性来看，草原美感在世界美感的演进中占有重要地位。

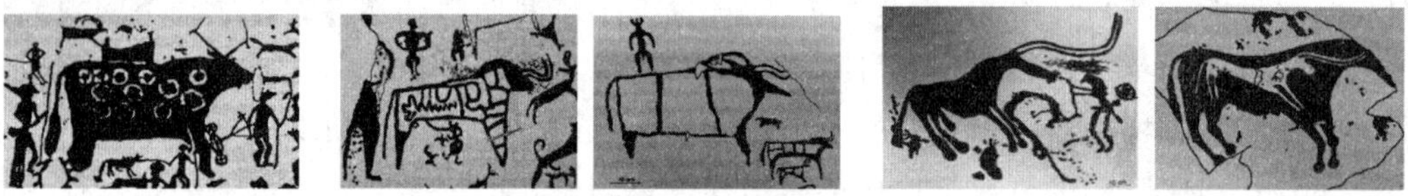

图A 阿尔泰岩画　　图B-C 乌兹别克斯坦萨尔米什和布坎套山岩画　　图D-E 哈萨克斯坦塔姆加雷河谷岩画

图 5-34 欧亚草原文明之牛的形象

资料来源：安杰伊·罗兹瓦多夫斯基. 穿越时光的符号：中亚岩画解读. 肖小勇，译. 北京：商务印书馆，2019.

回到草原美感本身上来。草原文化的流动主要由畜牧的需要而形成，这流动体现为族群的迁移，以及由各族群的迁移而带来的文化频繁互动。比如，5 500 年前，里海-黑海的印欧人向东移动，先在叶尼塞河米努辛斯克盆地形成阿凡纳谢沃文化（Afanasevo culture)，4 400 年前，来自北方森林属于蒙古人种的奥库涅夫人形成奥库涅夫文化（Okunev culture)，取代了阿凡纳谢沃文化。3 600 年前，属于印欧种的安德罗诺沃文化（Andronovo culture）又取代了奥库涅夫文化。这里举三大文化之例，既能再证草原文化的传统悠远，又能突出族群流动带来的多样变化，还能彰显印欧人种的各族群和蒙古人种的各族群东西穿插，文化互动、你来我往、远距离移动、跨地区迁徙成为草原文化的常态。正是在这一大流动、大碰撞、大融合中，草原文化一是产生了草原型的文化演进和升级方式，二是以草原之游的特点把欧亚大陆之东和西的定居文化关联起来。藤川繁彦主编的《中亚大陆的考古学》将欧亚草原从东到西分为三段，从大兴安岭到阿尔泰山为东段，从阿尔泰山到乌拉尔山为中段，从乌拉尔山到喀尔巴阡山为西段，这三段又构成一个整体。一方面，以草原为视点，整个欧亚草原是一个整体，并连接着古埃及、两

① 安杰伊·罗兹瓦多夫斯基. 穿越时光的符号：中亚岩画解读. 肖小勇，译. 北京：商务印书馆，2019：43.

河流域、印度、中国等地区的农耕文明。另一方面，以各农耕文明为视点，形成一个农耕文明-农牧交错带-草原文明的互动整体。欧亚大陆在文化上的两面一体，对草原和农耕这两个方面的文明升级都起了加速作用。理解此点，方可理解草原之美在世界美学上的重要性。

草原上的文化升级体现在最重要的三个方面：一是牛、羊的驯化形成自己内向自足而流动性的生产循环，称为游牧，即为丰衣足食之牧而游。二是骆驼的驯化使远途贸易成为可能，草原之间和之外通过商业互动形成自身循环，称为游商，即为巨额暴利之商而游（这在后来丝绸之路上闻名于世的粟特人那里特别明显）。三是马的驯化，并将马与食物区别开来而与青铜兵器结合起来，产生最强的军事力量，形成了通过军事暴力获取土地和财富的文化形态，称为游战，即为战而游。三种形态既不同，又互补，还相互转化。在游牧、游商、游战之中，游战最为重要。马的驯化、马车的发明，以及与青铜武器的配合，是在哈萨克草原中的印欧族群，具体来讲是在属于安德罗诺沃文化的辛塔斯塔文化（Sintashta culture）中完成的，从而使草原本有之游的本质得到极大的提升。马车与青铜不但使中亚的印欧人四面扩张，南下印度，西南到伊朗，西到欧洲，东到中国，与四大地区的早期文明不断互动，从而加快了各地区的文化升级，而且把相隔万里的欧亚大陆之东和西的文化关联了起来。入侵两河流域和古埃及并建立王朝的加喜特人就来自哈萨克草原，同样，东方殷商的马车技术也来自哈萨克草原。从哈萨克草原走向西方的、里海西岸路线上的鲁查申文化（Lchashen culture）中的马车，与中国殷墟中的马车具有相同的性质，皆源自辛塔斯塔文化中的马车（图 5－35）。加喜特人到达西亚之后，仍长期使用从西亚到中亚的马车路线，因为还需要不断输入马匹①。西亚如此，东亚亦然。

图A　辛塔斯塔的马车　　　图B　鲁查申的马车　　　图C　殷墟小屯40号墓马车

图 5－35　草原马车及其传播

资料来源：郭静云．古代亚洲的驯马、乘马和游战族群．中国社会科学，2012（6）：184-204.

地中海文化和东亚文化正是通过草原文化而互动起来的。明确这一点，对于理解人类的共同美感非常重要。总之，草原文化在与东、西、南各文化的互动中，不仅以马车的各项功能，还以包括马在内的美感体系，影响着四方。然而，草原文化至少自 6 000 年前黄金墓地以来，虽然有各种各样的建树，但由于没有文字，故而种种辉煌不为后世所知。只有当其从草原扩散开来，加入周边文化的互动之中，其辉煌方显示出来。比如，在早期文明时代，来自安德罗诺沃文化的雅利安人，南到印度和伊朗，产生了新型的印度人和波斯人；西到欧洲和地中海，产生了新型的赫梯人、希腊人、罗马人、凯尔特人、日耳曼人、斯拉夫人。考古和文献透出，雅利安人也东到中国的西和北，渐次融入其他游牧族群，再向东向南，体现在羌姜族和黄帝族的元素之中，从汉语文献来看，成为唐虞时的山戎、猃允、

① 郭静云．古代亚洲的驯马、乘马与游战族群．中国社会科学，2012（6）：184-204.

薰粥，夏末时的獯鬻、熏育，夏后氏之苗裔淳维，商之时的鬼方、混夷、獯鬻，周朝时的猃狁，春秋时的戎、狄等。草原文化的动的性质，内循环与外循环互动，旧的带着辉煌走出，新的又带着傲气崛起。轴心时代的希腊人，面对着在黑海强势崛起的斯基泰人。从赫西俄德、希罗多德等人关于斯基泰的言说中，可用斯基泰人（Scythians/Skuthai）一词，既指斯基泰王族，又指黑海地区的游牧民族，还泛指整个欧亚草原的游牧民族①。环绕欧亚草原并与草原族群密切互动的族群对草原族群的称呼各不相同，希腊人称之为斯基泰，亚述人称之为阿息库兹人（Ashkuz），波斯人和印度人称之为萨迦（Saka）等，各有其名。但希腊人对斯基泰文化基本特征即斯基泰三要素——马具、武器、野兽纹的把握，被认为是欧亚草原族群的普遍特征。这一总结，已经为考古学所承认。马具和武器是草原族群之游的必需品，而草原美感凸显在对马具和武器进行的美饰中。具象和抽象的动物纹可统称为动物风格（animal style）。考古学呈现了，在斯基泰扬名黑海地区的年代（前7—前3世纪），欧亚草原西部有斯基泰文化（分为早、中、晚三期）和萨夫罗马泰文化（Sauromatian culture，前6—前3世纪）。而作为一个历史系列，可以上溯到前文讲的从瓦尔纳黄金宝藏以下的安德罗诺沃诸文化。在欧亚草原中部地区，从早期算起，有塞伊玛-图尔宾诺文化（Seima-Turbino culture，前23—前18世纪）、克拉苏克文化（前13—11世纪）。到与斯基泰同时，有米努辛斯克盆地的塔加尔文化（Tagar culture，前7—前1世纪）、图瓦地区的早期游牧文化（以阿尔然一、二号王冢和萨格里-巴兹二号墓地为代表，前8—前3世纪）、阿尔泰地区的麦耶米尔文化（Maiemir culture，前8—前6世纪）和巴泽雷克文化（Pazyryk culture，前6—前3世纪）、哈萨克草原和天山地区的萨卡文化（Saka culture，前8—1世纪）。欧亚草原东部地区，即中国新疆地区和北方地区，新疆地区有东部天山区、中部天山区、伊犁地区、阿勒泰地区、环塔里木盆地地区，北方地区可分为燕山北麓、燕山南麓、岱海地区、晋陕高原区、鄂尔多斯高原区、甘宁区、河西走廊和青海东北地区。时代从商初（前16世纪）到战国中期（前3世纪）。以上是从考古地点进行的定位。实际草原各文化都是“动”的。以塞伊玛-图尔宾诺文化为例，它“东起南西伯利亚，西经乌拉尔山，直迄乌克兰草原，并大举南下中国新疆、甘肃、青海，乃至中原地区（如陕西、山西、河南等地）”②。虽然欧亚草原分为西、中、东三个部分，但每个部分的文化都具有草原文化的总体特征。虽然这总体特征可从斯基泰时代切入，但却还应上溯到斯基泰时代之前（比如，当雅利安人一批批从黑海向南、向西、向东移动时，斯基泰三要素是存在的，只是三要素的实物被带出去了而无法证实），下延到斯基泰时代之后（斯基泰三要素在以后的草原各文化中不断重现）。这里需要强调，草原美感的总体特征，不仅是斯基泰三要素，还有敖包、鹿石、石人。斯基泰三要素是动的，敖包、鹿石、石人则是静的。这三动三静，再加上黄金之美，构成了欧亚草原的美感体系。

草原美感由动的三要素即马具、武器、动物纹和静的三要素即敖包、鹿石、石人共同组成。在动的三要素中，动物纹是主要的，它刻在马具和武器上，使之具有灵性和灵

① 刘雪飞．西方古典文献中的三种“斯基泰人”概念．北方民族大学学报（哲学社会科学版），2014（1）：34-43.

② 林梅村．西域考古与艺术．北京：北京大学出版社，2017：3.

力。动物纹体系内蕴着草原美感的基本特征。在静的三要素中，敖包是核心。鹿石和石人围绕着或关联着敖包进行放置，与之共有宇宙的灵性和灵力。敖包则与族群所在的地域范围，从中心、重点、边缘三个方面进行配置。动的三要素以动物纹为主，从图像学来看，动物纹同样出现在敖包的装饰上（如敖包上的彩旗多绘有马、牛、羊等图像），鹿石本就以鹿这种动物为主体，还有其他动物以及武器、食器、人物、天文等视觉图像。从文化学和心理学上讲，石人与动物纹在深层上互通，正如人与动物因宇宙之灵而具有了统一性和互通性。因此，动的三要素和静的三要素在草原文化的观念中是统一的。在动的体系中动物纹成为核心，在静的结构中敖包成为核心。动物纹突出了草原美感之游的精神，敖包彰显了草原美感的恒在灵气。

本小节主题可这样总结：草原之美，其基础是游牧、游商、游战“三游”一体互动的草原文化；其原点是牛、羊、马的驯化为“三游”提供的基础和技术，以及由之而来的马、牛、羊美感和黄金美感；其结构是动的三要素和静的三要素。

（二）草原美感之静的三要素

马具、武器、动物纹三要素，因希腊人对斯基泰文化的观察和思考而彰显出来，后来被认识到实为草原的整体美感，不但存在于斯基泰文化之外，而且存在于斯基泰文化之前和之后。敖包与之相同，虽然敖包来自汉语对蒙古语的翻译、观察和思考，却不但普遍存在于草原文化之中，而且存在于蒙古族崛起之前和之后。虽然蒙古族的崛起和敖包进入历史视野在时间上较斯基泰三要素晚很多，但其内蕴的观念与之一样悠长和宽广。因此，这里的敖包，虽然从蒙古族进入，但将之作为包括蒙古族在内的草原文化的核心象征来论述。

1. 敖包的美感特征

敖包，是蒙古语 oboga/oboos 的汉译，也译为脑包、鼓包、鄂博，词义为“凸起的堆子”，实际上是由石、泥、木等组成的祭坛或灵地。草原族群要凝聚本族群全体民众的思想，需要把自身本有的观念实体化，用石堆成的敖包就是草原观念形象化的主要方式。宇宙整体之灵首先体现为茫茫苍天，在蒙古族为长生天，因此，最重要的敖包是祭天的灵地。《元史》卷七十二曰：“元兴朔漠，代有拜天之礼。衣冠尚质，祭器尚纯，帝后亲之，宗戚助祭。其意幽深古远，报本反始，出于自然，而非强为之也。”去掉话中的元代因子，可回到草原之初的情景。草原茫茫，高山与天最近，在草原民族中高山即等于天，因此，各草原民族的放牧界内皆有圣山，如匈奴人的阴山，丁令人、高车人的天山、金山，突厥人的于都山、杭爱山，鲜卑人的鲜卑山，乌桓人的乌桓山，契丹人的木叶山、黑山，女真人的白山，蒙古人的不儿罕哈勒敦山，等等。作为高山上之祭天灵地的敖包，是敖包体系的核心。宇宙之灵无处不在，草原上的重要之地，如湖泊、祖先之陵、英雄之墓、历史重大事件发生处、边界标志处，皆为显灵之处，可堆石为敖包。由于处所不同，故而敖包之义有所差别：边界标志处的敖包，与宇宙之灵为一体的地神之灵得到突出；湖泊边的敖包，与宇宙之灵为一体的水神之灵得到强调；陵墓处的敖包，与宇宙之灵为一体的祖宗之灵得以彰显；等等。总之，敖包体系，形成以天、地、祖为主体的结构，加上与家庭或个体相关联的重要地点，构成一个与人类学家论述图腾体系稍有类似的观念体系。敖包，从理论抽象来讲，如图5-36所示：

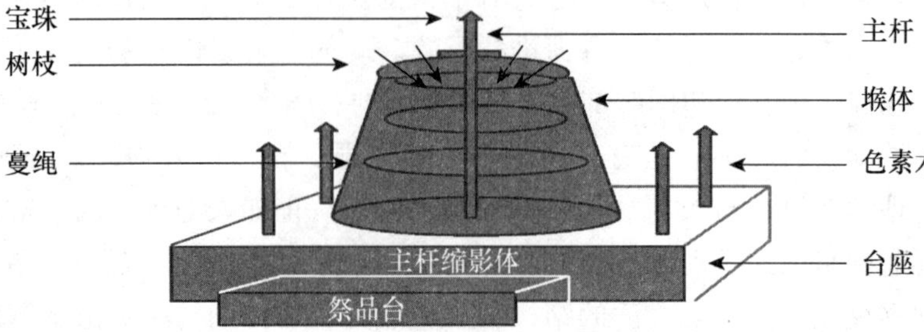

图5-36 敖包的基本结构

敖包由三个主要部分组成：一是方形台座，二是半球形主体，三是贯串上下的中杆。方圆与天地象征相关，中杆与宇宙中心相关。三个主要部分还可以加饰，如中杆四周加树枝，半球形主体四周加色素木，用蔓绳彩幡与中杆连接，台座前设祭品台，等等。主敖包四周还可设形体稍小的属敖包，按圣数可三、可九、可十二。总之，主敖包形成族群的祭祀中心，领地内的各种（包括陵墓、圣地、界标等各处灵显的）敖包，与之相连，形成一个观念体系，再关联着领地内各牧民的蒙古包，形成整个族群的文化结构。从成吉思汗时代的蒙古族向上溯和向后延伸以及向各草原民族扩展，敖包有各种各样的形态，但其作为宇宙中心的意义原型以及灵显的扩展之演进规律不变，作为形式构成的原型结构以及转换展开的演进规律不变。就草原文化在古代向中国的演进来讲，在文献上，《山海经》中关于昆仑山上祭祀中心的描绘是敖包的一种变形；在考古上，红山文化的祭坛是敖包的又一种变体。从蒙古敖包向各草原文化看去，新疆地区的麻札、青藏高原的玛尼堆、达斡尔人的斡包以及朝鲜族的杜郎堂等，都可被看作敖包原型在各地产生的变体①。同样，敖包作为灵显的祭祀灵地，是人与宇宙之灵，以及宇宙之灵在此地的各类灵显进行互动的圣地。敖包在高山与山一体，在平地则为象征山的祭台。敖包的中杆，曰苏里德，是最初的核心，既是天的象征，又是祭者之灵升天的启引。蒙古语苏里德的词义是“朝气蓬勃的”“有精神的”“具有象征意义的”“神圣的”等，但这些精神属性都来自其基本词义，即挂旗帜的中杆②。中杆的形状和具体附加义，因时代和地域而有所变化，但其原型思想不变。敖包又释鄂博，博即蒙古语Buge的音译，与草原上最早、最深、最广的萨满教相关，伊利亚德（Mircea Eliade）看到了中亚、北亚、南美、北美、东南亚、大洋洲轴心时代前的宗教的某些共性，从而将之都称为萨满教，但也指出，严格意义上的萨满教主要指欧亚草原上的宗教现象③。博即男性萨满。如果追溯草原文化

---

① 拉巴次旦．试探“堆尼玛”和“敖包”的起源．西藏大学学报（社会科学版），2006（1）：65-84；热依拉·达吾提．维吾尔族麻扎的功能职司及其演变研究．西北民族大学学报（哲学社会科学版），2011（2）：11-19；邢莉，金锦子．敖包与杜郎堂的比较研究．民间文学论坛，1996（1）：47-51.

② 李自然．蒙古族的苏里德及其早期象征．内蒙古社会科学（文史哲版），1996（1）：34-36.

③ 米尔恰·伊利亚德说：“萨满（saman）这个词是通古斯语，经俄语传到西方成为普遍术语，在中亚和北亚语言中，雅库语的‘奥尤那’，蒙古语的‘博格’‘博’和‘奥德根’（也可对照布里亚特语的‘乌达彦’和雅库特语的‘乌多彦’即女萨满），突厥-鞑靼语的‘卡姆’（即阿尔泰语的‘卡姆’‘嘎姆’，蒙古语的‘卡米’等）。人们一直寻求用巴利语中的‘沙门’（samana）来解释通古斯语中的‘萨满’这一术语。”（米尔恰·伊利亚德．萨满教：古老的入迷术．段满福，译．北京：社会科学文献出版社，2018：2）

的根源，可以发现最初出现的是女萨满（蒙古语 Idugan，汉译“伊都干”，类似于中国远古时代的巫），后来方有男女之分（类似于巫分为女巫男觋），最初是宗教性的萨满（巫）与政治性的可汗（王）的合一，后来方有二者的专业分工。“蒙古人称萨满为‘博’，‘博’之称谓由‘别乞’演变而来。《蒙古秘史》中不仅称巫师为‘别乞’，而且可汗或族长之妇亦拥有‘别乞’称号。《蒙古源流》中，‘别乞’与‘哈顿’同义，皆为皇后或王妃之意”①。这些用语还透出了萨满的演化痕迹。对于本书来讲，需要突出的是，敖包祭祀以萨满之“博”的仪式进行。用蒙古语讲以“博”为总名，从草原普遍性讲以“萨满”为总名的仪式，这里有一套美感体系，它包括服装（法帽、法裙）、法器［鼓、鞭、镜、翁衮（即用毡、皮、布、木等材料制作的兽或人型的偶像）］、音乐、舞蹈、诗语，以及戏剧般的请灵、降灵、送灵的仪式过程②。敖包仪式虽然有时代和族群的差异，但又都从一种草原美感原型的共性中生成、转换而来。敖包仪式以祭天为核心，又内蕴并关联着草原生活的一切方面，后来有名的敖包相会，其深层内容与中国远古的高禖相似，其主题是希望生殖繁衍。草原上的那达慕，突出了草原三艺（赛马、摔跤、射箭），后来单独出来，但最初是嵌在敖包仪式之中的，为敖包仪式体系中的组成部分。日本学人江上波夫说：“匈奴神祠和今天蒙古的敖包，以及北亚各族对天地神祇的祭祀场大致相同。那把自然树林或人为堆成的树枝，当成神灵的凭代。每值春秋祭祀之际，人们在它周围绕上几圈，祈念天地鬼神和祖宗之灵的‘神降’，奉上白马之类的牺牲，祈求人畜的幸运与繁殖；然后，奏起神乐，举行赛马、摔跤等竞技”③。这是把某一具体时空的敖包祭祀关联着整个草原敖包原型来进行论述。从敖包回到草原原型，关联到草原萨满教的宇宙观，伊利亚德的《萨满教：古老的入迷术》一书专章讲了萨满教“一般认为宇宙由三层构成：天空、大地和地下。这三层由一根中心轴连接……萨满可以成功地在三界中穿行。这根轴当然要穿过一个‘口’或一个‘孔’：正是通过这个孔，天神降临人间，逝者去往地府；正是通过这个洞，萨满的灵魂在入定时能够向上进行升天之旅或向下进行入地之旅”④。伊利亚德列举了这一基本原型在蒙古族、卡尔梅克族、布里亚族、吉尔吉斯族、巴什基尔族、突厥-阿尔泰人等各草原民族，以及在北极、北美、非洲等原始民族中的各种体现。总而言之，宇宙中杆为通天界之中柱，它可以体现为宇宙树，体现为圣山、蒙古包的中柱和包前的杆柱，以及营前、军前、庙前的旗幡。中杆与天上的极星相连，极星与日月星相连，星为天房或天界之开口，在萨满的仪式体系里，面对中杆的各种仪式，都与沟通三界相关，萨满在仪式中的“出神”正是其在天地间遨游和与神交往的状态。可以看到，早期文明的各种巫王、祭司，轴心时代哲学家的沉思、婆罗门和各种沙门的禅定，中国士人“精骛八极，心游万仞”的神思，希腊艺术家进入“迷狂”状态的灵感，都是萨满出神的升级版。同样，早期

① 满都尔图，周锡银，佟德富．中国各民族原始宗教资料集成：鄂伦春族卷·鄂温克族卷·赫哲族卷·达斡尔族卷·锡伯族卷·满族卷·蒙古族卷·藏族卷．北京：中国社会科学出版社，1999：585-586.

② 哈斯巴根．科尔沁蒙古族“博”造型艺术初探．中央民族大学学报（哲学社会科学版），2011（1）：132-134；宋艳丽．蒙古族“博”祭天仪式音乐调查研究．硕士学位论文，内蒙古大学，2014.

③ 江上波夫．骑马民族国家．张承志，译．北京：光明日报出版社，1988：40.

④ 米尔恰·伊利亚德．萨满教：古老的入迷术．段满福，译．北京：社会科学文献出版社，2018：259.

文明的各种神庙圣坛，轴心时代的议政广场、观戏剧场、竞技体育场，也是草原敖包原型在后来的升级版。荣格学派通过对世界各文化的考察，得出人类的心理原型，用印度文化的曼荼罗来命名这一原型，并认为其由五大要素构成：点、十字形、三角形、方形、圆形①。如果说，人类心理原型最初凝结在萨满的观念中，那么，敖包的基本图形则正是心理原型在草原文化中的体现。方圆是天地的象征，草原诸文化中既有以天为方以地为圆的（如进入印度的草原雅利安人），也有以天为圆以地为方的（如《敕勒歌》中的“天似穹庐，笼盖四野”），但方圆象征天地是一致的。中杆即由点形成十字，中杆在方台圆丘中具有了三角的稳定性。中杆的十字又是通往上下四方的通道。正是敖包内蕴着的草原原型的统一性，使欧亚草原从东到西具有一种美感的统一，并且这统一的美感在与相邻各农耕文明的互动中产生出多种多样的变体。敖包作为草原观念的核心，在于它与萨满的特性相关，通过中杆与方圆，把天、人、地三界之灵互通起来，并展开为萨满教的种种仪式，在诗、画、乐、舞、剧的诸因素中呈现了草原之美的各个方面。

2. 石人与鹿石的美感特征

与敖包观念体系紧密相关的是草原上的石人与鹿石。石人是用石头刻成人的形象，重点在人。石人从青铜时代直到15世纪，散布于广阔的欧亚草原，主要与墓地相关。因此，虽然石人的形象随时代观念和地域而有所不同，但总的内容与草原的美感原型相连，而以人的方式凸显出来。如墓人与生前相关，翁衮（ongon）为逝者之灵。俄国学人班杨罗夫说，蒙古人把“把死者也算作一种新神，叫翁衮”②。与陵墓相关而立的石人，关联到个灵、祖灵、族灵。人之灵又与宇宙之灵相连，从而在草原的整体观念中，石人又关系到草原之灵和宇宙整体之灵。作为翁衮的石人成为灵的实体化和艺术化。下面所举数例，可以看到石人的时代演进和观念特色，如图5－37所示：

图A　图B　图C　图D　图E　图F　图G　图H　图I

图5－37　草原石人

资料来源：王博，祁小山．丝绸之路草原石人研究．乌鲁木齐：新疆人民出版社，2009.

图5－37A（米努辛斯克盆地塔兹明村附近的石人）和图5－37B（米努辛斯克盆地上彼德仁村附近的石人）为青铜时代的石人，体现了人与动物和天地为一体。图5－37C（布尔基墓地石人）、图5－37D（青河县墓地石人）、图5－37E（切木尔切克乡喀腊塔斯墓地石人），突出的观念都是希望人以及由人象征的整个大自然的生殖繁衍。图5－37F（北高加索加拉依特墓地石人）和图5－37G（新疆塔城巴尔鲁克山北麓

① 荣格，等．人类及其象征．张举文，荣文库，译．沈阳：辽宁教育出版社，1988：210－245.

② 满都尔图，周锡银，佟德富．中国各民族原始宗教资料集成：鄂伦春族卷·鄂温克族卷·赫哲族卷·达斡尔族卷·锡伯族卷·满族卷·蒙古族卷·藏族卷．北京：中国社会科学出版社，1999：652.

的墓地石人）彰显的是草原武士精神，武器与饮杯是身前相随物品，又是整个草原精神的写照。图 5 - 37H（蒙古布尔根省萨伊汗县哈依日汗洪迪鹿石）和图 5 - 37I（蒙古库苏克勒省查干乌兰县阿格雷队鹿石）呈现了石人与鹿石的关联。石人以人为主，从人之灵的角度，被各国学人予以不同的名称，如 Balbal（来自儒尼文碑，音译巴力巴力，意译为碑）、Baba（为南西伯利亚和蒙古地区之称，音译巴巴，意为石父或石妇，与族群祖妣相关）、翁仲（来自古代汉语学界，高诱注《淮南子·汜论训》即用此词，后来成为帝王陵前石像之名）等①。综合言之，石人从外在形态来看，有雕塑型（如图 5 - 37G）、石碑型（如图 5 - 37E）、兼具雕塑型和石碑型（如图 5 - 37A）三类。Balbal 作为石人之名，兼有碑和塑之义，突出了草原石人特有的美感形式特征。翁即父，统为父母辈也，含义与 Baba 相通，在观念上与祖灵和族灵有关。《北史·突厥传》《隋史·突厥传》皆有“杀一人，则立一石”之论，石之立亦与死者之灵相关，是很多观念的叠加，有首级为功观念，有慰藉死灵观念，等等。总之，草原石人遍及欧亚草原的西、中、东各地，是草原整体之灵的一个组成部分，也是草原美感体系的一个组成部分。图 5 - 37H 呈现了石人与鹿石的一体，透出了石人与鹿石在观念上可以互换。二者虽可互换，但强调的重点不同，石人强调的是人之灵，鹿石强调的是鹿之灵。人之灵与草原中的人相连，鹿之灵则与草原动物之灵相连，但人之灵和鹿之灵都与草原整体之灵相关。同主要与人之灵相连的石人相比，鹿石凸显鹿之灵在草原整体观念中具有更为宽广的地位。

与石人遍及欧亚草原不同，鹿石主要存在于欧亚草原中部的阿尔泰及其周边地区：蒙古，俄罗斯西伯利亚地区贝加尔湖、图瓦、阿尔泰边疆区、南俄草原，以及中国新疆。从地缘文化来看，欧亚草原西部与古埃及、两河流域、伊朗文化等互动，形成一种带有特征的动物体系，欧亚草原东部与中国的动物体系互动，形成另一种带有特征的动物体系。欧亚草原中部离文化互动区相对较远，从而草原动物的特点得到突出，鹿成为动物形象的核心。鹿石的年代，日本学人畠山祯说，在前 13 世纪到前 6 世纪之间；鹿石的数量，俄罗斯学人沃尔科夫说，已发现的在 600 以上。鹿石与远古观念相连。远古时代，中国的黄土高原与北方草原相连，也是游牧世界，观念互动使鹿的形象在中国古籍中也有所透出。天的中心是极星与北斗的一体，北斗七星在《春秋·运斗枢》中为天枢、璇、机、权、玉衡、开阳、摇光。摇光作为斗柄之最外星，指示天地的运转。北斗为天上之灵，“瑶光散为鹿……散为麋”②。鹿和麋皆与核心天意相连。孔颖达疏《礼记·月令》引熊安生的话说：“鹿是山兽，夏至得阴气而解角；麋是泽兽，故冬至得阳气而解角”③。鹿麋解角与四季运转的节点相关。在蒙古传说中，鹿与狼是蒙古人的祖先。这应是草原上不断反复叙说的祖灵故事。从汉代画像到刘宋朝的《宋书》都呈现了白鹿作为符瑞与帝王相关。汉代《李翕黾池五瑞图》呈现了白鹿的视觉形象，《宋书·符瑞志》曰：“白鹿，王者明惠及下则至。”鹿与宇宙核心的关联，为四季规律的呈现，帝王运数的体现，存在于中原文化里，从地理和时代上可移到与上溯到欧亚草原的中心，鹿作为草原文化

① 王博，祁小山．丝绸之路草原石人研究．乌鲁木齐：新疆人民出版社，2009：17-19.
② 七纬．赵在翰，辑．钟肇鹏，萧文郁，点校．北京：中华书局，2012：490.
③ 礼记正义．郑玄，注．孔颖达，疏．北京：北京大学出版社，1999：557.

的核心形象就从鹿石上体现出来了。蒙古国巴彦洪格尔省的赫勒格苏林-吉登墓中的鹿石（图5－38A），凸显了鹿石在草原观念中的核心地位。整个墓室展现的就是一个鹿石世界。当鹿石以阿尔泰山脉为中心扩展开来时，一种草原观念史和艺术史便得以展现。鹿石竖立在草原上，可单独一石，可两石或三石或四石或五石为一组。从美学原理来看，单石为基本，石中构图，有一段型（图5－38B）、二段型（图5－38C）、三段型（图5－38D）。三段型为主，应与草原宇宙观的三结构相关。

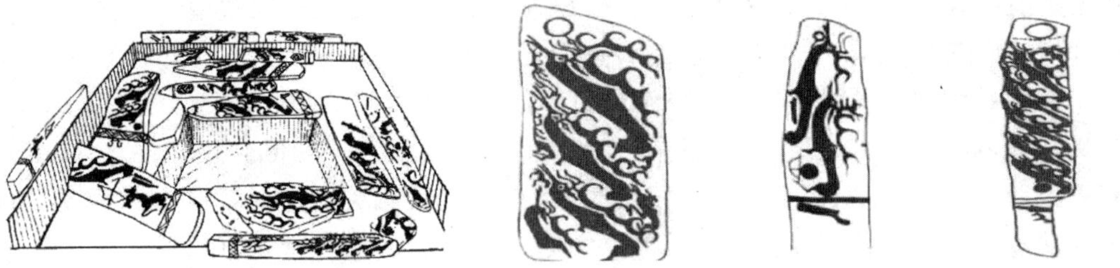

图A 蒙古国巴彦洪格尔省的赫勒格苏林-吉登墓　图B 一段型　图C 二段型　图D 三段型

图5－38 草原鹿石（一）

资料来源：乌恩．论蒙古鹿石的年代及相关问题．考古与文物，2003（1）：21-30.

如果从虚实相生的东亚思维来讲，三种类型又是相通的。鹿的形象在一段型或二段型和三段型中的某一段中总是密密相连，突出的是鹿在动态世界中的展开。在组石中，除了鹿的主体，还有人像、天象、武器、马具、人体装饰器以及其他动物。图5－39A上方有人像，图5－39B中有刀剑、圆形和其他图形，图5－39C中有马、弓箭和其他图形，图5－39D中突出了帐内装饰物。整个构图原则是建立在天地人之间的互通、动物之间的互通、动物与武器和饰物之间的互换，总之，体现了宇宙之美在各重要物象上的互通互换。

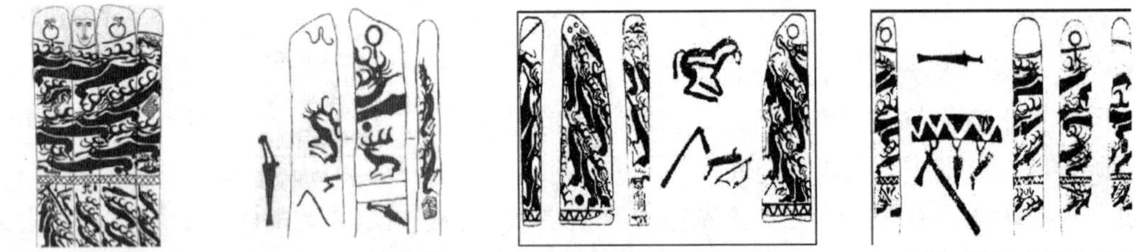

图A 四石成组之一　图B 四石成组之二　图C 五石成组之一　图D 五石成组之二

图5－39 草原鹿石（二）

资料来源：（1）乌恩．论蒙古鹿石的年代及相关问题．考古与文物，2003（1）：21-30.
（2）沃尔科夫．蒙古鹿石．王博，吴妍春，译．北京：中国人民大学出版社，2007.

正如《春秋·运斗枢》讲北斗引导天地万物运行的指引星摇光，既散为鹿和麋，也“散为乌”“散为雀”“散为燕”“散为鹰”“散为龟”“散为人参”①，透出的是宇宙之灵在各类重要之物上体现出来。只是在草原中心，鹿具有了核心的象征意义。巴塔额尔敦说，

① 七纬．赵在翰，辑．钟肇鹏，萧文郁，点校．北京：中华书局，2012：490-491.

在以鹿石为中心的时代，马石和人石都是鹿石的变体①。这突出的就是各类重要之物在宇宙整体之灵上的互通性，以及在互动性基础上鹿形象的重要性。确实，在与其他文化的比较中，鹿石和石人最具草原文化的代表性。欧亚草原文化的流动性使之把欧亚两边关联了起来。从欧亚文化的整体来看，草原石人与古埃及雕塑互动，最后产生了古希腊的人体雕塑。草原鹿石与中国彩陶和玉器互动，形成了中国以四灵为主的动物图像。当然希腊的人体雕塑体系和中国的动物图像体系的形成，不仅在于与草原石人和鹿石的互动，还在于与草原文化之动的三要素中的核心动物纹的互动。这就进入了草原的动物纹主题。

（三）草原美感之动的三要素

草原美感之动的三要素，马具、武器以及在二者之上的动物纹，其动的性质决定了它们不仅体现了草原内的变动性，而且内蕴着草原文化与定居文化互动而来的变动性。从变动性去看草原的动物纹，或许更能突出其特点。

1. *两种主调：草原之动的美感特点之一*

前文讲了，草原文化产生了“三游”，即游牧、游商、游战。在三者的区别、关联、互换中，草原美感体现为两种主调。这两种主调就是天地循环的秩序与安宁，天地互动中的暴烈与噬咬。三要素与游战相关，以暴烈与噬咬为主，但也会有以安宁的气息为主的艺术体现，即世界本身的宁静和用对称把世界转化为宁静。图 5－40A 展示的是萨尔马特饰牌，人与马都在宇宙树下休憩而显出天地的安宁。图 5－40B 展示的是扎滚鲁克 1 号墓地梳子上的图案，双鹿飞奔因对称图案而显得安宁，与图 5－40C 展示的阴山岩画中的两狼相对，异曲同工。图 5－40D 展示的四马拉车在地上飞奔因两车对称而转成了从天上鸟瞰而来的宁静。

图A　树马人　　图B　对称双鹿　　图C　双狼交颈　　图D　四轮马车

图 5－40　草原之动的图像

资料来源：邵会秋，侯知军. 百兽率舞：商周时期中国北方动物纹饰综合研究. 上海：上海古籍出版社，2020.

当然三要素中最多的还是因草原游战而来的噬咬图。图 5－41A 和图 5－41B 展示的都是圣彼得堡艾尔米塔什博物馆藏的黄金皮带扣。前者为狮噬马，但狮态和马状皆具有宇宙运行规律的 S 形，更像阴阳嬉戏图。后者是虎与带狼嘴之鹿的互噬，其中也带着一点互嬉之味。图 5－41C 展示的是新疆库兰萨日克墓地中的鹰上鹿下图，与其说是鹰抓鹿，不如说是象征天之鹰与代表地之鹿的互动。图 5－41D 展示的是巴泽雷克古墓中两个

① 巴塔额尔敦. 鹿石及其形态. 蒙古学信息，1999（3）：27－33.

应为草原格里芬的带翼兽，在舞蹈中两嘴相对互噬或互吻。这些图在形象上都有互噬的意味，正如草原游战的残酷，但在观念上又有萨满教关于“噬”的观念，与天地运转和灵魂轮回的宇宙深层之道相连。正如殷周青铜器里频频出现的猛虎吃人，其“吃”并不是现代意义上的，而乃远古的一种互动方式。

图A　狮与马

图B　虎与鹿

图C　鹰与鹿

图D　两格里芬

图 5－41　兽噬图

资料来源：邵会秋，侯知军．百兽率舞：商周时期中国北方动物纹饰综合研究．上海：上海古籍出版社，2020.

2．格里芬的新质：草原之动的美感特点之二

格里芬形象内蕴着由草原文化与定居文明的互动而来的特色。从世界艺术史的主潮来看，地中海地区在古欧洲、古埃及、古希腊的互动中走向具象的雕塑主潮，中国在自身东西南北的族群互动中走向抽象的图案主潮。草原文化在艺术上的具象生成，受到与地中海文化之互动的巨大影响，草原格里芬的出现最为典型。格里芬是地中海文化组合几种典型动物为一新兽来象征天地之道。孙培良说：“鸟头格里芬早在史前时期（公元前3300年以前）已出现在埃及，波斯艺术有狮格里芬，古希腊艺术有鹰格里芬。公元前7世纪，希腊的格里芬已在斯基泰亚成为流行的艺术装饰”①。这是一条艺术现象的演进主线。多动物组合之神兽在地中海文化圈出现过很多种，比如有狮、羊、蛇组成的卡米拉，有狮身人面的司芬克斯，有牛身或狮身加鹰翼加人面的拉玛苏，还有狮身鹰头鹰翼的格里芬。这些多动物组合之神兽的基本原理是动物之间以及动物与人之间的互通性和互换性。古埃及的司芬克斯塑像就有人面狮身、羊头狮身、鹰头狮身等多种。地中海视觉艺术的主潮，是从古欧洲的动物本身到古埃及动物与人的结合到古希腊的人之演进。当古希腊演进到以人为主时，周边文化仍是动物与人的结合，以及各种动物的结合。在地中海文化与草原文化的互动中，狮身鹰头鹰翼的格里芬是与草原观念最接近的，因而进入草原之中。如果以希腊为一端，以草原为另一端，那么，动物组合越靠西，人的因素出现得越多，越靠东，人的因素出现得越少。格里芬虽以动物为主，但以拉玛苏为参照，也可看到其从东到西的演进。

先以古埃及的三种司芬克斯为基础（图5－42A至B），再看格里芬从古埃及到亚述到伊朗（图5－42C至E）向凶猛方向的演进。草原本有的“噬”文化通过格里芬形象会有一个更接近本质的呈现。但草原的核心形象是鹿，因此，在鹿与地中海文化圈格里芬的互动中，产生了加上鹿形象的草原格里芬。其中最重要的是，让草原之鹿变成格里芬的鹰嘴，使地中海格里芬的脊背成为鹿的长角。格里芬的组合原则提升了草原动物纹的

① 孙培良．斯基泰贸易之路和古代中亚的传说//中外关系史学会．中外关系史论丛：第1辑．北京：世界知识出版社，1985：12-13.

文化内容和艺术形式。

图A　鹰头司芬克斯　图B　羊头鹰翼司芬克斯　图C　埃及格里芬　图E　伊朗格里芬　图D　亚述格里芬

图 5－42　司芬克斯与格里芬的多面形象

资料来源：Prisse d'Avennes. Atlas of Egyptian Art. Cairo：The American University in Cairo Press，2000.

图 5－43A 展示的是第聂伯河梅尔古诺夫古墓出土的格里芬，表明只要以凶猛动物为主体，再加上其他元素，就可以组成新的形象。这里狮应寓意天，鱼象征水与地下，弓代表草原大地。这一格里芬以“弓”来突出草原因素。图 5－43B 出土于巴泽雷克古墓，图中一个鹰头含着鹿，但鹿上却长着九个鹰头，鹿已经鹰化了。图 5－43C 出土于中国北方陕西神木纳林高兔村，图中之鹿已为鹰头。鹰的勾嘴加上鹿身鹿角成为草原格里芬的标志。图 5－43D 展示的是内蒙古阿鲁柴登墓出土的饰牌。图中虎的头上长满鹿角，意味着格里芬暗示出一种艺术组织原则，草原族群可按自己的需要和观念对动物进行新的组合。格里芬是地中海的形象，但在与草原文化的互动中，在使各种动物之间可互通互换观念的基础上，又创造出新的艺术原则和形象类型，这一类型从西到东不断变化而外貌多姿。这成为理解草原美感形象的基本方式。

图A　草原格里芬之一　图B　草原格里芬之二　图C　草原格里芬之三　图D　草原格里芬之四

图 5－43　草原格里芬

资料来源：邵会秋，侯知军. 百兽率舞：商周时期中国北方动物纹饰综合研究. 上海：上海古籍出版社，2020.

格里芬提升和扩大了草原美感中猛兽的形象。草原是一个游的世界，西方定居文明的动物进入草原，因互动而变化，到达东方，其形象会因东方定居文化的特点而产生变化。

3. 西狮东虎：草原之动的美感特点之三

地中海文化的动物体系，既以格里芬这样多动物组合之神兽的形象出现，又以单个动物的形象出现。在单个动物中，狮、牛、鹰占有重要地位，就形象之猛而言，狮居首位。在草原文化与地中海文化的互动中，狮进入草原。前面所举的格里芬形象就有以狮为主体的，而在具体的动物纹中，狮也占有相当的地位。图 5－44A 展示的是斯基泰的狮，图 5－44B 展示的是乌鲁木齐阿拉沟墓地的狮形金牌饰。狮的形象有一个从西到东的移动过程，当然在斯基泰时代，越往东狮越少。

图A 亚历山德罗夫卡出土 图B 乌鲁木齐阿拉沟墓地出土 图C 石灰沟出土 图D 梁城小双古城出土

图5-44 草原之狮虎

资料来源：邵会秋，侯知军. 百兽率舞：商周时期中国北方动物纹饰综合研究. 上海：上海古籍出版社，2020.

中国的猛兽以虎为主，因此，在草原文化与中原文化的互动中，中国的虎进入草原。在斯基泰时代的欧亚草原东部，出现了众多虎的形象。“装饰有虎纹的青铜器首次数量较多地出现是在距今约2 800年属于青铜时代晚期的夏家店上层文化中，大致范围在今西拉木伦河和老哈河流域，时代约为西周晚期至春秋早期，约公元前9—前8世纪。”而在前7—3世纪，虎纹青铜器进入“繁荣期”[1]。虎在中国文化的演进中成为兽中之王，在宇宙的整体结构中进入四灵，其地位与狮在地中海文化中的地位类似。由于草原文化的活动性，在欧亚草原西部也可以看到虎，正如在草原东部也可以看到狮一样。但总的来讲，草原之狮因与西部定居文明互动而产生，草原之虎因与东部定居文明互动而涌现。因此，草原动物纹在分布上的特点之一，就是西狮东虎。前文讲过，东西方定居文明整体演进的主潮体现为西方呈实（或曰具象）而东方呈意。

4. *卷曲纹样：草原之动的美感特点之四*

草原文化与东西方定居文明的互动，前文讲格里芬、狮、虎、鹿等，更多地与西方呈实或曰具象相当，而东方呈意在草原上的反映，就主要以考古学和艺术学讲的“卷曲形象”来体现了。这构成了草原美感的又一特点。卷曲动物纹样，按乌恩的考察，率先在以夏家店上层文化和山戎文化为代表的中国北方出现，继而在相邻的蒙古、俄罗斯外贝加尔地区出现，再向西延展，总之，卷曲动物纹样于前9—前6世纪在草原东部出现，于前8—前5世纪在草原西部出现。由东向西传递。卷曲动物纹样基本上是把一个或两个动物以“圆”为目标来进行塑形。图5-45A至C展示的是中国北方纹饰，突出线的流动和具体与抽象的关系。图5-45D至E展示的是中亚图像，组合性加强。

图A 小黑石沟出土 图B 内蒙古博物馆藏 图C 隆化骆驼梁8号墓出土 图D 哈萨克斯坦古冢出土 图E 俄罗斯阿尔然王坟出土

图5-45 卷曲动物纹样

资料来源：乌恩. 略论欧亚草原早期游牧人艺术中的卷曲动物形象. 考古，2002（11）：60-68.

---

① 杜志东. 北方草原虎纹青铜纹饰研究. 硕士学位论文，中央民族大学，2011：27-28.

德国学人诺伊曼（Erich Neumann）把圆形的衔尾环蛇乌罗伯洛斯（the uroboros）作为最初的女神原型[①]。草原的卷曲纹，与草原的观念原型即万物按天地规律运转相关联。原型思想是一种走向普遍、抽象的理路，这一理路与中原文化彩陶的理路有内在的契合，草原东部文化在与中原文化的互动中产生了一种不同于中原文化以旋目为代表的图案，而呈现为卷曲动物纹样，应为一种文化的创新。或许卷曲动物纹是在动物纹的整体中产生的，在与草原中的所有动物形象，包括前文讲的草原格里芬、东虎西狮等的互动和互补中产生，因此，没有走向中国彩陶式的抽象纹，而始终呈现为具体形象，但比起具象诸纹饰，更彰显天地的根本规律，故而与卷曲动物纹更为接近的是前文讲的对称图案。然而，对称强调静，卷曲彰显动；对称可以把草原中的噬咬现象纳入进来，卷曲则透出了各类噬咬现象之后的同一。但卷曲纹的动给对称带来一种新的推动，草原美感原则的推动在不同的地区产生了不同的艺术形象。在草原东部的中国北方，与中原文化的互动，卷曲主题形成了S形草原形象，如图5－46所示：

图A-B 草原东部地区形象　图C-D 草原中部地区形象　图E-F 草原西部斯基泰的形象

图5－46 草原S形动物

资料来源：邵会秋，侯知军．百兽率舞：商周时期中国北方动物纹饰综合研究．上海：上海古籍出版社，2020.

图5－46A出土于宁夏撒门村，图中两鹰头蛇身成S形，图5－46B出土于甘肃清水刘坪，两鹰首皆有龙角，既可为S形的连尾双鹰龙，又可为两鹰龙各成C形上下紧贴。图 5－46C出土于新疆塔里木盆地群巴克1号墓，图中双马头成S形。图5－46D展示的是吉尔吉斯斯坦伊塞克古冢出土的装饰物，图中虎立起成S形。这里草原形象中的S形呈现了明显的中原观念的影响。图5－46E展示的是草原西部斯基泰早期的野山羊饰牌，整体造型也有了S形的意味。图5－46F展示的是斯基泰中期的野猪饰牌，整体造型仍有S形的意味，但整体风格又在与地中海文化互动而来的美感特点之中。可以说S形虽然是中国特色，在与草原北部文化的互动中进入草原文化，对草原文化的流动有了整体性的影响，但既然已进入草原文化，就有了草原文化的新意，嵌入了草原文化的方圆意义结构之中，比如图5－46C中的双马，应还有着雅利安双马神童的内蕴。虽然S形作为美感因子之一在整个草原文化中流动着，但地区差异明显：草原东部的抽象味更浓厚，草原西部的具象性更明显。卷曲主题在草原中部形成自己真正的特色，特别体现在巴泽雷克墓中人物刺青之动物纹饰的倒卷形象上。动物有鹿的美角、鹰的勾嘴、马的身、羊的蹄，为草原格里芬。

图5－47A中之兽的两条后腿倒卷向上，与两条前腿相反，四腿形成圆的运动，既彰显了马的奔腾，又突出了按天地圆形规律的飞奔，而兽的四腿与身亦形成S形，但被纳

① 埃利希·诺伊曼．大母神：原型分析．李以洪，译．北京：东方出版社，1998：18-20.

入了整体草原圆意之中。鹿角为双层，多彩又圆弧地展开，与四腿相应，构成了天地之美。图 5－47B 中之兽的前部，鹿角的第一角、嘴尖勾、身的前胸、两前腿成为黑色，反映季节变换。图 5－47C 中之兽，黑色部分加大，与图 5－47B 中之兽的黑白分为前后之比不同，此兽的黑白分为上下之比（前后之比为四季变换，上下之比为天地互动），兽尾因之形成螺旋形。图 5－47D 中之兽一分为二，上兽头白身黑，下兽体白腿黑，形成了黑白互含；上兽为正常的飞奔，下兽仍为四腿倒卷，两形互动，凸显了草原中天地运行的丰富多彩。

图A 倒卷之兽　　图B 前黑后白之兽　　图C 上黑下白之兽　　图D 一分为二之兽

图 5－47 倒卷动物形象

资料来源：乌恩. 略论欧亚草原早期游牧人艺术中的卷曲动物形象. 考古，2002（11）：60-68.

如果说，头尾互含、S 形曲线、对称构图是世界美感中的普遍现象，那么巴泽雷克墓中的倒卷形象则是草原独创的形象，它把种种因素都包含在里面，突出了丰富的草原特性。

第六章

美学的文化模式

美，绝不等于文化中的美；
但又只能表现为文化中的美。

一、美学的形成与文化展开

美起源于原始时代，之后以灵为中心展开，又在早期文明的升级中以神为中心展开，这些都是被镶嵌在思想的整体中演进的，当人类历史升级到轴心时代，人以理性思想去思考包括美在内的整个世界时，美学才产生出来。美学即从理性之学（logos）去思考美，并从思考中得到一种关于美的、具有理性逻辑（logos）的思想体系。人类在轴心时代的理性升级产生于公元前800—前200年的欧亚北非，主要产生于地中海、印度、中国三大地区，由于三大地区从原始时代到早期文明时代的思想演进各有特色，升级到理性思想之时，形成了不同的思想模式：以古希腊哲学和希伯来宗教为代表的地中海思想，形成了实体-区分的理性思想，从而产生了实体-区分型美学，要把美专门区分出来进行研究；以印度见说（Darśanas）为代表的印度思想，形成了是-变-幻-空的理性思想，从而产生了是-变-幻-空型美学；以中国道论为代表的中国思想，形成了虚实-关联的理性思想，从而产生了虚实-关联型美学。轴心时代三大文化的三种理性思想产生之后，对周围地区产生了重要影响，中国思想的影响扩大到了朝鲜、日本、越南，形成了以中国思想为中心的东亚文化圈，印度思想的影响扩大到了整个南亚和东南亚，形成了以印度思想为中心的南亚文化圈，地中海文化的演进甚为复杂。如果说，中国思想和印度思想形成了最后的统一，中国形成了儒、道、法、墨互补的思想结构，印度形成了印度教、佛教、耆那教互补的思想结构，那么，地中海的思想则一直未能获得统一，在古希腊、腓尼基、波斯、古罗马、迦太基、希伯来等地各种思想的互动中，在以古希腊、古罗马为代表的地中海的西方和以古埃及、两河流域、腓尼基、波斯、迦太基为代表的地中海的东方，一直在进行着包括思想在内的各方面的互动和斗争。地中海的西方在思想上的最高成就是古希腊哲学，地中海的东方在思想上的最高成就是希伯来的犹太教，从犹太教中又产生了基督教和伊斯兰教。在基督教中，古希腊哲学和希伯来宗教发生了新型结合，基督教在罗马帝国由受压制到上升为国教，是这一结合的胜利，标志着古希腊哲学与希伯来宗教以一种互补的方式出现，以应对地中海的复杂世界。基督教作为地中海的新思想，比亚历山大帝国和罗马帝国为适应地中海的一统，营造以万神庙为中心的意识形态具有更大的活力。这一古希腊哲学与希伯来宗教的互补，具体体现如图6-1所示：

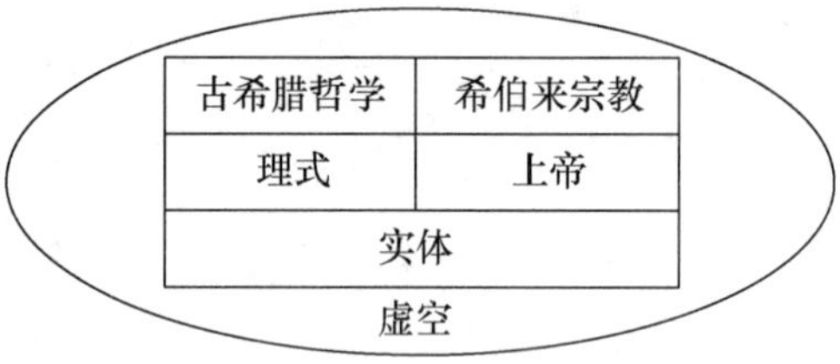

图6-1　西方思想的最初结构（一）

古希腊哲学和希伯来宗教都设想了一个由实体与虚空构成的世界，只是在古希腊哲学中，这一世界可以用理式去把握，而在希伯来宗教中，这一世界只能用上帝去把握。希腊人的理式从根本上否定了神灵的存在，希伯来的上帝从根本上否定了除上帝之外的神灵的合法性。两种文化设定的世界都是物理的自然世界，都反对这一物理的自然世界由除理式或上帝之外的神灵来决定。希腊的理式和希伯来的上帝都反对并否定原始时代由灵决定的世界与早期文明时代由神决定的世界。只是对于这一自然世界是由哲学的理式决定，还是由宗教的上帝决定，二者有所不同，但其基本结构是相同的。在这一相同的结构中，理式由人去认识，人始终处在由已知到未知的直线进步中，上帝是世界的创造者，它不但创造了实体和虚空结合的世界，而且让人用理性去面对这一实体和虚空结合而构成的世界。因此，古希腊哲学和希伯来宗教可以结合成（实际上也是）这样一种结构，如图6-2所示：

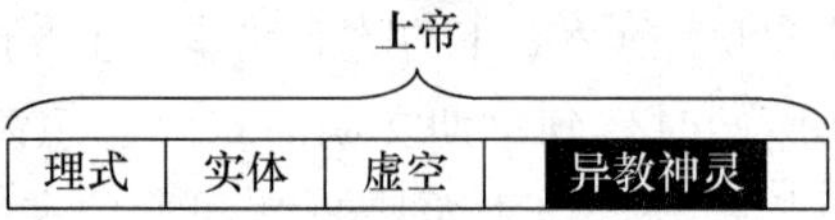

图6-2　西方思想的最初结构（二）

在古希腊思想里，如果完全排斥上帝和神灵，人就面对一个已知-未知二分世界，未知在带来征服未知的勇气的同时，也带来恐惧和虚无，而上帝则可以安顿这种恐惧和虚无。在基督教思想里，希腊式的理式-实体-虚空世界是由上帝管控的，上帝是否定、排斥、反对任何异教神灵的。在这种结构里，上帝的作用越大，宗教味就越浓；理性的作用越大，宗教味就越淡。但当如一些哲学家和科学家那样完全否定上帝之时，人就面对着未知世界带来的恐惧和虚无，这时心灵对上帝的需要就会产生出来。当上帝的思想统治一切之时，又会或多或少地压抑理性的思考。因此，古希腊哲学和希伯来上帝经由基督教而组合在一起之后，二者以何种方式结合，以及以何种方式对立，成为西方思想乃至整个由地中海文化所产生的思想的不同选择，而这些不同选择形成了地中海文化以后演进的特点。

地中海文化从一开始就十分复杂，在基督教产生而进行第一次思想综合之后，基督教本身也随着罗马帝国的分裂而分裂为西方的天主教和东方的东正教，在西罗马帝国灭亡之后，天主教在精神上征服西欧各蛮族而形成了中世纪的西方，东罗马帝国转变成拜占庭帝国，以东正教为主导思想雄踞在西北亚，并向斯拉夫民族扩展。在两大基督教思想中，古希腊思想在天主教中存在较多，在东正教中存在稍少。随着文艺复兴的人文主义兴起，科学理性不断高涨，天主教分出更具理性精神的新教。在西方思想的人文主义、新教、天主教三者的大致区分中，有一个古希腊思想从很多到稍少的分配过程。从地中海思想的总体来看，天主教拥有较多的地中海西部特征，东正教具有较多的地中海东部特征。随后，公元 7 世纪，阿拉伯民族在犹太教和基督教的影响下，产生了伊斯兰教，构成了地中海东方思想的核心。整个地中海的思想、政治、军事斗争，从希腊与波斯之争到罗马与迦太基之争，到基督教与伊斯兰教之争，一直未能达成思想的一统。而天主教和伊斯兰教，作为地中海的两强，前者扩张到整个西欧，后者征服了整个阿拉伯世界，攻陷拜占庭帝国，征服波斯的萨珊帝国，并向中亚草原和南亚推进，形成了横跨欧、非、亚广大地区的思想帝国。在天主教和伊斯兰教的思想疆域基本定型之时，世界史的演进基本上是在四种思想的影响下进行的：以古希腊思想为底色的基督教思想（包括西欧的天主教和希腊-斯拉夫的东正教），以阿拉伯思想为底色的伊斯兰思想，印度教、佛教、耆那教互补的印度思想，儒、道、法、墨互补的中国思想。在轴心时代以来的理性世界中，这四大思想主导了世界思想的演进，也主导了世界美学的演进。这四大思想形成了四大文化，从而整个轴心时代以来的理性思想形成了美学上的四大文化模式：西方模式、伊斯兰模式、印度模式、中国模式。

四大文化模式以及由之而来的四大美学模式，在地理分布上，由西到东依次排列着基督教和哲学理性的西方思想世界、伊斯兰教的伊斯兰思想世界、以印度教为主的印度思想世界、以中国为主的东亚思想世界。从思想模式来看，西方基督教世界的哲学意味最强，不但从普罗提诺、奥古斯丁、托马斯·阿奎那的思想中体现出来，而且在文艺复兴、宗教改革、启蒙运动之后更为显著。中国的儒道思想其次，儒家“不语怪、力、乱、神”（《论语·述而》），对“六合之外”“存而不论”（《庄子·齐物论》），道家讲“道法自然”（《老子》二十五章）。中国文化和西方文化都属于直接以理性思想进行美的思考的文化，在西方体现为以美的本质为基础来进行美的思考，在中国体现为以道、天、气这样的哲学根本观念来进行美的思考。印度文化和伊斯兰文化则用宗教的形式来理性地思考美。伊斯兰文化与地中海的犹太教和基督教一样，用（与上帝同一的）真主来思考世界，而排斥多神异教，教会成为文化的核心，其结构如图 6－3 所示：

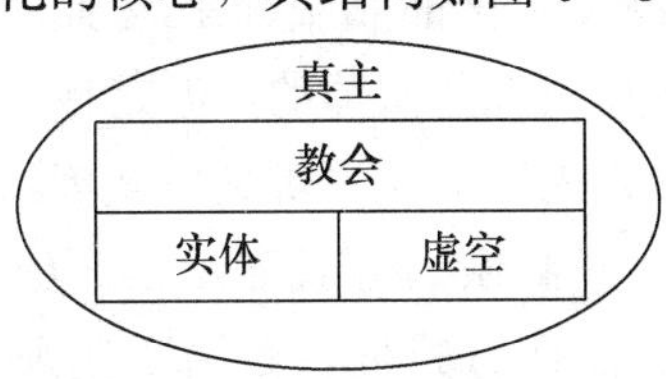

图 6－3　伊斯兰文化的思想结构

印度文化是印度教、佛教、耆那教三教并存、多神并存，但又都用哲学的梵-我-空、悟对各宗教之神灵进行理性思考，其结构如图 6－4 所示：

佛教　　耆那教

印度教

梵-我-空		
梵天（创造主神）	毗湿奴（守护主神）	湿婆（毁灭主神）
各类众神		
各类众生		

图 6－4　印度文化的思想结构

总而言之，四大文化，西方文化、中国文化、伊斯兰文化、印度文化，因轴心时代以来思想结构的不同，形成了相对独立的四大美学模式。在此之外，通过欧亚草原的陆上丝绸之路和从地中海到东亚的海上丝绸之路，各大文化之间频繁交流，形成了独特的美学样态。总的来讲，轴心时代以来美学模式形态的演进具有五大样态，即四大文化美学和丝绸之路美学。下面就依次呈现以美学模式为基础的五大美学的样态。

二、西方美学的文化模式

西方文化认为什么样的形象是美的呢？黑格尔说，美的理想体现在希腊雕塑上，希腊雕塑受到了当时之人和后代的一致推崇，确实是西方美的经典，也包含了西方美的秘密。这里先看两座有代表性的希腊雕塑——《维纳斯》和《掷铁饼者》，并由此进入对西方模式的讨论。

第一，西方之人。维纳斯是神，掷铁饼者是人。神，维纳斯，是按照最美的人的形象来塑造的，在希腊雕塑中，看不出神与人的区别。人，运动员，也具有了神般的美姿。他与宇宙的主神宙斯、太阳神阿波罗的雕塑具有一样的风采（图 6－5）。因此，可知希腊雕塑呈现的是西方之人。人就是神，神就是人。古希腊艺术普遍显出了神与人的互通和同形同性。这区别于其他文化雕塑中对神与人之间、神与神之间、人与人之间的等级区别。美不是靠一些神性符号，如头上的动物、手中的武器、座下或身旁的猛兽，而是靠人的肉体本身。各大文化都靠服饰来区别人的等级尊卑，虽然印度佛教雕塑也可以是裸体的，但它有一套身体特征来区别佛陀、菩萨、罗汉之间的等级。只有在古希腊，人以众生平等的方式展示自己的天生丽质而美。普罗泰戈拉的名言“人是万物的尺度”以高傲的方式显示了人的西方特性，俄狄浦斯倔强地反抗神谕，以悲剧的方式显示了人的西方特性，希腊雕塑则以人体美的方式显示了人的西方特性。从人本身来显示和欣赏人的美，是西方文化写人的模式。一部西方文学史，

图 6－5　维纳斯之神和运动员之人

一方面，对人的描写，从命运、到性格、到社会、到心理、到无意识，一步步深入；另一方面，写神话、写上帝、写传奇、写宫廷、写社会、写现实、写外星人，都是为了写出西方式的人。

第二，美的比例。希腊雕塑具有最明确的三维空间，这区别于很多文化中雕塑的平面倾向。平面风格的雕塑，意味着雕塑与背景的一体性；而三维空间的雕塑，意味着雕塑与背景可以脱离，暗喻了西方式的人的主题。但希腊雕塑的三维空间性更主要地体现为具有精确的人体比例，这区别于其他文化雕塑的夸张、变形、写意。印度雕塑在三维性、生动性、肉体美呈现等方面都最接近希腊雕塑，但没有严格精确的比例。精确的比例是西方的科学、哲学、宗教的美学表现。柏拉图学园门口的大牌"非懂几何，切莫入内"是精确比例的文化基础。在科学精神中，美首先是一种精确的比例。希腊雕塑《持矛者》是毕达哥拉斯学派关于人体比例的无声样板，达·芬奇《维特鲁威人》呈现的人体图是标准的西方人体比例图，指出了人体各个比例细则。精确比例之美，不仅是雕塑的，而且是建筑的，以柱式为代表的古希腊建筑与人体遵循的是同一美的比例，用哲学的话来说，就是数的和谐原则，它是音乐、绘画、戏剧等各门艺术的基本法则，也是宇宙天体的法则。数的规律使西方人成为科学的人，正如其使西方的哲学和宗教成为科学式的哲学和宗教，也使西方的美成为数的比例的美。

第三，焦点审美。美的比例是从人的眼中来看的，而且是从人站在一个理想的定点来看的。这样的定点是人眼视域的张开点：焦点。亚里士多德说："一个美的事物——一个活东西或由某些部分组成之物——不但它的各部分应有一定的安排，而且它的体积也应有一定的大小；因为美要依靠体积与安排，一个非常小的活东西不能美，因为我们的观察处于不可感知的时间内，以至模糊不清；一个非常大的活东西，例如一个万里长的活东西，也不能美，因为不能一览而尽，看不出它的整一性"①。希腊雕塑遵从的就是人的焦点审美法则。《掷铁饼者》表现了运动员正要抛掷而还未抛掷出去的一瞬间，这是西方造型艺术很强调的"具有包孕性的一瞬间"。从一般艺术法则来说，它留下了极大的想象空间，造就了艺术的象外之象、韵外之致。从西方之美来看，它突出了一种排斥时间的空间，雕塑本是不动的，是时间的凝固，但作为艺术又应该突破不动的局限，西方造型艺术在排斥了时间存在的固定空间中创造动的效果，表现出最具意味的不动之动。排斥时间使雕塑不动，正是为了强调比例。虽然与其他文化中的雕塑不同，西方文化中的雕塑是真正三维的，是可以让人环绕巡视的，但它不是强调"环"和"巡"的流动，而是把"环视"分解为一个一个的定点，你在每一个定点去看，雕塑都有精确的比例。

第四，存在与虚空。焦点审美意味着一个定点，人在一个定点能更好地看清一些东西，但同时又看不清另一些东西。一个定点使人对专注之物看得更清楚，对非专注之物显得更模糊。存在与虚空是古希腊的一对重要概念，从德谟克利特到亚里士多德、伊壁鸠鲁、卢克莱修，哲学家们将之看成宇宙的基本结构：

> 独立存在的全部自然，是由于
> 两种东西所构成：由物体和虚空，

---

① 亚里士多德，贺拉斯. 诗学；诗艺. 罗念生，杨周翰，译. 北京：人民文学出版社，1962：25-26.

而物体是在虚空里面，在其中运动往来。①

人从一个定点去看世界，呈现的是存在与虚空的截然对立，同时也就是已知与未知的截然对立（这里已经预含西方直线进化的历史观），还是此岸与彼岸的对立（这里已经预含基督教宇宙观）。在虚空中存在，是西方文化中人的主题的重要方面，同样也是西方美的重要特征。存在与虚空的对立在雕塑中要经过一番推理方能显出，在悲剧中则直观昭然，“人是万物的尺度”是对存在和已知的自信，俄狄浦斯反抗不了命运是对未知的洞悉。人面兽身的司芬克斯出以人为谜底的谜语——早上四只脚，中午两只脚，晚上三只脚——给路人猜，猜不着就一口吃掉。人，天天都在做人，却不知道什么是人，该吃。俄狄浦斯猜出来了：这是人，婴孩时期，人不能站立，用双手双脚在地上爬，是四只脚；长成以后，年轻力壮，是两只脚；老年力衰，用拐杖帮助行走，是三只脚。司芬克斯自以为人不知道什么是人，而人（俄狄浦斯）却知道自己是人，司芬克斯只有自我了断，跳崖而亡。俄狄浦斯自以为知道什么是人，但却杀父娶母而不自知。杀父娶母是俄狄浦斯注定的命运，他自以为可以逃脱命运，但实际上他无论怎么努力，都未能逃掉这一悲剧命运。他明白真相之后，刺瞎双眼，离开家国。俄狄浦斯的悲剧不仅显示了存在与虚空、已知与未知的宇宙-历史结构，也表现了人在这一宇宙-历史结构中的特性：抗争精神与承担勇气。从悲剧的抗争可以引出西方的另一重要法则。

第五，对立斗争。还是回到造型艺术上，美的比例和焦点审美是西方造型艺术的基本法则，其核心是和谐，这反映了以毕达哥拉斯为代表的和谐观。但这只是古希腊和谐思想的一部分，古希腊和谐思想的另一部分由赫拉克利特代表：和谐是对立面之间的斗争。这是西方文化不同于其他文化的极为重要的思想。它包含三个内容：（1）对立面的斗争是事物发展、社会发展、历史发展的内在动力，所以西方最讲究“斗争”；（2）划分对立面的方式是几何学式的，清楚分明，这与中国的阴阳二分大不相同；（3）斗争构成和谐的整体，这整体是因内在矛盾双方的力量变化而不断变化的。古希腊悲剧讲的是对立双方的斗争，中世纪神学讲的是灵与肉的斗争，近代社会，霍布斯讲人与人像狼一样，然后在斗争中形成了明确规定个人权利和义务的社会契约，达尔文用对立斗争来讲自然界的和谐，即“物竞天择，适者生存”，黑格尔把对立面的斗争看成宇宙发展的根本规律。总之，对立斗争构成了西方的直线历史观和宇宙观。

以上五条的核心是和谐。和谐是西方文化的理想，也是西方美学的理想。但西方文化之美的和谐与其他文化之美的和谐不同：其一，是人在一个存在与虚空之宇宙中的和谐；其二，焦点构成了人在存在与虚空之宇宙中的审美观；其三，人所看到的美是具有几何意味和美的比例的形式，决定美以这种比例形成这种形式的是形式背后对立面之间的斗争，对立面之间的斗争推动着一种形式向另一种形式转化。

简言之，西方的事物、社会、历史都可以进行形式与内容的二分，形式即美的比例，内容即对立面之间的斗争。这就是西方的和谐。它既包含静观，即焦点的美的形式，也包含动态，即一种美的形式转化为另一种美的形式。虚空构成了西方人和西方历史的直线性、无限性，是对立斗争的无限性，也是直线发展的无限性。

① 北京大学哲学系外国哲学史教研室．古希腊罗马哲学．北京：商务印书馆，1961：391.

下面用西方模式对西方美的一些主要类型进行解释，同时在解释中进一步丰富西方模式的内涵。

挺立高耸的基督教教堂是西方文化的独创，教堂具有一种与古希腊神庙不同的美的比例。特别是哥特式教堂，垂直面大于水平面，顶部多成三角形，给人一种升腾向上、直趋苍天的感受，是基督教天人分离、对立而后合一的生动体现。这里，存在与虚空明显地变成了此岸与彼岸。西方科学和理性最大的特点就是明晰性，对已知的认识越科学明晰，对未知的感受越深刻沉重。宗教必然与科学相伴。科学的已知和未知转化为宗教的此岸与彼岸，教堂作为彼岸世界在此岸世界的象征，形成了一种独特的美的比例。每座教堂的外观都是美的比例的生动体现，都是一首指向上天的音乐，都是由形式美呈现的神的天音。而这一效果，又是以一个人站立在地上的焦点而设置的。教堂外观因与人的体量和尺度的悬殊比例而产生了人体的渺小、神体（教堂）的崇高，而教堂对人的提升感因渺小的人固定于一点的焦点审美的仰望而得到最大的强化。教堂由厚实的墙面围成一个封闭的空间，明示了对世俗的界线，门内是神的世界，门外是世俗世界，彼岸与此岸在这里得到了象征而又切实的体现。走进教堂看起来是一种普通行为，其实已经包含了一种心理的、哲学的、宗教的指认。教堂的墙服务于宗教功能，因此，墙上虽有窗，但不用作世俗房间的通风功能，它是不开的，拒绝现世，窗用彩色的镶嵌玻璃，朝里画的是宗教题材的玻璃彩画。它是透光的，人从外面看，窗类似于墙，人在里面，窗显启天上的照耀，彩色的宗教画在阳光下给教堂里的信徒以奇幻绚丽的图景和感受。教堂内巨大的拱形空间，使人置身于一种升腾向上的氛围中，它是教堂外观的一种重复和强化。巨大使人感到自身的渺小，而且是人置身于其中的渺小。教堂内的壁和柱又以其向上升腾的形式感染与激起人的宗教情怀。教堂的正中是钉在十字架上的基督受难像。基督为人类的过失受难死去，以最震撼心灵的形象唤起人的原罪感，反思自己在现世的一切不洁的行为和思想。对立面之间的斗争在教堂里就是此岸与彼岸的斗争，就是灵与肉的冲突。教堂，从外到内，每一种形式，无不体现着建筑空间的比例的美，而其比例的具体选用又无不是按照宗教的教化功能来组织的，在基督教思想家，特别是中世纪神学大家托马斯·阿奎那的著作里，以严密的逻辑形式表现出来。教堂，从外到内，既是一个精妙的形式美的空间，又是一个无形地进行着对立斗争的心灵净化空间。对空间形式的感受和心灵的净化，又是在移动着的每一个定点的焦点观看感受中实现的。基督教教堂形成了一个给世上之人震撼、净化、沉思的独特建筑空间。

绘画在文艺复兴时期成为最重要的艺术门类，焦点审美在古希腊就开始了，但它成为一种特定的绘画方式，即焦点透视画法，却是文艺复兴的产物。有了透视画法，西方绘画的特色才算正式确立。透视画法在15世纪是整个造型艺术的主题，布鲁内莱斯基（Filippo Brunelleschi）把透视画法形成规律，进行示范，这种方式能把三维空间物体按科学定则表现于二维空间。达·芬奇对人体骨骼、肌肉、视觉与客体的关系做了科学研究，使绘画在当时成为经典学科。透视画法显示的是，人站在一点上，客观世界会怎样呈现：一个近大远小的三维空间。最主要的是，这近大远小是按科学的比例给出的。焦点透视给人体和物体在画面上以本质上的平等性与科学上的客观性。其他文化中的绘画（包括西方中世纪绘画）以人物和事物的重要性来决定其在画面上的大小的规则被否定了，对重要人物和事物的强调必须在形象平等的基础上以其他艺术方式（如构图安排、色彩明暗）来表现。达·芬奇的《最后的晚餐》和库尔贝的《画室》对西方绘画应当怎样突出中心人物给出了经典的表现。中国唐代著名人物画画家阎立本的《步辇图》为了突出唐太宗，不但把他画在左右众人物的中间，而且把他画得比其他所有人物都大，使人一见就知。在焦点透视画如《最后的晚餐》中，却不能把基督画得比其他人物大，达·芬奇就要采用其他方式：其一，把基督放在画面的中间，十二门徒分为两边四组，或以表情或以手势指向基督，面部背向基督的人，不是通过自己的手就是通过其他人物回到基督身上。这样，观者的视线一开始就在正中的基督上，在分别细观其他人物时，最后也总会回到基督身上。其二，房间后面的窗和天花板正好在基督身后构成一种放射线，一方面使画面上部的视线都集中在基督身上，另一方面放射线形成一种光环般的效果，犹如各种宗教画中圣者头上的光圈，使基督显得比他本身更大。焦点透视不但使画中的人和物在空间里具有一种科学的视觉关系，而且肯定了人与科学几何空间的哲学意义。焦点透视定位了人与空间，光与色彩的科学关系呈现出来，这一点对于西方模式来说尤为重要。世界上所有其他的绘画都是平面色彩，只有西方油画把人与物之色彩的丰富性展现了出来，它画出的不仅是本色，而且是同一色彩在光的影响下的丰富细腻变化和不同色彩之间在光的照射下的相互影响。色源于光，绘画丰富的色彩关联到一种宇宙观念。在最后的层次上，《圣经》云："上帝说要有光，于是就有了光。"在已成的现象上，光源于太阳，是一种大自然的音乐。对人而言，光是实验室里科学研究的对象，西方文化形成了从三原色到光谱七色到百彩千色的西方色彩体系。人通过科学去接近自然与上帝。正如希腊雕塑以比例和谐的人体美呈现了一种在理性基础上的感性观照，文艺复兴绘画以精确生动的形体和色彩展现了一种在理性与科学的观照下对感性世界的肯定、玩味。通过以达·芬奇为代表的文艺复兴绘画、以伦勃朗为代表的荷兰绘画、以安格尔为代表的古典主义绘画、以德拉克洛瓦为代表的浪漫主义绘画、以库尔贝为代表的现实主义绘画、以莫奈为代表的印象派绘画，人们可以看到在焦点透视下极丰富、极灿烂的色彩表现，色在定点时间中的科学呈现具有音乐一般的效果。可以说，光与色是焦点的深入展开，构成了西方模式最显著的特色。

焦点透视形成了西方人取景框式的审美视线，在这样的审视下，其一，客体的美的比例呈现出来；其二，客体的三维立体深度呈现出来；其三，客体的丰富的色彩明暗变化呈现出来。从这三点来看，怎样设置一幅画好像仅仅是一个绘画行为，例如在文艺复兴时期的画家中，"一派认为，绘画是一个舞台，它具备三个要素：环境（以建筑或风景为背景）、环境中的人物排列以及对中心人物的突出。另一派认为，绘画在本质上是一个五彩缤纷的、精心设计的'场景'，里面的人物形象都装扮得华丽典雅"①，但其实它还是一个文化行为。客体形成的是一种西方所认为的方式：形，以几何美的方式被突出；色，以最多彩的方式——包括一色自身明暗层次的细微变化和色与色之间奇妙的相互影响——呈现出来；物体与背景的关系，可独立、可移动的立体深度；画框式的有限呈现，既造就了在有限中的典型化追求，又使有限中含有无限的意境。文艺复兴以来的绘画史

① 弗拉维奥·孔蒂. 文艺复兴艺术鉴赏. 李宗慧，译. 北京：北京大学出版社，1988：47.

显示出来的，不仅是美的比例的形式演变史，也是色彩配搭的结构演变史，还是一个用形和色去组织与反映特定的对立面斗争的审美观念史。

交响乐是近代西方的一种重要音乐形式，也是其他文化未曾有过且最能代表西方的艺术形式之一。所有文化的音乐几乎都被限定在三大范围内：其一，与舞结合的舞乐。这是自原始社会以来的一大主要形式，并在印度文化中得到很精深的发展。其二，与人嗓结合的声乐。这也是自原始社会以来的一大主要形式，并在中国享有很高的地位，所谓“丝（二胡一类的弦乐器）不如竹（笛子一类的管乐器），竹不如肉（由人体器官唱出的声乐）”。其三，独奏。这是个人性情的一种表现。它体现在中国文人对琴的钟爱里。交响乐的独特性在于两点：一是它发挥和丰富了自古希腊以来的“音乐-数学-宇宙”一体的思想，二是它代表了一种近代哲学思考和现世精神。

先讲第一点。对音乐中数学关系的崇敬使西方音乐在音程、和声、配器方面得到极为丰富的发展，从而也使器乐在西方音乐中成为主流。音乐的和谐来自数，数的和谐是宇宙之美的根本。只有具有了音乐的和谐就是数的和谐，数的和谐就是宇宙的和谐这一信念，器乐才不像印度那样主要用来伴舞，以象征宇宙，才不同于中国主要用来助声乐，而独具普遍的宇宙意味。在交响乐里，以数的和谐为基础的器乐，集音程、和声、配器为一体，发展到一个高峰，既使人感受到数的科学精确性力量，又使人感受到数的美感魅力，还使人感受到一种深邃的宇宙精神。

再讲第二点，交响乐创造了最庞大的管弦乐队，包括木管组（长笛、短笛、双簧管、单簧管、大管、英国管、低音黑管、低音大管等)、铜管组（圆号、小号、长号、大号、短号、低音长号等)、打击乐组（定音鼓、排钟、铝板钟琴、钢片琴、木琴、小鼓、大鼓、三角铁、响板钹、铃鼓、锣、钢琴、竖琴等)、弦乐组（小提琴、中提琴、大提琴、低音提琴等)。其人员配置一般都在100人以上，多的达到几百人。现代社会在西方的兴起，其标志是工业化，在交响乐的组织中，让人感受到一种工业化般的专职分工、协同运作、科学管理、宏伟表现。交响曲作为大型的器乐套曲在形式上具有史诗般的宏伟、社会般的多样、心灵般的丰富、哲学般的深沉、现代性的昂扬与激情。近代哲学，特别在德国，表现为一个个明晰、辩证的思想体系，交响曲的四大乐章结构，快板、慢板、稍快、终曲，同样的明晰、辩证。作为近代思想代表的黑格尔哲学，其结构是正、反、合，其核心是矛盾的对立统一。交响曲的第一乐章分为三大部分，即呈示部、展开部、再现部。呈示部一开始就是主部主题，然后是副部主题，这两个不在同一调性上的主题形成对比，构成以后音乐发展的基础。展开部通过转调、模进、分裂等多种手段展开呈示部的各主题，再现部是呈示部的重现。这不就是黑格尔哲学所想要反映与表现出的那种时代精神和文化精神吗？交响曲的配器、对位、和声完全可以使人感受到观看油画的效果。这里特别需要讲一讲和声。和声使人把乐音看作具有人声特点的独立单元，而且是相互依存并按照一定空间关系排列的多音组合，和声要求音符的编排既顾及时间顺序，又考虑空间的相对距离。在这一意义上，可以说，和声本就是一个空间概念，它根据空间活动采取相应的空间形式。在交响乐中，以和声为主的整体声响给人带来的就是一种类似于大型油画的三维立体感和由这种立体感带来的细致的明暗变化，可以让人联想到绘画中的美的比例；多种乐器的配合，其旋律、节奏、节拍、速度、力度、音区、音色等的交织、变化、组合，可以让人联想到绘画中丰富细腻的色彩景象。这同样使人们想起前文画的西方模式图。

19世纪中期萌起、20世纪达到鼎盛的现代艺术，初看起来是古典艺术的全盘否定和重开新途：绘画上以散点透视代替焦点透视，音乐上以无调性音乐取代调性音乐，文学上以非全知叙事者换取全知叙事者。细而察之，现代艺术又是古典艺术合乎逻辑的发展，它是对以西方文化为主流的统一的世界史的反映。从形式上看，现代艺术显出了西方艺术在走向各非西方文化艺术的某种趋同。从内容上看，它是对西方理性发展到极致的反思，同时又是对理性的进一步深入，它是西方沿理性思考直线彻底走下去之后陷入的困境和惶惑，它是对科技和社会高度发展下人的存在处境的新思考，它是对现代社会高扬人对自然的胜利而造成人自身环境大破坏而发出的悲鸣。它反映了这样一种二重性的时代心灵，即西方文化与非西方文化的对立和由西方文化成为世界主流文化而来的人与自然的对立。现代艺术形形色色，表现主义、存在主义、超现实主义、达达主义、立方主义、黑色幽默、荒诞派、抽象派、行动派、构成派等，都可以从勋伯格无调性的12音体系技法中尖锐、刺激、不安的音调中，感受到卡夫卡笔下的人物K的一个个荒诞的境遇，听到蒙克绘画《呐喊》中那个枯瘦而惊惶的人发出的尖叫。

古典的调性音乐中有一个基音，不论和声组织多么复杂，曲式发展多么曲折，旋律变化多么巨大，总会回到基音，形成一种圆满。勋伯格的无调性音乐则失去了回到基音的召唤，它向一切可能开放，同时也陷入了面对一切可能的迷惘。勋伯格的著名作品，为比利时诗人吉罗（Albert Giraud）的21首短诗谱的乐曲《月亮附体的丑角》，可以显出这一双重意蕴。该曲由一个朗诵者和一个器乐演奏家组成的小乐队演出，朗诵不是用自然的声调，而是以极丰富的音高变化和严格控制的节奏所组成的高度风格化的声调进行，效果凄厉而搅动人心。乐器部分也甚为古怪，没有一般意义上的旋律，没有主题，但乐句的每一核心都以精通而熟练的对位手法加以发展；所有和声都是刺耳的，各个调被强迫结成怨恨的“婚姻”。音乐与诗意完全互得神韵，不妨以其中的第七首诗《苍白的月亮》（*The Pale Moon*）来看看：

夜间惨白的月亮
悬在黑暗的长空，
你那十足疯狂的颜面
像一首陌生的乐曲使我心醉。

无处诉说的哀怨
和心底的渴望，夺去了你的生命，
你，夜间惨白的月亮
悬在黑暗的长空。

陶醉了（的）情人，奔向他的所爱。
欣赏着你那闪烁的光束，

你那无力的、痛苦的生命，
你，夜间惨白的月亮。[1]

古典小说中有一个全知的叙述者，无论故事情节多曲折、人物多众多、心理多复杂，全在叙述者的掌握之中，人们只管带着期待，伴随着意中之喜和意外之惊，听“他”娓娓道来。在现代文学中，叙述者或者等于人物，或者小于人物。在叙述者等于人物时，“他”并不知道自己的命运，也不知道未来的发展，人物知道多少，叙述者就知道多少，未来不是命定的，也不是用逻辑可以预推的，而是未定的、开放的，同样也是诡谲的、可怖的、堪虑的。在叙述者小于人物时，“他”不但不知道故事的前景、未来的发展，更主要的是不知道人物的全部过去和现在，人物有外貌，但叙述者却不知道他的心理，有行动，但叙述者却不知道他的动机。当叙述者等于人物时，文学给人带来的是对未来的荒诞感；当叙述者小于人物时，文学给人带来的是当下的荒诞感。

古典绘画中有一个焦点，无论空间多么巨大，物体怎样众多，色彩如何斑斓、变化、细微，都是从这个焦点中看出的，都在这个焦点的掌握之中，这个焦点有些类似于上帝的视点。现代绘画失去了焦点，画中的人物可以变形，变成畸形，如：康定斯基《圣者》中的人物变成了几何形；毕加索《格尔尼卡》中的人物变成了乱形；杜尚《楼梯的裸女》中的人物变成了抽象线与点的无形；米罗《两个舞女》中的空间摆脱了焦点透视的控制，可以任意组合；马蒂斯《奢华 2 号》中三个人的大小，不是按空间而是按平面构图需要安排的；格罗兹（George Grosz）《为情所困的男人》中的人、兽、物，虽有远近大小，但每个实体都是从不同的角度呈现的，甚至一把椅子是从两种以上的角度去看的，从而呈现为一种空间的混乱；恩斯特（Max Ernst）《茨堡的河流》中的空间虽有深度，但凝固了，河中虽有动感，但也凝固了，现代绘画中的空间千奇百怪，自由而又荒诞，失去了焦点的统率，画中的因素可以任意组合：达利《内战的预感》是有形人体被肢解后，用肉体各部分进行的夸张的任意组合；米罗《这天的苏醒》中的抽象的点与线是按照一种审美直觉进行的乱而不乱、不乱而乱的任意组合；马克（August Macke）《有牛和骆驼的风景》是色彩和块面的任意组合；等等。

现代西方艺术仿佛失去了焦点，但其实有一个焦点，因为无焦点来自有焦点，当其坚决地、故意地不用焦点方式去表现的时候，它是在用一颗有焦点的审美之心进行无焦点的审视。当然西方文化这么做有很多原因，这些原因在审美上凝结为一个简单观念：在现代形式中表现出的存在的荒诞感，它的文化基础是存在与虚空的对立，它的核心就在于无焦点中的有焦点。

三、中国美学的文化模式

中国的美是以什么样的方式、结构呈现出来的？诗学家说：诗者，天地之心。乐理家讲：乐者，天地之和。画论家道：以一笔之管，拟太虚之体。总之，美源于宇宙。中

---

① 彼得·斯·汉森. 二十世纪音乐概论：上册. 孟宪福，译. 北京：人民音乐出版社，1981：76-77.

国人眼中的宇宙是一个什么样的宇宙呢？最简便的理解方式是讲被儒、道都奉为经典的《周易》，在孔庙中，可以看到太极图，在道观中也可以看到太极图。宋儒融儒、道、释三家而成理学，所重视的也是《周易》和由《周易》而来的太极图。太极图里既包含了中国人的宇宙观，也包含了中国之美的基础。

太极图一半为阴，一半为阳。阴阳，是中国宇宙最概括和最基本的划分，“一阴一阳之谓道”，世界一切事物都由阴阳构成。但中国的阴阳不是西方的对立统一，而是相互补充。《周易·说卦》从逻辑的角度讲了后天八卦图的产生：“天地定位，山泽通气，雷风相薄，水火不相射，八卦相错，数往者顺，知来者逆。”其运行先由乾一、兑二、离三、震四，然后转回巽五、坎六、艮七、坤八，形成一个S形曲线。其天地、山泽、雷风、水火，阴阳相对，但显出“对立而不相抗”的中国互补和谐原则。这一原则在五行相克相生图中得到进一步发展。从融合后的中国思想来说，五行是阴阳的进一步展开。五行为木、火、土、金、水。五行是相生的，木生火，火生土，土生金，金生水，水生木；又是相克的，水克火，火克金，金克木，木克土，土克水。由于有五种因素，其相生相克就可以有很多形式，其中最受重视的形式就是，五行中任何矛盾的两行之间不采取直接对抗的方式，而是用调节和反馈的方式间接地作用于对方，使整体达到平衡与和谐。

试以火为例。火受水的制约，水太旺，火受不了，但火并不直接与水对抗，火能生土，土有克水的功能，火通过土间接地对水发生制约性的反作用，以使水对火不至于太过分，造成火的偏衰。火还受到木的滋养，如果这种滋养过分，就会造成火的偏亢。这种情况一旦发生，火也可以不直接地反对木，即一方面通过生土来克制水，削弱水对木的滋养，也就减小了木的力量，另一方面即通过减小对金的压力，使金强大，让金来克制木（图6-6)。五行相生相克理论在各领域（如中医和气功领域）经常被使用，它形成了中国人特殊的思维方式。

现在回到太极图（图6-7)。图中的S形曲线不正是龙的图形吗？可以说，龙是太极图的形象符号，太极图是龙的抽象象征。太极图用抽象形式表现了中国的天道：一个无穷循环的圆。世界各文化都崇尚圆，然而各文化的圆又是不同的，西方的圆是几何学的圆，中国的圆则是太极图的圆。太极图中象征中国天道的无限循环的圆，是由阴阳互动所推动的，黑为阴，白为阳，一阴一阳之谓道。黑从大到小，又化入白，白由小到大，又化入黑，阴阳转化，运动无穷。中国的自然，日往则月来，月往则日来，昼夜交替，春夏秋冬岁岁循环。中国的历史，以天干（甲、乙、丙、丁、戊、己、庚、辛、壬、癸）地支（子、丑、寅、卯、辰、巳、午、未、申、酉、戌、亥）纪年，60年一个循环。因此，《周易·泰卦·象》说“无往不复，天地际也”，《老子》讲“大曰逝，逝曰远，远曰反”（二十五章），“反者道之动”（四十章），中国诗写“行到水穷处，坐看云起时”（王维《终南别业》)、“不愁明月尽，自有夜珠来”（宋之问《奉和晦日幸昆明池应制》)、“海日生残夜，江春入旧年”（王湾《次北固山下》)。中国文化之根本的不变性、本质的连续性、发展的生动性就与这种生动的S形循环相关。

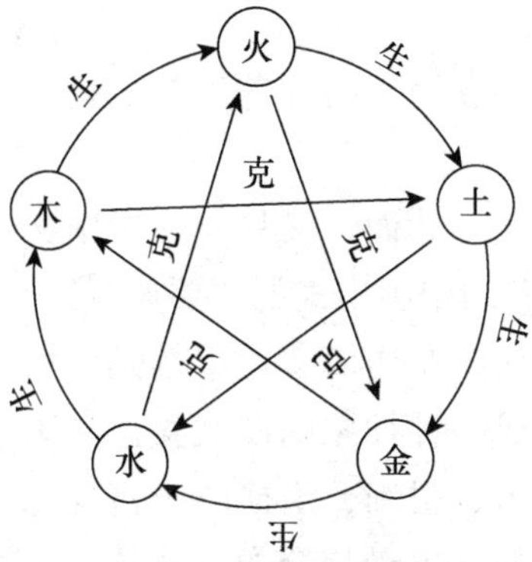

图 6－6　五行相生相克

图 6－7　太极图

中国的天道归于阴阳循环，最根本的在于中国的宇宙是气的宇宙。《周易·系辞上》说“太极生两仪”，这生阴阳（两仪）的太极就是道，就是气；周敦颐《太极图说》讲“无极而太极”，这无极就是气；《老子》四十章说“万物生于有，有生于无”，这无就是气；《庄子·知北游》说“通天下一气耳”，中国的宇宙就是一个气的宇宙，气化流行，衍生万物，气之凝聚而成实体，实体之气散而形亡，又复归于宇宙流行之气。天上的日月星辰，地上的山河动植、飞禽走兽，皆由气生。人为万物之灵，亦享天地之气以生：“人者，其天地之德，阴阳之交，鬼神之会，五行之秀气也”（《礼记·礼运》）。气，作为本体，是不可见的天地流行之气，是无，是有形事物之始，又是有形事物死亡气散后的归宿。气，成为事物之后，是具体事物的本质，“凡可状皆有也，凡有皆象也，凡象皆气也”（张载《正蒙》）。无是气，有也是气，“常无欲以观其妙，常有欲以观其徼。此两者同出而异名，同谓之玄，玄之又玄，众妙之门”（《老子》一章）。中国宇宙之道，从形象上看是S形的龙；从图形上看是太极图；从概念上看，就是既与形而上的道、天、无、理相连，又与形而下的自然、社会、历史具体现象相连的气。

再次回到太极图。白为无，黑为有，阴阳相对同时又是有无相生。如果要讲对立统一的话，中国哲学有两种，一是阴阳相对，二是有无相生。前者强调两个不同的实体，后者强调一个实体、一个虚体。强调两个实体，是从具体事物着眼，如天地、水火、君臣、男女等；强调一实一虚，是着眼于具体事物与宇宙大化的直接关系，如器皿的实体与中空建筑的墙面和门窗、人的形体与情韵等，而联系这有与无的是气，气将有无一以贯之。重视有无相生是中国哲学和思维的特点，也是中国美学的特点。

太极图中，一半黑（阴）、一半白（阳），但黑中有一小白点，白中有一小黑点，阴中有阳，阳中有阴，这是中国哲学对立统一的最大特点。懂得这一点，就懂得了中国和谐的内在根据，即对立双方有内在的共同性，同时也就知道了任何事物都在一个大网络中，不能完全切割开来看，也不具有一种固定不变的定性。一个男人，在家与妻相对，为夫，是阳；在国与君相对，为臣，是阴。北京紫禁城以景运门、乾清门、隆宗门形成的一条东西中轴线将宫区分为南北两区，外朝在南，属阳，内寝在北，属阴。外朝三殿：太和殿在前，是阳中之阳（太阳）；中和殿在中，是中阳（阳明）；保和殿在后，是阳中之阴（少阳）。内廷三宫：乾清宫在前，是阴中之阳（厥阴）；交泰宫在中，是中阴（少阴）；坤宁宫在后，是阴中之阴（太阴）。这是太极图阴中有阳、阳中有阴在建筑中的具体体现。

中国宇宙气、阴阳、五行组成的对立互补、盛衰循环的和谐思想，是美的中国模式的理论基础。

书法只有在极少数文化中才成为举足轻重的美，然而，又只有在中国文化中，书法之美才呈现出人之美与宇宙之美，因此可以作为美的中国模式的主要典范。

用笔写字，书法是一种最简单的线的组合。线，在任何文化中都是一种轮廓线。在西方，线围成物体的空间；在伊斯兰世界，线形成一种抽象的图案美。中国字的线，用软的毛笔蘸墨写出，有了浓淡、干湿、瘦肥、丰瘠、粗细、疾徐的丰富变化。这才是中国线条的特色。中国宇宙是一个气的宇宙。与气的宇宙最相合的是线的艺术。书法的线之流动犹如天地间气之流行。气之流行而成物，线之流动而成字。书法之线的世界与宇宙之气的世界有了一种相似的同构。中国艺术，文学、绘画、音乐、建筑等，都含有线的意味，但只有在绘画之线与书法之线中，才能更好地体会中国艺术中线之美的特色。比较起来，书法更简单，又更虚灵，更接近宇宙的本体意味。如果说，在殷商甲骨和青铜铭文中，书法因文字在远古的神秘性而处于文化的核心，在秦汉世界，书法因现世的功用而大受尊崇，那么，书法作为一种艺术出现在汉末魏晋时，则正与玄学的出现相应合。玄学融合儒道，重解三玄，描绘出一个虚灵的形而上本体。中国哲学最高的境界是无味之大味、希声之大音、无形之大象、无言之至言，这正好与形简神丰的书法同韵味。它最能用书法来体现，又最能从书法中体会。书法的构成本身就契合了中国宇宙的构成。纸为白，字为黑，一阴一阳；纸白为无，字黑为有，有无相成；纸白为虚，字黑为实，虚实相生。宇宙以气之流行而成，书法以线之流动而成；宇宙一大书法，书法一小宇宙。

因此，从书法中可见美的中国模式的一些要点：

(1) 是一种独特的线的艺术。这线，表现的是宇宙之气，因此有自身的丰富变化。

(2) 是一种独特的色彩艺术。中国的色彩系统，由气的无色，到阴阳的黑白二色，到青、赤、黄、白、黑五色，到百色千彩组成。书法的黑白二色，既体现了色彩的基本色，又关联着宇宙的基本因素：阴阳。

(3) 是一种独特的空间结构，一种气化流行于其中的有无相成、虚实相生的空间。

书法的书写法则更能鲜明地显出书法之线的流动的美。中国书法有五种字体，即篆、隶、楷、行、草，从行书和草书中很容易感受到书法之线与宇宙之气的联系，篆、隶、楷皆一笔一画，但书法上的线之流动与宇宙中的气之流行有本质上的同构。以楷书为例。楷书的起笔是“逆锋落笔”。逆者，反也，一横不是直接地横过去，而是先返回一下，所谓“欲左先右”；一竖不是直接地写下来，而是先返回一下，所谓“欲下先上”。篆体的“裹锋”，本质上也是“逆”。《老子》云：“反者道之动。”《周易》讲：“无往不复，天地际也。”“伯寿问于米老（米芾）曰：‘书说当如何?’米老曰：‘无垂不缩，无往不收。’此至精至熟，然后能之”（姜夔《续书谱》）。笪重光《书筏》云：“将欲顺之，必故逆之，将欲落之，必故起之……书亦逆数焉。”逆锋落笔，重在“藏头”“蓄势”“圆转”，藏头是力的孕育，蓄势于中，“能使锋毫在画中不做单一方向的行进，而是做到上、下、左、右四面势全，从而使点画的开端笔意丰富，形象丰满，饶有变化，多姿多态”①。藏头的意味，如“天何言哉，四时行焉”（《论语·阳货》），如帝王居中而八方从焉。藏头包含着多种可能，以静待动，顺势演化，行其所当行，止其所不可不止。在横、竖、撇、捺的行进中，或“藏锋以内含气味”，或“露锋以外耀精神”，如阴阳之转化，似五行之克生。

由于起笔的藏头蓄势，书法的行笔不是直截了当地写过去，而是行中有留，也就是蔡邕《九势》中说的涩：“涩势，在于紧駃战行之法。”刘熙载《书概》解释涩笔说：“惟笔方欲行，如有物以拒之，竭力而与之争，斯不期涩而自涩矣。”行意足，流畅活泼；留意显，活泼中有了凝重。行与留相反相成，“如推若引行且留”（晋《白纻舞歌诗》），产生了书法行笔的万千气象：“或轻拂徐振，缓按急挑。挽横引纵，左牵右绕。长波郁拂，微势缥缈”（成公绥《隶书体》）。使毫的行留再加上行墨的轻重，使书法的线条更加契合宇宙之气化流行，“为书之体，须入其形。若坐若行，若飞若动，若往若来，若卧若起，若愁若喜，若虫食木叶，若利剑长戈，若强弓硬矢，若水火，若云雾，若日月。纵横可所象者，方得谓之书也”（蔡邕《笔论》），故而也更易于表达内心情感。

起笔须藏头，行笔兼行留，收笔则要护尾。起笔藏头，不见入之迹；运笔行留，始显线之姿；收笔护尾，未睹入之迹。蔡邕《九势》说：“藏头护尾，力在字中，下笔用力，肌肤之丽。”又说：“护尾，画点势尽，力收之。”这样，一画形尽而力、意未尽。就一字来说，一画形尽而力、意未尽，又转入下一画；就字字相随来说，此字最后一笔之护尾，又接入下一字头笔之藏头。如太极图，阴阳各半，其旋转，从小到大，从大到小，任何一方从大到小都化入另一方，连绵不断。中国的宇宙是一片化境，中国的书法也是一片化境。更重要的是，前文所述的书法写作法则所表现的，不仅是一种宇宙观念，还是一种哲学性格，一种农业社会基础上之大一统文化所特有的哲学性格：重整体而又存个性，顾大局而又讲方法，有差别而又重和谐，讲秩序而又存性灵，既有“上穷碧落下黄泉”（白居易《长恨歌》）的执着追求，又有“水流心不竞，云在意俱迟”（杜甫《江亭》）的悠然胸怀。

从书法的写作中，又可见美的中国模式的一些要点：

（1）线的流动是按S形的天道的圆味进行的。

（2）对立的因素是以互补的方式出现的，是以相反相成的方式进行的。

（3）作为书法具体实体的线，字，是以“无”的方式与更大的整体相连的。

书法反映的是宇宙之美，所谓“博采众美，合而为字”（张怀瓘《书断》），同时也反映书者之美，“流美者人也”（刘熙载《艺概》）。“书如其人”，是中国古人的固有信念。中国字，点、横、竖、挑、撇、捺，形态多样，方块字形本就具有一种堂堂正正的建筑美。中国字的构成成分，点有大小，横分长短，竖可粗细，撇区啄掠，因而字字自成一个独体，一字可写成不同的样态。文字的书写又正好适宜于个性的表现。中国文化的宇宙是一个气化万物、生生不息的宇宙。人以气为主，以气作文，文如其人，以气写字，

① 金学智．书法美学谈．上海：上海书画社，1984：72．

字如其人。“钟繇书如云鹄游天，群鸿戏海……王羲之书字势雄逸，如龙跳天门，虎卧凤阙……蔡邕书骨气洞达，爽爽如有神力……韦诞书如龙威虎振，剑拔弩张”（萧衍《古今书人优劣评》）。古人用笔墨写字以展现字之美与人之美，关键在于书之气与人之气相通。中国独特的人体理论使“书如其人”有了深厚的文化根据。中国的人体“含元一以为质，禀阴阳以立性，体五行而著形”（刘劭《人物志》），是一个整体功能体系。中国书法也被看成一个类似人体的整体功能系统。人与书的同构是“书如其人”的自然根据，书写所要求的心理状态与古代士大夫培养理想人格所要求的心理状态同形，又使这种心理根据升华为一种文化要求。书家创作，首先就要抛弃俗念，进入道心。蔡邕《笔论》说：“书者，散也。欲书先散怀抱……夫书，先默坐静思，随意所适，言不出口，气不盈息，沉密神彩，如对至尊。”王羲之《题卫夫人〈笔阵图〉后》云：“夫欲书者，先乾研墨，凝神静思，预想字形大小、偃仰、平直、振动，令筋脉相连。意在笔前，然后作字。”书家创作，又是一种树立宇宙胸怀的过程，正如欧阳询所说“澄神静虑，端己正容，秉笔思生，临池志逸”（《八诀》）。孙过庭说：“情动形容，取会风骚之意，阳舒阴惨，本乎天地之心”（《书谱》）。人之气通书之气，书之气通天之气，“书之气，必达乎道，同混元之理。七宝齐贵，万古能名。阳气明则华壁立，阴气太则风神生。把笔抵锋，肇乎本性”（王羲之《记白云先生书诀》）。人、书、天，在书写活动中达到了互通合一。儒者“修身、齐家、治国、平天下”的自强不息精神，道家“静而与阴同德，动而与阳同波”的以天合天心性，都可在笔墨书写中得到极大的熏陶。正是在这种精神氛围中，颜真卿堂堂正正的楷书，不仅呈现出他的刚正人格，也反映了宏阔的大唐气象；王羲之行云流水的行书，不仅显出他为人的深情飘逸，也代表了晋人的美学精神（图6-8）。宗白华先生说：“晋人风神潇洒，不滞于物，这优美的自由的心灵找到一种最适宜于表现他们自己的艺术，这就是书法中的行草。行草艺术纯系一片神机，无法而有法，全在于下笔时点画自如，一点一拂皆有情趣，从头至尾，一气呵成，如天马行空，游行自在……这种超妙的艺术，只有晋人萧散超脱的心灵，才能心手相应，登峰造极”①。

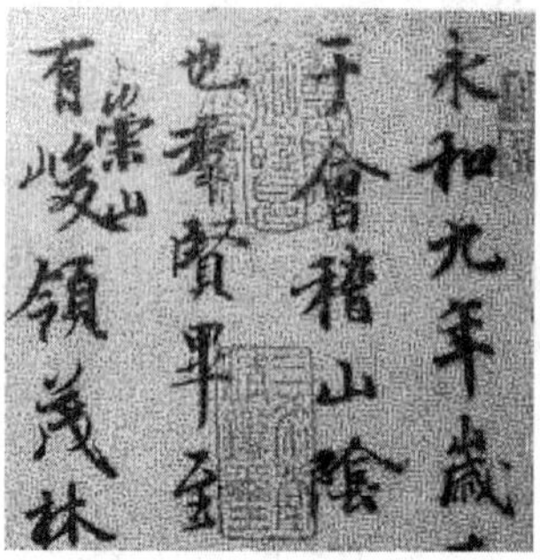

图6-8　王羲之《兰亭集序》

从逻辑的角度，不妨把从抽象书法到具象绘画的转向看成中国之美的进一步展开。

中国绘画，无论是以彩墨画为主体之精巧的宫廷绘画、以水墨画为主体之抒情达意的文人绘画、以彩色壁画为主体之解释宗教内容的宗教绘画，还是与表现市民性的小说故事内容相连的市民版画和负载下层民众愿望的年画，基本上都没有西画式的焦点透视空间。在描绘具体场面或一隅山水的画中，观者也可以感受到视点的明显移动，仿佛观者虽然不动，但观者的眼球却在不断地做上下往还、远近游目的运动。在大型山水画中，如描绘某山全景、某水全貌的画，你感受到了画中视域的不断移动，仿佛画外有人在行走，特别是在人物画（如顾恺之的《女史箴图》、吴道子的《送子天王图》、高其佩的

① 宗白华．美学散步．上海：上海人民出版社，1981：212.

《钟馗图》）和花鸟画（如黄筌和徐熙的花鸟画，以及郑思肖的《墨兰》、李方膺的《墨花册页》）中，观者看到的是一片没有背景的空白，人物花鸟并无定点，好像就在一片虚空之中，这虚空不是西方的虚空，这虚空中充满着宇宙的灵气。这“空”，就是书法里的空白，人物花鸟，犹如书法里的黑字，只是由抽象的字转为了具体的人物花鸟，其阴阳虚实关系依然存在。在恽寿平的《落花游鱼图》中，看不到水，却能感受到满幅都是水；在曾鲸的《张子卿像》中，背景什么也没有，却能感受到什么都有。在中国讲书画同源、书画一律，所谓同源与一律，就是都由毛笔构成的线的艺术。绘画六法中最重要的两条，一是气韵生动，二是骨法用笔。中国画中充满宇宙灵气的活的形象，就是由浓淡枯湿变化无穷的线构成的，与书法一样，画中线的流动同构于宇宙中气的流动，线是中国画的生命，也是中国画之美的根本。中国画就是各种线的呈美飞扬，以线为标准对中国画做一个排列，可以看到一端是界画，即把线只作为轮廓线；另一端是文人画，强调线的抒情达意。在中国文化的评价系统中，界画的审美价值最低，文人画的审美价值最高。大师们是绝不画界线的，界画方式只可用于画中建筑，建筑材料部分是死的，而人物花鸟山水都是活的，必须用具有生气的线，文人画的伟大就在于画中有生命情调的线与人的内在气韵、与天地大化之气有了一种最内在的同构，所谓“人品既高矣，气韵不得不高，气韵既高矣，生动不得不至”（郭若虚《图画见闻志》）。因此，中国画中之线不同于任何文化中的画中之线，当中国画用浓淡枯湿的线呈现人物花鸟山水的时候，画中形象表现的是完全中国式的美：用有生命的线画出一幅气韵生动的画，同时也反映一颗气韵生动的心，体现一个气韵生动的宇宙。

在画中，线流动而成物，物有自然的色彩。由于中国绘画不采用固定的焦点，而采用移动的视点，所以无法体现物体上一色的细微变化和色与色在光的作用下的相互影响，从而中国画采用的是平面色彩，所谓“随类赋彩”，即物是绿的，就全赋上绿色，衣是红的，就全为一样的红色，也就是宗炳《画山水序》中讲的“以色貌色”。平面色彩是除西画外几乎所有文化中绘画的共性。中国画平面色彩的文化特点之体现有三：（1）画以线为主，色的生命由线的生命而来；（2）赋色用毛笔，因为毛笔的软性与水分的作用，赋色与运墨一样有了浓淡枯湿的效果；（3）最重要的是，中国画的色彩系统是由黑白二色到青、赤、黄、白、黑五色再到多色，这就使黑白二色有了更重要的意义。要从色彩系统来分类，中国画可以分为：工笔画（以色压墨）、彩墨画（墨或由墨而来的线上加色）、水墨画（黑白色）、文人画（以水墨为主，但更重视抒情达意）。从色彩角度讲，前二者是五色，也叫有色，后二者是两色，也叫无色。在审美价值系统中，后二者高于前二者。从哲学上讲，水墨画更接近宇宙的本体。《老子》四十一章说：“大音希声，大象无形。”用于色彩，当然就是大色无色。水墨的无色是更为根本的色。从理论上讲，是“无色而五色具”（张彦远《历代名画记》）。从实际上看，只用了墨，墨在笔、纸、水、人的相互作用下，产生了非常细微而又非常丰富的结果。就中国画而言，笔，形成内容丰富的线；墨，形成内容丰富的色，“墨分五彩”，即由淡到浓、由湿到枯的清、淡、重、浓、焦。墨的层次又正好表现了光在物体上的明暗作用，这里，一种绘画的奇迹出现了，中国画在散点游目的画中表现出极为丰富的光的明暗效果。然而，墨的层次效果又不能按西方科学的光来理解，而是要按中国的宇宙之气来欣赏。光是表面的物态，气才是天地万物的根本，墨与笔一道构成中国美学的色彩意蕴，笔有各种线条（顾恺之的春蚕吐丝、吴道子的兰叶线描等），墨有各种皴法（荆浩的斧劈皴、董源的披麻皴、郭熙的云头皴等），笔墨的千变万化、种种样态，构成中国视觉的特殊美感，即一个笔意墨趣的世界。

笔墨构成中国画中之实体，这实体是在一片虚空中显出的，构成了画面的虚实关系。从构图的角度将中国画排一个系列，荆（浩）、关（仝）、范（宽）的全景山水是一个极端，他们写中国北方的雄伟山水，几乎塞满了整个画面；夏（圭）、马（远）是另一个极端，夏圭的山水画，多画山水的一半，人称“夏半边”，马远的山水画，多画山水的一角，人号“马一角”，留下了大量空白。从中国画自身来说，各有各的美。荆、关、范类型的画，如汉代大赋，如颜真卿楷书，包容万有，堂堂正正，有阳刚正气；马、夏类型的画，似晋人行书，似唐人绝句，笔才一二，象已应焉，笔不周而意已周，充满画外之意。就世界各文化的比较来说，后一类型构成了理解中国之美的切入点。一幅充满空白的画引起了人们的思考：只有一个以气的世界来看待虚空的文化，才能对空白有“无画处皆成妙境”（笪重光《画筌》）的体悟。有了马、夏类型的画，推而广之，一切中国画都是按同一原则构图的。只是当前一类画与其他文化的画有表面上的相似，因而容易被混同罢了。因此，气的宇宙和虚实相生是中国之美最重要之点。

在西方绘画的比较下，其他文化由于没有焦点透视，没有立体深度，就被统统归为平面构图。其实中国画的主流是不能用平面来概括的，毛笔形成的中国画的线就不是平面的，浓淡枯湿的线围起的也不是平面空间，无比丰富的墨要表现的就是光的明暗效果。中国的山水画讲究“远”，郭熙《林泉高致》提出平远、高远、深远，韩拙《山水纯全集》加上阔远、迷远、幽远，表明中国画是一个深度空间，只是这种深度不是西方式的几何深度，而是气的宇宙的深度。中国画避免的不是空间的深度，而是一种观察深度的观照方式。西方绘画的焦点透视与西方文化认为从第一原理可以推出整个体系，中国文化否认有一个最后的视点，就像象征中国宇宙的太极图一样，阴阳互补、虚实相生的气的宇宙和在这个宇宙中的景象，只有仰观俯察、远近游目才能把握和体悟。太极图的S形，既是中国宇宙的运行规律，也就是中国人的审美视线。《周易·系辞下》说伏羲成八卦以通神明而王天下，就是通过“仰则观象于天，俯则观法于地……近取诸身，远取诸物”而达到的。中国士人登高而观，无不是进行俯、仰、远、近的游目，以杜甫《登高》为例：

风急天高猿啸哀（仰视——以听觉为主的通感），
渚清沙白鸟飞回（俯察——以视觉为主的通感）。
无边落木萧萧下（由近到远——以空间为主的时空一体），
不尽长江滚滚来（由远到近——以时间为主的时空一体）。
万里悲秋长作客（以空间为主呈现历史和情感），
百年多病独登台（以时间为主关联经历和当下）。
艰难苦恨繁霜鬓（把宇宙时空和个人经历会聚到当下，突出当下），
潦倒新停浊酒杯（面对宇宙时空和个人经历，做一当下的调整）。

绘画中同样是这种远、近、俯、仰的游目。郭熙《林泉高致》说山水画要“可行，可望，可居，可游”，讲的是山水画用游目形成一个具有中国宇宙节奏的空间。沈周的《庐山高图》既有近山的平远，又有由山下而仰望山巅的高远，还有自山巅而望山后的深远。但从近山到山巅由S形而上，从山巅至远山又由高而低。一方面，树形与山形曲折而上，由近而远，由俯而仰；另一方面，山涧流瀑又曲折而下，由远而近，由仰而俯。游目使中国画按照自己认为最正确的方式“以一管之笔，拟太虚之体”（王微《叙画》），使画家避免了在一个固定视点上的局限，从而可以用文化的宇宙法则和能够体会这宇宙法则的心灵去组织对象，表现自己想要表现的任何东西。张择端的《清明上河图》画都市的宏大场景，夏圭的《长江万里图》画自然中的万里江山，更有意思的是顾闳中的《韩熙载夜宴图》画韩熙载家在时间流动中进行的各种娱乐场景，皆因游目而不受拘束地自然画出。中国文化相信宇宙有一个“道”，中国绘画也相信有一个最佳视点，只是这视点不是焦点，而是“天眼”，也就是沈括《梦溪笔谈》卷十七讲的“以大观小”，即画家要站在一个宏伟的高度，俯察游观自己所表现的对象，更确切地说，要把对象完全放入自己的心中细味游观。因此，中国画家少去写生，而是“饱游饫看”（郭熙《林泉高致》），“收尽奇峰打草稿”（石涛《苦瓜和尚画语录》），因而，作画运思时，就处于一种以大观小、一切了然的境地。这样，就细部而言，他是“身所盘桓，目所绸缪”（宗炳《画山水序》），但一切细部都是从“天眼”去看的，完全相同于中国诗人的视线，如儒气诗人的“乾坤万里眼，时序百年心”（杜甫《春日江村》），如道风诗人的“俯仰自得，游心太玄”（嵇康《赠秀才入军》），如禅意诗人的“山河天眼里，世界法身中”（王维《夏日过青龙寺谒操禅师》）。画是一个小宇宙，所谓天眼，也可以说就是要注意画的整体和谐，任何细部都必须符合整体性。陕西省博物馆藏两幅竖长方形石刻画，一为《达摩东渡》，另一为《达摩面壁》，前一幅是达摩全身行走像，后一幅是达摩打坐像。两幅画中达摩的头一样大，但《达摩东渡》中达摩的身长与《达摩面壁》中达摩的上身相比，仅略长一丁点。以《达摩东渡》来看，达摩身高只有1.5米多，从《达摩面壁》来推，则有1.8米。这说明在中国画里，人体比例并不重要，重要的是人体长短与整个画面的比例。画幅的整体尺寸决定头部面积多大才恰到好处，身之长短则由其与整个画面的关系来决定。虽然人之外形因此而离形、变形，但整个画面却获得了和谐效果。这就是中国美学常讲的“离形得似”（《二十四诗品·形容》）。中国画的“天眼”、“游目”、远、近、俯、仰，都是为了形成一个与整体和谐的空间，一个充满中国宇宙圆意的空间。

中国之美，除了形象本身的独特之外，还在于，对形象本身的理解是按照一事物与他事物以及整个宇宙的关联方式而组织起来的。中国建筑之美，特别是制度性建筑，除了一般的形式美感法则之外，同样运用着这一事物与他事物及整个宇宙的整体关联法则。下面就以中国文化的象征性建筑——紫禁城——为例，来看中国之美的另一种表现形式。

前面讲了中国宇宙的气、阴阳、虚实、五行，是从大原则讲的，未涉及更详细的内部联系。现在也不深讲气、阴阳、五行、八卦、六十四卦到宇宙万物的种种结构细节，只交代一下为理解紫禁城的意义而必须知道的五行相互联系网，如表6-1所示：

表6-1　五行之普遍联系

五行	五色	五味	五音	五季	五方	五位	五情	五脏	五常	五神	五帝
木	青	酸	角	春	东	左	怒	肝	仁	句芒	太皋
火	赤	苦	徵	夏	南	上	喜	心	礼	祝融	炎黄
土	黄	甘	宫	长夏	中	中	思	脾	信	后土	黄帝
金	白	辛	商	秋	西	下	忧	肺	义	蓐收	少皋
水	黑	咸	羽	冬	北	右	恐	肾	智	玄冥	颛顼

“五行之普遍联系”的横向系列分类就是古人认为的事物之间的内在联系，它为非中国文化的人难以理解，但不从科学实证而从哲学原理上说，正是中国古人整体功能的奥妙之所在，对本节来说，主要是通过它来理解紫禁城之空间结构的内在根据。

定都北京能够成立，首先在其风水形势。北京的地形，西和北高，东和南低，西部西山是太行山脉，北部军都山是燕山山脉，二者均属昆仑山系，龙脉悠远。太行山、燕山两山脉在北京的南口会合，形成向东南巽方展开的半圆形大山湾，桑干河、洋河在此汇成永定河，形成“山环水抱”之形。从更宽广的视野看去，北京为重重案山围绕，乃藏风聚气之地，嵩山为前案，淮南诸山为第二重案，江南诸山为第三、四重，五岭为第五重；右有华山为北虎，左有泰山为青龙。黄河在其前，鸭绿江在其后。从更具体的眼界来看，景山为紫禁城的“镇山”，金水河自乾方（天门）入而从巽方（地户）出，并在英武殿、太和门前凸成“金城怀抱”（冠带形）之势。金水河西北入而东南出，又正好形成S形。

京城又是要与天上相应的。天上的帝宫是紫微垣，地上的帝宫是紫禁城，天上地下的象征和比附有一些说法，如：前三殿象征三垣；三大殿下设三层台阶，象征太微垣下的三台星；后三宫加上两旁的东六宫、西六宫，共十五宫，与天上紫微垣十五星同数。然而，天上地下的象征是肯定的。

按阴阳学说，南阳北阴，景运门、乾清门、隆宗门形成的一条东西中轴线，将宫区分为南北两区，外朝在南，属阳，内寝在北，属阴。外朝三大殿，太和殿在前，面阔十一间，深开五间，是皇帝登基以及举行各种大朝会典和大型仪式之地，为阳中之阳（太阳）；保和殿在后，面阔九间，是举行殿试和宴会之处，为阳中之阴（少阳）；中和殿在中间，面宽五间，是皇帝在太和殿行礼时的休息处，是阴阳之和，为中阳（阳明）。内廷三宫，乾清宫在前，坤宁宫在后，皆面宽九间，是皇帝和皇后正式起居之室。乾清宫之名取自乾卦，《彖传》云“大哉乾元！万物资始，乃统天”，云“天行健，君子以自强不息”，此宫是阴中之阳（厥阴）；坤宁宫之名取自坤卦，《彖传》云“至哉坤元！万物资生，乃顺承天”，又云“地势坤，君子以厚德载物”，此宫是阴中之阴（太阴）；两宫之间的交泰殿，取名于泰卦，意味天地交泰，阴阳和平，此宫是中阴（少阴）。这里看到了太极图阴阳平衡的运用，特别是阴中有阳、阳中有阴的具体体现。前三殿和后三宫在空间结构上是严格对称的，从命名上看，又是把它们作为太极阴阳互含来考虑的，形成了视觉形式与心理感受之间的二重调和模式。

按阴阳学说，东阳西阴，从午门到神武门形成一条南北中轴线，把宫城分为东西两区。东方是日出之处，属阳，太子住东区，南三所为太子宫室，文华殿原为太子讲学之所。西方是月出之处，属阴，皇后和宫妃居住的寿安宫、寿康宫、慈宁宫都在西区。东即左，西即右，男左女右，阳左阴右，宫廷朝事大典百宫排列，文臣在左，武将在右，因此太和门两旁，文华殿在左即东区，武英殿在右即西区；太和殿丹陛上，左陈日晷以司天，定天文历法，右置嘉量以司地，定制度量衡。同理，内城之南，左边是太庙法阳象天，右边是社稷坛法阴象地；天安门外，吏部、户部、礼部在左，都察院、刑部、大理寺在右。

从五行学说讲，东，不但是日出处，而且属木，主春、生、文、仁等，所以，紫禁城内东区有万春亭、文华殿、体仁阁等，城门有朝阳门、建国门（生）、安定门（仁），城外有日坛；西，不但是月出处，而且属金，主秋、收、武、义等，所以，紫禁城内西区有千秋亭、英武殿、宏义阁等，城门有阜成门（收）、宣武门、德胜门（义），城外有月坛。天南地北，南面是天，属火，主夏、礼等，所以，南面有太庙、社稷坛，有天安门、正阳门、永定门、天坛；北面是地，属水，主冬等，有玄（神）武门、地安门，城外有地坛。紫禁城的色彩也有五行学说的理论根据。主色是红与黄：宫墙和殿柱用红色，红色属火，在南，天南，天朝之色，火又喻光明正大；屋顶用黄色，黄属土，属中央，皇帝居中，皇城为天下之中。在红黄主色之内，又要把紫禁城的五行的丰富性显示出来，皇宫东部屋顶用绿色，东方为木，属春，故而用绿色。皇城北部的天一门，墙色用黑色，北方为水，属冬，故而用黑色。单体建筑，其设计也参考阴阳五行的基本理论。藏书的文渊阁，是黑瓦黑墙，黑为水，以克火，利藏书。

数理，也是阴阳五行学说中的一个重要部分。皇帝是九五之尊，易卦阳为九，第五爻“飞龙在天”得位。九是数字（从一到九）的最多，五为数字（从一到九）的正中。紫禁城中轴线上的皇帝用房，都是阔九间、深五间，合九五之数。另外，其他体现还有：大屋顶有五条脊，檐角兽饰为九；九龙壁，九龙椅，角楼结构九梁十八柱，门上横九纵九共八十一个钉；天安门楼下，门是五，楼上列柱分出的空间是九；紫禁城内房间总数为 9 999.5 间①。

气-阴阳-五行构成朝廷体系的内在基础，紫禁城的空间结构是谁都可以从形式与感受的关系加以分析的，但把感性形式结构与文化内在联系重合起来感受，中国之美的模式才真正凸显出来。中国之美如图 6 - 9 所示：

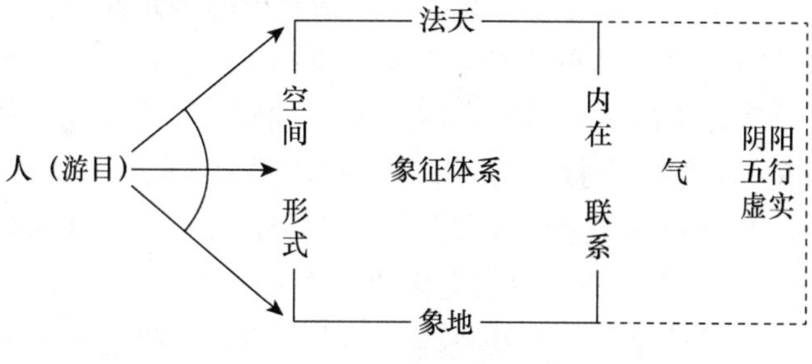

图 6 - 9　中国之美欣赏

① 虽然今人统计出“故宫里殿、宫、堂、楼、斋、轩、阁总的间数为 8 707 间”（葛忠雨．图说北京三千年．合肥：黄山书社，2009：43），但 9 999.5 间自明代就流传下来，因符合文化数量而为人们所深信，而且那半间也坐实在清代存放《四库全书》之文渊阁的西边。

中国文学以诗歌为主，诗歌又以律诗为主。律诗的艺术形式本身就包含了中国文化的宇宙意识。律诗是音韵、词句、意义的多层统一。先从音韵看，律诗具有严格的音韵要求。现以平起不入韵式为例（从道理上讲各式相通）：

（平）平（仄）仄平平仄
（仄）仄　平　平仄仄平⊙
（仄）仄（平）平平仄仄
（平）平（仄）仄仄平平⊙
（平）平（仄）仄平平仄
（仄）仄　平　平仄仄平⊙
（仄）仄（平）平平仄仄
（平）平　仄　仄仄平平⊙

律诗首先得讲音的平仄。一切汉语字音都归为平、上、去、入四声，上、去、入合为仄声。正如万物都归于八卦五行，八卦五行又总归于阴阳。讲平仄则语音之理得矣，正如讲阴阳则万物之理得矣。一阴一阳之谓道，一平一仄形成诗。律诗是要押韵的，押韵使语言的平仄结构形成旋律。正如一年有春夏秋冬，分为四季，律诗由每双句的末一字押韵，形成四联。正像一年中每一个节气既表示一种气候型的完成（节，停顿、休息），又表示新一种气候型的开始（气，贯通、运行），诗中每一韵脚⊙既表示一联完成的停顿，又意味着马上有新的一联开始。一个韵脚的出现展开了一种期待，当隔句之后另一同韵字出现时，期待就得到了应答。押韵和平仄一道，形成了律诗和谐整体的基础。律诗音韵的第三个要求是对与粘，一联之内必须对，上句第几个字是平声，下句相同位置上的字必须是仄声，平仄相对。特别是五言的第二、四两字，七言的第二、四、六三字，绝对不能含糊，必须平仄相对。联与联之间（如第二句和第三句）必须相粘，即上联末句第几字是平声，下联起句相同位置上的字必须是仄声，同样第二、四、六三字绝不含糊。对，讲究对称与丰富，粘，显示连续与同一，从而使律诗中一联一联，联联相生，又联联相应，不变而变，变而不变，显出一个秩序整严、韵律华美、气韵生动的整体。诗的音韵美就是宇宙之道的象征。

音律是严格的，但也允许变通，前文平仄处括号中的字允许灵活运用，就是规定必须遵守的地方，由于音、字、意的矛盾，有时不得不违反规定，于是也可违反而变成“拗”，但律诗的音韵规律本身具有调节功能，称为“救”，可以本句自救（如杜诗“蜀主窥吴幸三峡”第五字拗，第六字救，仄仄平平平仄仄改为仄仄平平仄平仄），也可以对句相救（如杜诗“鸿雁几时到，江湖秋水多”，“几”字拗成仄声，在对句中使“秋”字成平声来救）。拗的承认、通行暗契于中国文化性格的灵活性、实用性、通变性，而救的调节在灵活通变中仍保持了秩序、节奏及整体的和谐，拗的结果是变体的产生，拗体仍是和谐的。律诗的音韵规律形成了一种境界，艺术地显示了中国文化的生活节奏、生命情调和宇宙观念。人在作诗和吟诗之时，不自觉地就按音韵规律进入了这种节奏、情调和观念之中。

律诗每一句为单数，一联和整诗又为偶数，阴阳错落之美由此而生。它的形式不像四言诗、六言诗偏于“板”，也不似长短句流于“柔”，而以整齐方正之形，显出颜书似的雍容大度之美。律诗的核心在中间两联，这两联必须有对偶，这是构成整体庄严大度的基础，但更重要的是，对偶显示了中国文化的核心精神。对偶把宇宙万物容纳进一个和谐有韵的整体之中。对，可以同类相对，“一二三四，数之类也；东西南北，方之类也；青赤玄黄，色之类也；风雪霜露，气之类也；鸟兽草木，物之类也”（遍照金刚《文镜秘府论·对属论》）；也可以异类横向相对，如天对人、有对无、凶对吉、喜对忧；还可以大项与小项对，即个别对一般，如“有弟皆分散，无家问死生”（杜甫《月夜忆舍弟》）。通过对的方式，一下子就可以感受到宇宙的整体网络以及这个网络的虚实显隐、运转流动、和谐节律。通过天这个词，求“对”思维一下子就既可以横向风云雷雨，又可以竖向地理山川，还可对以人伦人事。求对而又对上，不仅产生一种对称的秩序感，还产生追求的满足感、认同后的归属感、宇宙的稳定感。有往必有来，有远必有近，有祸必有福，有分必有合，对的思路和对的成功，正是中国文化的生活节奏、生命情调、宇宙规律在艺术上的体现。律诗中间二联必是对偶，而前后两联可为散句，犹如内在天道不变，具体现象可变，天地自然、君臣父子万古不移，而具体过程又变通生动。

律诗是音韵与词句的二重复合。从音韵层面看，句句有平仄，联联有对偶；从词句层面看，头尾两联皆为不对之散体。从诗的整体看，音韵是隐层，词句是显层，正好象征了文化宇宙两种一分为二的实情。音句句皆对，犹如本质层面道的无所不在；词句有所不对，恰似在具体现象上道又有所不在。文化整体是和谐的，但对个人来说又是有缺憾的。体会了道的无所不在，故而古人常有“水流心不竞，云在意俱迟”（杜甫《江亭》）的悠然；经验了道的有所不在，故而古人不断地“溯洄从之”“溯游从之”（《诗经·蒹葭》），上下求索。

从律诗的意义层面看，中间两联具有核心地位，须在对仗工稳之中显出“顶天立地”的气概。如果诗人具有儒家的胸怀，这两联就要写出“与天地同流”的气象，如“星垂平野阔，月涌大江流。名岂文章著，官应老病休”（杜甫《旅夜书怀》），“锦江春色来天地，玉垒浮云变古今。北极朝廷终不改，西山寇盗莫相侵”（杜甫《登楼》）。如果诗人具有悠然的禅心，这两联就要显出宇宙的悟境，如“江流天地外，山色有无中。郡邑浮前浦，波澜动远空”（王维《汉江临泛》），“白云依静渚，春草闭闲门。过雨看松色，随山到水源”（刘长卿《寻南溪常道士》）。如果诗人心怀人间世情，这两联就应充满人生的感慨，如“浮云一别后，流水十年间。欢笑情如旧，萧疏鬓已斑”（韦应物《淮上喜会梁州故人》），“雨中黄叶树，灯下白头人。以我独沈久，愧君相见频”（司空曙《喜外弟卢纶见宿》）。这意义上的漫天塞地是律诗的形式使诗人的运思自然地向之靠拢的。就描写来说，诗总是具体的，但律诗形式本身要求具有普遍性，所谓从有限上升到无限。这功能主要由最后一联来承担，所谓“篇终接混茫”（杜甫《寄彭州高三十五使君适虢州岑二十七长史参三十韵》）。最后一联要有言外之意，把字词的完结变成意义的未完结，而且这未完结要指向一种深沉丰富的宇宙人生之韵。律诗从音韵、字句、意义多个层面象征了中国文化的宇宙结构。

综上所论，美的中国模式主要在于两大方式，一是审美视线是仰观俯察、远近往还的游目，二是事物背后有一个气-阴阳-五行的意义系统。二者相互关联、相互依赖、相互支持。

四、印度美学的文化模式

印度文化，以其特殊的宗教情怀、独具的思辨方式、奇绝的人生信念，在世界文化中大放异彩，形成了独具一格的美的模式。印度文化是本土的哈拉巴文化与欧亚草原来的雅利安文化的合一。不从世界史的角度讲，仅从印度史的角度看，这一文化合一首先体现在神的形象特征上，最后体现在宇宙结构上。

吠陀时期为这一合一的初期，印度的神灵就显出了自己的特殊性。首先有一个庞大的神系，有人指出，神灵的名字多达3 339位。这是一个以3为基数的数字，公元前5世纪的吠陀学家耶斯迦（Yāska）把吠陀诸神分为天、地、空三界。在三界神灵之中，有两个神最具象征意义，一是空界的雷神因陀罗（帝释天），另一是太阳神苏里亚。

先讲因陀罗。他是天神达尤斯和地母神婆利蒂毗之子，他从母亲的肋下生出，喝了一杯饮料之后，饮料内含的魔力使他迅速生长，从而使他的父母也就是天和地永远地分开了。《梨俱吠陀》这样赞颂因陀罗：

他一来到世界，即为世界主神，
因其智高力勇，
众神赖其护佑。
他吹口气，
两界便战栗，
哦，人啊，
他就是因陀罗！①

在感觉上，地为实，天为实，中间是空。天、地、空三界是很多文化共有的，但空在印度文化中具有独特的演化特征。空界之神因陀罗成为宇宙之王，突出了空在印度人思想中的地位。印度的宇宙由四大元素构成，即地、水、火、风，还可加上空。空又作为宇宙的本质。由印度佛塔演化而来的西藏佛塔，其五大构成部分就象征的是：地、水、火、风、空。佛教最高境界的表达之一，就是空。印度教的最高境界是梵-我，但梵-我的性质为空。这一轴心时代形成的宇宙本空观念是从早期文明的因陀罗开始的。在视觉艺术中，因陀罗是一个巨人，褐色皮肤，褐色毛发，满脸痘痕，手执金刚杵，身跨白象，神态威猛，性情豪放，嗜酒成性，力大无比，尚武好战。

如果说，因陀罗是印度文化的宇宙特点之“空”的起点，那么，太阳神苏里亚则与印度文化的形象特点“化身”相连。苏里亚拥有众多化身，仿佛不是一个，而是一组，因方位不同而有不同的名字，各个化身具有不同的功能，如莎维特丽能使万物复活，吠瓦斯瓦特是牲畜和人类的保护者。重要的是，“化身”的观念代表了印度人的一种独特思维。化身，不仅是其他文化也有的“变身”，即由一种形象变化为另一种形象，而且是印度人专擅的“分身”，即一个神分成诸多形象。分身在佛教中也有精彩的体现，而且随佛

① 赵伯乐．永恒涅槃：古印度文明探秘．昆明：云南人民出版社，1999：94.

教的传播影响了其他文化。太阳神骑着七首骏马或驾着七匹骏马拉的神车，每天巡视天空一次。《梨俱吠陀》写道：

在黎明中升起，
依宇宙之律令，
光芒闪耀，远近同辉，
唤起世人，
辛勤劳作，
天地运转，
走向美好前程。①

这里可以看到印度太阳神与其他文化中的太阳神的不同之处，马为七首，神为四手，这是印度神灵“化身”之“化”的特点之一。马或为七匹或为一匹七首，二者可以互换。既然一身可以化为千万身，那么一手当然也可以化为四手、八手、千万手，佛教的千手观音就是这一理路。从马车轮和神身后的光轮，可以感受到佛教的法轮，太阳神一天一次的巡天行动正是宇宙时间的规律转动。

最能代表印度神系特点的是印度教形成后的三大主神，即创造神梵天、守护神毗湿奴和毁灭神湿婆。

梵天，可以溯源到《梨俱吠陀》中的祈祷主婆罗曼拉斯帕蒂（Brāhmaṇas-pati），这位神头长尖角，一身金光，一手持铁斧，一手拿弓箭，特别是面部有七只眼和七张口，具有印度形象之“化身”的典型性。梵天正式得名于《梵书》，这时他成了宇宙之主：

万物因梵天而生，
依梵天而在，
毁灭时复归于梵天。②

这描绘得好像中国的气，确实，梵天在进一步升级为哲学的梵时，成为没有任何形体而又存在于一切形体之中的宇宙之源。从这里，人们可以感受到佛教的“空”，世界的一切源于四大（地、水、火、风），四大皆空，宇宙本空。然而，在印度信仰中，梵天又是一个非常具体的神，他有四个头，面向东西南北，面为红色或粉色，有四只手，分别拿着吠陀经、莲花、匙子、念珠或神钵，坐在莲花座或天鹅上。清晨梵天从睡梦中醒来，睁开他的眼睛，宇宙和一切事物就在这一刻产生了，到黄昏他睡觉而闭上眼睛，宇宙就进入毁灭。不过，梵天的一天等于世上的 43.2 亿年。从这里，人们可以看到印度思想的两个特征，一是四头四手的化身特征，二是一天等于一个天文数字的印度式思维。数字上的无限夸张，在婆罗门教中是这样，在佛教中也是这样，佛教为了说明宇宙的大，从地狱到天堂有一个太阳和月亮，称为世界，一千个这样的世界集合成一个小千世界，一千个小千世界集合成一个中千世界，一千个中千世界集合成一个大千世界。这种数字上的夸张体现的是观察和分类上的细致。这种烦琐细致也表现在印度教神庙的外观上。请牢

① 《梨俱吠陀》神曲选. 巫白慧，译解. 北京：商务印书馆，2020：67.
② 赵伯乐. 永恒涅槃：古印度文明探秘. 昆明：云南人民出版社，1999：100.

记这种分类细致的特点。

守护神毗湿奴肤为黑色或深蓝，有四手，分别拿着莲花、宝轮、仙杖、法螺，或端坐莲花，或坐在七头巨蛇上。毗湿奴的功能是保持万物和降妖除魔，化身的特点得到了很好的发挥。他有 1 000 个称号，根据具体情况化为不同形象出场：大洪水来了，浊浪滔滔，人类始祖面临灭顶之灾，这时，一条巨鱼从大浪中跃起，拯救了人类，这位鱼形神就是毗湿奴；神魔之战在天上展开，魔道猖獗，当众神正要败北之时，一只大龟潜入浮海，托起曼陀罗山，为众神送来救命甘露，这大龟也是毗湿奴；半人半神的魔头施威于天、地、空三界，甚至压倒了众神，这时来了一位半人半狮的英雄，用利爪撕开魔头的胸膛，抓出五脏六腑，击败魔头，这半人半狮的英雄也是毗湿奴；金眼魔将万物赖以生存的大地抛入水中，在大地正要沉没之际，一头野猪用它的粗长獠牙顶住了大地，这神猪还是毗湿奴。

湿婆作为毁灭之神，显出一种哲理的生与死的二重性。他在《梨俱吠陀》中做风神的时候，就具有善恶二重性，能用 1 000 种草药为人治病，而一旦发怒，就会用霹雳伤害人、畜、草、木。成为毁灭之神后，湿婆身上可以有双手，可以有四手，也可以有八手，虽然只有一个头，但有三只眼睛，代表日、月、火，额头上多的一只神眼常常是闭上的，因为一旦张开，喷出的神火就将把一切化为灰烬。与毗湿奴一样，湿婆也有多种化身，主要为五种类型：其一，年轻苦行者；其二，宇宙舞蹈者；其三，毁灭之王；其四，恐怖之神；其五，仁慈的保卫者。最能体现湿婆二重性的是其多种舞蹈形象，他的舞蹈就是宇宙运动的节奏，其形象既可呈现为神，也可呈现为魔。湿婆的化身还有小矮人、罗摩、黑天、王子、伽尔基等，甚至佛教的佛陀也被说成湿婆的化身。

雅利安人刚从中亚进入印度之时，因陀罗与其父母形成的是空间性宇宙结构：天界、地界、空界。雅利安人在印度完全与印度本土文化融为一体时，印度教三大主神形成的是时间结构。三大主神构成的不仅是宇宙的基质，更是宇宙的运动：梵天是创造和开始，毗湿奴是生存和保持，湿婆是毁灭及进入再生。从这里，人们可以感受到印度人交叠式的结构方式。

印度文化一方面确定了最高的（印度教的）梵-我-（佛教的）空，另一方面梵-我-空又由印度教的三主大神、佛教的佛陀、耆那教的耆那体现出来，已经突出了印度美学的一些根本特点。第一个特点是时间核心。天、地、空三界的宇宙以时间为轴心，进行印度教式的（由梵天代表的）生、（由毗湿奴象征的）住、（由湿婆凸显的）灭的永恒运转，或进行着佛教讲的六道（天、人、阿修罗、地狱、饿鬼、畜生）轮回。在天上地下的生灭轮回的背后，是梵和佛的词异义同的大空。从时间去看宇宙间的生灭轮回，宇宙本质为空。生、住、灭的“住”，也在时间的流动之中转瞬成空。时间核心是理解印度审美形象的基础。正是在时间的生灭轮回中，印度的神灵具有了其他文化所没有的特点，即印度美学的第二个特点：化身形象。神的化身体现为神灵身体的特异性，如三只眼、四只手、骑动物、持法器。因为化身，特异性正是神性和神力的标志，作为神，有特异性才是正常的。神的化身展开为系列。化身体现为不同形象。因此，对一个形象的体认不能仅限于此形象，而是要知晓本尊及其各类固定化身（如湿婆）和情景化身（如毗湿奴），进而需要知晓神灵体系。神灵需要化身体系，是为了在时间流动中让神灵显出对时间的超越，不但可以出现在不同的空间，更主要的是可以出现在不同的时间。化身性质创造了一种印度式的空间视觉关系。在同一空间里，物体与物体的比例不是以一种正常的方式，而是视情况的需要而形成的，在图 6－10 中，毗湿奴与其娇妻在有 24 个头的巨蟒上，毗湿奴的形体远远大于其妻。梵天怀抱其妻，娇妻的形体比起梵天来像一个婴儿。这类图像都是依这种具有强调时间感的空间关系而产生出来的。具体的人物绘画如此，抽象的宗教建筑也如此。佛塔作为佛教的核心艺术形式，不仅与化身相关，而且带有印度之美的更普遍性的特点。

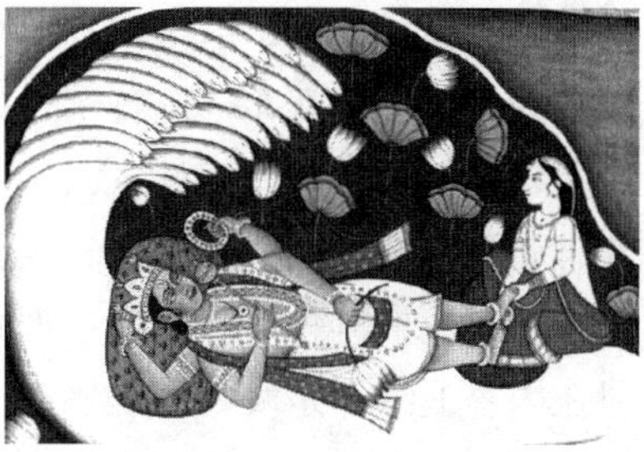

图 6－10　毗湿奴与其妻

佛塔，是印度文化的独创，同时也典型地体现了佛教之美与印度人之美。有这样一个佛教传说：佛陀被弟子从毗舍问及怎样才能表示对他的忠心和虔诚，佛陀没有答话，而是把身上的方袍平铺在地上，又把化缘钵倒扣在袍上，再把锡杖竖立在覆钵上，这就形成了印度佛塔的雏形。还是传说，佛陀涅槃之后，晶莹闪烁的佛骨“舍利子”被八大国王分成八份，在其国内分别建塔供奉。到了以佛教为国教的阿育王时代，集中八塔舍利分送到受孔雀王朝统领的 84 000 个小邦国，要其都建造佛塔。不管历史的实际情况如何，有两点是可以肯定的：第一，塔在印度普遍地出现了；第二，塔最初作为珍藏佛骨的纪念性建筑形式而出现，它的基本功能就是佛陀涅槃的象征。印度佛教的主要建筑形式是佛塔和石窟，石窟的中心也是塔。塔是无遮盖的塔，石窟是有遮盖的塔：在前一境中，塔在露天，自身就构成一个独立整体；在后一境中，塔在窟中，是佛窟整体中的一个单元，然而不是一般的单元，而是窟的核心。由此可知，在印度佛教建筑形式中，塔所昭示的意义——涅槃象征，对印度人具有最为重要的意义。

印度佛塔一般由五个部分组成（图 6－11）：（1）基台（最下面的圆形，有时可为方形）；（2）覆钵（半球形主体）；（3）平台（在覆钵之上的一个方形，后来在南亚演变为箱状，内收藏遗物，称为方龛，也叫圣骸堂）；（4）柱（平台之上的柱杆）；（5）盖（柱杆上的华盖）。

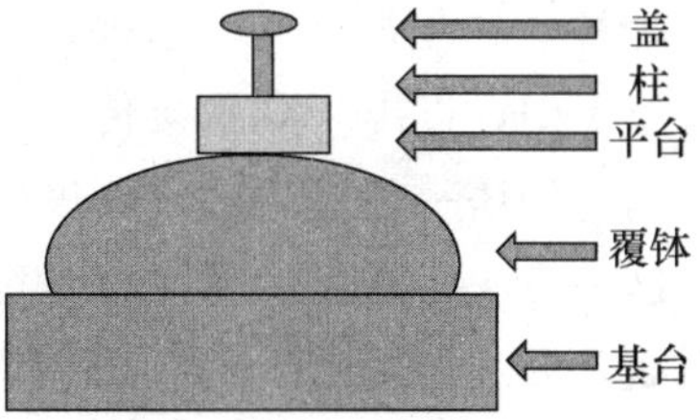

图 6－11　印度佛塔结构

印度佛塔的形象主体——半球形的覆钵——犹如一个坟墓。塔（梵文为 stupa，巴利文为 thupo）有三义：坟、庙、高显处。三义可以作为解说印度式佛塔的起点：是安葬佛陀之坟，又是礼拜佛陀之地（庙），高显是塔的建筑形式特征。因此，佛塔就是以一种令人注目的建筑形式，营造出一片礼拜佛陀的圣地：象征佛陀涅槃的坟丘。从建筑史角度看，佛塔的外形借鉴于古印度的皇室陵墓，故而以墓释塔成为佛塔的解释之一。然而，墓是死的建筑符号，但塔不是一般的墓，因为佛陀的涅槃不是一般的死。在印度人的普遍观念中，人死并非一了百了，而仅是此世肉身的终结，人死后会进入一个新生的物体，或人，或马，或虫，开始进入新的轮回，宇宙生物——包括人——在广大的空间和无垠的时间中进行着无休无止的轮回运动。佛陀之为佛陀，就是他超越了芸芸众生不可避免的轮回，他不再轮回。涅槃在形式上与死相同，但在内容上绝不是死；塔在形式上是坟，但在内容上绝不是坟，而是佛教学说中所讲的人生的最高目标和最高境界——涅槃——的象征。极有意思的是，塔的主体半球形的文字为anda，含义为蛋，又为gabbha，含义为内含种子（bija）的子宫，都不是指向死，而是意味着生。因此，从宗教史角度看，塔所承接的不是皇室的陵墓，而是神的居所——庙。庙里有神的塑像，故而庙就是神的显现；塔里有佛的圣骨，故而塔就是佛的象征。当然，正像佛教不是婆罗门教，而是对婆罗门教的超越，塔不是婆罗门教的庙，但在内在层次上与庙有相同的功能，正像婆罗门教的庙总是寓意宇宙的中心须弥山一样，佛塔也以自己独特的建筑形式象征着宇宙。从这一角度看，塔的象征体系又为：圆形基台意指大地；半球形覆钵表征上连苍天的高山；方形平台寓意天；竖立的柱杆暗示世界无形的轴线，天地万物围绕着中心轴被组织了起来；华盖是天界和统治上天之神的象征；平台中的遗物是佛陀的现世显现。整座佛塔是印度佛教的一种宇宙论的象征。

塔是二重意义的复合：涅槃象征与宇宙象征。这种二重意义的复合是印度人特有的思辨结果，从而也显出了印度人面对佛塔时会出现的一种特殊感知方式。人面对塔，从外向内冥思；塔面向人，从外向内呈现。半球形来自古代的墓型，塔呈现为墓，佛骨意味着死亡。但佛陀之死亡，非一般人之死亡，而乃超越一般死亡的涅槃，在本质上是一种新生，由此构成了死与生的具有印度智慧的辩证关系。有了这层体会，就可以理解半球形的塔指向人生最高境界的呈现，半球形象征天，塔呈现为宇宙。

佛塔传出印度，又发生了一系列建筑外形上的变化，东南亚的佛塔，以及中国西藏的佛塔、汉地的佛塔，都各用本土的文化模式去接受并改变了佛塔的外在形象和象征意义。

现在谈石窟。石窟艺术也是印度文化的独创。石窟是佛教僧团的修行之地。印度文化——包括佛教和印度教在内——有宇宙中心是须弥山的信仰，神都住在山上。因此，开窟于山、修行于窟就有了一种神圣的象征意义。另外，印度文化把“隐世”作为人生四阶段中的一个重要阶段，筑窟于山，显出了既承接传统又有所变革的佛教苦行的宗教决心。佛教艺术意义上的石窟是与佛塔一道产生的。印度佛教以塔为中心，塔是无遮蔽的塔，石窟是有遮蔽的塔。在这一点上，石窟的意义就是塔的意义，但从功能上讲，则为：塔是面向广大公众的，因而耸立于蓝天之下；石窟主要是为僧团修行而建造的，因而需要一个封闭的空间。有一个最简单的说法，印度佛教的石窟就相当于汉地佛教的寺庙。寺庙是地上的石窟，石窟是石崖中的寺庙，因此也被称为窟寺。印度佛窟，从公元前2世纪到公元7世纪，历时近10个世纪，内含小乘和大乘两大阶段，细而论之，形态多样，总而观之，又一以贯之。典型礼拜窟的建筑结构之基本部分有五：中堂、耳室、圆室、塔和拱顶。这五部分由圆柱连为一个有机整体，是圆柱将窟分隔为中堂和耳室，是圆柱把中堂和圆室围成一个统一的空间，但圆柱如此安排是为了突出塔，塔是石窟的中心，是进窟后的终点，也是石窟的高潮。一进礼拜窟，圆柱就将人引向中堂，引进塔，塔是石窟的核心意义。石窟向人昭示的意义就是塔的意义：佛陀之超越生死轮回的涅槃。塔中心结构是印度石窟的理念，这理念像太阳照耀四方一样决定了从巴加石窟到康达石窟，从莱士克石窟到柏丹可纳石窟，从巴沙石窟到阿旃陀石窟，从卡利尔石窟到简纳石窟到坎哈那石窟的建筑形式。塔中心结构不仅仅从塔在石窟中所处的中心位置上强烈地表现出来，它贯串到石窟的各个方面，作为五部分之一的拱顶，其轮廓线形成的就是一个塔的外形。人站在石窟中，就仿佛站在塔内。石窟的入口上方是塔形的拱顶窗，它既使窟门显得比它的实际面积大，又给人以象征符号的提示，人感受到他是在进入塔的所在。塔矗立处的圆室让人感受到他在塔之中拜塔。另外，石窟墙上的雕刻中不断地出现塔一般的拱形。可以说，整个石窟都沐浴在塔的意义光照之中。

石窟在艺术构成上是建筑、雕刻、壁画的综合整体。三者都围绕着石窟的主题：佛陀的涅槃。雕刻和壁画所表现的内容即佛传故事和本生故事都是展开佛塔的主题：释迦牟尼是如何通过一世又一世坚定不移、锲而不舍的修行而达到超脱轮回的最终目标的。在这一意义上，石窟与塔是一样的，矗立在蓝天下的塔或是把雕刻和绘画安排放在塔前四围的门楣上，如山奇大塔，或是刻绘画在塔基和塔身上，如阿马拉瓦蒂塔。把塔置于其中的石窟是将雕刻和绘画安排在窟内的所有壁面上。石窟建筑在塔中心结构和塔崇拜上与露天塔没有什么差别，但它却为雕刻和绘画提供了完全不同于塔的艺术表现空间。正是这一差异使佛教艺术在石窟中有了完整的结构呈现，产生了名扬世界的雕塑和壁画；也是在印度的石窟中，印度佛教艺术产生了一种新的演变：佛像的出现。

印佛石窟史被分为小乘时期与大乘时期，佛像的出现是从前者转向到后者的重大标志之一。没有佛像的石窟，是以塔为象征体系中心的，因此塔的形象以各种方式笼罩着石窟。佛像在石窟中的出现，并没有取代石窟体系的塔中心结构，而是与塔相结合，形成了新的形象结构：在塔的主体覆钵上加一佛龛，佛坐于龛中。本来塔就是佛的象征，塔就是佛，佛就是塔，塔像一体，像在塔中，像的象征意义仍然表现的是印度佛教的一贯观念：涅槃。

然而，塔中有像，像本身会有一种尺度要求，不能太大，要与塔和石窟的空间协调，也不能太小，要对礼佛者产生具体的感召作用。这就使窟的空间结构产生了变化，窟中之塔，有了像，塔主体由半球向钟形的自由变化，转成因像的作用而使塔主体必须如此的固定形象。在塔像一体中，像成了必须考虑的主体。以前，塔是佛的象征；现在，像是佛本身，塔只是规范着像的象征意义，使像成为涅槃的象征。以像为主带来了塔的形象的变化。因为像，塔普遍升高，特别是在坦克巴哈石窟中，下面有方形塔基，平台上象征天界的六圈形状巨大，使中间的钟形显得很小，这小是为了突出钟形前方龛中的佛。

像一旦出现在塔中，就也可以出现在塔外。像在塔中，是为了突出像的终极意义——涅槃，这是由塔像一体中像的中心位置决定的。有了这一总规定，像在塔外，像也是这一意义，像是塔的功能。因此，可以理解在坦克巴哈石窟中，两旁的小间里，一佛一塔搭配着出现。但像在塔也仍是塔的意义在于，石窟中的主体是含像的塔。如果主体不是含像的塔，就会变成佛教外传后的西域和汉地石窟，同时也会产生意义变迁。

佛像的出现，从佛教艺术来说，对石窟体系最为重要的就是石窟壁画。印度石窟最负盛名的是阿旃陀，阿旃陀的光彩主要在于壁画。不能出现佛像，佛教绘画就只能表现熟知的一些典型情节；可以出现佛像，一切佛经情节就都可以入画，特别是佛传故事可以由四相图、八相图进一步展开。佛像的出现为窟中壁画的生动多彩注入了活力。然而，在印度石窟中，像又毕竟是与塔一体的，因此，壁画的发展，无论多么灿烂，都是围绕着塔的象征体系——印度佛教的涅槃境界——而进行的。因此，大乘佛教从小乘佛教的塔教发展而为像教，除了在普度众生上增加了佛与一般信仰者之间的亲近感之外，并没有对原来的石窟体系产生质的改变，它仍然被限定在印度人重灵魂关怀的心理结构，以及与这种心理结构相对应的以塔为核心的意义系统中。

壁画在石窟中虽然是石窟整体效果的一部分，但又有其独特的意义。佛教把印度的众多民间故事变为佛经故事，其中以文学、宗教、壁画的形式广泛流传的本生故事特别显出了印度文化特有的思维方式和审美趣味。下面以阿旃陀石窟壁画中的四个本生故事来看印度文化叙事的意味。本生，即释迦牟尼成佛之前经过无数世轮回转世的修行。从印度文化来看，本生可被视为化身的又一种形式。这种形式的特点是，从一个肉身转到另一个肉身，但后一个肉身的诞生以前一个肉身的死亡为前提。

第一个故事：割肉贸鸽。第四章已经讲过，这里不重复。

第二个故事：须陀素弥王对魔守信。一天，须陀素弥王带领随从出游，一婆罗门求他施舍，因手头没有所要求的数目，他承诺一定满足婆罗门的要求。但后来他被吃人魔王苏达沙俘获。后者正要吞食他时，看见他在流泪，问是什么原因，王子说自己还未履行对婆罗门的诺言，希望苏达沙放自己七天，以成全自己完成已诺之言，然后自动送上门来。魔王就放了他，七日之后，他如言回到魔王处所。魔王被他的诚信大为感动，改邪归正，不再吃人。故事是想说明：诚心可以感动恶魔。

第三个故事：淡摩迦至孝被射。淡摩迦在山林中奉养年老盲目的双亲。一天，他为父母去林中取水，正逢国王进山围猎，误把在树后手持水钵的淡摩迦认作猎物，引弓而发，射中目标。当发现误认之后，国王十分痛苦。但淡摩迦并不恨凶手，仅是叹息父母无人奉养，之后就闭上了双眼。一会儿，国王看到了淡摩迦双亲所居的茅舍。两位老人热情地接待了国王。当二老谈及儿子取水之事时，国王坦告了自己的罪过。二老闻后并未对国王转亲善为仇恨，只是让国王带他们去亡子之地。他们围着躺在地上的淡摩迦，后者竟奇迹般地活过来了，他双亲的眼睛也奇迹般地复明了。故事是想说明：诚心可以感动命运。

第四个故事：善事被弟刺眼不怀恨。勒拉跋弥王有两位王子，哥善事和弟恶事，与商人们一道入海取宝。到了宝藏地，恶事与商人取宝，善事独寻如意珠。因恶事贪多，舟不堪重，返途沉船。善事奋力救弟而出。但恶事见其兄的宝珠，心生歹意，于晚上乘善事熟睡，刺瞎了他的双眼，夺宝珠而去。善事从小精通音乐，于是以盲音乐家的身份流浪。他来到一个王国，做了皇家果园的守园人。一日，公主游园，被他的琴声深深打动而爱上了他。在两位情人举行婚礼，善事向公主吐露自己的真实身份时，善事突然双眼复明了。善事偕妻回到故国，父王将恶事入狱治罪，善事劝父释放恶事，兄弟和好如初。故事是想说明：诚心可以化解一切。

这些并非实际的神迹故事有着深刻的文化意涵。这些故事是在现世人人都可能遇上的矛盾和窘境，然而在叙述这些故事的时候，突出了主人公的印度式心灵：从自身的逻辑一致性去展开思路，无论对象、事件、世界怎样展开，如何进行，都按照自己的初心与逻辑连贯地行动。须陀素弥王面临死亡，心中想的是自己的行为逻辑尚未完成，这使他的生命从一个逻辑（实现施舍）的完成走向另一个逻辑（七天返回）的完成，尽管这次逻辑的完成是走向死亡也毫不动摇。淡摩迦无辜被射，需要的不是在意外的境遇中讨回公道，而是自己一以贯之的善良之心不被任何外在事件干扰。善事太子也是如此，而且他遭遇的不是外人的无心伤害，而是亲人的有意谋刺。这些故事要突出的问题的实质在于：外在之事，无论有心还是无意，都是自己不能把握的，自己能持定的是自己的心，重要的是自己的心不受任何外在事件牵引，完全按照自己的心灵逻辑进行下去。这是与中国文化的实用逻辑完全不同的另一种心灵逻辑。（这不禁使人想到印度的饮食，要甜就是一贯的甜，是酸就是纯粹的酸，煮就煮得透烂，生就是绝对的生，绝不像中国的饮食那样灵活地调味。）这些叙事既透出了印度人的灵魂关怀方式，又展现了人是如何走向一种人生的宗教超越的。佛教作为一种宗教，在叙呈一种心灵逻辑之时，又以两套宗教方式来强化和劝励这种灵魂朝向。一套是轮回理论。有了轮回理论，此生内怀善心面对苦难、走向死亡，得到的将是来世更好的报应，当然，同样重要的是，对苦难的体验会更加坚定迈向超脱轮回的涅槃境界之心。另一套是神迹信仰。四个故事中，坚持自身心灵逻辑的主人公都通过神迹得到了好报。从心理学上说，这也许是比六道轮回善恶有报的来世好报更有吸引力的此世现报。心灵逻辑、轮回理论、神迹信仰形成佛经本生故事的三大基色。其中最重要的还是心灵逻辑。一切事变、一切意外，再惨的痛苦、再悲的遭遇，在这种心灵逻辑面前都显得无足轻重。壁画中这类故事生动展现，与石窟中心塔和像的无言启示正好构成一种独特的感受方式。

舞蹈是印度艺术中的一个重要门类，印度舞蹈最令人耳目一新和心醉神迷的，就是手姿。手姿的重要不但在于姿势的优美，而且在于其深邃的象征意义。舞蹈也是印度教和佛教的一项重大内容。舞蹈中的手姿在宗教里形成了含义丰富的手印体系，故而人们可以根据手印去理解包含在舞蹈和宗教艺术中的文化内涵。手印有一个十分丰富的层级结构，因篇幅关系，这里只介绍宗教和舞蹈中最基本的手姿。

手姿在宗教里一般被称为手印。印度教的手印体系中有八大基本手印。其一，赐福印：右手举起，掌心向前，表示祝福、保卫和担保。其二，智慧印：手放在心前，掌心向上，拇指与食指（更多的是与中指）形成戒圈，表示与神相关的智慧。其三，警示印：食指上竖，表示威胁或警告。其四，承诺印：左手手指向下，手掌向信仰者，表示神准备接受其愿望或赐予祝福。其五，惊诧印：当神认识到自己面前是另一位神时表现出来的惊异。其六，断决印：神用拇指与食指形成戒圈，提供确断和智慧，如果此手姿伸向观者，则意味着希望给予指示。其七，合掌印：放在胸前，表示崇拜，放在额前，则表示欢送。其八，禅定印：右手放在左手上，表示已进入禅定。

佛教是五大基本手印。其一，施无畏印：右手舒五指，掌心向前，佛以此手印把无畏施予众生。其二，说法（即转法轮）印，有二式：一手结印，即右手上举，食指与拇指成环形，其余三指微伸；两手结印，即屈两手当胸，左手掌向内，屈拇、中、无名三指，竖食指和小指，右手掌向外，屈拇指和食指。其三，触地印，即降魔印，也叫成道印，这是释迦牟尼成道之际，与魔王相对时，以手指触地，请大地作证时的手姿：伸右手覆于右膝上，手指触地。其四，禅定印：双手仰置于双膝上，右掌放在左掌之上。其五，施愿印：伸右手，掌心向外，指端下垂，表示满足众生之求。

五大基本手印在意义上是完全统一的，但在各佛教圈中，甚至在各个具体的造像上，会有一些艺术上的差异。以说法印为例，印佛、藏佛、汉佛就有一些形象上的不同，然而这体现的正是手姿的丰富性。

下面再来看舞蹈的手姿。《婆罗多舞蹈词典》选有单手手姿 24 种和双手手姿 13 种（图 6-12）。

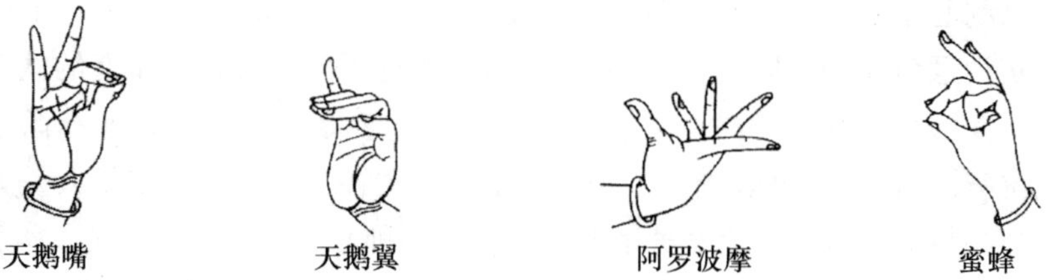

图 6-12　舞蹈手姿四种

手，在印度文化中，不仅是手本身，更与人的整个生理心理相连，与人的修行行为相连，最主要的是与宇宙相连。因此，手印不只是表现一种手姿，更是代表一种心的状态，是表征人与宇宙相互沟通的一种方式。在这一普遍信念、原则、基础之上，不同的教派学说创造出与自己的理论相一致的手印象征体系。以佛教为例，手印理论，其手的象征如表 6-2 所示：

表 6-2　佛教的两手象征

左手						右手				
拇指	食指	中指	四指	小指		小指	四指	中指	食指	拇指
识	行	想	爱	色	五蕴	色	爱	想	行	识
智	力	愿	方	慧	十度①	檀	戒	忍	进	禅
空	风	火	水	地	五大	地	火	火	风	空

十指与人体（五蕴）相连，与修行（十度）相关，与宇宙（五大）相通。这在佛教里是最基本的手印关联，贯串于印佛、汉佛、藏佛，小乘、大乘、密宗之中。佛教各派对手印在自己理论体系中的重要性的认识是不一样的，从而在丰富手印的象征理论、发展手印的结构体系上就显得各不相同。相对而言，密宗最看重手印，也发展出最繁复的手印体系，从而象征的内容更为细密。

一双手十个手指，经过组织，就可以变幻出无穷的意义。对印度人来说，一个形象所显示的并不是形象本身，而是形象背后的意义，所以审美感受是对一种特定意义的感受，进而是对这种意义所被规定为此意义的一个意义系统的感受。对印度人来说，主体感受和客体意义形成了一种对应结构。从手姿中可知，一个手姿可以负载复杂的内容；从佛塔中可感，一个形象可以幻化出辩证的感受；从婆罗门教的故事和视觉作品中可以悟出，化身形象和化身空间成为印度人感受世界的正常模式。

① 十度，即从无穷轮回的此岸度到涅槃解脱的彼岸的十种修行方法。

五、伊斯兰美学的文化模式

伊斯兰教公元7世纪初在阿拉伯半岛兴起，不久就扩展为地域辽阔的文化圈，曾是东正教文化、波斯文化、印度文化等多种文化的广大领域都被并入了伊斯兰文化，形成了同中有异、异中有同的丰富多彩的伊斯兰文化圈，同时也形成了伊斯兰文化独特的美学模式。这个模式的经典体现就是清真寺。清真寺不仅是一种建筑形式，更是一种精神形式，是伊斯兰精神最集中的建筑和艺术凝结。在伊斯兰教的观念中，天人具有同一性，宇宙和人都是真主的创造物。与基督教大体相同，人类祖先阿丹受魔鬼易卜劣斯之骗而犯“罪”，然而，人的本性趋向真主，并有能力趋向真主，有能力趋向真理。清真寺是一种宇宙的形象，寺的主体圆顶代表天穹。因此，人进入清真寺，是在返回一种更高的生存状态，会真切地感受到真主的存在，会深刻地体会到自己是教中之人。清真寺，在宗教的一般性上与基督教教堂、印度教神庙、佛教石窟性质相同，但作为一种特殊文化的产物，又有着独特的个性色彩。

每一种文化都有自己的宇宙中心，伊斯兰文化以独特的宇宙中心观念构成了自己独特的美学模式。在理性文化中宇宙中心逐渐演变为政治中心，最典型的就是西方民族国家出现后的首都。在中国文化中，宇宙中心具体化为天下之中，虽然天下之中已经成为现实中的政治中心，即皇帝所在的京城，但在观念上，政治中心，无论秦朝的咸阳、西汉和大唐的长安、东汉的洛阳、宋代的开封，还是元、明、清的北京，仍然被当作天下之中。各宗教文化也有自己的宇宙中心，例如在印度教中须弥山是宇宙的中心。在伊斯兰文化中，麦加是天地相合的地方，代表现实的有形地平线在这里与代表精神的无形垂直线相交。天房既是地理上的中心，又是精神上的中心。《古兰经》第2章第144节说：

> 我曾见你反复向天空仰望
> 因此我让你转向你所喜爱的地方
> 你应该面向禁寺这一方
> 你无论在什么地方
> 都应该面对这个方向①

“禁寺”就是麦加城的克尔白圣殿，主体是院墙内正中的长方体的天房。天房长13米，宽11米，高16米多。穆斯林相信，天房的原型是先知亚伯拉罕设计的。此地在伊斯兰教形成之前就被圣化了。公元630年穆斯林征服麦加，穆罕默德废除偶像，此处成了穆斯林的圣地。这个被数次重建的圣地的中心就是天房。天房周围地面的一圈圈圆线，如杰克逊·狄克依（Jackson Diickey）所说，是伊斯兰世界所有清真寺向往的结构象征，世界各地的清真寺，像矗立在一条条圆圈线上的星座，环绕麦加，朝向麦加。因此，伊斯兰世界在现实的形象性上由两大要素组成，一是各地清真寺的朝向，一是教民的

---

① 古兰经．2版．马坚，译．北京：中国社会科学出版社，2003：15.

朝向。

先讲各地清真寺的朝向。清真寺无论在什么地理位置上，都一定是朝向麦加的，这与其他宗教建筑主要以建筑形式来体现特色不同，清真寺因其规定的朝向而提醒着自己的宗教圣地——伊斯兰教的中心。伊斯兰教以自己的建筑划定了自己的世界，又以建筑朝向突出了自己的"世界格局"：像行星围绕太阳转一样，一切清真寺都围绕麦加的天房。这里，显出了伊斯兰心态的双重景观：各地的教民围绕着本地清真寺，各地的清真寺又围绕着麦加。这里有两种圆：一是可见的每一清真寺的建筑主体的圆顶，二是不可见而又朝向伊斯兰世界中心的圆。这两种圆在观念上的一体性，构成了伊斯兰美学一种知觉与想象合一、虚实相生的独特感知式样。

再讲教民的朝向。伊斯兰教徒不仅在思想上要有五信（信安拉、信先知、信天使、信经典、信末日）或者六信（前五项加上信前定），还必须在行动上遵守五功：念、礼、斋、课、朝。[“五功”是接近汉文化思维方式的译法，用“功”来表明其日常性和恒久性；阿拉伯语是 arkān al-Islām（五角），五角星构成最稳定的图案并表明其向心性；英语译为 Five pillars of Islam（五柱），以五根栋梁来形容其稳固性并表明其向上性。］如果说五信或六信存在于内心，那么五功则表现于行动。念，是心怀虔诚地念“作证词”：“我作证，万物非主，唯有安拉，独一之主，无物能并；我作证，穆罕默德，乃安拉之仆人，亦安拉之使者。”念，按学者王岱舆的诠释，一为意念，即念念不忘；二为赞念，即赞功颂德。总之，念之中，“认主独一”这一伊斯兰教的核心思想化入教民的日常观念之中。礼，是坚持礼拜。按伊斯兰教历分为日、周、年三类。日：每天礼拜五次，其一晨礼（拂晓至日出），其二晌礼（午后至日偏西），其三晡礼（日偏西至日落），其四昏礼（日落至晚霞散尽），其五宵礼（晚霞散尽至次日拂晓）。周：每周一次聚礼，于周五这天晌礼的时间，所有信徒到清真寺集体礼拜。年：一年两次会礼，在开斋节（伊斯兰教历10月1日）和宰牲节（伊斯兰教历12月10日）举行。做礼拜必须心、身、衣都要清洁。斋，即斋戒一月。在“莱麦丹月”（伊斯兰教历9月），该月白天不吃不饮，戒房事，戒恶语。课，即交纳天课，每年一次的法定宗教“税”。朝，即麦加朝觐。有条件的教民，一生要到麦加朝觐一次。这五功中有两功与麦加相关，一生一次的朝觐规定使麦加在所有教民心中萦绕，日、周、年的礼拜都是朝向麦加，麦加因这天天重复的礼拜而成为真正的心灵圣地。在这一意义上，世界各地清真寺的朝向和穆斯林礼拜的朝向使伊斯兰教成为可感的实际存在，从而也使伊斯兰教的宇宙形态变成一种实际的地理存在。以麦加为中心，由各地清真寺和穆斯林“环绕”，形成了一种伊斯兰教的虚实合一、有无相生的宇宙-感知空间。伊斯兰世界的美就是建立在这种感知空间上的。人（穆斯林）看不到天房，但能感受到天房，心中有天房。

安拉指导穆斯林朝向麦加，不过麦加虽是穆罕默德的诞生地，但却不是安拉的所在地，这正像穆斯林首先信安拉，但却看不见安拉。安拉的独特性形成了伊斯兰教的独特性，也形成了伊斯兰之美的独特性。安拉，创造了宇宙的一切的主宰，是通过穆罕默德所获启示而创建伊斯兰教而为世人知晓的，穆罕默德所获的启示形成《古兰经》，体系性地显示了安拉的存在。如果非要从人的有限角度来感受和描述安拉，就可归结为：其一，安拉是存在的，但（对人来说）是无形的；其二，安拉是活的生命，但（对人来说）没有形象。换成抽象一点的语言来说：其一，安拉是“有”，但（对人来说）表现为“无”；其二，安拉是具体，但（对人来说）表现为抽象。这是伊斯兰教与其他一切宗教的不同之处。且不论原始和远古的“宗教”都是有形象的，也不谈自古埃及以来的诸文明中的“宗教”也是有形象的，仅就高度成熟、影响较大的宗教来说，基督教的上帝是有形象的，《圣经》中说上帝按自己的形象造了人，因此可知，在形象上，上帝与人是一样的，从而在基督教的艺术中可以看到大量的上帝形象，印度教的梵天是有形象的，佛教的佛陀也是有形象的。中国的天是没有形象的，但为了弥补这一无形，中国人创造了道教神系，又请来了佛教神系，于是在中国寺庙中，可以一殿殿地塑上一个个或一排排神像。但伊斯兰教是彻底无神像的。这又在于伊斯兰教独特的天人系统，在天人“等级”上可分为：其一，安拉，为宇宙之主。其二，天使，是安拉用光创造的无性别、无饮食、无睡眠的神体，履行赞美安拉、主管天体运行等职责，向人类传达安拉的旨意，并视察人类，甚至每个人肩上都有两个天使，右肩上的记录好事，左肩上的记录坏事，天使虽然有翅膀，但人是看不见的，仍然是“无”。天使由光创造，光本是无形的，这正好又契合了安拉的“无”。更重要的一点是，天使是安拉的奴仆，绝不应受崇拜，也不能尊为神灵。天使在性质上是“奴仆”不应受崇拜，在形式上“无形”也无法形象化。其三，先知，是通过天使的传达而得到安拉启示的人。先知圣凡合一，一方面高于凡人，应受人们的赞扬、效仿和尊敬；另一方面又吃喝拉撒，有七情六欲、生老病死，同于凡人。因此，在伊斯兰教世界，先知是普通凡人，不是神，更不是主，也绝不能被崇拜。因此，清真寺是没有神像的庙宇。伊斯兰教的宇宙分为神的世界和人的世界。在神的世界，安拉和天使都是“无”，无法被“像化”；在人的世界，先知是主的奴仆，不能被神化，也从未被神化，从受崇拜的阶位讲，也是“无”。因此，伊斯兰教是宗教，但却没有一个形象化的神位。正是在这里，形成了伊斯兰世界独特的体验方式，也直接影响了对美的体验：人有“真主”，真主却是“无”，人面对“无”却感受到了真主。因为真主是“无”，所以穆斯林平常可以在任何地方进行礼拜活动；因为真主并不是真正的“无”，所以穆斯林每周五要进清真寺做集体礼拜。同样，因为真主是“无”，所以体现真主的清真寺采取了一种独特形式；因为真主并不是真正的无，所以体现真主的清真寺呈现了自己独特的美。

从公元 7—8 世纪阿拉伯帝国倭马亚王朝建都大马士革以来，清真寺随伊斯兰文化的进退而扩缩，东到中国，西到西班牙，南下马来西亚，北上中欧，因地域、民族、文化因素而呈千姿百态，但又有对伊斯兰文化来说是共同的、与其他文化相比较是独特的东西：一种伊斯兰的美。

清真寺一般用四周殿堂或护墙围成一个宽敞的方形院落，形成一种独特的空间结构。四面一围，隔开了寺外的世俗空间而围起一个寺内的神圣空间。寺内又分成两个有别的空间：（1）殿堂内的室内空间，这是礼拜和讲道的核心，用各种实体的建筑手段，房屋结构、墙上装饰、室内器物等，构成一个实在的神圣空间；（2）空旷院内，这构成一个虚灵的空间，从功能上讲，它是为了容纳众多的人做礼拜，从结构上讲，它造就了多重性的奇妙视觉变幻。清真寺是内向的，殿墙朝外部分是朴实无饰的，而朝向院内的一切部分，门、窗、墙等，无不修饰精美，精饰细装。在寺外，感受到的是清真寺体形的独特、巨大、崇高，使人有神圣的感召感；入寺内，那独特精美的色彩、图案，马上使人感受到两个不同世界的区别：神圣与世俗。院内空旷空间之上有深邃的蓝天，但院内被一种精美建筑图案围起来的蓝天与寺外平常房院之上的蓝天有鲜明的对比，真能感受到神圣、世俗两种天。在寺外，大地和蓝天衬托出寺庙建筑实体之耸立的神性；入寺内，建筑实体成了由自身围起来的苍穹的烘托物，天的高远无垠最能引发人的沉思。虽然穆斯林的礼拜朝向麦加，但安拉是宇宙的主宰，它是无所不在的，《古兰经》第2章第116节说：

无论是东方、西方
都归安拉掌管
你们无论转向哪一边
都是在安拉面前①

因此，礼拜作为仪式，朝向麦加，强化了伊斯兰教的宇宙-地理结构，非礼拜时段的感受是对真主的一种宗教式直觉。清真寺建筑四围的殿堂与半球形穹顶及细长的高塔之间的比例结构，同样具有这样的宗教感召力，对寺外之人，它把你引向自身，对寺内之人，它把你引向苍天。伊斯兰教起源于沙漠，在沙漠中对苍天的感受是清真寺内苍天结构的基础，只是把它以伊斯兰教的方式神圣化了。在象征层面，这里也有一种双重变幻，人在寺外，寺墙、墙塔和圆拱顶主体是“圣山”，院内如天堂，院门如圣门。这一感受在伊斯坦布尔蓝色清真寺的建筑形体中可以得到最充分的体会。进门就意味着进入天堂之域。而在院内，四周殿堂由列柱形成的无数小穹顶给出的节奏和向上感，使圣域内的天空别具意义。

然而，伊斯兰教的天堂不同于基督教的天堂，因此清真寺院内空间的真正意义是指向殿内的。寺院的门、窗、廊、墙的精美，其旨趣主要不在于面向天空，而在于指向殿内。教民心之所向，是建筑主体圆顶下的圣龛，圣龛是朝着麦加的。这里，清真寺的两种建筑因素显出自己的特点，一是塔，另一是水。

基督教教堂没有塔，钟楼融入了教堂的整体形象之中。印度佛教的塔是建筑的核心。清真寺的塔，虽然有召集宣礼的功能，这从塔上的小亭可以猜出，但就清真寺的整体形象而论，更表现为一种装饰。蓝色清真寺之塔，前前后后，把主体穹顶装饰得格外华丽。但塔在清真寺内，最有意思的是它与主体建筑即礼拜殿之间构成的一种关系：从高度来看，塔比礼拜殿高很多，吸引了人的视线，把人引向天空；但从体积来看，塔非常细小，完全不能夺去礼拜殿的主导地位。这高过礼拜殿又细于礼拜殿的特征，正好契合了伊斯兰教独特的天堂向往。它渴望天空，但这天空是在各清真寺都围绕麦加天房这一宇宙结构中的天空。在蓝色清真寺中，六座高塔与穹形主体形成灿烂景观；在特耳非礼拜五清真寺中，主殿两旁的两座细塔构成另一种趣味。

水的设计，是清真寺以及伊斯兰教其他建筑的另一特色。沙漠民族最能体会清凉而流动的水所具有的意义，最能感受“流水”和“活水”这类词汇的亲切，水意味着生命。在伊斯兰教的建筑中，水显出了各种姿态与灵性。宫殿里，花园中，各种由墙和殿围起

① 古兰经. 2版. 马坚，译. 北京：中国社会科学出版社，2003：458.

来的清池，如镜、如幻，清澈、碧莹、宁静、温润，宛如一片圣境。水也被引入室内，从一殿到另一殿，从一室到另一室，各种形状的水道，在殿、室和庭院中穿行，成了连接建筑整体的流动活脉。然而，对穆斯林来说，水在清真寺中被引入了一种宗教含义。从世俗的不净地走进宗教的净地，净身成为一种必要的仪式。因此，清真寺都有一个喷泉，穆斯林在进入祈祷大厅之前，除了脱鞋、戴帽等行动，还有一个重要项目，就是洗浴。因此，清真寺内有大小各异的蓄水处，这些蓄水处都被加以各种或精美或简洁的装饰，更加凸显了水的珍贵和神圣。一种最经典的方式是将小水室安排在空院的中间，比如蓝色清真寺。空院与寺殿形成虚实对称结构，寺殿的中间主体是圆顶，空院的中间是小圆顶的喷水室。人进寺，从世俗到圣地，心境一变；空院之中，净身，心身俱变；然后进殿，走向神圣。

在蓝色清真寺的结构中，正好可以进一步具体解释前文说的伊斯兰教的独特方式：从外面看清真寺，建筑呈现一片圣地，是客体之“有”；入寺内，身置空院，是客体之“无”；净身，是主体从“有”（有世俗身）到“无”（无世俗身），同时又是主体从“无”（无圣意身）到“有”（有圣意身），然后从客体之“无”（空院）走向客体之“有”（主殿）；进入殿内，是多重的有无关系，圣龛是视觉上的“有”，其所指麦加是视觉上的“无”，代表真主的寺殿是视觉上的“有”，寺殿所代表的真主是视觉上的“无”，麦加和真主虽然是视觉上的“无”，但却是实际上的“有”。

从建筑实体方面看，柱、拱、圆顶是清真寺的三位一体。柱形成拱门、形成拱廊，但围绕着、服务着的是作为主体的圆顶。正像伊斯兰教的花园具体化了天上的乐园一样，圆顶在伊斯兰教的观念中象征着天穹。不仅如此，按照《古兰经》，宇宙唯一的神安拉创造了七层天和七层地，每一层都与特殊的宝石、色彩、性质和进步阶段相关联。因此，以清真寺为代表的伊斯兰建筑，不仅是一种感官模式，更是一种象征体系。它包含一个数、形、色、位的结构系统，这个系统贯串在清真寺的整体和部分之中。因为神座是由八位天使支撑的，所以清真寺的圆顶大都建立在突拱拱门的八角基座上，组合着四条基线和四条直线。正像伊斯兰城市用墙围起来的四门反映四大基向，或者用十二门象征黄道十二宫一样，清真寺的四门构成的平面四基点与两极的立面两点结合形成六方向的建筑：天地四方，从宏观到微观。清真寺中三角形、方形和六边形形成了自己的一套比例与象征。立体的六面方形象征地，二十面体的二十个等边三角形象征水，八面体的八个等边三角形象征气，四面体的四个等边三角形象征火，十二面体的十二个五边形象征宇宙整体。清真寺主要的立面和平面都使用黄金分割与圆的主题，使各部分相互关联，形成一种音乐的运动结构。比例尺度来自人体，因此，可以说，清真寺的点、线、面、体，其数学原则和象征体系，是天文学与解剖学的完美统一。

这个象征系统的终极目的是呈现伊斯兰教的唯一的主——安拉。然而，安拉不以具体面貌出现，伊斯兰教反对偶像崇拜，寺内没有安拉的塑像，也没有先知穆罕默德的塑像，连人物图画也是为教规所禁止的。因此，作为安拉象征的清真寺有一种独特的装饰：图案性和抽象性。清真寺墙面、门窗、地上的地毯都装饰或织绘着植物纹样、几何纹样、书法纹样的图案。清真寺中的植物纹样图案，不论可以辨识的、未变形的树木，还是难以指认的、已变形的花草，都有图案化的倾向而内蕴几何图案的意蕴。前文讲的几何意义仍然适用于几何图案。几何性就是抽象性，就是具象的“无”，因此，几何图案的“无”正对应着真主的“无”。对“无”的崇敬使清真寺把几何图案发挥得淋漓尽致（图6－13）。

图6－13　建筑上的抽象

文字作为一种抽象图案也是伊斯兰教对人类文化的一种独特贡献。穆罕默德受真主的启示是从“读”开始的。公元610年阿拉伯阴历九月，穆罕默德在麦加郊区希拉山的岩洞中沉思默想，他要解决一些重大问题时，总是带上干粮，远离人群。在这次沉思中，他突然听到一个命令式的声音：“你读吧！”周围并没有人，当他要怀疑这是自己的幻觉时，声音又出现了。这种情况重复多次之后，穆罕默德想问：“读什么呢？”这时命令读的声音变成了有内容的句子，于是穆罕默德跟着诵读起来：

> 你奉创造主的名义读吧！
> 他从血块创造了人类。
> 你诵读吧！你的主最尊贵。
> 他教人使用笔杆，
> 他传授人类以原先所不懂的智慧。
> ……
> 这是大天使哲布列勒来向它传达真主之意。

文字来自真主，文字是抽象的，是“无”，但又包含着最深刻的内容，是“有”。真主是无形的，但又是用文字的形式表现出来的。在这一意义上，文字的特征正好契合了真主的特征。它是无但又是有，它是有但又是无。

清真寺里的书法达到了出神入化的程度（图6－14）。可以说，真正使书法成为一门绝妙艺术的，只有两种文化，即中国文化和伊斯兰文化。中国书法表现的是气的宇宙，因此具有浓淡枯湿的效果；伊斯兰书法表现的是真主的有与无的哲理，因此具有抽象美的深意。真主无形但又存在，只能用几何与文字的抽象美去表现，也最适合用几何与文字的抽象美去表现。植物纹样、几何纹样、书法纹样三种因素可以完美地组织在一起。清真寺的图案以静境为主，但各种方形、多类圆形、不少菱形的交错安排和连续出现又显出动态，既在静中显出动，又在动中显出静。这是一种非常伊斯兰式的世界趣味和宗教体验。那由阿拉伯文字组成的连续性图案将文字的神圣性与图案的神圣性融为一体，构成一种非常深邃的、有意味的形式。各种圆形图案暗喻了一种在严峻气候环境中个体对精神中心的追求。清真寺中的图案本身就是一种伊斯兰教的圣境：安拉是唯一的真主，但又不以具体的面貌显现。

图 6－14 建筑上的书法

除了植物纹样、几何纹样、书法纹样三种图案的抽象美之外，清真寺中的另一大因素是光。清真寺的色彩，以代表存在的白色为一极，以代表非存在的黑色为另一极，中间的色彩都是具有象征意义的，并被依次使用。纯粹的光是一个统一体，光谱七色则是存在之丰富和多样的象征，其中最主要的颜色是四种，即红、蓝、绿、黄。四色既关联到四大元素（地、水、风、火），又关联到自然的活性，还关联到四季的划分、一天的四等分、人生的四阶段。其中，绿色具有更高的地位，因为它具体化在每一种色彩里。清真寺色谱的运用是按照对比色、邻近色和互补色之间的和谐原则进行的，将白色和黑色作为高光点，给色彩的深度和对比以平衡。光使这些色彩组合起来，达到了一片化境，特别是光通过彩色玻璃映射出来，以及在礼拜殿圆顶内部折射出来所产生的幻境，可谓绝妙。清真寺的光不同于基督教教堂的光。在基督教文化里，“上帝说要有光，于是就有了光”，光是为了成就具体物象，光是“有”，它呈现为西方绘画里具体形象的色彩斑斓；在伊斯兰文化里，光生成存在着但又看不见的天使。安拉，在苏非派的解释里，也是天地之光。总之，光既是“无”也是有，是有与无的辩证关系。在清真寺里，光与植物纹样、几何纹样、书法纹样一道，组成了抽象美的无声四重唱。

现在可以进一步地解说前文讲到的模式。人在院里就感受到墙、窗、门、廊所形成的几何结构和各种抽象图案，当他一步步走进殿中时，他在一步步走进一个抽象美的世界。因此，一方面，他进入了殿内由各种图案构成的“有”；另一方面，图案又是抽象的，是“无”。与之相同，礼拜殿内讲道既是有（人和语言），又是无（无真主之形）。礼拜殿内的圣龛既是有（器物和图案），又是无（无偶像）。整个清真寺就是这样一种有无辩证结构，而这种结构正契合于真主本身的有无辩证结构。因此，清真寺就是真主的象征。

六、丝绸之路与跨文化的美学流动

在讲了相对固定的四大文化之美后，还应讲一下将四大文化联系起来的丝绸之路上的美学流动。丝绸之路是把欧亚大陆连接起来的宝路，进一步讲，是以欧亚大陆为主体的世界之路。在东亚的尽头，丝绸之路或显或隐地与广大的美洲和环太平洋地区相连；在西亚的尽头，丝绸之路或明或暗地与广大的非洲相连。当人类文化从原始时代向早期文明时代升级之时，在欧亚大陆的西边尽头，是两河流域（美索不达米亚）文明与古埃及文明的内在关联；在欧亚大陆的东边尽头，是殷商文明与奥尔梅克文明的遥相呼应。虽然有这两大关联，但欧亚大陆的丝绸之路构成主流。当新石器把欧亚大陆的西部、南部、东部都带入定居文化之时，欧亚草原上的游牧文化与东、西、南三面定居的农耕文化形成丰富多彩的互动关系，把欧亚大陆连缀成一个“多彩的整体”。如果艺术是人类精神最美的闪耀，那么，欧亚大陆由丝绸之路连缀起来形成的整体性同时就是一个艺术整体或曰美学整体。当马在西亚驯养成功之后，沿着丝绸之路向西、东、南流动，于是整个欧亚大陆的岩画中马的形象到处出现；当桑蚕在东亚成功出现之后，沿着丝绸之路向中、西、南移动，自此丝绸成为欧亚大陆最美丽高贵的象征。从美学与文化的紧密关联来看，欧亚大陆内蕴整个世界关联的美学史，就不是从地理板块上讲的欧洲、西亚、中亚、南亚、东亚等的各不相关的美学史，也不是从文化板块上讲的中国、地中海、印度，以及粟特、突厥等的各不相关的美学史，而是由丝绸之路连缀起来的、具有整体性的美学史。这样的美学史，可以把由以前分地区而来的美学史必然产生的众多空白补缀出来，能够把由以前分文化而来的美学史必然产生的众多盲点彰显出来。在这一意义上，丝绸之路美学史将树立起当代美学史书写的新路标。上下几千年，纵横数万里，丝绸之路美学史的宝藏很多，问题不少。这里且选三大现象，以由此初探和新构丝绸之路美学史的基本原理：一是流贯于丝绸之路东西南北各处而本质不变的美学；二是流动于丝绸之路东西南北各处而不断变化的美学；三是虽流动于丝绸之路的东西南北，但却在美学上形成明显不同的文化区块。这三大不同美学现象应可以透出丝绸之路美学史的内在结构和基本原理，或者换而言之，丝绸之路美学史的这三大主题，以曲径通幽之路，引导着丝绸之路美学史的理论建构。

（一）流动中的恒久之美：丝绸与瓷器

欧亚大陆各端带有美学性质的物品流动，最早而最有文化意义的，大概有二：一是青铜器从西亚产生而开始向全欧亚大陆流动，开辟了一个质重而宝贵且具有美学性质的新时代；二是丝绸在中国产生并开始向全欧亚大陆流动，启动了一个质轻而宝贵且具有美学性质的新时代。曾几何时，青铜器在世界的辉煌随着被铁器取代而转为陈迹，但丝绸却历久弥新不断涌现为各时各地的珍贵之物。从罗马到波斯到印度，丝绸带来的故事都弥漫在高贵、高雅、高尚的气息中，关联着美丽、艺术、美学的境界。恺撒在公共场合穿上丝绸，引起了罗马上流社会的巨大轰动。希腊人因丝绸之美而爱之，因中国之远而难知，从而把中国称为丝国（Seres）。

继丝绸之后，产生于中国而又一次开始向全欧亚大陆流动的宝物是瓷器。瓷器与丝绸一样，高贵、高雅、高尚且具有艺术情调和美学性质。丝绸用于很多方面，其中一个重要方面是被制作成昂贵高雅的衣裳穿在身上，一个人穿在身上的美可以让人强烈地感受到，但却不能拉近过来细观详赏（这样既对他人不礼貌，也对自己不尊重）。瓷器作为器物，有多方面的用处和用法，其中一个重要方面就是可以让人近观细赏（这正是拥有者炫耀自己的得意之时，也是抬高瓷器的重要手段）。仅从这方面讲，瓷器自有不亚于丝绸的美学魅力。丝绸比起瓷器而言，样式和风格的分类相对较少，瓷器在类型和用途上展开为庞大的层层细分的体系①，在数量上也远比丝绸多②，因此，影响面比丝绸广泛。欧洲人因瓷器之美而爱之，因中国之远而难知，从而把中国称为瓷国（China）③。

与丝绸在整个欧亚大陆流通同时，各地开始了美学变异。中国审美样式在外传的同时，又产生了审美风格的本地化。公元3世纪的西域地区，产生了具有地方风格的粟特锦，以及与波斯互动而来的波斯锦。公元6世纪君士坦丁堡获得丝绸织造技术后，公元8世纪时丝织业成为拜占庭帝国的主要工业，将自己的特色丝绸远销西欧市场。13世纪意大利的诸多城市建立丝织作坊，16世纪法国的诸多城市形成丝绸中心，欧洲各王室都有其丝织产品。在这个丝绸审美风格地区化和丰富化的漫长而复杂的过程中，无论丝绸的质地、图案、纹样怎样多样化，丝绸仍在整个欧亚大陆的东西南北普遍流动，仍然在丝绸这一总体而统一的名号下，继续成为一种各方承认的高贵、高雅、高尚的美学样式。

瓷器也是一样。自青瓷产生以来，由汉、魏、南北朝，到隋、唐、宋、元、明、清，中国各类瓷器，唐三彩，以哥、官、汝、定、钧等为代表的宋瓷，元青花瓷，明斗彩瓷，清珐琅彩、粉彩等，就沿着陆上丝绸之路和海上丝绸之路流向世界，特别是16世纪葡萄牙人到达广州，17世纪英、荷、法、丹麦、瑞典成立东印度公司，中西贸易扩大，外销瓷大量进入欧洲，影响了欧洲宫廷的审美风尚。一方面，欧洲各国的大量瓷器订货改变了中国外销瓷的审美样式，并在一定程度上影响了清朝宫廷的审美趣味。另一方面，欧洲成功地建立了自己的瓷器生产行业，把瓷器样式本地化，同时也影响着中国瓷器的审美趣味。总而言之，瓷器在欧亚大陆的移动，形成了审美样式的多样化和中西美学相互影响而展开的五彩斑斓的历史进程。与丝绸一样，瓷器的各种美学变异都没有影响瓷器在流向欧亚大陆各处时的高贵、高雅、高尚的地位，而以统一的名号持续地成为一种人见人爱的生活用品、审美对象、艺术赏物。

---

① 且以雍正时期的官瓷为例，据《清宫瓷器档案全集》统计，有琢玉瓶40类、尊12类、罐5类、囊3类、花盆4类、水盛4类。还有豆、爵、五供、供插、水盂、茶壶、笔洗、烛台、灯台、鼻烟壶、花浇、花插、水仙奁、盆奁、面盆、奓斗、缸、钵、盒、僧帽壶、菊瓣茶壶、果托等器，圆器有碗13类、盘18类、碟7类、盅3类以及盏等。（铁源，溪明. 清代官窑瓷器史：第1册. 北京：中国画报出版社，2012：39-41）

② 清代相对较短的只有13年的雍正时期，宫窑就制造瓷器40万件。（铁源，溪明. 清代官窑瓷器史：第1册. 北京：中国画报出版社，2012：38）

③ 西方对中国的称谓，来源很多，包括秦的译音Chni，还有与丝绸相关的希伯来文Sininm，阿拉伯文Sin，希腊文Sinai，拉丁文Sinae，等等，但最后汇入英语China中，是与瓷器在西方的地位相关的。[周放. 关于“中国”一词阿文译名词源考证的辨疑. 寻根，2006（4）：41-45]

丝绸与瓷器，作为两种生活用品、审美对象、艺术赏物，从中国创制到流行于欧亚大陆各地，一直是受人欢迎、为人喜爱之物。虽然在东西南北的流动中，丝绸与瓷器不断地改变着自己的艺术面貌和审美样式，但二者作为高贵、高雅、高尚之物的地位却从来没有变化，并深深地融入各地人们的审美体系、艺术体系、生活体系之中，成为一种恒久之物。何以如此，这背后隐藏着一种美学原理，找出这一原理，对于理解丝绸之路美学史是重要的，对于书写丝绸之路美学史也是重要的。

（二）流动中不断变异的艺术：神像艺术

在丝绸之路美学史中，一种艺术从一地进入另一地，引起了本地艺术的变异，本地艺术一方面应和着进入艺术，另一方面又产生了新的艺术，这一新艺术看起来是新的，但与进入艺术又有一种紧密关系。然后，这一艺术再向另一新地移动，一方面演化出这一艺术在新地的新样式，另一方面这一新样式又激发起新地区中表面上看起来不属于这一艺术，但其实又与这一艺术有着紧密关系的另一艺术样态。这一艺术的不断变异构成了丝绸之路美学史上最令人深思的艺术现象。这类现象中最为典型的就是由古希腊塑像到印度佛像到中国神像而构成的一组既有承继又有变异还有转换而呈现出来的复杂互动关系。

公元前326年，亚历山大大帝进入本为古印度十六列国之一的犍陀罗地区，把古希腊塑像艺术带入这一地区。公元前305年印度孔雀王朝从亚历山大的后继者塞琉古手中夺回犍陀罗，之后又有巴克特里亚（大夏）希腊人、中亚塞种人、伊朗的帕提亚人等轮番来去，最后进入有阿育王第二之称的迦腻色迦的贵霜王朝（公元78—144年）。从亚历山大进入犍陀罗到贵霜王朝这一时期，印度文化正经历着从部派佛教到大乘佛教的演进。部派佛教主要追求自我解脱，在艺术上体现为无佛像，当需要呈现佛陀时，就用菩提树、法轮、台座、佛陀脚印等象征方式来暗示佛陀之存在，给走向佛境的人予以艺术方式的宗教启迪。这些佛迹形象又都围绕着具有佛教真谛的核心象征：体现涅槃的佛塔。大乘佛教的人生目标，从以求佛者的个人解脱为主演进为以救苦救难的普度众生为主，艺术形象与之相适应，除了涅槃的静境，还需要佛陀的生动形象。古希腊神像的到来给佛教艺术以直接启示，于是佛陀之像和菩萨之像开始在犍陀罗地区出现。这些佛像既有犍陀罗地区的特征，又有明显的希腊因素①。

自此之后，佛教艺术进入有佛像时期，佛教不但遍现于印度全境，而且在整个佛教圈进行东西南北的移动。向南由斯里兰卡而缅甸、泰国、柬埔寨、老挝、印度尼西亚，布遍了整个东南亚，以及中国云南。从北进入中亚，接着进入中国，又进入朝鲜、日本、越南。从中路翻过喜马拉雅山，进入中国西藏，扩展到青海、内蒙古等。佛教艺术在丝绸之路上移动，同时进入各地的地方化而显现了极大的复杂性、多样性、丰富性。比如，佛教进入中国汉地文化区后，从敦煌开始，艺术类型的变异就明显透露出来，从北朝到

---

① 穆罕默德·瓦利乌拉·汗. 犍陀罗：来自巴基斯坦的佛教文明. 陆水林，译. 北京：五洲传播出版社，2009：189-240.

隋唐，敦煌石窟艺术在建筑上由印度和西域的中心柱式演变成具有汉文化的覆斗式与背屏式，在壁画上由以本生故事为主演变成以《西方净土变》和《东方药师净土变》这样的天国幸福图为主，在雕塑上以单体佛为主演变成以一佛二弟子二菩萨二金刚这样的群像为主，一种印度式的普世胸怀演变为中国式的家族型和朝廷型的仁爱群体形象①。这类佛教艺术的变化，在中国文化的不同地区有各式各样的本土化，各式各样的本土化又或明或暗地按照中国文化与印度文化互动的总体方式进行。佛教艺术这一来自印度的艺术样式，在丝绸之路各地流动，与来自中国而在丝绸之路各地流动的丝绸和瓷器一样，无论怎样变化和多样，都是佛教艺术，构成了艺术类型的总体统一。

但比起丝绸和瓷器，佛教艺术又有两大不同。一是它并没有流向丝绸之路地理的全部，只是向南、向北、向东，而并没有向西进入基督教地区和伊斯兰教地区，佛教型雕塑与古希腊型雕塑形成了一种在丝绸之路上的并置。其中的美学史意味值得思考。二是佛教艺术进入中国，形成中国型佛教艺术的同时，激起了中国道教艺术的产生。

中国的神仙思想在汉画像中有多样的体现，魏晋南北朝在此基础上进行道教建构之时，以老子为原型的太上老君成为重要资源，新构想出来的元始天尊、灵宝天尊等形象也以之为基础，《老子想尔注》（敦煌本）曰："道至尊，微而隐，无状貌形像也。"道教主神最初应与原始佛教和部派佛教一样，是无形象的。但在佛教东来且以像教方式而大获成功的激励下，道教开始塑造自己的神像，最初的道教主神在造型、服饰、坐姿、手势、像群结构上都与佛教造像甚为相似，如北魏景明元年（500 年）的"杨阿绍造像碑"，组合为一铺三尊，主尊除头戴道冠外，结跏趺坐，右手举于胸前，似佛教中的无畏印，左手置于左腿上②，与同期佛教造像基本相同。虽然道教造像同时也从本土宗教的图像资料中吸取各种元素，但正如后来成型的道观与在不断演进中成型的佛寺，在基本建筑结构上都受中国皇宫样式的制约和规范，有着基本相同的格局，道观中的塑像与佛寺中的塑像在结构上、圣数上、排列上有着共同的中华风貌。虽然道教艺术与佛教艺术有很多共同点，但又有不同处，而且道教艺术有着自身的独特体系，不过，虽然体系不同，但在来源、演进、形态上又紧密相关。正如印度佛教的佛陀塑像是在与古希腊雕塑的互动中产生出来的，但又不同于古希腊雕塑，道教塑像是在与佛教塑像的互动中产生出来的，但又不同于佛教塑像。

因此，丝绸之路从东到中到西，呈现为古希腊塑像、佛教塑像、道教塑像三大不同的艺术形态。从时间先后和形态关联两个方面来看，从古希腊塑像到佛教塑像到道教塑像，呈现为一种艺术样态的不断变异。这一变异背后应有一种美学原则和艺术史原理发挥着功能作用，即刺激-产生-变异原理。由古希腊雕塑的刺激产生佛教塑像，由之产生出来的佛教塑像又形成一种不同于古希腊雕像的新系统。由佛教塑像的刺激产生道教塑像，由之产生出来的道教塑像又呈现出一种不同于佛教塑像的新系统。在丝绸之路艺术史中，这样的艺术变异又岂止宗教塑像一种，但这一刺激-产生-变异原理可以成为进入丝绸之路美学史的一根"原理般"的神杖，去理解由丝绸之路而产生的丰富多彩且变幻

① 张法. 佛教艺术. 北京：高等教育出版社，2004：74-104.

② 刘睿. 北朝道教造像再考察：以造像碑为中心. 考古与文物，2015（4）：73-80.

多端的艺术现象。

（三）流动中形成的区块艺术：宝石艺术

前文讲的造型艺术的变异性流动，内蕴着丝绸之路艺术史的刺激-产生-变异原理。由这一原理可以产生多种多样的艺术现象，其中一个重要现象就是艺术区块现象。在前文讲的从古希腊造像到佛教造像到道教造像的刺激-产生-变异原理中出现的艺术区块现象是，古希腊雕塑催生了佛教雕塑，但自身却未进入广大的佛教艺术圈，佛教艺术产生以后，沿丝绸之路向东、向南移动，却没有推进到丝绸之路的西端区块。从大处着眼，形成了古希腊雕塑拥有西边区块、佛教雕塑占据东边区块的两大艺术区块现象。在丝绸之路产生后的漫长时间和悠广空间里，各种各样的艺术东西南北多向流动，有的如前文讲的丝绸和瓷器可以畅流无碍，有的如前文讲的神像艺术在流动中产生变异，有的则形成各种各样的区块。区块艺术现象中最为重要的是宝石艺术。在尚未有丝绸之路这一名称之前，这条路上的东西南北就流动着各种各样的宝物，如黄金、白银、青铜、黑曜石、孔雀石、绿松石、珍珠、玻璃、象牙、水晶、玛瑙等，但从区块理论来讲，有两种宝石最引人注目，这就是丝绸之路西部的青金石和丝绸之路东部的美玉。

青金石产于巴达克山，从6 000年前开采以来，青金石从中亚向地中海东岸流动，在近东早期文明中扮演了重要角色。最早的苏美尔城邦以巨型神庙为中心建立起来，神庙的标志性装饰就是青金石。城邦国王以权杖为象征，青金石是权杖上的标志性镶嵌物。3 000年前乌尔王室的马赛克画中，众宝石镶嵌在天蓝色的青金石背景上。两河流域的天空，在文化观念上，是由青金石构成的。克拉莫尔（S. N. Kramer）编的《苏美尔神话》（*Sumerian Mythology*）引用早期文献来讲两河流域文化的观念：在《宇宙的构成》中，天呈现为青金石之亮色；在《南纳赴尼普尔的旅程》中，天海中的码头（天门）是由青金石构成的；在《造人》中，作为天地之子大气之神和众灵之主的恩利尔的天宫，墙壁和天花板是青金石色；在《印南娜下冥府》中，天后印南娜的权杖是青金色的；在《镐头的创造》中，恩利尔的神镐是青金石的，他挥动神镐创造了时间与城市。由此透出，在两河流域早期文明中，从地上的城市、神庙到天上的天门、天宫，都闪耀着青金石的蓝色光芒。由此可以理解，公元前2700年苏美尔祭司人像的一双大眼睛是青金石的，这是与天同性、与神同质之色；在公元前2600年金牛头竖琴上，牛的胡须是青金石的蓝色，额上毛发是青金石的蓝色，两个高高弯起的牛角的尖端还是青金石的蓝色，牛的神圣性由之显出。在出土文物中，可以看到王室的首饰、游戏物（应用于算命）、玻璃珠中，都闪烁着青金石的蓝色。后来，亚述智慧之神辛的胡须是青金石的蓝色，巴比伦的宽厚城门是青金石的蓝色，有着神兽浮雕的宫墙也是青金石的蓝色。青金石不仅构筑起了两河流域观念的核心，而且对古埃及文化产生了重要影响，在古埃及的绘画中，天神努特一会儿以缀满星星的青金石的蓝色身躯出现，全身闪烁着青金石的蓝色光芒；一会儿以载着移动的太阳的黄色身躯出现，这时其身后是满缀星星的青金石的蓝天。古埃及神话中最重要的是奥西里斯、伊西丝、荷鲁斯这一神圣家庭。奥西里斯被称为绿松石和青金石之神。古埃及的象征色彩主要有四种：金黄，阳光之色，象征太阳；绿，自然之色，象征永生；紫，土地之色，象征大地；蓝，苍天之色，象征天空。作为先为法老、后为冥界之王的奥西里斯，掌管着众生进入天堂获得永生的权力。因此，他是绿松石（绿）和青金石（蓝）之神。伊西丝有很多形象，其中之一呈现为：头发、顶冠、手镯都是青金石的蓝色。荷鲁斯以鹰头形象出现时，头发、首饰、脚环饰是青金石的蓝色，以一双大眼睛的形象出现时，双眼和背景都是青金石的蓝色。古埃及第十八王朝法老图坦卡蒙的金冠、面部、身躯装饰着珠宝，而青金石的蓝色构成整个形象的主调。青金石的蓝色还出现在人体的各种饰品如戒指和手镯，建筑与器物的各种装饰如柱子和彩罐的用色中。可以说，青金石之性之色，形成了两河流域文化和古埃及文化的美学基因，由之而下，尽管古希腊文化、波斯文化、犹太文化、基督教文化、伊斯兰文化等加进了很多新因素，带来了很多新变化，但青金石始终在兴都库什山以西的各条丝绸之路上五彩缤纷地流动，演出了丰富多彩的活剧。基督教教堂中的蓝色，伊斯兰教清真寺中的蓝色，以及其他各种各样的蓝色，构成了丝绸之路西部的青金石艺术区块。

青金石在丝绸之路西部具有重要位置，但在向东移动时，地位就降低了，被纳入中国玉文化的范畴，在《尚书·禹贡》中被称为“璆琳”，在《穆天子传》中叫“枝斯”，春秋战国秦曰“琉璃”，之后唐有“瑟瑟”之名，宋有“金星石”之称，元叫过“蓝石”，还有过“金精”“蓝赤”“金螭”“点黛”“帝青”“璧流”“回青”等多种叫法，在中国的玉系统中不处于核心地位。中国之玉，从距今 3 万～2 万年（江西仙人洞旧石器晚期遗址）被纳入观念系统，到 8 000 年前在兴隆洼文化和查海文化中兴起，形成一个系统，再到红山文化、良渚文化、凌家滩文化、石家河文化，由东到西，从北到南，成片闪耀。与地中海东部文化中青金石进入文化观念的中心一样，中国的玉也进入了文化观念的中心，中国之玉有一个体系。玉能通灵，玉本为灵，因此，各类玉都有自己的功能位置。《周礼·春官·宗伯》曰：“以玉作六器，以礼天地四方：以苍璧礼天，以黄琮礼地，以青圭礼东方，以赤璋礼南方，以白琥礼西方，以玄璜礼北方。”在这一远古观念体系中，对玉的需要是大量的。带着远古因素的《山海经》中记录了采玉之山 149 处，分布于四面八方。部落在玉山附近，采玉方便，隔得远呢，就要到远处去寻，杨伯达《“玉石之路”的布局及其网络》呈现了最初的夷玉之路和越玉之路，以及后来五大板块时期的各条玉路，这时特别值得关注的，一是“鬼国玉文化亚板块玉矿位于东萨彦岭及外兴安岭维季姆河或西邻之矿点，其直线距离约 1 000～2 500 公里”①；二是齐家玉文化板块的昆山玉路，直线距离近 3 000 公里；三是夏商周时代以和田玉路为主的多条玉路。二里头的和田玉呈现了中原到新疆的玉路，殷商伐鬼方与玉路相关，周穆王西游也与玉路有关。然而，玉在中国境内东西南北玉路上的流动却基本上没有越过帕米尔高原。这应与中国之玉所内蕴的文化观念有关。玉有五色，但中国五色与天地观念相连，核心并不是天之蓝色。前文引《周礼》与天象配之玉为苍，苍璧区别于青圭。苍不是天表面看上去之蓝，而在于蓝之深给人的空间深邃感受，所谓“悠悠苍天”（《诗经·黍离》）。《毛传》曰：“远视之苍苍然，则称苍天。”苍天一直在时间中转动，苍可指蓝、指绿，成为“苍翠”；

① 杨伯达.“玉石之路”的布局及其网络. 南都学坛（人文社会科学学报），2004（3）：114.

也可指由蓝而浅青而白，所谓“苍白”；又可指由蓝而青而黄的变化，所谓“苍黄”；还可指由蓝而青而转为深黑，所谓地黄天玄之“玄”；等等。苍天不但指空间深邃之“苍茫”，还指时间流动之远邃、之“苍老”。天之深与远在中国人千年万年的观察中，在于以北极-极星-北斗紧密相连并以“北辰”为总名引出的春夏秋冬的运转和万物生灭的运动。如果说，美索不达米亚文化和古埃及文化仰望天空，突出的是青金石般的蓝色，那么，中国文化仰望天空，关注的就是白玉色般的星辰，特别是处于天之中央的北极-极星-北斗，北斗又被称为璇玑，远古中国三齿牙的璇玑之玉，分布在从龙山文化时代至夏商周时代的众多遗址中。《尚书·舜典》讲“璇玑玉衡，以齐七政”，历代对这句话的解释多种多样，但它其实是指天上北辰星系与地上璇玑之玉的对应，北辰以白色为主，地上之玉也以白色为主，从而形成了中国以玉之白色构筑的天体本质与地中海东部以青金石之蓝色构筑的天体本质的不同。正是这一不同使中国和西方的宝石主题，与远古之初在丝绸之路上的“艺术”流动，分成了不同的区块特征。

通过以上对丝绸之路美学史上三大现象的分析，已经透出了丝绸之路美学史与其他美学史的区别，透出了丝绸之路美学史的研究对象比一般美学史的研究对象更为复杂。但正因其别样和复杂，丝绸之路美学史把以前美学史写作时被遮蔽的东西彰显出来了，将把人们引向世界美学的深处。

七、文化模式与美

在以上呈现的五大美学模式中，有两个问题会被提出来：(1) 在五大模式中，印度模式和伊斯兰模式是在宗教型文化中产生出来的，从美学原理来讲，凸显出一个理论问题：宗教型文化怎样定义美，怎样从宗教体验和审美体验的关系中认识美学的深层次问题？(2) 当与人的本质和宇宙的本质内在同一的美的深度在文化中只表现为文化的人和宇宙的本质时，文化的人和宇宙与真正的人和宇宙是怎样一种关系，怎样从这种关系中认识美学的深层次问题？

（一）第一个问题

在宗教型文化中，审美活动的指向是宗教的，但活动本身仍然是审美的。首先，它仍然是审美主体与审美对象的相遇，而且其审美对象与其他文化的审美对象在物质形式上是一样的，如伊斯兰文化中清真寺的建筑结构、内部装饰、空间形式、图案色彩，如印度文化中石窟的空间、壁画、塑像，无论放在哪一个文化中，都会被视为审美对象，而且这些东西也的确存放在欧美各国的艺术博物馆中向世人展示。其次，主体面对客体时，审美活动过程是一样的，都是从形象外观到主题呈现到象外之韵。当然，这种审美既内蕴着结构上的同一，又包含着内容上的差异。然而，在分清内容上的差异的同时又要体会到在本质上的同一。在理性型文化中，如前所说，主体面对客体时，只关注客体的形象本身，排除其认识、功利、宗教的向度，而只对形象做形象本身的推进。在宗教型文化中，主体在凝注形象的同时，也就是在凝注宗教，这里宗教是超实用的，它不是要人获得此世的世俗利益；也是超认识的，它不是用理性、语言和逻辑所能讲清楚的，更主要的是，审美客体就是宗教客体，主体是把它作为真实世界的形象来观照的，就像对世界的任何其他形象一样。因此，在宗教型文化中，主体面对对象，当这个对象不是非审美对象（如一卷经文），而是审美对象（如一栋建筑、一座雕像、一个图案、一墙壁画）时，审美同时就是宗教，宗教同时就是审美，形象是宗教的形象，宗教是形象的宗教，注视形象与注视宗教是一回事。因此，形象并没有排斥宗教向度，因为宗教向度并没有阻碍审美向度。（这里又有一个宗教形象本身的艺术性问题，就像有些艺术作品虽有艺术作品的外貌，但或者形式上或者内容上是低劣的，没有深度，主体的审美需要就会受到阻碍，而有些宗教形象没有艺术性，没有深度，也只会成为一个宗教符号，这是另一个问题，不在这里讨论。）可以说，是宗教与审美相通的一面，使形象在宗教型文化中通向审美向度自身的深度。因此，宗教型文化中的审美活动与非宗教型文化中的审美活动能够在结构上同一，主要在于二者有本质上的同一。而本质上同一的核心又在于审美与宗教在深度层次上的同一。审美的最高境界是象外之韵，是无法用语言来表达的，宗教的最高境界是言外之意，也是无法用语言来表达的，正是在这超绝言象的共同点上，审美之美与宗教之善在感受上统一了起来。

这里有两个问题需要解说：其一，在宗教型文化中，宗教感受是最高层次的感受。人的一切感受，如果说是最高的，那么就必然在认识上被指认，在观念上被归纳为宗教感受之中。审美，本来是人的一种最高感受，在宗教型文化中，审美感受达到它应有的最高点，一方面它会被纳入宗教的范畴，另一方面它要借助宗教条件才能使自己升腾为人的感受的最高点，所以在宗教型文化中这往往表现为审美与宗教的合一。这也是人们在宗教型文化和非宗教型文化的各种宗教艺术中发现一流艺术精品的原因。其二，审美与宗教本来就有同一之处，从理论上讲，这就是人类讨论与争论了几千年的真、善、美的区别和统一问题。这个问题从审美过程来讲最容易讲透彻，在审美之初，就像主客体是分开的一样，真、善、美是有区别的，其明显的体现就像各学科的划分，随审美的深入，当达到主客合一，即达到象外之韵，亦即达到“无”的超越性时，真、善、美就合一了，这就是宗教学家总说的上帝是真、善、美的统一，也是哲学家总说的理念是真、善、美的统一。对于任何活动，无论科学的、宗教的还是审美的，在进行之初都要做区分，只有先做区分，活动才能顺利进行，在进行之终，达到最高境界时，必然是合，分不清何为真、何为善、何为美，真就是善，善就是美，美就是真。真、善、美能够“合一”、必然“合一”，就在于任何活动都是在有限时空中进行的，有限时空中的活动达到极致，就是超越有限，这种对有限的超越，是精神上、境界上的，而不是物质上、实际上的，超越必然表现为一种不是有限时空中的语言和形象所能表达的东西，这就是象外之象、言外之意、韵外之致的“无”，真、善、美的最高境界都是这种韵外之致的“无”，正是在这种最高的“无”的境界上，真、善、美合一了。因此，宗教型文化中的审美，虽然是指向宗教的，但却保持了审美的特质，就在于在审美的最后阶段，审美之美与宗教之善在达到最高境界时合一了。

可以这样说，在宗教型文化中，审美初始阶段的形象指向表现为审美与宗教的并行无碍，在审美完成阶段，表现为审美之美与宗教之善在最高境界上的合一。因此，宗教与审美的合一是美在宗教型文化中的具体表现形式。

（二）第二个问题

四大文化的美学模式及丝绸之路美学现象对美做了具体的文化呈现。这就涉及一个问题——审美过程中的美的深度问题。从理论上说，美的深度是一个与宇宙本质相关的人的本性问题，即一个以“无”的形式表现出来的“有”的问题。从文化上看，美的深度总是被体现为文化深度，在西方是体验到一个存在-虚空的宇宙，在中国是体验到一个气-阴阳-五行的宇宙，在印度是体验到一个是-变-幻-空的宇宙，在伊斯兰世界是体验到一个在有无之中的真主的宇宙。各文化中的人都会在审美活动中，从具体的审美对象层层深入，感受到象外之韵，并把这个象外之韵体验为人的本质和宇宙的本质。然而，通过比较四大文化，人们已经知道，各文化中的人体验到的人的本质和宇宙的本质，实际上是文化的人和文化的宇宙。虽然各文化中的人都把这个文化（符号）的人和宇宙体认为是真正（客观）的人和宇宙，但很显然，文化的人和宇宙绝不等于真正的人和宇宙。现在重新检查一下审美过程，把第三章的图3-6简化一下，得到图6-15：

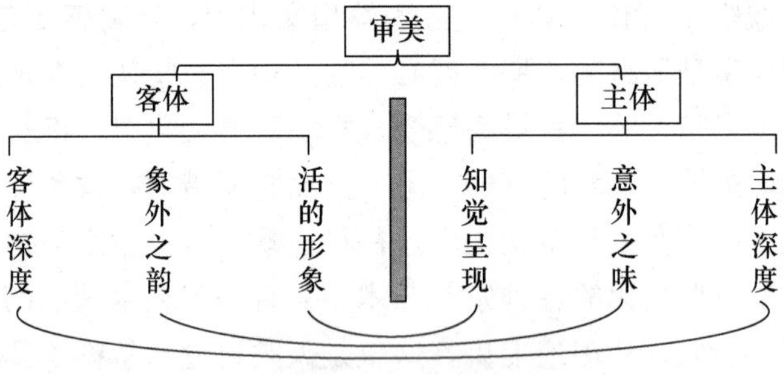

图6-15　一般审美结构

在第三章，讲不清楚象外之韵和意外之味与主客体的深度的区别，基本上把二者等同起来了，只是前者显出由象而来又超象而去，后者就是人和宇宙的本质。现在看来，这主客体的深度在审美中实际上不是人和宇宙的本质，而是人和宇宙之本质的文化形式。现在的问题是：人在体验文化（符号）的宇宙时，为什么要把它体验为真正（客观）的宇宙？

人和宇宙的本质是“无”，人在审美中达到的对文化的人和宇宙的最高体验，也是一种超越具体形象的难以言说的象外之韵的“无”。在现象形态上，文化的人和宇宙之“无”与人和宇宙的本质之“无”是同构的，因此，人在体验人和宇宙的文化本质时，就把它体验为了人和宇宙的客观本质。从理论上说，人只能作为文化的人出现，宇宙只能作为文化的宇宙出现，人作为文化的人，在体验人和宇宙之时，只能按照文化的方式来体验，通过文化的“有”来体验宇宙本质的“无”。但“有”是不可能完全体验“无”的，所以人通过对文化的宇宙的体验来体验真正的宇宙又是有矛盾的，正是这种矛盾推动着文化的发展和审美的发展，美的文化模式正是要把这一矛盾暴露出来。因此，审美过程要加以修正，如图6-16所示：

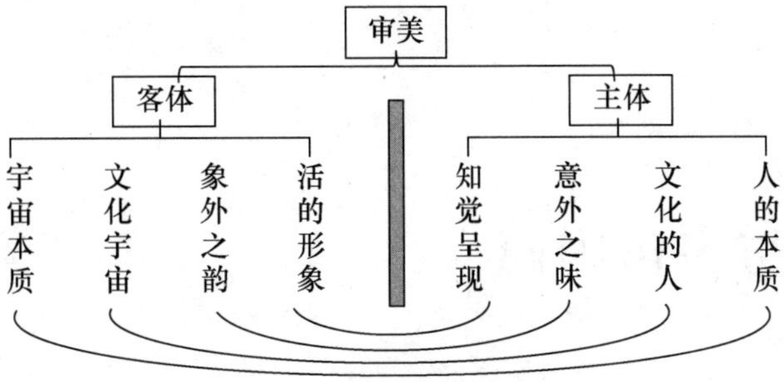

图 6-16　文化审美结构

人能否意识到自己对人和宇宙之本质的体验实际上是对文化的人和宇宙的体验，是人超越对文化的人和宇宙的体验而真正达到对人和宇宙之本质的体验的关键，而这是靠研究美的文化模式达到的。领悟了这一点，美的深度才真正为之开启。

第七章
形式美与宇宙内蕴

道生一，一生二，
二生三，三生万物。

——《老子》

一、人与宇宙的同一性在中、西、印美学中的展开

美，用来指称一个事物，但事物之为美不仅在于其物理形质，正如第一章所讲，你可以感受到花是美的，但花之美不存在于花的任何一部分，不存在于花之圆、花之红、花之香等。然而，虽然人们知道要客观地找花的美，它不是花之形、花之色、花之味，但是人们却在花上体会到了美。在第三章已经讲了，人只要对花采取形象直觉，花就会成为审美对象，这一章要讲的是，为什么人对花采取形象直觉花就会成为审美对象，是什么使人能够感受到本来并不存在于花本身的花之美。

还是以花为例。人们感受到了花之圆、花之红、花之香，同时还有一种感觉，即圆引起的圆满感、红引起的生命感、香引起的甜蜜感。为什么我们会把这些感受或这些感受的综合称为美？第三章讲了，审美最后通向一种内模仿和移情的物我同一的感受，是这种感受使人得到了深深的美的体验。这一章要讲的是，为什么人会而且能够与对象产生物我同一的感受和体验。

人与对象在本质上是同一的。本质，这里的意思是，人与对象在万物最深处即宇宙之根本性上的同一性。按照神话或宗教学说，宇宙从某一神灵（中国人的太一、犹太人的上帝、印度人的梵天）或某一金卵或其他什么东西中产生。按科学理论，旧的星云说认为，宇宙从一团混沌星云的演化产生群星而来；新的大爆炸理论讲，宇宙群星由一个统一体的爆炸而生。无论怎样，宇宙现在的“多”都来自最初的“一”，这就构成了宇宙

事物的内在同一性。宇宙的多样性和规律性正是来自宇宙的太初之一。从地球来讲，地球生命的演变也来自地球与太阳系分开之前的“一”。地球上众事物之间的内在同一性也来自地球最初的“一”。宇宙使地球产生的“一”，构成了地球众物与星空相互关系的内在同一。这种最后的、最基本的、最深邃的同一性，在中、西、印的理性思想中有着不同的表述。在西方被称为 Being（是/在/有），在中国被命名为道，在印度被称为 Brahman-Ātman（梵-我）。西方的 Being、中国的道、印度的 Brahman-Ātman 都存在于宇宙万物之中，构成了宇宙万物间的同一性。前文已经讲过西方的 Being、中国的道、印度的 Brahman-Ātman 的基本性质，以及这种性质对中、西、印美学建构的基本作用。这里要突出的是，中、西、印思想中这三种不同的宇宙本体在相关美学理论上的作用。美学上具体事物之美与宇宙本体相关的理论，在西方称为“形式美”，在中国和印度，因关于宇宙本体的观念不同，反映到美学上，应有更能反映其特点的名称。

西方的宇宙本体 Being（是/在/有），在实体性-区分性-空间性的思维中，强调的是空间的确定性和明晰性的实体之“有”（substance），这种确定明晰的实体在时间中运行，体现为逻各斯（logos）。逻各斯使实体事物（substance）按照宇宙的本质之“在”（Being）的方式运行，从而逻各斯体现为三个方面：第一，逻各斯是逻辑，具体之物是按逻辑运行的（忽略了偶然性的必然性）；第二，逻各斯是比例，具体之物是按美的比例存在的（不肯定其偏离比例的存在）；第三，逻各斯是定义型的正确的言说（忽略非定义的漫说）。逻各斯本是讲物体运行的，但在每一方面都把与时间相关联的运行实体化、空间化、明晰化。Being 按正确逻辑体现在每一 substance（个体本质）上，Being 和 logos 是二而一的东西，Being 强调了宇宙的根本性，logos 则是这宇宙根本性的运行，logos 即 Being 之道。因此，在西方文化中，宇宙的同一性正是作为本体的 Being（宇宙的本质之在）与作为个体的 substance（具体的实体之在）之间的同一，西方与宇宙同一的美学方面在古希腊体现为比例（logos）上的同一①。美的比例是希腊美学的普遍观念。美的人体按美的比例构成，美的建筑也按照美的比例构成。人能够感受到美的人体（如《掷铁饼者》）为美和美的建筑（如帕特农神庙）为美，在于人心中内蕴着美的比例的观念。形式美之宇宙的同一性就存在于美的比例之中。在古希腊思想中列在首位的美的比例是黄金比例。从后来的研究来看，世界上的事物，如人体、树叶、生产上的优选法、书本、信封、电影屏幕，以及很多日常事物，只要由黄金比例构成，就让人感到愉快。人之所以对黄金比例的形式感到愉快，在于人的视觉对具有黄金比例的物体所做的视知觉运动是最省力的。物体为什么是这样的呢？人的感官构造、视知觉运动为什么是这样的呢？这种同一性只能来自宇宙的本质同一性。这一由宇宙的同一性而来的美，西方美学称之为美的形式（form）。形式美，从概念史来讲，语源是柏拉图的 ιδεα 之美。柏拉图的 ιδεα 有两义，一是理（idea），另一是式（form）。式内蕴着理，理呈现为式。因此，理式在英文里最先多译为 idea（理），后来多译为 form（式）。形式美理论，即一切美的形式背

---

① 杨适说：“Guthrie，Kirk 对它（指逻各斯。——引者注）作过研究考证，指出它有多种用法，如：说话、言辞、表述、说明、理由、原理；尊敬、声誉；采集、点数；比例、尺度等等。”（杨适．古希腊哲学探本．北京：商务印书馆，2003：184）杰米·詹姆斯说：“比例的希腊单词是 λόγοs（逻各斯）。”（杰米·詹姆斯．天体的音乐．李晓东，译．长春：吉林人民出版社，2003：33）

后都有一个本体论的 ιδεα（理之式，中文译为“形式”）。在形式美理论中，形式（form）的释义应是形中之式，“式”是重点。形式美的释义包括三点：一是形中有式而使形让人感受为美；二是形中之式与宇宙的同一性相连；三是外在之“形”（appearance）、形中之“式”（form）、式关联宇宙的同一性（Being），构成西方文化美之为美的基础，从而形成“形式美”这一名称。

中国的宇宙本体道在中国的虚实-关联型思维中显得较为复杂，可分为五大点来讲。第一大点，道为本体，但体用不二。道既是宇宙的本体（《庄子·齐物论》讲的“道通为一”之“一”），又是本体的运行路线（道路），还是在路线上的运行（实行）。中国的宇宙之道，突出在时空运行中的三位一体，这里“运行”二字甚为重要，与西方 Being 强调的空间之静的比例形成对照。第二大点，道即是人，且道备于我。道，甲骨文为衜（严一萍《释衜》）。行（道路）中的人被释为人，如果回到远古观念原貌，亦可释为最初为灵，继而为神，最后为得宇宙本体之气的人，内蕴着中国远古思想演进中灵-神-气三阶段中的“道”的观念。道，金文中为衟（《散氏盘》），与远古之灵演进为人形的魋（神，鬼为外在之形，神为内在之神）相关。篆隶的“道”，简化为以眼为主的“首”，可以追溯到远古东西南北皆有的旋目。《周易·系辞下》中讲伏羲仰观俯察即用旋目。从远古思想演进到先秦的结果来讲，“道”字体现为：人在道中且人道合一，与印度的梵我合一内在相通。孔子曰：“道不远人”（《中庸》）。《老子》二十五章曰：“道大，天大，地大，王亦大。”古文献中充满了人在道中、人能得道、俱道适往、与道同化等言说。在“与道同化”中，人不再是原来的凡人（个我），而成为道人（梵-我）。第三大点，道贯通万物，且道不离器。道既是宇宙的本体，又体现在天地间各类事物的运行之中。一方面，各类具体之物是本体的体现，从而与本体紧密相关，因此，道可以被用来指具体之物的运行，一事一物皆有其道；另一方面，本质一定要与现象关联起来方能得以体现。因此，道（就类物而言）是普遍性与具体性的统一，（就个物而言）是本质与现象的统一，此乃古人常讲的“道器合一”“道不离器”。这里重要的是“不离”二字（同西方之现象与本质的可分且必分相比较）。第四大点，道有等差，但突出中道。第三大点中“不离”的统一性，加上第一大点中“运行”带来的时空具体性，万物的“具体性”凸显出来，天道、地道、人道、物道，有了上下、四方、大小、贵贱、长短的区别，从而产生了道的复杂性：道有大小，有常变，有正邪，有是非。道的复杂性由一个“中”字组织起来。中道在宇宙论中体现为天道，在朝廷中体现为王道，中以天道和王道为中心把各种各样的道组织起来，使之形成和谐运行的整体。“用中”以古人的话讲，就是“中庸之道”。《公羊传》注曰：“庸，用也。”中庸之道就是把中的原则运用于各类道中：“极高明而道中庸”（《中庸》）。第五大点，道是虚实合一，以虚为主，道在气中。道的宇宙本体是怎样体现在具体万物之中的？靠气。宇宙的运行是北极-极星-北斗一体的天极之太一之气，随北斗转动，流布四方，产生天地互动而生万物，物亡又回归宇宙之气。因此，本体之道体现为本体之气，道的运行本质上是气的运行，具体万物得气而生，失气而亡。因此，中国的万物有了三大特点，一是物的本质是气，二是物的本质之气与宇宙本体之气有不能分离的关联，三是气是虚体的。因此，中国的宇宙和具体万物都由两个部分构成，即实之形和虚之气。这与西方的实体个物和实体宇宙形成对比。用中国思想自身的话，可曰：

虚实相生之道。

中国之道的以上五大点，运用到西方的形式美理论上，以西方理论作为参照，可以形成关于中国的形式美理论。在下定义之前，还需要补充一点。西方的形式美理论是从形开始的，西方美学排斥时间的空间性突出的是形，中国美学要求时空兼重，任何个物总是在时间中变化的，这样个物的具体存在就包括两个方面：形和象。形是指此物相对不变的一面，一个女子，身高六尺，桃面、柳眉、凤眼、细腰、金莲，其形不变，但这一女子在时间中的每一瞬间都有姿态和神态的变化，个物在时间中的这种变化被称为“象”。在中国时空一体的宇宙中，更多不是用“形”而是用“象”来表达个物的具体性，这也更符合道的宇宙的本质。有了这一补充，就可以讲中国形式美理论的定义了，它包括与西方不同的三点：一是象中有气而使形让人感受为美；二是象中之气与宇宙的同一性相连；三是外形之“象”、象中之“气”、气关联道（宇宙的同一性），构成中国人与宇宙同一在美学方面的基础，因此这种美，根据中国美学的特点，应为形象美理论。形象之象，不是西方空间中静止的形中之“式”，而是在时间中变动的形之“象”。

印度的宇宙本体梵-我，在是-变-幻-空型思维中，显得较为复杂。这里着重从与形式美理论相关的方面来解说。第一，宇宙本体与宇宙万物的关系是一种空的关系。宇宙本体存在于宇宙万物之中，但由于强调时间对万物性质的影响，一方面，个物在从生到死的过程中有一种具体的存在；另一方面，这种具体的存在又因时间流动的每一瞬间而产生不可逆的变化，是一个幻相的存在。不讲无生命的个体，就有生命的个体而言，其因在幻相中，故而认识不到自身与宇宙本体的关联。宇宙的性质之空，只是在其对时间流动而显出的过去已经为空、现在转瞬即空、未来没来为空的时间之流中有所体悟。因此，世上个体与宇宙本体的关联以一种“空”的关系存在，犹如宝瓶，瓶未制成之前，是空，瓶制成之后，瓶内之空由瓶壁围起，瓶破而亡之后，瓶内之空与宇宙之空合一。注意，这种空的关系与西方的逻各斯的式、与中国的虚体之气有着本质上的不同。第二，从每个物体到整个世界，都因时间之流的作用，好像实在但实为幻在。为了突出宇宙万物性空为幻，印度人表达个物以及整个现象世界，不用“形”，也不用“象”，而用“色”（rūpa）。个物之色在光的作用下一直不断变化着，正如个物的空的本性①。因此，用色来指个物以及整个现象世界，已经内蕴着幻相的个物和幻相的现象世界与宇宙本体关联的“色即是空”的关系。第三，宇宙本体是梵-我，我即是梵。梵之我存在于个我之内，个我通过一套内省之功，摆脱自身的幻相之身和外在幻相世界的遮蔽，就可以达到梵之我。这一内省又关系着对整个外在世界认知的变化，因此，内省同时也是内外互动的进程。第四，现象世界在宇宙本体的幻力中不断地幻化而生，在幻象中运行，最后毁灭而幻归。

---

① rūpa（色）被用来代表事物的外形。西方人面对这一梵文，为了与自己的哲学结构对应，《简明印度哲学词典》译为“form（形式，重点在式）、aggregate（聚合，印度人的本意重在缘会）、body（实体）、matter（物质）、sight（视觉）、color（色彩）”等词。(Jqhn Crimes. A Concise Dictionary of Indian Philosophy：Sanscrik Terms in Defined in English. Albany：State University of New York Press，1948：258）前面四个词都与形式的内在“式”相连，后面两个词是从主客体两个方面讲，从主体方面说更强调视觉，而在视觉中强调色彩。只有最后“色彩”一词算是符合印度人的本意。

这生、住、灭的进程又是有法-规律的，整个现象世界在生、住、灭的进程中产生的现象世界的结构，也是按法-规律运行的，因此，个体在现象世界中求得解脱的求梵之道，同时就是如何从外在现象之色进入个物本质乃至现象世界的本质之幻，最后升腾为宇宙本体的梵-我之大空的进程。有了如上四点，就可以讲印度形式美理论的定义了，包括与西方和中国都不同的三点：一是物体的存在是变化中的存在，用色来强调其在-是-变的统一。二是物体在时间之流中变化，其本质为性空假有的幻物，印度美感的演进是由色到幻的演进。在对幻物的本质认知中，“一期一会”的珍贵性，仅由此生的珍贵性凸显出来，但这又是在性空中凸显的，从而由幻物之幻升腾为本质之空。三是由幻物之幻到宇宙本空，美感升腾到了宇宙的同一性的深度。这样，印度的形式美理论也由三个层级组成：一是外形之色，二是物色的本质之幻，三是宇宙本体之空。以上三层构成了印度美学在人与宇宙同一上的基础。因此，在理论命名上，可曰形色论。色强调的是物体在时间流动中幻有性空的本质。

虽然人与宇宙的同一在美学上的体现，按中、西、印的特色，西方以形式美为名，中国以形象美为宜，印度以形色美为好，但形式美在西方美学成为世界主流美学的演进中已被广为知晓，因此，为了让人一望即知，在名称上还是用“形式美”一词，但在内容上，应把中国强调在时间中变动的“象”、印度彰显空幻结构的“色”加入“形式美理论”。

中、西、印在宇宙的同一性的三个要项上各有自己的特色，在事物的外貌上，西方讲“形”，中国说“象”，印度谈“色”；在事物的内质上，西方说空间性的“式”，中国讲时空合一的“气”，印度讲时间性的是-变-空合一的“幻”；在宇宙的本体上，西方谈具有逻各斯性质的Being（是），中国讲充满生动之气的“道”，印度讲在成住坏空的“幻有”中运行不已的“梵-我-空”，三者既有不同的强调重点，又内蕴着相似的宇宙的同一性，呈现了在文化的各美其美中具有的宇宙共美。其实，宇宙共美的基本因素存在于各种文化之中，只是不同的文化对之强调的重点不同，从而关于形式美表现的基本原型结构不同（这两点甚为紧要）。洞悉此，就可以悟出，三种不同的理论正好可以通过相互补充而成为一种具有人类共性和宇宙共美的形式美的理论基础。

在物体的外貌层面，西方的形、中国的象、印度的色，正好较为全面地呈现了事物外貌的三个方面。形是固定的；象在固定之形上添加了时间中的变化，形成静与变相统一的形象；色不仅是静与变的统一，又在形象之上加上形与象在时间中转瞬即逝的不可留而呈现为幻的定性。西方之形是把对象本身与对象之外的他物在现象上区别开来（虽然有本质关联，但这一关联在现象上是要加括号的）；中国之象是把对象本身与对象之外的他物关联起来；印度之色不但要与他物的实体关联起来，而且强调把实体在时间中转瞬即逝的空的性质也考虑进去，形成定型的本质参照。另外，形、象、色在现象上又是可以相互补充的，从而使形式美理论在物体的外貌层面有了更为丰富的内容。

在物体的内在层面，西方强调的是实质性的“式”，体现为一系列强调空间性的、实体性的形式美法则；中国强调的是时空合一的实与虚的统一，实的一面即事物的内质，而内质又有作为虚的气在运行，从而形成一系列虚实相生且以气为主的形式美法则；印度强调物的呈现，无论在外形上还是在内质上，都为是-变-空的统一之色，色的内质有实的一面，如由地、水、火、风四大元素构成，但四大的本质是空幻①，再加上时间流动带来的变，内蕴着本质之空，突出的是是-变-空合一的“幻”的内质观。西方的“式”、中国的“气”、印度的“幻”，虽不相同，但却互补地体现了物体内质的丰富性。这样，中、西、印之物体的内质可归为三点，一是彰显实体的形式法则，二是突出虚体的气韵生动，三是强调是-变-空合一的幻象本质。最后，事物的内质是与宇宙的本质相关联的，西方的Being，在古典时代强调逻辑性和确定性，而到现代之后，海德格尔特别讲了其不可用语言和逻辑进行证明的“无”的性质。印度的梵-我彰显空无之境，中国的道突出的也是道可道、非常道的景外之景、象外之象、意外之意、韵外之致。这样，中、西、印三者的性质都可以被总括为空无之境。

从宇宙的同一性来看审美现象，宇宙的同一性是由西方的Being、中国的道、印度的梵-我所启示的空无之境。这一空无之境具体地体现在各文化事物之三类相互关联的因素上：重形的形式美法则、重虚的气韵生动原理、重空的象外之象境界。这三类因素相互作用，构成事物之美的内在因子。同样，人用审美态度去观赏事物时，之所以产生美感，正是因为人与物具有宇宙的同一性。暂时撇开文化因素，物体呈现为美和人对事物产生美感的审美过程，主体的知觉层面（中国人讲的“感”和印度人讲的粗身）与事物的形-象-色的合一，可称之为：表层同一。主体的理性层面（中国人讲的心志和印度人讲的细身）与物体内质的式-气-幻的合一，可称之为：里层同一。主体由宇宙本体而来（内蕴着梵-我的个我、内蕴着道的性、内蕴着 Being 的逻各斯），与由宇宙本体而来（内蕴着 Brahman-道-Being）的现象世界，最后演进为在空无之境之上的合一，可称之为：本体同一。

由宇宙的同一性而来的审美的三个层次的同一，如图 7－1 所示。人与宇宙的同一性，可以从宇宙的高度来理解美的事物何以为美，理解人何以对事物产生美感。然而，人与宇宙的同一性，在人类文化的演进中，又在这同一性的基础之上生成为不同文化的具体类型。比如中、西、印三种文化类型看似是分离的，其实是互补的。虽然自世界的现代化进程开启以来，西方美学成为世界的主流美学，故而本章对宇宙的同一性的命名采用了西方美学的词汇，即形式美的基本法则，但在具体讲述中却从理论角度把中、西、印三类美学的内容按理论本身的需要进行了重组，从而在宇宙的同一性这个普遍原则上

---

① 用耆那教理论可以帮助理解印度文化这一内质的空性。耆那教的事物是三者的合一：事物有其本体（dravya，英译为 substance，但，译为强调一般性的 being 比译为强调个体性的 substance 更好），本质依存在事物的性质（gunas，英译为 quality，中国学人汤用彤译为“德”，甚好，德者得也，得之于本体也）之中，而事物的性质在时空之中不断地变化着，因此事物总是具体地体现为 paryāya（s）（有一复数，突出其多变），英语强调其确定性，译为 modes 即“式”，汤用彤译为“变”，甚确（Willard G. Oxtoby. World Religions—Eastern Traditions. 2nd ed. Oxford：Oxford University Press，2002：175；汤用彤. 印度哲学史略. 上海：上海古籍出版社，2006：40）。印度文化突出事物之变，正因事物总以其“变”的面貌呈现，故而具体事物有很多方面和特征，而每个方面或特征，仅是人在某一具体时空、特殊语境、相互关联中去看事物时才显出的。因此，事物的确定性，一定要加上观者之观看，才出现和成立。从西方文化来看完全是事物客观性质的东西，被耆那教称为 naya（观点），即由观而呈现出来的特点（John Crimes. A Concise Dictionary of Indian Philosophy：Sanscrik Terms in Defined in English.（Albany：State University of New York Press，1996：202）。而事物的方面和性质，在耆那教看来是无限的，在原则上不能像西方文化那样进行划界和限定，因此，事物的性质，从本质上讲，是 anekāntavāda（非一端论，或不一边论）。所谓“非一”或“不一”，即不能将之固定为一。之所以不能，是因为事物的性质在本质上有无限多。正是这多，体现了事物内质虚幻的一面。

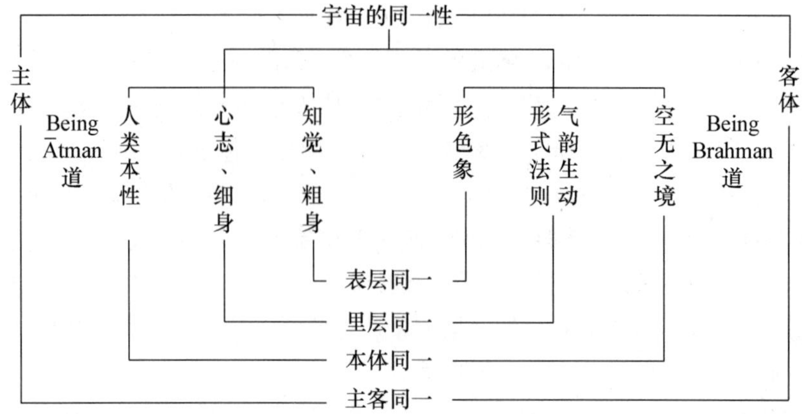

图 7-1　人与宇宙的同一性

呈现不同文化在形式美理论上的不同特色，为在更高层次建构融中、西、印理论为一体的形式美法则做必要的探讨。

从理论上讲，世界各文化的造型艺术，古埃及金字塔、古希腊神庙、哥特式教堂、佛教石窟、伊斯兰教清真寺、中国宫殿、现代摩天楼、日本茶园等，不管其整体形象多么不同，都有两点相同：一是在基本因素上，都由线、色、形组合而成；二是在境界上，都可以归结为崇高、壮美、优雅、俗妙等审美类型。第二点相同在第四章已经从审美类型学上讲过，但是没有系统分析它们的基本来源，即其境界与基本因素的关系，如水平线为主导致的宁静境界，垂直线为主导致的升腾感受，巨大的体积与崇高的关联，红色为主引起的热烈情感，等等。因此，虽然这两个方面的相同都与宇宙的同一性紧密相连，但这一章主要研究的是这些适应于一切不同文化的基本因素，这就是人类两千多年来一直在探讨的形式美的规律。用中国古人的话说，基本的声音不过五，即角、徵、宫、商、羽，但五音的变化却可以生出千千万万的乐曲；基本的颜色不过五，即青、赤、黄、白、黑，但五色的变化却可以产生万紫千红的色彩；基本的味道不过五，即酸、苦、甘、辛、咸，但五味的变化却可以创造形形色色的美味佳肴。用印度人的话讲，基本的常情不过八，即爱、笑、悲、怒、勇、惧、厌、惊，但八情的变化却可以产生百情千情；基本的审美类型之味不过八，即艳情味、滑稽味、悲悯味、暴戾味、英勇味、恐怖味、厌恶味、奇异味，但八味的变化却可以演化出百味千味。

由于世界美学的形式美理论主要由中、西、印三大美学形成，所以，本章先讲三大美学之不同形态的形式美理论，再从综合的角度，关联地运用三种理论去看形式美中的基本问题。

二、西方以黄金比例为核心的形式美理论

西方文化的形式美理论经历了三个发展阶段，即古代以比例为主的思想，近代以数列为主的思想，现代以分形为主的思想。这三种思想都内蕴着一个核心：黄金比例（golden ratio）。以比例为主，突出了物体的静态美，以数列为主，彰显了物体的动态美，这两种美都是规则之美和实体之美，以分形为主时，则进入了不规则之美和虚体之美。

（一）古希腊的形式美理论：比例与基形

先讲古希腊以来以比例为主之形式美。古希腊思想的本体概念有三个，其中最重要的两个与形式美的比例和尺度有关，这就是 being（是/在/有）、logos（逻各斯）。being 以逻各斯的方式演进为宇宙万物，成物之后，物体呈现了具有宇宙性质的美，就是 logos（比例）。而且，这一比例是实体的、明晰的、空间的几何比例。古希腊学问的核心是几何学，柏拉图学园的门口有一牌匾，上面写着“非懂几何，切莫入内”。在柏拉图的《蒂迈欧篇》中，上帝是一位几何学家，他用几何形式创造了世界。从古希腊开始，人体美的比例就是用几何学语言来描述的。作为美的比例之核心的黄金比例从毕达哥拉斯学派到欧多克索斯（Eudoxus）到欧几里得（Euclid），形成了系统的理论表述①。在柏拉图的上帝创造的世界中，构成世界的基本元素——土、水、气、火也成为几何图形。几何美即宇宙的形式美。古希腊的宇宙就是一个由比例形成的美的几何宇宙。可用几何来表达的形式美是怎样成为美的？是因黄金比例而成为美的。一言以蔽之，黄金比例形成了形式美中比例和尺度的核心。从理论上讲，黄金比例从逻辑上可用三类图形呈现出来，如图 7－2、图 7－3、图 7－4 所示：

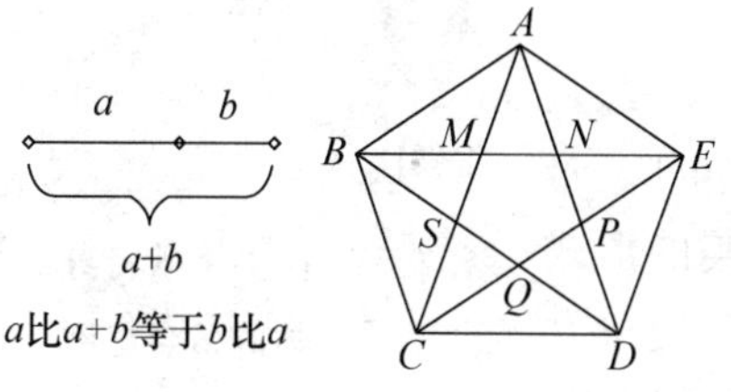

图A　图B

图 7－2　线的黄金比例

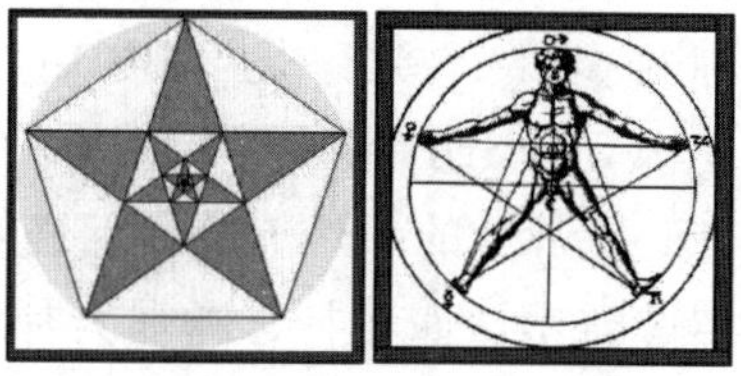
图A　图B

图 7－3　方形与圆形中的五角星形

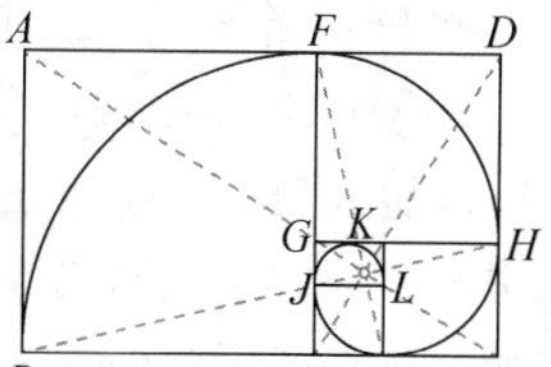

图 7－4　黄金矩形

几何学讲由点成线，由线成面，由面成体，由体而成宇宙万物。宇宙中美的法则，在由点成线上体现为图 7－2A 那样：把一条线段分割为 a 和 b 两个部分，使 a 与全长（$a+b$）之比等于 b 与 a 之比。这就是黄金比例，约等于 0.618∶1。宇宙万物中的线，只要按黄金比例呈现，就是美的。几何学由线成面，面的基本形状为方形、圆形、三角形。三种图形都内蕴黄金比例于其中，是宇宙万物中的基本图形，各种各样美的图形都由三者演化而来。但在古希腊的形式美理论中，最重要的有两个图形，这就是方形与圆形中的五角星形和由正方形与圆形而来的黄金矩形。先看方形与圆形中的五角星形（图 7－3），用圆规和直尺准确地画出正五边形，正五边形的五条对角线便交织成五角星形图案。正五边形的每个顶点都是黄金分割点，五角星形中所有线段的长度关系都由黄金比例构成。五角星的每个角都是 36°（顶角为 36°的等腰三角形叫黄金三角形。其底与腰之比为黄金比例，底角平分线与腰的交点为腰的黄金分割点）。总之，五角星形不但把方形与圆形中的三角形中的黄金比例内蕴在其中，而且本身内蕴着多种多样的黄金比例，五角星形是一个充满文化意

① 欧几里得在《几何原本》卷Ⅱ命题 11 中讲了黄金分割：“分已知线段，使它和一条小线段所构成的矩形等于另一小段上的正方形。”又运用这一思想在卷Ⅳ命题 10 中讲三角形的黄金比例，在卷Ⅳ命题 11 中讲圆形的黄金比例，以及在卷ⅩⅢ命题 1～6、8～11、16～18 等处讲正多面体的黄金比例。

义的符号。比如，从毕达哥拉斯的数的象征体系来讲，5＝3＋2，是男性数字3和女性数字2的结合而代表爱与婚姻。从古希腊神话来讲，五角星形与古希腊健康女神的符号相同而代表健康。从形式美来讲，圆形、正方形、三角形是基本图形，可演化为宇宙中各种各样的图形。其所演化之形怎样才是美的呢？图7－4是由正方形演化出的矩形，这一矩形是按黄金比例形成的，从而是美的。如果说，正方形、圆形、三角形、五角星形构成的形体都体现为对称之美和节奏之美，那么黄金矩形则彰显为均衡和韵律之美。由此可知，任一图形，只要是按黄金比例构成的，就是美的。在世界文化中，古希腊的神以美的人体出现，是因为人体上充满了黄金比例（图7－5）。人体上的黄金比例，从古希腊理论对《持矛者》的论说，到古罗马维特鲁威（Marcus Vitruvius Pollio）的《建筑十书》（*De architectura*），到文艺复兴时代瓦萨里（Andreas Vesaliua）编的《人体结构》（*Physical Structure*），再到现代柯布西耶（Le Corbusier）的《数模》（*Le Modular*），讲了很多，各论的特点不同，但都围绕着人体上的黄金比例立论。且以近代的蔡辛（Adolf Zeising）为例。蔡辛将一个人的总高度分成四个主要区域：头顶到肩膀、肩膀到肚脐、肚脐到膝盖、膝盖到脚底。前三个形成一个递增的黄金分割级数，其中第四个等于第二个。每一个区域又被分成五个部分，总共为二十个部分。在每一个区域内，各部分是对称排列的：要么是ABBBA，要么是BABAB，也就是说，总是2A＋3B，比率A∶B为1∶Φ①。希腊人讲人是一个小宇宙，正是讲美的人体充满了宇宙美的形式法则。西方学人对希腊神像雕塑，如美神、睡眠男神、健康女神，进行形式美分析，要突出的正是人体中的宇宙形式美法则，如图7－6所示：

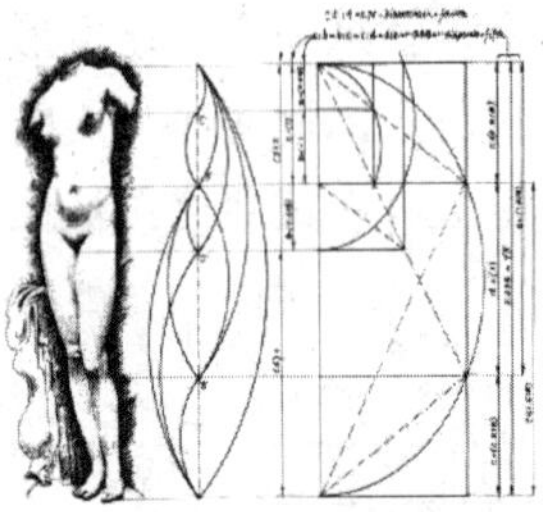

图7－5　阿芙洛狄特身体的黄金比例

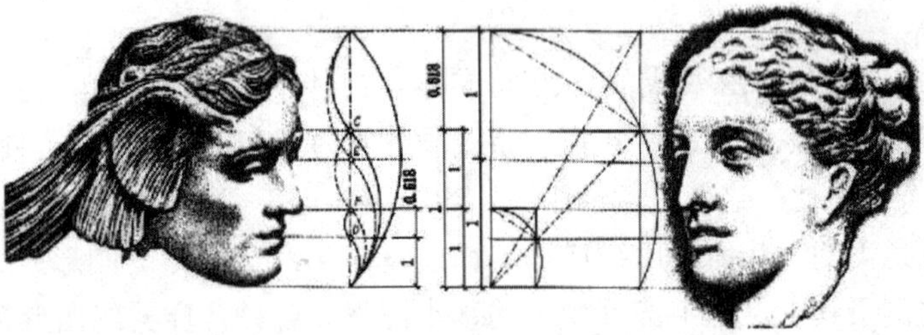

图7－6　睡眠男神和健康女神面部的黄金比例

资料来源：李俊霞．建筑的比例和尺度．硕士学位论文，东南大学，2004.

人体如此，毕达哥拉斯对音乐的分析也是如此，“当琴弦为相同长度时（1∶1），可以得到同音的效果；当琴弦长度为1∶2时，可以得到八度音程；2∶3时为五度音程；3∶4时为四度音程。换句话说，你可以拨一根弦奏出一个音符，而拨一根一半长度相同紧度的弦，你就会精确地听到一个比它高八度的音。同理，C调音符的6/5是A调，它的4/3是G调，3/2是F调，等等”②。同样，星空中各星体运行的和谐由各星体之距离

① 理查德·帕多万．比例：科学·哲学·数学．周玉鹏，刘耀辉，译．北京：中国建筑工业出版社，2005：310.

② 马里奥·利维奥．Φ的故事：解读黄金比例．刘军，译．长春：长春出版社，2003：32.

尺度构成，“从地球到月亮是一个全音程；从月亮到水星是一个半音程；从水星到金星是另一个半音程；从金星到太阳是一个小调三度音阶，等于三个半音程；太阳到火星是一个全音程；火星到木星是一个半音程；木星到土星是一个半音程；而从土星到固定的星体是另一个小调三度音阶”①。在毕达哥拉斯看来，宇宙是一个琴弦的位置上带着水晶琴的巨大竖琴。后来佛拉德（Bobert Fludd）在自己的《大宇宙的历史》（*Historia concerning the Macrocosm*）第一卷中，以神圣单弦琴的形象来总结其宇宙学：“一个包含两个八度音阶的毕达哥拉斯的和音被分为全部的基本和谐音程，每一个音程描述一个宇宙因素。流程从低 G 开始，这是地球，上升到 C，在这一点上，上帝在这里露面，又从这上升到高 G，这是上天的最高处。整个和音的两个八度音阶代表了宇宙的和谐：‘宇宙音乐’”②。整个宇宙万物都由黄金比例而显出美来。因此，对于古希腊人来讲，要发现美和创造美，只要按照这一比例和尺度的原则，找出符合黄金比例的线、面、体、形就可以了。理解了这一原则，就可以理解古希腊的建筑、雕塑、戏剧为何用这样一种形式呈现自己的美。从现象上看，古希腊由几何学而来的比例之美是静态之美，这是一种类似于哲学家芝诺讲的“飞矢不动”之静，是个体的，但又内蕴了宇宙的精神。温克尔曼（Johann Joachim Winckelmann）把古希腊艺术称为静穆的伟大。但黄金比例不仅是静止的，而且包含着动态。这从图 7－3 可以看到。五角星形中又是一个五边形，五边形中又可成一个五角星形，如此循环，一个比一个小，趋向微观世界的无限。同样，这个五角星形也可以同形扩大，一个比一个大，趋向宏观世界的无限。再看图 7－4，在矩形 *ABCD* 之长边的黄金分割点再画线 *FE*，形成一个正方形和一个矩形。黄金矩形也与五角星形一样，可以进行扩大或缩小。在小矩形之长边的黄金分割点上画线 *GH*，形成一个更小的正方形和一个更小的矩形，在这一更小的矩形上做同样的分割，如此循环，一个比一个小，趋向微观世界的无限，也可一个比一个大，趋向宏观世界的无限。方形与圆形中的五角星形和黄金矩形这两个古希腊的基本图形，透出了黄金比例本有着动的内容，只是被转化为静的形态了。这一以静态为主的比例，自古希腊以来，从近代到现代到后现代，不断地被完善，形成西方形式美的重要内容。但黄金比例的动态方面，在近代的思想演进中凸显了出来，并产生了形式美的新法则。

（二）近代的形式美理论：数列为主的形式美

文艺复兴、宗教改革、科学革命、启蒙运动，开启了西方历史的新篇章，以黄金比例为核心的形式美理论，从以比例为主转到以数列为主。斐波纳奇（Leonard Fibonacci，又译为“斐波那契”）在《计算之书》（*The Book of Calculation*）里用一个故事提出了数列问题：第一个月有一对兔子诞生，一个月之后它们可以生育，每个月每对可生育的兔子会生下一对兔子，如果兔子永不死去，且时间无穷向前，那么，从最初开始一月一月地依次下去，每月（原有的加上新出生的）有多少对兔子？这一答案形成如下数列：

1，1，2，3，5，8，13，21，34，55，89，144，233，377，610，987，…

① 杰米·詹姆斯．天体的音乐．李晓东，译．长春：吉林人民出版社，2003：36．

② 同①122．

这个数列从第三项开始，每一项都等于前两项之和（1＋1＝2，1＋2＝3，2＋3＝5，3＋5＝8，…），无论这一数列怎样向前演进，这一规律始终不变。这里一种承继着古希腊理性而来的近代理性彰显出来。作为形式美来说，更为重要的是，这一数列中的每两个连续数字之比，在波动中越来越趋近黄金比例①。近代的斐波纳奇数列与古代的欧几里得几何在表现黄金比例这一内容时，是相同的，且可以互换。黄金比例在以几何图形显示出来时，呈现为一眼即可把握的整体，在以数列呈现出来时，成为永无穷尽的无限演进。以几何还是以数列的方式呈现黄金比例，突出的重点和给人的感受是不同的，呈现的内容和精神是不同的，前者是古代的，后者是近代的。古代突出的是静态，近代强调的是动态。黄金比例是无理数，当时令毕达哥拉斯非常惶恐，以至于下了保密的封口令。实际上几何方式本就使无理数显不出来，近代用数列把无理数外显出来，正如哥白尼的日心说开启了一个无限的宇宙。具有空间特征的几何比例转成具有时间性的斐波纳奇数列，本就内蕴在几何比例中的三大原则被凸显出来：力、曲线、自相似。按黄金比例演进的数例呈现（向前）增加和（向后）减少的动态。在古代的五角星形和黄金矩形中，已经看到这一扩大和缩小的动态，但在这两种形状中，动态是具体的，是五角星形和矩形的动态。数列的动态则是抽象的，可以体现在任何现象上。

近代天文学与前文讲的佛拉德具有神秘性的天文思想不同，哥白尼、开普勒、牛顿代表着天文学的科学路向。特别是开普勒的理论，体现着力之美、曲线之美。开普勒以星体在一天的运动为基础得出的天体的比例理论，以太阳为观察点，天体在24小时的运行中由近日点和远日点形成弧线。例如，土星接近太阳时，每天运行一条135秒的弧线，在离太阳最远的那天，运行的是一条106秒的弧线。135与106的比例只与5∶4有一个微小的差别，从天体的音乐性上讲，这正是大三音程（虽然这里有微小的差别，它实际上是5∶3.925 9，但这一差别在大多数人的耳朵里和大多数智者的头脑中可被忽略）。用这种方法，开普勒发现六颗行星都产生了几乎精确地符合可以用完美的多角形来表现的和谐的比例。木星的近日点/远日点的比例差不多是6∶5，一个小三度音；火星的比例是3∶2，一个五度音；地球的比例是16∶15，一个半音符；金星的比例是14∶25，正好等于毕达哥拉斯学派的小音程；而水星的比例是12∶5，一个八度音阶和一个小三度音②。这里，天体音乐的形式美比例显出了两大特征，一是比例具有动态的特点，二是运动的轨迹突出了弧线。区别于亚里士多德和托勒密的正圆形，这里体现了数列的另外一个非常重要的特征：对曲线的突出。开普勒沿着自己的方向前进，发现了行星运动的三大定律。牛顿则在开普勒天文学的基础上发现了决定行星何以如此运动的万有引力。可以说，近代型天体音乐的演进，对于形式美来说，突出了两个东西，一是曲线，另一是引力。前者把形式美从形体的静态转变到生长的动态，后者把形式美从外显而可见的“形式”引入内隐而可感可计算的“力”。力在近代还没有进入美学领域，要在现代艺术出现以后，方在一系列理论中体现出来。曲线从数列中凸显出来，斐波纳奇数列不按1，2，3，4，5，6，…的自然数列演进，而按黄金比例演进，本就具有曲线精神。

---

① 马里奥·利维奥. Φ的故事：解读黄金比例. 刘军，译. 长春：长春出版社，2003：116.

② 杰米·詹姆斯. 天体的音乐. 李晓东，译. 长春：吉林人民出版社，2003：143.

按黄金比例运行的数列曲线运用于宇宙的广大领域，发现了对数螺旋。几何图形中本就内蕴着的对数螺旋也彰显出来。在黄金矩形中，如果将这些“旋转直角”按照黄金比率划分边长的点连接起来，就能得到一条内旋的对数螺旋（图7-4）。同样，在黄金三角形（一种等腰三角形，边与底的比是黄金比例）里，将其底角平分，就得到一个小的黄金三角形。不停地把底角平分，就会得到一系列旋转的三角形，把这一系列黄金三角形的顶点连接起来就画出了一条对数螺旋。不从代数的角度而从几何的角度去看，对数螺旋就成了对角螺旋（笛卡尔就是从几何的角度得出了这一名称）。从极点任意画一条直线到曲线上的一点，结果会是完全按相同的角度分割曲线。对数螺旋形成的曲线不仅存在于几何图形之中，而且普遍地存在于植物生长、动物行动、天体演化之中。且以植物为例。在植物的花中，最常见的花瓣数目是5（如蔷薇科的桃、李、杏、苹果、梨），其他常见数目有3（如鸢尾花、百合花，此花看上去有6枚，实为两轮3枚），有8（如飞燕草），有13（如瓜叶菊）；一些植物的花瓣数目有多种，向日葵有21和34两种，雏菊有34、55、89三种。想一想3，5，8，13，21，34，55，89这些数，正好是斐波纳奇数。最重要的不是这些数与斐波纳奇数相合，而是由这些数目的花瓣形成了对数螺旋形态，而且往往是两组对数螺旋，一组为顺时针方向，另一组为逆时针方向，如花菜、菠萝、松果、向日葵等。

植物之呈现对数螺旋，正是要通过静态的形态显出动态的生成，这体现在植物的叶序上（图7-7、图7-8）。“叶序是指叶子在茎上的排列方式，最常见的是互生叶序，即在每个节上只生1叶，交互而生。任意取一片叶子作为起点，向上用线连接各片叶子的着生点，可以发现这是一条螺旋线，盘旋而上，直到上方另一片叶子的着生点恰好与起点叶的着生点重合，作为终点。从起点到终点之间的螺旋线的绕茎周数，称为叶序周。不同种植物的叶序周可能不同，之间的叶数也可能不同，例如榆，叶序周为1（即绕茎1周），有2叶；桑，叶序周为1，有3叶；桃，叶序周为2，有5叶；梨，叶序周为3，有8叶；杏，叶序周为5，有13叶；松，叶序周为8，有21叶……但以其绕茎的周数为分子，叶数为分母，可表示为：1/2，1/3，2/5，3/8，5/13，8/21，…它们全都是由斐波纳奇数组成的。这些是最常见的叶序公式，据估计大约有90%的植物属于这类叶序”①。叶序为什么会呈现对数螺旋形态呢？“对于许多植物来说，每片叶子从中轴附近生长出来，为了在生长的过程中一直都能最佳地利用空间（要考虑到叶子是一片一片逐渐地生长出来，而不是一下子同时出现的），每片叶子和前一片叶子之间的角度应该是222.5°，这个角度称为‘黄金角度’，因为它和整个圆周360°之比是黄金分割数0.618 033 989…的倒数，而这种生长方式就决定了斐波纳奇螺旋的产生”②。“事实证明利用斐波纳奇级数角度进行新陈代谢的叶子获得了最小的重叠和最大的暴露”③。

在动物世界里，不少贝类，如鹦鹉螺、望远镜螺，有对数螺旋，动物的双角、人体的耳蜗（图7-9），都显出对数螺旋，更有趣的是，猎鹰扑向猎物和飞蛾扑火都是按照对数螺旋轨迹俯冲而下。当人们用哈勃望远镜对拥有百亿计太阳恒星的巨大宇宙（被称为

① 朱永胜．植物与斐波那契数．镇江高专学报，2006（1）：68．引文有改动。

② http：//baike．baidu．com/view/1074762．htm．引文有改动。

③ 特奥多·安德列·库克．生命的曲线．周秋麟，陈品健，戴聪腾，译．长春：吉林人民出版社，2000：108．引文有改动。

鸟宇宙）进行观测时，在所能观测到的大约万亿个星系中，许多都是螺旋星系（图7-10）。“为什么如此众多的星系显示出螺旋形状呢？螺旋星系就如同我们的银河系，有一个相对较薄的银盘（就像薄烤饼），由气体、灰尘（细微颗粒）和星星组成。整个银河系的银盘围绕银河系中心旋转。例如，在太阳周围，绕银河中心旋转的轨道速度是140英里/秒，完成一圈需要大约2.25亿年。离中心距离不同，速度也不同——近的快，远的慢，也就是说，银河系的银盘并不是整块旋转，而是分别以不同的速度运动。从正面看，螺旋星系在中心近旁生成螺旋臂，外围穿过星云向外扩散。螺旋臂是银河系银盘的一部分，在那里孕育着许多新星。因为新星是最亮的，所以我们能从远处看到其他星系的螺旋结构。天文学家们要回答的基本问题是：螺旋臂的形状如何能长时间保持不变？因为银盘内部比外围的旋转速度要快，任何与银盘物质有关的大规模形体都不能长久存在。同我们的观察相反，一个由相同星体和气体集合产生的螺旋结构会不可避免地产生纠结。螺旋臂能长久存在的原因要归于密度波——穿过银河系银盘的气体压缩波——沿路压挤气体所引发新星的形成。我们看到的螺旋图案仅仅是银盘中密度大于一般的部分和新生星。所以，这个图案重复出现，没有产生纠结……使星体和气云转动偏移形成螺旋密度波的原因（就好像修路使车辆转向其他道路）是银河系里的物质分布不对称所产生的引力。举例来说，在一系列围绕中心的椭圆轨道里，每个轨道和中心的距离有稍微的偏转，就形成了一个螺旋图案。事实上，我们应该为现在宇宙里引力的作用方式感到高兴。根据牛顿的重力理论，每个物体都会吸引另一个物体，相互间的引力随距离增加而减少。牛顿运动定律显示，由于距离决定引力，围绕太阳的行星轨迹就呈现椭圆形。如果我们居住的宇宙引力是以8倍引力对2倍距离的方式减少（引力随距离的立方减少），你可以想象一下，这个世界会发生什么情况，在那样一个宇宙里，牛顿定律预示，可能的一种轨迹会是对数螺旋”①。鹰和蛾的飞行动态同其视觉器官与目标物之互动相关，植物生成的对数螺旋同植物与环境的互动相连，星空中的螺旋星云则同太空中的力相关。这里万有引力再一次显出了自己的存在。但对于整个近代的形式美来说，对数螺旋突出的还是曲线主题。

古希腊美学家异口同声地说圆形是最美的，强调的是圆形由直线而来；近代美学家荷迦兹（William Hogarth）却说蛇形线是最美的，这里让人感到了对数螺旋被凸显出来的时代氛围。如果对数螺旋与各文化从原始时代就开始的形式，如中国远古的旋目等结合起来，与中国的太极曲线相比较，世界形式美的规律就会得到进一步呈现。

图7-7 植物对数螺旋

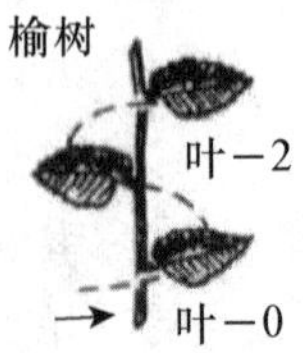

图7-8 植物生长螺旋

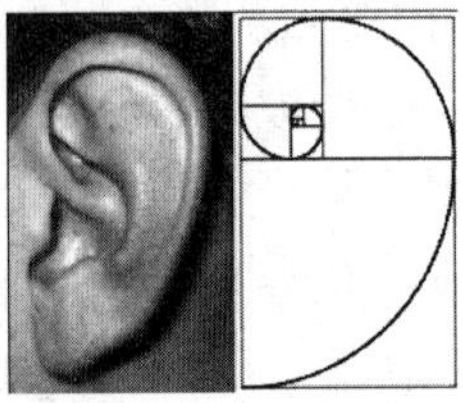

图7-9 人体对数螺旋

三图资料来源：马里奥·利维奥. Φ的故事：解读黄金比例. 刘军，译. 长春：长春出版社，2003.

---

① 马里奥·利维奥. Φ的故事：解读黄金比例. 刘军，译. 长春：长春出版社，2003：139-141.

图 7-10　天体对数螺旋

资料来源：马里奥·利维奥. Φ的故事：解读黄金比例. 刘军，译. 长春：长春出版社，2003.

对数螺旋同时又体现了数列凸显出的第三个特点：自相似。自相似本就内蕴在五角星形和黄金矩形中，五角星形和黄金矩形不断扩大或不断缩小，就是一个个更大或更小的五角星形和矩形按自相似的方式出现。对数螺旋体现在各种物体上，如植物的叶、螺虫的外形、星体的样态，反映的是物体之体征上的自相似，当体现为运动之时，反映的是螺旋之抽象线条的自相似。由黄金比例而来的自相似体现在对数螺旋上。虽然对数螺旋除了自相似之外，还有曲线这一特点，但因为对数螺旋之故，自相似得到极大的凸显。后来，现代的分形理论使自相似所具有的普遍性得到了更好的认识。就近代的数列而论，其功绩在于突出了形式美中的三大新特点：力、曲线、自相似。以黄金比例为核心的西方形式美，在之后的进一步演进体现在分形几何上。

（三）现代-后现代的形式美理论：分形与多元互动

分形理论内蕴着西方文化自世界一体化以来与非西方文化的互动，从科学上讲，来自 19 世纪以来的一系列科学进展，包括 19 世纪末魏尔斯特拉斯（K. Weierestrass）的处处连续但处处不可微的函数、康托尔（G. Cantor）的三分集、皮亚诺（G. Peano）的填充空间的曲线，20 世纪以来科赫（H. von Koch）的类似雪花和岛屿边缘的曲线、谢尔宾斯基（W. Sierpinski）的地毯图形、门杰（K. Menger）的海绵几何图形，以及豪斯道夫（F. Hausdorff）、布利干（G. Bouligand）、庞特里亚金（L. S. Pontryagin）、贝塞考维奇（A. S. Besicovitch）在分数维上的研究。最后，芒德布罗（Benoît B. Mandelbrot）在 20 世纪 60—80 年代以自己独特的方式提出和完成了分形理论①。fractal 一词的核心在于“分”，具体来说包含两个含义：分数和破碎。一方面，无规则破碎是一种“分”之后的状况，可称之为由分而破碎；另一方面，又要在无规则破碎中把握和呈现其规律。台湾学人翻译为“碎形”，强调的是无规则破碎的一面；大陆学人翻译为“分形”，强调的是

① 芒德布罗自称，这一关键词是他在 1975 年夏天的寂静之夜偶然翻阅拉丁文字典时灵感一闪得到的。芒德布罗一直用英文 fractional 来表示他的分形思想，这时他看到了拉丁文形容词 fractus（破碎）和动词 frangere（产生无规则破碎），而英文 fraction（碎片、分数）及 fragment（碎片）都来自同一拉丁文词根，于是他取拉丁文之头和英文之尾，形成了具有重要意义的 fractal 一词。芒德布罗 1967 年发表《英国的海岸线有多长?》（“How Long is the Coast of Britain?”），初步提出分形思想；1975 年出版专著《分形对象：形、机遇和维数》（*Fractals：Form，Chance and Dimension*），创建分形几何学；1982 年出版《自然界的分形几何》（*The Fractal Geometry of Nature*），成为分形理论的经典著作。

有理性的分数的一面。

从形式美的历史演进来看，分形的意义有三：其一，突出了看似纯客观的宇宙形式法则实际是与人的主体选择联系在一起的；其二，与比例和数列处理的都是规则图形中的形式美不同，分形处理的是不规则图形中的形式美；其三，与比例和数列研究的都是已知世界的实体图形不同，分形关系到已知实体与不可知虚体之间的关系，把数列中的无限之“有”转化为分形中的无限之“无”。

分形理论的第一点是，提出了“特征尺度”概念。宇宙是多种多样的。要测量客观世界中的事物，根据事物在体量上的不同特征，测量的尺度工具会有所不同，用尺去测万里长城嫌太短，去量大肠杆菌又太长。因此，合适的“特征尺度”就显得重要。但还有事物没有特征尺度，如天上的白云、河中的湍流、室内的轻烟等，是不断变幻的（用术语讲是“无标度性”的），怎么去测定呢？这么一讲，就知道比例和数列作为一种特征尺度，仅与一部分物体相适合，而对于与之不适合的物体，则无能为力。而且，有些事物，用惯用的尺度去测量，初看似乎并无不妥，但不一定能得到全面的反映。芒德布罗提出分形理论时列举了两个实例。第一个实例是测定英国海岸线有多长。海岸线的长度事实上取决于所用尺子的刻度。假设用的是英国的卫星地图，其边长有一英尺。量出长度，然后再乘以已知的地图比例尺，把它转化成实际长度即可。显然，这种方法会忽略海岸上实际存在着不规则的弯弯角角。如想要更精确，可带上一码长的棍子，沿着英国海滩而行，艰难地一码一码地测量，得到的数字会比上一次大得多，因为那些较小的弯角都被计算在内了。但是，这仍然忽略了长度小于一码的地方。只要每减小一次尺子的刻度，就会得到更大值的长度，因为每次都能发现那些更小的分结构。因此，测量现实中的不规则形状时，作为尺度的长度概念也需要更改。海岸线并不能如同想象的那样变成直线，而是在各种规模大小的尺度上都有弯曲，而且长度会无限增加（至少直到以原子为刻度）①。观察海岸线，可用比例方式、数列方式去看，也可用分形方式去看，不同方式得出的结论（无论科学的还是美学的）是不同的。海岸线呈现为怎样的数字和怎样的景观，是与观和测的方式相关联的。可以说，比例、数列、分形是三种不同的审美方式，面对同一对象，得到的是三种不同的审美感受。因此，由分形而来的形式美理论，不仅有助于理解西方形式美的三种模式（比例、数列、分形）的不同，而且有助于体悟西方形式美与其他文化的形式美的差异。

根据分形几何的特征尺度可以得出如下结论：世界呈现为什么样，与人之看的方式紧密相连。这一思想还体现在非欧几何上，这一新说有一个从罗巴切夫斯基（Николай Иванович Лобачевский）、高斯（Carl Friedrich Gauss）到黎曼（Georg Friedrich Bernhard Riemann）的演进过程。基本思想是对欧氏几何第五公设给出相反的结论，并在此基础上形成一套自足的几何体系。欧氏几何第五公设讲，过直线外一点，只能引出一条直线与该已知直线平行。罗巴切夫斯基讲，过直线外一点，可以引出一条以上的直线与该已知直线平行。黎曼讲，过直线外一点，一条与该已知直线平行的直线也画不出来。从欧氏几何第五公设出发，非欧几何得出了一系列与欧氏几何不同的结论，比如三角形

① 马里奥·利维奥. Φ的故事：解读黄金比例. 刘军，译. 长春：长春出版社，2003：252-253.

的内角和不是大于 180°就是小于 180°，等等。非欧几何与欧氏几何的差异在于，欧氏几何是平面上的几何，非欧几何是曲面上的几何，如图 7－11 和图 7－12 所示：

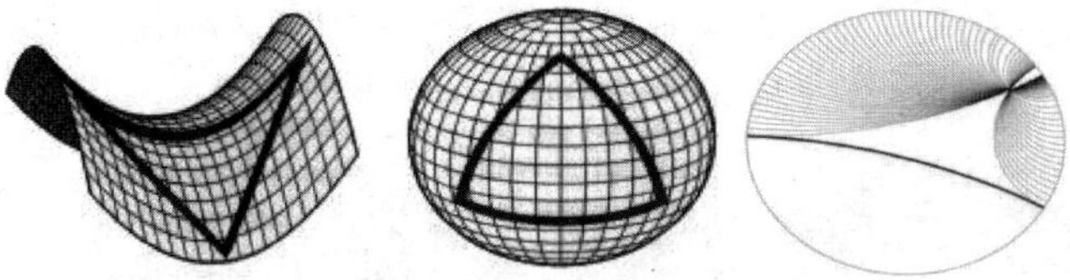

图 7－11　三种曲面几何中的三角形

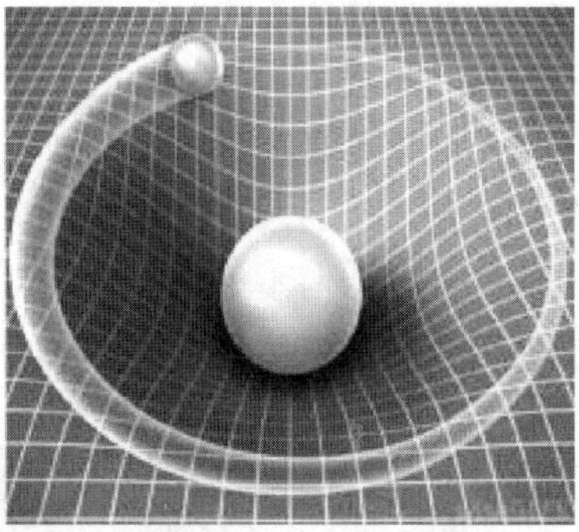

图 7－12　曲面中的圆

两图资料来源：http://image.baidu.com/.

非欧几何与欧氏几何在一些定理上完全相反，但相反的二者又都是对的，这主要在于二者要看的东西和看东西的方式是不同的。地球本来不平，但欧氏几何要将之抽象为平面来理解，非欧几何要按照地球本来的曲面进行抽象。根据这两种不同的理论，会产生客观世界的不同呈现和主体的不同感受，这体现在埃舍尔（Maurits Cornelis Escher）的绘画中。非欧几何虽然由不同于欧氏几何的第五公设产生出来，但在其他四条公设上又与欧氏几何相同。这两种相反的理论又有相同的一面，也反映在埃舍尔的绘画中，如图 7－13 所示：

图A　人的上与下

图B　水的高与低

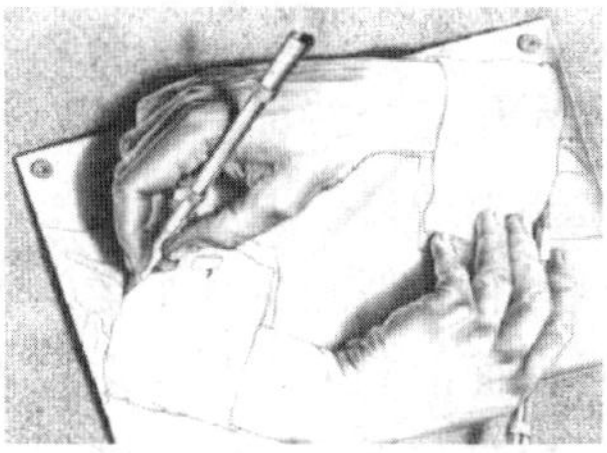

图C　手的互画

图 7－13　埃舍尔绘画

在图 7－13A 中，一些人向上走，一些人向下走，但结果还是在一个平面上。在图 7－13B 中，本是平流的水，结果却高出许多。这些的确是矛盾的，但的确又逻辑地体现在一幅图中。在图 7－13C 中，两只手都在作画，分不清哪只是作画的手，哪只是被画出的手。非欧几何带给人们的观念还可以在很多现代派绘画中得到体会。非欧几何和分形几何在世界与主体的关联上相同，对于美学来讲，分形几何有更值得重视的特点。

分形理论的第二点是，面对的不是规则图形，而是不规则、皱褶、破碎的形状。面对海岸线这样可以用比例和数列去看的对象，用分形去看，突出的正是比例和数列所看不出的而恰是用分形可以看出的那一方面，但更重要的是，有一些不能用比例和数列去看而只能用分形去看的物类，如天上的白云、河中的湍流、室内的轻烟等。从这里可知，分形对于比例和数列有一种根本性转变。比例和数列都是要把复杂的现象抽象为规则的图形和节奏、均衡和韵律，而分形则面对的是比例和数列在抽象中被简化了的东西。从科学上讲，在古典几何中，物体的维都只用整数表示，点是零维，线是一维，面是二维，体是三维，而分形几何则是分数维，如平面形的科赫曲线的维度在 0 与 1 之间，是个分数，立体形的门杰海绵[1]的维度在 1 与 2 之间，是个分数。分数维正是为了更精确地测量有皱褶、不规则的事物而产生出来的。它让抽象的、规整的几何进入了不规则的现实之中，并让这不规则显示出规则，让破碎被法则所把握。古典几何让人们把握规则之形和整体之形，从而领会规则美和整体美背后的法则；分形几何让人们理解不规则、皱褶、破碎之形，体悟不规则、皱褶、破碎之美背后的要义。分形的这一原理，从科赫为把握雪花而形成的曲线中透露出来，该曲线的生成过程如图 7－14 所示：

图 7－14　科赫雪花生成过程

资料来源：http://image.baidu.com/.

首先画一个正三角形，边长为 1 英寸，然后在每边的中间构建一个更小的三角形，其边长为 1/3 英寸，这样，得到第二个图形。三角形的原始周长是 3 英寸，而现在它由 12 个部分组成，每个部分都是 1/3 英寸长，所以现在它的周长是 4 英寸。以后连续地重复此操作，即在三角形的每一条边上构建另一个三角形，其边长是前一个三角形边长的 1/3。每增画一次，增画的周长会变为原来周长的 4/3 倍，直到无穷，尽管事实上它所在的仍是一个有限的区域，但是，可以展示，这个有限的区域是原始三角形的 8/5 倍[2]。这是芒德布罗列举的第二个实例。科赫曲线与斐波纳奇数列一样，是趋向无限的。科赫曲线显示了三个特征。其一，是自相似的增长演进。但这种自相似与比例中的五角星形和黄金矩形的自相似不同，不是向内的（在已知之中的），而是向外的（进入未知的）。其二，这一自相似是从规则走向不规则，从舒展走向皱褶，从整齐走向破碎。其三，其演进既是四面前向，又是越多越小，最后趋向“无”。科赫曲线与斐波纳奇数列一样，是向前增长，趋向无限，但斐波纳奇数列的直线不断地增长着前行，契合着一元论和总体性，它带着 Being（有）的特征趋向“无限”，而科赫曲线四面向前、越多越小的演进，趋向的是后现代的多元论和不通约的 No-Being（无）的“无限”。这也是分形理论的分数维与古典几何的整数维对照之后得到的效果。画一条直线，如果用零维的点来量它，其结果为无穷大，因为直线中包含无穷多个点；如果用一块平面来量它，其结果是 0，因为直线中不包含平面。在科赫曲线中，它的多元视点和不通约性是在与斐波纳奇数列一样的生成演化的动态中呈现的。科赫曲线在生成演化中与斐波纳奇数列的不同在于：曲线的任何处都不是直线地增大向前，而是以逐渐变小的方式前进，片片断断地走向破碎，在破碎中呈现由古典几何不能把握而分形理论可以把握的规律。

---

① 奥地利数学家门杰从三维的单位立方体出发，构造了门杰“海绵”：取一立方体，第一步把立方体 27 等分后，舍去体心的一个小立方体和六个面面心的小立方体，保留 20 个小立方体；第二步再对 20 个小立方体做同样的处理，此时保留下来的小立方体的数目为 20×20＝400；如此操作，直至无穷。于是，在极限情况下其体积趋于零，但表面积则趋于无穷大，所以实际上得到一个面积。

② 马里奥·利维奥. Φ的故事：解读黄金比例. 刘军，译. 长春：长春出版社，2003：253－254.

分形理论的第三点是，分形的演进消失在“无”中。在宇宙的无规则、皱褶、破碎的物象中，分形的增长或生长在全方位的演进中越来越小，最后趋向无。且以树木为例。树木生长的主要特点就是分枝（图 7－15）。从分形模型来说，先找出单位长的枝干，成 120°分成两枝，长度为原长度的 1/2，每枝再按照同样的方式继续往下分，如此重复。如果长度简缩因数不是 1/2，选大一些的数，比如 0.6，这样，分枝之间的空间就会减少，直到最后分枝重叠。对许多系统来说，比如排水系统或血液循环系统，如果要问究竟在简缩因数为多少时，那些分枝刚好接触到对方，开始重叠，研究的结果是：刚好在简缩因数恰好稍大于黄金比例 1/Φ＝0.618…时，会发生这种情况。因此，这样的图形被称为黄金树，从分形理论角度看，其分数维大约是 1.440 4。其实分形还在继续，只是已经小到看不见，在一个无中进行，类似于已经转成中国思想中的气。

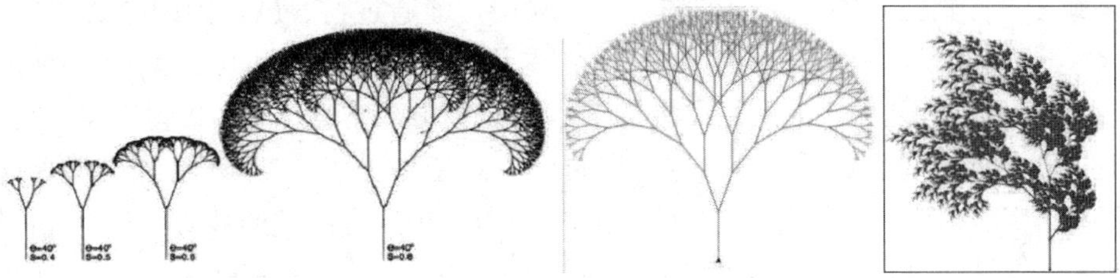

图 7－15　树木分形

资料来源：http://image.baidu.com/.

分形毕竟是理论学科，虽然对应着宇宙中的相关物象，但它有自身的理论体系。从理论上讲，不规则碎片之形不仅可以由线段组成，而且可以由简单的平面图形，如三角形和正方形组成。三角形就是前文讲过的科赫曲线。这里需要补充的是，三角形越来越小之后，简缩因数为多少时，三个大的主枝开始接触，答案同样是：1/Φ＝0.618…。再用正方形来建造相似的不规则碎片之形，同样的情形就会发生：当简缩因数是 1/Φ＝0.618…时，重叠开始①。这意味着什么呢？由黄金比例决定的分形使物象的向前演进呈现为走向破碎，最后走向视之不得其形、听之不闻其声、嗅之不觉其味，但又确实存在着的虚体之无的状态。分形几何的特征同样可以在埃舍尔的绘画中得到体现。图 7－16A 和图 7－16B 是由曲面而来的分形图，图 7－16C 不但是分形的一种，而且有死物与活物的相互转换，即艺术之鱼与现实之鱼的相互转换，还有黑白、虚实的相互转换。

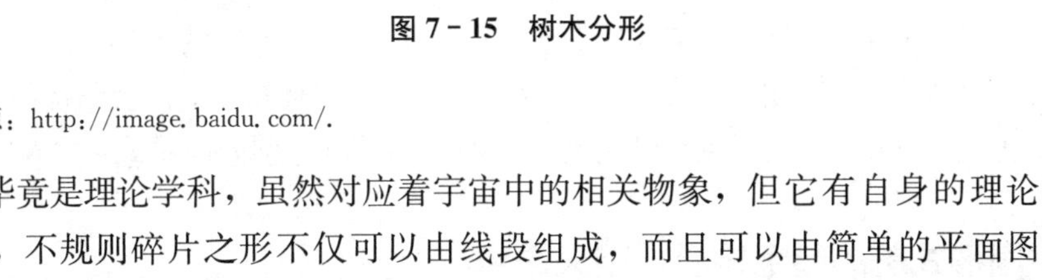

图A　　图B　　图C

图 7－16　埃舍尔画中的分形意蕴

① 马里奥·利维奥. Φ的故事：解读黄金比例. 刘军，译. 长春：长春出版社，2003：256-258.

分形内蕴着黄金比例，透出了从古典几何到斐波纳奇数列到分形理论有一种内在规律在其中，而古典几何、斐波纳奇数列、分形理论只是这一规律的三种不同面相，而这三种不同面相构成了世界种种事物之为美的内在基础。

三、中国以九宫-太极图为核心的形式美理论

中国的形式美理论，在由远古到先秦的观天仪式演进中产生出来。远古中国东西南北各族群的观天活动多种多样，最后由立杆测影而来的“中”因与文化和美学性质最为相关而成为主流。在漫长的演进里，以“中”为核心的立杆测影的天文观测，被总结在从伏羲到文王再到孔子的“易”的体系里。立中，即通过村、邑、国的地之“中”而确立了北极-极星-北斗一体的天之“中”，名之北辰，又名太极，贾公彦疏《周礼》曰：“极，中也。以居天之中，故谓之北极也”①。在天极中，北极不易，极星千年一易，北斗随时而易但指向极星不易，是不易与变易的统一。在天象中，北辰不变而带动天地运行，也是不易与变易的统一。由之形成易的理论，“易有太极”是易理的核心，郑玄说：易有三义，不易、变易、简易。由易有太极而来的三易思想，在形式美上形成了以九宫图和太极图为基础的形式美体系。具体到审美对象上，形成了形式美理论的虚实-关联结构，体现为：其一，具体对象本身的虚实结构的形式法则；其二，具体对象的虚实结构与天地形成内在关联，天即天象（特别体现在京城结构之中），地即地理（特别体现在每一村落结构之中）。

（一）中国形式美的起源核心：观天之中

中国形式美的起源，可以从《周礼·考工记》中的一段话讲起：“匠人建国，水地以县，置槷以县，视以景，为规，识日出之景与日入之景。昼参诸日中之景，夜考之极星，以正朝夕。”这虽然是先秦以后的总结，但其起源在远古，演进逾万年。此话的核心是以“中”为核心的立杆测影的天文观测：在平地上立一槷（中杆），观察太阳东升西落在杆下的投影，由早晨和黄昏的投影求出东西方向，由正午的投影再参之极星求出南北方向，以杆为中的东西南北中的空间观念由之得出。由太阳一年中在南北回归线往返，得出了以二至（冬至、夏至）二分（春分、秋分）为中心、以四立（立春、立夏、立秋、立冬）为要点、以二十四节气为节点的日-月-季-年的时间体系。由“中”形成了时空合一、不可分割的关联体系。太阳晨午昏的日运动和南北回归的年运动，体现以中杆为圆心的画圆和以中杆为中心的画方。立杆测影活动形成了以中杆为中心的方圆结构，如图 7-17 所示：

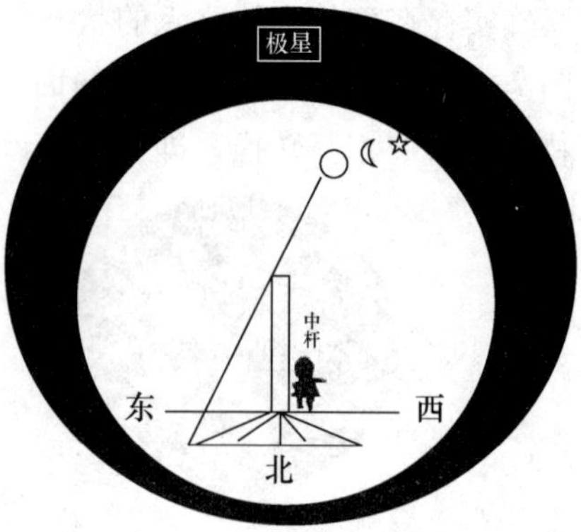

图 7-17　中杆观天与方圆结构

① 周礼注疏. 郑玄，注. 贾公彦，疏. 北京：北京大学出版社，1999：1149.

这一时空合一的天圆地方观念，不仅来自直观，而且经历了漫长岁月的思想和技术的总结，具有三个特点：其一，虽然以观察太阳为主，但同时是对包括日月星在内的整个天象的总结，形成了以北极-极星-北斗为中心，以二十八宿形成的具有东南西北和春夏秋冬合一的青龙、朱雀、白虎、玄武四象为基本结构，日月星在其中运行的天的整体。其二，在远古东西南北各族群的互动而形成的“共识中国”里，中国地理呈西北高东南低的基本形态，《禹贡》把山脉分为四列九山，随后演进为山绵延为龙脉，昆仑山延伸出三条龙脉：北龙从阴山、贺兰山入山西，起太行，入海而止；中龙由岷山入关中，至秦山入海；南龙由云贵、湖南至福建、浙江入海。南龙分而为三，一出吐蕃之西，下丽江、绕关岭，到沅陵后，而分为多，其一至武陵止，另一趋匡庐而止，又分其一过庾岭至三吴止，过庾岭者，又仙霞关到闽至，还分衢为大盘山，右下括苍，左去天台、四明，渡海至，总为南龙。总之，形成了由西至东以三龙为主体的中国地理（图 7－18）。其三，太阳在天上运行，不见其轨道之线，但在中杆投影上呈现，其运行是虚而实有。整个天上以北极-极星-北斗为中心的日月星的运行，形成天地互动，是以气的方式进行的。《春秋·文曜钩》曰：“中宫大帝，其精北极星。含元出气，流精生一也”①。《太平御览》卷二十二引徐整《长历》曰：“北斗当昆仑，气运注天下”②。以中杆为核心的观天察地把中国天地组织成了一个虚实相生的整体。就数的规律来讲，立八尺之中杆，二分二至的晷影形成 9∶5 之比和 5∶4 之比，再由之关联到其他因素，形成中国形式美（包括西方的黄金比例在内）的理论体系（图 7－19）。就角度的规律来讲，冬夏二至日出与正南的夹角接近 60°；在古代的黄河与长江流域冬至太阳

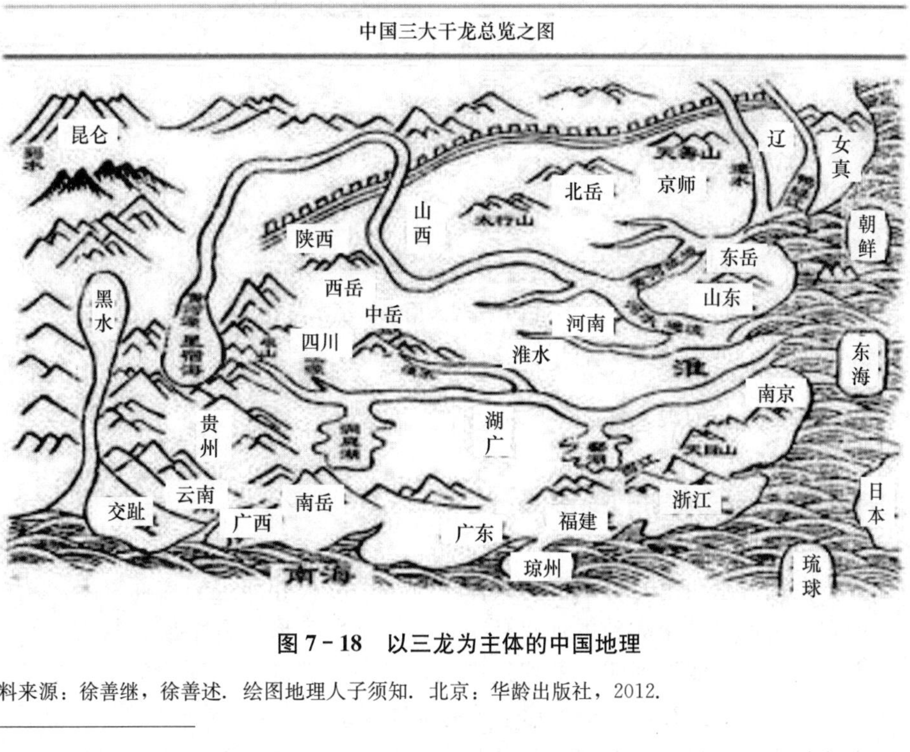

图 7－18　以三龙为主体的中国地理

资料来源：徐善继，徐善述. 绘图地理人子须知. 北京：华龄出版社，2012.

① 纬书集成：中. 安居香山，中村璋八，辑. 石家庄：河北人民出版社，1994：662.

② 李昉，等. 太平御览：第 1 册. 2 版. 石家庄：河北教育出版社，1994：125.

从南偏东60°的辰位升起，从南偏西60°的申位落下；夏至太阳从北偏东60°的寅位升起，从北偏西60°的戌位落下；二至与雨水、处暑，太阳所在角度相差60°，雨水、处暑前后，斗柄所指方位与正北方成60°；以60°为基础，形成了30°、45°的角度体系（图7－20）。虽然中国的数理没有西方几何那样的角度的理论，但把角度的现象纳入了自身的数理之中。

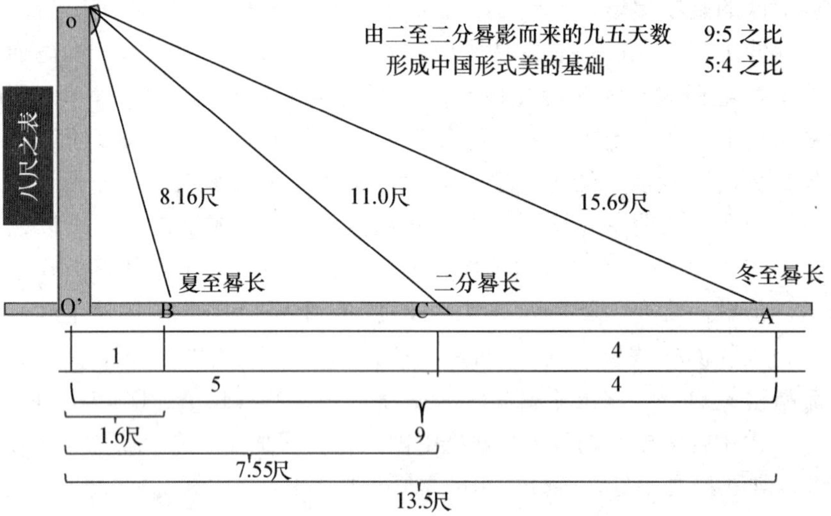

图7－19　由中杆观天而来的基本比例

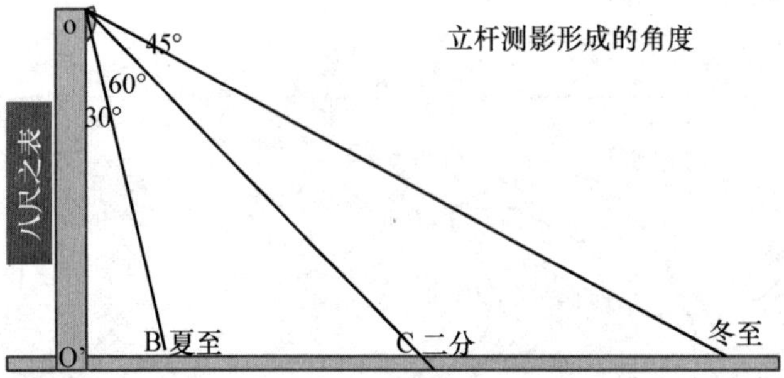

图7－20　由中杆观天而来的基本角度

数量关系和角度关系都包含在天地整体的图形（即天圆地方）之中。中国的形式美理论从这一以中为核心的观天活动中产生出来。

（二）中国形式美形成期的多形演进

这一整体在远古东西南北各族群的具体演进中，形式和演进多样而繁复。从逻辑上由后往前梳理，可理出一个大致的演进环节，即“十”字形、万字形、八角星形的形式抽象，一方面进入了从亚形到明堂的建筑空间，另一方面进入了式图的工具模型。这些既形成了形式美的演进路径，又成为形式美的基础因素。

先说由中杆而来的最基本的“十”字形的演进。《说文》说：“十：数之具也。一为东西，丨为南北，则四方中央备矣。”讲的正是“十”字是由中杆下的一点开始画东西线和南北线，完成方位之画，形成的就是“十”字。甲骨文中的“巫”字，主形即“十”字形：（甲二一六）、（粹一〇三六）、（粹一三一一）①。在中杆下举行仪式的巫王，正是将在观天活动中取得的天地规律作为自己的合法依据。最初是在空地立中，以“十”字象征这一空地的神圣性，于是出现了图形；当空地演进为台坛，于是出现了图形；再进一步，演进为祖庙，于是出现了以“十”字形为核心的图形⊕。在远古彩陶和岩画中，都可以发现十、⊕、⊗的不断出现，仅在西北地区的彩陶图案中，就可以看到多种多样的十字纹（图 7－21）。

图A 马家窑彩陶中的十字纹　图B 半山彩陶中的十字纹　图C 马厂彩陶中的十字纹

图 7－21　西北各文化中的十字纹

在立杆测影中，十字是动态中的十字。只有从中杆下日月星的投影与天地互动以及由之而来的天地运行的关系去理解十字的内涵，其意义才是完整的。因此，不强调静态而彰显动态，十字形就转化为万字形（卍和卐），前文列举了三个甲骨文的巫字，第二个字“”就是具有动态的万字形。万字形在远古文化东西南北各地不断出现（图 7－22），体现的正是天地的运行。

图A 半山文化　图B 马厂文化　图C 阴山岩画　图D 河北武安赵窑遗址　图E 山西太谷白燕遗址　图F 内蒙古小河沿文化

图 7－22　远古各族群的万字形

以天地运行为内容的远古仪式之舞，被称为万舞。甲骨卜辞、《夏小正》、《诗经》、《左传》、《国语》、《墨子》等文献都提到了万舞。萧兵讲，先秦各方的四大族群，即西北的夏和周、东方的商、南方的楚，都有万舞②。孙诒让说，黄帝尧舜夏商周的“六代大舞，所谓万舞也”③。万字中内蕴的，是由十字而来的天地整体运行规律。

把十字与万字结合起来就可以理解天地的整体运行，再进一步细化，就是体现八方的八角星纹。八角星纹同样在中国远古东西南北各族群的图案中不断出现（图 7－23）。

这些图案都显示了，八来自四，图 7－23G 展示的河姆渡文化的四鸟图，以旋转样态透出了八方的指向。《淮南子·天文训》讲了从二（绳）到四（钩）到八（维）的演进过程，而且是在时空合一的框架内讲的：“子午、卯酉为二绳，丑寅、辰巳、未申、戌亥为四钩。东北为报德之维也，西南为背阳之维，东南为常羊之维，西北为蹄通之维。”于

① 以上字例参见李圃．古文字诂林：第 4 册．上海：上海教育出版社，2001：760－762。

② 萧兵．万舞的民俗研究：兼释《诗经》《楚辞》有关疑义．辽宁师院学报（哲学社会科学版），1979（5）：37－44．

③ 孙诒让．周礼正义．北京：中华书局，1987：1726．

是，形成了理论化的八方图（图 7－24）。还原到立杆测影技术，就可以呈现由立杆测影（图 7－24A 的两图）到对之抽象化（图 7－24B 的两图）最后到《淮南子》的理论化（图 7－24C）：

图A 大溪文化　图B 马家浜文化　图C 良渚文化　图D 小河沿文化　图E 大汶口文化　图F 凌家滩文化　图G 河姆渡文化

图 7－23　远古各族群的八角星纹

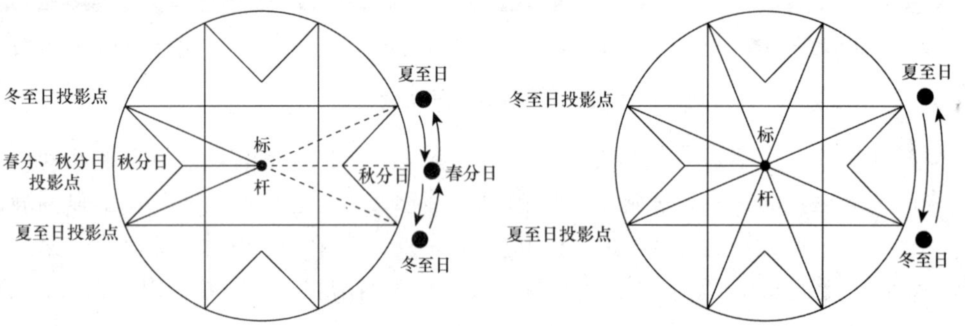

图A　由中杆观天而来的虚实八方图

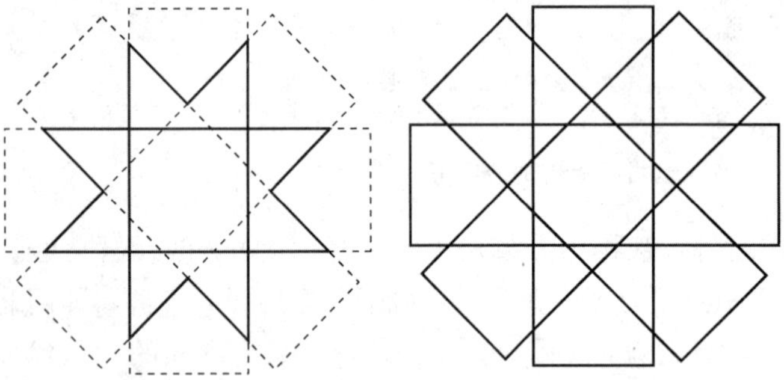

图B　由观天抽象出来的八方动态图

图C 《淮南子》的八方图

图 7－24　中杆观天到八方图的内在演化

八角星形与西方的五角星形不同，不是用几何学去体现以黄金分割为核心的西方天道，而是以时空合一、静动合一来体现中国天道。更全面和更清晰地把天地整体结合在一起的就是亚形。亚形是中杆的仪式空间，用空地、坛台建筑之静反映天地合一的动态整体。亚形经过古文字和文献上的一系列演进，如，最后落实到明堂上。据文献记载，从神农到黄帝到周公都有明堂。《三辅黄图》说："黄帝曰合宫，尧曰衢室，舜曰总章，夏后曰世室，殷人曰阳馆，周人曰明堂"①。《尚书·帝命验》

① 何清谷．三辅黄图校释．北京：中华书局，2005：294.

注云：“唐虞谓之天府，夏谓之世室，殷谓之重屋，周谓之明堂。”名称不同但功能一以贯之。蔡邕《明堂论》讲：“明堂者，天子太庙，所以宗祀其祖，以配上帝者也……太庙明堂方三十六丈，通天屋径九丈，阴阳九六之变也。圆盖方载，六九之道也。八闼以象八卦，九室以象九州，十二宫以应十二辰，三十六户七十二牖，以四户乘九十之数也。”总之，其中包括了基本的数的规律。明堂为法天则地的巫王居住的符号性建筑，与之相应的还有一种占卜工具，战国时代普遍称之为“式”。李零说，依《周礼·春官·太史》最早名曰“天时”，应当还有更远的器形和名称的演进史，其内容可以上溯到《尚书·舜典》讲的“同律度量衡”，甲骨文和《山海经》讲的四方风，濮阳的北斗龙虎图，凌家滩的四位八方玉片①，这一工具也由远古巫王进行法天则地的思考而来。因此，式与明堂型建筑一样，体现了天地一体的数理规律。下面是两汉南北朝的四种式盘（图 7-25）：

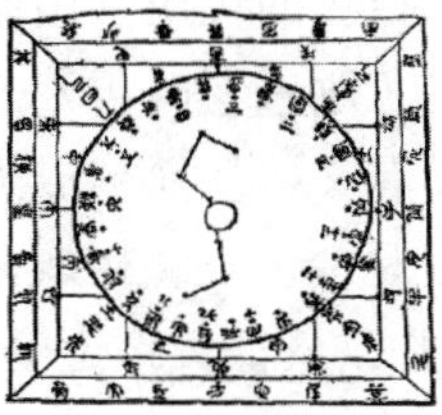

图A 西汉六壬式盘

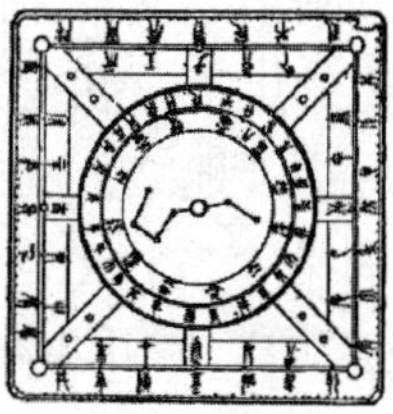

图B 东汉六壬式盘

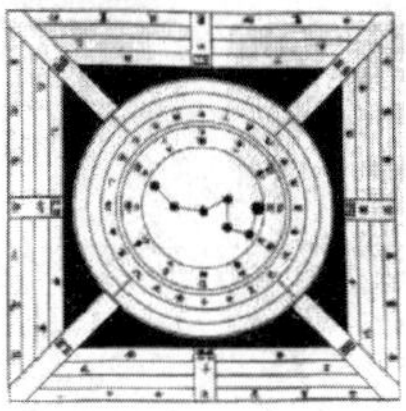

图C 朝鲜出土的东汉六壬式盘

图D 六朝晚期的六壬铜式盘

图 7-25 两汉南北朝的式盘

式由圆形上盘和方形下盘构成，圆像天，以北极-极星-北斗居中，环有多层圆圈，依次可标为：（1）十二月神；（2）干支；（3）二十八宿。地盘由多层方形构成，一般有：（1）天干；（2）地支；（3）二十八宿。两盘相扣，天地互动，构成天地整体的运转②。从两汉之式可回溯到式在远古的产生及在历史中的演进，其所体现的基本思想结构不变，具体义项有变。对本小节来讲，主要是式与明堂一样，内蕴了中国古代形式美的基本数理规律。

（三）中国形式美的理论定型：九宫图与太极图

中国由远古至先秦，从立中的昼观太阳和夜观极星为核心而产生出来的十字形、万字形、八角星形、亚形、式盘等方方面面的演进，就形式美来讲，最基本的图形是什么呢？这就是《周易》里面的数理体系。郑玄注《周易》，讲易之一字包含三个内容，即（本质性的）不易、（现象性的）变易、（精要性的）简易③。简易，强调的就是易中的数理内容。《周易》的数理体系主要包括三个方面：

第一，由气化阴阳而来的自相似理论。以⚋（阴）⚊（阳）爻为基础，太极生两

① 李零．“式”与中国古代的宇宙模式．中国文化，1991（3）：1-30.

② 同②.

③ 孔颖达曰：“郑玄依此义作《易赞》及《易论》云：‘易一名而含三义：简易，一也；变易，二也；不易，三也’。”（孔颖达．周易正义卷首//周易正义．王弼，注．孔颖达，疏．北京：北京大学出版社，1999：5）

仪，两仪生四象（⚎ ⚏ ⚍ ⚌），四象生八卦（☰☷☶☱☳☴☵☲），“八卦相荡，鼓之以雷霆，润之以风雨；日月运行，一寒一暑；乾道成男，坤道成女。乾知大始，坤作成物”（《周易·系辞上》）。这里，远古以来由北辰带动日月星运行，进而天地互动，产生万物，已经变成了一种数的“自相似”的运行。（这是比西方现代发现的自相似更为丰富和精妙的自相似，只要把《周易》的爻象生成图与康托尔的三分集比较一下即知。）

第二，由三爻成卦而来的一分为三的模数理论。八卦卦象就是由⚋（阴）⚊（阳）之“一”重叠到☰（乾）☷（坤）两卦之“三”，再由“三”相互重叠而八卦而六十四卦。这是一个以⚋ ⚊为基础建立起来的宇宙模数。也就是《周易·说卦》讲为什么三爻组合成为基本经卦：“立天之道曰阴与阳，立地之道曰柔与刚，立人之道曰仁与义。”三爻象征的是宇宙的天地人整体，天的日月星运行而来的夜昼、晦朔、冬夏之流动构成阴阳之爻象，日月星的运行引起地上万物生长，构成刚柔之爻象。刚柔既指物的性质（山刚水柔、石刚土柔、树刚草柔等）之象，又指万物的生灭（初生柔，成长刚，老时柔）之象。人在天地之中，依天地之生的法则而有仁，按天地之灭的规律而有义，从而构成人的生灭爻象。《周易·系辞下》讲爻就是动，《周易·系辞上》讲爻就是变。三爻构成两个基本的卦象，即☰（乾）、☷（坤），构成卦的模数，展开为六十四卦以象征天地万物。三爻成卦，用《老子》四十二章的话讲，是“道生一，一生二，二生三，三生万物”。《周易》的爻卦系统构成了中国形式美模数的理论基础。中国乐论，由三分损益法而得出五音，进而得出十二律，产生宇宙各种音乐，是依三分法而来的模数；中国山水画，郭熙《林泉高致》讲“三远”可以演出一切山水画的境界，石涛《画语录》讲“分疆三叠两段”可以构成一切山水画的构图①，都是由三分法而来的模数理论。建筑上李诫《营造法式》之构材比例划分、房屋整体及局部比例划分，都遵循和运用三分法的模数系统。喻皓《木经》讲房屋结构说：“凡屋有三分。自梁以上为上分，地以上为中分，阶为下分。”乃运用三分模数去看人居的建筑结构。以上两点以数的原理为主，下面这一点以形的原理为主。

第三，包括前两条在内的易理思想之演进产生了由河图、洛书而来的九宫图和由八卦图而来的太极图，形成了中国形式美的基本图形。

先讲由河图、洛书而来的（以方为主的）九宫图。郑玄注《周易·系辞上》和《礼记·月令》讲：一、二、三、四、五是生数，六、七、八、九、十是成数；一、三、五、七、九是天数，二、四、六、八、十是地数②。以生数和成数进行动态相交，把运行中的斜条按图7-26B运行到十字直条上，并叠加在直条的数字之上，形成凸显“十”字的河图③（图7-26A至D）；以天数和地数进行动态相交，形成彰显九宫格的洛书（图7-26E至G）。

河图形成的十字图形强调方形里中轴线的重要，洛书形成的九宫格彰显相互贯通的整体的重要。这里，生成数和天地数的圆转流动是重要的。作为平面图形，河图、洛书

① 中国历代画论选：下册．潘运告，选注．长沙：湖南美术出版社，2007：151.

② 礼记正义．郑玄，注．孔颖达，疏．北京：北京大学出版社，1999：451-452.

③ 河图和洛书的名图认定，这里按现代学术主流，依南宋蔡元定之说（北宋刘牧的定义正好相反）。

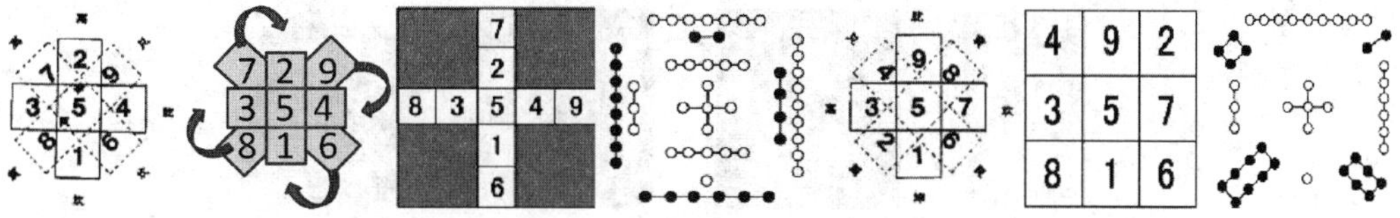

图A　　图B　　图C　　图D　　图E　　图F　　图G

图 7－26　河图、洛书及其数理

强调的是中心、中轴、九宫。这构成了中国建筑从村落到城镇到京城的基本结构，也是一般民居中之地标性建筑的基本构图。同样，在九宫十字图中一定要体悟其中内蕴着图7－26A 和图 7－26E 体现出来的生成的运行和天地的互动。九宫图实际共有四图一体，一是图 7－26F 的九宫格，二是图 7－26C 的十字，三是图 7－26E 的天地互动，四是图7－26A 的生成运行。其实只要从式图的观点去看河图、洛书，一个四图合一的中国空间基形就凸显出来了。也可以说，由河图、洛书构成的九宫十字图是中国空间构成的基本图式。包括图 7－26F 和图 7－26C 的正形（礼制建筑），也内蕴图 7－26E 和图 7－26A 的变形（园林建筑），礼制建筑都有园林因素在其中，园林建筑都有礼制因素在其中，二者互通。理解了这些，就可知晓九宫十字图是中国形式美的基形。

再讲由八卦图而来的（以圆为主的）太极图。宋代刘牧、元代张理、清代江永，都讲了河图、洛书与八卦图的关系。先天八卦图与后天八卦图的互补互通，为现代学人的热论。按这里的逻辑，主要从数理角度讲太极图的产生。《周易·说卦》曰："天（乾☰）地（坤☷）定位，山（艮☶）泽（兑☱）通气，雷（震☳）风（巽☴）相薄，水（坎☵）火（离☲）不相射。数往者顺，知来者逆，是故易逆数也。"此话内蕴着天地互动与四方四时运行的中和原则以及相关的重要思想，不过这不是这里的主题，这里仅从数理角度看太极图的产生：⚊（阳爻）为 0，⚋（阴爻）为 1，其顺序就成了 000（乾）、001（兑）、010（离）、011（震）、100（巽）、101（坎）、110（艮）、111（坤），是二进位制的奇偶规律（图 7－27A）。其在时间中"数往者顺，知来者逆"的运行方向，由乾一、兑二、离三、震四，再转到巽五、坎六、艮七、坤八，运行之线构成了太极曲线（图7－27B），它是被立杆测影一直观察到的，由北斗斗柄四季旋转、太阳年回归、月亮的朔望晦循环而来的理论抽象。太极图出现甚早，在大汶口文化的梳子（图 7－28A）上和屈家岭文化的纺轮（图 7－28B 至 D）上可见其雏形。太极图白中有黑和黑中有白的阴阳互含，在冬季的阴中含阳和夏季的阳中含阴里已有深刻的体会。因此，从八卦图到太极图，只是一种思维形式的变换。但这一变换对中国形式美却具有重要意义。

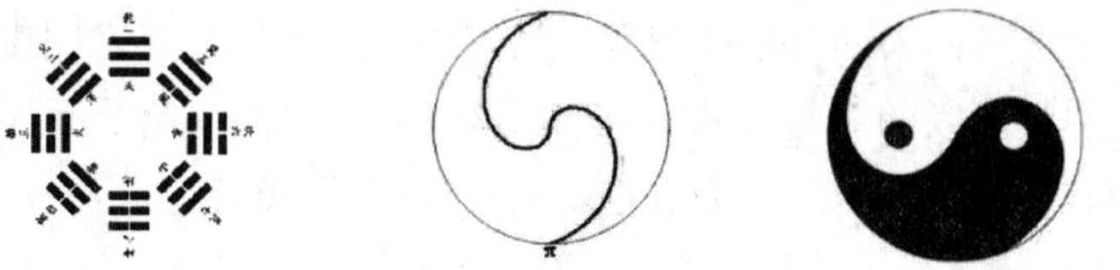

图A　先天八卦图　　图B　S形曲线　　图C　太极图

图 7－27　从先天八卦图到太极图

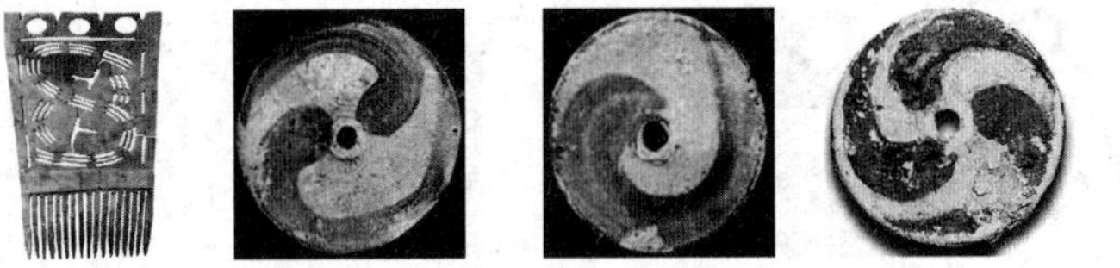

图A 大汶口文化中的S形梳子　　图B-D 屈家岭文化中的纺轮

图 7 - 28 太极图的远古雏形

太极图突出了中国形式美的三大要点：其一，结构的对称均衡。黑为阴，白为阳，阴阳互动；白为虚，黑为实，虚实相生；黑为有，白为无，有无相成。阴阳、虚实、有无的互动性，具有对称均衡为一体的结构，既是中国宇宙的特点，又是中国事物的特点。这种在动态中的对称均衡的合一可被称为：中。其二，阴阳互动呈现为二者的进退转化、互含圆转。白中有黑，黑中有白，阴阳互含。黑白两鱼，这一边的尾渐缩渐小，化入另一边，在圆的规范下互为进退，相互换位，具有阴阳、虚实、有无特点的宇宙和万物的互动的圆转特点。这一特点可被称为：圆。其三，太极图中的结构和互动，都在圆的规范下以太极曲线的方式进行，透出宇宙万物在日、月、季、年中运行的特点，同时也是万物、个人、家庭、族群、王朝运行的特点。太极曲线以圆而形成，又以圆为旨归。这一特点可被称为：曲。中、圆、曲乃太极图作为形式美的特征，这一特征贯串于中国美学的方方面面。

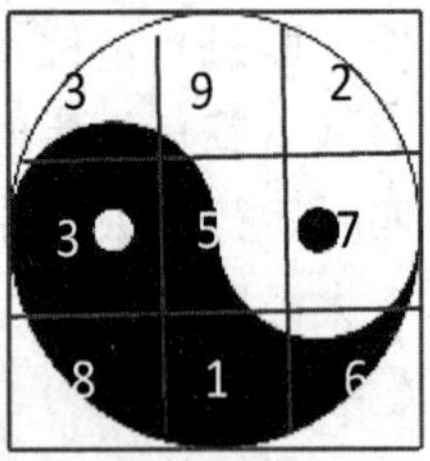

图 7 - 29 九宫太极图

太极图和九宫图在中的原则下又是合一的，形成九宫太极图（图 7 - 29）。回到历史，二者的合一与立中相关，是在中的思想中必然形成的。

先秦的各种思想，如五行思想、阴阳八卦思想，既有分别又关联着演进，最后在秦汉相互融合，特别是与气的思想结合，九宫图和太极图又与气论及五行思想结合在一起①，气论从内容上进入九宫太极图，五行从形式上进入九宫太极图，如图 7 - 30 所示：

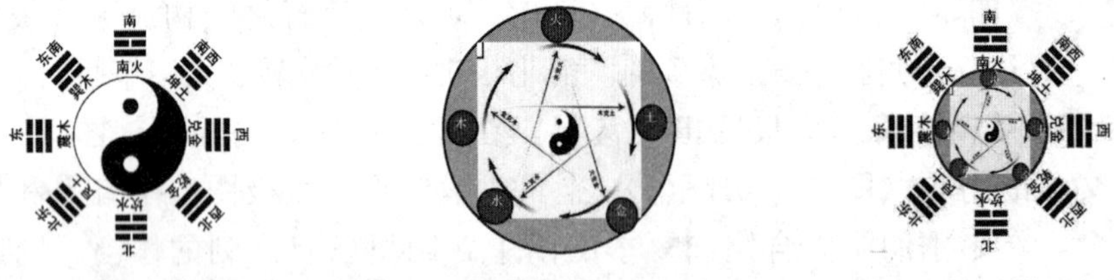

图A 八卦五行太极图　　图B 以五行为主的太极图　　图 C 五行八卦太极图

图 7 - 30 三类形式的太极图

由十字形和万字形而来的又处在河图、洛书中央从而处在九宫图中央的“五”，在先秦展开为一个普遍相关联的五行图式。在形式美上，《左传·昭公元年》载：“天有六气（即阴阳风雨晦明），降生五味，发为五色，徵为五声。”味、色、声以五为基本，展开为千味、千色、千声。《礼记·礼运》载：“五行、四时、十二月，还相为本也。五声、六

① 关于五行和八卦在具体要项上的同构与互通，参见王俊龙.《尚书》五行、《周易》八卦和人体形态逻辑再探. 扬州大学学报（人文社会科学版），2016（2）：73-76。

律、十二管，还相为宫也。五味、六和、十二食，还相为质也。五色、六章、十二衣，还相为质也。”仍是讲五行与五声、五味、五色为基本而产生一年十二月中的万声、万味、万色的现象。这里，最重要的是声、色、味在数上的共通性。这一共通性还包括与宇宙万物的同构与会通。

当五行、八卦结合在一起时，太极图就包含了五行的内容。展开来讲，河图也内蕴着五行的内容①，从而九宫图也内蕴着五行的内容。理解这一点，对于理解中国的形式美理论甚为重要。九宫图和太极图是两种基本图形，就相分来讲，各有很多变化；就结合来讲，二者合一，构成中国基本图形的整体。综上所述，从形式美的角度讲，中国远古以立杆测影为中心而产生的数和形，从九五之数、60°角、30°角、45°角、十字形、万字形、八角星形、亚形、式盘，最后形成了以九宫图和太极图为基础而又互通的基本图形，构成了中国形式美的基础。

（四）中国形式美的基本内容

知晓了九宫图不仅是九宫图本身，而且内蕴着整个远古美学演进的十字形、万字形、亚形、河图、洛书的形式美内容；知晓了太极图不仅是两条阴阳鱼的互抱本身，而且包孕着无极、太极、气、阴阳、五行、八卦和天地运行的形式美内容，就可以理解，中国的形式美存在于虚实-关联型的文化整体框架中，它包括三个方面的内容：第一点，面对审美对象，找出其形式美的基本要素和结构，找出其由自相似而来的数模原理。这与西方的形式美理论既有相似，又有不同。相似可感受宇宙的同一性，不同能突出中国的特殊性。具体的审美对象所呈现的数理，不仅是可见的自身形式，更有不可见的关联内容。关联包括两个方面，一是礼制的等级数理，二是自然的宇宙理性。但无论在哪一方面，都是从整体看个体，而不是从个体看个体，个体虚实结构中虚的关联从这里透露出来。个体之虚关联着朝廷礼制和宇宙结构，构成了中国形式美的第二和第三点。因此，第二点是个体审美对象因关联到礼制整体而来的形式美法则，以九宫图为主。第三点是个体审美对象因关联到宇宙整体而来的形式美法则，主要以士人风貌呈现出来，以太极图为主。以九宫图为主的朝廷形式美和以太极图为主的士人形式美，虽有不同，但却相交、相叠、相通。因此，可以将之归为一类。这样，中国形式美的内容就在于两点，一是审美对象自身呈现出来的可见形式，二是这一可见形式关联着在个体上不可见的整体内容，即礼制的数理内容和宇宙的数理内容。

1. 单个审美对象自身的数理内容

一个审美对象有使人感受到美的具体结构方式。古代的审美对象是以什么样的方式让人看起来是美的呢？以建筑为例，现代理论家发现了世界公认的以比例、模数、角度为基本内容的形式美规律，对于中国的形式美，可用为参照。

先讲比例。中国现代学人在看中国古建筑之时发现了比例规律。比如，王其亨讲，

---

① 王兴业．河图洛书探微．周易研究，1993（3）：1-16.

殿阁、楼台、房屋，以及每面的举折深高控制，都有与西方黄金分割极相似的3∶2的比例[1]。王贵祥讲，中国礼制建筑中广泛运用了$\sqrt{2}$矩形[2]。王树声分析隋唐长安城，总结为“内含等边三角形的矩形”[3]。王南把王树声的归纳提炼为$\sqrt{3}/2$矩形，并将之运用到对从远古到清代的礼制建筑的分析中，得出了如下结论：$\sqrt{2}$和$\sqrt{3}/2$比例在中国礼制建筑中普遍存在，为两种基本比例[4]。这两种比例中还包含了模数关系。王南讲，$\sqrt{2}$比例同时就相当于5∶7或7∶10，$\sqrt{3}/2$比例同时就相当于6∶7或7∶8，如图7-31所示：

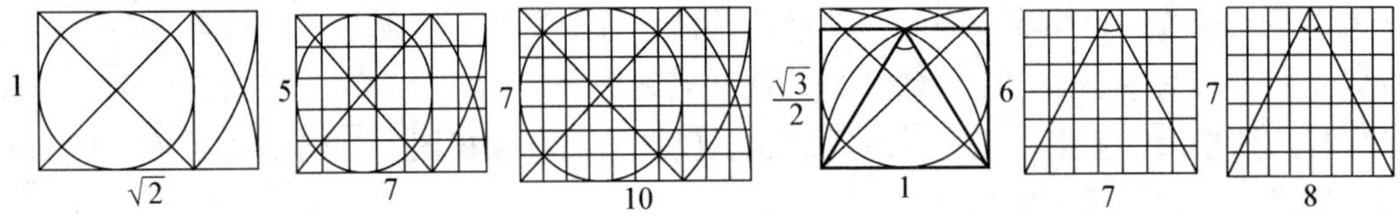

图A　$\sqrt{2}$　　图B　5∶7　　图C　7∶10　　图D　$\sqrt{3}/2$　　图E　6∶7　　图F　7∶8

图7-31　中国型的比例规律

资料来源：王南．象天法地，规矩方圆：中国古代都城、宫殿规划布局之构图比例探析．建筑史，2017（2）：77-125．

在古代文献中，$\sqrt{2}$的表述是“方五斜七”“方七斜十”。$\sqrt{3}/2$从中国形式美的起源上讲，是前文讲的立杆测影而来的4∶5；从定型上讲，九宫图的正方形是按中国正变美学的通变原则而来的变体。用比例方式体现了“事在四方，要在中央”（《韩非子·扬权》）的思想。这两种基本比例，已经透出了些许中国形式美与西方形式美的同和异。最后，要加上傅熹年对明代故宫分析得出的9∶5之比例（具体分析后文详讲）。这样一来，可对中国形式美的比例理论总结如下：以九宫图为基础，展开为三种基本比例，即9∶5、5∶4（相当于$\sqrt{3}/2$）、5∶7（相当于$\sqrt{2}$），三者皆以九宫图中的五为核心。

再讲模数。中国建筑，在用材上，梁思成、傅熹年、王其亨都讲了《营造法式》中的八个等级材份构成用材模数，斗拱形成中国建筑美学和礼制的模数。“木构建筑以所用标准木枋称为‘材’，以它的高度为模数，称为‘材高’，是建筑的‘基本模数’。又以材高的十五分之一为‘分’，是‘分模数’，以计算小尺度的构件。当建筑用斗拱时，拱高与材高相等，建筑物的面宽、进深和柱、梁、斗拱等构件都以‘材’‘分’为单位”[5]。八种规定之材是一切建筑的模数基础，礼制建筑所规定的斗拱级别又成为礼制建筑的模数基础。不从材分而从空间尺度来看，从单体建筑到群体建筑，同样依照一种模数。符英、段德罡用所配图形（图7-32），较好地讲了中国建筑从单间到房屋到院落到里坊到城市的模数[6]。这里的间、房、院、坊、城都是正九宫形，但在现实中，可变为另一正形$\sqrt{2}$，再以二者为基础，变成千形、万形。

---

① 王其亨．《营造法式》材分制度的数理涵义及审美观照探析．建筑学报，1990（4）：50-54．

② 王贵祥．$\sqrt{2}$与唐宋建筑柱檐关系．建筑历史与理论，1982（6）：137-144．

③ 王树声．隋唐长安城规划手法探析．城市规划，2009（6）：57．

④ 王南．象天法地，规矩方圆：中国古代都城、宫殿规划布局之构图比例探析．建筑史，2017（2）：77-125．

⑤ 傅熹年．中国古代建筑概说．北京：北京出版社，2016：79．

⑥ 符英，段德罡．方位与中国传统建筑（续）．华中建筑，2001（1）：104．

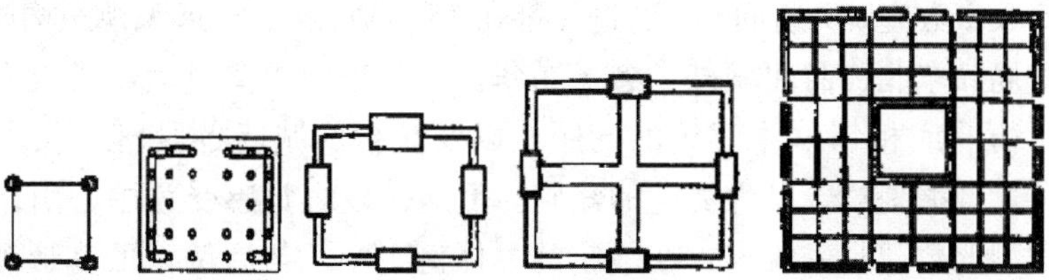

图 7－32　中国建筑美学的模数

资料来源：符英，段德罡．方位与中国传统建筑（续）．华中建筑，2001（1）：104.

什么模数是中国美学的核心，傅熹年对故宫的分析最为经典[①]。傅熹年区分模数和网格，这里突出网格中本有的模数，将其归为两类模数，一是以观念为主的模数，另一是以美学为主的模数。在中国美学中，以观念为主也要落实到美学，以美学为主也要内蕴观念。以观念为主的模数是以代表皇家的后两宫（乾清宫和坤宁宫）为模数，两宫东西向 118 米，南北向 218 米，呈一矩形宫院，其长宽比为 11∶6（≈9∶5）。两宫面积扩大三倍，形成代表“国”的前三殿（皇家即由家而国而天下的家国合一）。进而，不但东西六宫等小宫院的轮廓尺寸依后两宫模数，而且从大明门到景山的皇城中轴线也依后两宫模数。第二个模数，整个故宫依等级礼制形成尺度不同的院落。运用三种不同的网格尺度：三丈、五丈、九丈[②]。最大宫院如外朝最重要的三前殿（太和殿、中和殿、保和殿），以及太和门至午门之间，午门至天安门金水桥之间，用九丈网格。次级宫院，如后两宫、东西六宫、皇极殿、乐寿堂等，用五丈网格。更小的宫院，如慈宁宫、奉先殿、英武殿，用三丈网格。这里三、五、九丈是为了视觉效果，但定在三、五、九丈上，又与文化的圣数观念相连。三是“三生万物”的生数，五和九是“九五之尊”的皇权。对于中国的形式美来讲，要把单体建筑与按模数展开的群体建筑关联起来，内在的结构方透露出来。故宫整体，以后宫的九五比率形成的基形和三、五、九丈的网格模数，形成群体建筑的整体性，初步彰显了中国形式美的特色。

中国美学的特点是本质与现象（象-数-理）的合一，因此在理论上与数理相关联，还要把现象直观与内在之数结合在一起。这就是中国建筑美学上的十尺为室、百尺为形、千尺为势的从空间整体来看的形式美理论。中国建筑的尺度标准取自人体：“布指知寸，布手知尺，舒肘知寻”（《孔子家语·王言解》）。“人形一丈，正形也”（《论衡·气寿》）。以人体（1 丈＝10 尺）为标准，形成中国建筑十尺为室、百尺为形、千尺为势的比例尺度，即在群体建筑中，单体建筑的最小单位（室）是丈（1 丈＝10 尺），即人体长度，所谓“丈室容身”；最大单位是百尺（＝10×10 尺＝10 丈，即 23～35 米），所谓“百尺为形”。在群体建筑中单体建筑之间的距离，最大单位是千尺（1 千尺＝10 百尺），这是人们视知觉进行感知的最大尺度。以故宫为例，单体建筑的高度，除了午门从地面至脊吻高 37.95 米，太和殿全高 35.05 米，其他所有单体建筑都在 35 米以下。以近观视距看，

---

① 傅熹年．明代北京宫殿坛庙等大建筑群总体规划手法的特点//郑欣淼，朱诚如．中国紫禁城学会论文集：第 5 辑上．北京：紫禁城出版社，2007：129-131.

② 傅熹年文中是三丈、五丈、十丈。这里根据曹鹏的博士学位论文《明代都城坛庙建筑研究》（博士学位论文，天津大学，2011）对其进行修正，认为应为九丈，这也更符合中国传统观念。

东西六宫的绝大多数庭院，通面阔、通进深都在 35 米以内。“在远观视距构成上，紫禁城的整个平面布局除东北、西北城外角各至东华门、西华门距离过大，为仅有特例外，其余所有广场、街巷或相邻单体建筑的间距，以及城台、城墙各段落之长，最大也只在 350 米左右”①，遵循了“千尺为势”的法则。但这一以视觉感受为中心引出的形式美原则，又与中国型的数理紧密相连，在故宫的具体例子中，与后两宫的基形和三、五、九丈的网格原则紧密相连。

最后讲角度。角度是一个静态空间概念，讲究时空合一、动静合一的中国没有角度概念②，但作为动中之静，角度又是存在的，只是中国古人不从角度的视点去看，但却又把角度放在形式美理论之中。前文已讲，立杆测影的远古就包括角度在其中，形成了 30°～60°的中国形式美原则。人立于定点双眼观看，视野范围为 120°，而 30°～60°是视线清楚的范围。中国的政治礼制建筑，从大地湾遗址的大屋子到二里头一号宫殿到西周岐山凤雏遗址，都采用了 60°视角，如图 7－33 所示：

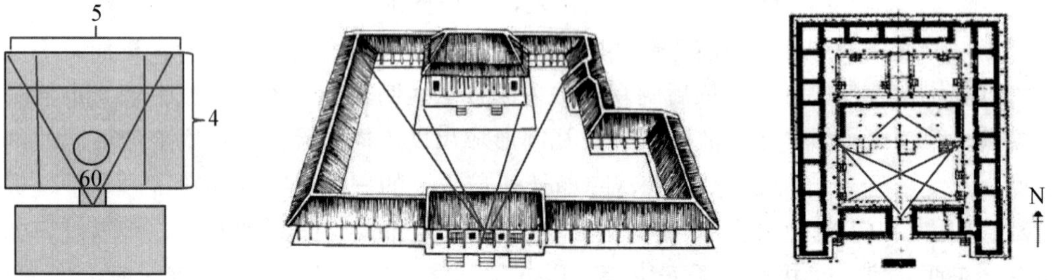

图A　大地湾的大屋子　　图B　二里头文化遗址宫殿　　图C　西周岐山凤雏遗址

图 7－33　中国远古建筑形式美中的角度

中国礼制建筑形成的 30°～60°的角度，里面蕴含着非常丰富的为礼所要求的体现尊卑等级的互看方式。而在园林之中，又有对 30°～60°角度的另一种运用。韦克威以 60°为分析框架，彭凤以 180°为分析框架，对颐和园的三处视点进行了角度分析③。韦克威分析了两处视角要点：一是以万寿山上的佛香阁为视点，在由高而低的俯视中，由八个 60°视点引出的八个景观系列；二是在颐和园的前湖中，由南湖岛、治镜阁岛、藻鉴堂岛三岛的位置关联而来的三组平视和由低而高的 60°视点引出的景观系列。彭凤分析了在万寿山下宫廷区外南面临水的知春亭中的视角展开。实际上，在园林中，视线的移动使得 60°和 180°可以互换，在佛香阁上还是一个 360°的游观整体。佛香阁、前湖三岛、万春亭，这三处视点形成了中国美学中非常精彩的移动性互看。而从 360°到 180°到 60°，其中还包含着 45°和 30°之间的多种转换，但 360°环视和 180°游目，在“环”与“游”中都会形成相对固定的 60°、45°、30°的美学视线。而这些不同角度视点的转换，又都由园中的景观引导出来。一方面是景观的安排决定了审美的视点，另一方面又是

① 王其亨．风水形势说和古代中国建筑外部空间设计探析//王其亨．风水理论研究．天津：天津大学出版社，1992：128.

② 张旻昊．从角度概念欠缺看传统营造的若干现象．浙江大学硕士学位论文，2015.

③ 韦克威．颐和园及北海景观规划中的视觉控制浅析．中国园林，1996（2）：47-49；彭凤．颐和园的造园艺术欣赏．湖北农学院学报，2003（2）：99-102.

设计者按一定角度的视点对景观进行了安排。这里，中国园林形式美理论的体系性呈现了出来。

2. 个体审美对象的数理与礼制和宇宙数理的关联

以上从比例、模数、角度三个方面讲了个体审美中呈现了形式美法则。这对于由实体-区分而来的西方形式美原则来讲，应算已经基本讲清楚了，但对于由虚实-关联而来的中国形式美原则，却还没有讲到一半。中国的审美对象所具有的形式美不完全由具体的审美对象决定，还要求比具体对象更大的整体，而这个整体在具体对象的审美感官范围之外，要用感官之外的心性方可感受。只有心性感受到了之后，感官之感才得到真正的完成。因此，不是由具体对象之“实”，而是由具体对象之“虚”，不是由具体对象的实体独立性，而是由具体对象的虚体关联性来决定。

先讲与个体审美对象相关联的礼制数理内容。在中国文化观念中，人生于天地间，普遍体现为人处于家、国、天下之中。家、国、天下是一种分层的等级结构。中国的审美对象由虚实两方面组成，虚的一面关联着礼制结构的形式美整体和宇宙的形式美整体。还是以建筑来举例。中国的建筑以天子所居京城为最高等级，以下的省府、县城按一定的模数（一般是以 2 为公差的等级差数）递减。同样，从京城到县城，各类建筑也依礼制等级按模数递减。就是在国家的最高等级京城的最高等级的宫城中，各单体建筑同样依礼制等级按模数递减。因此，对某一单体建筑，一定要知晓整体的礼的规定，这一单体建筑何以呈现这样的形式方得到理解。比如，对于作为京城的北京，其比例在主调上一定要符合九五之尊的数理（在中国文化中，九是阳数一、三、五、七、九的最高数，五则是数字从一、二、三、四到六、七、八、九之间的中间数。九、五为最高、正中之数）。傅熹年的研究证明的确如此。明代北京城与紫禁城，南北之比为 5.5∶1，东西之比约为 9∶1，面积比约为 50∶1。这是一个符合九五之尊的数理，面积比 50∶1 还内蕴着《周易·系辞上》的“大衍之数五十，其用四十有九”的思想。前三殿和后两宫的工字形台基，长宽比为 9∶5，前三殿和后两宫的总长宽比为 9∶5，前三殿的总宽与工字形台基的总宽比又为 9∶5。太和殿的平面空间划分（明代时），面阔九间，进深五间，形成 9∶5 的比例（清代面阔加为十一间，成为最高数，但左右最边上的一间稍窄，为附间，从理论上可略去而为九，但此九带有附间又凸显比其他的九更高）。午门是宫城大门，墙下五门墙上九间，形成 9∶5 的比例。午门上的钉横竖皆九，共有最高数九九八十一颗钉。城楼檐上的脊兽，为最高数九（在太和殿于清代改为面阔十一间的同时，殿檐上的脊兽也增为十一个）。宫城为天子所居，故而要突出九五数理。在宫城、皇城、整个京城内部，还有等级结构。在皇城之内，中轴线上是九五型的最高级，前门、天安门、端门、午门、太和门，以及前三殿、后三宫（包括了交泰殿）；靠近中轴线的东西六宫，嫔妃们的宫室，或靠近中轴线的大门、廊房、花园的景亭是第二级；宫内官员的房屋是第三级；以上三个等级的附属房屋为第四级。在皇城之外，王府、衙署、寺庙，各里坊、胡同，同样呈现等级系列。整个京城的所有建筑及其装饰，在尺度和数量上呈现严格的礼制数理。因此，在京城，无论皇城中还是皇城外的建筑，只有知晓某一具体建筑在整个礼制中的数理规定，才能对之有正确的理解。以门为例。皇城中的门和皇城外王府、衙署、寺庙、民居的门，各有自己在礼制上的尺度，在礼制的基础上，方有自身的审美自由发挥。这就意味着，仅从个体与礼制的关系来看，具体审美对象就有两套形式美法则，即属于礼制规定的数理原则和属于个人趣味的审美数理法则，二者在具体对象上是合二为一的，但礼制原则是由政治文化的整体决定的，要通过关联性想象和礼制性推理方能知晓，但这是决定具体对象美感的重要因素。

再讲与个体审美对象相关联的宇宙数理内容。中国形式美的宇宙数理内容，从建筑来讲，主要体现在两个方面，即礼制型建筑和园林型建筑。就礼制型建筑而言，只有具有这一方面，美感才是全面的。以前文讲的元明清北京为例。北京作为京城之美，不仅在于礼制数理，更在于北京在整个天下地理中的性质。从唐代杨益、宋代朱熹，到元代巴图鲁、明代李时勉、清代吴长元等，都论述过北京的形胜。正如第六章讲过的，是把京城与整个天下关联在一起进行思考，讲其为符合中国文化关于京城选址理论的理想之地。具体到京城本身，又对具体的建筑空间进行了理想化的构筑。比如景山为紫禁城的"镇山"，体现了建筑的理想形态，金水河自乾方（天门）入而从巽方（地户）出，并在英武殿、太和门前凸成"金城怀抱"（冠带形）之势。金水河西北入而东南出，又正好形成S形，呈现了京城建筑的理想形态。总之，京城整体内蕴着中国建筑选址的理想结构。

京城又是要与天上相应的，天上的帝宫是紫微垣，地上的帝宫是紫禁城，天上地上的象征和比附有一些说法，如前三殿象征三垣；三大殿下设三层台基，象征太微垣下的三台星；后三宫加上两旁的东六宫、西六宫，共十五宫，与天上紫微垣的十五星同数。这些说法不管有多少花样，不管有多少种展开和变异，总之都围绕着一个基本要点：地上与天上相应和互动，地上是天上的象征。这一天地象征先凝结成哲学思想，再将之体现为空间结构。按阴阳学说，南阳北阴，景运门、乾清门、隆宗门形成的一条东西中轴线将宫区分为南北两区。外朝在南，属阳；内廷在北，属阴。前者为国，后者为家。前三殿是外朝的最高峰，也是整个故宫的最高峰，呈现为阳之极，也就是帝王之至尊；后三宫属阴，但又是皇帝的居家之所，是后宫之极。这样，后三宫和前三殿一阴一阳，以家国合一的方式和谐地成为一个整体。这个整体的形成依据的是中国哲学一个极有深意但又为非中国思想很难体会的观念。

以上所讲，应强调的主要有二：(1) 在直观形式美感背后，还有礼制的数理形式规定和宇宙的数理形式规定。这三套形式数理有了完美的结合，中国形式美的特点方凸显出来。(2) 京城之美不仅在于京城本身，还在于地理上天下之中的位置和天地对应中地上之中的位置，北京与中国地理大形势紧密相连，与古人认为之世界最高山昆仑山的龙脉相连。紫禁城与天上的紫微垣上下对应。不但京城的形式美如此，中国乡村的形式美也如此。对于一个村落来讲，中国的形式美，从来都不是就这一村落本身讲其美，而是要与周围环境联系起来，首先关联到前后左右四周的山水，然后关联到较远的山水，最后关联到整个中国的地理形势，包括以最高的昆仑山为核心的各类因素，形成地理位置与天上星图的对应，这就是从远古到先秦形成的分野理论。因此，中国的形式美理论，不是一个个独立审美个体的抽象形式与宇宙以黄金分割为核心的抽象形式的关系，而是一个个具体个体的形式内容与周围山水、天下整体，以及地上与天上的关系。从中国传统的风水理论也可以看出中国从村落到京城都应有的普遍性关联，图7-34较为充分地透出了这一理论的要点。

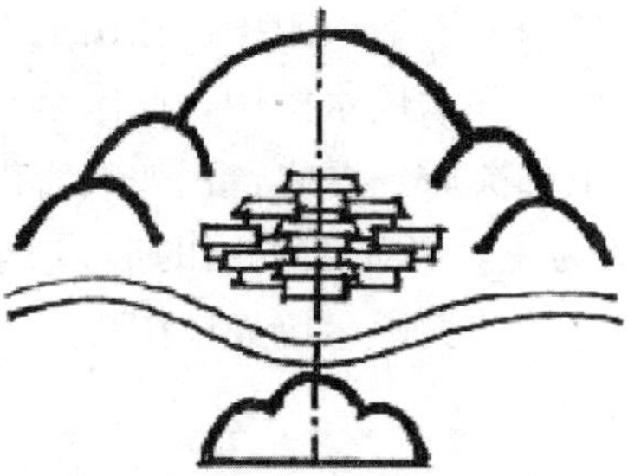

图A 建筑关联近景

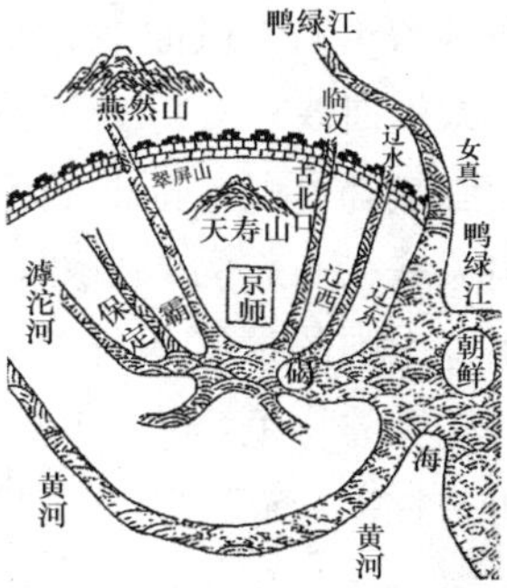

图B 建筑景致关联景

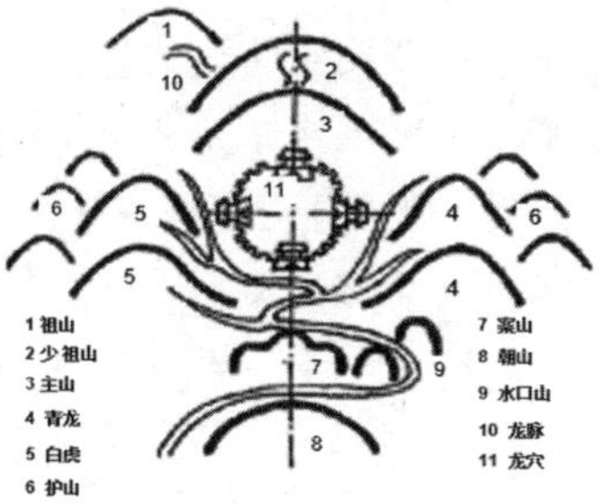

图C 建筑关联全景

图D 庙观实例

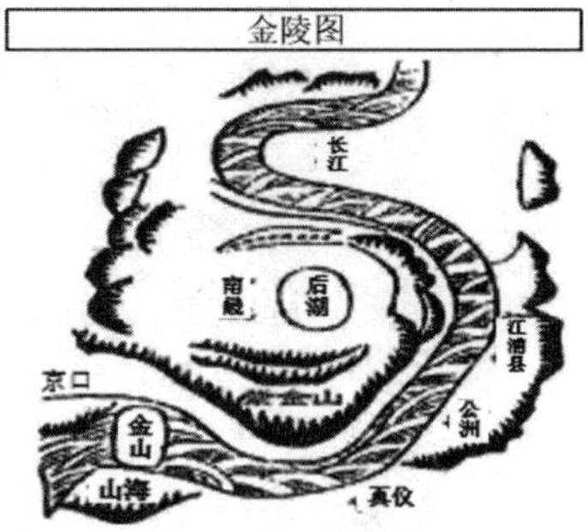

图E 京城实例

图 7-34 中国风水理论中的建筑形式美

以上主要从京城实例讲了具体审美对象与礼制和宇宙的关联，虽然也讲了宇宙关联，但更多地突出了礼制，基本以礼制建筑为主，即以形式美的九宫图为主。中国的形式美以园林形式呈现时，礼制成分基本消隐，个体形式与宇宙形式的关联则凸显出来。太极图成为形式美的主形。中国的私家园林自魏晋产生以来，不断地影响到皇家园林，从宋代艮岳到清代颐和园，基本上呈现为具体园林形式与宇宙形式的关系。

这里且以颐和园为例。颐和园的形式有非常丰富的内容，这里主要讲园内形式美与宇宙形式美的关系。颐和园以万寿山和昆明湖为主体，山为实、水为虚，构成了太极图的虚实关系。山后有狭长蜿蜒的后湖，山中谐趣园中有湖，这是实中有虚，犹如太极图的黑中有白。昆明湖正面有南湖岛、治镜阁岛、藻鉴堂岛三小岛，这是虚中有实，犹如太极图的白中有黑。万寿山和昆明湖构成了太极图的阴阳相连、阴阳互含的宇宙形式之美。万寿山的前山从“云辉玉宇”牌楼、排云门而上，二宫门、排云殿、德辉殿、佛香阁，以前山中轴线为中心，构成朝廷的庄严境界，而由佛香阁向后山，从智慧海到四大部洲、多宝塔，构成了佛教的宗教境界。前后山是朝廷与宗教两大境界。昆明湖中，西堤前后的三岛，象征蓬莱仙山，呈现道家仙境，与万寿山后的佛教境界相互呼应。万寿山山下东边从乐寿堂到东宫门是严整的宫殿区。东北半山上是谐趣园，仿自无锡的寄畅园，乃典型江南士大夫的私家园林境界。正北沿后湖是有民间商业味的苏州街。南起团城湖北岸，东临玉带桥至界湖桥一线，是农家乐的耕织图景区。天下各种美景在颐和园中都得到了体现。各种境界由各类太极曲线关联起来：从东宫门到乐寿堂到长廊经排云门上排云殿、佛香阁，是一条变幻多彩的太极曲线；佛香阁经湖山真意到石坊转后湖，是另一条由幽到明又曲径通幽的太极曲线；从庆善堂到谐趣园再到苏州街，是一条由庄严之境到雅趣到俗乐的太极曲线；从知春亭到十七孔桥到柳桥入西堤，又是一条湖光桥景不断变幻的太极曲线；等等。当然，颐和园还把玉泉山的塔纳入园中，在山上的佛香阁和湖边的知春亭都可以远望西山景色。在古人所绘的颐和园风水图中，此园是与天下最高山昆仑山关联在一起的。当然，同样具有天上地上的关联。总之，正如故宫以九宫图为主，突出了中国的形式美体系，颐和园以太极图为主，彰显了中国的形式美体系。理解了中国形式美的特色，才可以真正体悟中国一切艺术的美感，比如中国山水诗的美感。且以杜甫《秋兴八首》其一来看中国形式美的特色：

玉露凋伤枫树林［视线由一点（露）到一片（林）］，
巫山巫峡气萧森［再扩展到景色整体：天地之气中的山与峡］。
江间波浪兼天涌［由近（江）而远（天）的无限延伸，关联到宇宙形式美］，
塞上风云接地阴［由远（塞）而近（地）到回环往复，关联到宇宙形式美］。
丛菊两开他日泪［由眼前的空间之点（菊）而进入时间（他日）关联］，
孤舟一系故园心［由眼前的空间之点（舟）而进入空间（故园）关联］。
寒衣处处催刀尺，白帝城高急暮砧［最后两句：有了上面的关联再回到当下，心境苍茫］。

知晓了中国形式美的三层，就理解了杜甫的山水诗何以会这样写。

四、印度以室利-曼荼罗为核心的形式美理论

印度的形式美理论，是印度人用是-变-幻-空型思维，面对由一维时间决定的世界，形成的自己独特的思想。如果说，西方形式美的基本图形是方形、圆形、三角形的合一以及由之而来的内嵌五角星形的方形与圆形和$\sqrt{2}$矩形，中国形式美的基本图形是九宫图和太极图，那么，印度形式美的基本图形就是扬陀罗-曼荼罗（Yantra-Maṇḍala）。印度最古老的传统是扬陀罗，与宇宙-生殖合一的女神萨克蒂（Shakti）相关。在本土的哈拉巴文化与外来的雅利安文化的互动中，宇宙女神让位于湿婆，但湿婆仍内在地拥有萨克蒂，并以萨克蒂的作用发挥最高神的功能。扬陀罗显示了阴阳合和的能量，湿婆的形象之一是半男半女，应与这一内容相关。湿婆最后以男性形象成为宇宙主神，他与多位妻妃如帕尔瓦蒂、杜尔迦、迦利搭配，形成新的阴阳合和。扬陀罗虽然以阳为主，但还是强调阴阳合和。正如萨克蒂以一种灵性的力量在湿婆形象中闪耀。在各种各样的扬陀罗形象中，室利圣符图具有核心作用。在印度教与佛教和耆那教的互动中，扬陀罗进入佛教和耆那教之中，并起着重要作用，但佛教和耆那教都是以男性为主，因此，宇宙图形就转为以曼荼罗为主。印度文化进一步外传，在中国西藏的密宗体系和西方的荣格思想中，都以曼荼罗为主。从印度宗教的整体来看，扬陀罗和曼荼罗可以互换。讲扬陀罗是以传统为核心而呈现普遍性，强调普遍性中的传统；讲曼荼罗是以普遍性为核心而内蕴传统性，强调传统扩展为普遍性。因此，印度之外的文化主要接受的是曼荼罗，并以之为名讲整体。例如，荣格在《曼荼罗的象征作用》中，引用的是室利圣符图，却称其为

曼荼罗①。又如，尽管在一些西藏的曼荼罗图中，室利圣符图被放置在核心位置，但名称还是曼荼罗②。然而，印度自身的言说主要讲扬陀罗，特别是其核心室利圣符图，最能代表印度的宇宙精神。如果要从历史和逻辑的统一来讲印度的形式美，并把中、西、印形式美的比较考虑进去，那么，可以在各类扬陀罗-曼荼罗中选六幅图形，来讲印度形式美的核心思想是怎样演进形成的（图 7－35）。

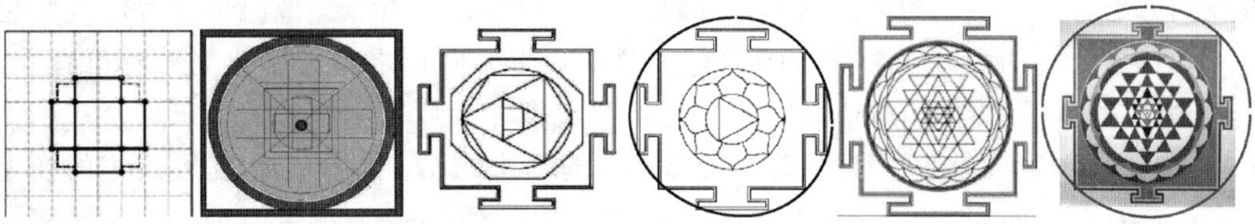

图A　图B　图C　图D　图E　图F

图 7－35　印度基本图形的演进

资料来源：http://image.baidu.com.

上面六图，是印度扬陀罗-曼荼罗的六种体现，图 7－35C 至 D 主要由方形与圆形中的三角形构成，显示了与西方形式美之基本图形的相似。图 7－35B 虽有方形、圆形、三角形，但突出中心的十字形，如图 7－35A 所呈现的那样，这里呈现为一个与中国的亚形相似的图案。但这一亚形不是进一步提升为九宫图和太极图，而是通向最能体现印度形式美特色的室利圣符图，即图 7－35E 和图 7－35F。图 7－35E 和图 7－35F 互通，但在中、西、印的比较中，图 7－35E 由宇宙的三大基形即方形、圆形、三角形构成。三大基形组合后的最大特点，不仅是方形的四面带着亚形之意而突出在时间和八方空间中运行的轮回形态和三圆之中间有外圈莲瓣（16 朵）和内圈火焰（8 形），强调在时间运行中的生灭思想，更重要的是，内圆之中三个由小到大又三个由大到小的象征阳性能量的正三角与三个由小到大又三个由大到小的象征阴性能量的倒三角相互交叠，形成由图 7－35F 凸显出来的由外到内五圈共 43 个三角形（每圈分别为 14、10、10、8、1 个三角形），4 和 3 都是彰显万物生灭运行的圣数，彰显了在时间运行中更为复杂的交合形态。中国太极图黑中有白和白中有黑的抱合圆转形成了中国形式美的最大特点。有了阴阳能量相交及其体现出来的运动，就突出了印度形式美的最大特色。室利圣符图有各种变幻，且列举变幻之一，以窥其中的复杂和特色，如图 7－36 所示：

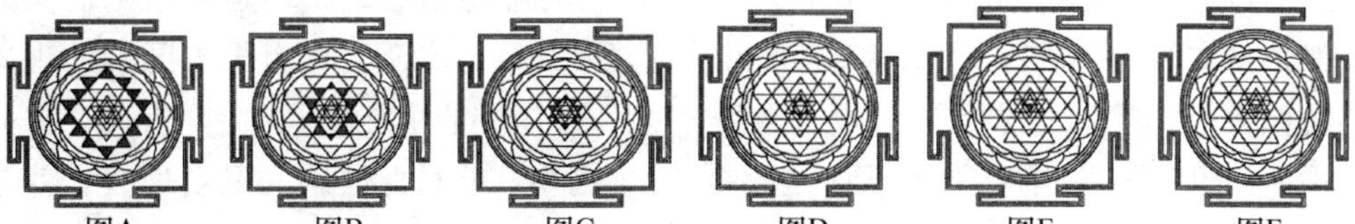

图A　图B　图C　图D　图E　图F

图 7－36　各室利圣符图中红色显出的变幻

资料来源：http://www.shivashakti.com/tripura.htm.

---

① 荣格．炼金术之梦．杨韶刚，译．南京：译林出版社，2019：73-74.

② 吉布，杨典．唐卡中的曼荼罗．西安：陕西师范大学出版社，2006：129-137.

回到图7－35，里面的图F多了方形外的圆，主要突出欲方欲圆本来灵活，中心思想相同。在一定的意义上，图7－35从逻辑上透出了扬陀罗-曼荼罗基本图形的演进方式。从图7－35A方形中的亚形开始，亚意味着以卐形的演进运行而产生图7－35B。荣格说曼荼罗图代表了人类集体无意识的结构，其基本要素为五：点、十字形、三角形、方形、圆形。这五大要素都在图7－35B中形成。到图7－35C和7－35D，进一步简化为方形、圆形、三角形三基形，同时方形、圆形、三角形都多出了具有印度特色的东西：方形之四面边上彰显时间运行卐意的亚形，圆形之中突出化生万物的莲花。最后到图7－35E和图7－35F，印度特色得到定型并大放光彩。虽然可以从众多的扬陀罗-曼荼罗图形中拈出以上六幅，组成以上的演进结构，但作为印度形式美的扬陀罗-曼荼罗图形毕竟是从历史中产生的。这样，扬陀罗-曼荼罗的基本内容似可被概括为如下两个方面：其一，扬陀罗-曼荼罗图形的起源与形成；其二，扬陀罗-曼荼罗作为印度形式美的基本特点。

（一）扬陀罗-曼荼罗图形的起源与形成

严格地讲，扬陀罗-曼荼罗的起源已消失在历史的迷雾中。印度文化由本土的哈拉巴文化和中亚来的雅利安文化交融而成。留存最早的吠陀经典以雅利安人的文字和思想为主体，其最早的《梨俱吠陀》产生于雅利安人进入印度约500年之后，已经内蕴了两种文化交融的内容，一些基本因素与哈拉巴文化遗址的考古发现可以相互印证。可以说，从吠陀经典到奥义书到佛教经典到印度教经典是印度思想的起源、演进、定型史，同时也是印度形式美结晶即扬陀罗-曼荼罗图形的起源、演进、定型史。古老的印度文化因太看重时间的决定作用而轻视历史记录，更讲究思想建设，形成了是-变-幻-空型思维，产生了以空-幻为基本内容、以是-变为现象结构的观念体系。这一观念体系在美学上推动着与之相应的形式美观念的形成。印度形式美最初从两个方面体现出来，一是古代祭祀的祭坛，二是决定祭祀场地的观念。

印度文化在雅利安文化与哈拉巴文化的融合（以雅利安文化为主导）中形成了以祭司阶层为最高种姓的四种姓社会结构，祭祀为主导社会运行的主要方式。然而，在一个祭祀万能的时代却没有固定的祭坛。这是因为在由时间决定事物性质的观念中，在生死轮回中的每一种和每一回祭祀，都在是-变-幻-空的思想结构之中，是对祭祀现象的肯定，祭祀又在时间中进行，每一瞬间都变动着，因此，与本质之是有根本区别的现象之是同时包含着“现象之变”。在印度人看来，时间的消逝同时是与已逝时间有内在关联的物的消逝。事物虽然此时还在，但已经不是彼时之物，并且此时瞬间又会逝去。就事物不断地在时间中逝去从而不断地不存在来讲，其存在为幻，但幻又是由一个现象之外的本体决定的，这个本体，在吠陀时代被称为原人、生主、祷主，在奥义书时代演进为梵-我。梵-我虽然在现象中，但又不是任何一种现象；虽然存在，但又视之不见其形，听之不闻其声，因此为空。这一以本体之空为根本的是-变-幻-空，体现在祭祀上，呈现为每一具体的祭祀都是因事设坛，事毕坛毁。在非主流的佛教兴起永久性的宗教建筑佛塔和阿育王在与印度外文化的互动中建立永久性的纪念柱建筑之前，以及在印度教吸收佛教和王室思想大批量地建筑神庙之前，从吠陀教到婆罗门教到印度教，都找不到固定祭坛。因事立坛立柱，事毕毁坛毁柱，让祭坛-祭祀呈为与“幻-空”的本体观念对应的“是-变”现象。从现象上更能让人体悟人生存于其中的是-变-幻-空的宇宙。这一方式至今还以沙画曼荼罗的方式在密宗（包括印度教密宗和佛教密宗）里存在和重复着：用精心、苦心、艺心、善心、纯心画出一幅五形五色之美轮美奂的曼荼罗，画成后对之观赏、体悟，随即又将之抹去，正是在作画、观画、毁画的是-变-幻-空中，体悟到个体人生之无常和宇宙四大之皆空。虽然古代祭坛不断地建而毁，但祭祀是不断重复的，吠陀四经都是祭祀的产物，而祭坛之建筑又是有一定形制的。就以形来反映宇宙来讲，印度的宇宙结构由上之天界、下之地界、天地之间的空界组成，在图形象征上，圆形象征地，方形象征天，半圆形象征空界。这是就区分而言。天、地、空三界皆在时间中流转，印度人最讲究的是不要执于分别、固于分别，而要超越分别。从圆融之思来讲，圆中已包含了半圆，天为方，因天界由四方而形成整体，地为圆，因日、月、季、年行进与轮回带给地的变化最明显。同时，天之方中含圆，地之圆中有方。方彰显空间的固定，圆体现时间的流转。因此，由具体祭祀目的而来的祭坛之地，最外的界围可圆可方，正如扬陀罗-曼荼罗图形，最外的界围有方有圆，界围之中，方圆交融。《罗摩衍那》（童年篇）讲，在大的祭坛[①]中，由六柱形成一个圆，三层六柱共十八柱形成三个圆，而柱皆为八角形，同样是在方、圆之间。正中还有三柱，应为有方向性的三角形（寓意飞行之鸟）。整个祭坛应以图 7－35 中的 C 到 E 为基形而营造。这里还应加上一点，在仪式中，要特别体现出时间因素对祭祀的影响，这就是祭坛的方位观和行进路线。在方位上，时间的运行（日、月、季、年）是圆周，体现为东南西北的顺时针方向，印度的祭祀过程与其他文化中的祭祀过程不同，就是要围绕中心进行顺时针方向的环绕。各类往世书“多次提到了祭祀要从东开始，止于东北；或从东北开始，止于北”[②]。这不但影响了最初祭坛的形制，而且决定了佛教的公共佛塔、石窟、寺庙，以及后起的各类印度神庙的结构特点。时间运行转化为方，形成了东和北尊而西和南卑的描述。从时间运转来看，东，为日出之处，一天生命之始，光明之始，生位；北，为昼之终，月在之时，既是一天生命的完结，又是向上升天之时刻，还是走向新的一天的开始。印度的方位是从强调时间作用的时空合一的整体去看，从词义上讲，pūrva 既指东方又指前方（或初方），dakṣiṇa 既指南方又指右方，paciḿs 既指西方又指后方，uttara 既指北方又指上方（或胜方）。从整体关联来看，东为生则西为末，东为首则西为脚，东为前则西为后，北为天则南为地，南为右则北为左。以此为基础，三界万物都按此进行安排，形成了非常丰富的方位象征，比如为了在方圆转换中强调时间运转，四方扩为八方，上面的亞形图在印度人的观念中又是代表八方之图，八方神的分配在文献中有多种说法，较能体现最初思想的有：东方天界主神因陀罗、东南太阳神即火神阿耆尼、南方冥界神阎摩、西南女性死神尼利提、西方水神伐楼那（又是因陀罗之前的天界主神）、西北风神伐由、北方月神苏摩、东北方大自在天伊舍那（后来为湿婆神）。图 7－37 是一个非常对称的方位图：

---

① 蚁垤．罗摩衍那：第 1 册．季羡林，译．长春：吉林出版社集团股份有限公司，2016：100-101.

② 池明宙．印度方位观、方位神和神庙朝向关系初探．科学文化评论，2018（1）：69.

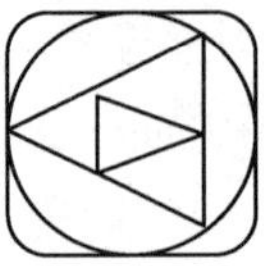

图7-37　图形与方位神

从图7-37可见，各类方位以东与北为一方面，以西与南为另一方面，既有天地、生死、日月、水火、地风的对应关系，又呈现从东开始止于东北的顺时针运转。还应提到一点，各神的功能都内蕴着由一方向八方的渗透互动。比如太阳神阿耆尼，既产生天上之火（雷、电、霞光），也创造地上之火（做饭的灶火和田间山中的野火），还是太阳夜晚使水温升高的火力，且又是冥界的鬼火、祭坛的祭火等，天上、地上、冥界所有的火都与他相关。再如月神苏摩，既是天上的月光如水、云中所含的汽水、由天而降的雨水，又是地上生命所由产生之水、万物生长所靠之水、食物成熟所赖之水，以及天神、地鬼所获神力需要的苏摩酒水。一切水，特别是水中的精华部分，皆与月神苏摩相连。总之，由祭坛而来的包含各类方位神在内的种种象征，又都简化归结为基本的扬陀罗-曼荼罗图形。梵文Yantra（扬陀罗）的词义是器（instrument）、装备（device）、发明物（contrivance），让生命出离怕与死，是神所带来的宇宙心理能量的呈现。扬陀罗是神的身体，并被完全演绎为宇宙的形象，宇宙本就是神的显现体（theophany）①。Maṇḍala（曼荼罗）的词根maṇḍa，含义为座位、场地，但非一般之座位、场地，乃祭祀时的祭祀之地和中心坛位；后缀la，含义为所含，祭坛乃宇宙象征，祭坛中心乃宇宙的本质。因此，maṇḍa之座、之位具有本质、根本的含义。祭坛及其仪式一次次体现为以时间为中心的运行，因此，《简明印度哲学词典》解释曼荼罗说，它在吠陀经中是神的居所，为有法力之圆②。圆的重要含义是时间上的圆转运行，以及运行中离凡入圣、朝向解脱而趋向圆成。在祭坛的建筑以及由时间之圆轨运行，产生由点、十字形、方形、圆形、三角形的各种组合，形成曼荼罗的基本结构，呈现为本质为一而具象多样的图案体系。

在祭坛建而毁、毁又建的岁岁年年的运行中，从形式美上讲，凝结成了曼荼罗的基本图形，从观念上讲，形成了原人曼荼罗的观念。印度观念的演进，从雅利安文化主导融合本土文化来讲，是天界主神达尤斯到伐楼那到因陀罗的演进，形成了与希腊宙斯一样以天界最高神为主、有等级的众神体系；从本土文化接受雅利安文化并将之本土化来讲，是从原人到生主到祷主的演进。这两条线最后都合一在梵天、毗湿奴、湿婆的三主神中，而三主神背后是本体的梵-我。从形式美的角度讲，在最后定型之前，对印度美影响最大的是原人。《梨俱吠陀》第10卷第90曲《原人歌》开始即云："原人之神，微妙现象：千头千眼，又具千足；包摄大地，上下四维……唯此原人，是诸一切；既

---

① Georg Feuerstein. Tantra: The Path of Ecstaty. Boston: Shambhala Publications Inc., 1998: 217.

② John Grimes. A Concise Dictionary of Indian Philosophy: Sanscrik Terms in Defined in English. Albany: State University of New York Press, 1996: 185.

属过去，亦为未来。唯此原人，不死之主”①。总之，原人用自己的身体创造出宇宙中的一切。在美学上，一切艺术都有一个原人，在《舞论》和《诗探》（*Kāvyamimāmsā*）中，有诗原人（kavyapuruṣa），文字以及戏剧中的文学部分都由诗原人而产生；在音乐上，《乐舞渊海》讲到了曲原人（prabandhapuruṣa）；在神庙建筑上，《工艺宝典》（*Silparatnakosa*）提到了庙原人（Vastupuruṣa）；同样，在图案上，有原人曼荼罗（Purusa-Maṇḍala）。下文有原人曼荼罗正背两图（图 7－38、图 7－39），思想如一，原人头朝东北，脚位西南，透出的是正在演化流转的时间运转。中间是九宫格，各边九小格，扣除共为一格的情况，共 32 格，呈现由中到边的定图。

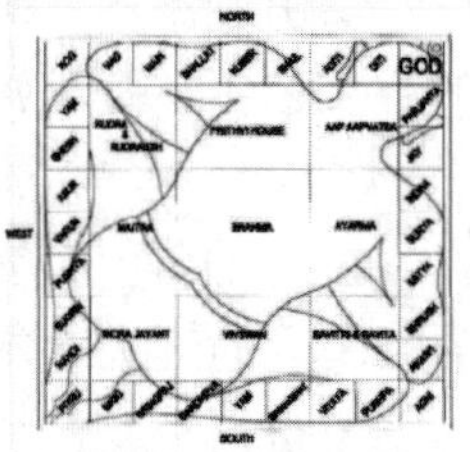

图A　原人曼荼罗背面

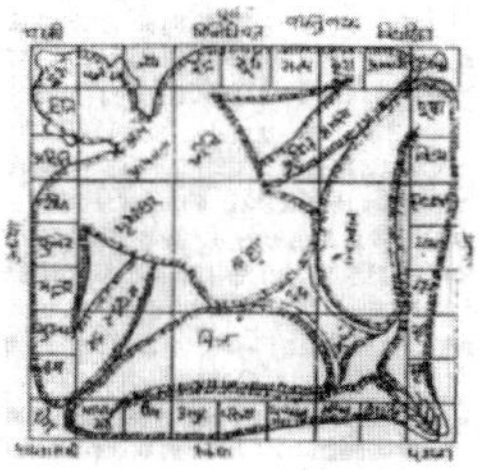

图B　原人曼荼罗正面

图 7－38　原人曼荼罗

资料来源：魏庆征．古代印度神话．太原：北岳文艺出版社，1999.

图A　主神居中的圆形曼荼罗

图B　主神居中的方形曼荼罗

图 7－39　主神居中的曼荼罗

资料来源：施勒伯格．印度诸神的世界．范晶晶，译．上海：中西书局，2016.

这一定格是吠陀经的另一说法：在远古，存在着一种叫以太之物，无形而充满于天地间，无处不在。天神们把它压到地上。大神梵天坐在它上面的中央，众神环绕着大神梵天。这是实体之神与虚体之以太上下交合之形，也是后来为众多曼荼罗图所呈现的神居中央、众神围绕之图。各宗教都可以把自己的主神放在中央，形成自己的曼荼罗图形。两类图形构成曼荼罗主神图的基形，原人斜坐图强调流转之“动”以及动中方位的始与终、尊与卑的要点，主神居中图彰显宇宙在流动中动中之静的稳定一面。这两类神在其中的基形图，与前文讲的由点、十字形、方形、圆形、三角形构成的抽象图，共汇成曼荼罗图形的原型结构，千种、万种曼荼罗图形皆由之而生。

---

① 《梨俱吠陀》神曲选．巫白慧，译解．北京：商务印书馆，2020：267.

（二）扬陀罗-曼荼罗作为印度形式美的基本特点

强调时间对物性的决定性影响而来的印度形式美体现在两大特点上，即梵的主题和神的主题。在性空假有的是-变-幻-空的幻相世界中，有两个东西是可以超越幻而存在的，一是宇宙本体的梵与空，二是象征梵与空的宗教之神。佛教和耆那教都有一个从拒神到言神的转变。通过神的形象，存在的固定和永恒得到体现。与梵之空和神之实对应，形式美也是抽象与形象对应，进而抽象与形象互换互变，内在一体。因此，印度的形式美主要体现在三个方面：一是形式美的基本因素；二是由基本因素组成的抽象图形和抽象与形象合一图形；三是由元素和基本图形展开的各类艺术，特别体现在综合性的印度教神庙和佛塔艺术中。

第一点，印度形式美的基本因素，按学者总结，主要由扬陀罗-曼荼罗图形中的五大几何因素构成：点、十字形、方形、圆形、三角形。印度的五大基本因素与西方几何学的五大基本因素存在差异。西方的点，是实体，不是不可再分割的原子之点，就是不可分割的基本概念之点，或者向上推到再也不能推的作为原点的上帝。印度的点，是零，是空，又是空无，还是圆满。零是空在数学上的体现，A－A＝0，A＋0＝A，A－0＝A，A×0＝0，A÷0＝无限。物从时间中产生，与时点相连，点与空相连，点由空开始，从本质上讲点即零即空。印度人把一切万物归于原人，归于生主，归于祷主，都是在找一个类似于西方的原点，这应为古雅利安人的传统，但当雅利安文化融合于印度本土文化之后，这一原始之点升华为具有零之质和空之性的梵。点与零相连、与空同质，是印度形式美的基础。可以说，是时间的决定作用使几何之点成为内蕴着空性的零。点展开为线，最基本的线是具有空间稳定性的“十”字。十字成为基督教的基本象征。对强调时间的印度人来讲，十字的内容是卐字，强调时间的行进。因此，释迦牟尼的胸口是卐，耆那教的标志是卐，印度教表示寓意吉祥的符号是卐，由于万字符与时间的关联在印度得到了特别的强调，所以印度的万字符显得特别多样，如图7-40所示：

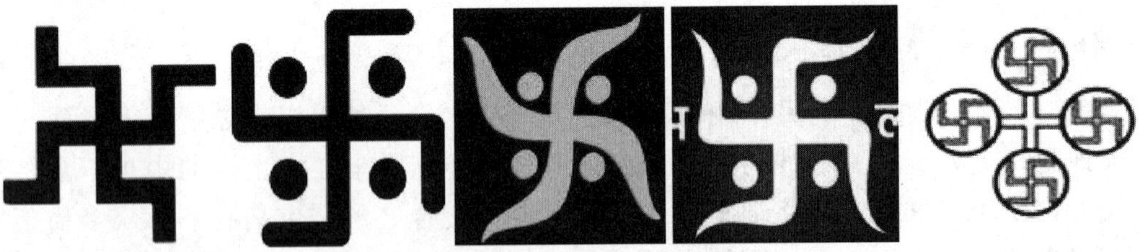

图7-40　印度各种形状的万字符

但万字符的时间含义更典型地体现在作为湿婆象征的、与荣尼（yoni，女性生殖器的本性）合一的灵佳（linga，男性生殖器的本性）中。内蕴着灵佳（生与乐）和万字符（流与畅）的内容，构成了印度形式美基因的十字的本质。十字的运行形成阴性能量倒三角▽和阳性能量正三角△，二者的交合是宇宙万物之源，同时也是宇宙的象征。阴阳能量的运转弥漫于天（方），遍注于地（圆），在天地方圆中，是万物在生、住、灭中的不息运转。理解了印度图形的五大基因，即点、十字形、方形、圆形、三角形，都充满着时间的流转意义，就体会到了印度形式美的内在精神。

第二点，由基本因素组成的抽象图形和抽象与形象合一图形。在抽象图形上，图7－35E、图7－35F最为基本。这两图把印度思想的是-变-幻-空做了最核心的展现。方是从天的角度呈天地间因时间而来的动和因空间而来的静的统一，圆是从地的角度显天地万物的生与灭的统一，外圈中的莲瓣象征生生不已，内圈中的火瓣隐喻灭灭无穷。中心的三角形，图7－35E强调阴阳相交，图7－35F彰显阴阳相成。三界的万物犹如中间的正阳倒阴两类三角，既有物之假有的稳定性一面，又有物之性空的变幻性一面。宇宙万物都在时间的流转中因缘和合、成住坏空、轮回解脱。核心是不可逆的一维时间带给世界的面貌。这一彰显时间的室利圣符图，体现在印度教中，就是三大神的基本结构，与古希腊神话按空间来划分三大主神（宙斯为天上之神，波塞冬为海中之神，哈得斯为冥界之神）不同，印度三大神以时间来划分：梵天是创造之神，与生相关；毗湿奴是守护之神，与从生到死的一生过程相关；湿婆是毁灭之神，与死亡相关。在佛教中，对时间的强调体现在佛陀的核心基本图形四相图中。最初，是强调生的“肋下诞生”；接着，是强调生命成长中由凡入圣的“降魔成道”和普度众生的“初转法轮”；最后，是获得解脱的灭之“双林涅槃”。印度文化中的一切生命都可以在三主神和四相图中得到体现。如果说，中国的两大图案，太极图强调三（阴阳与太极曲线），九宫图彰显五（五字居中），形成中国形式美的“叁五以变，错综其数，通其变，遂成天下之文”（《周易·系辞上》），那么，印度的两大基本图形强调的则是三（三角形、方形、圆形之组合变幻）与四（由零产生的四因素）的合一，三主神和四相图强调的是三与四，生、住、灭的三加上强调变化的异，为生、住、异、灭之四，成、住、空的三加上突出变化的坏，为成、住、坏、空之四。借中国的话来讲印度形式美，可以说：三四以变，错综其数，通其变，遂为宇宙之文。巫白慧和金克木都详论了印度普遍存在着的三分现象。三可展开为四，四可精要为三。比如于经典，讲三，是最初的三部，即《梨俱吠陀》《娑摩吠陀》《耶柔吠陀》，讲四，则加上《阿闼婆吠陀》；于神，讲三，即梵天、毗湿奴、湿婆，讲四，则加上后面的梵；于宇宙总结构，讲三，是梵、我、幻，讲四，则幻分为幻现与幻归；于现象生命历程，讲三，是生、住、灭，讲四，则加上异，为生、住、异、灭。总之，三与四为印度圣数的基础，为在时间作用中的是-变-幻-空结构。

第三点，由基本因素和基本图案展开的各类艺术。这一点要分为两小点来讲：一是印度形式美由基本到具体的一个唯印度方有的特色，即化身原则；二是基本因素和基本图案加上化身原则后，展开为各类艺术。这里把化身原则放到形式美的基本要点来讲，而在主要艺术中的展开，则放到整个印度形式美的第三点中讲。现在讲化身原则。在一个是-变-幻-空的世界里，宇宙本体的梵以及基本结构体现的主神被跨越时空地组织了起来，但这跨越时空本身又要体现为受时间限制的特点，化身原则就解决了这一矛盾。化身是印度主神的特质，其他文化只有变身，如孙悟空或自身变男、变女、变仙、变鸟，或用身上的毫毛变出多个自己，如各类志怪小说中的狐、妖、鬼、怪变成人形。变身无论怎么变，都是暂时的，最后都要变回本身。化身则是最高级别的神化身为与本身不同的其他类别，而且永远存在下去，无须回到本身。通过化身，主神来到了各个时空，并主宰着这一时空中的要事。

印度历史悠长，因此在化身上就有了历史和类型分配。印度的神是人体，人体美是宇宙之美的象征，因此，印度教主神之美成为形式美的基本原理。印度教的主神有两大特点：一是前文讲的以时间的生、住、灭构成三神体系，统领宇宙的运转；二是每个神都以化身方式扩展为时空中的多个系列。以毗湿奴为例。毗湿奴经过从吠陀时代到梵书-往世书时代的演进，成为三大主神中掌管宇宙众生在生与死过程中的守护之神，具有众多化身，其中十个最为基础，十个中有五个与神话时代有关，皆为兽形或人兽结合形或人中怪异形，这就是鱼、野猪、龟、人与狮合一的半人半狮、侏儒，这些形象都与救世救人、降妖除魔相关。在宗教作为主要思想形态的印度，这些兽、人兽合一、人中怪形，因皆为主神化身而得到理性升华，在文学和造型艺术中持续保有高位。另外五大化身为人形：持斧罗摩、王子罗摩、人形之神克里希那、佛陀、乘白马的救世主。这五大形象都具有化解重大社会矛盾和思想矛盾的功能。持斧罗摩调整了婆罗门种姓与刹帝利种姓的关系，保持了婆罗门在四大种姓中的最高地位，同时保持了社会秩序的和谐运转。罗摩把降妖除魔与正义和美德的人性塑造结合为一体，保持了宇宙秩序和道德秩序的和谐运转。克里希那，作为青年牧人，彰显了性爱的迷人光芒，作为战争智者，从哲学高度来看战争，成为精神导师，彰显着人生在世的本质与哲智。佛陀也为毗湿奴的化身，透出了佛教和印度教在根本思想上的同一。印度历史是在美好与堕落中循环轮回的历史，当人类处于堕落末世之时，毗湿奴十大化身的最后一位——伽尔吉——将乘白马来拯救世界。虽然这是一个未来时的化身，但前面的鱼、野猪、龟三大动物化身讲述的都是救世的故事，因此，伽尔吉不过是在宇宙的轮回中重现一下救世主题。这是一个让人们对宇宙的运行永葆希望的化身。毗湿奴的十大化身有一种逻辑上的分配，满足着印度人思考的各个重要方面，形成了一种形象体系，每类形象虽然各不相同，但都是按照印度人的形式法则予以组织的。且以具有理想性的佛陀形象为例。印度最初的人体理想尺度以《梵天尺度论》中的论述为金科玉律，佛教在此基础上，稍加改变而移置成佛陀的《造像量度经》，但基本原则不变①。造像尺度有两个要点，一是身体度量以人体指宽为基本模数，二是人体指宽又以人眼能见之最小即微尘为基本模数。从微尘、头发尖、虮子（虱子的卵）、虱子、青稞、手指，以八比一的级数递进。八微尘为一头发尖长，八头发尖长等于一虮子长，依此类推。人眼能见之最小是微尘，微尘以下为空。因此，从空到微尘到人体指宽，形成了印度形式美中从宇宙论到人体论的度量模数，然后以人体指宽的模数进行理想人体（《梵天尺度论》中的转轮王，佛陀《造像量度经》中的佛陀）的塑造。且以工布查布汉译《佛说造像量度经》为例来看佛像量度："以自手指量，百有二十指。肉髻崇四指，发际亦如此。面轮竖纵度，带半十二指。分三为额鼻，及颏俱得一。下分四指半，颏身只二指。广向十六足，深分径四指。上唇长二指，宽有其半矣。中显频婆形，边角各一指。口长度四指，贤者须要知。"每部分都有标准量度。其实自佛教从部派时代的象征艺术到大乘时代产生佛像始，就形成了佛陀有32相80好的形象美标准，《造像量度经》是将之落实到具体的身体度量上。

① 马学仁.《画法论》与婆罗门教思想. 西藏艺术研究，2000（4）：50-55；蔡枫. 印度画论《梵天尺度论》的美学思想. 湖南科技学院学报，2015（1）：44-47.

当然，作为人体美标准的形式美，不仅体现为主神，还体现为主神与其配偶、与其他众神的关系，这时神系的等级性就呈现出来。同时，形象的具体呈现进入时间之中，时间的影响又体现出来，从而形成了印度形式美的独特体现。要讲清楚其特色，就进入了印度形式美在艺术上的体现，可参照第五章印度模式中的内容。

五、形式美的基本因素：点、线、形、色

中、西、印的形式美理论，既有相通的一面，又有不同的一面。在世界一体化的进程中，如何以之为基础，从普适性的角度去重新看待和言说形式美的理论？从基本框架上看，形式美可以分为两个方面：第一个方面是基本因素，这就是前文讲的点、线（十字形线和S形线）、形（三角形、方形、圆形）。另外，在五基形中本已包含但前文没有专讲的"色"，也是一个重要方面，因此基本因素应为四：点、线、形、色。总体来看，中、西、印在基本图形方面，西方两型，印度和中国各一型，共有四型：五角星形、黄金矩形、九宫-太极图、室利圣符图。四大基型中共有的、带整体性的特性为：以空间为主的对称与均衡、以时间为主的节奏与韵律、以结构为主的主从定位。第二个方面即中、西、印的四基型，前文已讲，这里就以内蕴在四种基本类型中的基本要点来讲具有普适性的基本因素和整体特征。

形式美共有的基本因素有四：一是点，点是一切形体的开始；二是线，线有直线和曲线；三是形，形有三角形、方形、圆形；四是色，由点到线到形，都有色在其中。这四个因素中，可以说点是开始，线是展开，形和色是物体形式美的两大基本因素。

（一）形式美的基本因素之一：点

宇宙间，点是一切事物的开始，美的事物，究其来源，始于一点，审美开始，人之感受始于一点，艺术创造始于灵心一点。西方美学，由实体-区分型思维，把包含美物在内的宇宙万物之始归结为几何学上的实实在在的点。这一点，于宇宙整体，或为（宗教上的）的上帝，或为哲学上的理念，于物体之始，乃按自然（物理、化学、生物的）规律而产生的不可再分的最初一点，任何万物之点都可以抽象为几何学上的点。对于西方之点，自古希腊始，强调的是不可再分的原子，在理论上可称之为：实点。对于印度的是-变-幻-空来讲，宇宙中的任何点，本质为 Śūnyatā（空），亦来自空。这一名词之"Śūnyatā"来自形容词 śūnya 或者 śhūnya，其含义为零（zero）、无（nothing）。Śūnya 的词根 svi，含义为虚空（hollow）。从根源上讲，Śūnyatā 来自古印欧语词 keu，含义为膨胀（to swell）及生长（to grow）①。因此，印度之空从时间的不可逆性而来，物在时间中存在（是）但不停留又不可逆，如果要将之确定，就只能定为幻、定为空。作为万物之始的点，也是如此。点为空，实质上是把点与宇宙和时间关联起

---

① 参见网上英语维基百科"Śūnyatā"词条（https://en.wikipedia.org/wiki/Śūnyatā）。

来，从而点，无论理论上的还是现实中的，都被看成性空幻有之点，即室利圣符图中最核心三角形中的点。就现象而言，印度强调点在时间之流中乃是-变合一，这就是点已由空成点、进入时间动态后的状态，用了一个节奏把是与变做了一种停顿性的区分，从印度舞蹈手姿频繁出现瞬间停顿体现出来，停者，示以前为“幻”也，动态，继续为“是”也。这一关联到是-变-幻-空之点，对于印度而言，且称之为幻点。中国人看点，与西方人的几何学排斥空而仅从实去看不同，也与印度人由是-变合一而强调幻空不同。中国的宇宙是气的宇宙，气化成物，气不停顿。印度将点之产生与本质之空关联起来，中国将点之产生与气关联起来。气是虚的，在成形为点之后，气仍在其中，因此，点是虚实合一之点。点是空间性的，为实；又是时间性的，为虚。但时与空紧密相连，如行云流水，气韵生动，从不停歇。从而中国的点，与西方比较，多了虚性；与印度比较，多了实性。虚实在于气，因此，中国之点可称为气点。气点、实点、幻点，是点在中、西、印三大文化中的特色，三者又是互补的。气点彰显其圆转性，实点突出其可见性，幻点强调点与宇宙时空的整体关联。三者合一，既可理解点在不同文化中的差异性，又可体悟点在不同文化中的共同性。

点是一切的开始，夜空有星点，水翻动有波点，下雨了有雨点，人举目四望有焦点，等等。宇宙中万事万物的点，都可以如西方人那样，归结为几何学上的点，几何学上的点是抽象的，但又适用于现象中的各种各样的点。绘画要画出物象，是从点开始的，绘画工具（笔）与绘画材料（画布或画纸）接触，形成的就是一个点。一个点出现在一张空白的纸上，那是一种什么样的效果呢？它相当于一望无际的平原上出现了一个人，一片晴空里突然飘下了一滴雨，无声之处出现了一个自然声响。画纸上的第一点意味着一个艺术世界的开始，音乐厅里的第一个乐音意味着一首乐曲的开始，平原上出现一个人意味着一个现实故事的开始。几何学上的点和绘画上的点，就是宇宙学意义上的具有超越一切而又适合一切的点。

点是物体的开始。几何学规定由点成线，文学叙述总是从某一点开始，中国书法讲究“一点为一字之规”（张过庭《书谱》），花蕾初现，是一个点，是春的第一个声响，点展开为花，成了春的乐章。点是事物的开端。雨的开始是雨点，发展为雨丝、展开为重重叠叠的雨帘。俗话说，任何物体都有起点，这个“点”既是事物从无到有的历史起点，也是物体呈现给主体或被主体所观察到的最先所见之点。主体之观对所见客体而言，是从某一点开始的，就自身而言，也是从某一点开始的。主体的“看”要有一个定点，形成视觉的焦点，然后再开始移动，进行西方式的深度透视，或者中国式的仰俯远近的游观，或印度式的过去现在未来的环望。线可以说是点的延伸，是点的增加和积累，反过来，线也可以分解成若干点。古希腊哲人说，射出的箭，看似在天空飞行，其实是不动的，因为它可以分解成一串连续的点，箭在每一个点上都是不动的。把动的东西转化为不动的点，也就使不易为人把握的客体成了人能够把握的对象。中国画家用点的增加画出了一片独具特色的山水：米点山水。自然界的狂风把沙漠的沙点卷起，无数沙点聚集和移动，构成了自然界中壮观的景观。点，是人与对象的视觉关系，星球极大，但在地球上仰望，却是星星一点，高大的人，从高楼上俯视，也是小小一点。在此意义上，无物不可以是一点。因此，现实中视觉感受的点，其形态可以是多样的。艺术上的点的形态更是多样，陈绎曾《翰林要诀》说：“点之变化无穷……有偃、仰、向、背、飞、伏、立等势，柳叶、鼠矢、蹲鸱、粟子等形。”

主体从定点开始的知觉活动，在完成之后，客体的全貌就得到了完成，客体成为主体知觉中的客体，客体的性质也得到了确认，意味着客体的特点得到了突出。面对物体，往往并不需要细览一切，只要知道几个甚至一个特点，人就把握了物体。同样，物体的本质总会以一个或数个特点向人提示自己。在哥特式建筑中，点是由锋利的塔尖来特别强调的，在中国建筑里，点是由屋顶的曲线快下行到屋檐而突然上翘凝结为终端之点来突出的，现代舞的跳跃常常形成五个顶点，即头、双手的指尖、双脚尖，进而十个指尖就构成十个小点。把握对象的特点，在现实中是重要的，会使对象得到一种不是从概念上认识而是从形象上直观的显现；在艺术上更是重要的，中国画画树，有不同的点，如个字点、介字点、尖头点、垂头点、平头点、仰头点、大混点、小混点、竖混点、柏叶点、榆树点、椿树点、梅花点、杉叶点、竹叶点、鼠足点等 30 多种，画苔也有各种点，如扁点、圆点、竖点、斜点、飞点、嵌宝点、朱砂点、石绿点、细笔偏点、中锋散笔点等。

客体形成之后能有规律地停在一处或移动，在于其与地球引力的平衡，平衡的关键在于事物的重心，决定事物平衡的重心构成事物的中心点。对事物知觉，从起点，到特点，最后达到中心点，才算真正完成。中心点的不同决定了事物的不同面貌、不同势态、不同精神、不同韵致。如果说起点始终有一个“点”，特点也都有宽泛意义上的一个或数个“点”，那么，中心点则是无形的，它可以表现于外形，但更多是不表现于外形。不在外形却可以被人感受到的中心点是无。这个作为“无”的中心点，在西方的实体理论中，可如格式塔美学理论讲的那样，按力的式样找出，形成具有张力的内在之点；在中国的虚实理论中，成为气韵所在、精神所在；在印度的空幻理论中，成为本性之空的空性所在。在各种各样的物体或景物里，中心点基本不在平面或立体的中心，因此可称中心点为神点。神点也就是完形心理学讲的力的式样中的力的核心处，也就是可由此悟空的精要之处。

有了这无形而可感的中心点，起点和特点都得到了升华。借中国美学的话说，起“点”，是“一块灵气”结成（郑板桥《题画卷》）；特“点”，充满了灌注的生气；神“点”，是天地之合、气韵生动的关键所在。神，主要还是从物体本身来看，从印度美学来看，这个神点又是空点。空则多了物体与宇宙本体之间的关联和意蕴。形式美的点，在成物之始为一个起点，起点展开形成物体形象的数个特点，最后完成物体后获得一个中心而又无形且有空意的神点。在这一问题上，西方形式美理论关注的是实体性的抽象之点，中国形式美理论关注虚实结合的有内在张力的点，印度形式美理论则强调点在时间之流的动态中所具有之是-变-幻-空的最后一个与本质相关联的“空”点的意义。实实在在的点、虚实相生的点、具有时间流动中空性的点，是西、中、印理论各自的侧重。三者的结合与互补会对形式美中关于点的理论有更好的理解。现实的艺术演进中，西、中、印对形式美的“点”也有不同体现，且以绘画为例。西方焦点透视的绘画，从几何起点开始，由点成线，线围为面，积面成体，由光源中心形成素描的辉点。中国绘画，毛笔起笔之点就有浓淡枯湿之韵，行笔成线，有虚实断连之姿，行笔运墨成体，得气韵生动之神点。印度绘画，起笔之点，开始由空成色，线围成相，有即色即空之韵，完成形象，在物体的重要处加上中心光点，如是正面人像，则在鼻梁、嘴唇、下巴加上白色高光，如阿旃陀第一号窟壁画《降魔图》，那中央半裸的佛陀的正面形象、两旁半裸的魔军和魔女的侧面形象，都运用了印度绘画统一的凹凸晕染与高光的程式，是印度美学中点的理论的经典运用。

总之，形式美中关于点的理论，从西、中、印的分别来看，有实点、气点、空点的各具特色，从普遍性的统一来讲，把三种文化中点的内容组织起来，按照美学自身的规律，形成起点、特点、神点的依次演进。

（二）形式美的基本因素之二：线

西方形式美的线，乃几何学上由点成线，正如点是抽象的点，线也是抽象的线。中国形式美的线，是毛笔画出的浓淡枯湿的虚实之线。印度形式美的线，是交织着是、变、幻、空的多重内蕴之线（正如《大乘庄严经论》卷六偈语讲的：在流动之线，看起来为平，却包含着时间断续中的不平，看起来为实，却内蕴着由时间断续而来的虚①）。不从文化各有的侧重点来强调，而从客观世界的本身来看，线的出现基于主客体两个方面。从客体方面说，一是事物的生长，树从芽开始生长，是从点开始的向上运动，长成大树，从地上到树顶形成了垂直线；二是事物的运动，一只鸟从一棵树飞到另一棵树，在空中画了一道曲线。客体之线，虽然在结果上表现为静止，但其本质是生动。从主体方面说，人眼看物，从定点开始，视线的移动形成了主体观看之“线”。人眼作用于现实的三维空间，使世界出现了“真正的线”，要从周围环境中认出一座房屋，人们看到了它的轮廓线；天地相连之处，人们感受到了地平线；飞机从一处到另一处，人们感受到了它经过的飞行“路线”。线是客观世界的呈现形式，也是主体对世界的一种把握方式。从线的客观呈现和人对线的把握来看，线主要有两类：直线、曲线。

处于中、西、印互动时代的康定斯基说，直线有两个特征：张力与方向。直线（从客体的起源和从主体的知觉来说，都是）由运动而成，运动产生力的紧张，所以线始终有张力；从一点开始的线形成方向感。张力与方向突出了线的“动感”。按中国理论，线的流动象征宇宙气的流行，气使所流经之物之地内在地具有生命感。石涛认为，绘画中的“一画”是宇宙之气由无生有而来，体现的是宇宙的规律。从宇宙之气的角度看，西方美学的张力内蕴着的是气流，张力是附在明显的线上的，气化流行，则可显可隐。中国书法讲究“笔断意连”，就是讲，气可以在明显的线中存在，也可以在没有线之处存在。所谓无线处皆有意，就是指此。西方美学一定要有实线，中国美学的

---

① “《大乘庄严经论》（*Mahāyānasūtrālaṃkāra*），其卷六《随修品第十四》中有偈曰：譬如工画师，画平起凹凸，如是虚分别，于无见能所。其梵汉对应如下：yathaiva citre vidhivadvicitrite natonnataṃ nasti ca dṛśyate' tha ca（汉：正如在一幅按照规范精心装饰的画中，凹凸即使不存在也会被看到一样）；abhūtakalpe'pi tathaiva sarvathā dvayaṃ sadā nasti ca dṛśyate' the ca（汉：在虚妄的分别之中，总是二相即使不存在也会被察觉）。”［段南．再论印度绘画的“凹凸法”．西域研究，2019（1）：120］

线则可实可虚，而且无线之虚更显出气韵生动的意味。对于印度美学来讲，线在空中的划出，与空形成一种关系，特别是围成物的线，线内之空与线外之空还形成一种关系。因此，对于形式美的线，可以从实体之“线”、虚体之“气”、线和气之“空”这三个方面的互动和互补去看。这样，从现实世界中不仅可以看到线，还可以感受到气、体悟到空。对于线，有了这样一种更丰富的理解之后，就可以进入具体的线了。

线主要有两大类：直线与曲线。先讲直线。直线有四小类：

第一是水平线。这是大地之线。人最好的休息就是与大地平行地躺下，任何物体处于完全与大地相连的水平状，就消除了与大地的张力，具有了最宁、最静、最平、最稳、最实、最冷等感受，物体与大地的接触面越大，宁、静、平、稳、实、冷等感受就越多，反之，水平线距离大地越远，这些感受就越少。绘画之中，为表现“静”的境界，往往近景有一长长的水平线，成为画中的主线，如映着草木山丘的平静的湖水，如“孤舟蓑笠翁，独钓寒江雪”（柳宗元《江雪》）的白雪构成的江边之线；欲体现宽广辽阔的境界，往往景物由近到远直直曲曲地排列过去，远景有长长的水平线，作为画中的主线，如“江流天地外，山色有无中”（王维《汉江临泛》）。在建筑中，凡以水平线为主，就意味着坚实的大地意识，如希腊的神庙，如中国的宫殿，如印度的桑吉大塔，等等。

第二是垂直线。从大地到天空，是高扬，也是升腾；高塔、高台、高山体现的都是垂直向上的力量。人从床上起来，就是从水平线转为垂直线，因此垂直线比水平线显得有更多能量，有暖和感；垂直线与地心引力相同，和水平线一样有稳定感，但人直立时是清醒的，又不动，表现了一种庄严肃穆。凡是表现静穆严肃的画，都以垂直线为主线，如基督教的十字以垂直线为主，纪念碑也以垂直线为中。凡以垂直线为主，都体现了对天空的渴望，如西方的哥特式建筑、埃及的金字塔、印度的米那克希神庙等。

第三是斜线。斜线是一种不安定的线，它与地心引力处于斗争之中。如果与垂直线接近，则好像刚从垂直状态离开；如果接近水平线，则仿佛向下要回到水平状态。斜线充满了动感。风浪中的船，左右歪斜，回不到水平状态，是险态；狂风中的树，在风力中大角度倾斜，回不到正常的垂直状态，是不安。奔跑，要摆脱地心的重力，人体倾斜，显出了速度和动感。斜线从近于垂直到近于水平，有很多种类。康定斯基将之分为对角线和任意直线。对角线在垂直线与水平线的正中，任意直线则不是近于垂直线就是近于水平线，二者显出不同的紧张程度；如果有一个面，则对角线是通过中心点的，而任意直线是不通过中心点的，二者具有不同的声响效果。

直线的主题是秩序，水平线是柔的秩序，垂直线是刚的秩序，斜线为对角线时，与水平垂直二线构成三角的稳定关系，偏离对角线时，总是趋向水平或垂直，趋向回归秩序。垂直线、水平线与斜线有一种辩证关系：垂直线、水平线为动，斜线为静，可以互相换位，甚至可以看成一条线的三种位置、三种状态、三种面貌、三种风格，静是水平线，肃是垂直线，动是斜线。

第四是折线。两条或两条以上的斜线相接，就形成了折线。折线意味着直线方向大幅度的剧烈转变，从而构成了线条的曲折。因此，从其基础来看，折线就是直线，但从形态上看，折线又是曲线。折线因其转折的突然剧烈，是紧张的、惊险的、奇突的、意外的。当这种剧烈的转折不规则时，折线是“恶”的：陡峭的山峰是折线，突出的是“险”，数个陡峭山峰连叠在一块，是“险”加上“难”、加上“惊”，各峰的长短不规则，就是险恶。水上之桥，山上之路，五折六折，人不能直接抵达目的地，生出艰难感和阻碍感。如各条折线因地形等原因各不相等，多了惊险，加了紧张，变成险恶。人体在挣扎时扭动，呈不规则折线，在痛苦时扭摆，也呈不规则折线。拼死战斗，兵器你来我往，是不规则折线，临死前在地上的挣扎滚动，也是不规则折线。当折线是每折相同，或有规律的一长一短，几长几短，其效果，初是紧张、有惊奇，但有惊无险，有阻无难，转为有秩序的变化，类似于“游”与“戏”。折线二类，也可互转，折本就是曲折，有规则的折线，是否还会继续有规则，无法从已知中推出，无规则的折线，未必就不会转为有规则的秩序。按康定斯基的说法，斜线引起的色彩联想有红、有黄、有蓝，那么，折线就是红、黄、蓝的不断变幻，折线有规则时，是红、黄、蓝的欢乐颂，无规则时，是红、黄、蓝的苦涩舞。

再讲曲线。直线是刚，曲线是柔。曲线是流动，是变化，是生动。人体是曲线，水波是曲线，花朵是曲线，树叶是曲线，螺蛳的外壳是曲线，建筑的拱顶是曲线，拱桥下的洞孔是曲线，等等。曲线可以是水平方向的，但它不是安宁而显活泼，如湖上的水波；曲线可以是倾斜方向的，但不像斜线那样要回到垂直或倒向水平，而是弯弯曲曲地奔向自己的方向，如山间的溪流、丘陵中的道路。曲线，像折线一样，分为两类：一是有规则的，如波状线、蛇形线、螺旋线、抛物线等；另一是无规则的，是任意曲线。规则曲线一般都被认为是美的，一种古典的美。任意曲线则有两种可能：或者是浪漫的美，充满了自由、舒畅、奔放，这就是张旭、怀素的草书，“挥毫倏忽千万字，有时一字两字长丈二”（任华《怀素上人草书歌》），也像吴道子的绘画，“当其下手风雨快，笔所未到气已吞”（苏轼《王维吴道子画》），亦如李白的诗，“黄河落天走东海，万里写入胸怀间”（《赠裴十四》），还似苏轼的文，“吾文如万斛泉源，不择地而出，在平地滔滔汩汩，虽一日千里不难。及其与山石曲折，随物赋形而不可知也。所可知者，常行于所当行，常止于不可不止”（《文说》）；或者是浪漫的丑，表现为零乱、混杂、纠缠，像毕加索的《拿曼陀林的少女》、波丘尼（Umberto Boccioni）的《心理状态》、德·孔宁（Willem de Kooning）的《女人》。可以把消极的任意曲线称为不规则曲线，不规则曲线在消极方面越走到极端，就越接近不规则折线，杜尚《下楼梯的裸女》就是例子。

以上是从世界之线的统一性上讲的，如果要强调文化在线上的独特性，那么，西方文化把现实世界的线转化为几何型（定义）的精确之线，体现为用硬笔画出同一性质的线，由线的延长形成物的轮廓，由线的重复形成光影，最后达到一个三维空间的形象，其难度不是体现为可转换的建筑和具有三度空间的雕塑，而是二度空间的绘画，绘画上，从素描到油画，完成了西方文化以线造型的美学观念；中国文化把现实世界的线，转化成软的毛笔形成的浓淡枯湿的与气同构的线；印度文化把现实世界的线，转化成由白褐黑三种笔形成的浅色草图、深色成形之画，原理是把本质上在时间中的明灭之色体现为现象上具有空间存在的即色即空之线。

然而，曲线最本质的特征是它可以围起一个圆。如果说，直线的本性是一直向前，像西方文化中的时间，乃不断的直线，那么，圆的本性则是回到自身，像非西方文化中的季节，永远循环。然而，由于有了直线，任何循环的曲线都表现为向前的运动；同时，因为有了曲线，任何向前的直线都可以转化为循环的运动。正像沿着大地笔直向前，绝不回头，翻山过海，最后还是回到原处，因为地球是圆的。西方文化特别重视直线，有人认为，任何曲线都可以被看成直线，圆也是由直线形成的。一个正方形，有四条直线、四个角，不断增加角，从六到八到十，到更多更多，最后就变成了圆。因此，圆来自直线。中国文化更重视曲线，写直线也要带有曲意，写水平线的“横”，不是一笔直写过去，而是先向右再向左，所谓“欲左先右”；写垂直线的“竖”，也不是一笔直写下去，而是先向上再向下，所谓“欲下先上”。画的是直线，心中却总是想着画出圆意。按西方文化，宇宙就是一点，直线和曲线是由点延长的两种基本形态；依中国文化，天地总为一气，直线和曲线是气化流行的两种基本形态。依印度文化，宇宙本空，直线和曲线是由空而来仍蕴空于内、呈与时俱流的变动之色。西方的线是点的延长，因此它的线是几何的，清清楚楚；中国的线是气的流行，因此它的线是书法的，有浓淡枯湿的效果；对于印度美学来讲，无论直线还是曲线，甚或由两大类线引出的各次类线，也无论实实画出还是断续相连，都有虚实相生的意味，都要去体会线中之空意和线外之空意。因此，对于线，正如前文已经讲过的那样，实、虚、空都考虑到，方为全面。阿旃陀石窟中的《降魔图》和敦煌石窟（第 254 窟）中的舍身饲虎把一个时间性的故事转换到了空间的一幅图中，形成了是-变-幻的精妙结构，使由是-变-幻-体之线形成的整体得到生动的体现。

线，与点一样，以三种方式存在，也被人从三个方面感受到。一是轮廓线，它形成了事物的外貌，可被称为“外形线”或“姿态线”。二是动力线，即内在于事物的一种动势，高矗的纪念碑和冲天而飞的鸟，都让人感受到一种向上的动势，也就是西方形式美理论讲的“力的式样”，中国形式美理论中的虚实之线，印度形式美理论讲的色空互幻之线。轮廓线能看见，动力线则是内在的，不可见但可感，故而可称之为意中之线。三是气韵线，这就是中国画有浓淡枯湿的线，它可以画轮廓线，但在画轮廓之时要表现出内在生命。为了让线适合对象的性质，中国画家总结出了 18 种线描，即游丝描、柳叶描、钉头鼠尾描、行云流水描、铁线描、琴弦描、折芦描、橄榄描、战笔水纹描、曹衣描、柴笔描、蚯蚓描、枣核描、蚂蝗描、竹叶描、撅头描、混描、减笔描；也可以画动势，它是变其形（轮廓）的，但要求得其神（力的式样），所谓“笔才一二，象已应焉，笔不周而意已周”（张彦远《历代名画记》）。印度画家根据不同的对象，也总结出了三种画：强调反映一定时空的具体对象的受约束型（viddha citra），超越一定时空的具体对象的不受约束型（aviddha citra），强调具体对象的生动性又关联着普遍之味的情态型（bhāva citra）。但无论哪一种，都要体现是-变-幻-空之统一，并在这一统一中内蕴宇宙之味（rasa）。因此，气韵线又可被称为“情味线”（lines within bhāva and rasa）。然而，气韵线或情味线毕竟是从形着手的，据其画形而又超于形的特点，使外形姿态更有内蕴，画的轮廓，只靠线本身就显出了客体的姿态。客体以线表现和主体以线观看，总是既看到外形之轮廓线，又感受到姿态线，还体认到轮廓之中、姿态之内的动力和生韵。印度美学提醒人们：在外形线或姿态线、动力线或意中线、气韵线或情味线之后，还有一种空境线。空境既寓于实线之中，也寓于虚线之中，还寓于气韵线和情味线之中。所谓，实境清而空境现，气境得而空境出。空境既要考虑三种线与空的关系，还要考虑物体的物内之空和物外之空，以及两种空之间的关联。空，让人体会到一种无线之线。从世界本来在时空中运转而形成的线，可以从时间一维去观而得出明灭之线，可以从空间三维去观而得出实体之线，从时空四维去观而得出气韵之线，以及从宇宙本身来看具体三线而产生充满空意的无线之线。

在作为形式美的点与线中，可以看到一种有无相生、色空互动的特点，从整体上讲，都内蕴着西方美学的实体之式、中国美学的气韵生动、印度美学的是-变-幻-空的内容。结合中、西、印的美学内容来总结点和线的规律，如图7-41所示：

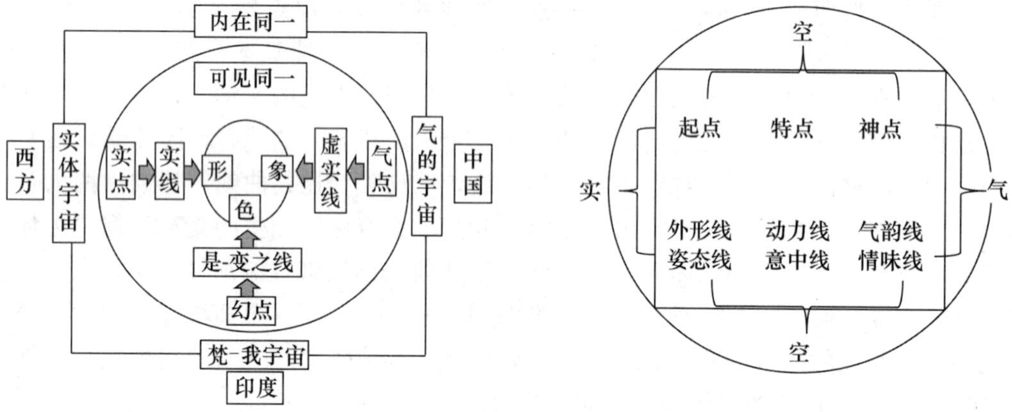

图7-41　综合中、西、印思想的整体结构图

（三）形式美的基本因素之三：形

西方的形式美即几何美。几何学是由线成面，由面成体。从美学的角度，可以把面与体结合起来讲，这就是形。从几何学上讲，一切形中有三种是最基本的，即三角形、正方形、圆形。一切三角形都是正三角形的变体，一切方形都是正方形的变体，一切圆形都是正圆形的变体。正三角形、正方形、正圆形具有同源性。从几何学角度看，正方形是两个以对角线共边的三角形，或三个三形角，一个正三角两个直三角。前文讲过，圆形与正方形可以互变。正方形中就有一个圆，圆中也有一个正方形。在这一意义上，三角形、正方形、圆形都由宇宙之点而生，由宇宙之线而成。一即三，三即一。

这种三位一体的同源关系在印度文化中有最充分的表现，一切扬陀罗-曼荼罗之根的室利圣符图，就是正方形含圆形、圆形含三角形。这一基形可以演变出无数变形。西方的哥特式建筑，正面之方、玫瑰窗之圆、顶之三角，形成明显的三角-方-圆一体组合。古埃及金字塔是三角形，但蕴方圆知识于其中，是三角形、方形、圆形的显隐组合。印度的桑吉大塔，基台、覆钵之圆，平台之方，塔底基台台阶形成的实体三角，塔顶刹杆形成的虚体三角，透出的仍是方形、圆形、三角形的组合形式，也体现了三者的同源性，只是其理论结构不是几何学的，而是宇宙象征、须弥山象征、生死象征的是-变-幻-空思想。

中国文化从远古起就表现了对方圆关系的重视。仪式中心的“亞”形，从静的一面看是正方形，表示天下的东、西、南、北、中，从动的一面看又是圆形。由之演进而来的河图、洛书和太极图，前者以九宫格的正方之形为主，后者以阴阳互含的太极之圆为主，二者是互变的。圆中含方，方中含圆，天圆地方，构成中国文化中文化构图的基本模式。

形，在中、西、印文化中，形成了前文讲的西方有二、中印各一的四种基形。其中，可以看到，西方和印度都以三角形、方形、圆形为基形，而中国的九宫图和太极图都没有三角形。西方强调空间性的美学，方形与圆形中的五角星形、黄金矩形、三角形得到了强调和突出。印度彰显时间断续的美学，三角形也重要，印度文化中倒三角代表阴性能量，正三角代表阳性能量，印度基图的方形、圆形中多个正三角同多个倒三角的互相迭合象征阴阳的创造与合一。方形、圆形与三角形的关系被西方文化发挥得淋漓尽致。西方建筑、绘画、雕塑之美的比例都来自人体比例，而人体正是三角形、正方形、圆形的三位一体的统一。西方造型艺术中，在方形中不断地画对角线以形成根号比的美的比例是西方造型艺术美追求的最基本的法则，这不断地提醒人们方形与三角形的互换关系。中国气的运行如行云流水，绵绵不断，因此，三角形不重要。西方所强调的三角形的稳定性，被九宫图的中格代替，以中求稳，二者的区别在于静态之固与动态之稳的不同。中国的稳定境界强调动态平衡的中，即九宫图围绕的中宫之中和太极图圆转的S形曲线。中国建筑独具特色的亭，体为方，顶为圆，是最好的象征。亭顶脊柱的曲线，与西方的三角形一样有稳定的作用，但突出了S形曲线的韵味。从西方美学和印度美学的角度看，可以把中国的中和S形曲线看成三角形的变体。从中国美学的角度看，又可以把西方和印度的三角形看成“中”和S形曲线的变体。印度美学中其实三角形、中、S形曲线都很丰富，印度舞蹈有三种基本样式：对称式、极屈式、三屈式。对称式是明显的三角形，三屈式是明显的S形曲线，极屈式则二者兼有，突出了中的境界。不从文化思想而从审美现实上讲，不从某一艺术门类如绘画而从艺术整体来讲，三角形、方形、圆形主要不是具体的形体，而是一种审美上的感、势、味，或曰境界。方形主要与空间相连，圆形主要体现时间运行，三角形主要体现一种坚定方向。因为三角形是感、势、味，因此，在印度的基本图形中，三角形主要转型为能量象征，而在中国，三角形主要被置换为中和S形曲线。这种转型和置换都是从感、势、味上讲的。三角形在一些审美对象中是直接呈现出来的，如金字塔和哥特式教堂，但在更多的审美对象中，是以感、势、味的方式被感受出来的，如帕特农神庙、印度佛塔、中国的天安门等。中国的中和S形曲线在一些审美对象中是直接呈现出来的，如中国的园林、西方的洛可可装饰、印度的覆钵形塔等，但在更多的审美对象中是被感受出来的，它以西方理论中的“力的式样”、中国理论中的“势”、印度理论中的“色即是空”这类话语表达出来。因此，从综合性上讲，三角形、三角交合形、中、S形曲线，都以一种内在之感、之势、之味体现出来。西方文化讲究实，因此，三角形的美感得到了更多的突出。从理论上讲，正三角具有稳定感，倒三角具有危险感，斜三角带来冲击感，成了绘画构图的基本法则，而在建筑上，三角形与方形一样，是稳定于大地的，但又与方形不同，是指向天空的。在有强烈的天空渴望和明确的天空指向的文化中，三角形建筑占了主体地位，古埃及金字塔、玛雅文化金字塔的构造与天文学的关系是明显的，哥特式建筑的天堂指向是明晰的，三角形在其建筑中发挥了天体音乐的效果。强调大地和现实理性的文化，其主流建筑的基本形式以方形为主。中国建筑是方形的，西方，从希腊影响的一面讲，建筑是方形的，伊斯兰文化没有明确的天堂指向，但其建筑也是方形的。正方形是大地（还可以是天空）的象征，在有明确象征意义的地方会看到正方形建筑，如中国的地坛、印度的吉尔·马哈尔陵、梵蒂冈的圣彼得大教堂早期平面等。参照实用功能和美的法则，方形会展现千姿百态的风采，看看中国建筑中的宫、殿、亭、台、楼、阁、榭、轩、馆、庐、庵、斋、厅、堂、祠等就可知。另外，很多伊斯兰建筑的总平面是正方形，但对正方形进行了再次的空间分割，避免了正方形的呆板，变换成多样的情致。伊斯兰文化和西方文化虽然没有明确的天堂指向，但却有强烈的天堂意识，因此，其主流建筑的中心主体是圆形的，在伊斯兰世界是遍布各地的清真寺的圆顶，在西方是文艺复兴模式随时间向空间的扩散。圆顶是天的象征。印度文化更多的是天方地圆，其想象出的宇宙图形也是天方地圆，如桑吉大塔基台为圆，其上的平台为方，印度教神庙代表宇宙之生的胎室，总为方形。但无论天圆地方还是天方地圆，方、圆（以及其中包含的三角形）组合，都是其基本形式。

各大文化对于形，都感受到方形、圆形、三角形以及中或S形曲线作为基本形状的重要，但对于它们的具体组合和意义的理解又有不同。西方文化的实体-区分型思维，认为一个具体的形体，一是从形体之实进行定义，二是把它与形外之物以及整个宇宙区分开来进行定义，从而使形具有抽象性和普遍性。中国文化的虚实-关联型思维，对于一个形体，一定要与他物、与天地关联起来理解，才能得其神韵。因此，重要的是找到你所想讲之物之形的某一方面时，要将之与相关的他物关联起来，要与天地间的内在因素关联起来，方能呈现此物（在与天地的关联中）之神。印度文化的是-变-幻-空型思维，与中国一样，要把具体的形体与是-变-空关联起来，方能得到完全的意义。这从中、西、印的景观界定中明显透露出来。西方的景观，以独立实体的方式呈现出来，如帕特农神庙，从神庙本身进行形式美分析就足够了，又如巴黎圣母院，从教堂本身进行形式美分析就足够了。中国的景观，则一定要把景中重要之物与之外之物关联起来分析，而这一关联是景中重要之物与天地关联的最佳体现。这在中国对一地的最佳风景的命名中体现出来。且看中国北方的燕京八景，即太液秋风、琼岛春阴、金台夕照、蓟门烟树、西山晴雪、玉泉趵突、卢沟晓月、居庸叠翠，再看中国南方的西湖十景，即苏堤春晓、断桥残雪、曲院风荷、花港观鱼、柳浪闻莺、雷峰夕照、三潭印月、平湖秋月、双峰插云、南屏晚钟。以上每一景之美，都不仅在于景中的物体本身，更在于一物与他物以及天地的关联。比如卢沟晓月，卢沟桥本身是美的，但只有在清晨这一时间点，而且是在清晨有月亮的时间点，卢沟桥的美才得到完美的呈现。又比如曲院风荷，曲院本身是美的，但只有在夏天荷花开了，曲院中红红的荷花、圆圆的绿叶在南风的吹拂下，整个景色之韵味才完美地呈现出来。印度的景观，一定要把现象的形状之“是”，关联到事物在时间连续中之“变”，内蕴着物在天地间的本质之“空”。以佛教的桑吉大塔为例，这是一个以抽象形式为主的形体：圆形基台意指大地；半球形覆钵表征直观上的天，方形平台象征本质上的天；竖立的柱杆暗示世界无形的轴线，天地万物围绕着中心轴被组织了起来；华盖是各种天界和统治上天之诸神的象征。同时，在佛教理论中，佛处在宇宙中心的须弥山上，塔的整体造型，又是一个神圣的宇宙之山的象征。这一象征体系在南亚的佛塔演进中得到了体系性呈现。桑吉大塔的观照，一定要经历从抽象形式的宇宙象征到宇宙中心圣山象征的“变”，方有佛对宇宙之主的第一次审美提升。然后，平台内的佛骨是死，佛不像一般人那样进入轮回之“死”，而是超越轮回的“涅槃”，是与轮回之死对立的永生。因此，桑吉大塔营造的是一种印度人特有的死与生的智慧。当佛塔的观赏从圣山象征变到生死象征，就进行到了佛教三法印中最后法印的“涅槃清静”的“空”的境界。桑吉大塔体现的就是因“是-变-幻-空”而来的景观理论。

（四）形式美的基本因素之四：色

中外理论对形和色做过不少比较：形状如男性，色彩似女性；线条是心灵，色彩是情感；人对形的知觉是主动的，而对色的知觉是被动的；等等。总之，色彩对美学理论来说，一直是个谜。说它是个谜，不是说各文化没有自己的色彩体系和色彩理论，也不是说这些色彩体系和色彩理论有难解之谜，而是说要在这些各不相同的体系和理论中寻找共同的规律，就如进入了迷宫。只要看一看不同的色彩理论就可以感受到这一点。从古埃及的装饰绘画来看，其有红、黄、绿、蓝、褐、黑、白七种基本色彩，其色彩的象征系统是：黄与金是阳光之色，象征太阳（神）；绿是自然之色，象征永生；紫是土地之色，象征大地；蓝是冷色，与粉红、绿、藏红、淡红关联着，代表审判的神圣。印度的色彩，有多种说法。《画经》卷十六讲，白、黄、红、蓝、黑是五种基本色彩。而印度戏剧以白、蓝、黄、红为原色。印度的蓝常常被等同于黑色，或被称为“深色”（śyāma），包括深绿色、深蓝色、深棕色、深灰色等，因此，在戏剧中黑被并入蓝。然后四原色相配，得出淡黄、淡蓝、粉红、绿、藏红、淡红。进入审美类型之味，与八味相配有八色：紫、白、灰、红、橙、黑、蓝、黄。这些由基本色彩按需要添加而来。《画经》讲，五种基本色彩可调出千色万色。

可以更仔细观察的是中国文化和西方文化的色彩体系。中国文化首先是黑白二色，再由二色生出五色，即青、红、黄、白、黑，然后由五色生出多色。这种体系由中国的虚实-关联型思维而来。具体体现为三点：第一，任一原色，在天地的时空中运动，多种光源和光的变化再加上视者所处的条件，而呈现为不同的色相。抽象为理论，形成一色多相的特点。比如黑，中国画中的墨分为五彩：清、淡、重、浓、焦（五可以展开为多）。其技术是由墨与水的配合而来，其理论是一色在时空中的动态本是多样的。这在现象上类似于西方无色系的展开，当然在理论蕴含上是完全不同的。第二，一种色包括多种色，其界线从一色本身到与之相邻的色的边缘。但其理论根据不是来自色彩本身，而是源于自然运转规律。一种色在天地时空多方面的作用下，本就是这样丰富。如青，包括一个从蓝到绿到绿黄或绿黑的整个系列，来自天之色，来自水之色，来自草木之色。以草木为例。草从新生的嫩绿到随着生长而来的翠绿、浅绿、青绿、深绿、油绿，到初秋的绿中泛黄，在完全变黄、变枯之前都是青。这是一个从春到夏到秋，从各种浅绿到各种深绿再到各种黄绿的变化系列。再以青色在水中为例，郭熙《林泉高致》说："水色：春绿，夏碧，秋青，冬黑。"这是一个从绿蓝到各种绿到绿黑的序列。青色在天空的变幻，又是另一种色彩的变化系列。总之，中国的色彩理论，一色具体为多种多层多面多样的变化，但分类分层分面而来的变化序列，不是如西方色彩学那样，来自科学实验室型的光谱，而是由观察大自然本身而来的中国色彩学。这是本，但具体到某一艺术工艺，如绘画和丝绸，又有由自身的颜料与质材相配合而来的系列。第三，是根据色彩对人的生理作用而建立起来的多种色彩象征体系。如朝廷体系，周制以青、赤、黄、白、黑为正色，以绀（红青色）、红（浅红色）、缥（淡青色）、紫、流黄（褐黄色）为间色，由之而形成服饰上的贵贱区别。各朝的色彩象征，有制度规定，如唐代的官服，以紫（三品以上为紫色）、绯（四品深绯色，五品浅绯色）、绿（六品深绿色，七品浅绿色）、青（八品深青色，九品浅青色）四色构成官阶的等级象征。而诗文中的色彩，则按照自然规律，以及人的情感与自然物色互动而来，如"绿垂风折笋，红绽雨肥梅"（杜甫《陪郑广文游何将军山林十首》之五），"日落江湖白，潮来天地青"（王维《送邢桂州》），"平林漠漠烟如织，寒山一带伤心碧"（李白《菩萨蛮·别意》），等等。

在西方文化中，色彩体系来自科学，是由光的波长而来，如表 7－1 所示：

表 7－1 光谱之色

波长（nm）	800～650	640～590	580～550	530～490	480～460	450～440	430～390
色彩	红	橙	黄	绿	青	蓝	紫

这是从三原色（红、黄、蓝）到七色的多色体系①。这个西方近代体系区别于其他文化体系的是，形成了对色彩本身的纯色彩研究，它把色首先分为两类，七色是彩色系统，黑、白、灰是无色系统。彩色系统的体系性是 3－6－12－多的层级关系。

三原色红、黄、蓝构成三角形，黄在顶角，红在右下角，蓝在右下角。三角形外接圆，圆内成等边六角形，邻边空位正好由原色相加而得到 3 间色：

黄＋红＝橙

黄＋蓝＝绿

红＋蓝＝紫

圆外再画圆，两圆之间分 12 等分的扇形，原色与间色相加而得到 6 复色：

黄＋橙＝黄橙

红＋橙＝红橙

① 光谱从红到紫是连续不断的，牛顿将之定为七色，因其相信光的振动与和声的振动相似，从而基色的数目应与全音阶的 7 个音调对应一致。在这一意义上，西方七音阶的结构与音乐和谐的思想，决定了牛顿在对光谱进行分段时，把每一谱段的宽度对应于音阶中 7 个整数的比率。牛顿在 1669 年有关颜色的讲座和文章中只描写了 5 种基色：红、黄、绿、蓝、紫。1671 年才引进了合成色。橙与青似为后来加上去的，目的是使颜色的总数达到 7。他选择青作为一种独特的光谱色彩，无疑受到当时商业中某些突出事件的影响，印度染料（青色）在 16 世纪被引入欧洲，此后得到了广泛应用。今天大部分科学家只有在色谱一览表中才会碰到"青"这个术语。（约翰·巴罗．艺术与宇宙．舒运祥，译．上海：上海科学技术出版社，2001：第 247 页注）

红十紫=红紫
蓝十紫=蓝紫
蓝十绿=蓝绿
黄十绿=黄绿

将12色填在12扇形中，就是有规律的12色相的色轮。西方音乐是7音阶，7音阶又分成严整的12半音，西方色彩是7色，7色又展开为严整的12色相。与之相应，无色系统中黑、白是两种极端，中间的灰色有很多层次，理论家们也把从黑经过灰到白排出12层次。黑与白相混，是灰色，七色相混，也是灰色，可以说，灰色把彩色系统和无色系统连成了一个整体系统。对美学来说，色彩的重要性不在它的体系构成的差异，而在于对色彩感受的维度扩散的共同性和具体所指及象征体系的差异性。

西方近代色彩理论来自科学对光的研究，光的本质决定着色彩的理论，随着对光的研究的深入，色彩理论也发生了变化。光的本质是什么呢？一种认为是波，一种认为是微粒。牛顿赞成微粒论，即光是由微粒构成的，这些微粒从物体发出传到眼睛而形成颜色。尽管有人认为光的微粒大小一样，故而不同颜色之微粒的速度不同；有人认为微粒的质量各有不同，故而有不同颜色的光，但在光的本质是微粒这一关键点上他们是一致的。荷兰物理学家惠更斯（Christiaan Huygens）在1678年给巴黎科学院的信和1690年出版的《论光》（*Treatise on Light*）中提出了光是波的理论：波从光源传到眼睛。一个波之前的每一点，都可以认为是新波的波源，而且这些新波均具有相同的振荡频率。如果没有障碍物，与特定的波前相关联的子波就只会在其前进的方向相干叠加。由此，关于光是微粒还是波的争论开始上演。最初的160多年，微粒论因牛顿的学术声誉和权威势力而取得压倒性胜利。然而，从惠更斯到托马斯·杨（Thomas Young）到麦克斯韦（James Clerk Maxwell）的连续努力，光波论由弱而强，声势突起。最后爱因斯坦把波与粒子统一了起来：光同时具有波和粒子的双重性质。德布罗意（Louis Victor de Broglie）进而提出，一切物质都同时具有波与粒的特质。波粒二象性理论把光提到了与形一样的高位。光由于是在一系列艰难的战斗中达到顶峰的，所以带出了一种巨大的声势。在以形为主的传统观念的暗中影响下，传统绘画的程序里，色彩一向是到最后才加到画面上去的。要作一幅画，首先确定选题，接着拟定物体和构图，然后选定物体的表现层次、视角、透视。实施步骤是先画出草图，再完成黑白底稿，即用黑铅笔完成全图。底稿完成后，又审视确定所有其他环节都已完成，画家进行最后一步，即拿起调色板给画着色①。光在科学上走向荣誉高峰的同时，在绘画里，五大画家为色彩的高位展开了胜利的斗争（图7-42）。莫奈最先使观者从单纯的色彩本身感受到欢愉，修拉创造出以纯粹的色彩小点排布构图的手法，高更用色彩表现情绪，凡·高赋予色彩活力，塞尚用色彩取代了线条、阴影和透视原理等关键成分。至此，好戏已经开场，接下来该是色彩升帐的高潮了。当野兽派于1905年在巴黎“秋天”画廊展示新风格的时候，马蒂斯等人最终宣称，色彩是绘画的所有成分中最重要的一项，他们进而认为：物体的色彩完全是任意性的，而色彩本身就是绘画的目的，或者更直白地说，色彩乃画。在野兽派看来，画

① 伦纳德·史莱因．艺术与物理学．暴永宁，吴伯泽，译．长春：吉林人民出版社，2002：198.

中物体的整体性、构图、主题和线条都是可以人为改变的：树木可以是红的，天空可以是紫的，人脸中间可以有宽宽的一道绿条。弗拉曼克（Maurice de Vlaminck）的话代表了色彩论者的激进态度：人们摆弄色彩，就和摆弄火药一样，目的是让它们轰轰烈烈地发出光来①。

图A 莫奈之画　图B 修拉之画　图C 高更之画　图D 凡·高之画　图E 马蒂斯之画

图7-42　西方色彩理论转型中的代表性画作

波粒二象性作为一个具有普遍性的科学理论，提高了形式美中色在文化中的重要性，而且把色与形的关系做了更深入的推进。与波粒二象性紧密相关且作为其进一步说明的是德国物理学家海森堡在1927年提出的测不准原理。“该原理表明：一个微观粒子的某些物理量（如位置和动量，或方位角与动量矩，还有时间和能量等），不可能同时具有确定的数值，其中一个量越确定，另一个量的不确定程度就越大”②。丹麦物理学家玻尔支持测不准原理，且对之进行了补充，在1928年提出了互补原理。“其基本思想是，任何事物都有许多不同的侧面，对于同一研究对象，一方面承认了它的一些侧面就不得不放弃其另一些侧面，在这种意义上它们是‘互斥’的；另一方面，那些另一些侧面却又是不可完全废除的，因为在适当的条件下，人们还必须用到它们，在这种意义上说二者又是‘互补’的”③。波粒二象性、测不准原理、互补原理，在提高光之地位的同时，也改变了对色与形之关系的认识，而且可以改变对形和色的认识。对于分形来说，不仅应看到实的数和形，而且要看到在突出数和形之时被遮蔽的东西，这样才能把分形的意味更深地和互补地敞亮出来。对于色来说，波粒二象性、测不准原理、互补原理，在提高其地位的同时，又把对色的观察从静止转变为动态。静止的定点带来日常性的清晰（如古典油画），但不是科学的全面。从多元视角去看，色会成什么样子？这就是各式各样的现代画派中呈现出来的五花八门的色彩。用动的视点去看事物之色，当这视点之“动”接近光速时会产生什么样的效果呢？当一个人在一辆以接近光的速度行进的火车上看事物之时，随着速度接近光速，“物体在他看来带有何种色彩取决于相对运动。从接近光速的火车尾部看出去，远离而去的草会呈红色而非绿色，反之，迎面而来的草看上去会带上蓝色，至于在侧面，草色则会呈现位于光谱中段的黄、橙、绿诸色调。所有这些色彩上的变化，都是由于速度的增加造成空间发生严重收缩所致。当达到光速时，前与后变成一体，故所有的色彩都将合聚到一起。不妨再信马由缰地让想象驰骋一番，设想一下在这个无限薄的扁片上，实在该呈现什么色彩。白光中带有光谱中的所有色彩，因此有理

① 伦纳德·史莱因. 艺术与物理学. 暴永宁，吴伯泽，译. 长春：吉林人民出版社，2002：201.
② http://baike.baidu.com/view/5109142.htm.
③ http://baike.baidu.com/view/19559.htm.

由设定在光速这一数值上，色调只会是清一色的一片白。不过，从小时候人们便知道，如果把所有的色彩掺和到一起，得到的会是乌突突的灰褐色，因此也有理由认为此时的空间会呈现这种色彩。黑色表示没有光，它是唯一不会因速度达到光速而变化的色调。那么，在光速情况下可能呈现的色彩只有白、黑、灰、褐这几种中性色调，看不出与彩虹包含的色彩有任何关联。立体画家毕加索和布拉克（Georges Braque）虽然不知道这一科学性极强的内容，但他们在绘画创作中减少了色彩的数量。不像野兽派那样色彩斑斓，而基本上只用'土色'表现自己的新空间；这四种颜色就是白、黑、褐、灰，正是以光速行进的观者可能看到的色调。立体派把阴影的一致性也给消除了。按照牛顿力学的范式，物体的阴影必然要位于光源的对面；对这一法则的任何改变，都将带来绝对空间、绝对时间和相对性的光三者是否正确的问题。如今立体派不考虑光源位于何处，径自将阴影或东或西地涂布在各个小图块上，这让观者重新考虑'光投下影子'这句话是否真的有什么意义。绘画中有一种光色立体感技法，其表现原理是基于光色强的物体看上去要比光色暗的物体显得近些。布拉克在自己的不少画作里却反其道而行之，比如画一个苹果，文艺复兴时期的画家会在画上苹果最临近观者位置上添上一点白色，然后使苹果的光色在移向边缘时逐渐减弱；布拉克则在应当点白的位置上点些黑，然后让光色在移向外缘时不断加强。阴影变得无序，长度变短，纵深感莫衷一是，这些表现都忠实地表述了物体阴影在观者接近光速时大概会呈现的样子"①。

现代科学改变了形式美在色彩上的物理前提，不仅黑、白、灰、褐四色显出了自己的重要性，而且红、蓝的冷暖发生了逆转。牛顿认为，在光带诸色照向物体之时，紫色的光线偏折程度最大，表明它具有最弱的穿透力和最强的折射敏感性；紧靠紫色的蓝色性质略同；红色则呈现出完全相反的性质，其折射角度最小，说明它具有最强的穿透力和最弱的折射倾向。自此以后，蓝冷红暖成为知识定论。19 世纪中叶本生灯②的出现和普及改变了这一观念，本生灯能产生带有红、橙、黄、蓝等色调的火苗，蓝色火苗最为炽热，从而火苗中能量最高的是蓝色而不是红色。在此之前，里特尔（John Wilhelm Ritter）发现了"黑光"，位于光谱的蓝紫一端（因此又称为紫外光）。其热会升高水温，灼伤皮肤。在麦克斯韦的电磁波座次表中，一端是高能量的伽马射线，另一端是蜿蜒的无线电波，电磁波的波长越短，能量越高，恰恰与传统的光色能量座次相左。紫外光邻近蓝光而波长更短，因此有比邻近红光而波长更长的红外光更强的能量。天文学上呈现了与麦克斯韦公式一样的现象：最炽热的恒星年轻而光色白中透蓝。如黄道十二宫的金牛座的昴星团内就有一大批这样的星星。另外，像参宿四（猎户座 a 星）这类红巨星光

---

① 伦纳德·史莱因．艺术与物理学．暴永宁，吴伯泽，译．长春：吉林人民出版社，2002：222-223．译文有改动。

② 此灯为德国化学家本生（Robert Wilhelm Bunsen）装备海德堡大学化学实验室而发明的用煤气为燃料的加热器。先让煤气和空气在灯内充分混合，从而使煤气燃烧完全，得到无光高温火焰。火焰分三层：内层为水蒸气、一氧化碳、氢、二氧化碳和氮、氧的混合物，温度约 300℃，称为焰心；中层煤气开始燃烧，但燃烧不完全，火焰呈淡蓝色，温度约 500℃，称为还原焰；外层煤气燃烧完全，火焰呈淡紫色，温度可达 800℃～900℃，称为氧化焰，此处的温度最高，故加热时利用氧化焰。该灯以本生而命名。

色发红，却是老而冷的星体。多普勒效应①与爱因斯坦相对加速度结合的结果告诉人们，当物体以接近光的速度冲向观测者时，其光色会带上蓝色调，远去时则带上红色调。从而红色代表膨胀，代表远离，蓝色则代表收缩，代表接近。正如星系的红移确凿地告诉人们，宇宙正处于膨胀之中。这样一来，在新物理学中，蓝色乃火的光色，红色属冰的光色。这正好与古典光色理论相反。当欧洲大大小小的化学实验室都装上了本生灯时，法国印象派也发现了蓝色有令人兴奋的力量。在科学与艺术的结合上，新的蓝颜料也在化学实验室里制造出来了。因此，无论在艺术领域还是在科学领域，蓝色一跃而成为艺术中的主色。蓝色在被莫奈、高更和凡·高用来表现高能量状态之后，逐渐占据了一幅又一幅19世纪末叶画作的中心地位。蓝色占领画布的趋势虽然开始有些艰难，但很快就以巨大的活力在野兽派作品中迸泻而出，表现在树上、面孔上、草地上，或其他任何物体上。毕加索甚至选了这一具有高能量的蓝色作为自己整整一个艺术时期的色调②。在20世纪中期，凯利（Ellsworth Kelly）发表了绘画作品《蓝、绿、黄、橙、红》，以人们熟知的彩虹为主题，但其排序却是蓝色在先而红色最后，与古典光学和化学中的排序正好相反③。

现代色彩学与古典色彩学的又一个反转是由纯然客观型到主客互动型的转变。现代色彩学已经深深地认识到：从光到色不仅是一个纯客观的结果，还必须加上作为主体的人的作用。光呈现为什么颜色，除了固定波长和光的散射效应之外，还在于人的视网膜后面的两类感光细胞，一类是杆状细胞，另一类是锥状细胞。前者用于夜间微弱星光下的视觉调整，后者用于白天一般日光下的视觉调整。杆状细胞极为敏感，会发出信号，对单一的光子进行吸收。锥状细胞有红、绿、蓝三种，因每种内含的一种色素优先吸收光谱中一个区域的光（短波长光、中波长光、长波长光）而得名。感光细胞产生信号，传给双极细胞，再由之传给视网膜神经节细胞，又通过这些细胞将信息传送到大脑，传递过程全通过神经脉冲来实现。靠了人体的这一整套工作（包括对颜色进行编码等），方使得具体的物体在人眼中呈现出色彩④。仅仅以食草或食肉为生的动物，由于没有人的这一套器官装置，一般都是色盲⑤，物体对于它们而言就无所谓色彩。

在现代科学进展氛围中的三种色彩现象，与相对论同调的白、黑、褐、灰作为基本色的出现，与本生灯同趣的红冷蓝暖的色序，与人的视觉器官构造紧密相连的主客体互动而来的色彩，显出了与古典理论的对立，但如果从波粒二象性、测不准原理、互补理论的角度去看，现代色彩现象与古典色彩现象是一种对立：古典色彩论产生的是西方古典绘画，现代色彩论产生的是现代绘画；古典色彩绘画同时是排斥时间后的三维绘画，现代色彩绘画是加进时间后的四维绘画。但现代色彩论与古典色彩论又是一种互补。对立在于选取一个固定的视点，互补在于视点的移动。西方的古典色彩学和现代色彩学都建立在科学

---

① 多普勒效应由奥地利物理学家及数学家多普勒（Christian Andreas Doppler）于1842年提出而命名。这一理论的主要内容为：物体辐射的波长因为光源和观测者的相对运动而产生变化。

② 伦纳德·史莱因．艺术与物理学．暴永宁，吴伯泽，译．长春：吉林人民出版社，2002：210-211.

③ 同②213.

④ 特列沃·兰姆，贾宁·布里奥．色彩．刘国彬，译．北京：华夏出版社，2011：85-104.

⑤ 约翰·巴罗．艺术与宇宙．舒运祥，译．上海：上海科学技术出版社，2001：252.

之上，科学在古典有坚定的实体-区分原则，但进入现代，已知-未知原则强势加入，西方色彩学正在进入一个调适阶段，既体现为古典绘画与现代绘画的对立，又体现为绘画领域与设计领域的对立。这是一个非常复杂的领域，不在这里展开论述。这里通过西方古典与西方现代的对立，凸显了色彩理论一直就存在着多种观念并存的现象，如图 7 - 43 所示：

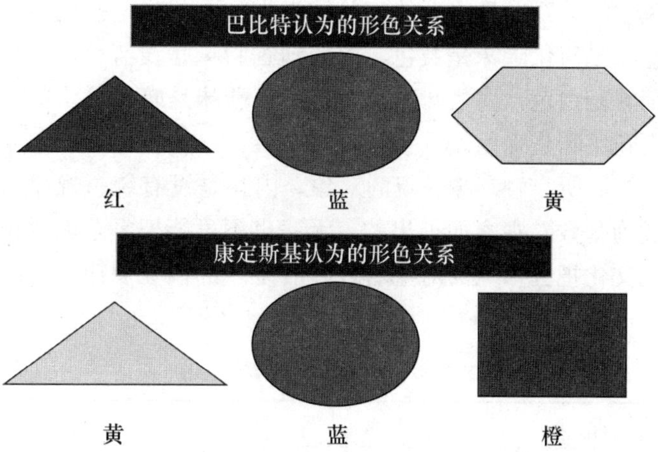

图 7 - 43　形色关系

色彩与形状是视觉的两种基本形式，但总有人认为色与形是相通的。埃德威・巴比特（Edwin D. Babbit）认为，三原色中，红是三角形，黄是六角形，蓝是圆形。康定斯基认为，红是正方形，黄是三角形，蓝是圆形。

费巴・比伦（Faber Birren）认为，红是正方形，橙是长方形，黄是三角形，蓝是圆形，绿是六角形，紫是椭圆形。把紫、橙、绿看成由三原色生成而来，那么比伦的观点就与康定斯基的一样。

在视知觉上，色彩与其他因素的关系，有色与线的互通。康定斯基说：

> 黑色——水平线
> 白色——垂直线
> 红、黄、青——斜线（对角线——红；任意直线——黄、青）

色彩与角的关系：

> 黄——三角形锐角
> 红——正方形直角
> 蓝——圆的钝角

色彩具有超越视觉的感受。色彩理论中谈论得最多的是色彩与体觉的关系：

> 暖冷。红橙最暖，蓝绿最冷。其他色彩介于暖（红）冷（蓝）之间。
>
> 轻重。浅色（明度高的色相）有轻盈感，深度（明度低的色相）有沉重感。黄色最亮，紫色最暗，其他色为中间序列。

关于色彩与听觉的关系，金斯伯格说，钢琴从低音到高音对应的颜色的顺序是：黑—

褐—深红—明红—蓝绿—青—灰—银灰色。又有人做实验，得出低音是红色，中音是橙色，高音是黄色。

关于色彩与味觉的关系，日本人的实验结果为：甜是黄、白、桃红色，酸是绿色，苦是茶、灰、黑色，咸是白、蓝、茶、青色。科林斯（M. Collins）的实验结果为：甜是粉红色，酸是绿色，苦是蓝紫色，咸是蓝色。

关于色彩与嗅觉的关系，日本人的实验结果为：天芥味是桃色，柠檬味是橙色，低温焦油味是暗紫色，二硫化碳味是黄色，南美洲香脂味是浅蓝色，白檀味是茶色。科林斯的报告为：薄荷香是白色，腐烂味是褐色，石灰酸味是暗黄色，蔷薇味是黑色，薰衣草味是淡黄色，石花菜味是绿色。

按西方学科，视、听、触、味、嗅的对象，内在是没有统一规律的，这些实验是根据个别（以全人类为基数）观察而得出的，无法也不可能把复杂因素排除掉，所以结果是言人人殊。中国文化把五知觉的对象看成是有统一的内在规律的，因此有一个统一的内在联系表（表7-2）：

表7-2 色与其他因素的关系

色	青	赤	黄	白	黑
音	角	徵	宫	商	羽
味	酸	苦	甘	辛	咸
臭	膻	焦	香	腥	朽
气	风	火	湿	燥	寒

表7-2中，“气”就是一种身体的肤觉。然而，这种内在联系虽然并非没有现象上的根据，但更主要是从五行哲学的逻辑推论出来的。要对色彩向视觉以外的扩散做出一个统一且人皆赞同的结论是很困难的，但要肯定色彩确实向视觉以外扩散却是很容易的。因此，色彩既是确定的又是不确定的；它有色彩之间的规律，然而抽象的色彩在进入具体事物之中时又进入了复杂的事物间相互作用的张力之中。以蓝色为例，仅在西方文化中，它就变幻多端。正如色彩学家伊顿（Johannes Itten）所说：从现实的观点看，蓝色使人安宁，是消极的；而红色使人兴奋，是积极的。但是从超越的观点来看，蓝色可以使人沉入静的深处，体验那现实中难以体验的深度，又是积极的；相反，红色的兴奋则使人沉于现实，从而缚于现实，又是消极的。红色是暖色调，它是与血联系在一起的；蓝色总是冷色调，它是收缩的、内向的色彩。蓝色是与心灵和精神相联系的。蓝色出现在最明亮的晴空，那是蓝蓝的天；也出现在最深沉的夜空，那是蓝黑的夜。蓝色的颤动引向一种精神境界，因而蓝色对西方人意味着信仰。然而，当蓝色处理得过暗时，它就象征迷信、恐惧、痛苦与毁灭。蓝色作为一种暗色出现在黄色上，它就显得暗淡，了无光辉。在象征聪明才智的黄色占主导地位的地方，象征信仰的蓝色就显得模糊和暧昧。当把蓝色淡化到和黄色同样的亮度时，蓝色就射出一道寒光，把黄色降低成现实的世俗色相。蓝色出现在黑色背景上时，象征明快纯正的力量闪光。在象征愚昧的黑色主宰的地方，象征纯洁信仰的蓝色就像远方的一道光在闪耀。在淡紫红色的底上时，蓝色就似乎显得畏缩空虚而无能。淡紫红色会夺去蓝色的全部意义，这是由于淡紫红色具有强大的现实感受，当淡

紫红色被暗化时，蓝色又夺回了自己的光辉。在暗褐色的底上时，蓝色被激发成一种强烈颤动的战栗，褐色也同时猛醒，变为生动的色彩。蓝色的力量使原已死去的褐色苏醒过来。

作为形式美的色彩，虽然有光学原理，但它的生成是与人类的感性相关的，黑、白二色作为基本色，人类始终处于白天（白）和黑夜（黑）的交替中。夜里，一切色都没有了色，一片黑。白天，所有色达到最高度，就是光的白，这既是西方文化中上帝的光，又是东方文化中本体的“无”，光（白）含七色，也可以变成任何色；无（空白）含五色，也可以生成任何色。因此，初看起来，西方文化重色，油画色彩斑斓，细考之，它是重光，三色、七色、万色都是光的体现。相比之下，中国文化另有色韵，实质上，它是重无，其最高境界的水墨画“无色而五色具”（张彦远《历代名画记》），演出了“玄之又玄”（《老子》一章）的万种墨韵。在这一意义上，不同文化色彩体系的互补是一切色的基础。任何一色都有自己的本义，这个本义对人同时具有正反两方面的意义。如黑色，既是黑暗又是神秘，既吞没一切又包藏一切，既是死寂又是肃穆，既是沉重又是高贵。一切文化都是在一色之中把握其多义性的平衡，在多色之中把握各色间的和谐。在这两个基本原则之上，各文化根据自己的实践特点，创造出了独特的色彩体系。但各种色彩体系都可以还原为色彩的本义。这个本义就是色彩的宇宙论根据。作为形式美，色彩最重要的一点就是，它属于视觉又超越了视觉。它把各种知觉联结为一个整体，把知觉和情感紧密地联系起来，正是在这两点上，可以说，形是理性的，而色是心灵的。在形式美的各种基本元素中，正是色突破了理论的几何性逻辑，引向了审美的通感。当然这是另一个故事了。

六、形式美的组织原理：对称与均衡、节奏与韵律、主从结构

基本元素（点、线、形、色）是审美对象的构件，如何把这些构件组织成完美的整体，则依据一定的组织原理。各文化的美，尽管千差万别，却显出共同的组织原理。其中，除了在三大文化的形式美中已经涉及的具有文化特性的比例与尺度之外，较为重要的还有对称与均衡、节奏与韵律、主从结构。在这三大整体特点中，对称与均衡主要同审美对象的空间结构有关，节奏与韵律主要同审美对象在时间中的变化相关。当一个审美对象在被观照时，时间已经被限定在一个范围内，因此，作为时间的节奏与韵律可以被转化为空间形式来进行总结。西方文化和印度文化都这样做了。但这样做时，西方文化主要是将之转化为现实的科学的空间，印度文化主要是将之转化为象征的宗教的空间。而中国文化基本上坚持着时空合一的方式。主从结构主要是讲当审美对象由两个以上的因素组成时，应当怎样形成美的形式。因此，以上三大特点，前两项是外形结构原理，后一项关系到内在结构原理，后一项与前两项一样，在宇宙普遍性的基础上又有文化特殊性。对称与均衡、节奏与韵律、主从结构，在宇宙普遍性上是相同的和多样的，但对于一种文化而言，怎样的主从结构更加被看重和突出，得到更多的运用，怎样的对称与均衡、哪些节奏与韵律，更加被看重，得到明显的彰显、更多的运用，则与该文化的特质相关，因此，中、西、印三大文化面对和运用这三项形式美的组织原理时，在宇宙同一性的基础上，又显出了各自的文化特色。下文对形式美组织原理的讲述，先讲具有更

多普遍性的对称与均衡、节奏与韵律，再讲具有更多文化性的主从结构。

（一）形式美的组织原理之一：对称与均衡

对称，即以一条线为中轴，左右两侧相等。对称是世界上最常见的现象，举目一望，人体是对称的，动物是对称的，很多植物是对称的，不少建筑是对称的，书本翻开也是对称的。希腊神庙的基本结构是对称的，印度佛塔的基本形体也是对称的，中国律诗和骈文最基本的法则就是对偶。社会物体（建筑、工具、用具）的对称来自人的创造，自然物的对称来自然界的进化。人为什么要创造对称型的物体呢？自然物为什么要进化为对称形状的物种呢？为了论证骈体文在宇宙学上的合理性，刘勰在《文心雕龙·丽辞》中说："造化赋形，支体必双。神理为用，事不孤立。夫心生文辞，运裁百虑，高下相须，自然成对。"他体会到自然之物、社会之物以及言情写物在文学中的对称源于被称为"神理"的宇宙法则。地球上的一切事物都受重力影响。一种最稳定的形状就是对称。西方方形与圆形中的五角星是对称的，印度方形与圆形中正倒三角的交叠是对称的，中国的九宫图和太极图是对称的。对称的物体由于两边相等，与地球引力达到了最好的平衡。动物、植物、人都沿着对称路线进化而来，依照的正是宇宙的平衡规律。世界上的动物千类万种，在采取对称体形上不约而同；各文化的建筑千姿万态，在采用对称外观时心有灵犀：古埃及金字塔是对称的，雅玛金字塔是对称的，印度佛塔和希腊神庙是对称的，基督教教堂是对称的，伊斯兰教清真寺是对称的，法国凡尔赛宫是对称的，印度迈索尔皇宫是对称的，中国故宫是对称的，等等。建筑凡采用对称形式，是要给人稳定感、秩序感、庄严感、神圣感。反过来，凡是在功能上对这四感或四感中的一感有要求的建筑，都会采用对称形式。在中国，凡是与礼制相关的重大建筑必然采取对称形式，宫殿、衙门、陵墓、祭坛、宫观都是如此。中国的家也是讲究长幼尊卑秩序的，其主体部分也是对称的，如北方四合院、福建土楼、云南一颗印。西方绘画，凡要表现庄严、神圣、秩序、和谐的，也都采取对称构图，这在中世纪绘画和文艺复兴时期的宗教画里表现得特别突出，如达·芬奇的《最后的晚餐》、拉斐尔的《圣母像》。

对称是物体中轴线的两边一样，这"一样"包括内在质量与外在形式两方面。如果外在形式一样，但内在质量不一样，如相同的体积，一边是木料，一边是金属，质量上不对称，一边轻一边重，不叫对称，也没有稳定感、秩序感、庄严感、神圣感。如果内在质量一样，但外在形式不同，也不对称，但仍然感到是平衡的。物体中心点的两面或多面的内在质量一样，但外在形状不同，就叫均衡。为了与前面的概念一致，可以把这内在质量称为"内在的力"。均衡是稳定的，同时又是活泼的、有规律的，还是有生气的。因此，不特别强调秩序和严肃的建筑都采取均衡形态。中国园林是均衡的典型，园林中各景观是动态的：园林中的亭、台、楼、阁、廊、榭，其建筑形式多姿多彩，高低起伏，显隐有致；园林中的石山也叠法多样，最忌呆板；园林之水，一定曲折往还，就是小小一池，也不能一览无遗，一定要有不尽之感；园林中的树木花草，针叶、阔叶、竹林、灌丛，很讲究层次感，春桃、夏荷、秋菊、冬梅，呈现出季节美；园中的大道、中路、小径、步石，也必须错落有致，曲径通幽；等等。最讲究均衡的是绘画，除了重大政治和宗教题材，画需要的是生动，但其总体目标是和谐。西方的浪漫主义突出矛盾、冲突、激情、想象，大量运用斜线、折线、倒三角、斜三角的构图，尽力挥洒刺激猛烈、对比强烈的色彩，但在形和色上，都注意画面整体的均衡。西方现代绘画，外在形象也许是变形的、扭曲的，上下或左右肯定是不对称的，但内在质量一定是平衡的。西方绘画如此，印度的细密画和中国绘画也如此。中国的文人画，往往一幅画上只画寥寥数物，甚至仅一花或一草或一鸟或一鱼，留下大片空白，但其内在的力一定是平衡的。画中的均衡是多方面的统一，例如，在中国画之中，有形体之间的均衡，有色彩之间的均衡，还有画面上所有形象与画中背景虚空之间构成的均衡。中国绘画如果只以西画的构图方式去看，就不平衡。如吴昌硕的《牡丹》，带着枝叶、伴着山石的牡丹，虽然有美丽的曲枝，但只占画面的一半；然而，中国画构图讲究空不自空、空即是色的虚实相生之理，此画之妙，正在于有花的一边与空虚的一边形成太极图一般的互含，味深韵长，非常均衡。绘画采取均衡形式，是要给人一种运动感、生命感、轻松感、现实感。反过来，凡是要在绘画上表现这四感或四感之一的一般都采用均衡构图。

对称是一种静态平衡，均衡是一种动态平衡。宇宙本身就是一种动态平衡。地球自转，又围绕太阳公转，地球有自己的方向，又受太阳引力的影响，二者的动态平衡构成了目前地球与太阳的关系。同样，原子里中子、质子和电子的关系也构成了一种动态平衡。人体头部、躯干和四肢，是对称的静态平衡，人体内部五脏六腑是不对称的动态平衡。人体从正面看是对称，从侧面看是均衡，因此，绘画要表现人的静态时，取正面的对称外形，要表现人的动态时，取侧面的均衡外形。对称与均衡是宇宙平衡的两种基本形态。二者又是二而一的东西，对称是外在的均衡，均衡是内在的对称。一方面可以说，均衡是对称的核心，对称是均衡的一种形态；另一方面又可以说，对称是均衡的典型，均衡是对称的一种发展。对称的形式使人一眼就看到了均衡，因此它给人的震动是感性的，均衡却要人想一想才体会出内在的对称，因此它给人的感受是理性的。对称使人感受到稳定的长久性，均衡使人感受到运动的永恒性；对称使人感受到静的秩序，均衡使人感受到动的韵律。

对称与均衡在一切文化的美中都有鲜明的体现，内蕴着宇宙形式美的结构法则。

（二）形式美的组织原理之二：节奏与韵律

如果说，对称与均衡主要以空间感体现形式美的结构法则，那么，节奏与韵律则主要以时间感凸显形式美的结构法则。美无论体现为一支曲、一幅画，还是一幢楼、一首诗，节奏与韵律都给美带去整体性的秩序。节奏是有规律的重复。彩陶图案中，水波纹不断重复，形成了图案的整体之美。希腊神庙中，圆柱以相同的体量和距离重复，构成了建筑的立面之美。现代建筑中，相同的窗格横向竖向不断重复，显出了有节奏的秩序美。小雨天的屋檐，雨珠以相同的时间间隔沿檐边滴下，在屋基石沟里发出轻轻的响声。中国律诗，四声平仄有规律地出现。一种因素在一个整体中不断重复，就构成了整体的秩序和整体的美。整体的基本因素是：简单性重复。重复是看到了相同的东西出现，相同东西的出现使对象变得有规律，使视觉变得稳定，使内心变得安宁。

中国佛塔，塔身一层层不断重复，但每上一层，就比下面一层按比例尺度略短一点儿，构成一种四面渐渐向中心收拢的曲线。这是一种按规律变化的重复。颐和园的十七孔桥，拱形桥孔随桥身的曲线一个比一个按一定的比例尺度增大一点儿，越来越大，过了桥的中部，又一个比一个小一点儿，越来越小，这也是按规律变化的重复。简单性重复给人带来的是稳定感，在有规律变化的重复中，规律仍保持了稳定的主题，但变化却给规律带来了生动。有变化的时候，韵律就开始出现了。节奏与韵律既有相同又有不同，二者都是指相同因素的不断出现，构成事物的整体性、秩序性、规律性、生动性。从同一层面说，节奏是简单的韵律，韵律是节奏的丰富；从不同的层面说，节奏乃外在的韵律，韵律为内在的节奏；从感受上说，节奏强调的是秩序，韵律突出的是生动；从比喻上说，节奏是军操中的韵律，仅从外表就能一下感受到它的整体性，韵律是舞蹈中的节奏，从回环往复中才能体悟它的整体性。因此，在有规律的变化中，韵律感从节奏中突然冒了出来，成了可以感受到的东西。在圣索菲亚大教堂中，可以看到半圆拱以大大小小多姿多彩的方式重复，构成了美妙的韵律。在桑吉大塔中，从台基的圆到覆钵的圆是两种圆的变化，再到平台的矩形，到刹杆的竖柱，形成一种变化的韵律。可以把节奏与韵律看成同一事物的两端，节奏在一端，韵律在另一端。越趋向简单重复，节奏就越明显；越趋向变化重复，韵律就越突出。因此，在群体建筑中韵律得到了最鲜明的体现。

紫禁城就以建筑群体现出了最美的韵律。紫禁城的中心是前三殿和后三宫，其中重要的是前三殿，三殿中最重要的是太和殿。从大清门（即现在的中华门）到太和殿，中经四大城门——天安门、端门、午门、太和门，形成了时间上的节奏与韵律。每一城楼都有自己特有的重复与变化，如天安门，城下五门、门前五桥与城上十柱、柱上斗拱的简单重复；两层楼檐的变化重复。端门是天安门的小变化重复，朝着小型化（城、门、楼）和简约化（无城楼前的一系列物体：华表、狮、桥）的方向重复；午门则是大变化重复，城大变，由长方形变为两边伸出；门大变，由圆变方，楼小变，一变为三。但人们仍知身处皇宫之中，这是在于：城还是城，有高大的天子尺度；门还是门，每扇门上有天子才配有的横九竖九九九八十一颗钉；楼还是楼，城楼上为只有天子才能有的十柱围成的九个空间；当然最主要的是楼顶上金黄色的重复和墙面紫红色的重复，这是天子之色。到太和门，变化为更接近天安门又更远离天安门的重复，说更接近天安门，是门前五桥复出了；说更远离天安门，是它不是城，而是殿，它比城矮了，但这是为了让人进门后感受到天和殿的崇高而进行的艺术铺垫，同样汉白玉桥的出现，预示了进门后的汉白玉的月台和那一级级向上的正中雕着龙的台阶。从大清门到太和殿，一次一次重复，一次一次变化，在时间的行进中，建筑以特有的节奏与韵律无声地展示了天子的威风和崇高，人随着建筑节奏与韵律的变化不知不觉地规范了自己应有的情感，沿太和殿前的石阶缓缓上升，去朝见拥有天下的皇帝。

韵律美在紫禁城是以客体自身的变化而形成的，即通过群体建筑中一座座单体建筑的变化性重复而形成的，这是大多数韵律美构成的基本原则。然而，韵律美还有另一种形成原则，即通过主体的变化而生成出来。颐和园昆明湖的呈现就是一个典型例子。昆明湖就在园中，但它怎样向游人呈现，游人看见的是一个怎样的昆明湖，需要以一系列建筑形式使昆明湖以种种不同的风貌一一展现，使游人看到昆明湖方方面面的韵致。首先，从东宫门向右，穿仁寿殿、德和园到乐寿堂的院落，这时昆明湖在形状多样的墙窗中展开出来，方形的、圆形的、菱形的、六角形的等各种墙窗犹如一个个取景框，更像一个个画框，昆明湖以一幅幅小画的方式呈现在游人眼中。接着，从邀月门走出院落，进入长廊，从廊中看湖，廊柱两根一组构成一幅幅大画，随着人在廊中移动，浩浩湖水也在廊柱间缓缓地一幅一幅展开，这时的昆明湖就像一幅长长的屏风画，一一呈现在游人眼前。到了“云辉玉宇”牌楼，进去，这时看不见湖是为了上山去更好地看湖。踏着仅容一人宽仅比人略高的爬山曲廊里的石阶上山，感到特别的狭窄挤压，但这时狭挤是为山上观水做铺垫，所谓“欲放先收”，上得排云殿，眼前立刻大放光明，昆明湖一片开阔，饱收眼底。墙窗中看湖是窥，长廊中看湖是平视，排云殿看湖是眺望俯视，人与湖形成三种观看关系，湖呈现出不同的面貌。然后，下得山去，抵石舫乘船入湖，水中观湖，人与湖融为一体，这时的湖又是一种境界。以上从四个方面体会了湖的宽阔浩大。之后，还可以荡舟后山，青山绿水之中，昆明湖显出了它幽静的一面，再进入苏州街，恍入江南水乡。昆明湖的前山四面和后山两面，不断重复（水）又不断变化（景），显出了昆明湖的韵律，然而湖水的韵律是在人的移动中呈现出来的，需要人的参与和体会。在任何文化的美中，都可以体会到具有宇宙同一性的形式美的节奏与韵律法则在其中闪烁。

节奏与韵律主要是时间性的，对称与均衡主要是空间性的，把二者结合起来看，节奏与对称具有相通性，均衡与韵律具有相通性，因此，节奏与韵律、对称与均衡，在理论上可分开来讲，但在现实中又是存在于任一个物、类物以及宇宙整体之中的。西方用的是实体-区分型思维，因此，不仅在平衡与节奏上重视实的一面，就是在均衡与韵律上也重视实的一面。中国用的是虚实-关联型思维，因此，不仅在均衡与韵律上更重视虚的一面，就是在对称与节奏上也更重视虚的一面。印度运用的是-变-幻-空型思维，因此，不但在均衡与韵律上重视是-变-幻-空，就是在对称与节奏上也重视是-变-幻-空。理解了中、西、印在形式美理论这四个方面的不同，就会对这四个方面有更深的体悟。

（三）形式美的组织原理之三：主从结构

对称与均衡、比例与尺度、节奏与韵律都是使一个事物呈现出统一性和整体性。当审美对象由两个以上的成分组成时，突出统一性和整体性的最主要的一点就是主从结构。人体中头部与躯体是主从结构，头为主，躯体为从。开花植物，花是主，枝叶是从。律诗中，中间两联是主，头尾两联是从。音乐中有基音，声响无论怎么变化，总要回到基音；有主旋律，无论旋律在展开中有怎样的变化，翻出什么新样，最后总会回到主旋律上。中国山水画，“画山者必有主峰，为主峰所拱向”（刘熙载《艺概·书概》）。书法上，要“每字中立定主笔，凡布局、势展、结构、操纵、侧泻、力撑，皆主笔左右之也。有此主笔，四面呼吸相通”（朱和羹《临池心解》）。在戏曲乐器中，鼓板是中心，指导着整个乐队的演奏。用中国美学的观点来说，就是“中和”，“和”是多样性的统一，因素仅有一个，就无所谓和的问题，只有两个以及两个以上不同的东西，才谈得上如何“和”。七音阶，有一个和的问题；五基色，也有一个和的问题。在承认了应该“和”、必须“和”之后，就要突出“中”。“中”包括三个方面的含义：一是要符合客体的组织规律

（中律），二是要符合主体的尺度（悦人），三是要有一个统率核心（中心）。因此，中，从形式美的角度说，就是：（1）以突出中心来显示特点；（2）如何处理主与从的关系；（3）以一种怎样的主从结构来突出整体。

还是以建筑为例来探讨主从结构。凡是对称的建筑，都突出了中间的“主”和两边的“从”。古埃及三座金字塔并列，正中一座是主，两边两座是从；中国天安门，城楼是主，两边的观礼台是从；日本凤凰寺，高大的主体是主，三面延伸体是从；缅甸佛塔，高大的主体是主，四面的延伸体是从。在复杂的单体建筑中，西方教堂建筑，从罗马式到哥特式，每一式在西欧各国都有丰富的展开，每一座教堂都呈现为一种主从结构。在形形色色的教堂结构中，可以看到包含着两点：一是主从关系本身；二是主从关系的意义，即为什么要形成这样一种主从结构，形成如是的主从结构是为了表现一种什么样的意义。教堂的主从关系都是为了表现一种在尘世中对天堂的向往，特别是在哥特式教堂中，通过各种主从关系来突出一种升腾向上的节奏，来表现一种对天空的渴望。因此，建筑中的主从结构实际是一种二重结构，一重是实，一重为虚：“实”就是可以落实在对象本身，哪一部分是主，哪一部分或哪几部分是从；“虚”就是这个实在的主从结构要反映一种主从结构以外的东西，这个以外的东西在实体上是看不见的，但却可以通过实体体悟出来。这个以外的东西，可以说是主中之主，只是前一个主是实的，后一个主是虚的。把这种二重结构作为一个整体来看，前一个主既是主又是从，对实体的从来说是主，对虚体的主来说是从，不过当其作为从时，是与实体中的从一道被认作从的。

主从结构是一种普遍的组织方式，但在不同的文化中又有不同的体现。比如在绘画中，西方的焦点透视是把时间完全转换为空间，形成具有包孕性和典型性的一瞬间，以此来安排主从结构，达·芬奇之《最后的晚餐》、拉斐尔之《柏拉图学园》、米开朗琪罗之《创世记》都是通过让时间中最精彩的一瞬间在空间上凝结来进行主从安排。印度文化讲时间作用，就是在二维空性的绘画和浮雕上，也要把时间流动体现出来，且以三幅古印度图（图 7－44）为例：

图A　佛下三十三天　　图B　佛陀降伏醉象　　图C　妇女礼佛

图 7－44　古印度美术中具有突出时间的主从结构

资料来源：王镛. 印度美术史话. 北京：人民美术出版社，1999.

图 7－44A《佛下三十三天》，讲佛陀为其母说法后降回凡世。梵天与因陀罗在佛陀两旁护持，信众欢迎。图画中从上到下呈现三个佛陀，其实只有一个佛陀，从顶部到底部的三个佛陀是显示佛陀从天上降下时的时间过程，不同的时间点处在不同的空间。图 7－44B《佛陀降伏醉象》，讲佛陀的堂兄弟提婆达多欲害佛陀夺权。在佛陀所经之地用醉

象害佛陀，但醉象冲到佛陀面前却自动跪下了。浮雕中出现了两头象，实际上是一头象在时间进行中的两个时刻，一是初见佛陀时的凶猛，二是冲到佛陀面前时跪下。图 7－44C 是阿马拉瓦蒂塔上的浮雕，四位妇女在佛陀脚印前跪拜，为佛像尚未出现的原始佛教和部派佛教时期，以佛的脚印象征佛陀。浮雕出现四位妇女的动作，其实是一位妇女在时间中进行的连续礼佛动作。双手放头上，下行到脸前，再到胸前，最后着地，体现的是行礼的时间过程，以及一位妇女在四个方位上依次一一行礼。三幅图都要考虑在突出时间因素的基础上进行主从结构的安排。图 7－44A 佛陀在中间是主，梵天和因陀罗以及信众在两旁是从。图 7－44B 中，结果最重要，放在印度方位中最重要的东面。安详的佛陀为主，跪下的象为从，从西向东冲来的凶猛的象和大众的惊恐慌乱再为从。图 7－44C 中，以最能体现虔诚结果的双手着地的时刻为主。三幅图都有主从结构，但都要把时间因素组织进主从结构之中。

中国文化与西方文化的强调空间和印度文化的彰显时间有所不同，讲究时空一体，从而在主从结构上形成自身的特色。下面再以中国园林的经典——颐和园——来说明二重主从结构。颐和园的"主"应该说有二，即万寿山和昆明湖，一阴一阳之谓道，其他地方，龙王庙、十七孔桥、廓如亭、苏州街乃至园外的玉泉山和西山，都是从。在万寿山和昆明湖中，万寿山是主，昆明湖是从，因为在山上基本可以俯视游目控制整个水面，而水却不能仰望游目四面山景，当然，其文化背景是，山为阳，水为阴，因此山为主。山之中，以排云殿到佛香阁的中轴线为主，山下的石舫、长廊、乐寿堂、德和园、仁寿殿，山腰下部的画中游、听鹂馆、云松巢，山腰上部的五方阁、转轮藏，山顶的敷华亭、撷秀亭，以及山东的谐趣园、山后的智慧海等，都是从。在从排云殿到佛香阁这一中轴线上，殿与阁显出了一种奇妙的关系。从整个园来说，佛香阁应该是主，它在山顶，排云殿在它的下面，排云殿代表的是帝王境界，金碧辉煌，佛香阁象征的是宗教境界，超凡入圣。由于佛香阁在山顶，它不但全视远近各景，更主要的是它总摄了前山后山两种不同的境界，即前山的皇家气象和后山的宗教境界。但是，排云殿的三层高塔巍然耸立，却高过了佛香阁，它占据了山南——山的阳面——的主要之处，而且整个前山金碧辉煌，要表现的是帝王气象，而最能代表帝王气象的或者说代表帝王气象核心的，正是排云殿。因此，排云殿和佛香阁代表了万寿山的两重中心，也代表了颐和园的两重中心，而这一建筑形式又正是中国文化关于帝王与宗教关系的最传神的反映。

从以上分析可以知道，一个丰富的建筑群里有着丰富而多重的主从结构。这里就引出了主从之间的一系列辩证关系。云松巢在万寿山中是从，但它又自成一个单元，这个单元里，何为主？当然是上山游廊与矩形院落交汇处的大殿。但游廊长度超过矩形院落的边长，真正处于两个院落中间的是亭子。因此，对何为云松巢之主，为什么要以这种方式形成"主"，要把它与整个前山联系起来，特别是把它与排云殿联系起来，才会清楚。也就是排云殿之主决定了云松巢的主从结构。另一个例子是谐趣园，谐趣园是公认的园中之园，而且与前山代表帝王气象和后山代表宗教境界并列，谐趣园代表了士大夫的闲适趣味。谐趣园何为主？想想看，与其说是体量最大的涵远堂，不如说是堂、斋、轩、廊围绕着的池水。中国哲学讲空不自空，空即是色。正如房屋的空是极重要的一个部分，水也是园林中极重要的一个部分。谐趣园中，水体最大，位置正中，正如中国围棋有眼而活，谐趣园中因水而谐、而趣。山中本是以山为主，谐趣园却以水为主，山中之水，正如阳中之阴，极妙地呼应了整个颐和园的山水结构。谐趣园代表的是士大夫的情趣，其堂、斋、轩、廊、水的自由活泼形式，正与前山帝王境界建筑的对称和后山宗教境界建筑的规整形成了鲜明的对照。孔子曰智者乐水，老子一再赞叹水性柔包蕴的深厚哲理，谐趣园以水为主，以堂、斋、轩、廊为从的主从结构，只有在万寿山的整体，甚至只有在颐和园的山水整体中才显出其无限的深意。

各文化的主从结构无论有怎样的差异，都强调了主从结构在形式美理论中的重要性，这后面正是形式美的宇宙论基础。

七、形式美的重要内容：原型与象征

形式美的基本因素和基本结构方式只是在形式本身中呈示着各文化之审美和艺术形象的统一，一切具体的时空形象都可以被归结为这些基本因素和基本结构方式。然而，这些因素和方式本身如何以一种统一的方式来予以理解呢？人类在20世纪的一系列重大的学术成果，特别是人类学、心理学、符号学的成果，对理解建立在美的宇宙论根据上的形式美法则具有方法论意义，而把这三门学科综合在一起对艺术和审美进行了大量研究的原型理论，构成了本节内容的学术背景。

人来源于宇宙，人在自身的丰富展开中不断思考自身，又不断思考宇宙。各个时空的人有不同的思考成果，而这些思考和成果本身，一方面是宇宙本身之“一”的发展，另一方面又是以这个“一”为基础的。这个宇宙之“一”，可以被理解为上帝、真主、佛陀、逻各斯、道、梵、客观规律等。一方面，这些思考成果具有共同性，即要把握一个同一的宇宙；另一方面，同一的宇宙既然被思考为具体形态，这些具体形态就有自己独特的发展方式。一和多，有逻辑关联，但不能相互替代。对美的宇宙学思考可以帮助理解具体的美，同时，对具体的美的思考又可以促进对美的宇宙学思考。

原型，即原初的一，主要指人类诞生以后，作为人的原初的一。人是通过周围环境来展现和思考自己的，说人，就已经包括了人的环境，因此，人的一已经内在地包含了宇宙之原初的一，从另一个角度也可以说，宇宙通过人来展现和反思自己。原型学派都把原型解释为一种结构，于是有了很多的原型结构。这自有其功能和意义，但又有其局限。为了避免理论上的局限，宇宙的一，首先是“无”，然后才是“有”（原型结构），如中国人讲的，先是“无极而太极”，然后才是太极“生两仪，两仪生四象，四象生八卦”，生万物。西方的原型结构类似于中国的太极、两仪、四象、八卦这样的层次。但原型理论不能为任何文化中的理论所取代的重要性在于，它以全人类的胸怀，运用各种文化的材料来追寻那纷繁复杂之现象背后的深层结构。

象征是原型理论的重要概念。象征不同于符号，符号与其所指对象的关系是清楚的，是能够明晰给予定义的；象征与其所象征对象的关系有了微妙内容，不能明晰定义。符号呈现一种逻辑型关系，象征显现一种艺术型关系。正因为象征的言不尽意特征，所以它通往心灵深处，通向宇宙深邃，引人去咀嚼、去体味、去沉思。在原型理论中，表层现象与深层结构不是一种清晰的逻辑关联，而是一种复杂、曲折、隐晦的关系，所以可用象征来呈示这种关系。前面说了，原型是原初之一的“有”，而非原初之一的“无”，“有”是说得清楚的，原型理论家大都认为自己说清楚了。象征仅仅是一种中文意义上的隐喻，区别于符号的明喻。因此，人们在理论上对原型重下定义时，同时也对象征给予了理论上的延伸。

首先，宇宙与人的关系是一种循环关系。然后，原型和象征只是宇宙与人循环之中的显现，如图 7 - 45 所示：

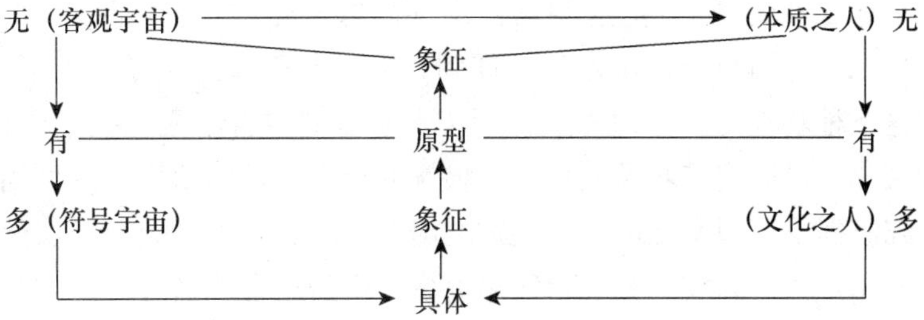

图 7 - 45　宇宙与人的关系

现在就运用原型和象征的思路，通过一个具体的事例——圆——来对美的宇宙学根据，也即美的宇宙同一性进行说明。原型学派的学者指出，圆象征人的自我，也象征心灵的完整，还象征人类和自然界的关系。因此，“不论圆象征出现在原始人的太阳崇拜还是现代宗教里，在神话或梦里，在西藏僧侣绘制的‘曼荼罗’或城市平面图里，以及在早期天文学家的天体概念里等等，它总是指出生命最重要的方面——根本的统一”①。可以肯定这样一个事实：圆在任何文化中都具有重要的意义，以圆为美是一个普遍性的事实，例如，英格兰新石器时代的巨石是圆，中国岩画中的舞蹈形成圆，古埃及金字塔和玛雅金字塔有着圆的几何学基础，古代亚述的要塞是圆，印度佛塔是圆，伊斯兰教清真寺的主体部分是圆，中国太极图是圆，古希腊人认为在几何图形中圆是最美的，等等。为什么在分散的世界史中，此在天涯彼在海角、基本上互不通气的各种文化会不约而同地对圆有共同的崇敬？逻辑推理是：

第一，人，源于宇宙，天体的形状是圆，太阳系的太阳及绕其运行的行星是圆，这是实体的圆；天体的运动方式是圆，地球围绕太阳转，月亮围绕地球转，其运行轨道是圆，这是虚体的圆；宇宙的最小存在方式原子，其实体结构即质子、中子和电子是圆，其运动方式也是圆。因此，对圆的感受内在地存在于人的内心深处。在这一意义上可以说，对圆的感受是人的内在本质。

第二，人，从猿而来，有从本能到感知到思考的一个发展过程，当人有意识开始思考并感知自身和世界的时候，人或像中国人那样感受到的浩茫苍天是圆的，这就是中国人讲的“天似穹庐”，人是在圆天之下生存的；或像印度人那样感受到天的运行是时间之圆，人是在天的时间轮回之圆中生存的，天上星体做的运动是圆，春、夏、秋、冬来而复去，去而复来，是循环的圆，而地上季节的变化是与天上的星象紧密相连的，地上的圆实

① 荣格，等. 人类及其象征. 张举文，荣文库，译. 沈阳：辽宁教育出版社，1988：219-220.

际上是天上的圆的一个组成部分。虽然中国和印度对“天道圆”有不同的理解，但对圆的体会却相同。人的进化史有几千万年，至少可以算到几百万年，从感性直观到理性知觉，都在“培养”对圆的感受。在这一意义上可以说，对圆的感受是人的历史（实践）获得。

然而，人之为人，“宇宙的精华，万物的灵长”，不在于对圆的共感，而在于从对圆的共感中根据自己的具体实践发展出了对圆的不同理解，产生了各自独特的圆的哲学和美学。

西方文化的圆是几何学的，它最标准的理解就是人体，前文已经讲过了。人体是三个基本几何图形——圆形、正方形、三角形——的统一。《老子》四十二章曰：“道生一，一生二，二生三，三生万物。”把这句话借用到西方文化中，可以说，道（逻各斯）生一，即圆；一生二，即圆与方；二生三，即圆、方、三角。三生万物，宇宙中的一切几何图形都来自这三种基本图形。西方人讲历史，总是把古希腊文化接上迈锡尼文化，再上溯到克里特文化，最后到古埃及文化。古埃及的金字塔是三角形，然而当代考古表明，古埃及人只有在掌握了圆周率之后，才能创造出金字塔。因此，金字塔实际上是圆、方、三角的统一，三角是实，方和圆是虚，三角形金字塔矗立大地（方），以向上的形式指向天空（圆），天空是金字塔的真正目的。在古希腊，神庙是长方矩形，但它的柱子是圆形的，而古希腊建筑基础性的同时也是代表性的东西就是柱式，不同的柱式代表了不同的风格。圆仍是建筑的基本。当古希腊人用以水平线为主的矩形神庙来象征自己的大地-理性精神时，仍把圆放在自己怀中，并将之作为最具象征性的标志。古希腊神庙是一种方、三角、圆的统一，建筑整体是方形的，山墙是三角形的，柱式是圆形的。古罗马的万神庙，以圆顶作为建筑的中心，这是拱券技术的成功，又是圆的辉煌。中世纪，教堂建筑是另一种圆、三角、方形统一的模式。哥特式教堂，虽然以三角形为主，但圆形在里面以各种形式帮助了整体形象产生向上升腾感，这在前面已多有分析，这里只需加上一点，即教堂指向的是圆穹的天空。因此，圆既在教堂之中以各种形象出现，又在教堂之外以既实（天空）又虚（天堂）的感性构成了教堂的意蕴。文艺复兴时期，布鲁内莱斯基设计的圣母百花大教堂的圆顶和米开朗琪罗设计的圣彼得大教堂的圆顶在西方文化中具有决定性的意义。圆以其几何的科学性获得了一种人间理性。这种圆顶在美国基本上成了严肃性公共建筑的范式：作为国家首都标志的国会大厦，是这种圆顶，好多州的议会大厦，也是这种圆顶。可以说，西方文化发源地的两个因素，古希腊的柱式和古罗马的圆顶构成了西方文化建筑的基本语言，同时也是西方人对圆的两种基本感知。而正像古希腊神庙和古罗马万神庙一样，这两种圆都是与方形和三角形结合在一起的，三者一道象征了西方之圆的几何性。

印度文化的圆，前面说过，也在圆形、方形、三角形的整体统一中存在，然而这种统一表现的不是几何性，而是一种宇宙的阴阳创造与统一。现在，可以进一步展开说，这圆体现着印度人的宇宙观。第五章讲过，印度文化有“化身”性，因此，印度文化的圆是非常丰富的，其核心是由室利圣符图演变而来的曼荼罗图，曼荼罗图可以是纯几何的，也可以是图案的、文字的。当其为几何形时，以阴阳能量的对立统一关系为主，类似于中国的太极图，只是其阴阳关系与中国大为异趣。太极图是优雅的、缠绵的，印度的几何图是直露的、火热的。几何图可以转为人物图案，这时变成在莲花圆形上进行神圣交合的男女。当人物图案转为文字时，这文字是宇宙的声音，比如OM，是三个音节

A、U、M 的合一，代表宇宙循环三阶段——创造、保存、毁灭——组成的大圆（图 7-46)。印度教与佛教结合产生密宗，传到中国西藏时，产生西藏密宗（即藏传佛教)，曼荼罗图在这里得到了最丰富的发挥。有平面的图案，即唐卡上的曼荼罗；有立体的小型建筑，即曼荼罗坛城。与印度一样，曼荼罗是宇宙的象征。在曼荼罗里，几何图案、法器形象、建筑形象、佛陀形象以及其他种种，都是可以交织变幻的，当然这些变幻都要按照一定的程序并依照文字的经典，都有明确的象征意义。这里还是回到印度，当阴阳二体要进一步具体化和宇宙化的时候，曼荼罗图就成了宇宙的四种基本元素即地、水、火、风，以及宇宙的本质即空。曼荼罗图主要是由宇宙元素所组织起来的各种几何图案，这些图案也可以对应于人体的瑜伽静修图。本来，对印度人来说，人来源于宇宙，宇宙的基质是地、水、火、风，人体的构成也是地、水、火、风，人与宇宙是同一的，从而实际上宇宙是一个曼荼罗，人体也是一个曼荼罗。因此，曼荼罗既是宇宙的象征，又是人体的象征，更是人与宇宙的合一。正像中国的五行有其固定的结构和关系图一样，印度的四大也有自己的固定结构，地、水、火、风是由下往上的，这是四种元素在宇宙中的结构，也是在人体中的结构，还是曼荼罗坛城的结构，同样，正如前文说过的，也是佛塔的结构。正好转到佛教的圆形象征上来。佛教的圆形象征表现在三个方面，一是佛塔，前面已讲，佛塔虽然有多重象征意义，然而其以圆为主体发展而来，在涅槃境界、宇宙本体、印度圣山、宇宙元素之间是可以不断变幻的，然而，万变不离其宗，总之是人的最高境界。二是法轮，法轮是圆的，象征宇宙规律，它不但明显地出现在佛教艺术中，还虚拟地出现在佛陀形象中，佛陀的说法印，就是用手虚拟了一个法轮。三是轮回，佛教的轮回是众生的规律，永恒不歇的圆，因此，在佛教艺术中，六道轮回与十二因缘以圆形的方式表现出来。总之，在印度文化中，圆以多姿多彩的方式象征了宇宙与人的关系、规律，表现了人与宇宙的同一与合一。

图 7-46　宇宙象征的意义

中国文化的圆，前面讲过，是太极图，其哲学基础是气的宇宙及其演化规律，即阴阳、五行、八卦、万物生生不已的和谐演化。圆既是天道的象征，“天道圆”，这天道当然包括历史，“天下大事，分久必合，合久必分”。中国的圆意，就是《周易・泰卦・九三象》讲的“无往不复，天地际也”，就是《老子》四十章讲的“反者道之动”。这圆体现在艺术的一切方面，前文讲过的书法上的欲左先右、欲下先上，表现的就是“反者道之动”的规律；绘画的仰观俯察、远近游目，追求的也是圆意。中国的礼制建筑，以南北中轴层层递进，左右对称，好像不是圆，但正如古埃及金字塔实体是三角形，而其实包含着圆一样，中国的礼制建筑，从建筑上说是方，天圆地方，在地为方，但地向着天，礼制建筑的平面结构虽然是方形的，但其房顶的垂脊从正脊吻兽向下流动，到檐椽底突然转为飞椽，形成了向上的曲线，指向天空，这是“无往不复”的圆意。中国园林的“曲径通幽”体现的也是圆意。“中国舞蹈是典型的‘划圆艺术’，‘圆’贯串于舞蹈形体动作的始终。其具体的讲求主要是‘三圆’‘两圈’，即‘平圆’‘立圆’‘8字圈’‘大圈套小圈’。其他如体态上的拧倾、扭旋、折曲等等，亦属‘圆’的动律范围。这里，我们随便举几个动作为例：‘云手’双臂揉球似的转动与手腕的自转相配合，形成‘大圈套小圈’的圆；‘山膀’在拉开山膀的一进一退过程中，腰和手要运行一个‘立圆’；‘风火轮’双臂做‘下—左—后—右’的轮动，使之同时出现两种不同的圆，即手臂做‘立圆’，肩走‘8字圆’”①。将这些动态用图表示出来，让我们看到的正是太极图的各种变形。“历代出土文物中较具代表性的舞蹈形象……其动态过程，有的呈几个圆的交叉分布，有的呈8字形，有的呈弧形，有的呈S形。总之，从动作的发起到过渡，从流动线条到静态的造型，都表现为一种从内至外的画圆”②。戏曲评论家于学剑的舞诀虽然讲的是舞，但完全可以从中体会出太极图的圆意：

舞姿中要显出子午阴阳
头与身要避免共对一方
相交错切不可走向极端
对立中求统一英姿飒爽

演员在舞台上的移动路线，如行路、追赶、会阵、对打，也无不讲究曲与圆，其固定程式，如“内荷花”“钻烟筒”“二龙出水”“龙摆尾”“挖门”“鹞儿头”等，都是在“画圆”，“甚至演员的上下场路线调度，也讲究美观，呈龙摆尾似的S形曲线”③。其实，集文学、美术、音乐、舞蹈、说唱为一体的戏曲，几乎每个构成部分都在体现圆意。

圆，在一切文化中都有其象征意义，但在不同的文化中，其象征的具体内容又是不同的，是指向一种文化的宇宙精神的，虽然不同文化显出了不同的圆的象征意义，然而这些不同的象征意义又是因圆而形成的，因此又都是圆的象征。正是在这一点上，透出了美的宇宙的同一性。

然而，要真正理解美的宇宙论根据，还有很长很长的路要走。

---

① 袁禾．中国舞蹈意象论．北京：文化艺术出版社，1994：23.
② 同①43.
③ 蓝凡．中西戏剧比较论稿．上海：学林出版社，1992：361.

参考书目

朱光潜. 谈美. 上海：开明书店，1932.
朱光潜. 文艺心理学. 上海：开明书店，1936.
宗白华. 美学散步. 上海：上海人民出版社，1981.
邓以蛰全集. 合肥：安徽教育出版社，1998.
蔡仪. 新美学. 上海：益群出版社，1948.
高尔泰. 论美. 兰州：甘肃人民出版社，1982.
王朝闻. 美学概论. 北京：人民出版社，1981.
李泽厚. 美学四讲. 北京：三联书店，1989.
蒋培坤. 审美活动论纲. 北京：中国人民大学出版社，1988.
叶朗. 美在意象. 北京：北京大学出版社，2010.
曾繁仁. 生态美学导论. 北京：商务印书馆，2010.
朱立元. 美学：修订版. 2版. 北京：高等教育出版社，2006.
滕守尧. 审美心理描述. 北京：中国社会科学出版社，1985.
凌继尧. 美学十五讲. 北京：北京大学出版社，2003.
杨春时. 美学. 北京：高等教育出版社，2004.
王一川. 新编美学教程. 上海：复旦大学出版社，2007.
张法. 中西美学与文化精神. 北京：北京大学出版社，1994.
张法. 20世纪中西美学原理体系比较研究. 合肥：安徽教育出版社，2007.
康德. 判断力批判：上卷. 宗白华，译. 北京：商务印书馆，1964.
黑格尔. 美学：第1—3卷. 朱光潜，译. 北京：商务印书馆，1979—1981.
德索. 美学与艺术理论. 兰金仁，译. 北京：中国社会科学出版社，1987.
克罗齐. 美学原理. 朱光潜，译. 北京：作家出版社，1958.
车尔尼雪夫斯基. 美学论文选. 缪灵珠，译. 北京：人民文学出版社，1957.

斯托洛维奇. 审美价值的本质. 凌继尧，译. 北京：中国社会科学出版社，2007.

今道友信. 美的相位与艺术. 高浙平，王永丽，译. 北京：中国文联出版公司，1988.

阿莱斯·艾尔雅维茨. 全球化的美学与艺术. 刘悦笛，许中云，译. 成都：四川人民出版社，2010.

鲍桑葵. 美学史. 张今，译. 北京：商务印书馆，1985.

比厄斯利. 西方美学简史. 高建平，译. 北京：北京大学出版社，2006.

符·塔达基维奇. 西方美学概念史. 褚朔维，译. 北京：学苑出版社，1990.

柏拉图. 柏拉图文艺对话集. 朱光潜，译. 北京：人民文学出版社，1963.

亚里士多德，贺拉斯. 诗学；诗艺. 罗念生，杨周翰，译. 北京：人民文学出版社，1962.

伯克. 崇高与美. 李善庆，译. 上海：上海三联书店，1990.

柏格森. 笑：论滑稽的意义. 徐继曾，译. 北京：中国戏剧出版社，1980.

埃尔德·奥森. 喜剧理论. 左健，译. 南京：南京大学出版社，1992.

翁贝托·艾柯. 丑的历史. 彭淮栋，译. 北京：中央编译出版社，2010.

欣奇利夫，汤姆森，江普. 荒诞·怪诞·滑稽：现代主义艺术迷宫的透视. 杜争鸣，张长春，赵宁，译. 西安：陕西人民出版社，1989.

加缪. 西西弗的神话. 杜小真，译. 桂林：广西师范大学出版社，2002.

沃林格. 抽象与移情. 王才勇，译. 沈阳：辽宁人民出版社，1987.

本居宣长. 日本物哀. 王向远，译. 长春：吉林出版社集团有限责任公司，2010.

能势朝次，大西克礼. 日本幽玄. 王向远，编译. 长春：吉林出版社集团有限责任公司，2011.

大西克礼. 日本风雅. 王向远，译. 长春：吉林出版集团有限责任公司，2010.

海德格尔. 诗·语言·思. 张月，石向骞，曹元勇，译. 郑州：黄河文艺出版社，1989.

杜夫海纳. 审美经验现象学. 韩树站，译. 北京：文化艺术出版社，1992.

弗莱. 批评的解剖. 陈慧，袁宪军，吴伟仁，译. 天津：百花文艺出版社，2006.

约·瑟帕玛. 环境之美. 武小西，张宜，译. 长沙：湖南科学技术出版社，2006.

阿诺德·伯林特. 环境美学. 张敏，周雨，译. 长沙：湖南科学技术出版社，2006.

笠原仲二. 古代中国人的美意识. 魏常海，译. 北京：北京大学出版社，1987.

埃马努埃尔·阿纳蒂. 艺术的起源. 刘建，译. 北京：中国人民大学出版社，2007.

保罗·G. 巴恩. 剑桥插图史前艺术史. 郭小凌，叶梅斌，译. 济南：山东画报出版社，2004.

《梨俱吠陀》神曲选. 巫白慧，译解. 北京：商务印书馆，2010.

奥义书. 黄宝生，译. 北京：商务印书馆，2012.

施勒伯格. 印度诸神的世界：印度教图像学手册. 范晶晶，译，上海：中西书局，2016.

黄宝生. 印度古典诗学. 北京：北京大学出版社，1999.

南亚文化. 梵语诗学论著汇编. 黄宝生，译. 北京：昆仑出版社，2008.

帕德玛·苏蒂. 印度美学理论. 欧建平，译. 北京：中国人民大学出版社，1992.
维迪亚·德赫贾. 印度艺术. 张微伟，译. 长沙：湖南美术出版社，2019.
赵伯乐. 永恒的涅槃. 昆明：云南人民出版社，1999.
林松.《古兰经》韵译. 北京：中央民族学院出版社，1988.
林松. 古兰经知识宝典. 成都：四川人民出版社，1995.
刘一虹，齐前进. 美的世界：伊斯兰艺术. 北京：宗教文化出版社，2006.
张法. 中国美学经典. 北京：北京师范大学出版社，2017.
金学智. 书法美学谈. 上海：上海书画出版社，1984.
刘骁纯. 从动物快感到人的美感. 济南：山东文艺出版社，1986.
冯时. 文明以止：上古的天文、思想与制度. 北京：中国社会科学出版社，2018.
王仁湘. 史前中国的艺术浪潮：庙底沟文化彩陶研究. 北京：文物出版社，2011.
张朋川. 中国彩陶图谱. 2版. 北京：文物出版社，2005.
张远山. 玉器之道：解密中国文明的源代码. 北京：中华书局，2018.
张光直. 美术、祭祀与神话. 郭净，陈星，译. 沈阳：辽宁教育出版社，1988.
马承源. 中国青铜器. 上海：上海古籍出版社，1988.
林巳奈夫. 神与兽的纹样学. 常耀华，刘晓燕，李环，译. 北京：三联书店，2009.
沈爱凤. 从青金石之路到丝绸之路：西亚、中亚与亚欧草原古代艺术溯源. 济南：山东美术出版社，2009.
王博，祁小山. 丝绸之路草原石人研究. 乌鲁木齐：新疆人民出版社，2009.
安杰伊·罗兹瓦多夫斯基. 穿越时光的符号：中亚岩画解读. 肖小勇，译. 北京：商务印书馆，2019.
郭物. 马背上的信仰：欧亚草原动物风格艺术. 北京：人民美术出版社，2005.
邵会秋，侯知军. 百兽率舞：商周时期中国北方动物纹装饰综合研究. 上海：上海古籍出版社，2020.
埃利希·诺伊曼. 大母神：原型分析. 李以洪，译. 北京：东方出版社，1998.
刘敦桢. 中国古代建筑史. 北京：中国建筑工业出版社，1980.
陈从周. 说园. 济南：山东画报出版社，2002.
傅熹年. 中国古代建筑概说. 北京：北京出版社，2016.
陈志华. 外国建筑史. 北京：中国建筑工业出版社，1979.
维特鲁威. 建筑十书. 高履泰，译. 北京：中国建筑工业出版社，1986.
托伯特·哈姆林. 建筑形式美的原则. 邹德侬，译. 北京：中国建筑工业出版社，1982.
阿恩海姆. 艺术与视知觉. 滕守尧，朱疆源，译. 北京：中国社会科学出版社，1984.
约翰内斯·伊顿. 色彩艺术. 杜定宇，译. 上海：上海人民美术出版社，1985.
塚田敢，等. 色彩美的创造. 易利森，编译. 长沙：湖南美术出版社，1986.
康定斯基. 论艺术的精神. 查立，译. 北京：中国社会科学出版社，1987.
杰米·詹姆斯. 天体的音乐. 李晓东，译. 长春：吉林人民出版社，2003.
特奥多·安德列·库克. 生命的曲线. 周秋麟，陈品健，戴聪腾，译. 长春：吉林人民出版社，2000.

史莱茵. 艺术与物理学. 暴永宁，吴伯泽，译. 长春：吉林人民出版社，2001.

Michael Kelly. Encyclopedia of Aesthetics. Oxford：Oxford University Press，1998.

D. Cooper. A Companion to Aesthetics. Malden：Blackwell Publishers Ltd.，1992.

Berys Gaut，Dominic Mciver Lopes. The Routledge Companion to Aesthetics. London：Routledge Group，2001.

Jerrold Levinson. The Oxford Handbook of Aesthetics. Oxford：Oxford University Press，2003.

Paul Guyer. A History of Modern Aesthetics. New York：Cambridge University Press，2014.

W. Tatarkiewicz. A History of Six Ideas：An Essay in Aesthetics. Warsaw：University of Warsaw Press，1980.

Crispin Sartwell. Six Names of Beauty. New York：Routledge，2004.

James I. Porter. The Origins of Aesthetic Thought in Ancient Greece. Cambridge：Cambridge University Press，2010.

Drew A. Hyland. Plato and the Question of Beauty. Bloomington：Indiana University Press，2008.

Timothy M. Costelloe. The British Aesthetics Tradition：From Shaftesbury to Wittgenstein. Cambridge：Cambridge University Press，2013.

Kai Hammermeister. The German Aesthetic Tradition. Cambridge：Cambridge University Press，2002.

C. Wenzel. Kant's Aesthetics：Core Concepts and Problems. Malden：Blackwell Publishing，2005.

Charles Batteus. The Fine Arts Reduced to a Single Principle. James O. Young，trans. Oxford：Oxford University Press，2015.

Matei Calinescu. Five Faces of Modernity. Durham：Duke University Press，1987.

Karl Rosenkranz. Aesthetik des Hässlichen（Aesthetic of Ugliness）. Köninsberg：Verlag der Gebrüder Bornträger，1853；Leipzig：Reclam Verlag，1990.

Ken Gelder. The Horror Reader. London：Routledge，2000.

Emory Elliott，Louis F. Caton，Jeffrey Rhyne. Aesthetics in a Multicultural Age. Oxford：Oxford University Press，2002.

Matthew Kieran. Contemporary Debates in Aesthetics and the Philosophy of Art. Oxford：Blackwell，2005.

George Dicke. Introduction to Aesthetics：An Analytic Approach. Oxford：Oxford University Press，1997.

Momroe C. Beardsley. Aesthetics：Problems in Philosophy of Criticism. Cambridge：Hackett Publishing Company Inc.，1981（First published in 1957）.

Stanislaw Ossowski. The Foundation of Aesthetics. Boston：D. Reidel Publishing

Company，1978 (Warszawa：Polish Scientific Publishers，1966).

Carolyn Korsmeyer. Aesthetics：The Big Problems. Maiden：Blackwell Publishers Inc.，1998.

Herbert Sidney Langfeld. The Aesthetic Attitude. New York：Harcourt，Brace and How，1920.

Bertraw Morris. Aesthetic Process. Evanston：Northwestern University Press，1943.

Edwards. A. Trystan. The Things Which Are Seen：A Philosophy of Beauty. London：John Tiranti，1949.

Edgar Frederick Carritt. An Introduction to Aesthetics. Hutchinson：Hutchinson's University Library，1952.

Monroe C. Beardsley. Aesthetics. New York：Harcourt Brace，1958.

Morris Weitz. Problems in Aesthetics：An Introductory Book of Readings. New York：Macmillan，1960.

Michael F. Marra. A History of Modern Japanese Aesthetics. Hawaii：University of Hawaii Press，2001.

Michael F. Marra. Modern Japanese Aesthetics：A Reader. Hawaii：University of Hawaii Press，1999.

Kariamu Welsh-Asante. The African Aesthetics：Keeper of the Tradition. Westport：Greenwood Press，1993.

Kanti Chander Pendey. Indian Aesthetics (Comparative Aesthetics vol. 1) Second ed. Varanasi：Chowkhamba Sanskrit Series Office，1959.

Surendra S. Barlingay. A Modern Introduction to Indian Aesthetics：The Development from Bharata to Jagannath. New Delhi：D. K. Printworld (P) Ltd.，2007.

Oliver Leaman. Islamic Aesthetics：An Introduction. Notre Dame：University of Notre Dame Press，2004.

Seyyed Hossein Nasr. Islamic Art and Spirituality. Albany：State University of New York Press，1987.

Frank A Tillman，Steven M. Cahn. Philosophy of Art and Aesthetics：From Plato to Wittgenstein. New York：Harper & Row，1969.

Richard Shusterman. Analytic Aesthetic. Oxford：Blackwell Pub.，1989.

Nick Zangwill. The Metaphysics of Beauty. Ithaca：Cornell University Press，2010.

Arthur C. Danto. The Transfiguration of the Commonplace：A Philosophy of Art. Cambridge：Harvard University Press，1981.

Aron Katsenlinboigen. A Conceptual Understanding of Beauty. Lewiston：E. Mellen Press，2003.

Ken Gelder. The Horror Reader. Stoodleigh：Florence Production Led，2000.

Doreen Yarwood. The Architecture of Europe. New York：Hastings House Publishers，1974.

Hugh Honour, John Fleming. The Visual Arts: A History. New York: Fleming Honour Ltd., 1993.

A. T. Mann. Sacred Architecture. Rockport: Element Book Ltd., 1993.

Michael Warren Myers. Brahman: A Comparative Theology. London: Routledge, 2001.

Signe Cohen. Text and Authority in the Old Upanisads. Boston: Hotei Publishing, 2008.

Bobert E. Fisher. Buddhist Art and Architecture. London: Thames and Hudson, 1993.

Haripriya Rangarajan, G. Kamalakar, A. K. V. A. Reddy. Jainism: Art, Architecture, Literature & Philosophy. Delhi: Sharada Publishing House, 2001.

J. C. Harle. The Art and Architecture of the Indian Subcontinent. New York: Viking Penguin Inc., 1986.

Shifu Nagaboshi Tonio. Buddhist Warriors: The Origin, Inner Philosophy, History and Symbolism of the Buddhist Martial Art within India and China. Maine: Samuel Weiser Inc., 1994.

James Hall. Illustrated Dictionary of Symbols in Eastern & Western Art. New York: Harper Collins Publishers Inc., 1994.

Ajit Mookerjee, Madhu Khanna. The Tantric Way. London: Thames & Hudson Ltd., 1977.

Christopher Tadgel. The History of Architecture in India. London: Architecture Design and Technology Press, Ltd., 1990.

D. K. Swearer. The Buddhist World of Southeast Asia. Albany: State University of New York Press, 1995.

Percy Browm. Indian Architecture (Buddhist and Hindu), Bombay, India: D. B. Taraporevala Sons &Co. Private Ltd., 1976.

Frank Macshane. Many Golden Ages: Ruins, Temples & Monuments of the Orient. Tokyo: Charles E. Tuttle Company, 1962.

Ratan Parimoo. Life of Buddha in Indian Sculpture. New Delhi: Kanak Publications, 1982.

M. S. Ranadhawa, D. S. Randhawa. Mumbai, Indian: Sculpture: The Scene, Themes & Legends. Mumbai, India: Feffer &Simons Ltd., 1985.

A. K. Narain. Studies in Buddhist Art of South Asia. New Delhi: Jayant Baxi for Kanak Publications Gay House, 1985.

E. R. Jansen. The Book of Hindu Imagery: The Gods and Their Symbols. Holland: Binkey Kok Publications, 1993.

T. R. Blurton. Hindu Art. Cambridge: Harvard University Press, 1992.

Ernst J. Grube. The World of Islam. New York: Mcgraw-Hill Book Co., 1927.

George Mivhell. Architecture of the Islamic World. London：Thames & Hudson Inc.，1978.

Oleg Grabar. The Formation of Islamic Art. New Haven：Yale University Press，1973.

第 2 版后记

第 2 版最主要的增改如下：

第一章里，增加了有关美学学科的最重要的知识：一是西方美学中关于美学学科名称如何选定的，二是关于中国美学名称来源的最新学术成果，三是增加了 1980 年以来中国美学原理著述的叙述资料。

第二章里，增加了 20 世纪西方重要的神学美学家巴尔塔萨关于美的本质的理论，使 20 世纪西方美学关于美的本质的理论更加全面。

第三章里，增写了“从审美现象学到美感符号化”的内容，对美学的关键问题做了理论上的推进。

第四章里，增写了“印度美学的审美类型理论”。

第六章里，对美的起源的理论结论做了一些调整。

另外，对全书的图片做了一定的增改。

为了使教师更好地运用教材，补上了教学大纲，并配有多媒体教学课件。

在出版本书第 1 版时，我交稿后就去了加拿大，匆忙之中，未曾写后记以表达对中国人民大学出版社前主编杨耕先生和责任编辑李艳辉的感谢。是杨耕先生坚决约我写此教材，才使此书得以产生，李艳辉女士对编辑此书付出了辛勤的工作。这次，又是李艳辉女士建议和负责此书的第 2 版，再次表示感谢。

作者

2004 年 9 月

第 3 版后记

《美学导论》第 3 版的每章较之前都有或多或少的改动。其中最主要的是：

第一章做了较大的改动，突出了作为美学学科简史的性质。第一，在 aesthetics（美学）的产生里，加进了世界美学界的新进展[如关于英国经验主义美学的趣味（taste）在美学学科形成中的作用]。第二，是较为重要的一点，把西方美学和非西方美学的两种类型突出了出来，特别是强调了非西方美学对美的把握有自身的不可代替的特点。第三，对西方美学现代以来的演进，加了新的材料和做了新的归纳，第四，对中国美学现代以来的演进，加了新的材料和做了新的归纳。第五，对美学定义和西方美学经典著作做了知识性补充和论述。

第三章增加了“美的建构与解构”一节，使美学中的这个重要问题得到了更充分的论述和更鲜明的突出。

第四章对美学类型划分进行了一定的修改。增加了三个小型，在悲的大类中增加“恐怖”小型，在喜的大类中增加了“媚世”和“堪酷”两个小型。对美学类型划分的原理进行了一定的推进，特别突出了喜中的笑的两重内容。

第六章做了一定的增改，主要增加了工具和火在被神圣化的过程中对于人类心理感受模式演进的意义。这一章是最难的，不知道是否因其较难，西方的美学原理著作基本不讲这一内容。但这一内容作为美学知识的一个部分，又有其存在的理由。本想大改，但资料太多，主要是太杂，要总结为具有统一性且讲起来清楚的理论，于我目前尚有难度。因此结构保持原状。

其他各章基本未动。这对于保持教学的连续性和稳定性来说，也是必要的。

中国人民大学出版社学术出版中心胡明峰编辑建议对《美学导论（第 2 版）》进行修订，使我有机会把美学学术界最新的进展和自己在相关方面的心得补充到本书里去，对于本书的内容来说，是一次推进。在此，对使本人在美学研究上不断得到新的知识和进展的众多国内外学术界同仁，表示感谢。

作者

2010 年 11 月

第 4 版后记

第 4 版对第 3 版做了较大的改动。在主题思想上，进一步加强了中国美学以及与中国美学同调的非西方美学在美学理论建构上的地位和作用，并以此为基础重新调整了全书的结构，以适应正在演进的世界美学大势。

第一章和第二章基本重写了。第一章从世界美学历史来讲美学原理的演进。对世界美学史进行的新的建构，一方面更加彰显了西方美学的特点和它在不同历史阶段的表现，特别是对西方美学为何以学科形式出现，西方美学在 20 世纪末和 21 世纪以来的演进中对西方古典美学的质疑，以及这一批判性质疑对世界美学演进的影响，做了新的论述；另一方面把中国美学（以及各非西方美学）放到一个更为重要的位置上，对美学原理和基本原则的演进，给出了世界美学史基础。第二章从理论本身考察美学原理的演进，突出了西方、中国、印度对美学的三种不同的思考方式，进行把美学原理归纳为两种类型，即西方的区分型美学与包括中国和印度在内的非西方的关联型美学。整个世界的美学原理，是建立在这两种类型的基础上的。

在头两章的基础上，后面四章是美学原理四大基本理论问题：审美的现象分析、美学基本类型展开、审美的文化模式、形式美的基本法则。这四章都围绕着新的主题进行了程度不同的改写。取消了前三版都有的第六章“美的人类学起源”，这一章在目前是无法从理论上讲清楚的，其与美学原理相关的内容被浓缩到第一章里面去了。删去了第 2 版和第 3 版中的教学大纲。任课教师可以根据不同专业的特点和不同学制，对教材内容进行针对性的安排。

中国人民大学出版社学术出版中心陈石军编辑建议修订此书，使此版得以进行。自本书第 3 版出版之后，本人在世界美学大变局的推动下，对美学原理的重要问题进行了多方面的思考，发表了一系列文章。这是第 4 版修订得以顺利进行的基础。在此，对使本人研究美学原理的各种文章得到发表的各刊物的编辑和主管表示感谢。在本版修订完成之际，向中国人民大学出版社学术出版中心主任杨宗元女士、陈石军编辑以及本书的责任编辑表示感谢。

作者

2015 年 5 月

第 5 版后记

这一版主要在两个要点上进行了修改。

第一，中、西、印美学的比较是建构未来世界美学的基础，这一比较在第 4 版的第二章进行了初步的尝试，并被贯彻到每一章中。在美学里，从宏观上讲，每一个重要的问题都建立在中、西、印美学这三种不同美学思想的互补上。因此，在这一版里，希望通过这种比较，把对美学原理的思考推进到一个新的高度，使处在世界大变局中的当代大学生对美学理论有一个更好的理解，又为在世界大变局中的当今世界的美学新建构做理论上的准备。

第二，增加了关于美的起源一章。在《美学导论》的前三版中都有美的起源，但在第 4 版中去掉了，因为感到这一问题太复杂，不太容易讲清楚。此后，我对这一问题的相关文献进行了特别关注和数年的思考，在这一版里，以一种全新的方式，重新呈现了这一问题，并把人类的美和美感在原始时代的起源与早期文明的演进结合在一起，作为一整章。另外，对轴心时代美学理论出现之前的美和美感的历史，做了一个初步的把握。虽然对这一问题的历史呈现和理论提炼还不充分，但已经有了一个基本的框架，对于学生理解这一问题，应当是有帮助的。

中国人民大学出版社原学术出版中心张杰编辑建议修订此书，正是在本版的修订中，自己在第 4 版出版以后多年对美学的思考得到一个较为完整的呈现，算是对自己几十年来研究美学的艰辛的一种安慰。自本书第 4 版出版之后，本人在世界美学大变局的推动下，对美学原理的重要问题进行了多方面的思考，发表了一系列文章，这是第 5 版修订得以顺利进行的基础，在此，向使本人关于美学原理的各种文章得到发表的各刊物的编辑和主管表示感谢。在本版修订完成之际，向中国人民大学出版社人文分社社长杨宗元编审，以及此书的责任编辑罗晶表示感谢。

作者

2025 年 2 月

图书在版编目（CIP）数据

美学导论 / 张法著. -- 5 版. -- 北京 ：中国人民大学出版社，2025. 4. --（新编 21 世纪哲学系列教材）.
ISBN 978 - 7 - 300 - 33796 - 8

Ⅰ. B83

中国国家版本馆 CIP 数据核字第 2025Q63R86 号

新编 21 世纪哲学系列教材

美学导论（第 5 版）

张 法 著

Meixue Daolun

出版发行	中国人民大学出版社		
社　　址	北京中关村大街 31 号	**邮政编码**	100080
电　　话	010 - 62511242（总编室）		010 - 62511770（质管部）
	010 - 82501766（邮购部）		010 - 62514148（门市部）
	010 - 62511173（发行公司）		010 - 62515275（盗版举报）
网　　址	http://www.crup.com.cn		
经　　销	新华书店		
印　　刷	北京溢漾印刷有限公司	**版　　次**	1999 年 12 月第 1 版
开　　本	787 mm×1092 mm　1/16		2025 年 4 月第 5 版
印　　张	23 插页 1	**印　　次**	2025 年 4 月第 1 次印刷
字　　数	521 000	**定　　价**	59.00 元